全国船舶工业职业教育教学指导委员会“十三五”重点规划教材

船　舶　主　机

主　编　王　滢　陈　慧　赵小戎
副主编　陈培红
主　审　郭江峰

哈爾濱工程大學出版社
Harbin Engineering University Press

内 容 简 介

本书是船舶工业职业教育教学指导委员会“十三五”重点规划教材之一，按照“船舶主机”教学大纲的要求而编写的。

本书共分4个篇章，第一篇船舶柴油机，主要内容包括：船舶柴油机概述，柴油机主要机件，柴油机换气和增压，燃烧过程和燃油喷射系统，润滑与冷却系统，启动、换向和操作系统，柴油机的调速和调速器，柴油机特性等方面的知识。第二篇船舶燃气轮机，主要内容包括：船舶燃气轮机概述，船舶燃气轮机装置的基本原理，船舶燃气轮机装置的结构等方面的知识。第三篇船舶蒸汽轮机，主要内容包括：船舶蒸汽轮机概述，船舶蒸汽轮机装置的基本原理，船舶蒸汽轮机装置的结构等方面的知识。第四篇船舶电力推进系统，主要内容包括：船舶电力推进系统概述，船舶电力推进系统介绍，船舶电力推进的监测与控制等方面的知识。

本书是针对三年制高等职业教育船舶动力专业编写的，两年制的也可参考使用。本书还适用于船员的考证培训和船厂职工的自学及其他形式的职业教育。

图书在版编目(CIP)数据

船舶主机／王滢，陈慧，赵小戎主编.—哈尔滨：哈尔滨工程大学出版社，2021.8

ISBN 978-7-5661-2891-1

Ⅰ.①船… Ⅱ.①王… ②陈… ③赵… Ⅲ.①舰船发动机-高等职业教育-教材 Ⅳ.①U664.1

中国版本图书馆CIP数据核字(2020)第272272号

选题策划 史大伟 薛 力
责任编辑 卢尚坤 刘海霞
封面设计 李海波

出版发行 哈尔滨工程大学出版社
社　　址 哈尔滨市南岗区南通大街145号
邮政编码 150001
发行电话 0451-82519328
传　　真 0451-82519699
经　　销 新华书店
印　　刷 哈尔滨市石桥印务有限公司
开　　本 787 mm×1 092 mm 1/16
印　　张 23.25
字　　数 586千字
版　　次 2021年8月第1版
印　　次 2021年8月第1次印刷
定　　价 60.00元

http://www.hrbeupress.com

E-mail:heupress@hrbeu.edu.cn

船舶行指委“十三五”规划教材编委会

前　言

本书根据船舶与海洋工程装备类专业制订的“船舶主机”教学大纲的要求编写，在编写的过程中注重以就业为导向，以职业能力培养为核心，面向行业企业，充分体现职业教育的特色，满足高素质技能型船舶技术类专业高职职业人才培养的需要。

本书系统地论述了船舶柴油机、船舶燃气轮机、船舶蒸汽轮机和船舶电力推进系统的组成结构、工作原理和运行特性，并结合新型船舶主机介绍其使用、调整、故障分析及处理。本书以船舶动力专业必备的理论为基础，突出实用，以培养工程实践能力为目的，本着实用性、实时性、易读性、多层面性的原则，对内容进行了精心的设计。本书是针对三年制高等职业教育船舶动力专业编写的，两年制的也可参考使用。本书还适用于船员的考证培训和船厂职工的自学及其他形式的职业教育。

参加本书编写工作的有：主编江苏海事职业技术学院王滢（编写第 1 章、第 9 章、第 12 章）；主编江苏海事职业技术学院陈慧（编写第 2 章、第 3 章）；主编江苏海事职业技术学院赵小戎（编写第 6 章、第 7 章）；副主编江苏航运职业技术学院陈培红（编写第 4 章、第 5 章）；参编武汉船舶职业技术学院陈新梅（编写第 10 章、第 11 章、第 13 章、第 14 章）；参编江苏航运职业技术学院季禹（编写第 15 章、第 16 章、第 17 章）；参编江苏海事职业技术学院韦伟（编写第 8 章）。

本书由中国船舶沪东重机有限公司郭江峰担任主审，南通中远海运川崎船舶工程有限公司顾正伟也参与了本书的审阅，提出了许多宝贵建议，在此表示感谢！

限于编者经历和水平，书中难免存在疏漏与不足之处，恳请读者批评指正，以便修订时完善。

编　者

2021 年 1 月

目　录

第一篇　船舶柴油机

第二篇　船舶燃气轮机

第三篇　船舶蒸汽轮机

第四篇　船舶电力推进系统

第一篇　船舶柴油机

第 1 章　船舶柴油机概述

【知识目标】

1. 能正确描述船舶柴油机的结构特点和主要优缺点。
2. 能简单叙述船舶柴油机的基本结构组成。
3. 能简述四冲程柴油机基本工作原理;能简述二冲程柴油机基本工作原理。
4. 能简述柴油机各项性能指标的定义、意义。
5. 能正确叙述柴油机的主要部件功用、组成和结构特点。

【能力目标】

1. 能准确解释柴油机的工作原理。
2. 能基本识别柴油机主要部件,懂得柴油机主要部件的功用。
3. 能了解柴油机的型号及有关性能指标的含义。

1.1　柴油机的基本结构和常用几何术语

柴油机是内燃机的一种,而内燃机又是热机的一种。所谓热机是指把热能转换为机械能的动力机械。热机根据燃料燃烧场所的不同,可分为外燃机和内燃机两大类。外燃机中燃料的燃烧发生在气缸的外部,而燃烧产物(工质)膨胀做功是在气缸内部进行的,如蒸汽机、汽轮机等,外燃机存在着工质传递过程的热损失。内燃机燃料的燃烧(化学能转换为热能)发生在机器气缸的内部,它以燃气为工质,直接利用燃烧产生的高温高压燃气在气缸中膨胀做功(热能转换为机械能)。由于内燃机的两次能量转换过程都发生在气缸内部,能量损失小,所以其热效率较高。典型的内燃机有柴油机、汽油机等。

柴油机是以柴油为燃料压缩发火的往复式内燃机。它使用柴油或劣质燃油为燃料,在气缸内与空气混合形成可燃混合气,缸内燃烧采用压缩发火,将燃油的化学能转换为热能,并以燃气为介质,再将热能转换为机械能,向外输出做功,驱动工作机械。

柴油机热效率高,功率范围宽广,具有启动迅速、维修方便、运行安全、使用寿命长等特点,因而得到广泛应用,在国民经济和国防建设中处于重要地位。柴油机在船舶上除用作主推进发动机(主机)外,还广泛用作发电机的原动机、救生艇发动机、应急发电机原动机和应急消防泵原动机等。

1.1.1　柴油机的基本结构

柴油机由主要部件(包括固定部件和运动部件)、配气机构、燃油系统、润滑系统、冷却系统、启动与换向装置、调速装置、增压系统等组成,这些机构和系统保证了柴油机连续不断地正常工作。

1. 主要部件

柴油机的主要部件按工作时所处状态不同,可分为固定部件和运动部件两大类。如图1-1所示,固定部件包括机座、机体、气缸套、气缸盖和主轴承等,机座支承着柴油机所有部件的质量,并与船体上的基座固定连接,主轴承置于机座上。机体内装气缸套,机体外安置各种附件,如喷油泵等。机座、机体、气缸盖自下而上依次相叠并用螺栓紧固,从而组成柴油机的骨架。气缸盖、气缸套及气缸套内的活塞组件三者组成燃烧室和工作空间。气缸盖上装有进、排气阀及其摇臂机构、喷油器、示功阀、空气启动阀等附件。

运动部件包括活塞、活塞销、连杆、曲轴和飞轮等;活塞套装在气缸套内,并沿气缸套内壁做往复运动;连杆的小端与装在活塞中的活塞销铰接,而其大端与支承在主轴承上的曲轴铰接。柴油机通过这样的机构(称为曲柄连杆机构)将活塞的往复运动转变成曲轴回转运动,输出动力。

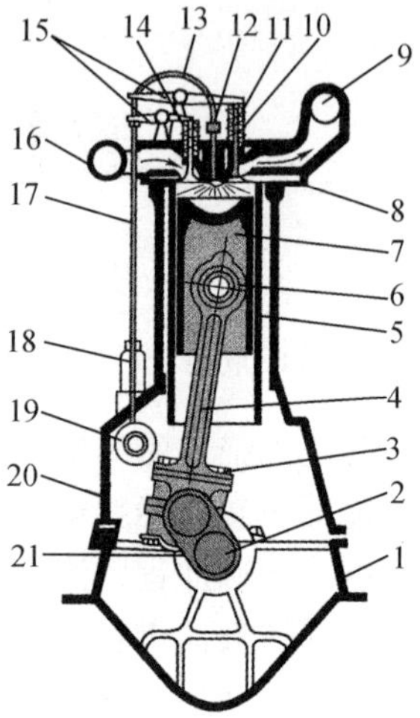

1—机座;2—曲轴;3—连杆螺栓;4—连杆;5—气缸套;6—活塞销;7—活塞;8—气缸盖;9—排气管;10—气阀弹簧;11—排气阀;12—喷油器;13—高压油管;14—进气阀;15—摇臂;16—进气管;17—推杆;18—高压喷油泵;19—机体;20—凸轮轴;21—主轴承。

图1-1 柴油机的基本结构

2. 配气机构

配气机构的功用是按工作循环的要求,定时地启、闭进、排气阀,排出气缸的废气,吸入新鲜气体,完成换气过程。其组成主要有气阀组件、气阀传动组件、凸轮轴和凸轮轴传动机构等。

3. 燃油系统

燃油系统的功用是将符合使用要求的燃油输送并以一定的压力,定时、定量地喷入气缸,与缸内的空气形成可燃混合气。它是由油柜(或柴油箱)、柴油滤清器、燃油输送泵和加热设备等组成的低压系统,进行燃油储存净化输送;由喷油泵、高压油管和喷油器等组成喷射高压系统,将规定量的燃油以规定的雾化质量喷入气缸。

4. 润滑系统

润滑系统的功用是在柴油机运转时,连续不断地将润滑油输送到各摩擦表面,以减小零件的磨损和摩擦阻力。在柴油机中需要润滑的零件有:曲轴的主轴颈和曲柄销、活塞和气缸、凸轮轴承及凸轮、传动轴轴承及传动齿轮等。润滑系统的组成主要有润滑油泵、滑油滤清器和滑油冷却器等。

5. 冷却系统

冷却系统的功用是将柴油机受热机件的热量散发出去,以保证内燃机工作在正常温度下。

柴油机冷却方式分为风冷和水冷两大类,风冷多用于小型柴油机上,船舶柴油机多采用水冷方式。

6. 启动与换向装置、调速装置及操纵系统

启动装置的功用是使静止的柴油机启动运转。柴油机最常用的启动方法有3种:手启动、电力启动、压缩空气启动。船舶柴油机大多采用压缩空气启动。换向装置用来改变柴油机的转向。调速装置的作用是在柴油机各种工况运转中,当外界负荷发生变化时能够自动地调节喷油泵的供油量,以保证柴油机在规定的转速下稳定地运转。

操纵系统是对柴油机的启动、换向、调速进行集中控制、操纵的系统。

7. 增压系统

增压系统的作用是将新鲜空气在内燃机工作气缸外事先进行压缩，提高进气压力以提高进入气缸内的空气（或可燃混合气）的密度，供更多的燃料燃烧，从而提高发动机的功率。

1.1.2　常用几何术语

图 1－2 为单缸柴油机基本结构简图，表示柴油机工作过程的几何术语有如下。

①上止点：活塞在气缸中运动到离曲轴回转中心线最远的位置。

②下止点：活塞在气缸中运动到离曲轴回转中心线最近的位置。

③活塞行程（S）：活塞行程也称为活塞冲程，指上、下止点之间的距离。由图 1－2 可见，活塞行程与曲柄半径之间的关系为：$S=2R$。活塞移动一个行程，相当于曲轴转动 180° CA（crank angle，曲轴转角）。

④曲柄半径（R）：曲轴回转中心线与曲柄销中心线之间的距离。

⑤缸径：气缸的内径（D）。

⑥压缩室容积（V_c）：活塞位于上止点时，活塞顶部与缸盖间的容积，又称燃烧室容积。

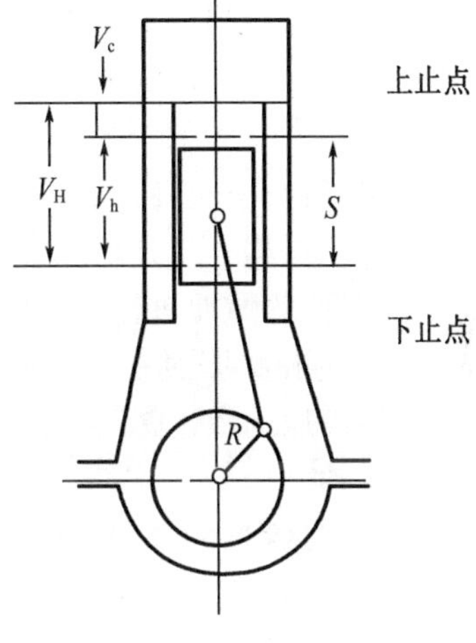

图 1－2　单缸柴油机基本结构

⑦气缸工作容积（V_h）：活塞在气缸中从上止点移动到下止点时，其顶面所扫过的容积，其大小为

$$V_h = \pi D^2 S/4$$

式中　D——气缸直径，mm；

S——活塞行程，mm；

V_h——气缸工作容积，L。

柴油机所有气缸工作容积的总和，称为柴油机的排量 V_H，即

$$V_H = V_h i$$

式中　i——气缸数。

⑧气缸总容积（V_a）：活塞在下止点时，其顶部与缸盖之间的空间容积。它等于气缸工作容积与压缩室容积之和，即

$$V_a = V_h + V_c$$

⑨压缩比（ε）：气缸总容积与压缩室容积之比，其大小为

$$\varepsilon = V_a/V_c = (V_h + V_c)/V_c = 1 + V_h/V_c$$

压缩比是柴油机的一个重要性能参数，它表示气缸内空气被活塞压缩的程度。压缩比越大，压缩终点的压力和温度就越高，燃油就越容易燃烧，柴油机就越容易启动。压缩比对柴油机的燃烧、热效率、启动性能和机械负荷都有一定影响，其大小随柴油机的型式而定，一般柴油机的压缩比为 13～22。

1.2 柴油机基本工作原理

柴油机的基本工作原理是采用压缩发火方式使燃料在气缸内部燃烧，以高温、高压的燃气工质在气缸中膨胀推动活塞做往复运动，再通过活塞—连杆—曲柄机构将活塞往复运动转变为曲轴的回转运动，从而带动工作机械。

根据柴油机的工作特点，燃油在柴油机气缸中燃烧做功必须通过进气、压缩、燃烧、膨胀和排气 5 个过程。柴油机完成一次从进气到排气这 5 个过程称为一个工作循环，然后进入下一个工作循环，从而周而复始地运行下去。

柴油机的一次工作循环完成两次能量的转换有如下几个热力过程。

①进气过程——向气缸内充入足够的新鲜空气，为燃油的燃烧提供氧气。

②压缩过程——升高气缸内气体的温度和压力，加速喷入气缸内油滴的蒸发及油气与空气的混合，为燃油自行燃烧创造良好条件。

③燃烧和膨胀过程——将柴油喷散成很细的雾状，使柴油与新鲜空气均匀混合后燃烧。高温高压的燃气膨胀对活塞做功，并借助于曲柄连杆机构，把活塞往复运动转为曲轴的回转运动。

④排气过程——把做功后的废气排出气缸之外，使气缸能再进行进气、压缩和排气，以保证柴油机能连续地工作。

如果柴油机的一个工作循环分别在 4 个活塞冲程中完成（即曲轴回转 720° CA），称为四冲程柴油机。若柴油机的一个工作循环分别在 2 个活塞冲程中完成（即曲轴回转 360° CA），称为二冲程柴油机。

1.2.1 四冲程柴油机的工作原理

如图 1－3 所示为四冲程柴油机工作原理图。

第一冲程：进气冲程

进气冲程活塞从上止点下行，进气阀 a 已打开，由于气缸容积不断增大，缸内压力下降，依靠缸内气体与大气的压差，新鲜空气经进气阀被吸入气缸。进气阀一般在活塞到达上止点前即提前打开（曲柄位于点 1），进气阀提前在上止点前开启的曲轴角度称进气阀开启提前角，活塞到下止点后延迟关闭（曲柄位于点 2），进气阀延迟在下止点后关闭的曲轴角度称进气阀关闭延迟角。曲轴转角 $\varphi 1-2$（图中阴影所占的角度表示进气持续角）为进气冲程，为 220° ~250° CA，其作用是使气缸内充满新鲜空气。

第二冲程：压缩冲程

活塞从下止点向上运动，自进气阀 a 关闭（点 2）开始对气体进行压缩，一直到活塞到达上止点（曲柄到达点 3）为止。第一冲程吸入的新鲜空气经压缩后，压力增高到 3 ~6 MPa，温度升至 600 ~700 ℃（燃油的自燃温度为 210 ~270 ℃）。压缩终点的压力和温度分别用符号 p_c 和 t_c 表示。在压缩过程的后期，喷油器在活塞运行到上止点前某一角度（喷油提前角）将燃油喷入气缸，使高压燃油与高温空气混合，并自行发火燃烧。曲轴转角 $\varphi 2-3$ 表示压缩过程持续角，为 140° ~160° CA。压缩冲程的作用是通过活塞的压缩，使气缸内的空气达到一定的压力和温度，从而为燃油的燃烧和工质的膨胀做功创造条件。

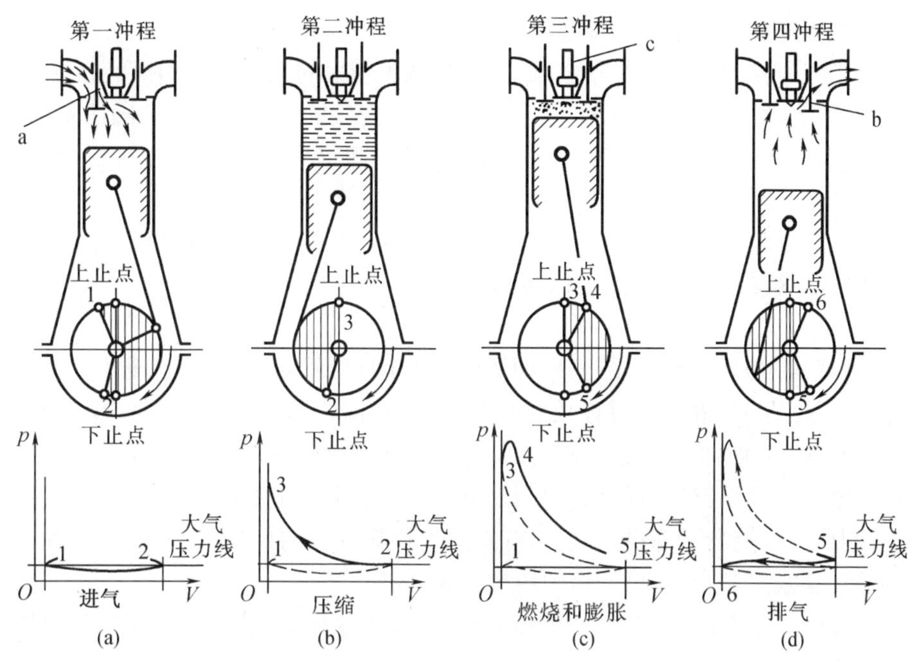

图1-3　四冲程柴油机工作原理图

第三冲程:燃烧和膨胀冲程

活塞在上止点附近,燃油猛烈燃烧,气缸内的压力和温度急剧升高,压力达 5~8 MPa(最高可达到14 MPa以上),温度为1 400~1 800 ℃或更高些。将燃烧产生的最高压力称最高爆发压力,用p_z表示,最高温度用t_z表示。高温高压的燃气膨胀推动活塞下行而做功。由于气缸容积逐渐增大,而压力下降,在上止点后的某一时刻(曲柄位于点4)燃烧基本结束,膨胀一直持续到排气阀 b 开启时结束。膨胀终了时缸内气体压力p_b为 0.25~0.45 MPa,温度t_b为600~700 ℃。由于排气阀流通截面积在开启过程中只能逐渐地增大,因此与进气阀相同,排气阀 b 总是在活塞到达下止点前(点5)提前开启,实现充分排气。曲轴转角 φ3-4-5 表示燃烧和膨胀过程持续角,为140°~160° CA。其作用是将燃油燃烧产生的热能转换成机械能向外输出。

第四冲程:排气冲程

为使下一循环的新鲜空气再次进入,应先将气缸内的废气排出。在上一冲程末,排气阀 b 开启时活塞尚在下行,废气靠气缸内外压差,经排气阀排出,当活塞由下止点上行时,剩余废气可被上行活塞强行推挤出气缸,此时的排气过程是在略高于大气压力(1.05~1.1倍大气压)且在压力基本不变的情况下进行的。为使缸内废气排出得更干净,并减少排气过程的耗功,排气阀一直延迟到上止点后(点6)才关闭。曲轴转角 φ5-6 表示排气过程持续角,为230°~260° CA。其作用是将做功后的废气排出气缸。

进行了上述四个冲程后,柴油机就完成了一个工作循环。当活塞继续运动时,另一个新的工作循环又按同样的顺序重复进行。

四冲程柴油机每完成一个工作循环,曲轴要回转两转(凸轮轴回转一圈)。每个工作循环中只有燃烧膨胀冲程对外做功,其他3个冲程都是为燃烧膨胀冲程服务的,都需要由外界供给能量。因此柴油机常做成多缸的,这样,进气、压缩、排气冲程所需的能量可由其他处于做功冲程的气缸供给。如果是单缸柴油机,那就由较大的飞轮储存和提供能量。

图1-3下半部分的 $p-V$ 图表示一个工作循环内气缸中气体的压力随活塞位移(或气缸容积)变化的情况,称 $p-V$ 示功图。该图可用来研究柴油机工作过程进行的情况,并可用来计算柴油机一个工作循环的指示功。

1.2.2 二冲程柴油机的工作原理

在二冲程柴油机中,曲轴每转一转,即活塞每两个冲程就完成一个工作循环。没有单独的进气和排气过程,其进气和排气过程几乎重叠在下止点前后12°~15°同时进行。因此,二冲程柴油机结构上有别于四冲程柴油机,这种二冲程柴油机的构造主要有以下特点:

①在气缸套下部设扫气口(即进气口)、排气口,进、排气口的打开和关闭由气缸内运动的活塞来控制;或气缸套下部设扫气口,气缸盖上设排气阀的换气机构,进气口的启闭由气缸内运动的活塞来控制,排气口的启闭由排气阀控制。

②必须设置一个专门的扫气泵(增压器)以提高进气压力,使进气能从扫气口进入气缸并清扫废气出气缸。

二冲程柴油机常见的换气形式如下。

(1)简单横流扫气

如图1-4(a)所示,进气口位于气缸中心线的两侧,空气从进气口一侧沿气缸中心向上,然后在靠近燃烧室部位回转到排气口一侧,再沿气缸中心线向下把废气从排气口清扫出气缸。

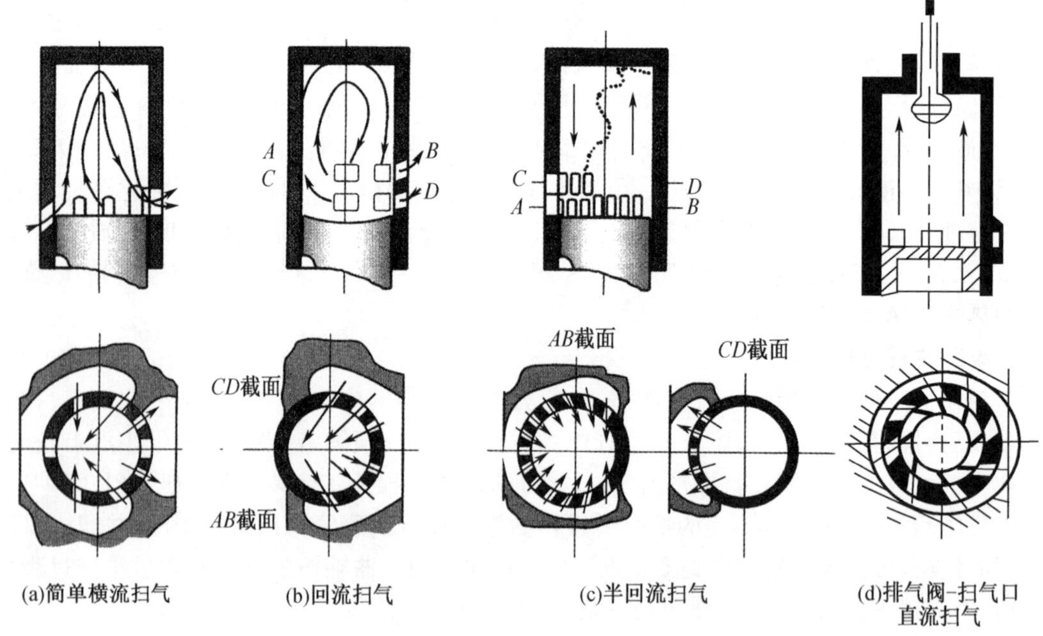

图1-4 二冲程柴油机不同的换气形式

(2)回流式扫气

如图1－4(b)所示，进、排气在气缸下部的同一侧且进气口在排气口的下方，进气沿活塞顶面向对侧的缸壁流动，到气缸盖再转向下流动，把废气从排气口清扫出气缸。在船舶大型柴油机中，MAN、KZ 型柴油机为回流式扫气。

(3)半回流式扫气

如图1－4(c)所示，进气口布置在排气口的下方及两侧，气流在气缸内的流动特征兼有横流与回流的特点。某些早期的半回流式扫气，在排气管中装有回流控制阀。在船舶大型柴油机中，Sulzer、RD、RND、RLA、RLB 等型柴油机均为半回流式扫气。

(4)排气阀－扫气口直流扫气

如图1－4(d)所示，气缸下部均布置一圈进气口，在气缸口有一圈排气阀(1～6个)。空气从气缸下部进气口进入气缸，沿气缸中心线上行驱赶废气，从气缸盖上的排气阀排出气缸。该扫气形式使空气与废气不易掺混，扫气效果较好。同时排气阀的启、闭由排气凸轮控制，不受活塞运动的限制。在船舶柴油机中，MAN B&W、Sulzer RTA 等型柴油机采用排气阀－扫气口直流扫气形式。

现以扫气泵为罗茨式泵的二冲程柴油机为例来说明其工作原理。

如图1－5(a)所示，采用排气阀－扫气口－直流扫气形式。机带扫气泵 b 设在柴油机一侧，空气由泵的吸入口 a 吸入，经压缩后储存在具有较大容积的扫气箱 d 中并保持一定压力(105～140 kPa)。

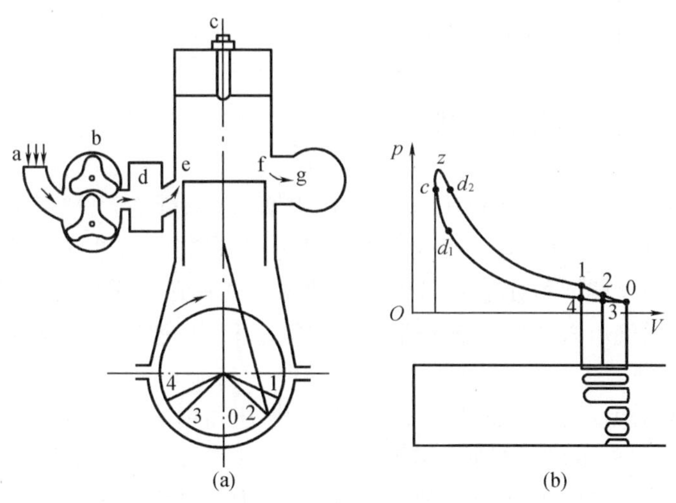

图1－5　二冲程柴油机工作原理图

第一冲程：活塞从下止点向上止点运动

当活塞处于下止点时，进气口 e 和排气口 f 早已打开，扫气箱 d 中的压缩空气便进入气缸内，并冲向排气口 f，清除气缸内废气，同时也使气缸内充满新空气。当活塞由下止点向上止点运动时，进气口 e 首先由活塞关闭，然后排气口 f 也关闭，空气在气缸内被压缩。

第二冲程：活塞从上止点向下止点运动

活塞行至上止点前，喷油器将燃油喷入燃烧室中，压缩空气所产生的高温，立刻点燃雾化的燃油，燃烧所产生的压力推动活塞下行，直到排气口再打开时为止。燃烧后的废气在内外压差的作用下，自行从排气口 f 排出。当进气口 e 被活塞打开后，气缸内又进行扫气过程。曲轴每转一转，活塞走了两个冲程就完成一个循环，因此叫二冲程柴油机。

图 1 -5(b) 所示的二冲程柴油机的 $p-V$ 示功图，其曲线 1—2—0—3—4 即为它的排气、进气过程（称换气过程）。曲线形状明显不同于四冲程柴油机。二冲程柴油机的 $p-V$ 示功图上，喷油在上止点前 d_1 开始，在上止点 c 开始燃烧，到 d_2 时燃烧结束。

1.2.3　二冲柴油机与四冲程柴油机的比较

与四冲程柴油机相比，二冲程柴油机有如下优点：

①二冲程柴油机曲轴每转一转做一次功。因此，当气缸数、缸径、活塞冲程及转速相同时，理论上二冲程柴油机的功率是四冲程柴油机的两倍。实际上，由于存在气口产生的气缸冲程损失和扫气泵消耗的有效功，二冲程柴油机的功率只是四冲程柴油机的 1.6 ~ 1.7 倍。

②当转速相同时，二冲程柴油机做功次数比四冲程柴油机多一倍，因此运转平稳，并可以使用较小的飞轮。

③结构简单，维护、保养方便。

但二冲程柴油机也存在一些缺点，具体如下：

①二冲程柴油机由于新鲜气体与废气掺混严重，换气效果较差，且转速越高这一现象越明显，因此燃烧不良，经济性较差。

②二冲程柴油机做功频率高，所以燃烧室部件的热负荷较高。

1.2.4　增压柴油机工作原理

用压气机预先把新鲜空气进行压缩，使其压力增高，密度增大，然后把它在进气过程送入气缸内。于是在同样的气缸容积中就可以充进更多空气，因而也就可以喷进更多的燃油并得到充分燃烧，于是柴油机便能发出更大的功率。这种在不增加气缸尺寸、不提高转速的情况下，用提高进气压力来提高柴油机功率的方法，称为“增压”，用这种方法工作的柴油机称为增压柴油机。

图 1 -6 示出四冲程增压柴油机工作原理图。增压器由离心式压气机以及与它装在同一根轴上的废气涡轮机组成。柴油机排出的废气经排气管引入废气涡轮机。于是涡轮机转动并带动压气机。新鲜空气经压气机进行压缩，压力提高后经进气管、进气阀，在进气冲程进入气缸。其他过程与非增压柴油机基本相同。但进排气阀同开角，较非增压柴油机大，增加了进气量、降低了燃烧室机件的温度，提高了工作可靠性。

增压柴油机压缩终点压力可达 5 ~ 9 MPa，温度 1 000 ℃，最高燃烧压力可达 12 ~ 15 MPa，最高温度为 1 800 ~ 2 200 ℃。对二冲程柴油机，换气压力高于一般的四冲程柴油机，也属于增压范围。

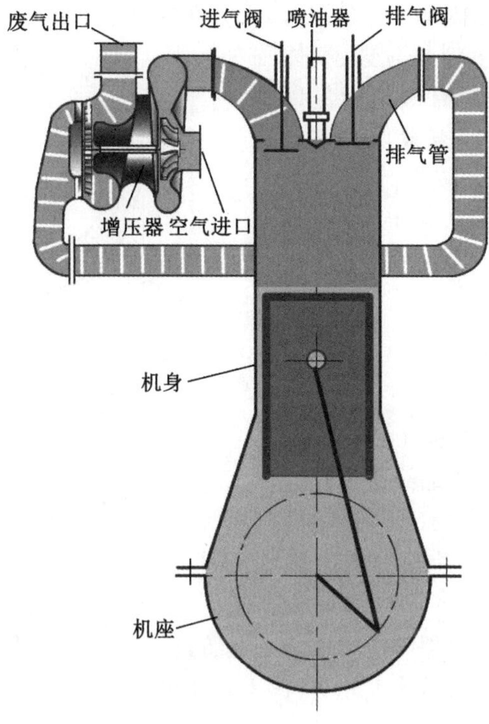

图 1－6　四冲程增压柴油机工作原理图

1.3　柴油机的性能指标

1.3.1　动力性和经济性指标

柴油机的主要性能指标包括动力性和经济性两个方面的指标。它们既是反映柴油机工作循环完善程度的参数,也是评估柴油机性能的主要依据。

动力性和经济性指标分别从量和质两个方面来评价柴油机的性能。它们又可以分成指示指标和有效指标两类,见表 1－1。

表 1－1　动力性及经济性指标

	指示指标	有效指标
动力性	p_i:平均指示压力	p_e:平均有效压力
	N_i:指示功率	N_e:有效功率
经济性	η_i:指示热效率	η_e:有效热效率
	g_i:指示燃油消耗率	g_e:有效燃油消耗率

指示指标是以实测的示功图所表示的一个循环所做的功——指示功为基础的(从示功

图求出来的)，它们表征气缸内部工作情况，其优劣性取决于气缸内部实际工作循环进行的完善程度(包括不完全燃烧、燃烧延迟、气体漏泄、气缸壁传热损失等)。有效指标是以在柴油机输出轴上所得到的有效功为基础的，它扣除了柴油机内的一切损失，其优劣除取决于工作循环进行的完善程度外，还取决于机械损失的大小，它是评定柴油机工作性能的最终指标。

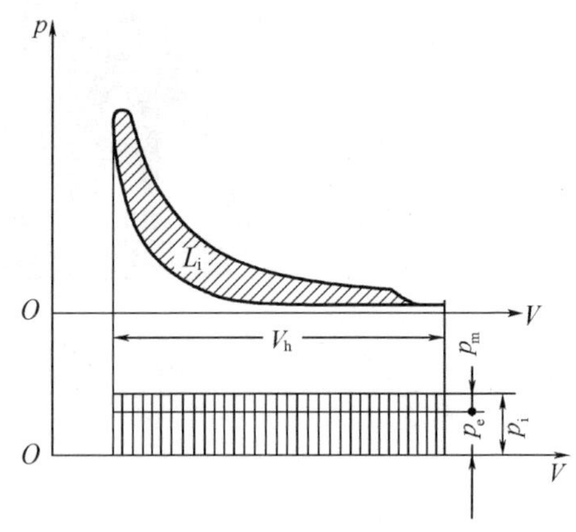

图 1-7　平均指示压力 p_i 示意图

1. 指示指标

(1) 平均指示压力 p_i

如果我们已测得示功图如图 1-7 所示，燃烧膨胀过程曲线与压缩过程曲线所包围的面积即表示指示功 L_i。泵气功(泵气损失)示功图上测不出，指示指标不考虑，放在有效指标考虑。

平均指示压力 p_i 是一个假想的作用在活塞上的数值不变的压力，它推动活塞一个冲程所做的功与一个工作循环的指示功 L_i 相等(图 1-7)，即

$$L_i = p_i FS \quad (\text{N}\cdot\text{m 或 J})$$

所以

$$p_i = \frac{L_i}{V_S} \quad (\text{N/m}^2\text{ 或 Pa}) \tag{1-1}$$

式中　p_i——平均指示压力，Pa；

F——活塞面积，m^2；

S——活塞冲程，m；

V_S——气缸工作容积，m^3。

由式(1-1)可见，平均指示压力 p_i 又可以看成单位气缸工作容积每一工作循环的指示功。它消去了柴油机气缸工作容积的因素，所以它的数值与气缸工作容积的大小无关。因此可以用 p_i 来比较不同气缸尺寸和不同类型的柴油机的做功能力——强化程度。p_i 值大，表明其单位气缸工作容积的做功能力大，柴油机气缸工作容积利用程度大。喷入的燃油量相同时，p_i 值大表明其工作循环进行得比较完善。所以 p_i 是评定柴油机工作循环动力性的重要指标。

对于运转中的柴油机，p_i 很容易由实测的 $p-V$ 示功图求得，方法如下：

①面积法。

用面积仪(图 1-8)测得示功图面积为 $f(\text{mm}^2)$，示功图长度为 $L(\text{mm})$，示功图平均高度 $h_i = f/L(\text{mm})$，则平均指示压力为

$$p_i = \frac{h_i}{M} \quad (\text{MPa}) \tag{1-2}$$

式中　M——示功弹簧比例(即 $p-V$ 示功图纵坐标比例，示功器弹簧上有标明)，mm/MPa。

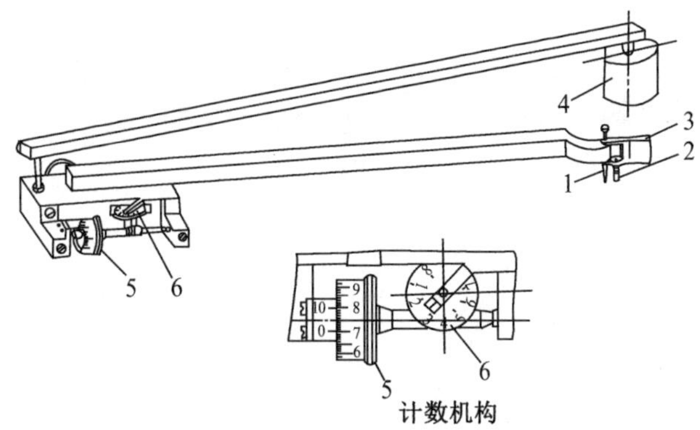

1—导针；2—支承滑杆；3—把手；4—下带针尖的固定重块；5—测量滚子；6—计数盘。

图 1-8　面积仪

②十等分法。

如不用面积仪，p_i还可由 $p-V$ 示功图经作图法求得。如图 1-9 所示，将测得示功图长度 L 分为 10 等份，量出各等分点上的示功图高度 $y_1, y_2, y_3, \cdots, y_9$(mm)，在上、下止点附近距上、下止点 $L/40$ 处再附加两个示功图高度 y_0和 y_{10}，示功图的平均高度为

$$h_i = \frac{1}{10}\left(\frac{y_0 + y_{10}}{2} + y_1 + y_2 + \cdots + y_9\right) \quad (\text{mm}) \tag{1-3}$$

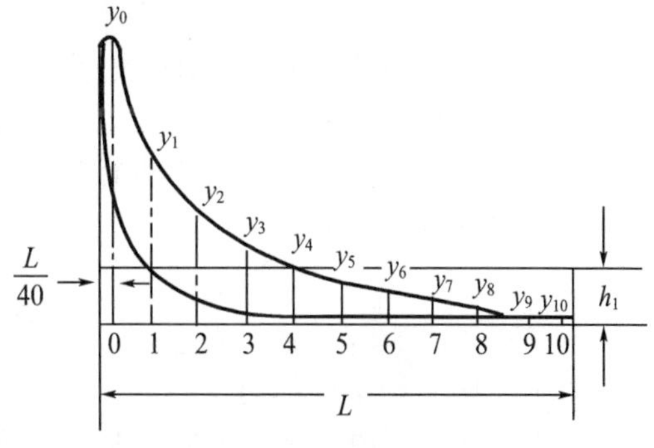

图 1-9　示功图的作图计算法

这样求得的 h_i精度已够。

在标定工况下船用柴油机的平均指示压力 p_i的数值范围见表 1-2。

表 1-2　p_i、p_e 值统计表

机型	p_i/MPa	p_e/MPa
四冲程，非增压	0.75～1.1	0.6～0.9
四冲程，增压	0.95～3	0.8～2.5
二冲程，非增压	0.65～0.95	0.5～0.7
二冲程，增压	0.8～1.8	0.7～1.9

(2)指示功率 N_i

指示功率是指柴油机气缸内的工质在单位时间内推动活塞所做的指示功。

柴油机的每个气缸每个工作循环工质所做的指示功为

$$L_i = \frac{\pi D^2}{4} p_i S = p_i V_S \quad (\text{J}) \tag{1-4}$$

柴油机一个气缸的指示功率 N_{i1}为

$$N_{i1} = \frac{p_i V_S n\tau}{60} \quad (N \cdot m/s) \tag{1-5}$$

于是,整台柴油机指示功率的一般式为

$$N_i = \frac{p_i V_S n\tau i}{60\ 000} \quad (kW) \tag{1-6}$$

式中 p_i——平均指示压力,Pa 或 N/m^2;

V_S——气缸工作容积,m^3;

n——柴油机的转速,r/min;

τ——每转工作行程数,四冲程机 $\tau = 1/2$,二冲程机 $\tau = 1$;

i——气缸数。

在船上经常要测量示功图并计算柴油机的功率。对既定的柴油机其 V_S 和 τ 为定值,为减少重复计算,令 $C = V_S\tau/60\ 000$,C 称为气缸常数。这样,整台柴油机指示功率的公式可简化为

$$N_i = Cp_i ni \quad (kW) \tag{1-7}$$

如各气缸发出功率不均匀,则应一缸缸测取示功图,分别求得 p_i、N_{i1},再将各气缸功率相加得到整台柴油机的功率。

(3)指示热效率 η_i 和指示燃油消耗率 g_i

指示热效率的定义为

$$\eta_i = \frac{L_i}{Q_1} \tag{1-8}$$

式中 L_i——指示功,J;

Q_1——喷入气缸内燃油的总发热量,J。

对于一台柴油机,可测算出其指示功率 N_i 和每小时燃油消耗量 G_f,则

$$\eta_i = \frac{3\ 600 N_i}{G_f H_u} \tag{1-9}$$

式中 3 600——每千瓦小时的热量,kJ/(kW · h);

G_f——柴油机每小时燃油消耗(油耗)量,kg/h;

H_u——所用燃料低热值(高热值:包括了燃油中氢气燃烧生成水蒸气冷却而凝结放出的潜热),通常取 $H_u = 42\ 700$ kJ/kg;

N_i——指示功率,kW。

指示燃油消耗率 g_i 以一千瓦指示功率每小时消耗的燃油量表示,即

$$g_i = \frac{G_f}{N_i} \quad (kg/(kW \cdot h)) \tag{1-10}$$

指示燃油消耗率 g_i 和指示热效率 η_i 一样,是评定柴油机气缸内实际工作循环经济性的指标,用来衡量工作循环进行的完善程度。两者之间的关系为

$$\eta_i = \frac{3\ 600}{g_i H_u} \tag{1-11}$$

2. 有效指标

(1)有效功率 N_e 和机械效率 η_m

从柴油机曲轴输出端传出的功率称为有效功率,用 N_e 表示,也可以说指示功率减去机

械损失功率 N_m 所剩的功率称为有效功率，即 $N_e = N_i - N_m$。

柴油机的有效功率 N_e 在试验台上用测功器和转速表测出，在船舶上可用扭力计和转速表测出，即

$$N_e = \frac{M_e}{1\,000}\omega = \frac{M_e}{1\,000}\cdot\frac{2\pi n}{60} = \frac{\pi}{30\,000}M_e n \qquad (1-12)$$

式中　M_e——柴油机输出的有效扭矩，N·m；

n——柴油机转速，r/min。

机械损失功率 N_m 是指能量在柴油机内部传递过程中所损失的功率。它包括以下几项：

①摩擦损失功率。

摩擦损失功率是克服柴油机各相对运动部件表面摩擦力所消耗的功率。活塞、活塞环与气缸套壁间的摩擦损失占全部摩擦损失的55%～65%，而各轴承处的摩擦损失占35%～45%。柴油机转速高、摩擦表面间的压力大、滑油黏度大、摩擦表面粗糙、装配的相对位置不准及间隙过大或过小均会导致摩擦损失功率变大。

②驱动柴油机附属机构的损失功率。

这是驱动柴油机附属机构，如喷油泵、气阀机构、扫气泵（中小型柴油机还带滑油泵、冷却水泵、燃油输送泵）等所消耗的功率。其损失功率随柴油机转速的提高而增加。

③泵气损失功率。

在非增压四冲程柴油机中，进、排气过程所消耗的功率——泵气功为负功。在增压四冲程柴油机中，进气压力大于排气压力，泵气功是正功，使机械损失功率减小（数值不大）。二冲程柴油机由于没有单独的进气与排气行程，所以泵气损失功率为零。

上述机械损失功率一般不用它的绝对值 N_m 表示，而常用机械效率 η_m 表示。机械效率 η_m 是有效功率 N_e 与指示功率 N_i 之比，即

$$\eta_m = \frac{N_e}{N_i} = \frac{N_i - N_m}{N_i} = 1 - \frac{N_m}{N_i} \qquad (1-13)$$

机械效率 η_m 的大小不仅决定于设计水平和制造质量，还受柴油机负荷、转速、滑油温度与冷却水温度等因素影响。

如果转速不变，负荷（p_i、N_i）增加时，机械效率将相应增加。当柴油机空载运行时，$\eta_m = 0$。当转速不变，只有负荷发生变化时，N_m 几乎保持不变。由式（1－13）可知，η_m 始终随负荷的增加而提高，但其在负荷从0开始增大的初期提高速度很快，此后逐渐减慢，如图1－10所示。

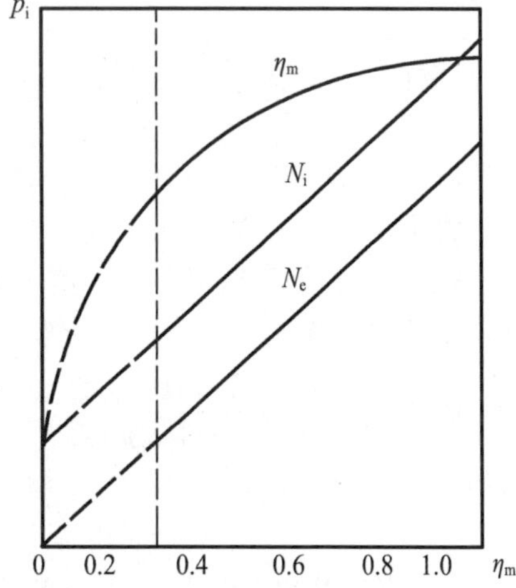

图1－10　负荷对机械效率的影响

如果负荷（p_i）不变，当转速提高时，由于摩擦损失功率增大，机械效率随之下降。

负荷、转速对摩擦损失功率的影响比较复杂，要得到较准确的数据，只能用实验法求出。例如由扭矩转速求得 N_e，由示功图求得 N_i 再算出 η_m。

如适当提高滑油温度与冷却水温度，滑油黏度降低，则 η_m 会有所提高。但若温度过高，滑油黏度太低，使油膜遭到破坏或过热，则会因破

坏了正常润滑状态而使 η_m 大大降低,甚至引起重大运转事故。

现代柴油机的机械效率值见表1-3。

表1-3　现代柴油机的机械效率值

机型	g_i/[g·(kW·h)$^{-1}$]	η_i	g_e/[g·(kW·h)$^{-1}$]	η_e	η_m
四冲程,非增压	177~231	0.486~0.372	231~272	0.372~0.316	0.78~0.85
二冲程,非增压	170~238	0.506~0.361	245~300	0.351~0.287	0.70~0.80
四冲程,增压,高速	160~205	0.538~0.420	195~258	0.441~0.333	0.80~0.88
四冲程,增压,中速	150~195	0.573~0.441	166~231	0.518~0.372	0.85~0.92
二冲程,增压,中速	165~215	0.521~0.400	189~258	0.455~0.333	0.75~0.88
二冲程,增压,低速	143~192	0.601~0.448	155~225	0.555~0.382	0.85~0.92

(2)平均有效压力 p_e

在柴油机有效指标中,同样也可以引入与 p_i 类似的折合到单位气缸工作容积的指标——平均有效压力 p_e。平均有效压力 p_e 是柴油机在每一工作循环、单位气缸工作容积所做的有效功。它消去了柴油机气缸工作容积的因素,所以它的数值与气缸工作容积的大小无关。因此便于用它来比较不同气缸尺寸和不同类型的柴油机的做功能力——强化程度。p_e 值大,表明其单位气缸工作容积的做功能力大,柴油机气缸工作容积利用程度高。p_e 可由测得的有效功率 N_e 和转速 n 推算出来。由于

$$N_e = \frac{p_e V_S n i}{60\ 000} = C p_e n i$$

则

$$p_e = \frac{N_e}{Cni} \tag{1-14}$$

同样,平均机械损失压力 p_m 也可以写为

$$p_m = \frac{N_m}{Cni} \tag{1-15}$$

将上两式代入 $N_e = N_i - N_m$,可见平均有效压力 p_e 也可以写为 $p_e = p_i - p_m$,如图1-7所示。喷入的燃油量相同时,p_e 的值大表明其工作循环进行得比较完善或机械损失小。p_e 是评定柴油机工作循环动力性的重要指标。

由于 $\eta_m = \dfrac{N_e}{N_i} = \dfrac{Cp_e ni}{Cp_i ni} = \dfrac{p_e}{p_i}$,知道了平均指示压力 p_i 和机械效率 η_m 之后,就可以求出柴油机的平均有效压力为

$$p_e = p_i \eta_m \tag{1-16}$$

(3)有效燃油消耗率 g_e 和有效热效率 η_e

有效燃油消耗率是指每一千瓦有效功率每小时所消耗的燃油量,单位是kg/(kW·h)。

$$g_e = \frac{G_f}{N_e} \tag{1-17}$$

式中　G_f——柴油机每小时油耗量,kg/h;

N_e——柴油机有效功率,kW。

有效热效率 η_e是指曲轴有效功与所消耗的热量之比,即

$$\eta_e = \frac{L_e}{Q_1} = \frac{3\ 600N_e}{G_f H_u} = \frac{3\ 600}{g_e H_u} \tag{1-18}$$

仍从定义出发,可得

$$\eta_e = \frac{L_e}{Q_1} = \frac{L_i}{Q_1} \cdot \frac{L_e}{L_i} = \eta_i \cdot \eta_m \tag{1-19}$$

η_e已包括了柴油机工作时的一切损失。

目前,船用柴油机的 g_e与 η_e数值见表 1-3。

1.3.2　其他动力性和经济性指标

1. 转速

内燃机曲轴每分钟的转速,用 n 表示,单位为 r/min。转速对内燃机性能和结构影响很大,而且其范围十分宽广。各种类型内燃机使用转速范围各不相同,其中有两个转速值得注意:

①最高转速 n_{max}——受调速控制时,柴油机所能达到的最高转速。

②最低稳定转速 n_{min}——柴油机能够稳定工作的最低转速。

在最低稳定转速和最高转速之间是柴油机转速的工作范围。

2. 活塞平均速度 C_m

活塞在气缸中运动的速度是不断变化的,在行程中间较大,在止点附近较小,止点处为零。若已知内燃机转速 n 时,则活塞平均速度可由下式计算

$$C_m = \frac{2Sn}{60} = \frac{Sn}{30} \quad (m/s) \tag{1-20}$$

式中　S——行程,m。

柴油机的速度可以用曲轴转速 n 和活塞平均速度 C_m表示。

3. 滑油消耗率

柴油机在标定工况时,每千瓦小时所消耗滑油量的克数称为滑油消耗率,单位为g/(kW·h)。

柴油机的滑油是在机内不断循环使用的,其消耗的原因主要是:柴油机在运转时滑油经活塞窜入燃烧室内或由气阀导管流入气缸内烧掉,未烧掉的则随废气排出;另外,有一部分滑油由于在曲轴箱内雾化或蒸发,而由曲轴箱通风口排出。柴油机的滑油消耗率一般为0.5~4 g/(kW·h)。

1.3.3　排气污染指标

在柴油机的排气中含有数量不多但非常有害的排放物。它们是:一氧化碳 CO、碳氢化合物 HC、氧化氮 NO_x和二氧化硫 SO_2。这些燃烧产物排入大气,污染环境而且有害于人体健康,从而造成社会公害。

随着环境保护意识的增强,对柴油机排气污染的限制也日益严格。我国已实施的国家

标准对柴油机排放的 NO_x 限制如下：

当 $p_e>300$ kPa 时，在 $g_e\leqslant 214$ g/(kW·h)时 NO_x 限值为 29 g/(kW·h)；

在 $g_e=214\sim268$ g/(kW·h)时，限值为 25～14 g/(kW·h)；

在 $g_e>268$ g/(kW·h)时，NO_x 限值为 11 g/(kW·h)。

国际海事组织的《MARPOL73/78 公约》中关于限制船舶柴油机排气污染的最新附则(1999 年 12 月 31 日开始实施)，对船舶柴油机的排放限制见表 1－4。

表 1－4　船舶柴油机排放限制

排放物	中速机/[$g\cdot(kW\cdot h)^{-1}$]	低速机/[$g\cdot(kW\cdot h)^{-1}$]
NO_x	12	17
CO	1.6	1.6
HC	0.5	0.5
CO_2	660	660
SO_2	$4.2\omega_S$	$4.2\omega_S$

表中 ω_S 为燃油中的含硫量，且不得大于 1.5%。

1.4　船舶柴油机的类型及发展趋势

1.4.1　船舶柴油机的类型

根据柴油机所使用的场合、目的不同，对其要求也不同，因而种类繁多。其主要分类有以下几种。

1. 按气缸排列方式分

船舶柴油机通常均为多缸柴油机。其气缸的排列有直列式、V 形和 W 形等。如图 1－11 所示为直列式柴油机与 V 形柴油机。

具有两个或两个以上直列缸，并且一列布置的柴油机称为直列式柴油机。具有两个或两个以上气缸，中心线夹角呈 V 形，并共用一根曲轴输出动力的称为 V 形柴油机。

直列式柴油机气缸数一般不超过 12 缸，气缸数超过 12 缸通常用 V 形柴油机，V 形柴油机一般用于中、高速柴油机。

2. 按冲程数分

根据柴油机工作时完成一个工作循环所需要的冲程数，柴油机可分为四冲程和二冲程柴油机两类。

3. 按冷却方式分

根据柴油机气缸的冷却方式，柴油机可分为水冷和风冷两类。

4. 按转速分

柴油机的转速可以用曲轴转速 n 或活塞平均速度 C_m 来表示，其指标如下：

低速柴油机　　$n\leqslant300$ r/min　　　　$C_m=6.0\sim7.2$ m/s

中速柴油机　　$300 < n \leq 1\ 000$ r/min　　$C_m = 7.0 \sim 9.4$ m/s

高速柴油机　　$n > 1\ 000$ r/min　　$C_m = 9.0 \sim 14.2$ m/s

中、低速柴油机一般用作船舶的主机。高速柴油机一般用作发电机的原动机、救生艇发动机、应急发电机的原动机和应急消防泵的原动机等。

5. 按进气是否增压分

柴油机根据进气是否增压分为非增压柴油机和增压柴油机两类。增压柴油机按增压压力大小又可分为:低增压 $P_k < 0.15$ MPa(进气空气被压后达到的压力称为增压压力,一般以 P_k 表示),中增压 $P_k = 0.15 \sim 0.25$ MPa,高增压 $P_k = 0.25 \sim 0.35$ MPa,超高增压 $P_k > 0.35$ MPa。

6. 按柴油机本身能否逆转分

柴油机根据本身能否逆转分为可逆转柴油机和不可逆转柴油机。可逆转柴油机可由操纵机构改变自身转向。不可逆转柴油机其曲轴仅能按同一方向转动。

7. 按柴油机在船舶的布置位置分

从柴油机功率输出端向自由端看,正车时沿顺时针旋转的柴油机称为右机,一般布置在右舷。

从柴油机功率输出端向自由端看,正车时沿逆时针旋转的柴油机称为左机,一般布置在左舷。

单机布置的柴油机通常为右机。

8. 按柴油机的活塞与连杆连接方式分

柴油机根据活塞与连杆连接方式分为筒形活塞式和十字头式柴油机。

筒形活塞式柴油机是用活塞销连接活塞与连杆,如图 1－11 所示。十字头式柴油机用沿着导板滑动的十字头连接活塞与连杆,如图 1－12 所示。

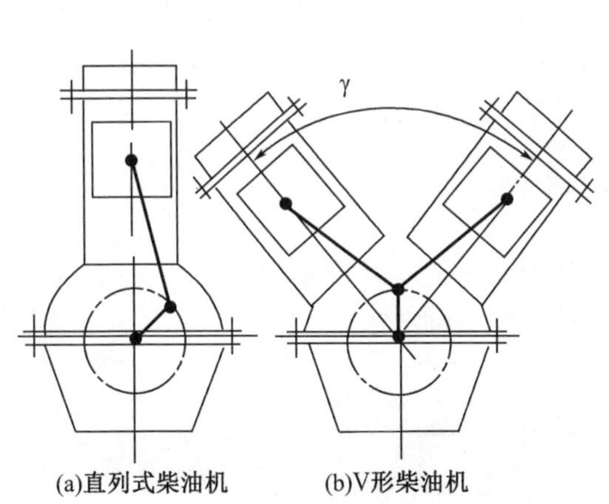

图 1－11　筒形活塞式柴油机

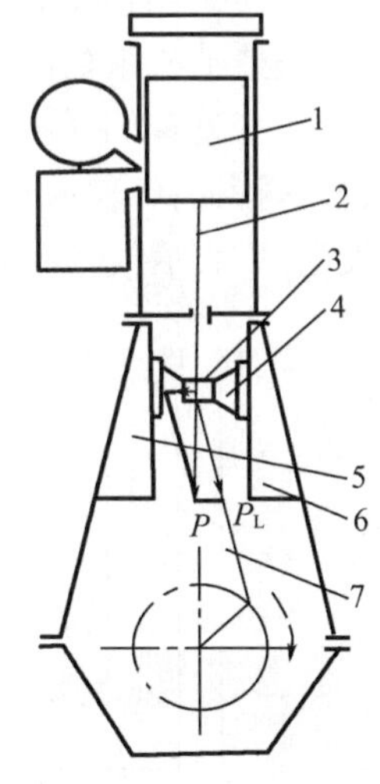

1—活塞;2—活塞杆;3—十字头;4—滑块;5—正车导板;6—倒车导板;7—连杆。

图 1－12　十字头柴油机结构简图

1.4.2 船舶柴油机的型号

船舶柴油机有很多种类型,它们具有不同的结构和性能。为了便于柴油机的选择和使用,每一柴油机制造厂都将其产品用一组字母或数字组成的字符串来命名柴油机,这就是柴油机的型号。常用柴油机的型号含义介绍如下。

1. 我国国产船舶柴油机的型号

(1)国产大型低速柴油机型号

国产大型低速柴油机型号代号主要包括:气缸数、技术特征、气缸直径和活塞冲程、改进序号等,如图 1-13 所示。

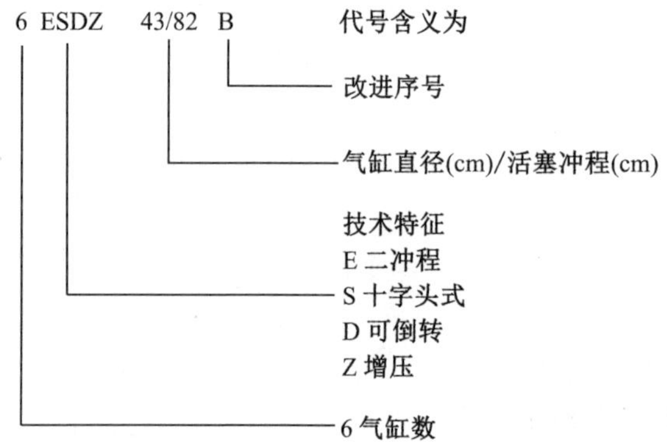

图 1-13 国产大型低速柴油机型号

(2)国产中、小型柴油机

国产中、小型柴油机系列品种很多,其型号代号主要包括:气缸数、技术特征、气缸直径和活塞冲程、设计变型等。气缸数、气缸直径用数字表示;冲程数用 E 表示二冲程,如无 E 表示四冲程;技术特征:C 表示船用右机,Ca 表示船用左机;Z 表示增压;G 表示高增压;D 表示可倒转或发电;V 表示气缸 V 形排列。如图 1-14 所示。

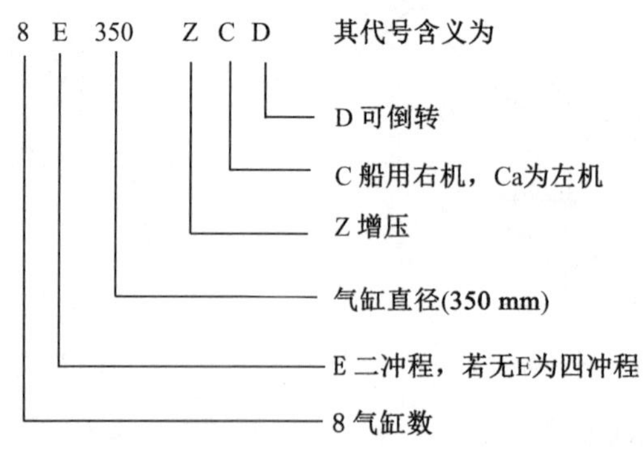

图 1-14 国产中、小型柴油机型号

2. 常见的国外船舶柴油机

国外各柴油机制造厂沿用该厂历史上机型的发展型号,并在机型发展中不断更改型号以资识别。我国对外开放后,引进多种国外名牌船舶柴油机专利许可证,这些柴油机一般沿用专利厂的原型号标志,并在机名前附注我国的厂名以示区别。如 HD - B&W、L35MC/MCE 型柴油机,其中 HD 表示上海沪东造船厂, B&W 表示 MAN B&W 公司。表1-5列出了国外典型船舶柴油机的型号。

表1-5　国外典型船舶柴油机的型号

国家	公司	机型及型号含义		技术特征
瑞士	Sulzer	6RTA84M	6—气缸数 R、T、A 技术特征 84—气缸直径(cm) M—设计改进代号(N:新型;M:改进型;A:变型)	R—焊接结构、二冲程、十字头式 T—超长冲程,直流扫气 A—机型发展序号
德国	MAN	K9Z60/105E	9—气缸数 K、Z 技术特征 60—气缸直径(cm) 105—活塞冲程(cm) E—设计改进代号	K—十字头式 Z—二冲程、单作用
	MAN B&W 公司	6L60MC/MCE	6—气缸数 L—冲程形式(L:长冲程;S:超长冲程) 60—气缸直径(cm) MC/MCE—技术特征	MC—船用等压增压 E—经济型
丹麦	B&W	1284VT2BF - 180	12—气缸数 84—气缸直径(cm) VT2—二冲程、单作用、十字头式 B—设计特征 F—船用	
日本	三菱重工公司	6UEC85/160C	6—气缸数 UEC—技术特征 85/160—气缸直径(cm)/活塞冲程(cm) C—改进型号	U—二冲程、直流扫气 E—废气涡轮增压 C—十字头式

1.4.3　船舶柴油机的现况及发展趋势

一般对船用主机来讲,经济性、可靠性和使用寿命是第一位的,质量和尺寸是第二位的。据此低速二冲程柴油机因其效率高、功率大、工作可靠、寿命长、可燃用劣质油以及转速低(通常为100 r/min左右,最低可达56 r/min)等优点适于作为船舶主机使用。大功率四冲程中速柴油机因其尺寸与质量小,较适于作为滚装船和集装箱船的主机。船舶发电柴油机因其发电机要求功率不大、转速较高以及结构简单,因而均采用中、高速四冲程筒形活塞式柴油机。

经过近几十年尤其是近十多年的发展,现代船舶柴油机已经发展到一个较高的技术水平。今后,生产力的发展将会对船舶柴油机提出更高的要求,船舶柴油机也将继续发展改进。当前柴油机的发展可以概括为:以节能为中心充分兼顾排放与可靠性的要求,全面提高柴油机性能。根据此发展目标,今后的研究趋势大致为:提高经济性的研究,包括燃烧、增压、低摩擦、低磨损等的研究;降低柴油机排放的研究,排放是现代柴油机面临的严峻挑战,对船舶柴油机排放的限制使得经济性的提高更加困难,这也是船舶柴油机发展中的新课题;提高可靠性与耐久性的研究;电子控制技术的研究;代用燃料的研究等。

目前柴油机技术发展中存在如下几个热点:

1. 船舶柴油机采用共轨喷油技术

在汽车发动机上采用共轨喷油系统是很普遍的。而 MTU 柴油机公司首先将这种技术用在船舶柴油机上。该公司将共轨喷油系统最先用于 4000 系列柴油机,后来又用于新推出的 8000 系列柴油机。采用共轨喷油系统和相应的柴油机控制装置后,柴油机能适应多种工况。由于柴油机的各种喷油参数是可以单独控制的,因此可使燃油消耗量显著降低,废气排放量有所减少。与采用普通喷油系统的柴油机相比,采用共轨喷油系统的柴油机可以在慢速低负荷运行时降低噪声。

在低速机方面,Sulzer 公司和 MAN B&W 公司走在了前列。Sulzer 公司开发的 RT - flex 系列已经装船使用,首台采用电控等压喷射系统的 RT - flex 58T - B 型柴油机装在一条由现代尾浦造船公司建造的 4.7 万载重吨散货船上,其采用的共轨喷油系统可用于无凸轮轴柴油机。MAN B&W 公司研制的无凸轮轴、完全采用电子控制的 7S50ME - C 型柴油机,也已正式投放市场。该型柴油机由阿尔法工厂制造,首台机安装在挪威船东订造的 3.75 万载重吨化学品船上。MAN B&W 7S50ME - C 型柴油机(输出功率 1.041 5 万 kW、转速 120 r/min)采用定时控制燃油喷射和排气阀排气,可有效地降低燃油消耗率。此外,该型柴油机还具有氧化氮数值和排烟浓度低等优点。

2. 柴油机进入智能化时代

MAN B&W 公司研制的智能系统可将普通十字头式低速柴油机改造成完全由计算机控制的柴油机。MAN B&W 公司对智能系统的研制是从 1991 年开始的,研制该系统的目的就是要提高柴油机的可靠性、灵活性。2000 年 11 月份,该公司研制的智能系统已经装在挪威的一艘 3.75 万载重吨化学品运输船的主机上。船舶上的柴油主机如果装上电子智能控制系统就可以全面提高柴油机的性能,使柴油机的各种功能得到充分发挥。电子智能控制系统一般包括柴油机的启动、调速、扭矩限制、运行状况监测、数据和诊断信息传递等。

3. 减少 NO_x 排放,保护生态环境

在提高柴油机性能的同时,人们并没有忘记保护生态环境。市场上现已出现了结构简单的降低 NO_x 排放的装置。法国热机协会推出了利用蒸发湿空气系统来减少 NO_x 排放的装置。为了使增压空气达到接近饱和的状态,蒸发湿空气系统将蒸发增压空气中的大量水分。通过试验台试验和实船试验证明,蒸发湿空气系统可以使柴油机的 NO_x 排放量减少 70%。从经济角度看,该系统有效利用海水,通过添加廉价的添加剂即可避免水中钙的沉积。该系统已与主机配套运行 6 000 h 未出现问题。专家对装有蒸发湿空气系统的柴油机运行 3 300 h 后进行了检测。检测结果表明,这台柴油机的缸套、活塞和活塞环的工作状况良好,活塞上积炭很少。该机在运行一年后经再次检测发现,装有蒸发湿空气系统后增压器涡轮不易被腐蚀。当然作为减少排放的有效措施，选择性催化还原（SCR）、排气再循环（EGR）等技术也在发展之中。

【思考与练习】

1. 在热机中，柴油机有哪些优缺点？
2. 简述柴油机的总体构造组成。
3. 柴油机的基本结构参数有哪些？
4. 简述船舶柴油机的类型和型号。
5. 柴油机的主要技术指标有哪些？
6. 柴油机一个工作循环由哪几个工作过程组成，其中哪一个过程对外做功？
7. 简述四冲程柴油机的工作原理。
8. 什么叫二冲程柴油机，它与四冲程柴油机相比有何区别？
9. 国产大型低速柴油机型号的表示方式主要包括哪些内容？
10. 二冲程柴油机的换气形式可分为哪些形式？每一种的特点是什么？

第2章　柴油机主要机件

【知识目标】

1. 能正确叙述活塞组件的功用、组成和结构特点。
2. 能正确叙述十字头组件、连杆组件的功用、组成和结构特点。
3. 能正确叙述曲轴和飞轮的功用、组成和结构特点。
4. 能正确叙述机座、机体、主轴承的功用、组成和结构特点。
5. 能正确叙述气缸和气缸盖的功用、组成和结构特点。

【能力目标】

1. 了解柴油机主要机件的拆、装要求。
2. 了解柴油机十字头组件、曲轴、气缸套的常见故障的类型。

2.1　燃　烧　室

当活塞处于上止点时，由气缸盖底面、气缸套内表面及活塞顶面共同组成的供燃料与空气混合和燃烧的封闭空间称为燃烧室，如图2－1所示。燃烧室是柴油机工质更换、燃气形成和膨胀做功的空间。燃烧室部件包括气缸套、气缸盖和活塞组件，它们共同构成密闭的气缸工作空间，承受高温、高压和腐蚀性燃气的直接、反复作用。高压和高温对燃烧室各部件造成的危害较严重，其中高温的作用较复杂，影响因素也多，故在实际管理中更应引起注意。

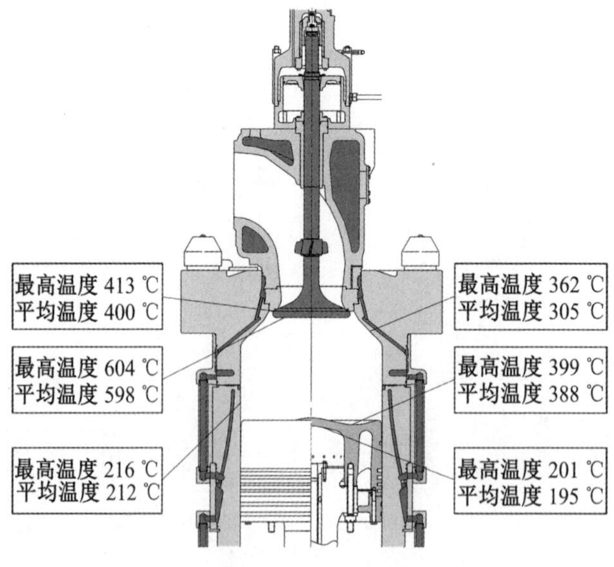

图2－1　燃烧室

2.1.1　活塞组件

1. 活塞组件的组成和功用

活塞是柴油机中的关键部件，可分为十字头式活塞和筒形活塞两大类。它既是燃烧室部件的组成部分，又与连杆、曲轴等部件组成运动机构。筒形活塞组件由活塞本体、活塞销及活塞环组成；十字头式活塞组件没有活塞销，有与活塞本体连接的活塞杆。活塞组件的主要作用如下：

①与气缸套、气缸盖共同组成密闭的气缸工作空间，在保证密封的情况下完成压缩和膨胀过程；

②将作用在活塞上的气体力向下传递给曲轴，转变成机械功；

③在筒形活塞式柴油机中，活塞承受连杆小端的侧推力，并由裙部传递给气缸壁，起着滑块的作用；

④在二冲程柴油机中，活塞还起着启、闭气缸套气口和控制换气的作用。

2. 活塞组件的工作条件和要求

活塞的工作条件极为恶劣，活塞组件承受着燃气的高温、高压、烧蚀和腐蚀的作用，又是在高速运动、润滑不良及冷却困难等情况下工作的，因而热负荷和机械负荷很高。

①承受燃气压力和往复惯性力所引起的带有冲击性的机械负荷。

②活塞顶部直接接触高温燃气，不仅热负荷很高，各部分间有温差热应力，而且还受到燃气的化学侵蚀（低温腐蚀）。

③活塞做往复运动，活塞与气缸润滑状态差，因此摩擦功大，磨损严重。

④在中、高速柴油机中，活塞的往复惯性力还会使柴油机振动加剧。

由于活塞对柴油机的动力性、经济性和可靠性影响很大，针对以上的工作条件，活塞组件必须满足以下要求：强度高、刚度大、密封可靠、散热性好、冷却效果好、摩擦损失小、耐磨损。对中、高速柴油机还要求活塞质量轻，惯性小。

3. 筒形柴油机活塞的构造

筒形柴油机活塞由活塞头、活塞裙、活塞环和活塞销组成。对于中型强载柴油机，活塞头部和裙部是分开制造的，而对于强化程度不大的柴油机及小型柴油机，通常将活塞头和活塞裙制成一体，称之为活塞本体。如图 2 - 2 所示为 Wärtsilä 32 型筒形柴油机活塞。

活塞头由铸钢制造，活塞裙由球墨铸铁制造，并通过柔性长螺栓将其连接在一起。浅盆形活塞顶与气缸盖的平底面相配合，形成一定形状的空间，以适应喷油器所喷出的油束形状，利于油、气混合和燃烧。活塞顶部四周突起，在与气阀开启相干涉的部位铣出避让坑。活塞头的环带上车有 2 道压缩环槽和 1 道刮油环槽。活塞头和活塞裙之间的空间为冷却腔。活塞采用滑油冷却，滑油由曲轴、连杆、活塞销和活塞裙中的通道送至环形冷却腔，再由此流入中央冷却腔，最后由冷却腔的中央孔泄至曲轴箱中。中央孔的位置及孔径控制了冷却腔中的油量，保证了振荡冷却的实现。由于活塞头是钢制的，活塞顶板和侧壁较薄，冷却腔较大，因而使冷却油振荡作用加强，提高了传热效果。活塞顶的这种结构体现了“薄壁强背”的设计思想，即：燃烧室的壁面薄可以减小热应力，在薄壁的背面设置强有力的支承（厚壁）又可以降低机械应力。

筒形活塞的活塞裙，除承受气体力的作用外，还受到较大的侧推力的作用，所以要造得十分坚韧。对于圆筒形的活塞裙，活塞销处金属较多，当受热时会使活塞销轴线方向的膨胀较大；活塞裙在侧推力作用下也会使活塞销沿轴线方向伸长，这样，在工作时活塞裙变成椭圆形，使活塞和气缸发生卡阻。为了避免这种现象，有的筒形柴油机活塞裙部设计成椭圆形，长轴在垂直活塞销轴线方向，短轴在活塞销轴线方向，也是为了避免运行中活塞和气缸卡阻。

Wärtsilä 32 型筒形柴油机的活塞裙部设有 4 个润滑油孔，其储油作用确保了活塞环和活塞裙的可靠润滑并使摩擦损失降到最低。每个活塞上的压缩环及刮油环数量减少且第 1 道环设有特殊的耐磨层，这使得摩擦损失达到最低。

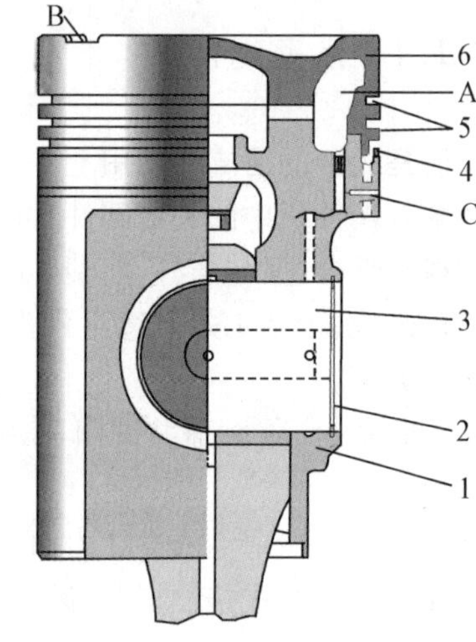

1—活塞裙；2—卡簧；3—活塞销；4—刮油环槽；5—压缩环槽；6—活塞头；A—冷却腔；B—避让坑；C—注油孔。

图 2-2　Wärtsilä 32 型筒形柴油机活塞

4. 十字头式柴油机活塞的构造

十字头式柴油机活塞由活塞头、活塞裙、活塞环、活塞杆和活塞冷却机构组成。此种柴油机活塞由于尺寸较大，它的主要特点是采用组合式和冷却式结构。此外，由于侧推力已由十字头滑块来承受，因而活塞裙一般都做得较短。

如图 2-3 所示为 MAN B&W 公司的 S50MC-C 型柴油机活塞，主要由活塞头和活塞裙两部分组成。活塞头用螺栓固定在活塞杆的顶部，活塞裙由螺栓固定在活塞头上。由于活塞头与燃气接触，承受高温和高压，活塞裙与气缸套接触，产生摩擦和磨损，为合理使用材料、方便制造及满足不同工作条件，活塞头和活塞裙分别用耐热合金钢和耐磨铸铁制造。活塞头的顶部呈下凹形，以利于燃油和空气混合。活塞头的内部支承也体现了“薄壁强背”的设计原则。

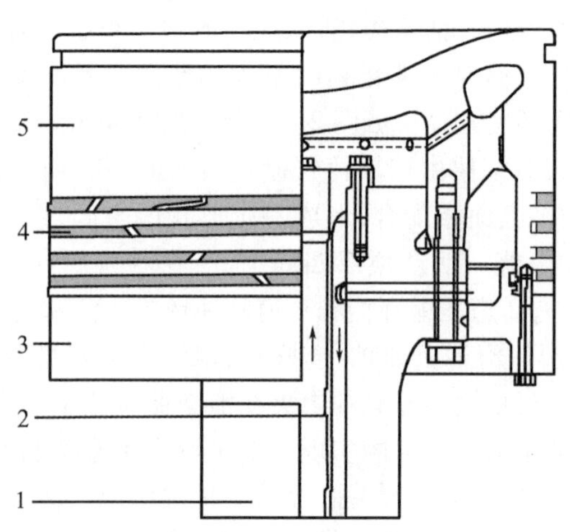

1—活塞杆；2—冷却油管；3—活塞裙；4—活塞环；5—活塞头。

图 2-3　MAN B&W 公司的 S50MC-C 型柴油机活塞

因十字头式活塞不受侧推力的作用,活塞裙为圆筒状。对于直流扫气柴油机,活塞裙做得较短。

活塞采用滑油冷却,在空心活塞杆顶端固定着滑油管。冷却油由固定在十字头上的套管供入,经十字头与活塞杆底部的钻孔进入活塞杆中的滑油管内部,再进入活塞头的冷却油腔,通过活塞头支承部分的油孔到达外部环形油腔,冷却活塞后经滑油管外的环形空间和十字头流出。

5. 活塞环

活塞环是开有切口的扁形金属圆环,因有切口,圆周方向会产生弹力。装入活塞环槽后,端面与环槽存在轴向间隙(称为天地间隙)。随活塞装入气缸套后,仍存在切口开度(称为搭口间隙)。同时,在径向,环的内圆与环槽底圆间也存在间隙(称为背隙)。这些间隙作为热膨胀预留量,但因预留量大小影响到活塞环的运动状态和工作性能,故有严格的规定。

(1)压缩环(气环)

压缩环的主要作用是防止气缸中的气体漏泄和将活塞上的部分热量传给气缸。压缩环的密封作用是依靠本身的弹性和作用在它上面以及漏到环内侧的气体压力,使环紧紧贴合到气缸壁和环槽下壁上,如图 2 -4 所示。这样就阻止了气体通过活塞与气缸壁之间的间隙漏至气缸下部空间。但由于活塞环在气缸中要留有搭口间隙,因此正常工作的压缩环也不能完全阻断燃气的漏泄,另外活塞环还可能出现失效,因此为了提高密封效果,一个活塞上要设多道压缩环。但压缩环越多,压缩环与气缸套之间的摩擦损失也就越大,通常高速柴油机安装 4 ~6 道环,低速柴油机安装 2 ~4 道环(现代低速柴油机随着技术的改进,其活塞环数量也越来越少)。多道压缩环,对下窜气体可形成曲径式密封,使切口处漏泄气体的下窜量大大降低。安装时各环的切口应在圆周方向错开 120°或 180°。第 1 道活塞环由于高温、高压燃气的直接作用,承受的负荷最大,向下依次减弱,在新型柴油机上,采用将第 1 道环加高的方法提高其承载能力,并在环的外侧开设 4 ~6 道压力释放槽,以使第 1,2 道环的负荷更加均匀。

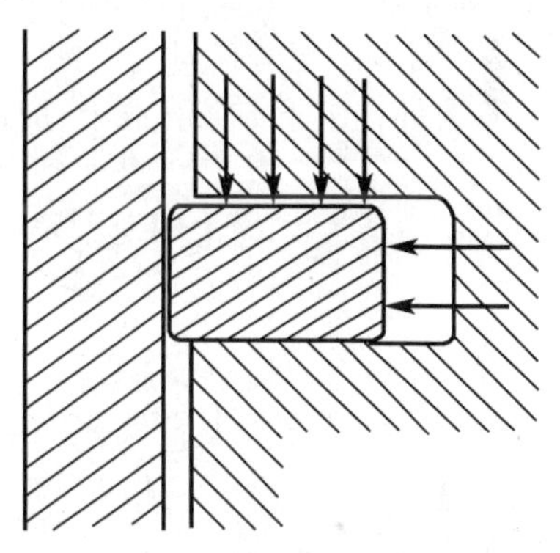

图 2 -4 压缩环的密封作用

压缩环的结构形式多种多样,根据其断面形状可分为矩形环、梯形环、倒角环、扭曲环等,如图 2 -5 所示。矩形环制造简单,应用最广,但温度超过 200 ℃时容易结焦卡死。梯形环因间隙可变促进了磨合,防止了烧结,允许环槽温度较高。倒角环在工作初期承压面积小,容易磨合,适用于缸壁硬度较高的柴油机中。倒角还有利于在环和缸壁之间形成油楔。但因倒角环在高压气体下会被推向槽内,因此不宜做第 1,2 道环。扭曲环分为内切槽环和外切槽环,由于弯曲,当其安装在气缸内时,便在环的外圆产生拉应力,在环的内圆产生压应力,因为内外圆的内力不在一条直线上,环产生扭曲变形。于是环的棱边与环槽壁和缸壁接触,提高了密封性。环相对于缸壁倾斜既可形成润滑油楔,又可使环在气体压力作用下有移动的趋势。安装扭曲环时常将内切槽环放在第 1 道,外切槽环放在第 2,3 道。这样做是为了使下两道环切槽处存留滑油,以利润滑。此外,还要注意安装扭曲环时,内切槽环切槽朝上,外切槽环切槽朝下,防止把滑油刮入燃烧室。梯形环、倒角环和扭曲环用在中、高速柴油机中。

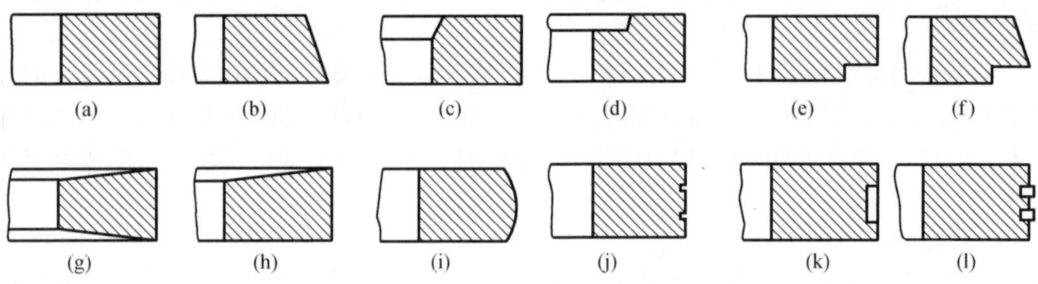

图 2－5　压缩环的截面形状

压缩环的搭口形状有直搭口、斜搭口和重叠搭口，如图 2－6 所示。直搭口和斜搭口结构简单，加工方便。把直搭口改为斜搭口的目的是改善其密封性，斜搭口倾角通常为 30°～45°，以 45°为多。重叠搭口气密性好，但容易折断。为了减少通过搭口的漏气，安装时活塞环搭口不要处在上下一条直线上，应该错开并且相邻环的斜搭口方向要彼此相反。

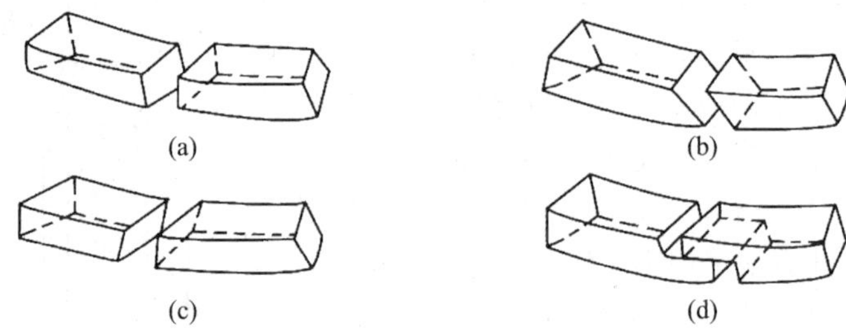

图 2－6　压缩环的搭口形式

压缩环的泵油是由活塞环在缸壁上的刮油作用和在环槽中的挤油作用引起的。活塞环在环槽中的运动是由气体力、惯性力和摩擦力的合力决定的。在进气过程中，如图 2－7(a)所示，如果合力向上，环就紧压在环槽顶面上，环在运动中把缸壁上的油刮到环槽中。当活塞经过下止点回行时，环所受的合力向下，环由槽的顶面移向底面，把环槽中的油由下方挤到上方，如图 2－7(b)所示。而第 1 道环槽上方的油被挤入燃烧室。压缩环在其他工作过程中也有类似的运动，随着柴油机工作循环的进行，滑油就从一道环到另一道环逐渐泵上去，最后被第 1 道环泵入燃烧室。

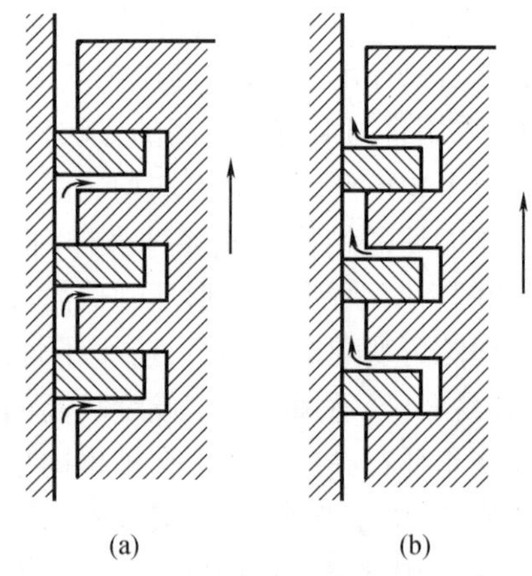

图 2－7　压缩环的泵油原理

(2)刮油环

在筒形活塞式柴油机中，一般在气缸上没有专门的润滑油加注设备，活塞与气缸套之间的润滑就是依靠曲柄销轴承在回转时把曲轴箱中的润滑油甩到气缸壁上进行的，因而称之为“飞溅润滑”。随着柴油机转速的增加，甩到气缸壁上的滑油量将急剧增加，当飞溅到气缸壁上的滑油过多时，压缩环就会通过泵油作用把它泵入燃烧室，这不仅增加了滑油的消耗量，而且会严重地污染活塞、气缸、气阀和排气道，尤其是容易引起滑油结焦而产生“卡环”等故障。因此筒形活塞式柴油机要在压缩环下面装设 1 ~2 道刮油环。新型柴油机通常只装设 1 道刮油环。

对刮油环的要求是有较高的径向压力、良好的弹性、合理的截面形状及畅通的回油通道。

刮油环的结构如图 2 –8 所示，可分为单刃刮油环和双刃刮油环。刮油环的特点是：环与缸壁的接触面积小，以增加接触压力，提高刮油效果；环与槽的天地间隙小，以减小泵油作用；环与槽开有泄油孔，可将刮在环槽中的油经环与槽上的泄油孔排回曲轴箱。要注意，当安装的刮油环刮刃为锥状表面时，要把刮刃的尖端放在下方，如图 2 –8(a)(c)所示，以便油环下行时刮油，上行时让滑油从它的倾斜面上流过，起布油作用。如果装反了，它就会向上刮油，使大量的滑油窜入燃烧室。

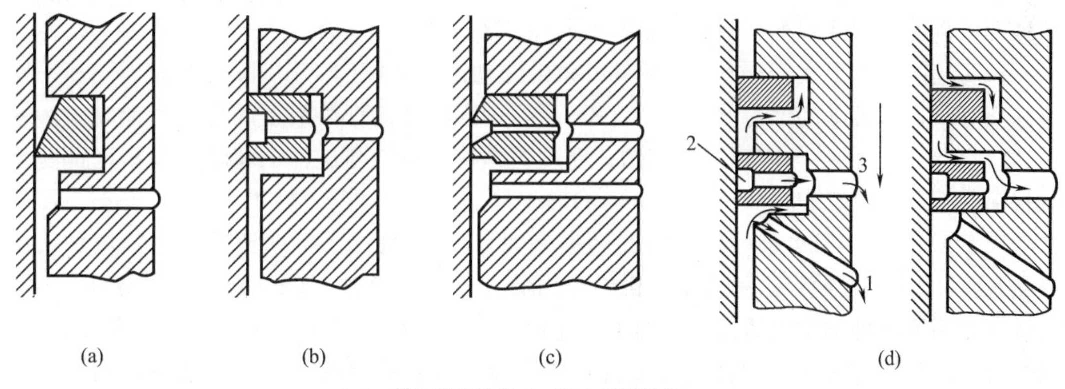

1，3—槽上的泄油孔；2—环上的泄油孔。

图 2 –8　刮油环的结构形式和工作原理

刮油环主要靠自身周向弹力与气缸壁接触。为增加接触比压，保证刮油效果，刮油环外缘棱边都呈刃口形状。为了得到持久较高的接触比压，有时采用弹簧胀圈式刮油环。刮油环的刮油作用只是刮下气缸壁上多余的润滑油，刮油环还应当在气缸壁工作表面布上一层有一定厚度的油膜，以保证活塞环能在高温高压下沿气缸壁正常滑动。

(3)承磨环

十字头式柴油机活塞的承磨环是专为活塞与气缸的磨合而设置的。超短裙活塞可不装承磨环，短裙活塞装 1 ~2 道，长裙活塞装 2 ~4 道。在活塞裙上开设燕尾形的环槽，如图 2 –9 所示。把截面如图 2 –9(a)所示的青铜条分成 3 ~4 段敲进环槽中，然后再加工到工作尺寸，如图 2 –9(b)所示。承磨环的直径比活塞裙部直径大。在磨合中，先是承磨环上的减磨金属与气缸磨合，待承磨环逐渐磨平后，磨合过的气缸再与活塞裙逐渐接触进行磨合。实践证明，如果在长裙活塞上不安装承磨环，活塞与气缸在磨合中就会拉缸。在中、小型筒形活塞的活塞裙上不设承磨环。

承磨环在运行中虽已磨平，但不必更换。如果发现缸套有不正常的磨损和擦伤，或当承磨环出现单边严重磨损与破碎时，在对缸套进行修整的同时应对承磨环进行换新；缸套、活塞换新时承磨环应予以换新。从承磨环的磨损情况可分析活塞的对中情况。

6. 活塞销

在筒形活塞中,活塞和连杆小端是靠活塞销相连的。活塞销要传递周期性变化的气体力和惯性力,两种力对活塞销形成高频冲击疲劳应力,同时由于活塞销受活塞限制,本身尺寸小,润滑条件较差,活塞销疲劳应力值及表面比压都很大,活塞销还受到连杆小端和销座的摩擦和磨损影响。因此要求活塞销有足够的耐疲劳强度、抗冲击韧性、耐磨损和质量轻。

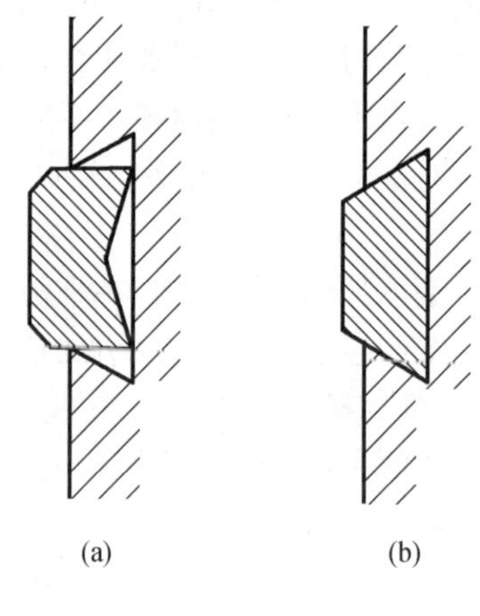

图 2-9　承磨环

活塞销一般多用优质碳钢或低碳合金钢制造,表面渗碳淬火,使表面硬度高而内部韧性好。也有用中碳合金钢制造再经表面氮化处理以适应强载要求。

活塞销一般为中孔圆销。为适应应力分布,中孔有阶梯孔或双向锥孔。有些油冷却式活塞的活塞销还开有加衬管的轴向油道和径向油孔,使润滑油流通。

活塞销的结构形式有浮动式、固定式和半浮动式。活塞销工作时,在连杆小端和销座内部都可以自由转动的称为浮动式活塞销;活塞销固定在连杆小端上的称为半浮动式活塞销;固定在销座上的称为固定式活塞销。浮动式结构活塞销与连杆小端轴承及销座都能相对转动(一般销与座有 0.005 ~0.03 mm 的过盈量,常温下不能转动,70 ~100 ℃热态下可以转动),活塞销的相对转动速度小,因此磨损小而且均匀,提高了活塞销的疲劳强度和使用寿命,这种活塞销在筒形活塞式柴油机中应用最广。图 2-2 所示的 Wärtsilä 32 型筒形柴油机就是采用的这种结构的活塞销。为了防止浮动式活塞销从销座中窜出刮伤气缸,用卡簧或与活塞销座孔过度配合的合金盖进行轴向定位。活塞销上的径向孔用来输送润滑油润滑活塞销座及连杆小端轴承,并输送润滑油冷却活塞。

7. 活塞杆与填料函

十字头式柴油机的活塞通过活塞杆、十字头与连杆小端相连。活塞杆与活塞及十字头均为固定连接,用来传递压力,具有较强抗压能力和良好的压杆稳定性。活塞杆由锻钢制造,表面经硬化处理。工作中活塞杆承受气体力和惯性力的作用,一般只受压力不受拉力作用,因而应有足够的抗压强度。又因它的长度与直径的比值较大,所以还要满足压杆稳定性的要求。活塞杆的底部与十字头连接,并由十字头上的凹槽定位。活塞杆是空心的,在活塞杆的顶端固定着滑油管,使活塞杆内部形成内外两个油道,用于活塞冷却滑油的进出。为了适应不同工况,可在活塞杆与十字头之间装配调节垫片以调整柴油机的压缩比。活塞杆用 4 个螺栓与十字头固紧。

在十字头式柴油机的气缸套下部均装设横隔板把气缸套下部空间(通常为扫气空间)与曲轴箱隔开,此时在活塞杆穿过横隔板处设有活塞杆填料函。其作用是防止扫气空气和气缸漏下来的污油、污物漏入曲轴箱,以免加热和污染曲轴箱滑油、腐蚀曲轴与连杆等部件;同时也防止溅落到活塞杆上的曲轴箱中的滑油带到扫气箱中污染扫气空气。活塞杆填料函的结构形式虽然繁多,但其基本结构原理大致相同,均主要由两组填料环组成,上组为密封、刮油环,下组为刮油环。图 2-10 所示为 MAN B&W 公司的 S-MC-C 型柴油机活塞杆填料箱结构示意图。

8. 活塞的冷却

活塞按散热方式可分为非冷却式和冷却式活塞。

(1)非冷却式活塞(径向散热型)

活塞头吸收的热量主要通过活塞环传给气缸套并通过冷却水带走。它主要用于强化程度较低、尺寸较小的小型柴油机活塞。这类活塞为了便于散热,在结构上通常顶部壁厚较大并沿活塞半径方向逐渐增厚,顶部内腔环带的过渡圆角半径较大。

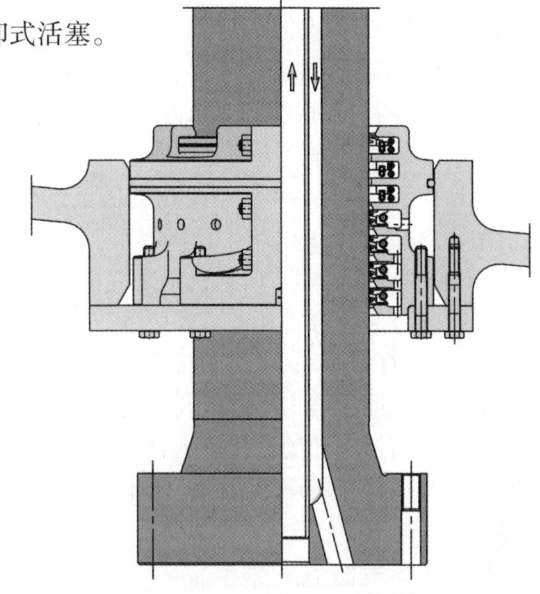

图 2-10　活塞杆填料函结构示意图

(2)冷却式活塞(轴向散热型)

使用冷却介质(如淡水、滑油)对活塞顶内腔进行强制冷却。在此类活塞中,为保证大部分热量为轴向散热,活塞顶采用薄壁结构。同时为减小径向散热,保护第一道活塞环温度不至于太高,而使活塞顶部内腔环带的过渡圆角半径较小,并有时在第 1 道环上方的活塞头外圆表面车制一道隔热环槽。此类活塞广泛用于大、中型柴油机。此类活塞的冷却方式可大致分为以下 4 种:

第 1 种为自由喷射冷却。滑油在压力作用下经连杆杆身内的输油通道,自下而上经连杆小端上部的喷嘴喷出,冷却活塞顶,然后落入曲轴箱。此种冷却方式多用在强化程度不高的小型柴油机中。

第 2 种为循环冷却。借助于专设的冷却机构把压力滑油送入活塞顶内腔中循环冷却(先周围后中部)。此时需在活塞顶内设循环腔或埋入蛇形管。此种冷却方式可对活塞顶部进行均匀而有效的冷却,但对强化程度很高的现代柴油机仍不能满足要求。

第 3 种为振荡冷却。在活塞顶内腔中设置大容积的冷却空间,并利用进、出口位置不同(一般进口高于出口,出口孔径大于进口孔径),保证冷却腔中的冷却液只充满 40% ~ 60%,并以一定的循环速度流过。活塞运动的往复惯性力,使得冷却液在腔室中产生上下冲刷振荡,加强对活塞顶的冷却作用。此种振荡速度(与活塞平均速度同量级)与冷却液循环流速叠加可产生较大的冷却液速度,加强了冷却液的扰动作用,从而提高了对活塞顶的冷却效果,因而在大、中型强载柴油机上普遍采用。

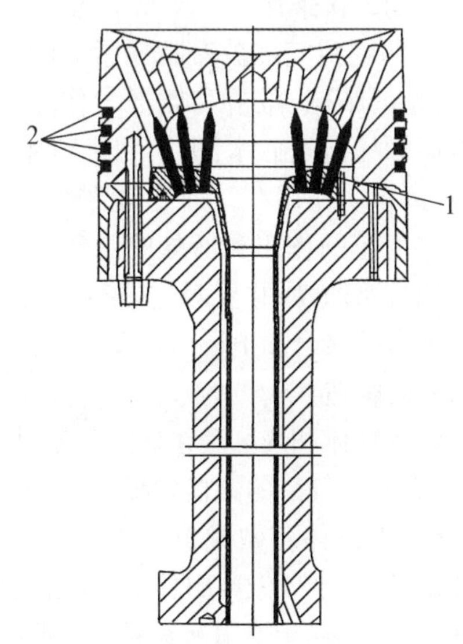

1—喷嘴;2—活塞环。

图 2-11　喷射-振荡式冷却

第 4 种为喷射-振荡式冷却(图 2-11)。由于现代柴油机强化程度的提高使柴油机的热负荷不断升高,只采用振荡冷却已无法满足柴油机的冷却要求,为了充分降低活塞的工作温度,目前世界上最主要的柴油机公司都对活塞采用了喷射－振荡式冷却,MAN B&W 公司称之为插管喷射冷却技术。瓦锡兰柴油机则在其钻孔冷却活塞的每个钻孔中都配有一个小喷嘴,将冷却油通过喷嘴直接喷射到活塞顶下部,并且在排出冷却腔之前,在冷却腔内振荡,由于喷射和振荡的双重冷却效果,确保了低的活塞表面温度并避免了表面的烧蚀。

活塞冷却液的输送方式是多种多样的。在筒形活塞式柴油机中广泛采用的是在曲轴、连杆中钻孔,滑油由主轴承经此孔道送至连杆小端,再经过活塞销和活塞销座中的孔道送至活塞头冷却空间,冷却后的滑油泄回曲轴箱。十字头式柴油机活塞可采用水或滑油冷却,冷却液的输送需要专门的机构来完成,这种专门的冷却液输送机构称为活塞冷却机构,归纳起来可分为套管式和铰链式两种。对于水冷活塞,通常采用密封性较好的套管式冷却机构,但由于存在着油、水交叉污染的问题,水冷活塞目前已不再使用。现代新型柴油机通常利用套管式或铰链式机构将同时用于十字头润滑和活塞冷却的高压滑油送入十字头,经十字头与活塞杆底部的钻孔进入活塞杆中的滑油管内部,再进入活塞头的冷却油腔,冷却活塞后经滑油管外的环形空间流出十字头。

2.1.2 气缸

1. 气缸的作用

气缸是柴油机的主要固定部件之一,是燃烧室部件中的主体。柴油机的工作循环是在气缸的工作空间里进行的,活塞在气缸内部往复运动。气缸的主要作用如下:

①与活塞、气缸盖组成燃烧室,并与气缸体形成冷却水通道;

②能及时地将部分热量传给冷却水;

③在筒形活塞式柴油机中,作为活塞往复运动的导向面,并承受活塞的侧推力;

④在二冲程柴油机中,气缸套上开设气口,布置气流通道;

⑤有些十字头式柴油机,气缸下部空间兼作辅助扫气泵空间。

2. 气缸的工作条件

气缸上部受到气缸盖安装预紧力的作用,气缸内壁受到燃气高温、高压和低温腐蚀作用,以及活塞的摩擦、敲击和侧推力作用。气缸的冷却水空间受到冷却水的腐蚀和穴蚀。当采用贯穿螺栓把气缸体、机架和机座紧固到一起时,气缸体承受压力。在非贯穿螺栓结构中,气缸体承受作用在气缸盖和活塞上的气体力所形成的拉力。

由气缸所起的作用和所处的工作条件可知,要求它具有足够的强度和刚度,要有良好的耐磨性和抗腐蚀性,并要对它进行良好的润滑和冷却。在气缸套和气缸盖的接合面、气缸体和气缸套的接合面上要有可靠的气封和水封。

3. 气缸的构造

气缸由气缸体和气缸套组成。气缸体有每缸一个的单体式、几个缸的缸体铸成一体的分组式,还有所有气缸的缸体铸成一体的整体式。在尺寸较大的柴油机中,为了制造、拆装和维修方便,气缸体多做成单体式或分组式。在中、小型柴油机中,为了减小尺寸和质量,增加刚性,气缸体不仅做成整体式,而且与机架或曲轴箱制成一体,称为机体。气缸体多采用灰铸铁制造,气缸套采用灰铸铁、耐磨合金铸铁或球墨铸铁制造。缸套的内表面有时还进行镀铬(松孔镀铬、储油网点镀铬)、氮化或磷化等处理,以提高耐磨性能。缸套内表面硬度通常要求大于 HB200,且与活塞环硬度有良好匹配,表面还应当有适当的粗糙度,使其具有一定的储油能力和磨合性能。内表面应有足够的圆度和圆柱度精度，安装支承面对内孔中心应有较高的位置精度。

(1)二冲程十字头式柴油机气缸的构造

图2－12所示为MAN B&W公司的S－MC型和S－MC－C型柴油机的气缸。它由铸铁制造的单体式气缸体和气缸套组成。在气缸体的上部开有大尺寸的中心孔，孔中插入气缸套。气缸体下部由横隔板将气缸和曲轴箱隔开。横隔板上的孔中装活塞杆填料函。气缸体在左右方向上设有通道B和C。通道C平时由盖板盖住，在检修时打开，轮机人员很容易接近活塞杆填料函、扫气口等部位，对填料函、气缸套内表面、活塞及活塞环等进行检查，并对气口和活塞下部空间进行清洁。通道B和扫气箱相连，在活塞打开扫气口A时进行气缸扫气。

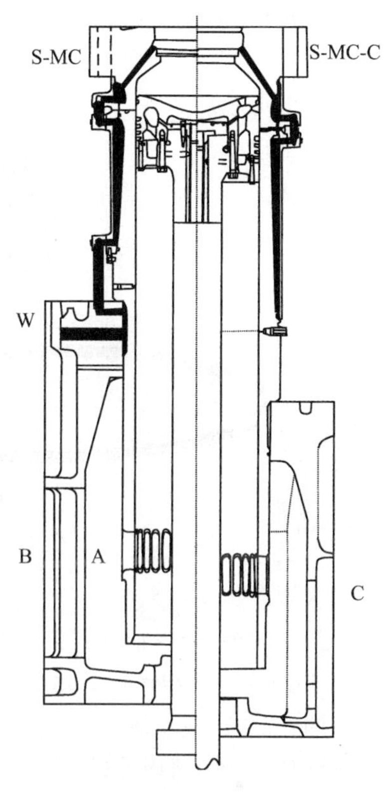

A—扫气口；B—扫气通道；C—检修通道；W—冷却水入口。

图2－12　MAN B&W公司的S－MC和S－MC－C型柴油机的气缸

与老式气缸体相比，这种结构可使气缸体的高度大大降低，简化了气缸体，减轻了质量，便于加工制造，对超长行程柴油机(气缸套高度大)十分有利。

气缸套通过上部的气缸盖压紧在气缸体上，当气缸套受热时，下部可以自由膨胀。气缸套外部设有冷却水套，MC－C型柴油机冷却水由W处进入气缸体，然后进入冷却水套，而S－MC－C型柴油机，甚至在气缸体内部不设冷却水腔，冷却水直接进入冷却水套，在冷却水套上下两端都设有橡胶圈用于密封冷却水。在气缸套下部外表面的槽内也有橡胶圈，用于该气缸套导向和密封。在气缸套上部通过冷却水接头，将冷却水送至气缸盖。由于气缸套的下部不用冷却，使气缸套中、下部有较高的温度，这对改善气缸套工况及消除该区域腐蚀磨损有利。

在气缸套中部设有注油器接头，其内表面开有润滑油槽保证气缸油的均匀分布。

在气缸套的下部是一圈扫气口，由活塞控制启闭。扫气口在水平和垂直方向上都有一定的角度用以控制气流使之在进气时形成一定的旋流。

S－MC－C型柴油机气缸套的显著特点是气缸套与气缸盖的密封面下移，这对于改善密封面的工作条件和气缸套的工作状况非常有利。有些柴油机还在气缸套与气缸盖的密封面处设置了一道活塞清洁环(去炭环)，它的直径比气缸套的内径略小，可以除去活塞头部的积炭，减少缸套的磨损，如图2－13所示。

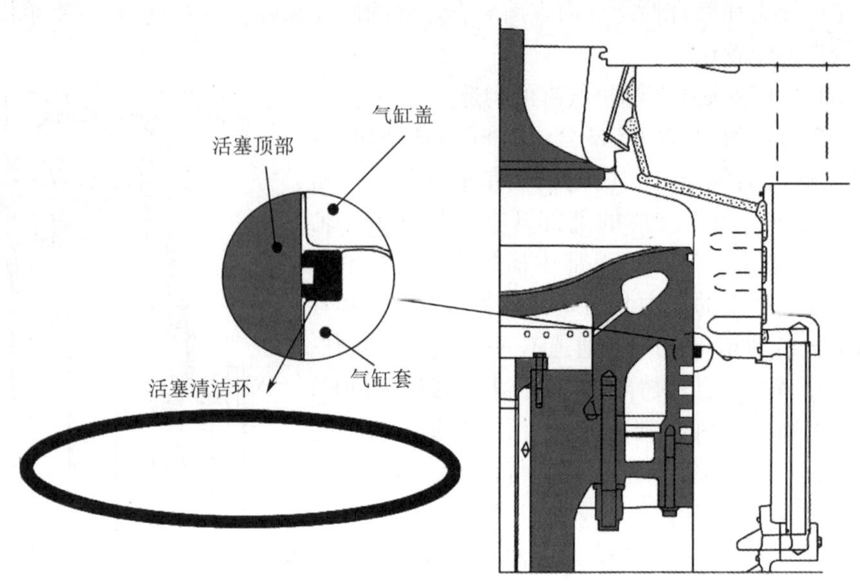

图 2－13　活塞清洁环

（2）四冲程筒形活塞式柴油机气缸的结构

图 2－14 为 Wärtsilä 32 型柴油机气缸套，该气缸套由特种灰铸铁离心铸造而成，其上部凸肩部分较高，内部钻孔，保证了气缸套足够的刚度，当柴油机工作时变形小。气缸套内部上端设有一个防磨环，其尺寸略小于气缸套直径，可以除去活塞头部的结炭，使气缸套的磨损率和滑油的消耗率都有所下降，该环磨损后可单独更换。气缸装入机体内部时在气缸套的上下部都有支承，为了使气缸套能更好地承受侧推力，气缸套壁造得比较厚。气缸套可以向下自由膨胀。冷却水由气缸上部配水环进入，只对凸肩处进行冷却，良好的温度分布大大降低了低温腐蚀的影响。

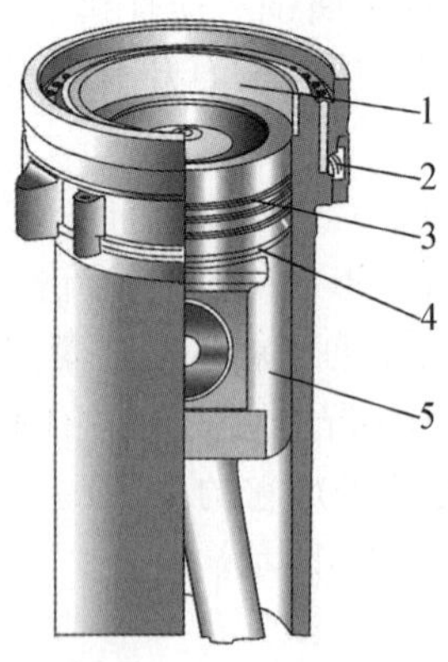

1—防磨环；2—配水环；3—镀铬陶瓷活塞环；4—裙部压力润滑；5—低摩擦设计的球墨铸铁裙部。

图 2－14　Wärtsilä 32 型柴油机气缸套

2.1.3 气缸盖

1. 气缸盖的功用、工作条件及要求

(1)气缸盖的功用

气缸盖是燃烧室的上盖。除和气缸套、活塞共同组成燃烧室外,在它上面还要安装各种阀件。这些阀件有喷油器、气缸启动阀、示功阀、安全阀、排气阀(四冲程柴油机和气阀-气口式二冲程柴油机)、进气阀(四冲程柴油机)等。另外,有的柴油机气缸盖上还要布置进、排气道,冷却水道和气阀摇臂机构等。它是柴油机中结构最复杂的零件之一。

(2)气缸盖的工作条件

由气缸盖所起的作用和它所处的位置可以看出,气缸盖要受到螺栓预紧力和缸套支反力的作用,以及缸内周期性变化的气体压力所产生的高频脉动机械应力的作用;在柴油机工作时还受到燃气的高温和腐蚀,气缸盖中央和排气阀孔附近温度最高,有的达到400~800 ℃,而气缸盖外围和冷却水侧的温度相对较低,气缸盖的温度分布很不均匀;冷却水腔还受到水的腐蚀。气缸盖由于受到螺栓紧固力等的约束,高温部分的热膨胀受到抑制,从而在各阀孔之间、阀孔与喷油器孔之间的狭窄区域(俗称"鼻梁区")产生很大的热应力。

(3)对气缸盖的要求

为了提高气缸盖对机械负荷的承载能力,应选用具有足够的强度和刚度的材料,以保证气缸盖既不会因应力过大而损坏,也不会因变形而漏泄;气缸盖的底板,特别是各种阀孔之间的金属堆积处的高温部位,采用较薄的底板厚度并需要进行良好的冷却,以降低壁面温度和温差;还要求气缸盖上各种阀件的拆装、维护方便,冷却水腔的水垢容易清除。气缸盖与气缸套之间的气密通常可通过采用紫铜或软钢垫床来保证。

气缸盖通常采用铸铁、铸钢和锻钢气缸盖。为了提高铸铁气缸盖的强度和热稳定性,往往在其中加入铬、镍、钼等合金元素。形状简单的气缸盖可用耐热钢(如钼钢)铸造。增压度较高的大型二冲程柴油机的气缸盖现在多用锻钢制造,锻钢材质结实,质量容易保证。

2. 气缸盖类型

气缸盖的类型很多,其分类方法也很多,按气缸盖与气缸之间的数量关系可分为以下几种:

(1)单体式气缸盖

每个气缸单独做一个气缸盖称为单体式气缸盖。这种气缸盖普遍应用在大功率中、低速柴油机以及强化度较高的高速柴油机上。它的特点是气缸盖和气缸套接合面处的密封性好,制造、运输、拆装及检修均较方便。但气缸的中心距加大,增加了柴油机的长度和质量。

(2)整体式气缸盖

把一排气缸的气缸盖(一般4~6个气缸)做成一体的称为整体式气缸盖。一般用于缸径小于150 mm的中、小型高速柴油机上。它的气缸中心距小,结构紧凑,柴油机的刚度提高,质量减轻;但易变形,密封性差,结构复杂,加工不便,往往由于局部损坏而导致整个气缸盖报废。

(3)分组式气缸盖

2~3个缸的气缸盖做成一体,称为分组式气缸盖。一般用在缸径较大的中、小型高速柴油机上。它的特点介于上述两者之间。

气缸盖的结构还与柴油机的尺寸、换气方式、燃烧室的形式和强化程度等因素有关。

3. 气缸盖的构造

(1)大型低速柴油机气缸盖的构造

现代大型低速机中直流阀式二冲程机占主导地位,下面介绍这种柴油机的气缸盖。

如图 2－15 所示为 MAN B&W 公司的 S－MC－C 型柴油机气缸盖,圆形结构,锻钢制造。在气缸盖中央设有排气阀孔,排气阀用 4 个双头螺栓紧固在气缸盖上。另外气缸盖上还设有气缸启动阀孔、安全阀与示功阀孔以及两个喷油器孔。在气缸盖中钻有许多径向冷却水孔,在气缸盖底部设冷却水套,它与气缸盖底部构成冷却水腔。排气阀装入气缸盖孔后,排气阀的插入气缸盖部分与孔内壁之间也构成一个冷却水腔。这两个冷却水腔通过钻出的冷却水孔相沟通。冷却过气缸套的水,通过冷却水套上 4 个通道进入冷却水腔。由冷却水腔进入冷却水孔冷却气缸盖底面后,进入阀孔与阀壳间的冷却水腔,以冷却排气阀和阀座。最后由垂直孔流入排气阀壳的上部冷却腔,冷却排气通道后排至冷却水出口管。

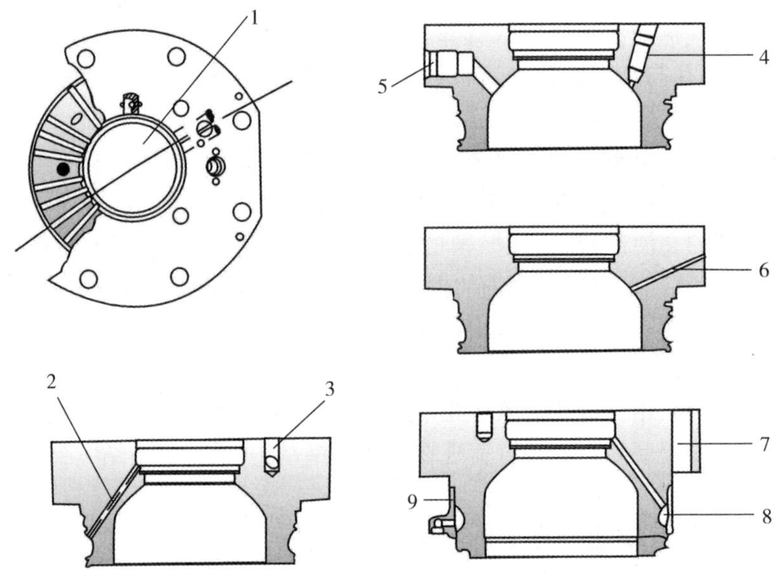

1—排气阀孔;2—冷却水孔;3—垂直孔;4—喷油器孔;5—启动阀孔;6—安全阀与示功阀孔;7—气缸盖螺栓孔;8—冷却水腔;9—冷却水套。

图 2－15　MAN B&W 公司的 S－MC－C 型柴油机气缸盖

由图 2－15 可以看出,这种气缸盖高度较大,但冷却水孔离燃烧室却很近,充分体现了“薄壁强背”的设计思想,提高了可靠性。气缸盖底面是燃烧室壁面的一部分。上述气缸盖底面为倒锥形,有利于换气和燃烧。喷油器设 2 个并对称布置,有利于油雾形状和燃烧室形状的配合,确保了油、气有良好的混合性能。气缸盖底最下面的圆柱形壁面,使气缸盖和气缸套的接合面下移,以便结合处不受火焰的直接冲击,对接合面起到保护作用。冷却水由接合面的外部进入气缸盖,消除了冷却水通过接合面漏入气缸内部的可能性。并且冷却过气缸套的水通过沿周向均布的 4 个通道进入气缸,确保燃烧室部位的冷却较均匀。

图 2－15 所示的气缸盖是由 8 个固定在气缸体上的双头螺栓和螺母固紧在气缸套的顶

部，这些螺栓在圆周上均匀分布，螺栓的固紧是用液压拉伸工具完成的。

（2）中速柴油机气缸盖的构造

中速柴油机多为四冲程柴油机，气缸盖上除有排气阀外还有进气阀。由于其气缸盖比低速柴油机的体积小、阀件多，其结构往往更为复杂。如图 2－16 所示为 Wärtsilä 32 型柴油机气缸盖。它用球墨铸铁制造，中央为喷油器孔，左右两侧分别有两个进气阀孔和排气阀孔，这种进排气道左右分布的布置，减少了高温排气对低温进气的加热作用。触火面很薄，并由来自边缘流向中心的冷却水有效地冷却。在各阀中间的鼻梁处，钻有冷却通道以提供最好的传热。排气阀座可直接得到冷却。4 个角上有气缸盖螺栓孔，气缸盖螺栓液压上紧。气阀座圈由具有良好耐磨性能的合金铸铁制造，进、排气阀表面镀有司太立合金，阀杆镀铬，如使用重油，可使用镍钼合金的排气阀。气缸盖上采用多管道集合元件代替了传统柴油机上单独元件的结构，可以完成空气进入气缸、废气排至排气系统、冷却水从气缸盖排出等多项功能。

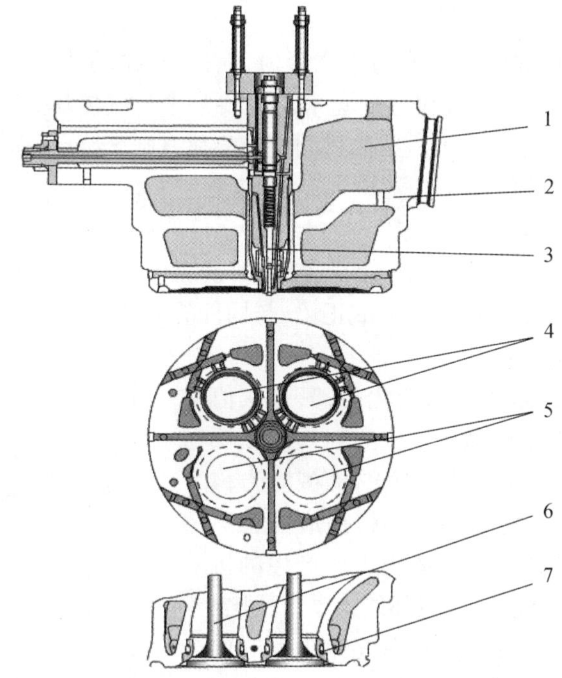

1—冷却腔；2—气缸盖；3—喷油器；4—排气阀孔；5—进气阀孔；6—气阀；7—阀座。

图 2－16　Wärtsilä 32 型柴油机气缸盖

气缸盖与气缸套之间必须设法保证可靠的密封性。气缸盖和气缸套之间的密封是一种高温、高压的密封，是技术上较难密封的位置之一。由于结构上的原因，气缸盖和气缸体在气缸盖螺栓之间的刚度并非均匀一致，同时，柴油机工作时各机件的不同部位的热膨胀也并不相同，使密封面产生不均匀变形。气缸内周期变化的气体压力，也将引起密封机件的动态运动，导致密封面间的密封压力不均。尤其是随着柴油机强化程度的提高，密封将更加困难。一般是采用合适的密封垫片、足够而均匀的接触压力来保证密封的。在单体式气缸盖中，通常是在气缸套顶面上车制出不同形状的环槽，并在气缸盖底面车制出凸缘，在两者之间安装环形密封垫片，以足够的接触压力来保证可靠的密封效果；小型柴油机采用整体式气缸盖时，各缸采用一块密封垫片，为保证其密封面间具有足够而均匀的接触压力，气缸套凸缘在气缸体上的凸出量必须具有较高的尺寸精度。

密封垫片的材料应耐热、耐腐蚀和抗压,并且还应具有足够高的塑性和弹性。在小型柴油机中广泛采用复合材料的密封垫片,如由两层铜(或钢)皮包敷橡胶-石棉板或合成橡胶-石棉内嵌钢质爪形骨架;在单体式气缸盖结构中,多采用紫铜或镀铜低碳钢环形密封垫片。

2.1.4 燃烧室部件承受的负荷

燃烧室部件的工作条件十分恶劣,主要有:受高温高压燃气的作用,产生脉动的机械应力、热应力和腐蚀、烧蚀等;运动副之间摩擦而产生磨损;冷却水空间的腐蚀、穴蚀;部件安装中产生的安装应力和因结构复杂、金属分布不均匀产生的应力集中现象。这种恶劣的工作条件使燃烧室部件承受着较大的热负荷和机械负荷,并存在严重的摩擦磨损和腐蚀。

1. 机械负荷

机械负荷是指柴油机部件承受最高燃烧压力、惯性力、振动冲击等的强烈程度。燃烧室部件所受的机械负荷,对气缸盖和气缸套来说主要是来自气体压力和安装预紧力,对活塞来说主要有气体力和往复惯性力。柴油机的机械负荷有两个特点:周期交变和冲击性。

(1)安装预紧力引起的负荷

气缸盖与气缸套的固定螺栓的预紧力为1.25~2倍的最高燃烧压力。在安装螺栓时预紧力不可过大或过小。当代新型柴油机的气缸盖固紧螺栓均采用液压拉伸器按规定液压力固紧。此安装预紧力与最高燃烧压力成正比,与构件的高度成反比。

(2)气体力引起的机械应力

由于气缸内的气体力是周期性变化的,其最大值为最高燃烧压力 p_z,其变化频率与单位时间内的循环次数(转速)有关。因此由气体力产生的机械应力称为高频应力(注意:往复惯性力产生的机械应力也称为高频应力)。燃烧室部件中由气体压力而产生的机械应力都和最高燃烧压力成正比,与部件壁厚成反比。

当柴油机工作时,气缸盖和活塞在气体压力的作用下产生弯曲变形,使上下表面产生机械应力:冷却面为拉应力,触火面为压应力。

气缸套内部在承受最高燃烧压力的作用时,缸套扩张,其应力分布如图2-17所示。触火面径向压应力达到最大,切向拉应力在壁厚方向上也达到最大;水冷面径向应力为零,切向拉应力在壁厚方向上达到最小。

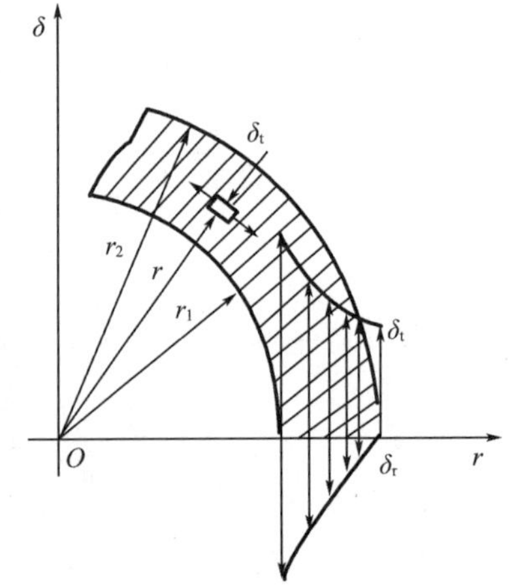

图2-17 气缸套壁内机械应力分布图

2. 热负荷

热负荷是指柴油机的燃烧室部件承受温度、热流量和热应力的强烈程度。柴油机强化程度的提高导致柴油机热负荷和机械负荷随之提高。热负荷过高对燃烧室部件所造成的危害是多方面的,主要有:材料的机械性能降低,承载能力下降;受热部件膨胀、变形,改变了原来的正常工作间隙;润滑表面的滑油迅速变质、结焦、蒸发乃至烧掉;有些部件(如活塞顶)受热面烧蚀;受热部件承受的热应力过大,产生疲劳破坏等。因此,限制运转中柴油机的热负荷并使之在一定范围之内，对柴油机经济、安全、可靠地运转是十分重要的。

燃烧室部件在交变的热应力作用下出现的破坏现象称为热疲劳。热疲劳对燃烧室部件的破坏是从出现裂纹开始的，逐渐发展使部件遭到疲劳破坏。热疲劳的产生和发展过程可用图2－18来说明。图2－18(a)表示热量从触火面A流向水冷面B；图(b)表示温度分布，温度沿壁厚近似直线变化，图(c)表示应力的变化，A面产生压应力，B面产生拉应力；图(d)表示当壁面的温度足够高、应力足够大时，就会在运行期间产生较大的蠕变，特别是在触火面因温度高、应力大时，在金属晶粒之间发生挤压，产生较大的塑性变形，并使该区域应力下降；当停车冷却后，由于非塑性变形的冷却面要复原，而塑性变形的触火面不能复原，只是壁面产生残余应力，这种残余应力的分布情况如图2－18(e)所示，它使触火面一侧受到拉伸。由于启动－停车的多次重复，上述现象就多次出现，使壁面受到低频率的脉动应力作用。由于材料在高温下强度会降低，而低频应力在柴油机启动—全负荷运转—停车过程中数值变化很大，这样就使一些燃烧室零件在短期内出现了裂纹。柴油机在运转中如果有负荷的变化，也会使燃烧室受热部位受到低频应力的作用，只是此时的应力幅值比较小些。

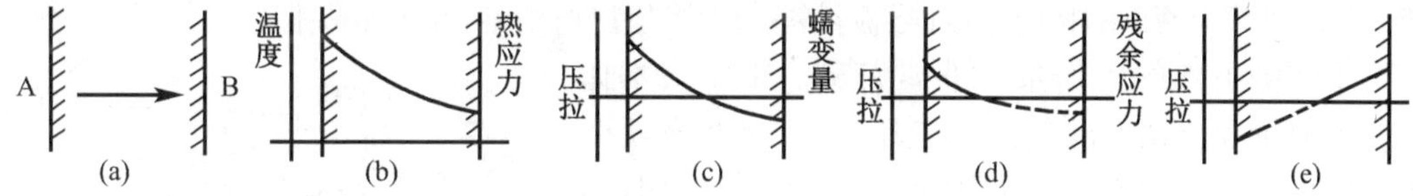

图2－18　热疲劳的产生和发展过程

柴油机在使用中因管理不当使燃烧室部件过热或局部过热，整机或个别缸超负荷运行或进行频繁地启停，均会加速热疲劳破坏。因此，在管理中注意柴油机的冷却状态，不超负荷运行，尽量减少启停柴油机的次数，这对提高燃烧室部件的可靠性、延长使用寿命是非常有利的。

燃烧室部件上所承受的应力除上面已分析过的之外，在铸造件内还不可避免地存在着铸造应力，柴油机运转时活塞上还要受到因自身惯性力而引起的机械应力。在这些应力中，有高频的，也有低频的。因此燃烧室部件承受的应力是按一定的关系叠加起来的综合应力。要使燃烧室部件工作可靠，一定要有合理的结构来保证。

综上所述，欲降低燃烧室部件的机械负荷就应采用厚壁结构，而欲降低热负荷就应采用薄壁结构，两者相互矛盾。解决此矛盾的最合理方案是采用“薄壁强背”结构。在现有各种“薄壁强背”结构中，钻孔冷却是一种最理想的形式。因而，当代新型超长行程柴油机燃烧室大多采用钻孔冷却结构。

2.2　曲柄连杆机构

曲柄连杆机构是柴油机的主要运动件，包括连杆组件和曲轴组件，对于十字头式柴油机还包括十字头组件。曲柄连杆机构的主要功用是将活塞的往复运动转变为曲轴的回转运动，将作用于活塞的燃气压力转化为转矩并由曲轴向外输出。工作中，曲柄连杆机构的机件主要承受由气体力和惯性力所形成的机械负荷。

2.2.1　十字头组件

1. 十字头组件的作用和工作条件

十字头组件是船舶二冲程十字头式柴油机的特有部件，主要包括十字头本体、十字头滑块和十字头轴承（连杆小端轴承）等。它的主要作用是将固定于活塞上的活塞杆下端通过十字头销与连杆小端轴承连接起来，并将活塞所受的动力传给连杆、曲轴。曲柄连杆机构工作过程中产生的侧推力则由十字头销两侧的滑块传递给固定于机架两侧的导板，改善了活塞与气缸套的工作条件，使活塞中心与气缸中心保持良好同轴度。某些柴油机还利用十字头组件上、下往复运动带动往复扫气泵等辅助机构。导板从柴油机左右方向承受十字头组传递的连杆小端侧推力，并传给机架。

如图 2－19 所示为 MAN B&W 公司的 S－MC－C 型柴油机的十字头构造，它主要由十字头销和十字头滑块（滑块材料一般为铸钢件）组成。活塞杆通过 4 个螺栓固定在十字头销上部的平面上，十字头销（十字头销材料一般为优质碳钢或合金钢锻造）由连杆小端轴承支承，连杆小端轴承盖为中空结构，两侧为十字头滑块，滑块两侧的工作面都浇有减磨合金，并开设油槽，滑块可沿着固定在机架上两侧的相应导板（导板材料一般为铸铁件）滑动，并传递侧推力。

十字头组件的工作条件非常苛刻。十字头本体和轴承要承受周期性的气体爆发压力，十字头滑块要承受侧推力（大小和方向都周期地变化）的作用；同时，各零件的尺寸由于结构上的原因往往受到限制，因而受力较严重，尤其是十字头轴承，工作条件更为恶劣。由于连杆只做摆动，相对角速度也不大；轴承的宽度又比较小，所以轴承内不易形成良好的油膜。此外，十字头销和轴承座在工作时的变形会导致轴承负荷不均匀，从而使轴承的工作状况更加恶化。随着柴油机增压度和最高爆发压力的不断增加，十字头组尤其是十字头轴承容易发生故障，成为船舶低速柴油机可靠性的一个薄弱环节。因此，在管理和维护上应予以足够的重视。

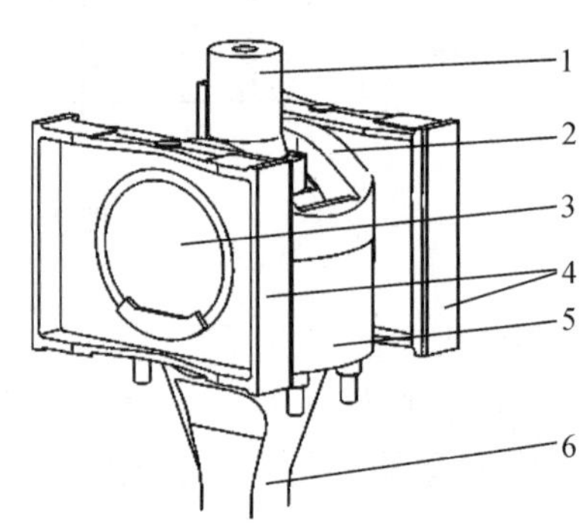

1—活塞杆；2—连杆小端轴承盖；3—十字头销；4—滑块；5—连杆小端轴承座；6—连杆杆身。

图 2－19　十字头构造

2. 十字头本体

十字头本体一般都采用优质碳钢（40、45 号钢）锻造，有时也采用合金钢。在设计中除保证有足够的强度外，目前的趋势是增加其刚度。十字头销一般都做得粗而短，不但提高了刚度，而且可增加销表面的线速度，有利于轴承油膜的形成。十字头销的表面往往采用滚压或镀铬（镀层厚度为 0.25～0.5 mm）等方法来提高其耐磨性；其对表面粗糙度的要求也很高，以保证工作可靠性。

十字头与活塞杆的连接方式有两种：一种是活塞杆穿过十字头上的孔用螺帽固定（此螺帽俗称“海底螺母”），如图 2－20(a) 用锥面定位和压紧，图 2－20(b) 用上螺帽支承杆身传来的压力；另一种是利用螺栓将活塞杆下部凸缘与十字头连接，如图 2－20(c) 所示。第一种形式由于活塞杆穿过十字头，连杆小端必须采用分叉形式，使十字头轴承工作可靠性降低，现在已基本不用。而第二种形式由于连杆小端采用全支承式结构，将整个十字头的下半部作为十字头轴承的承压面积，从而使轴承的比压降低，改善了轴承的受力状况，使十字头轴承的工作可靠性大大提高。目前 MAN B&W 公司和 Wärtsilä 瑞士公司最新生产的柴油机都采用这种结构。

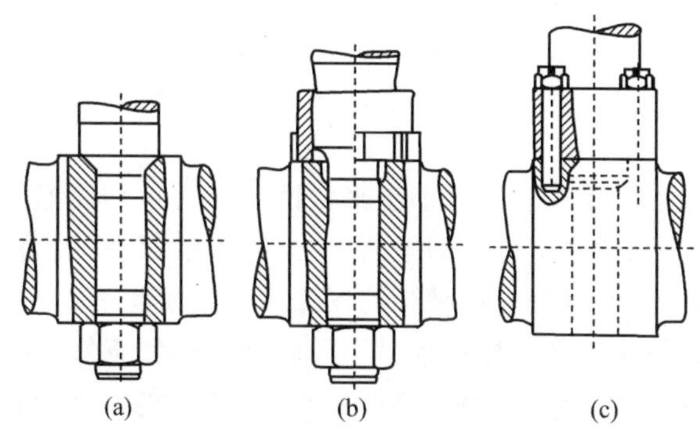

图 2-20　十字头与活塞杆的连接方式

3. 十字头滑块

十字头滑块的结构形式有：双滑块结构、单滑块结构和圆筒形滑块结构。

如图 2-21 所示，双滑块结构是十字头销的两端套上滑块，并用压板将其定位。每一滑块的两侧工作面上都浇有减磨合金，并开设油槽。润滑用的滑油来自十字头。滑块沿着装在机架上的相应导板滑行，并把侧推力传给它们。这种结构的特点是：无论正转或反转、膨胀行程或压缩行程，滑块的承压面相同；工作比较平稳可靠；同时，由于滑块布置在十字头的两侧，曲柄箱中的连杆运动平面上没有什么障碍，因而有较大的空间便于维修和拆装，因此应用广泛。但另一方面，由于有 4 个滑动面，工作时应保证 4 个面都和气缸中心线平行。因此，对制造、安装和校中的要求较高。此外，滑块和十字头组的总质量也较大。

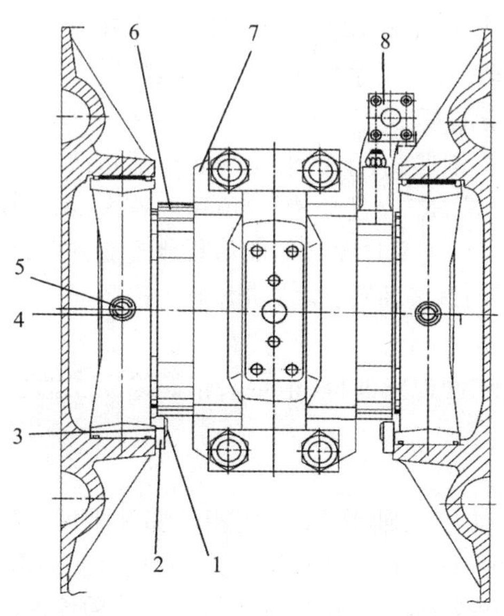

1,5—螺栓；2—导轨；3,4—垫片；6—十字头销；7—连杆小端轴承；8—托架。

图 2-21　L35MC/MCE 柴油机的十字头导板

单滑块结构只有一块滑块,用螺钉紧固在十字头本体上。滑块的正面与机架上的正转导板相配,背面有两条面积较小的反转工作面与反转导板相配。因此,所有的滑块和导板均布置在同一侧。这种结构的特点是:布置较紧凑,受力也较合理(正转时受力大,有较大的承压面;反转时受力小,而且工作时间短,承压面可小些)。但由于导板和滑块布置在连杆运动平面上,曲轴箱空间较小,因此维修和拆装不如双滑块结构方便。此外,滑块的布置和柴油机的转向有关,如不更改设计,就不能同时适应左右机的要求。以前应用较多,现在已很少采用。

圆筒形滑块结构虽然易于通过机械加工来保证工作气缸和筒形导板的对中,不需拂刮调整,但由于筒形导板要布置在连杆摆动平面上,而且前后都有,因而使柴油机其他部件的布置维修和拆装都很不方便。因此,这种结构仅为个别机型使用。

十字头滑块一般用铸钢制造。根据十字头滑块的结构和工作情况,导板分为正车导板和倒车导板。承受着正车膨胀行程(倒车压缩行程)侧推力的导板叫正车导板,承受着倒车膨胀行程(正车压缩行程)侧推力的导板叫倒车导板。正、倒车导板分设在十字头左右的结构形式称为双导板式,若正、倒车导板处在十字头左或右同一侧称为单导板式。

4. 十字头轴承

十字头组件最常见的故障就是十字头轴承合金出现疲劳、脱壳、熔塌(铺铅)等事故。因此,可以说,十字头组件的工作可靠性主要取决于轴承的可靠性。

(1)十字头轴承的工作条件和工作特点

十字头组件的工作条件是比较苛刻的。十字头本体和轴承要承受周期性的气体爆发压力;十字头滑块要承受侧推力的作用。特别是十字头轴承,由于单向受力及与十字头销只做小角度的相对转动,不易形成良好的润滑,工作条件更为恶劣。

柴油机故障统计表明,十字头轴承是柴油机各种轴承中发生故障最多的轴承。其工作特点可总结如下:

①轴承比压大。

十字头轴承承受气体力和活塞惯性力的作用,燃烧气体压力很高,而十字头轴承与十字头销又是同处于往复运动中,其尺寸受到较大的限制。

②难以形成良好的润滑油膜。

连杆小端轴承绕十字头销摆动,十字头式柴油机都是低速机,连杆的摆角和摆动角速度都很小。当活塞处在上、下止点位置时,摆动角速度较大,而曲柄销在左、右水平位置时,摆动角速度为零。由于摆动角速度时大时小且不断地改变方向,使十字头轴承处于边界润滑状态,因此难以形成良好的润滑油膜,摩擦和磨损比较严重。

③单向受力。

十字头式柴油机都是二冲程柴油机,十字头销始终压在轴承下瓦上,不利于滑油的供应和楔性油膜的形成。

④受力不均。

在柴油机工作时,由于十字头轴承受力,使相关部件难免发生变形。特别是对于分叉式十字头轴承,十字头销变形往往很难和轴承变形一致,易使局部受力严重,产生负荷分配不均现象。一般在轴承内侧受力较大,更易发生故障。这种情况在采用全支承式十字头轴承后已大大改善。

(2)提高十字头轴承可靠性措施

为了提高十字头轴承的工作可靠性,各柴油机公司和制造厂家多年来做了不少努力,采取了一系列延长十字头轴承寿命的措施,主要有以下几方面。

①降低轴承比压。

降低轴承比压的措施主要有以下几个:

a. 加大轴颈直径。将十字头销轴颈直径加大,同时轴承孔径也相应加大,轴承承压面积增加,因此比压下降。增大轴颈直径还可提高刚度,增加十字头销表面的线速度,有利于润滑油膜的形成。有的柴油机十字头销轴颈直径已增加到气缸直径的96%。

b. 用全支承式轴承。在轴颈的全长上都设轴承承压面,扩大承压面积。

②使轴承负荷分布均匀。

为了提高十字头轴承的可靠性,不但要降低轴承比压的平均值,而且还要避免局部比压过高的现象,尽量使轴承负荷分配均匀。对于分叉式十字头轴承,曾采取过如:采用弹性结构(即在十字头销的两端开一定深度的减轻孔,将轴承座的支承偏置)、刚性结构(十字头销短而粗,杆身大端多采用台式结构)、反变形法(预先降低轴承内侧,以补偿十字头销受力后的塌腰现象)和增大承压面的贴合面积等方法使轴承负荷分布均匀。

③保证良好的润滑和冷却。

其主要措施有以下几个:

a. 保证油压。为了保证十字头轴承的滑油压力,现已普遍采用铰链机构或套管机构,直接把滑油送至十字头销和轴承。在采用薄壁铝锡合金轴瓦后,有的柴油机为了弥补它在嵌入性、适应性等方面的缺陷,由专设的滑油升压泵,把滑油压力大大提高,从而实现液体静力润滑。

b. 合理开设油槽。轴承油槽的布置和形状,对润滑油膜的形成和轴承承载能力有很大的影响。槽数太多,将使承压面削弱太多,承载能力下降;槽数太少,则布油不均匀。轴向油槽不能开到边缘,以防滑油流失,难以形成液体静力润滑。但也不能把滑油封闭在轴承中或滑油从轴承中流出的数量不足,为此,某些轴承油槽的端部有小直径泄油槽以保证良好冷却。在油槽的边缘应开有楔形斜面,以防锐利的棱边刮去滑动表面上的润滑油。为了获得最佳滑油膜厚度,楔形斜面必须具有适当的角度和长度。

c. 选择合适的间隙。间隙太大,油压不易建立,油膜不易形成;间隙太小,轴颈不易浮起,热量不易带走,轴承容易抱轴。因此,保证合适的间隙也是很重要的。

④采用薄壁轴瓦。

近年来由于轴承负荷的不断提高,在十字头轴承中越来越多地采用薄壁轴瓦。薄壁轴瓦是在钢背上浇注一层较薄的轴承合金。轴承合金与钢背的贴合力强,疲劳强度高。另外,薄壁轴瓦加工精度高,不需拂刮,互换性好,拆装与更换方便。

⑤提高十字头销颈表面光滑程度。

由于十字头轴承润滑条件差,油膜很薄,为了防止十字头销颈擦伤轴承,同时也为了提高十字头销的抗疲劳强度,十字头销颈必须非常光滑。

2.2.2 连杆

1. 连杆的工作条件和要求

连杆是活塞(或十字头)与曲轴之间的连接件,其功用是将活塞的往复直线运动转变为曲轴的回转运动;把作用在活塞上的气体力和惯性力传给曲轴,使曲轴对外输出功。

连杆的运动复杂,连杆小端随活塞做往复运动,大端随曲柄销做回转运动。连杆杆身在小端和大端运动的合成下,绕着往复运动的活塞销或十字头销摆动。杆身上任意一点的运动轨迹随其位置而异,近似呈椭圆形。

(1)工作条件

①在工作时连杆承受由活塞传来的气体压力和活塞连杆组的往复惯性力的作用;

②在连杆摆动平面内,受到连杆本身运动惯性力引起的附加弯矩(称连杆力偶)作用;

③连杆大、小端轴承与曲柄销、十字头销(或活塞销)会产生摩擦与磨损。

连杆的受力情况随机型而异,在二冲程柴油机中,连杆几乎始终都是受压的,但压力的大小是周期性变化的。在四冲程柴油机中,连杆有时受拉,有时受压。

(2)要求

连杆必须耐疲劳、抗冲击,具有足够的强度和刚度(尤其是抗弯强度)。连杆长度应尽量短,以降低发动机的高度和总质量。要求连杆轴承工作可靠、寿命长。此外还要求连杆质量轻(特别是中高速机),加工容易,拆装维修方便。

十字头式柴油机的连杆多用优质中碳钢制造,筒形活塞式柴油机的连杆可采用优质碳钢,对于中、高速强载筒形活塞式柴油机一般采用合金钢。

2. 十字头式柴油机的连杆

十字头式柴油机连杆一般由小端、杆身和大端3部分组成。对应于不同类型的十字头,连杆小端也有两种结构:一种是分叉式连杆小端,它对应于活塞杆穿过的十字头,由于这种十字头轴承工作可靠性低,现在已基本不用;另一种是全支承式连杆小端,如图2-21所示。连杆大端根据杆身与大端轴承座是否分开分为车用大端和船用大端。连杆杆身与连杆大端轴承座剖分式的大端结构称为船用大端,船用大端在剖分面处装有压缩比调整垫片,但结构比较复杂;杆身与大端轴承座不分开的结构称为车用大端,车用大端结构简单、紧凑,目前在船用大型低速柴油机中得到了广泛的应用,车用大端的连杆则在活塞杆与十字头销之间增减垫片来调整压缩比。

图2-22为RTA-T-B型柴油机连杆的构造。小端为十字头端,由轴承盖、轴承座、薄壁轴瓦及螺栓等组装而成。大、小端的螺栓和都是紧配螺栓,以保证轴承盖、轴承座和杆身之间正确而紧固地配合。各轴承盖与轴承座间以及轴承座与杆身间都由定位销定位。在大、小端轴承中,小端轴承座上设薄壁轴瓦以提高耐疲劳性能。大端轴承没有轴衬,白合金直接浇注在轴承盖和轴承座上,这种结构可以增大轴颈并利于轴承散热。为了使白合金结合牢固,在浇注白合金处都开有燕尾槽。连杆螺栓为柔性螺栓,有较高的疲劳强度,用专用液压工具上紧。安装液压拉伸器用的螺纹部分平时用外罩加以保护,外罩还用来防止螺母松动。

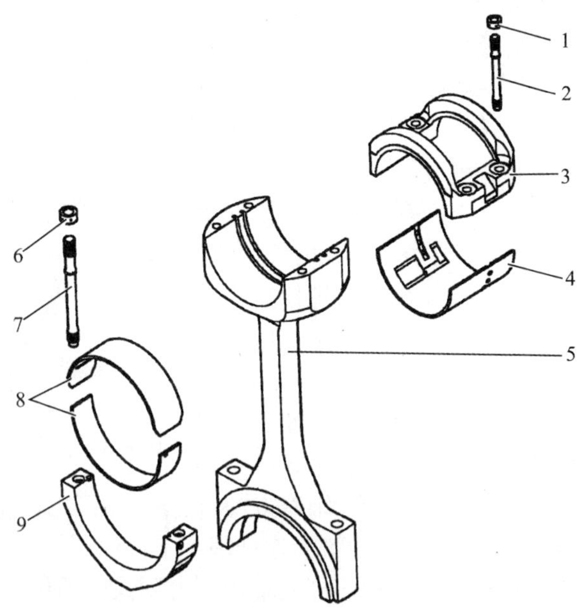

1,6—连杆螺栓螺母;2,7—连杆螺栓;3—小端轴承盖;4,8—薄壁轴瓦;5—连杆杆身;9—大端轴承盖。

图 2-22　RTA-T-B 型柴油机连杆的构造

MAN B&W 公司的 MC 系列柴油机连杆也采用此类结构。这种连杆的杆身与连杆大、小端轴承座合为一体,整个连杆结构紧凑,长度很短,这对于现代超长行程柴油机减少整机高度是非常重要的。连杆小端刚性大,十字头销短而粗,采用全支承刚性十字头轴承。它的承载能力和工作可靠性都明显增加。

3. 筒形活塞式柴油机的连杆

筒形活塞式柴油机的连杆一般采用优质碳钢或合金钢锻造而成。

连杆杆身的截面形状通常有圆柱形截面和工字形截面两种。圆柱形截面是由自由锻造毛坯制成的,主要用于中型或小批量生产的柴油机中。工字形截面在其摆动的平面内有较大的截面惯性矩,抗弯强度大大提高,同时质量小,材料利用合理,通常采用模锻毛坯,适用于大批量生产的中、高速柴油机。连杆杆身中常钻有油孔,其作用是把润滑油从大端输送到小端,以润滑连杆小端轴承和冷却活塞。

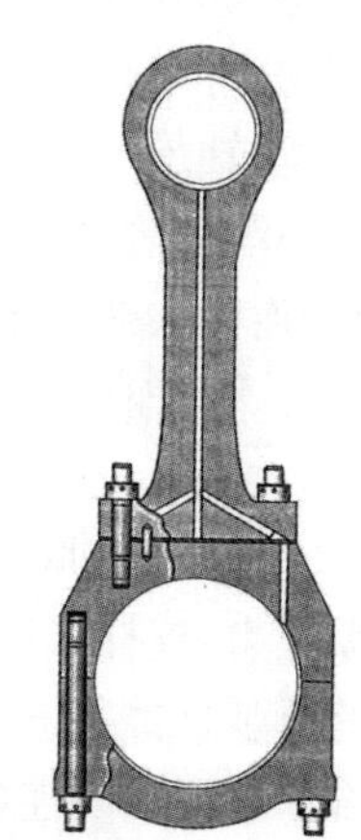

图 2-23　Wärtsilä 38 型柴油机连杆

连杆小端是活塞销的轴承,小端孔内压入锡青铜衬套或浇有轴承合金的卷制衬套。对于中速强载柴油机,通常采用锥形或阶梯形的连杆小端,以增大连杆小端下部主要承压面的面积。

连杆大端是曲柄销轴承,通常制成剖分式平切口结构,用螺栓连接起来。连杆大端轴瓦常采用薄壁三层金属式结构:在薄的钢背上浇以铜铅合金,再在表面上镀一层很薄的铅锡合金。润滑连杆大端的滑油来自曲轴中的钻孔。连杆大端首先要满足拆装条件,即在检修时连杆应能同活塞一起从气缸中吊出。随着柴油机强化程度越来越高,曲轴轴径增粗,刚性增大,连杆轴承尺寸也越来越大,因此连杆大端还出现了斜切口、阶梯切口和船用大端等各种结构。采用斜切口后,曲轴轴颈增粗,刚性提高;大端轴承的承压面积将增加,提高了轴承的工作能力,减小了连杆螺栓的惯性拉伸负荷。但采用斜切口后,接合面上会产生较大的切向力,使连杆螺栓承受剪切作用。为了不使连杆螺栓承受剪切作用并在接合处不产生滑动,在接合面上采用了锯齿形结构。

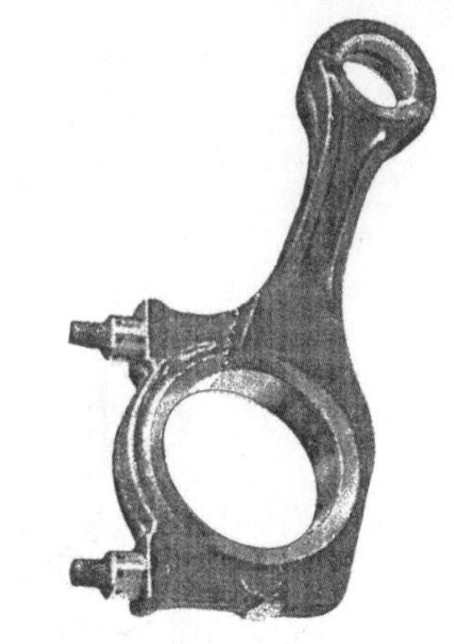
图 2-24　Wärtsilä 20 型柴油机连杆

对于 V 形柴油机,由于一个曲柄销需要连接两根连杆,为此可采用并列式连杆、叉骑式连杆或主副连杆。由于并列式连杆结构简单、便于生产、维修方便,近年来生产的高中速 V 形柴油机新机型几乎全部采用并列连杆,主副连杆和叉骑式连杆基本不再使用。并列式连杆对应的两个连杆并排地装在同一个曲柄销上。这种连杆的结构与直列式柴油机连杆结构完全一样,其优点是:左右排气缸的连杆可以相互通用,便于制造与使用;两列气缸的活塞连杆组的运动规律和受力规律也完全一致;并列式连杆杆身中钻孔方便,因此活塞销的强制润滑、活塞顶的冷却都比较容易实现;在检修其中一根连杆时,不扰及另一根连杆。其缺点是:同一曲柄的左右两个气缸中心线不能位于同一曲柄摆动平面内,必须错开一个连杆大端的宽度,气缸中心距大,与直列式柴油机相比,相同总长尺寸时,V 形柴油机气缸数较多,曲轴负荷较大,曲轴的刚性也因此而降低。

图 2-23 为 Wärtsilä 38 型柴油机连杆,连杆由合金钢锻造并加工成圆柱形截面,由于该机的最高燃烧压力已达到 19 MPa,为了保证曲轴的刚度和轴承的承载能力,连杆大端采用船用大端结构,可以在不打开大端轴承的情况下进行吊缸,并使吊缸高度达到最小。连杆大端轴承较宽,轴承负荷较小,在连杆大端和杆身之间为一铝合金板,保证了两部分很好地贴合。连杆小端为阶梯形小端,并采用 3 层结构的轴瓦,具有良好的承载能力。杆身中间钻孔,将滑油从连杆大端送至小端,供小端轴承的润滑及活塞冷却。杆身和连杆大端的接合面正处于连杆大端轴承座的上方,可以方便地拆卸和维护。所有螺栓用液压工具同时上紧。

图 2-24 为 Wärtsilä 20 型柴油机连杆,连杆由合金钢锻造而成,由于该机的转速较高,为了减小惯性力,连杆采用工字形截面,杆身内开有孔以润滑小端和冷却活塞。为了同时满足连杆的拆装条件并减小轴承负荷和保证曲轴的刚度,连杆大端做成阶梯形切口。采用斜切口和阶梯形切口的连杆大端会使连杆螺栓承受剪切作用。为了不使连杆承受剪切作用并在接合面处不产生滑动,在接合面处常采用锯齿形结构。连杆小端为阶梯形小端,具有良好的承载能力。螺栓由液压工具上紧。

4. 连杆螺栓

连杆螺栓是连杆大、小端轴承座与轴承盖的重要连接件。二冲程柴油机的连杆螺栓在工作中只受装配预紧力的作用;而四冲程柴油机的连杆螺栓在工作中除受预紧力作用外,还在排气冲程后期和进气冲程前期受到惯性力的作用,使得连杆螺栓处于交变的拉伸和弯曲载荷的作用下。工作条件最恶劣的时刻发生在换气上止点,柴油机转速越高,螺栓受力越严重,所以大端螺栓在工作中受力最为严重的是高速四冲程柴油机。除此之外,连杆螺栓还受到大端变形所产生的附加弯矩作用。

连杆螺栓一旦断裂损坏必将产生机毁的严重事故。因此,必须在材料选用、结构设计、加工工艺、装配质量及维护管理等各个方面来保证连杆螺栓的工作可靠性。一般采取如下措施:

①连杆螺栓通常采用优质合金钢材料,只在低速柴油机中才用优质碳钢材料。

②结构上采用耐疲劳的柔性结构,即适当增加螺栓长度,减小螺栓杆部的直径以增加螺栓的柔度;螺纹采用精加工细牙螺纹;杆身最小直径等于或小于螺纹最小直径;螺帽上紧后应有防松装置。

③在螺纹、退刀槽与杆身连接处采用大圆角平滑地过渡,表面要仔细磨光,以减少应力集中现象,并提高其抗疲劳强度。

④连杆螺栓的预紧力、紧固方法和步骤都应按柴油机说明书的规定进行。预紧力过大、过小,或各螺栓的预紧力不均,都可能降低它的工作可靠性。因此,当发现连杆螺栓有损伤、裂纹或残余伸长量超过规定值时,必须及时更换。

2.2.3　曲轴

1. 曲轴的工作条件和要求

(1)曲轴的作用

曲轴的主要作用是:将活塞的往复运动通过连杆变成回转运动;把各缸所做的功汇集起来向外输出和带动柴油机的附属设备。在曲轴带动的附属设备中,柴油机的喷油泵、进排气阀、启动空气分配器等均因正时的要求,必须由曲轴来驱动。离心式调速器要根据柴油机转速的变化自动调节柴油机喷油量,也必须由曲轴带动。此外,在中、小型柴油机中,为了简化系统、布置紧凑,曲轴还带动滑油泵、燃油输送泵、冷却水泵等,也有少数柴油机曲轴带动空气压缩机。因此曲轴技术状态的好坏不仅直接决定柴油机自身的工作好坏,还会影响动力的输出,所以曲轴是十分重要的部件。曲轴本身形状复杂,技术要求高,加工制造成本高,约占柴油机总造价的20%,因此曲轴的寿命往往就是柴油机自身的寿命。

(2)曲轴的工作条件

曲轴的工作条件是比较苛刻的,这主要表现在以下几个方面。

①受力复杂。

曲轴在工作中承受着各缸交变的气体力、往复惯性力和离心力,以及它们所产生的弯矩和扭矩。这些力不仅随着曲柄的转角变化,还随着负荷变化。曲轴在这些力的作用下要产生弯曲和扭转变形,并产生非常复杂的交变应力。

②应力集中严重。

一根曲轴由1~12个彼此间错开一定角度的曲柄及功率输出端和自由端构成。每个单位曲柄又分成主轴颈、曲柄销和曲柄臂3部分,现代大型低速柴油机曲轴上还直接锻出推力环。因此,曲轴的形状很复杂,弯头很多,特别是中、小型柴油机的曲轴上还钻有润滑油孔。这些因素都使曲轴内部的应力分布极不均匀,以致在曲柄臂和轴颈的过渡圆角处及润滑油孔周围产生严重的应力集中现象。其中,以曲柄臂与曲柄销的过渡圆角处最为危险。

③附加应力很大。

曲轴是一个弹性体,它在径向力、切向力和扭矩的作用下会产生扭转振动、横向振动和纵向振动。当曲轴的自振频率较低时,在发动机工作范围内可能出现共振,从而使振幅大大增加,产生很大的附加应力。这不仅容易造成曲轴的损伤和破坏,而且也会恶化柴油机的工作性能。如扭转振动将引起传动齿轮的噪声和疲劳,使柴油机定时不准从而引起工作过程恶化;横向振动会因曲轴弯曲过大使轴颈和轴承磨损加剧甚至不能正常工作。

④轴颈遭受磨损。

在润滑不良、机座或船体变形、轴承间隙不合适、超负荷运转或经常启停发动机时,轴颈的磨损会明显加剧。

(3)对曲轴的要求及材料

曲轴是柴油机中最长、最重的部件,直接影响整台柴油机的尺寸和质量。曲轴形状复杂,加工质量要求很高,制造工艺难度很大,是柴油机中造价最高的部件。曲轴的工作好坏对整台柴油机有直接影响,它的损坏会导致柴油机瘫痪,而且修复难度大甚至无法修复。航行中若曲轴发生故障会威胁到全船的安全,所以对曲轴要求非常严格。对曲轴的主要要求是:耐疲劳强度高,工作安全可靠;有足够的刚性,工作时变形小,使轴承负荷均匀;有足够的轴颈承压面积,以保证较低的轴承比压;曲轴的轴颈要有良好的耐磨性能,并允许多次车削修复;轴颈的圆度、圆柱度及各主轴颈中心对曲轴中心的径向跳动等误差要小,曲柄销与主轴颈应该平行;轴颈表面加工最后都要经抛光处理形成镜面状态;曲柄的布置要兼顾动力均匀、主轴承负荷低、平衡性好、扭转振动小、有利于增压系统的布置。以上这些要求是互相关联的,有些又是相互矛盾的,要权衡利弊妥善解决。

曲轴的常用材料有优质碳钢、合金钢和球墨铸铁。一般柴油机的曲轴常用优质碳钢制造,只有中、高速强载柴油机的曲轴才采用合金钢制造,球墨铸铁一般用于强化程度不太高的中、高速柴油机上。为提高曲轴抗疲劳强度和耐磨性,还应对曲轴进行氮化、辊压或高频淬火等表面强化热处理。我国船级社制定了《钢质海船入级规范》,从强度的观点对曲轴的材料、尺寸、扭转振动做了一系列的强制规定。

2. 曲轴的结构

(1)曲轴的类型

按结构形式的不同可将曲轴分为整体式、组合式和分段式 3 种类型。

①整体式曲轴。

整体式曲轴的整根曲轴是一体锻造或铸造出来的。锻造曲轴材料内部的晶粒排列方向性好(纤维化),曲轴承载能力强,但模锻成本高。球墨铸铁铸造工艺性好,成本低,且吸振、耐磨,但承载强度稍低。总的来讲,整体式曲轴具有结构简单、质量轻、工作可靠的优点,在中、高速柴油机上得到广泛应用,并逐渐扩大到大型低速柴油机领域。

②组合式曲轴。

将曲轴的不同部分分开制造,然后应用一定的连接工艺连为一个整体的曲轴称为组合式曲轴。组合式曲轴普遍应用于大型低速柴油机中。采用组合式主要是为了制造方便,解决曲轴制造设备尺寸过大的问题。曲轴的组合方式可分为套合式和焊接式,套合式曲轴套合方法包括红套和冷套两种。

套合式曲轴又分为半套合和全套合两种。全套合式曲轴的曲柄销、主轴颈和曲柄臂都单独加工制造,然后用红套工艺将它们紧固成曲轴,三者间靠过盈配合面摩擦阻力传递扭矩。半套合式曲轴中,曲柄销与两曲柄臂加工成整体,主轴颈单独加工,再用红套工艺组装紧固成曲轴。

③分段式曲轴。

分段式曲轴是将整根曲轴分几段加工,然后借法兰、螺栓(或焊接)连成整体。大型低速柴油机的曲轴由两段连接而成;小型柴油机中曲轴采用将各单位曲柄分别制造然后用螺栓组装紧固成整根曲轴的拼接形式。它一般用于气缸数较多的曲轴,如 MC 系列柴油机 9~12 缸机采用分段式曲轴。

(2)曲轴的构造

曲轴主要是由若干个单位曲柄、自由端、飞轮端和平衡块组成。

单位曲柄是曲轴的基本组成部分,由主轴颈、曲柄销和曲柄臂组成,为保证曲轴强度、刚度和轴颈承压面积同时增大,曲轴各轴颈应尽量粗而短,这样在曲柄半径方向,主轴颈与曲柄销有时会出现重叠,这种重叠对提高抗疲劳强度有利。为了平衡曲柄不平衡回转质量产生的惯性力,在曲柄臂上装有平衡块。为了减轻曲轴的质量和减小惯性力,曲柄销和主轴颈一般都采用空心结构,且直径相同。轴颈与曲柄臂相连接的过渡圆角处由于截面急剧变化,应力集中十分严重,为减轻应力集中的影响,过渡圆角处应采用足够大的过渡圆弧半径,也有的采用车入式圆角。

为了润滑曲柄销轴承及活塞销,对于筒形活塞式柴油机,其曲轴上钻有润滑油道,把输送至主轴承的滑油引至曲柄销轴承。由于开油孔时会增加曲轴的应力集中,要合理选择油孔的位置,使其对轴颈的影响最小。为了减少应力集中,油孔应倒角、抛光。

在曲柄臂的曲柄销相反方向往往配有平衡块,利用其回转惯性力来抵消连杆大端及曲柄的回转惯性力。平衡块一般呈扇形或倒楔形,其质心远离曲轴回转中心,用螺栓等与曲柄臂紧固或与曲柄臂一体制造。

驱动凸轮轴的正时主动齿轮一般都设置于曲轴飞轮端,此处曲轴扭转振动较小,小型柴油机中也有设于自由端的(便于拆装检修)。若正时传动齿轮(链轮)设于曲轴中部,则有利于减小凸轮轴变形的累积对定时的影响。正时齿轮与曲轴大多数采用装配连接形式。为便于拆装,正时齿轮多加工成对开形式,其轮毂与曲轴用圆销圆周固定,再用螺栓固紧在曲轴颈上。

曲轴相对曲轴箱的轴向位置应当严格地定位才能保证各单位曲柄中心与气缸中心一致。一般是用近飞轮端的一挡主轴承兼作定位主轴承(也称止推轴承)。但此定位主轴承不能承受轴系传来的轴向推力,轴系必须设置独立的推力轴承。

(3)曲柄的排列

各单位曲柄在曲轴上的相互位置叫作曲柄排列。它可用曲柄圆图(曲轴端示图)表示,从自由端向飞轮看,各单位曲柄在飞轮端平面上的投影叫曲柄排列圆图。曲柄的排列都是以气缸的号数命名的。气缸的排号有两种方法:一种是由自由端排起,另一种是由动力端排起。我国和大部分国家都是采用自由端排起。

曲柄的排列是由气缸的发火间隔角和发火顺序决定的,而气缸的发火间隔角和发火顺序又由下列原则决定。

①柴油机的动力输出要均匀,即发火间隔角要相等。

这样,相邻发火的两个缸的曲柄夹角,二冲程柴油机为 $360°/i$,四冲程柴油机为 $720°/i$,其中,i 为柴油机气缸数。

②要避免相邻的两个缸连续发火，以减轻相邻两缸之间的主轴承的负荷。

为此，最好在柴油机的首、尾两端轮流发火，所以各单位曲柄在曲柄圆图上的顺序并不等于气缸发火顺序。如某四冲程 6 缸柴油机的发火顺序为 1—5—3—6—2—4，曲柄排列如图 2 – 25 所示，较好地满足了这一要求。

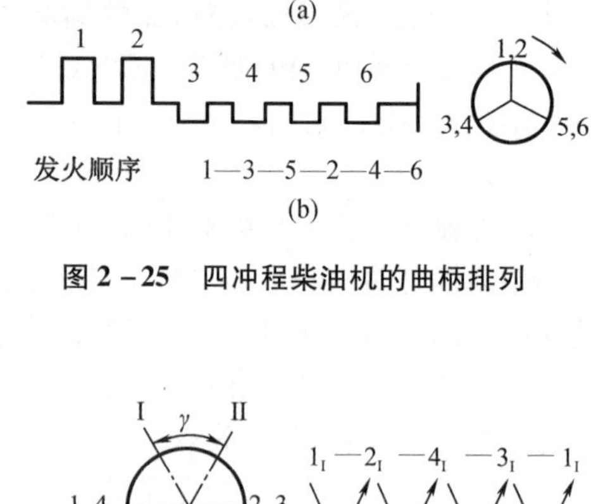

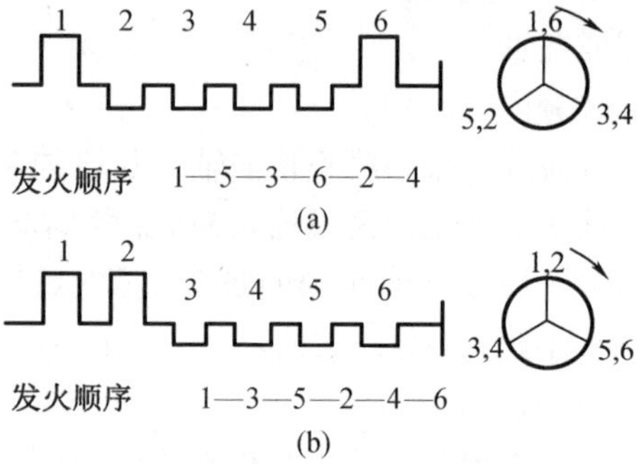

图 2 – 25 四冲程柴油机的曲柄排列

对于 V 形柴油机普遍采用插入式发火。插入式发火就是两列的发火顺序即发火间隔角彼此完全相同，而总的发火顺序则为这两列的发火顺序根据气缸间的夹角关系进行穿插形成。例如 8 缸 V 形四冲程柴油机，每列 4 缸，每列的发火间隔角都是 720°/4 = 180°，发火顺序都是 1—2—4—3。为了避免混乱，第Ⅰ列用 1_{I}—2_{I}—4_{I}—3_{I} 表示，第Ⅱ列用 1_{II}—2_{II}—4_{II}—3_{II} 表示。气缸夹角为 γ。如果气缸 1_{II} 比 1_{I} 落后 γ 角发火，其总的发火顺序和曲柄排列如图 2 – 26(a)所示。假如 1_{II} 比 1_{I} 落后 $360° + \gamma$，也就是 1_{I} 发火后跟随着的是 1_{II} 排气，1_{I} 与 1_{II} 不连接着发火，则对轴承负荷有利，此种情况总的发火顺序如图 2 – 26(b)所示。

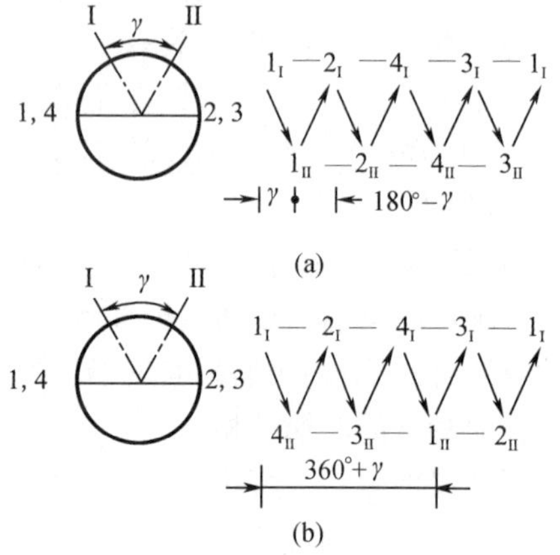

图 2 – 26 V 形柴油机的曲柄排列

③要使柴油机具有良好的平衡性。

柴油机在往复惯性力与惯性力矩、离心惯性力与离心力矩的作用下要产生振动。曲柄合理排列可使引起振动的力和力矩减至最小。

④要注意发火顺序对轴系扭转振动的影响。

发火顺序不同，各段轴上扭矩的交变情况不同，对轴系扭转振动的影响也不同，要力求减轻扭转振动。

⑤在脉冲增压式柴油机中，为了防止排气互相干扰，各缸的排气管要分组连接。

要同时满足上述要求，往往是不可能的，而只能满足某些主要要求，兼顾其他要求。在 MAN B&W 公司的 MC 系列柴油机中，为了满足平衡性和减少轴系的振动，甚至出现了各缸发火间隔角不相同的柴油机，如图 2 – 27 所示。表 2 – 1 为在生产 10L90MC 时该机型的发火顺序及相邻发火气缸的曲柄夹角布置情况。

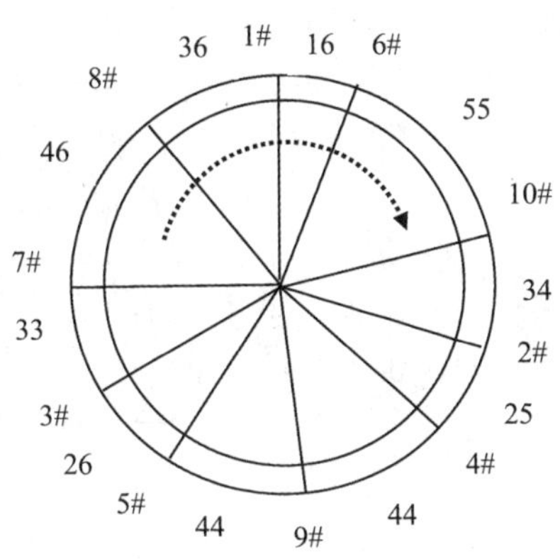

图 2-27　MAN B&W 公司的 10L90MC 型柴油机气缸正时圆图

表 2-1　曲柄夹角布置一

缸　号	1	2	3	4	5	6	7	8	9	10
曲柄夹角/(°)	0	216	138	72	288	108	252	324	36	180
发火顺序	1	9	4	6	3	10	2	7	5	8
相邻夹角/(°)	36	36	36	36	36	36	36	36	36	36

但是，在生产 10L90MC 机型时，突破了这一传统理论的束缚，对相邻发火气缸的曲柄夹角做了不等角的设计，表 2-2 为 10L90MC 机型的发火顺序及相邻发火气缸的曲柄夹角布置情况。

表 2-2　曲柄夹角布置二

缸　号	1	2	3	4	5	6	7	8	9	10
曲柄夹角/(°)	0	254.0	45.5	229.2	141.5	343.8	82.2	36.4	85.2	288.4
发火顺序	1	8	7	3	5	9	4	2	10	6
相邻夹角/(°)	36.4	45.8	33.3	26.0	43.7	44	24.8	34.4	55.4	16.2

这一设计，可以降低主机运行时产生的振动，各道主轴承负荷分配趋于合理，可以改善曲轴的工作条件，使主机运行时更加平稳、可靠。

(4)典型曲轴介绍

如图 2-28 所示为 MAN B&W 公司的 S-MC-C 型柴油机曲轴。锻钢曲轴由单位曲柄、自由端(首端)和功率输出端(尾端)3 部分组成。曲轴为半组合式，可以是焊接式或半套合式。在曲轴上采用焊接工艺连接是现代曲轴制造中的一个重要成就，曲柄臂不必因为套合工艺需要而加大尺寸，所以质量减轻。曲柄臂和主轴颈及曲柄销之间的连接是用车入式圆角过渡，圆角处经过冷滚压加工，以提高它的疲劳强度。自由端法兰用来驱动辅助设备或轴带发电机。自由端法兰后为轴向减振器活塞，推力环的前后两侧都装有推力块，以传递螺旋桨的推力和为曲轴轴向定位。推力环的外圈用来安装主动链轮，以便通过链条驱动凸轮轴。这种推力轴和曲轴造为一体,并将推力轴承和主动轮组合在一起,可缩短柴油机长度,布置更为紧凑。

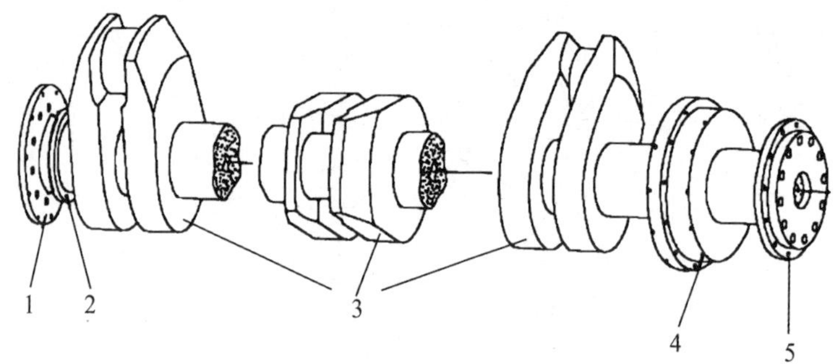

1—自由端;2—轴向减振器活塞;3—单位曲柄;4—推力环;5—功率输出端。

图 2-28　MAN B&W 公司的 S-MC-C 型柴油机曲轴

如图 2-29 所示为 Wärtsilä46 型柴油机曲轴。该曲轴为整体锻造式,并经过全面的机加工,曲轴内钻孔,滑油可以送至每一个轴承。在每一个曲柄臂上都有平衡块,使柴油机不会受到离心力和离心力矩的作用。曲轴的主轴颈和曲柄销之间有很大的重叠度,保证了曲轴有足够的刚度和曲柄臂的强度。曲轴的首尾两端都设有法兰,可以在任何一端连接轴带发电机,如有必要,还可以在曲轴首端安装扭振减振器。

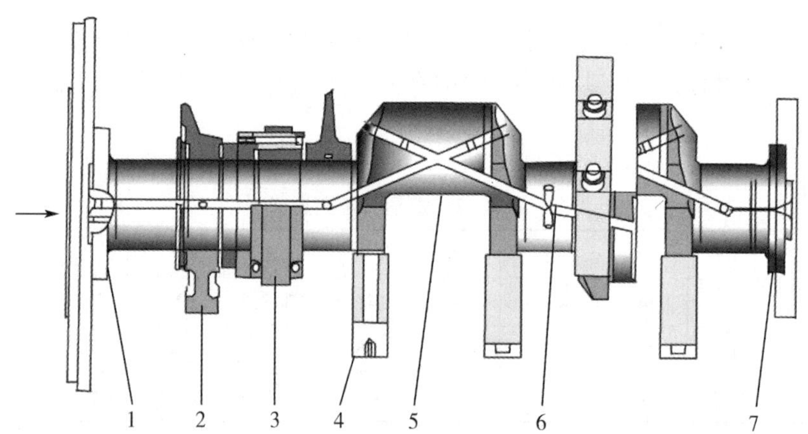

1—动力输出法兰;2—主轴承;3—传动齿轮;4—平衡块;5—曲柄销;6—油道;7—首端法兰。

图 2-29　Wärtsilä46 型柴油机曲轴

2.2.4　飞轮

单缸柴油机的输出力矩是周期变化的。多缸柴油机采用均匀间隔工作使得输出力矩变化间隔缩短,脉动周期减小,但转速波动仍是明显的。这样柴油机曲轴及其驱动装置转速时快时慢,造成传动件的撞击,噪声明显及磨损加剧,加重扭转振动及定时不准等危害柴油机性能及寿命的现象。安装飞轮的主要目的就是使曲轴回转角速度趋于均匀;在缸数较少的柴油机中,飞轮还起协助发动机启动的作用;飞轮还能保证发动机空车运转的稳定性,以及协助调速器在柴油机负荷急剧变化时阻止速度的过大变化。

飞轮是一个轮辐薄、轮缘厚的大圆轮，具有大的转动惯量，当曲轴转速变化时，飞轮则吸收、贮存及释放能量，减弱曲轴转动的不均匀性。柴油机动力不均匀性越大，所需飞轮惯性矩也越大。

在飞轮轮缘外圆表面刻有各缸上、下死点的标记，还制有 360°圆心角的角度等分标志线，在机体后端面装有固定指针。当飞轮"0°"刻度对准指针时，柴油机第 1 缸曲柄（活塞）应在上止点位置，这样飞轮刻度与指针配合能标示出曲轴曲柄的转角位置。它可用来检查和校正柴油机各种定时。飞轮外缘上有飞轮齿圈（电动机启动用）、蜗轮（电动盘车机用）或盘车杆孔。

飞轮与曲轴的圆周相对位置要严格保持正确，一般都由安装定位销来保证。此外，飞轮安装端面的端面跳动及外缘的径向跳动也有严格要求。

2.3　柴油机的主要固定件

柴油机的主要固定件包括机座、机架、气缸、贯穿螺栓和主轴承等。它们构成柴油机的骨架，用来支承柴油机的运动结构和辅助设备，并形成柴油机的工作和运行空间。

柴油机的固定件承受着气体力和运动机件惯性力的作用，承担着全部机件的重力。动力转矩的输出使它产生倾覆；惯性力的作用使它产生振动；贯穿螺栓和连接螺栓的紧固使它受到安装应力；各处温度不同使它产生热应力；水、油、气的作用使它受到腐蚀。

为了保证柴油机的工作可靠性和使用寿命，必须要求机架、机座有足够的刚度和强度，以使各运动机件的支承和导承变形小，保证良好的配合和精确的位置，以避免运行中发生裂纹和损坏。在满足刚度和强度要求的前提下，要求机架、机座尺寸小，质量也小。此外，机架、机座的结构要便于内部运动机件的拆装和检修。机架和机座的各接合面、检修道门要密封好，避免漏泄造成浪费、污染甚至出现事故。

在十字头式柴油机中，气缸体、机架和机座是分开制造的，然后由贯穿螺栓连成一刚性整体。这一刚性整体构成了柴油机的主体部分，如图 2－30 所示。

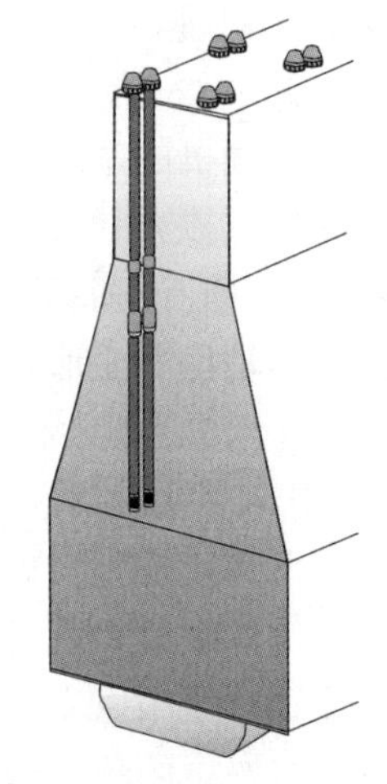

图 2－30　气缸体、机架和机座的连接

2.3.1　机架

机架是柴油机的支架，它与机座形成的曲轴箱空间是柴油机运动件的运动空间。机架分为 A 字形机架与箱形机架两种。

如图 2－31 所示为 MAN B&W 公司的 S－MC－C 型柴油机机架，箱形机架由上面板、底板、横向隔板和左、右侧板焊接而成，它具有结构紧凑、质量小、刚性好的优点。在机件内设有十字头滑块导板，用以承受侧推力。在侧板上开有检修通道，通过它可以检查主轴承、曲轴及连杆大端轴承的工作状态。在机架的背面设有防爆门。由于整个机架为一刚性整体，接合面少，加工、制造容易，安装简单，也改善了曲轴箱的密封性。目前 MAN B&W 公司的 MC 系列柴油机和 Wärtsilä 公司的 Sulzer RTA 系列柴油机都采用此箱形机架。

A 字形机架是单片式装配结构，通过在铸造的单片 A 字架上覆板制造而成，但由于其加工制造复杂，刚性、密封性较差，目前已很少使用。

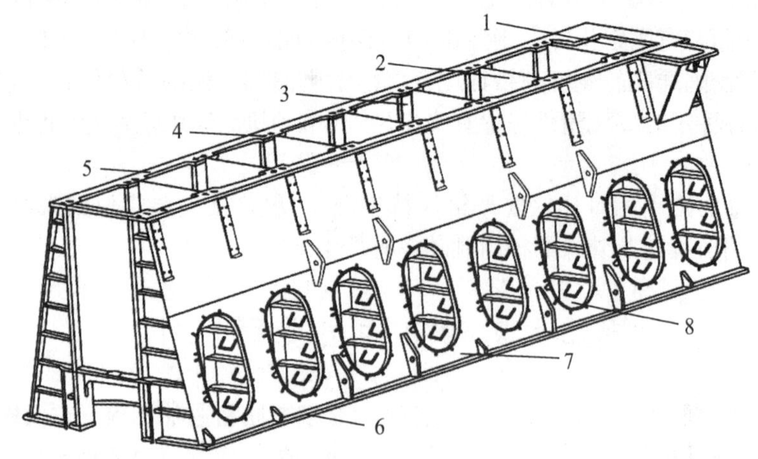

1—链条传动箱；2—横向隔板；3—滑块导板；4—贯穿螺栓；5—上面板；6—底板；7—侧板；8—道门。

图 2－31　S－MC－C 型柴油机机架

2.3.2　机座

机座是柴油机的基础，它和上面的机架共同组成曲轴箱，也是柴油机装配时的基准件。机座除承受机件重力、气体力及惯性力作用外，还直接受到风浪等因素导致的船体变形所带来的拉伸、弯曲及扭曲等附加应力作用。为此机座必须具有足够的刚性及强度，以免机座变形造成曲轴挠曲变形，以及活塞、曲柄连杆机构与气缸的位置精度变坏而发生机件异常等故障。

目前，中、小型柴油机广泛采用铸铁铸成的整体式机座，在大型低速柴油机中主要采用的是单壁深型焊接机座。如图 2－32 所示为 MAN B&W 公司的 S－MC－C 型柴油机机座，它主要由两侧的纵梁和带铸钢轴承座的横梁焊接而成。每侧纵梁为单层结构，横梁上的含有铸钢的主轴承座用以支承曲轴。轴承盖用 4 个螺栓安装在轴承座上，用螺栓液压上紧。轴承座孔在机座中的位置较低，便于给主轴承盖定位。机座设计得较高，以提高刚性。在机座的首端安装有轴向减振器，用以控制轴系的轴向振动，这是现代新型柴油机的基本配置。机座尾端还设有推力轴承和驱动链条的空间用以安装推力轴承和驱动链轮。MAN B&W 公司的 S－MC－C 型柴油机机座的主要改进之处在于取消了贯穿螺栓孔使机座与主轴承座的焊接过程都得到了简化；另一个改进之处是在不增加机座宽度的情况下将地脚螺栓移至机座外侧，这样更有利于安装。

机座与船体的基座之间垫有环氧树脂或铸铁垫块，并由地脚螺栓固定。垫块用以调整机座上平面的高度和水平度。

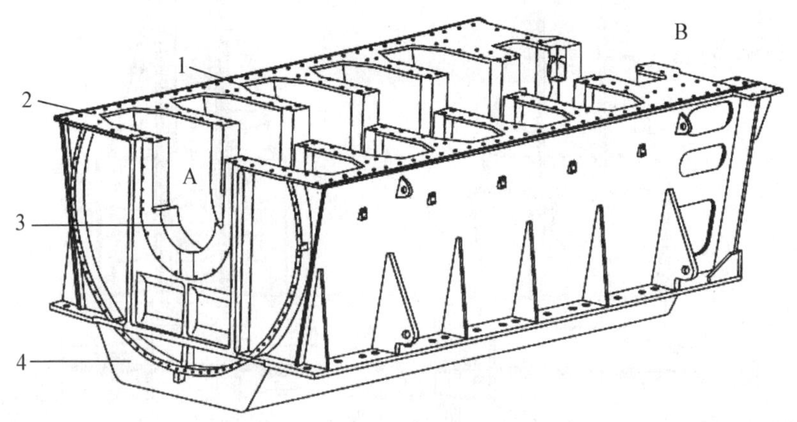

1—横梁;2—纵梁;3—主轴承座;4—油底壳;A—自由端;B—动力输出端。

图 2-32 S-MC-C 型柴油机机座

2.3.3 贯穿螺栓

大多数中、低速柴油机的机体与机座都用上、下贯穿两者的长螺栓紧固成刚体,这种长螺栓叫作贯穿螺栓。在十字头式柴油机中,用贯穿螺栓把气缸体、机架和机座连在一起。在大功率筒形活塞式柴油机中,大尺寸的固定机件之间也广泛采用贯穿螺栓连在一起。这是因为固定机件的结构比较复杂,如果在接合面处用短螺栓连接,在拉力作用下,各部分受力很不均匀,难以准确计算。采用贯穿螺栓结构,拉力由贯穿螺栓承担,螺栓的作用力可以准确计算。而且在安装后气缸体、机架与机座三者受压应力作用不受拉应力作用,既合理利用材料抗压不抗拉的性能,又提高了柴油机整体的刚度。

贯穿螺栓两头都车有螺纹,配有专用螺母。其顶部还制有供液压拉伸器使用的附加螺纹头。为防止柴油机运转时细长的贯穿螺栓发生横向振动,在贯穿螺栓中部装有防振夹套,在水平方向上还有两个螺钉,它们在贯穿螺栓装配完毕后再上紧,将防振夹套牢固地顶靠在气缸体上。如图 2-33 所示为 S-MC-C 型柴油机的贯穿螺栓。它最明显的特征是以双贯穿螺栓取代了传统的单贯穿螺栓,而且与传统的贯穿螺栓的不同之处还在于它不再一直插到机座底部,而是拧入到机座顶部的螺孔之中,这样就大大缩短了贯穿螺栓的长度。研究表明,采用这种双贯穿螺栓结构,可以减小主轴承座孔由于贯穿螺栓上紧所引起的变形,保证十字头导板变形减小并可改善滑块的滑动状态,简化机座和主轴承座的焊接过程。

贯穿螺栓上紧后,应检查螺母、垫圈与缸体上支承面间的贴合状况,用 0.05 mm 塞尺不能插入,通常用测量曲轴拐挡差验证其紧固质量。

贯穿螺栓不起定位作用,所以机体与机座间各贴合面处仍需由紧配螺栓或定位销来保证各面之间的相对位置精度。

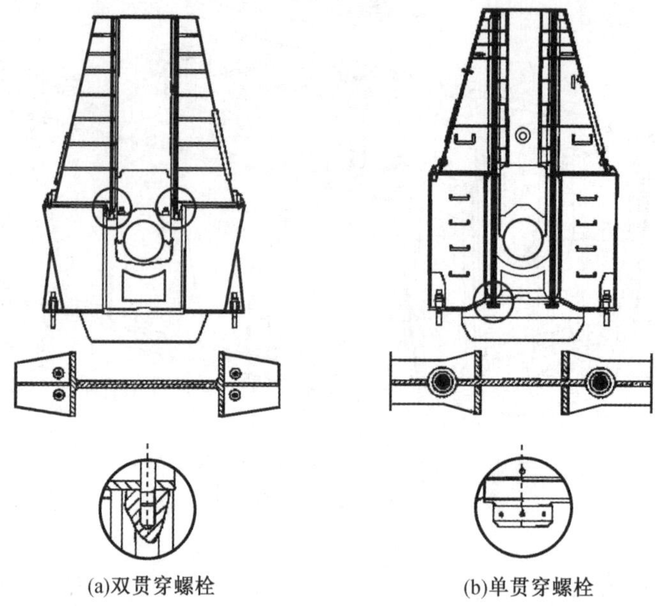

图 2-33 S-MC-C 型柴油机的贯穿螺栓

2.3.4 主轴承

1. 主轴承的工作条件和要求

主轴承的作用是支承曲轴，保证曲轴的工作轴线，使曲轴在转动中以小的摩擦和磨损传递动力。在一些中、小型发电柴油机当中最后一道主轴承还对曲轴起轴向定位的作用，该主轴承称为止推轴承，用来防止曲轴因柴油机振动发生轴向窜动。

主轴承的工作条件比较恶劣。主轴承受到曲轴传来的气体力和惯性力的作用，具有很大的轴承负荷。曲轴的主轴颈在主轴承中转动，还受到摩擦力的作用。主轴承轴承合金的硬度和强度远低于轴颈，因此比轴颈有更大的磨损。轴承工作表面与轴颈工作表面之间的相对运动速度很高，除造成轴承磨损外还使轴承发热。滑油在使用中的氧化变质，还会使轴承遭到腐蚀。主轴承决定着曲轴轴线，主轴承中心线与气缸中心线垂直并相交的准确性决定着曲轴、连杆、活塞和气缸之间的正确位置关系。主轴承刚性不足，会引起曲轴弯曲、轴承与轴颈产生不均匀磨损和过度磨损。主轴承的损坏将直接影响活塞在气缸中的工作，严重时会发生机械敲缸和拉缸事故，也有可能使曲轴挠曲变形过大甚至折断。

对主轴承的要求有：正确且固定的位置；有足够的刚度；有较高的承载能力和疲劳强度；在工作温度下有足够的热强度和热硬度；有较好的抗腐蚀能力；有减磨性和耐磨性；能均布滑油和散走摩擦热量；另外，还要求维护管理方便。

2. 主轴承的构造

除个别高速柴油机采用滚动式主轴承外，船舶柴油机的主轴承几乎都是滑动式轴承。轴承材料一般采用巴氏合金或高锡铝合金。为了提高轴承的抗疲劳能力，新型柴油机的大型轴承普遍采用薄壁轴瓦结构，轴承材料使用 Sn40Al，这种轴承材料具有较低的温度敏感性和很强的抗疲劳能力,可以大大提高主轴承的可靠性。轴承盖与轴承座的材料一般相同,选用钢或铸铁。

按主轴承结构特点可把主轴承分为正置式和倒挂式两类。正置式主轴承的轴承盖固紧方式有连接螺栓固紧和撑杆螺栓固紧两种。倒挂式主轴承的轴承盖或只采用倒挂的连接螺栓固紧,或再增加横向连接螺栓进一步固牢。

(1)正置式主轴承

正置式主轴承是将曲轴支承在机座的横梁上,主轴承盖用螺栓紧固,如图 2 - 34(a)所示为 SULZER RTA - U 型柴油机采用的撑杆螺栓紧固轴承盖的主轴承。它由轴承盖,上、下轴瓦和撑杆螺栓等组成。采用撑杆螺栓结构可以减小贯穿螺栓的间距和柴油机的横向尺寸,还可以减小主轴承盖与机座横梁所受的弯矩和变形。图 2 - 34(b)为 SULZER RTA - T 型柴油机采用的一种新型弹性压紧螺栓,这是对主轴承的应力、变形进行了大量计算后所做的改进,轴承的应力更加合理,并且在省去了撑杆螺栓之后,主轴承的质量是原来的 3/5,轴承的加工和维护保养也更加方便。要注意撑杆螺栓上紧应在所有贯穿螺栓上紧后才能进行,在拆贯穿螺栓前应先拆撑杆螺栓。

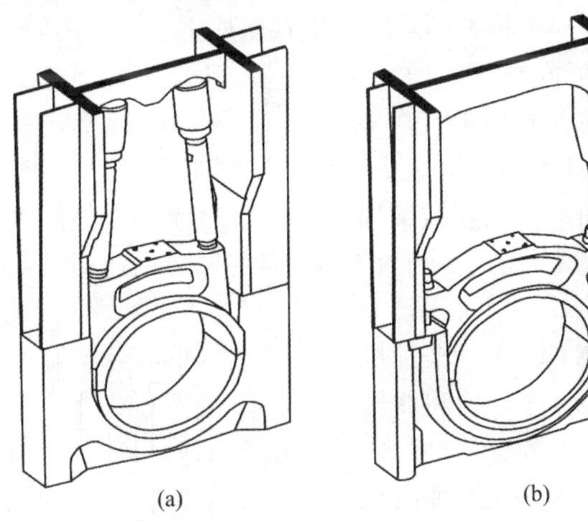

图 2 - 34 正置式主轴承

(2)倒挂式主轴承

如图 2 - 35 所示为 Wärtsilä 型柴油机的倒挂式主轴承,轴承座布置在机体的横梁上,用螺栓把轴承盖倒挂在机体上以支承曲轴。采用倒挂式主轴承可以省去机座,机体底部只需装一个轻便的油底壳,因此可以减轻柴油机的质量和缩小柴油机的尺寸。这种结构拆装曲轴比较方便,广泛地应用在高、中速柴油机中。由于轴承盖受到气体力和惯性力的作用,轴承盖和其连接螺栓应该有足够高的疲劳强度。对于大功率中速柴油机,轴承盖除用倒挂

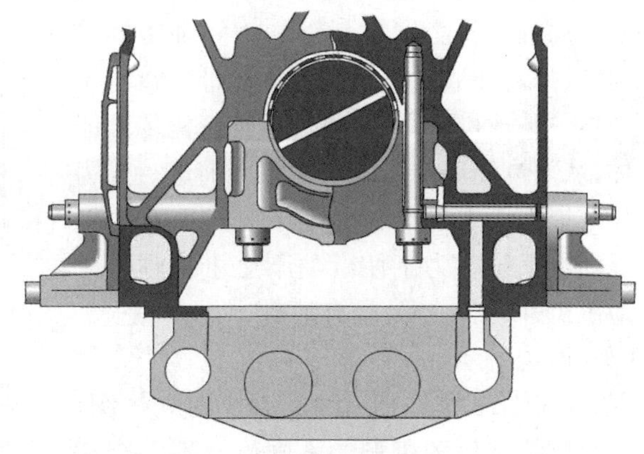

图 2 - 35 Wärtsilä 型柴油机的倒挂式主轴承

螺栓紧固到机体上之外,还用横向螺栓把轴承盖侧面与机架紧固到一起,使下部类似于封闭式结构,提高了主轴承和机体的刚性,避免了柴油机工作时机体下部张开而造成的较大塌腰变形,因此可以满足柴油机增压度提高的需要。

主轴承中有径向轴承和止推定位轴承。通常将飞轮端第一道或中央受力较大的一道作为止推定位轴承,以便对曲轴轴向定位,并承受一定的轴向负荷。止推定位轴承可用翻边轴瓦或平轴瓦与止推片组合的形式。有的柴油机将承受螺旋桨推力的推力轴承座与柴油机的机座制成一体,此时可以用推力轴承对曲轴轴向定位,柴油机内不再另设止推定位轴承。

2.3.5 推力轴承

船舶柴油机通过轴(推力轴、中间轴和艉轴)带动螺旋桨旋转。螺旋桨桨叶在旋转时给水轴向的作用力,而水对螺旋桨桨叶也产生轴向的反作用力。作用在螺旋桨上的轴向力就是使船舶前进的推力(或后退的拉力)。螺旋桨的这个推力(或拉力)通过艉轴、中间轴和推力轴作用到推力轴承上,并经过推力轴承座作用到船体上。当推力轴与曲轴直接连接起来时,曲轴还由推力轴承起轴向定位作用。

(1)推力轴承的结构和工作原理

推力轴承主要由推力轴、推力环、正倒车推力块和推力盘等组成。对于大型低速二冲程柴油机推进装置,推力轴承座一般与柴油机的机座制成一个整体,推力轴承设置在最后两道主轴承之间,如图 2－31 所示。对于中速柴油机推进装置,由于需要设置减速装置,推力轴承一般单独设置。

图 2－36 为 SULZER RTA－T 型柴油机推力轴承的构造。该机型的推力轴和曲轴锻为一体,推力环的外圆法兰固定传动凸轮轴的驱动齿轮。这种布置使柴油机轴向尺寸减小。推力轴承主要由正车推力块、倒车推力块、推力环和其他部件组成。正、倒车推力块各 7 块,沿圆周方向排列,排成约占 2/3 圆周的扇形面。柴油机正车运转时,螺旋桨的轴向推力通过艉轴和中间轴传到推力环,推力环通过正车推力块和推力盘将推力传给柴油机机座,又通过地脚螺栓传给船体,从而推动船舶克服水的阻力前进。推力环与推力块之间有滑油润滑,滑油来自主轴承润滑系统。为了使滑油不至于从轴颈处漏出机外,在轴颈处设有油封。

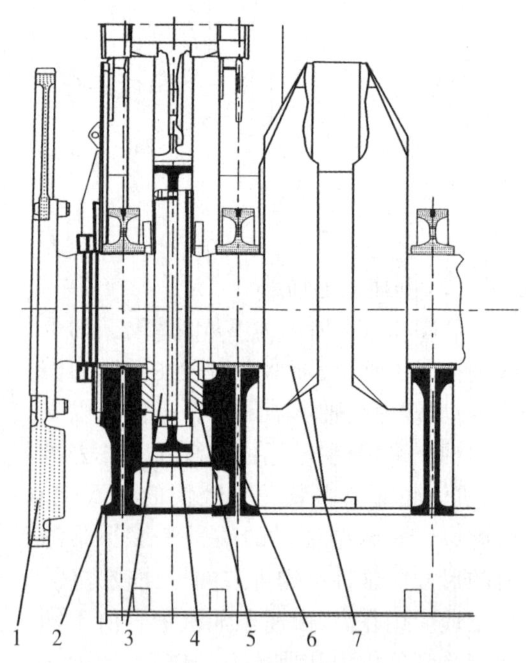

1—飞轮;2—倒车推力块;3—推力环;4—驱动齿轮;5—正车推力块;6—机座;7—曲轴。

图 2－36 推力轴承的构造

推力轴承的关键部件是推力块,如图 2－37(a)所示为一种推力块的立体图。推力块的结构随机型的不同虽然不完全相同,但工作原理是一样的。推力块为一个扇形块,在靠近推力环的工作面上浇有减磨合金,并在进油边缘处制有圆角或斜面。在调节圈一侧有高、低两个面。高、低面相交的棱边为工作时的支持刃,工作时它与调节圈工作面靠在一起。推力块两个侧面上都有凸块,起着推力块间支承和定位的作用。

在正常情况下,推力轴承是在液体动力润滑下工作的。图 2－37(b)为启动时的工况。在工作中,如图 2－37(c)所示,推力块绕支持刃偏转一个小角度,使推力块与推力环的工作面间形成楔形空间,产生了动力油压。推力环的推力通过动力油压传递到推力块上,再经过支持刃传递到调节圈上。

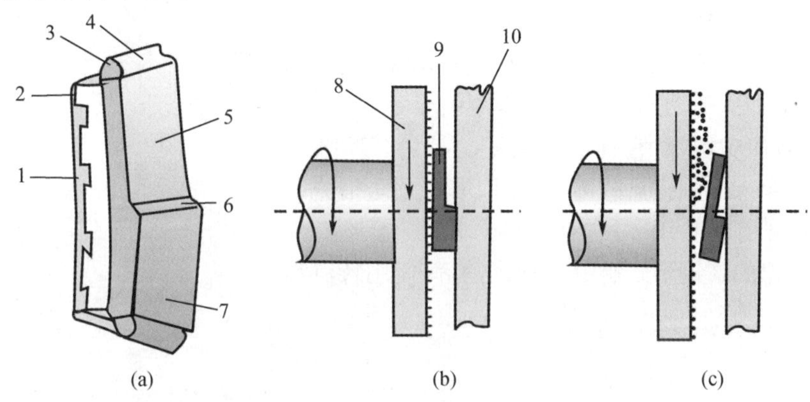

1—减磨合金;2—小斜面;3—进油边缘;4—凸块;5—底位面;6—摆动支承刃;7—支承凸肩;8—推力环;9—推力块;10—调节圈。

图 2－37　推力块结构及油楔作用原理

(2)推力轴承的调整

如图 2－38 所示为推力轴承简图。正、倒车推力块用压板定位。当推力块互相紧靠在一起时,在压板处留有间隙 i_1 和 i_2。间隙 i_1 和 i_2 之和要符合说明书的规定,其数值可通过增减压板处的垫片进行调整。这个间隙数值保证了推力块绕支持刃摆动的灵活性。正、倒车推力块分别靠在正、倒车调节圈上,正、倒车调节圈用来调整推力块与推力环间的间隙 f_1 和曲轴与轴承之间的轴向相对位置。此间隙是用力把推力环压紧在正车推力块上时,用厚薄规在倒车推力块与推力环间测量出来的间隙。此间隙也可以是轴处在不受轴向力的自由状态下,用两个厚薄规在正、倒车推力环处同时测量,然后将这两个数值相加得出。这个间隙的大小要符合说明书的要求,否则要通过调节圈后加放垫片,在以后修船时再更换调节圈。在工厂安装两排推力块时,调节圈应按下述要求进行调整:当推力环与正、倒车推力块之间各为 1/2 装配间隙时,靠近推力轴承的最后一个曲柄的中心线应向推力轴承方向偏移一个规定的数值。这样做是为了补偿曲轴在运转中的热膨胀,以尽可能地使各曲柄臂与主轴承之间的轴向间隙保持均等。

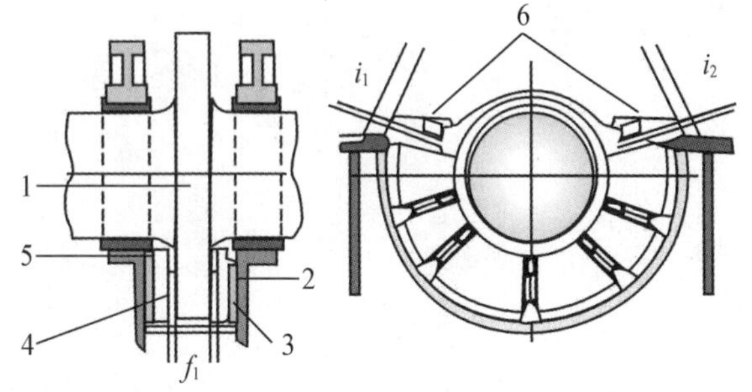

1—推力环;2,5—调节圈;3,4—推力块;6—压板(制动器)。

图 2－38　推力轴承简图

【思考与练习】

1. 简述活塞的功用和结构特点。
2. 柴油机活塞的冷却方式有几种,冷却机构有几种?
3. 简述活塞环的功用和工作原理。
4. 气环根据其截面形状分为几种类型,各有何使用特点?
5. 简述十字头组件的功用和结构特点。
6. 简述曲轴的功用、形式和结构特点。
7. 曲轴有哪些常见故障? 提高曲轴使用寿命的措施有哪些?
8. 简述主轴承的功用、分类和结构特点。
9. 气缸有何功用,对它有哪些要求?
10. 气缸套有哪些常见故障,应采取哪些预防措施?
11. 气缸盖有何功用,对它有哪些要求?
12. 气缸盖的结构形式有哪几种,各有何使用特点?

第3章　柴油机换气和增压

【知识目标】

1. 理解四冲程及二冲程柴油机的换气特点及换气过程。
2. 掌握换气机构的功用、组成及工作过程。
3. 了解柴油机增压的意义和增压系统的类型及特点。
4. 了解废气涡轮增压的两种基本形式及其特点。
5. 了解废气涡轮增压器的基本构造及其工作原理。

【能力目标】

1. 能对柴油机换气机构进行拆装。
2. 能进行气阀间隙及气阀定时的测量与调整。
3. 能对废气涡轮增压器进行基本的维护。

3.1　柴油机换气过程

柴油机在每个工作循环中，在膨胀做功行程之后，必须排出气缸内的废气，充入新鲜空气，为下一个工作循环的进行提供必要的条件。这个从排气开始到进气结束的整个工质更换过程称为换气过程。

对柴油机换气过程的要求是废气排得越干净越好，充入气缸的新鲜空气越多越好，这样才有可能喷入更多的燃油并使之完全燃烧，从而提高柴油机功率。此外，进气充足，有利于混合气的形成，改善燃烧状况，提高柴油机的经济性和排放性能。因此，换气过程的完善程度直接影响柴油机的动力性、经济性、可靠性和排气污染程度。

柴油机的换气过程是由柴油机的换气机构来完成的。

3.1.1　四冲程柴油机的换气过程

四冲程柴油机的换气过程实际上是从排气阀在下止点前开启时起，经过排气冲程和进气冲程至进气阀在下止点后关闭为止的整个过程。换气过程中气缸内和排气管内压力随曲轴转角的变化关系如图3－1所示，根据气体流动的特点，换气过程可分为3个阶段。

1. 自由排气阶段

当排气阀在下止点前打开时，气缸压力 p 远远高于排气管压力，废气在很大的压力差作用下排出气缸。随着排气阀开度的增大，排气量增多，使气缸压力急剧降低，排气管压力迅速升高，直到下止点后气缸压力接近排气管压力为止。在这一阶段，气缸压力与排气管压力始终存在较大的压差，气缸废气主要在压差作用下排出气缸，所以称为自由排气阶段。自由排气阶段一般在下止点后10°～30°结束。

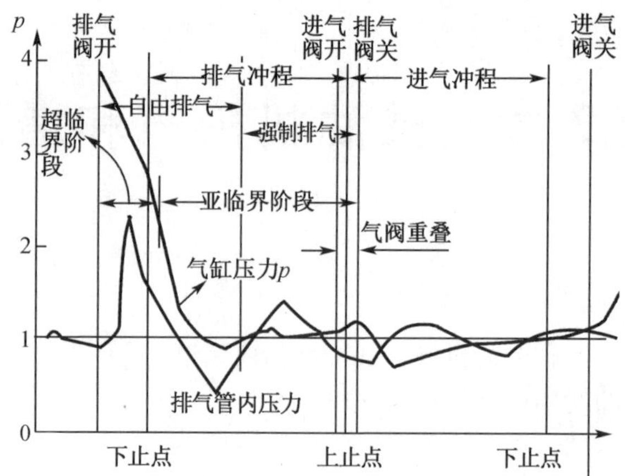

图 3－1　四冲程柴油机的换气过程曲线

2. 强制排气阶段

从自由排气结束到排气阀关闭这一阶段，活塞由下止点向上止点运动，排气冲程是由活塞的推挤形成的，称为强制排气阶段。在这个阶段中气缸压力与排气管压力逐渐降低，压力差较小。活塞到上止点后虽然开始向下运动，但在排气冲程中形成的高速排气流的惯性作用下，废气可继续排出气缸，这称之为惯性排气。排气阀在上止点后延迟关闭，延长排气时间，可使废气排得干净，排气功减小，排气流的惯性得到充分利用。

3. 进气阶段

为了增加进气量，减小流动阻力，进气阀是在排气冲程后期开启的。由于进气阀开度很小，开启时刻的气缸压力只略高于进气压力，并且在气缸内存在一个惯性排气流，所以一般废气不但不会倒流入进气管，并且在排气阀关闭前还能形成燃烧室扫气。新鲜空气是在缸内压力低于进气管压力后才开始进入气缸的。在进气冲程中，由于进气系统流动阻力的影响，缸内压力一直低于进气管压力。在进气冲程末期，由于进气阀适当地延迟关闭，在进气气流的惯性作用下，新鲜空气仍可继续进缸，以提高充气量。

3.1.2　二冲程柴油机的换气过程

二冲程柴油机的换气过程和四冲程柴油机相比有很大的不同，主要表现如下：

①二冲程柴油机的换气时间较短；

②二冲程柴油机的换气质量较差；

③二冲程柴油机的耗气量较大；

④二冲程柴油机的气缸容积不能充分利用。

二冲程柴油机的换气过程是从排气口（或排气阀）打开时起至排气口（或排气阀）完全关闭为止的过程，如图 3－2(a)所示。根据换气过程中气缸内压力变化特点，可以把整个换气过程分为 3 个主要阶段。

1. 自由排气阶段(*B*—*R*)

从排气口（或排气阀）的开启点 B 到开始进气的点 R（此时气缸内的压力 p_b 与扫气压力 p_k 相等）为止的阶段，称为自由排气阶段。在这一阶段，气缸内废气在缸内与排气管的压力差作用下，经排气口高速流入排气管中，使缸内压力急剧降低。一般来说，当活塞下行到点 D 开启扫气口时，气缸内的压力 p_b 仍略高于扫气压力 p_k，但因扫气口的节流和排气的流动惯性，不会出现废气经扫气口倒冲入扫气箱。

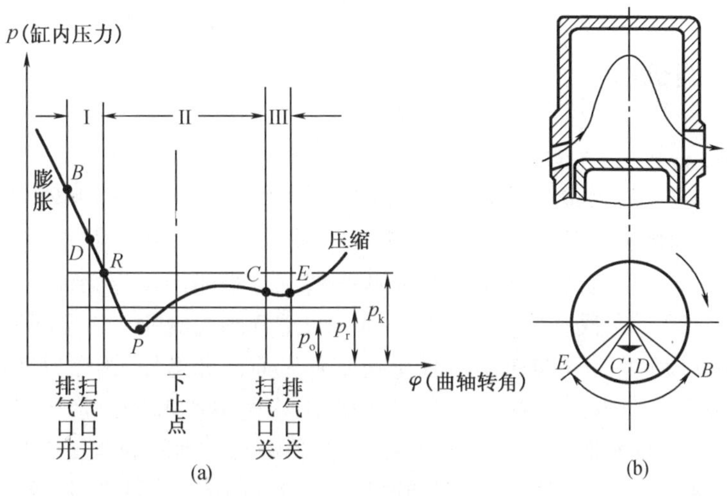

图 3－2　二冲程柴油机换气过程曲线

2. 强制排气和扫气阶段(*R—C*)

此阶段从进气开始到关闭扫气口为止。这一阶段主要靠新鲜空气与缸内废气的压力差，利用新鲜空气将废气清扫并强制排出气缸。显然，在此阶段新鲜空气与废气掺混，并有部分新鲜空气经排气口排出。

3. 过后排气阶段(*C—E*)

此阶段从扫气口关闭(点 C)到排气口关闭(点 E)为止。在这一阶段，缸内的部分新鲜空气将经仍开启着的排气口排入排气管，是一个新气损失阶段，因此越短越好。对于直流扫气的柴油机，因为排气阀的关闭可以受到控制，使它与进气口同时关闭或早于进气口关闭，则可避免过后排气损失或实现过后充气。E 点后，气缸内开始压缩冲程。

由上述可知，二冲程柴油机的换气过程没有单独的进、排气冲程，只是在膨胀冲程末和压缩冲程初的下止点附近，依靠进、排气口的压差，以扫气的方式进行，如图 3－2(b)所示。二冲程柴油机与四冲程柴油机换气过程相比，换气时间短(只占 120°～150° CA)，新气与废气掺混严重，空气消耗量多，使换气过程消耗的功大，换气效果比四冲程柴油机差。

3.2　换 气 机 构

保证柴油机按规定顺序和时刻完成进、排气过程的机构称为换气机构，又叫作配气机构。

四冲程柴油机采用气阀式换气机构。现代船用低速二冲程柴油机大都采用气口－气阀式换气机构。换气机构的任务是保证柴油机在工作过程中按规定的时间开启或关闭各气缸的进气阀(或扫气口)和排气阀(或排气口)，使尽可能多的新鲜空气进入气缸，并使膨胀终了的废气从气缸排净，保证柴油机工作过程连续和完善。换气机构工作得好坏直接影响柴油机的换气质量，进而影响柴油机的燃烧过程和做功能力。因此，正确地设计和维护管理好换气机构，对于保证柴油机良好的工作性能和使用寿命具有重要意义。

气阀式换气机构主要包括气阀机构和气阀驱动机构两部分。本节还将讨论凸轮轴及其传动机构。

3.2.1 气阀机构

1. 工作条件

在气阀机构中，气阀和阀座是工作条件最恶劣的零件。气阀阀盘和阀座底面是燃烧室壁面的一部分，受到燃气高温、高压的作用，特别是排气阀，由于受到排气气流的加热，温度很高；而进气阀由于进气流的冷却作用温度低一些。对于船用增压柴油机，排气阀阀盘的平均温度为 650 ~ 800 ℃，阀杆温度为 150 ~ 250 ℃；进气阀阀盘的平均温度为 450 ~ 500 ℃，阀杆温度为 100 ~ 120 ℃。气阀在关闭时与阀座发生撞击和磨损，由于阀和阀座的弹性变形、气阀弹簧的振动及气阀弹簧螺旋线的扭转作用，会使阀面和阀座产生楔入性和扭转性滑移。这种滑移使阀面和座面间产生干摩擦，阀面和座面上剥落的金属颗粒、灰分、炭粒又变成磨料加重了磨损。燃烧产物对气阀和阀座有腐蚀作用，特别是燃用重油时，由于重油中含有较高的钒和钠等，燃料燃烧后生成钒和钠的氧化物及这些氧化物生成的盐和聚合物。这些钒和钠的盐、氧化物及聚合物有的熔点低（低至 535 ℃），有的熔点较高（高达 900 ℃）。它们在排气时一部分沉积到气阀和阀座上，使气阀和阀座接触不良，并对金属起腐蚀作用，使阀面和座面上出现凹坑，造成漏气和烧损。

2. 材料

由于气阀和阀座在高温、撞击、磨损、腐蚀的条件下工作，气阀都采用耐热合金钢材料（如镍基耐热合金钢），阀座则采用合金铸铁或耐热合金钢。为了使阀面和座面耐磨、耐腐蚀，高增压和燃用重油的柴油机气阀还在阀面和座面上堆焊钴基硬质合金，如司太立（Stellite）合金。在阀头接近燃烧室侧覆盖耐热、耐蚀的铬镍铁合金。阀座采用钻孔水冷，并在阀座密封面附近开有空气槽，内存有扫气空气，当密封面漏气时，可避免产生高温排气的烧蚀，如图 3 –3 所示。为了使阀杆耐磨，常采用氮化、镀铬、滚压、抛光等工艺。

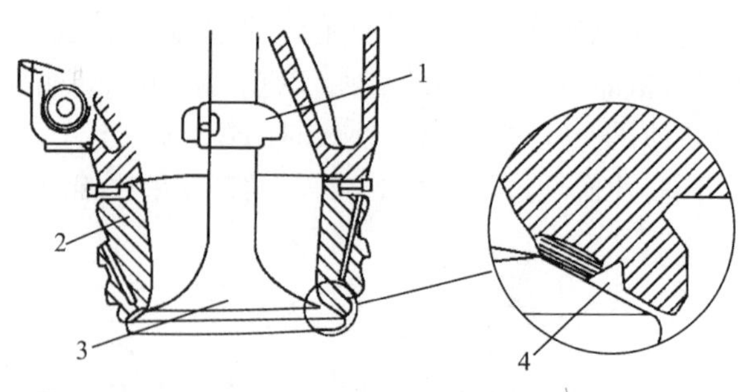

1—转翼；2—阀座；3—排气阀；4—空气槽。

图 3 –3 MC 型柴油机排气阀座

3. 配合方式

气阀的阀面与阀座在座面的配合上有 3 种方式，如图 3 –4 所示。

图3-4(a)为全接触式,阀面与座面锥角相等。全接触式接触面大、耐磨、传热好,但易结炭,敲击产生麻点,多用在小型高速柴油机上。阀线宽度一般为1.5~2.5 mm。

图3-4(b)为外接触式,阀面锥角小于座面锥角。外接触式的阀面锥角比座面锥角小0.5°~1°。这种方式接触面小、密封性好,阀面与座面内侧不与燃烧时的气体接触。阀盘在高压燃气作用下发生拱腰变形会使内侧阀面与座面接触,减小了接触应力,增加了散热,多用于强载中速柴油机。

图3-4(c)为内接触式,阀面锥角大于座面锥角。内接触式的阀面锥角比座面锥角大0.2°~0.5°。这种方式接触面小、密封性好。接触面因离燃烧室远些,温度低,钒、钠的腐蚀小。阀盘在高温和高压燃气作用下会发生周边翘曲的热变形和机械变形,使外侧阀面与座面接触。这样,减小了接触应力,增加了阀盘散热,常用在长行程低速柴油机中。

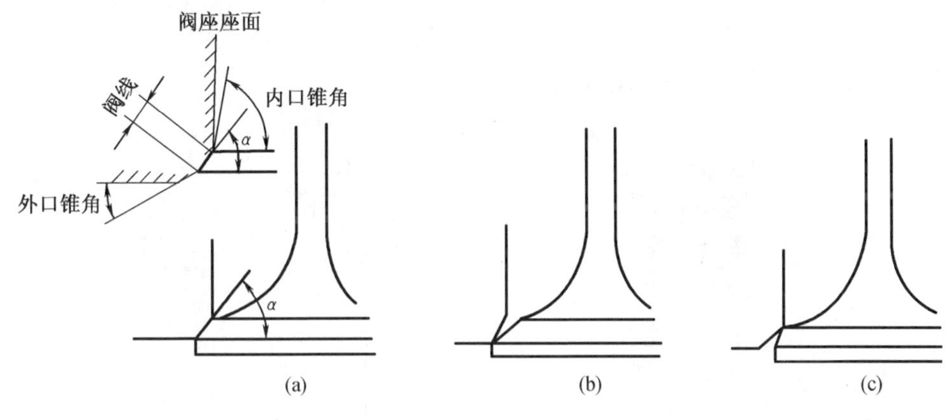

图3-4　阀与阀座的配合方式

4. 结构特点

柴油机的气阀机构基本上是大同小异的,但根据其结构特点可分为不带阀壳和带阀壳两大类。

不带阀壳的气阀机构是直接装在气缸盖上的,如图3-5所示。这种形式的气阀构造简单,但是检修时必须拆下气缸盖。为了防止因阀座座面损坏而导致气缸盖报废,一般都装有可以更换的阀座。此种结构多用于中、小型柴油机。带阀壳的气阀机构是将气阀及气阀弹簧、导管、阀座等零件装在阀壳上形成一个整体,然后把这个总成装入气缸盖的阀壳孔中。若阀壳式气阀出现伤裂、过度磨损等故障,修理时可不必拆卸气缸盖,只需拆下阀壳进行维修,管理比较方便。在结构上,阀壳中有润滑阀杆的油道和强制循环冷却水腔,可以简化气缸盖的结构。大功率中、低速柴油机的排气阀,广泛采用带阀壳的结构。

在强载、燃用重油的柴油机中,除了对排气阀和阀座进行冷却外,还装设旋阀器使排气阀在开关过程中慢慢转动。气阀在开关过程中慢慢转动,可以减少阀面与阀座上的积炭,使磨损减小,贴合严密;可以使阀盘均匀地接受热量和散热,以改善阀盘的热应力状态;可以消除阀杆与导管之间的积炭,防止卡住。旋阀器有旋转帽式、推进器式、棘轮式、杠杆式等多种。现代船用低速二冲程柴油机大都采用推进器式旋阀器。

3.2.2　气阀传动机构

气阀传动机构的作用是把凸轮的运动传给气阀。当凸轮顶升气阀传动机构时，气阀及时开启。在凸轮转过之后，在气阀弹簧的作用下气阀及时关闭。机械式气阀传动机构是传统的气阀传动机构，广泛用于各种类型柴油机上。新型低速柴油机均采用液压式气阀传动机构。

1. 机械式气阀传动机构

图3－6所示是中、小型柴油机中常见的一种机械式气阀传动机构。它由带滚轮的顶头D、推杆C和摇臂B_1等组成。摇臂经轴销安装在摇臂支座B_2上，摇臂支座固定在气缸盖上。凸轮在转动过程中将顶头、推杆顶起，从而使摇臂绕摇臂轴转动，克服气阀弹簧的弹力将气阀打开。当滚轮沿凸轮的型线下降时，在气阀弹簧的作用下气阀逐渐关闭，因而凸轮的形状与安装位置就决定了气阀的启闭时刻。

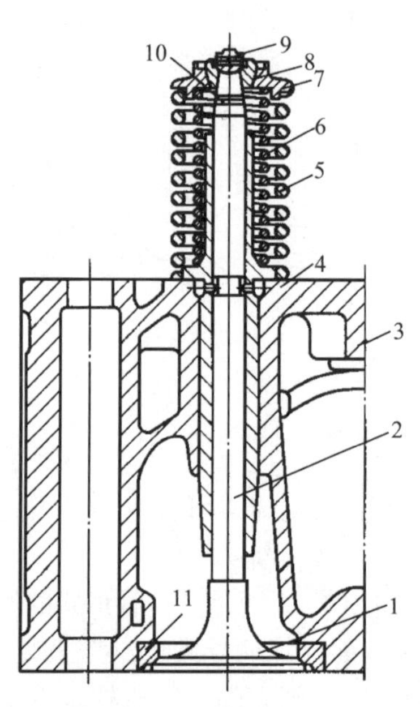

1—阀盘；2—阀杆；3—气缸盖；4—气阀导管；5，6—弹簧；7—弹簧盘；8—卡块；9—撞击块；10—卡环；11—阀座。

图3－5　不带阀壳的气阀机构

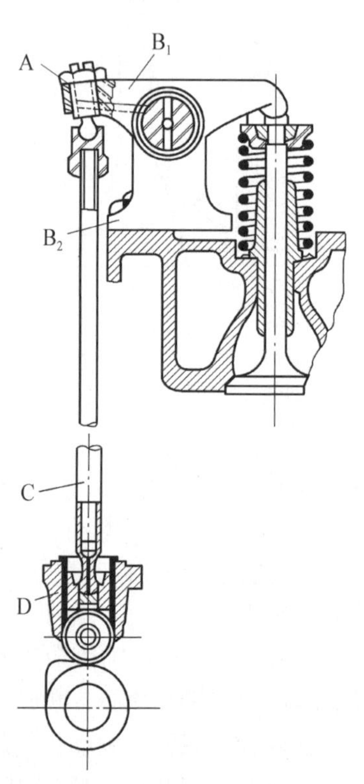

图3－6　机械式气阀传动机构

对于机械式气阀传动机构，在柴油机冷态时，滚轮落在凸轮的基圆上，摇臂与气阀之间应留有间隙，此间隙称为气阀间隙。其目的是保证在柴油机热态时，气阀和气阀传动机构受热膨胀后仍能完全关闭。如果不留气阀间隙，气阀在工作时将向下膨胀关闭不严，造成气阀漏气，并可能引起其他故障。气阀间隙可以通过调节螺钉A调整。调整气阀间隙时，要求滚轮落在凸轮的基圆上，摇臂、顶杆和顶头之间保持接触。

2. 液压式气阀传动机构

液压式气阀传动机构是在气阀、顶头的上端各设液压传动器，二者之间通过油管连通。

开阀靠液压传动器产生的油压来实现,关阀靠“空气弹簧”的气体压力来实现。这种气阀传动机构具有尺寸小、质量轻、利于布置、气阀不承受侧推力、噪声小、拆装方便等优点,但存在着调试困难与密封困难等缺陷,目前普遍用于超长行程低速柴油机的排气阀中。图 3 –7 所示为液压式气阀传动机构和气阀机构。图中顶头处的液压传动器由顶头、顶杆、套筒、柱塞、安全阀、补油阀等组成。气阀处的液压传动器由缓冲销、柱塞、套筒等组成。空气弹簧装置由活塞、气缸等组成。由启动空气瓶来的经减压的空气通过止回阀进入气空间 N。

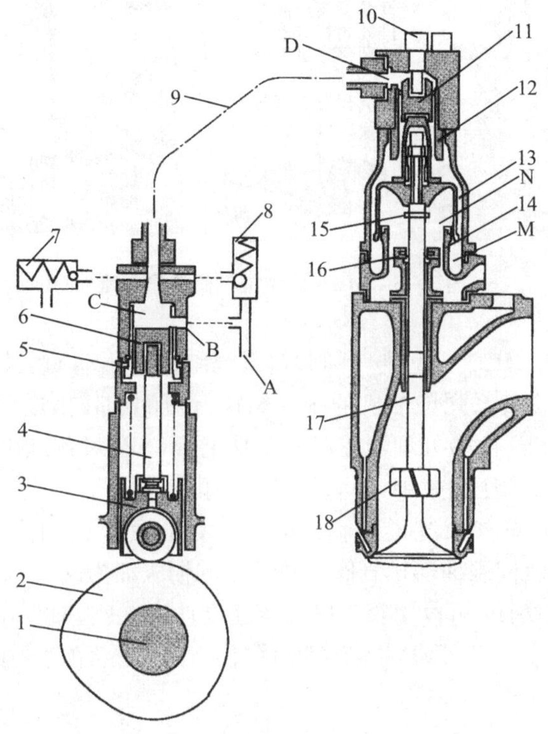

1—凸轮轴;2—凸轮;3—顶头;4—顶杆;5,12—套筒;6,11—柱塞;7—安全阀;8—补油阀;9—油管;10—缓冲销;13—活塞;14—气缸;15—卡环;16—弹簧板;17—气阀;18—转翼;A—补油管;B—补油孔;C、D—油空间;M、N—气空间。

图 3 –7　液压式气阀传动机构和气阀机构

当凸轮通过顶头、顶杆顶起柱塞时,油空间 C 的油被压缩建立起油压并经油管泵入油空间 D,作用在柱塞上面。油压力推动柱塞下行并推动活塞下行,将气空间 N 内的空气压缩,并把气阀打开。当凸轮把顶头放下时,柱塞重新下行,油压下降,油空间 D 的油流回到油空间 C。气阀在气空间 N 内气体压力(空气弹簧)的作用下关闭。气阀关闭时,液压柱塞上行,缓冲销进入柱塞上面孔内将油挤出。油的阻尼作用减小了气阀与阀座的撞击。液压传动机构在运行时经柱塞和套筒间隙漏泄的油,由顶杆和补油阀补充。机构中的油由十字头轴承润滑系统经减压后供给。当机构中的油压过高时,油由安全阀泄掉。当气空间 N 没有压缩空气时,柱塞会在油压作用下下移,气阀被打开。但当卡环落在弹簧板上时便不再下移,避免气阀与活塞发生撞击。

3. 电控共轨式液压气阀传动机构

MAN B&W 公司近年来开发了基于电子控制技术的新型电控共轨式液压气阀传动机

构。如图 3-8 所示为 ME-C 型排气阀工作原理。

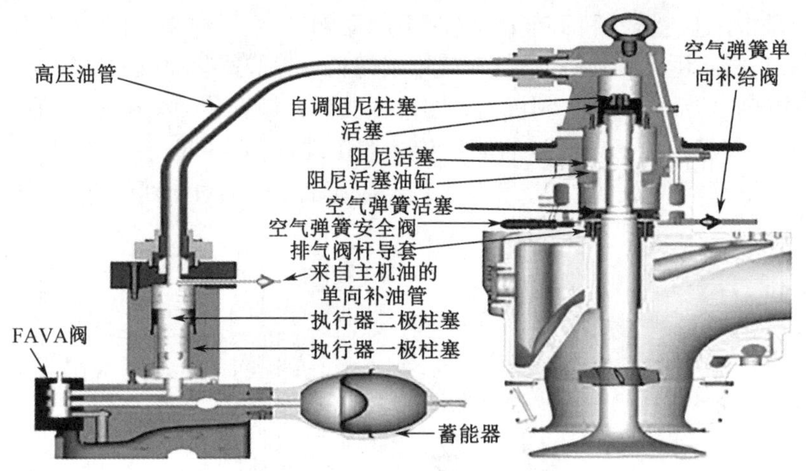

图 3-8　ME-C 型排气阀工作原理

MAN B&W 公司 S60ME-C 型排气阀共轨系统结构的驱动油泵,其结构与燃油高压油泵没有特别大的差异。ME 系列柴油机的排气阀执行器的动作由电磁阀控制伺服油驱动。电磁阀根据气缸燃烧状况,由微处理器控制程序系统(ECSP)对各缸排气阀的启闭进行优化控制,以达到最佳的扫气和压缩效果,并满足燃烧和排放要求。

驱动油泵的动力源来自系统滑油,经过过滤增压后形成伺服油。MAN B&W 公司 S60ME-C 型的燃油共轨伺服油与排气阀共轨使用的伺服油为同一来源。这种以电子控制方式控制排气阀开启与关闭,可以使阀盘以限定速度冲击阀座,减少不必要的摩擦和噪声,而且可有效地控制排温。由于驱动油泵的动力源仍然是增压后的伺服油,所以省略了传统的凸轮轴传动装置。

3.2.3　凸轮轴及其传动机构

1. 凸轮轴

凸轮轴是柴油机中非常重要的传动轴。柴油机进、排气阀的启闭,喷油泵和空气分配器的驱动,都是通过凸轮轴进行的。此外,凸轮轴还带动调速器及其他附件的传动轮。装在凸轮轴上的凸轮是每缸一组,组数与缸数相同。凸轮轴放在凸轮轴箱内,由多个轴承支承,如图 3-9 所示。

凸轮轴的结构有整体式和装配式两大类。整体式用于小型柴油机,装配式用于大型柴油机。整体式凸轮轴的凸轮是与轴锻成或铸成一体的。装配式凸轮轴的凸轮和轴分开制造,然后根据定时的要求将凸轮紧固在轴上,这种凸轮轴上的凸轮是可调的,以便定时调整,并且任何一个凸轮损坏时都可以单独更换。大型柴油机的凸轮轴很长,故都是分成几段组装而成的。为了使柴油机结构简单,控制进、排气阀和喷油泵的凸轮一般都装在同一根轴上。但近年来,为了更好地控制柴油机的进、排气过程和燃烧过程,满足日益严格的排放法规,某些新型柴油机采用了两根凸轮轴的结构。对于电子控制式柴油机,则取消了凸轮轴。

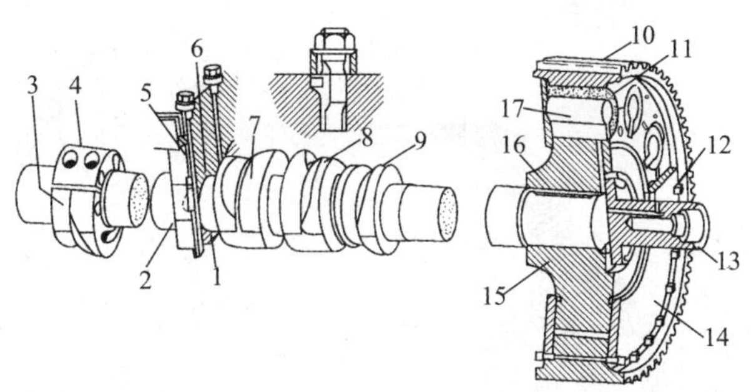

1—轴承盖;2—轴;3,4—喷油泵凸轮;5—螺栓;6—轴承座;7—进气凸轮;8—排气凸轮;9—启动凸轮;10—齿圈;11—筒状弹簧;12—螺栓;13—支持轴;14—环板;15—轮毂;16—键;17—止动栓。

图3-9　凸轮轴及传动齿轮

凸轮在顶动滚轮过程中,在工作表面上产生摩擦和很高的接触应力。当接触应力过高时,工作面会发生疲劳损坏,产生麻点或金属剥落。因此,凸轮要有很好的耐磨、耐疲劳性能。凸轮轴材料一般是碳素钢、合金钢和球墨铸铁。凸轮工作表面应渗碳或表面淬火,以提高硬度。

2. 凸轮轴的传动机构

凸轮轴是由柴油机的曲轴带动的,两者保持准确的相对位置。按照柴油机工作循环的要求,有凸轮控制的机构每循环必须动作一次。由于四冲程柴油机曲轴回转两周完成一个工作循环,因此其凸轮轴与曲轴的转速比应该是1∶2。同理,二冲程柴油机的则应该是1∶1。

曲轴与凸轮轴之间的传动方式与发动机的类型、凸轮轴位置及附件的传动等因素有关。一般采用齿轮传动或链传动,所以,凸轮轴的传动机构分为齿轮传动机构和链传动机构。四冲程柴油机通常采用齿轮传动。大型低速二冲程柴油机根据凸轮轴的位置有两种传动方式:一种是凸轮轴布置在机架中部,因曲轴与凸轮轴距离较近,采用齿轮传动;一种是凸轮轴布置在气缸体中部,因曲轴与凸轮轴的距离较远,采用链传动。无论采用何种传动方式,其传动机构必须保持正确的定时关系。此外,还应尽量减小扭振及凸轮轴扭转变形引起的定时偏差。

(1)齿轮传动机构

四冲程柴油机采用齿轮传动轮系,称之为定时齿轮。为了减小曲轴扭振的影响,凸轮轴传动机构都安装在飞轮端。定时齿轮包括主动轮、从动轮和二者之间的中间齿轮。图3-10所示为某大型四冲程V形柴油机的凸轮轴齿轮传动机构。曲轴上的曲轴定时齿轮,经过中间齿轮传给凸轮轴上的定时齿轮带动凸轮轴。经过两级齿轮减速后,正时齿轮1与5的转速比为1∶2。三个齿轮互相啮合的轮齿上均有啮合记号以保证配气、喷油定时正确。在拆、装凸轮轴传动机构时必须严格注意装配记号。

(2)链传动机构

图3-11所示为凸轮轴链传动机构简图。链传动机构结构简单、紧凑,且在柴油机换向时可以避免齿轮传动中可能产生的齿间间隙累积误差,因而在正、倒车运转时都能得到准确的定时,对于轴线的不平行度与中心距的误差都不敏感。此外,还可以通过链轮、链条驱动往复惯性力矩平衡装置,因而在大型低速柴油机中应用广泛。但链传动机构的润滑不如齿轮传动机构,磨损快,容易松弛,需经常检查。

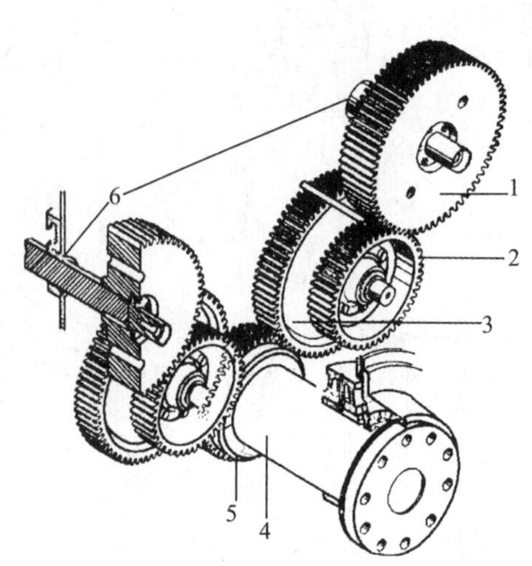

1—凸轮轴正时齿轮;2,3—中间齿轮;4—曲轴;
5—曲轴正时齿轮;6—凸轮轴。

图 3-10　凸轮轴齿轮传动机构

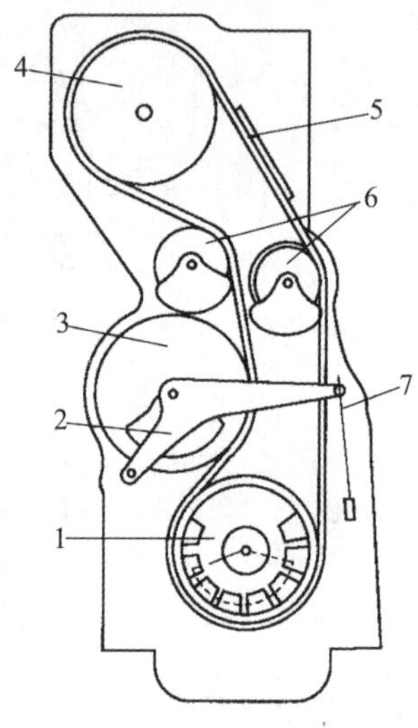

1—主动链轮;2—张紧臂;3—张紧轮;4—从动链轮;5—链条;6—中间轮;7—张紧弹簧。

图 3-11　凸轮轴链传动机构简图

链传动机构由曲轴上的主动链轮、凸轮轴上的从动链轮、链条、中间轮、链条张紧臂、张紧轮、张紧弹簧等组成。主动链轮由两个半块组成,用螺栓紧固在曲轴上。从动链轮为整体式,用键连接安装在凸轮轴上。曲轴与凸轮轴之间采用一级链传动,速比为1∶1。链条选用双排套筒滚子链。导轨(图3-11中未画出)是由导轨板和装在导轨板上的特种耐油橡胶块组成的,以防止链条的横向抖动和敲击,使之工作平稳。链传动机构由于链条磨损较快,容易松弛,会影响凸轮的定时,并引起链条振动。故在链传动机构中设有中间轮和链条张紧装置,用以减少链条的振动和调节链条的松紧程度,保证链条与链轮啮合良好,传动平稳。张紧弹簧的弹力通过张紧臂、张紧轮作用到链条上将它拉紧。为了保证定时准确,链条按啮合记号装在链轮上。张紧轮可位于正车转动时链条的紧边或松边。通常较老机型多位于紧边,而新机型多位于松边。张紧链条时要边盘车边张紧。盘车时要使张紧轮一侧的链条为松边。需要注意的是,链条、链轮磨损后,链条会松弛,再度张紧时,定时会发生变化。若链条长度增加1.5%,须换新。

3.2.4　换气机构的检查与调整

1. 气阀间隙的测量与调整

对于机械式气阀传动机构,柴油机在冷车时,在摇臂端与气阀阀杆顶端之间要留有一定的间隙,称为气阀间隙。气阀间隙是为了柴油机运转时,气阀阀杆受热后有膨胀余地。若气阀间隙过大,则气阀受热后会关闭不严;气阀间隙过小,会影响气阀定时(迟开早关),还会使撞击严重,造成大的噪声和磨损。因此,必须保证气阀间隙的大小符合各种柴油机说明书中给出的规定值。

在柴油机的安装使用中,应对气阀间隙进行检查与调整。检查调整气阀间隙应在柴油机冷态,气阀处在关闭状态(顶头的滚轮落在凸轮的基圆上)下进行,气阀间隙的大小用塞尺检测。如测量值与规定值不符时,可转动摇臂上的调节螺钉进行调整,直至间隙符合规定值为止,然后锁紧调节螺钉。

2. 气阀定时的检查与调整

每一种柴油机都对其进、排气阀的开启和关闭有严格的定时要求。如气阀的启闭不准确,会影响柴油机的换气质量,出现功率下降和启动性能差等故障,甚至会发生活塞顶与气阀相碰撞的事故。气阀定时的检查要在气阀间隙的大小符合规定值时进行。检查的方法是,在气缸盖上放千分表架,将千分表的弹性触头压在气阀弹簧盘上,并转动表盘将指针调定一个初始读数,然后慢慢盘车。当千分表指针刚刚离开或回到初始读数时,就是气阀开启或关闭的时刻。这时,飞轮上所指示的角度就是气阀开启或关闭的角度。引起气阀定时误差的原因主要有凸轮磨损或凸轮轴弯曲、定时齿轮或链轮磨损严重等。出现这种情况应进行修复或调整。

3.3　船舶柴油机增压

3.3.1　增压概述

增压技术是提高柴油机功率和经济性的有效措施之一。增压就是通过增高气缸进气压力的方法,增加气缸的充气量,同时增加喷入气缸的燃油量,以提高柴油机的平均指示压力 p_i和柴油机的平均有效压力 p_e。能够实现提高进气压力的装置称为增压器。

根据驱动增压器所用的能量,增压系统可分为 3 种类型。

1. 机械增压系统

机械增压系统中,增压器采用机械泵,由柴油机曲轴通过传动机构驱动,如图 3 – 12 所示。

这种增压形式消耗了柴油机的有效功率,并随压力的提高,柴油机消耗的功率也增大。因此,机械增压系统只适于增压压力小于 160 kPa 的低增压柴油机。

2. 废气涡轮增压系统

利用柴油机排出的废气驱动的涡轮机带动压气机的增压方式构成废气涡轮增压系统,如图 3 – 13 所示。该系统中的增压器由废气涡轮机和压气机两部分组成,称为废气涡轮增压器。废气涡轮机由柴油机排出的废气能量来驱动,再由涡轮机带动同轴上的压气机来压缩空气,经进气管送入气缸。这种增压形式可以将废气中回收的部分能量转换为进气压力,不仅提高了柴油机的功率,还提高了经济性,因而获得广泛的应用。

废气涡轮增压可以使增压压力达到 0.25 MPa,甚至更高;空气的温度也会有很大的提高,所以常在压气机出口与柴油机进气管之间装设中间冷却器。

3. 复合增压系统

采用机械增压和废气涡轮增压两种形式共同工作的增压系统称为复合增压系统。根据两种增压器的不同布置,可分为串联增压和并联增压。

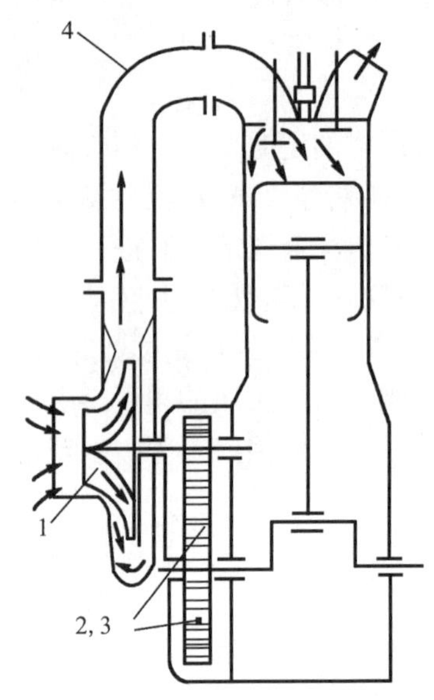

1—离心式压气机;2,3—传动齿轮;4—进气总管。

图 3-12 带离心式压气机的机械增压系统

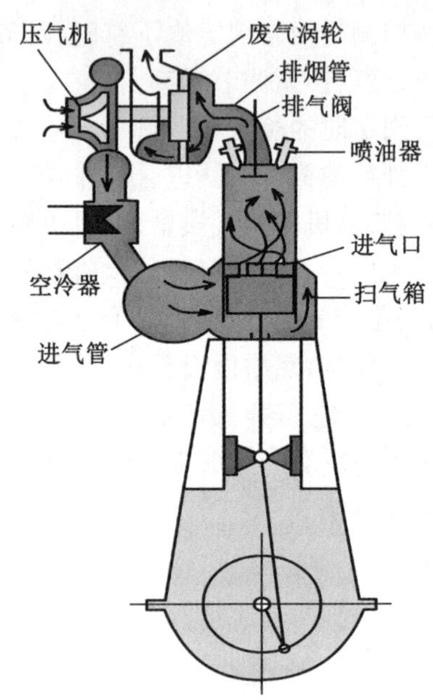

图 3-13 废气涡轮增压系统

3.3.2 废气涡轮增压

1. 废气能量分析

柴油机的废气具有一定的温度和压力,所含的热量占燃油燃烧放热量的 30%~37%。采用废气涡轮增压的柴油机废气中含有的最大可利用能量,如图 3-14 所示。

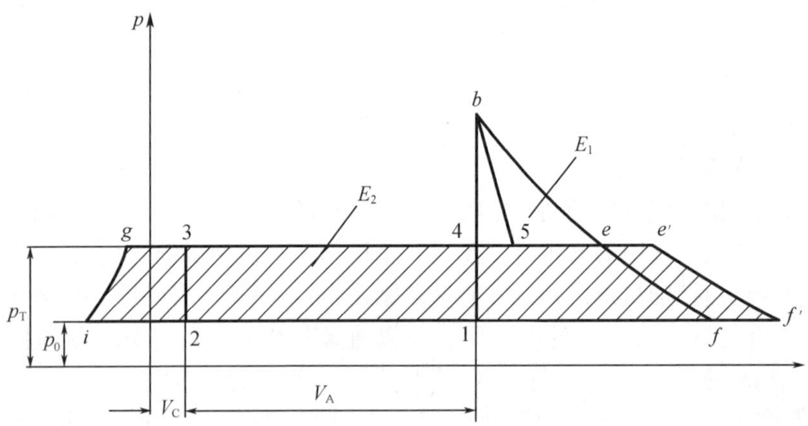

图 3-14 柴油机废气中含有的最大可利用能量

由于柴油机结构的限制,排气开始时气缸中燃气状态为点 b,这些燃气等熵膨胀到大气压力 p_0时,理论上所能做的功在图 3-14 上为面积 b—f—1—b,也就是排气开始时废气中的可用能量。另外,由于气缸后的压力不再是大气压力 p_0,而是涡轮前压力 p_T,废气在换气过程中获得的能量为 i—g—4—1—i 表示的面积。对四冲程柴油机而言,换气过程中获得的能量包括强制排气过程中的活塞推出功 2—3—4—1—2 和燃烧室扫气阶段进入排气管的扫气空气

所具有的能量 $i—g—3—2—i$ 两部分。所以四冲程柴油机废气中含有的最大可利用能量是 $b—f—i—g—4—b$ 所示的面积。而二冲程柴油机在换气过程中获得的能量为扫气期间扫气空气所做的功。值得注意的是，二冲程柴油机在排气开始后，活塞继续下行，获得膨胀功为 $b—5—4—b$ 所示的面积，使废气可用能量减少，在换气过程中没有活塞推出功补充废气能量，并且废气中掺混很多扫气空气，使涡轮前气体温度 T_T 降低，因而废气中能量较少。

根据在废气涡轮中能量利用的情况，可把废气的能量分为两部分。一部分是废气由压力 p_b 膨胀到 p_T 的膨胀能 E_1，称之为脉冲能。它是一种脉动的速度能，在排气管中以压力波的形式出现，即图中 $b—e—4—b$ 所表示的面积。另一部分是废气由压力 p_T 膨胀到 p_0 的膨胀能 E_2，称之为定压能（亦称势能），即图中 $i—g—e—f—i$ 所表示的面积。废气能量 E 是脉冲能 E_1 与定压能 E_2 之和，二者在总能量中所占的份额随增压压力 p_k 的不同而异。p_k 越低，则 E_1 所占的比例越大；p_k 越高，则 E_2 越大。

2. 废气涡轮增压的两种基本形式

根据对废气能量利用的方式的不同，废气涡轮增压有定压涡轮增压和脉冲涡轮增压两种基本形式。

（1）定压涡轮增压

定压涡轮增压的特点是进入废气涡轮增压器的废气压力基本上是稳定的。柴油机各缸的排气管连接到一根共用的容积足够大的排气总管上，涡轮装在排气总管后，如图 3－15 所示。由于排气总管的容积足够大，各缸排出的废气进入其中后迅速膨胀、扩散并很快稳定下来，只引起微小的压力波动。排气总管实际上成了集气箱，具有稳压作用。因为废气以基本不变的速度和压力进入涡轮，这种增压方式的涡轮工作稳定，效率高。

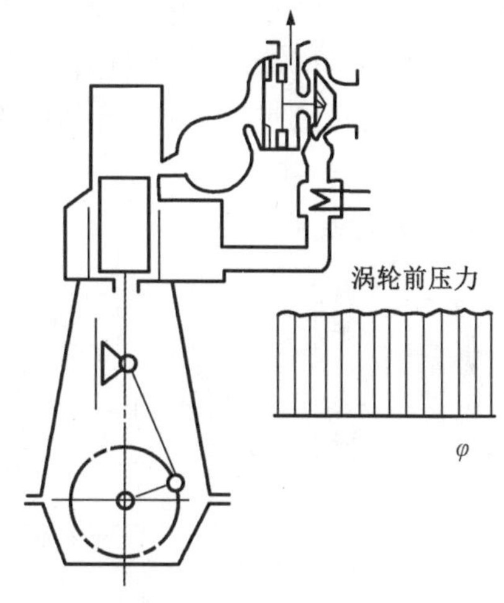

图 3－15　定压涡轮增压

定压涡轮增压只利用了废气中的定压能 E_2，脉冲能 E_1 在排气流动中由于排气口（阀）的严重节流和在排气管中的膨胀涡旋，大部分被损失掉，只有小部分脉冲能转化为热量，使排气管中的废气温度略有升高。图 3－14 中的面积 $e—e'—f'—f—e$ 相应地表示排气管中的废气因此而增加的能量。

定压涡轮增压所利用的废气能量少，尤其当柴油机在低负荷时或启动时，因废气的能量少，使涡轮发出的功率满足不了压气机所需的功率，柴油机必须另设辅助风机来满足低负荷时的扫气需要。

（2）脉冲涡轮增压

脉冲涡轮增压的特点是进入废气涡轮增压器的废气压力为脉动状态。在结构上把各缸排气管经过分组直接与一个或几个废气涡轮相连，要求排气管短而细，如图 3－16 所示。由于

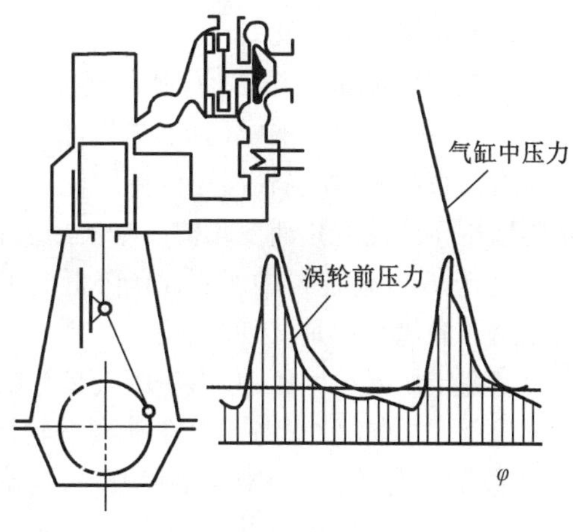

图 3－16　脉冲涡轮增压

排气管容积相当小,因此排气口(阀)开启后,排气管内压力迅速提高,瞬间就接近气缸内的压力。此后,由于气缸和排气管的压差迅速减小,废气进入排气管的流速降低,加上排气管中的废气不断流入涡轮,排气管中的压力又随之下降,就形成了所谓脉冲压力波,就是涡轮中利用的脉冲动能。

脉冲涡轮增压利用了脉冲能和定压能,有利于涡轮机与压气机的功率平衡。但由于涡轮在不稳定状态下工作,因此效率较低。

在多缸柴油机采用脉冲涡轮增压时,如果各缸的排气均排入一根排气管,就会出现排气干扰现象,即当某缸进行扫气而相邻缸正好排气时,排气压力波就会传到扫气缸的排气口处,使该缸排气背压升高,从而严重影响该缸扫气的正常进行。为此,必须对排气管进行合理的分组,分组的原则是避免同组各缸之间出现排气干扰。

对于二冲程柴油机,完成一个工作循环,曲轴转 360° CA,而扫、排气时间可近似为 120° CA的时间。因此,为避免排气干扰,同一组内各缸之间的排气间隔角(即发火间隔角)必须为 120° CA。这样,同一组的最多气缸数为 $i = 360°/120° = 3$。对于四冲程柴油机,完成一个工作循环,曲轴转 720° CA,排气时间可近似为 240° CA 的时间。同样,同一组的最多气缸数为 $i = 720°/240° = 3$。可见,无论是二冲程柴油机还是四冲程柴油机,脉冲涡轮增压最适合于缸数是 3 的倍数的柴油机。

例如,某二冲程六缸柴油机的发火顺序是 1—6—2—4—3—5,各缸发火间隔角是 60°,则可把 1,2,3 缸分为一组,4,5,6 缸分为另一组,满足了同一组内各缸之间的排气间隔角为 120° CA 的要求,如图 3－17 所示。

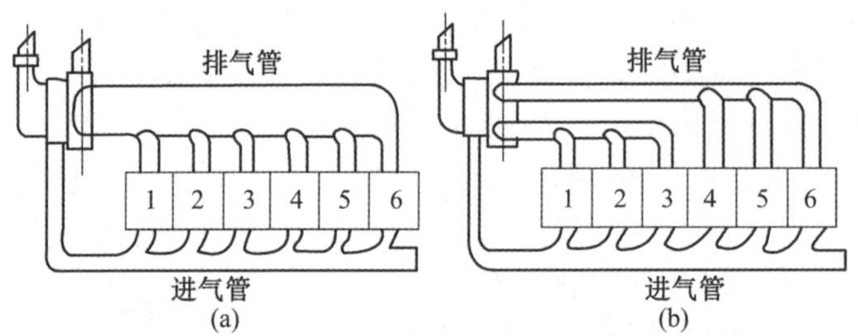

图 3－17　定压涡轮增压和脉冲涡轮增压系统的布置

3. 两种增压方式比较

①在废气能量利用方面,脉冲涡轮增压利用了废气中的脉冲能和定压能,而定压涡轮增压只利用了废气中的定压能,所以采用脉冲涡轮增压的柴油机从废气中获得的能量多,增压度高,这是脉冲涡轮增压的主要优点。但是脉冲能和定压能在总能量中各自所占比例是随增压压力的变化而变化的。增压压力较低时,E_1 在总能量中所占比例大。随着增压压力的提高,E_1 在总能量中所占比例降低而 E_2 在总能量中所占比例增大。因此,在低增压时,采用脉冲涡轮增压是有利的。

②在定压涡轮增压中,由于废气是等压进入涡轮的,气流的压力和速度不变,涡轮工作比较稳定,故涡轮效率高。而在脉冲涡轮增压中,由于进入涡轮的气流的压力和流速是变化的,涡轮工作不稳定,增加了损失,故涡轮效率较低。

③定压涡轮增压中,排气管的结构简单,布置方便。而在脉冲涡轮增压中,排气管要进行分支,使其结构复杂,布置困难。

④脉冲涡轮增压的加速性能好。在定压涡轮增压柴油机中，由于排气管容积较大，加速时排气管内废气压力提升得比较缓慢，增压器跟不上柴油机的加速，出现较大的滞后。而脉冲涡轮增压柴油机由于排气管的容积较小，不存在上述问题。因此，定压涡轮增压柴油机必须另设辅助鼓风机来满足低负荷时的扫气要求。

3.4　废气涡轮增压器

3.4.1　废气涡轮增压器的构造

废气涡轮增压器结构形式繁多，船舶柴油机中较著名的品牌主要有 ABB 公司制造的 VTR、TPS 和 TPL 系列增压器，MAN B&W 公司制造的 NA、NR 系列增压器和近年来新开发的 TCA、TCR 系列增压器及日本三菱公司生产的 MET 系列增压器。

这里以船舶柴油机使用得较多的瑞士 ABB 公司制造的 VTR 系列增压器为例介绍废气涡轮增压器的结构。VTR 系列增压器有 0、1、4、4A、4D、4E 及 4P 等系列产品，可满足 200 ~ 37 000 kW 柴油机的匹配要求。

图 3 - 18 所示为 VTR - 4 系列增压器剖视图，它由右侧的单级轴流式废气涡轮和左侧的单级离心式压气机组成。废气涡轮机的叶轮和压气机的叶轮装在同一根轴上构成废气涡轮增压器的转子，由两端的轴承支承。

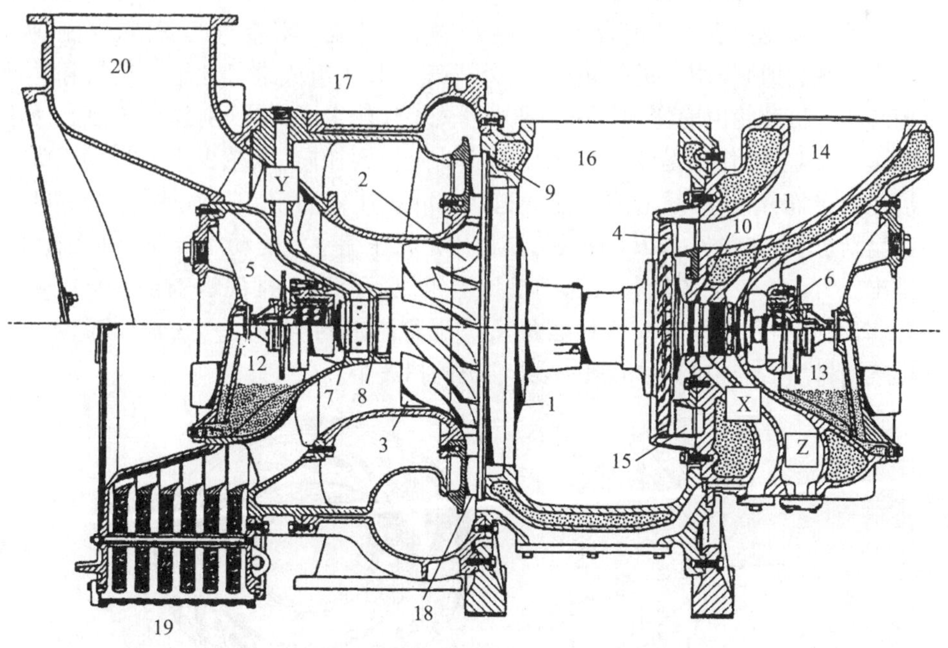

1—隔热墙；2—半开式工作轮；3—压气机导风轮；4 - 涡轮机工作叶轮；5，6—滚动轴承；7，11—油封；8，9，10—气封；12，13—专用油泵；14，20—进气箱；15—喷嘴环；16—排气箱；17—排气蜗壳；18—扩压器；19—消音器。

图 3 - 18　VTR - 4 系列增压器剖视图

1. 轴流式废气涡轮

废气涡轮由进气箱、喷嘴环、工作叶轮、隔热墙和排气箱等组成。进、排气箱内腔用冷却水冷却。进气箱右侧布置着轴承箱。排气箱下部装有增压器支架。隔热墙用绝热材料制成，避免废气对压气机叶轮和空气加热。

柴油机排出的废气经进气箱送至喷嘴环。喷嘴环由喷嘴内环和喷嘴叶片组成。喷嘴叶片之间形成收缩状通道，如图 3－19(a)所示，其作用是将通过喷嘴环的废气压力能部分地转换为动能，并使气流具有工作叶片所需要的方向。工作叶轮由轮盘和工作叶片组成，工作叶片轴向地安装在轮盘边缘的槽口中。如图 3－19(b)所示，工作叶片与槽口配合的根部有枞树形和球形两种，叶身为叶片的工作部分，其形状沿着叶片高度逐渐扭转，使工作叶片间也组成收缩通道，其作用是将废气的动能转换为机械功，最后废气经排气箱排往大气。

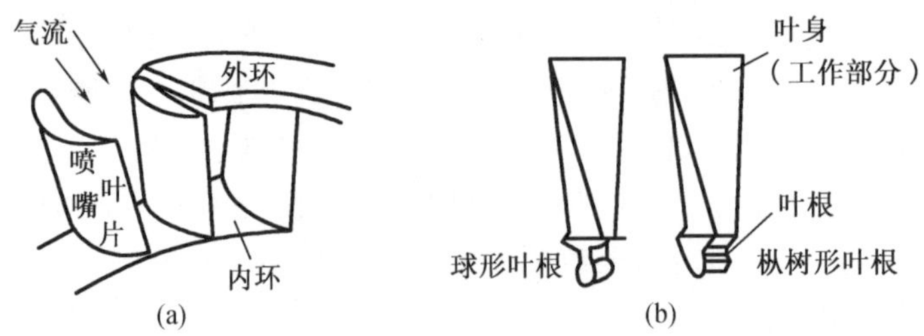

图 3－19　喷嘴环和工作叶片

2. 离心式压气机

增压器的压气机主要由进气消音器、进气箱、压气机叶轮、扩压器和排气蜗壳等组成。

空气经消音器滤网进入。消音器中的空气滤网、导流环对空气起滤清、导流、吸音(导流环由吸音材料制成)作用。进气箱由内、外进气壳共同组成进气通道。进气箱左侧布置着轴承箱。压气机叶轮由前弯的导风轮和半开式工作轮组成，并分别装在转轴上，如图 3－20(a)所示。导风轮的作用是使气流平顺地从轴向转到径向，以减少进气流动损失。在工作轮上沿径向布置着直叶片，形成气流通道。有叶扩压器固定在排气蜗壳上，其叶片间的气流通道呈渐扩状，如图 3－20(b)所示，其作用是将压缩空气的动能转变为压力能，以提高空气的排出压力。一个工作轮与相邻的扩压器组成一个级。排气蜗壳是一个蜗壳状的管道，其通流截面由小到大。它一方面收集从扩压器流出的空气，一方面继续起扩压作用。空气从排气箱排出后经中间冷却器进入柴油机的扫气箱。

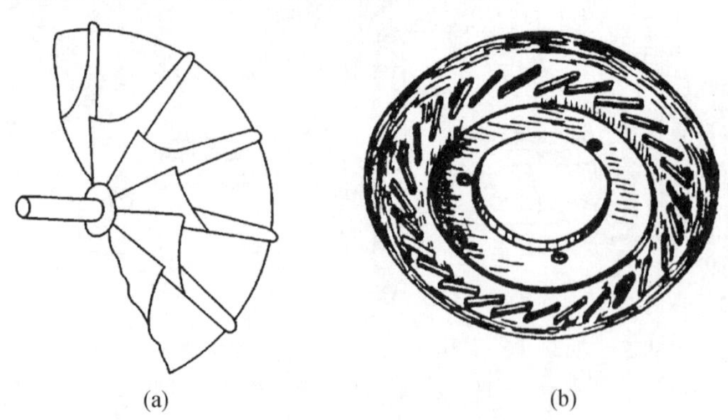

图 3－20　压气机的叶轮和扩压器

3. 转子与轴承

压气机叶轮和涡轮机工作叶轮装在同一根轴的两端，组成增压器的转子。转子轴的两端由滚动轴承支承。压气机端的轴承是支持止推轴承，承受转子的径向和轴向负荷，而涡轮机端的轴承只是一个支持轴承，承受转子的径向负荷，并允许产生一定的轴向位移以保证转子轴的热膨胀。这种支承方式为外支承，它具有转子稳定性好，轴承受高温气体影响小，便于密封，有利于延长轴承寿命的特点。滚动轴承的摩擦损失小，加速性能好。也有的增压器采用滑动轴承。

4. 气封与油封

为了防止燃气、空气和滑油的漏泄，在轴承箱的内侧装有油封，在叶轮两侧装有气封。气封处由扩压器经通道 X 引入增压空气提高气封效果。在转子右端的油、气封之间通过通道 Z，左端的油、气封之间通过通道 Y 与大气相通。

5. 冷却与润滑装置

废气涡轮因工作温度高，进、排气箱内均设置冷却水腔与柴油机的冷却系统相通进行水冷却。

增压器轴承封闭在轴承箱中，一般采用 3 种润滑方式：一是靠装在转轴上的甩油盘进行飞溅润滑；二是由转子轴驱动的专用油泵进行润滑；三是由柴油机供给润滑油润滑。VTR 系列增压器轴承的润滑是由转子轴驱动的专用油泵形成封闭式压力润滑。

3.4.2　废气涡轮增压器的工作原理

1. 离心式压气机的基本工作原理

废气涡轮增压器的压气机一般都采用单级离心式压气机。离心式压气机由进气道、工作叶轮（也称压气机叶轮）、扩压器和排气蜗壳组成，如图 3 – 21 所示。

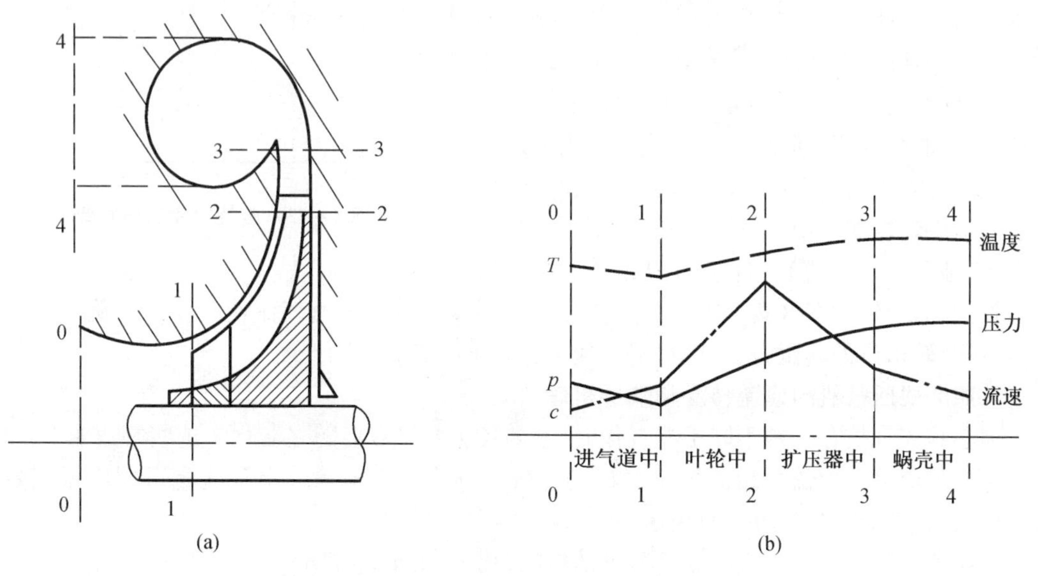

图 3 – 21　离心式压气机工作原理图

图 3 – 21 中 1—1、2—2、3—3 分别为上述各部件的交界面。当压气机工作时，新鲜空气

经进气道轴向进入压气机叶轮。由于进气道的导流作用，气流的能量损失极小。在渐缩的进气道中，空气的压力和温度分别由进口的 p_0 和 T_0 下降到 p_1 和 T_1，而流速由 c_0 升高到 c_1。空气进入压气机叶轮后，随叶轮高速回转，并产生离心力。这样，空气在叶轮叶片间随叶轮做圆周运动的同时，在离心力的作用下向叶轮外缘流动并被压缩。在叶轮出口处，空气的压力、温度和流速分别升高到 p_2、T_2 和 c_2。这是由于叶轮对气体做功，把叶轮的机械能变成了气体的动能和压力能。在扩压器中，由于流道逐渐扩大，使空气的动能转换为压力能，流速降低到 c_3，压力升高到 p_3。排气蜗壳的流道也是逐渐扩大的，因而空气流过时继续将动能转换为压力能。

2. 单级轴流式废气涡轮机的基本工作原理

单级轴流式废气涡轮的主要元件是固定的喷嘴环和旋转的工作叶轮，如图 3－22 所示。一列喷嘴叶片和一列工作叶片组成涡轮机一个级。图 3－22 中上部为喷嘴环和工作叶轮的局部剖视图。中部的叶形断面是用一个通过 Ⅰ—Ⅰ 的圆柱面切割涡轮所得切面展开在平面上，称为平面叶栅。喷嘴环的各叶片间和叶轮各叶片间形成了废气通道。废气流经喷嘴和叶轮时，其参数（压力 p、温度 T 和流速 c）沿流道的变化情况如图 3－22 下部所示。

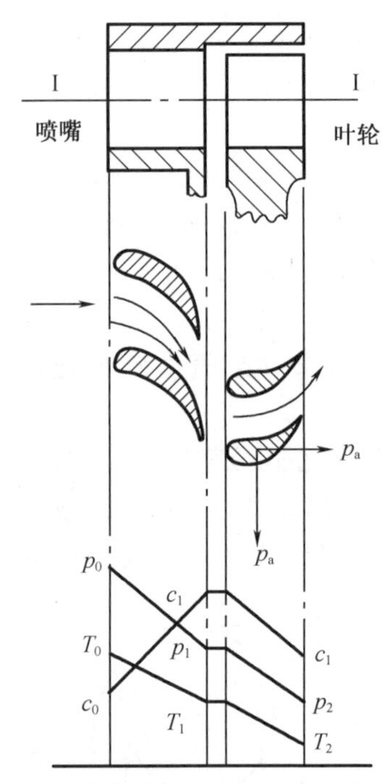

图 3－22　废气涡轮工作原理

具有一定压力 p_0 和温度 T_0 的废气以速度 c_0 流入喷嘴，在喷嘴收缩形的流道中膨胀加速，其压力和温度降低到 p_1 和 T_1，而流速升高到 c_1，部分压力能转变为速度能。从喷嘴出来的高速气流进入叶轮叶片间的通道时被迫转弯，在离心力的作用下压向叶片凹面而企图离开叶片的凸面。于是，在每个叶片的两面上产生压力差。此压力差的合力即为作用在叶片上的冲动力，所有叶片上的冲动力对转轴产生一个冲动力矩。此外，叶轮叶片的通道也是收缩的，废气在其中继续膨胀加速，其流出叶轮的相对速度大于流入叶轮的相对速度。当气流在旋转的叶轮中流动时，因膨胀加速而给涡轮以反作用力，使得涡轮又得到一个反作用力矩（或称反动力矩）。冲动力矩和反动力矩的方向是相同的，叶轮就在这两个力矩的共同作用下回转。由于高速气流使工作叶轮旋转做机械功，在叶轮出口处其压力、温度和绝对速度分别下降到 p_2、T_2 和 c_2。

3. 离心式压气机的通流特性和喘振机理

离心式压气机在各种不同工况工作时，它的各主要参数会随之变化。这些参数如下：

①空气流量。单位时间流过压气机的空气量称为空气流量。空气流量可用质量流量 G_k(kg/s) 或容积流量 V_k(m^3/s) 表示。

②压气机转速。压气机叶轮每分钟的转数，用 n_k(r/min) 表示。

③增压比。压气机的出口压力 p_k 与进口压力 p_0 之比称为增压比，用 π_k 表示，即 $\pi_k = p_k/p_0$。

④压气机效率（绝热效率）。压气机绝热压缩空气所消耗的功与实际所消耗功的比值，

用 η_k 表示。η_k 的物理意义是压气机所消耗的功有多少转变为有用的压缩功，它表明压气机设计的完善程度。目前单级离心式压气机的绝热效率一般为 0.75～0.83。

压气机的通流特性是指在一定的环境条件下（p_0 和 T_0 一定时），在某一转速 n_k 时，增压比 π_k 和效率 η_k 随流量 V_k 而变化的特性。其变化过程的特性曲线如图 3－23 所示。

从图 3－23 中可知，在等转速运行线上，随着空气流量 V_k 的减小，增压比 π_k 开始时是增加的，当 V_k 减小到某一值时，π_k 达最大值。然后再减小 V_k 时，π_k 便逐渐下降。效率 η_k 随 V_k 的变化规律与 π_k 类似。当 V_k 减小到一定值后，气体进入工作叶轮和扩压器的方向偏离设计工况，造成气流从叶片或扩压器上强烈分离，同时产生强烈脉动，并有气体倒流，引起压气机工作不稳定，导致压气机振动，并发出异常响声。这种现象称为压气机喘振。图 3－23 中表示喘振状态的临界线称为喘振线，其左方为喘振区，右方为稳定工作区。压气机不允许在喘振区工作。

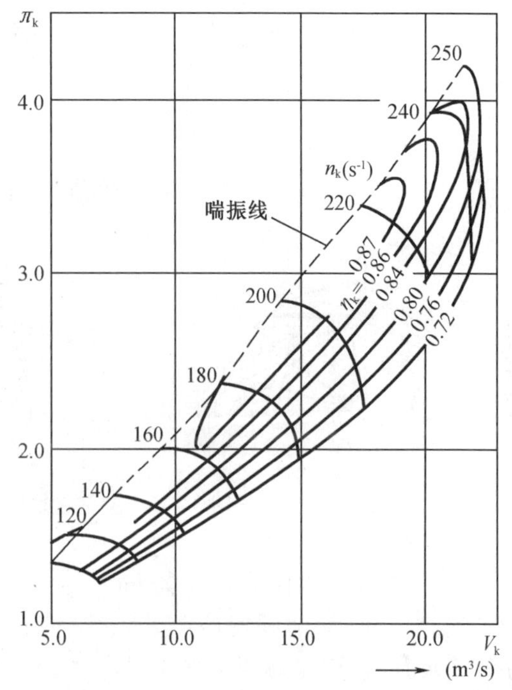

图 3－23　压气机特性曲线

产生喘振的原因是当流量小于设计值很多时，在叶轮进口和扩压器叶片内产生强烈的气流分离。图 3－24 和图 3－25 为压气机流量变化时，空气在叶轮前缘和扩压器中流动的情况。在设计流量下，如两图（a）所示，气流平顺地流进叶轮前缘和扩压器，与叶轮叶片和扩压器叶片之间既不发生撞击，也不产生分离。当流量大于设计流量时，如两图（b）所示，气流在叶轮叶片前缘冲向叶片的凸面，与凹面发生分离；在扩压器中冲向叶片的凹面，与凸面发生分离。但是，由于叶轮叶片的转动压向气流分离区，扩压器中气流的圆周向流动压向气流分离区，气流的分离区受到限制，不致随流量的增加而过分地扩大。当流量小于设计流量时，如两图（c）所示，气流在叶轮叶片前缘冲向叶片的凹面，与凸面发生分离；在扩压器中冲向叶片的凸面，与凹面发生分离。由于叶轮叶片的转动要离开气流分离区，扩压器中气流的圆周向流动也使气流离开气流分离区，气流的分离区有扩展的趋势。随着流量的减少，气流的分离区越来越大，以致在叶轮和扩压器中造成气体倒流，发生不稳定流动，最终发生喘振。一般扩压器叶片内气流分离区的扩展是压气机喘振的主要原因，而叶轮进口处气流分离区的扩展会使喘振加剧。

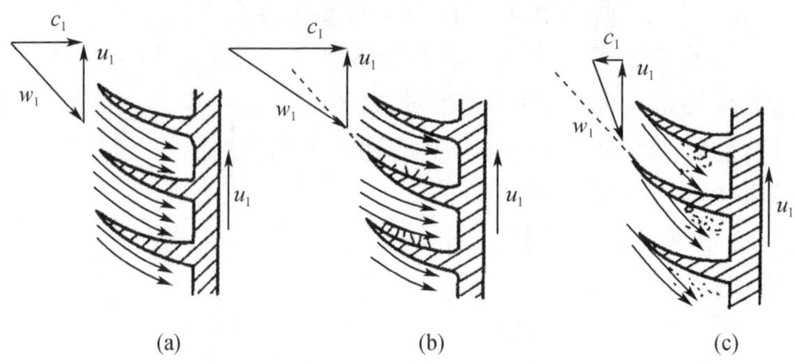

图 3－24　空气在工作叶轮前缘流动的情况

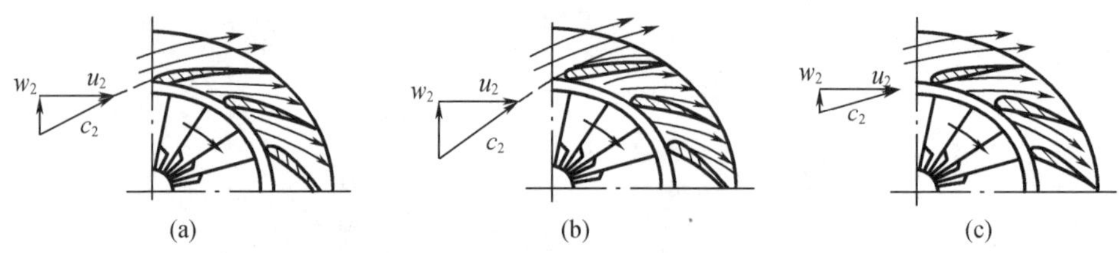

图 3－25　空气在扩压器前缘流动的情况

当离心式压气机作为增压器与柴油机配合工作时，增压器（或包括辅助扫气泵）的供气量和压力要满足柴油机的要求。此时压气机在柴油机各种负荷下的排出压力－流量变化曲线称为增压器的工作特性曲线（或称为配合特性曲线），如图 3－26 中的粗实线所示。增压器的工作特性曲线取决于柴油机按什么特性运转。柴油机与增压器良好匹配的标志是，柴油机达到预定的增压目标；增压器在柴油机全部的工作范围内都能稳定地运转，既不喘振也不超速，并尽可能在高效率区工作，即增压器的工作特性曲线应离喘振线远一点，又要处在高效率区。

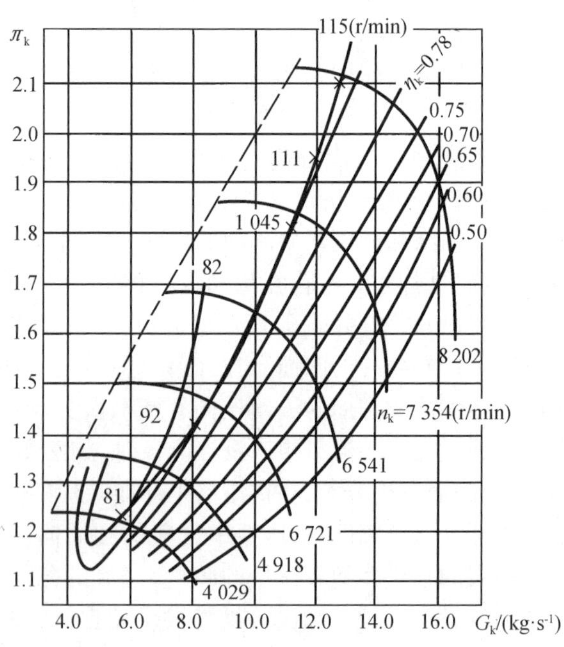

图 3－26　增压器与柴油机的配合

【思考与练习】

1. 换气过程有何功用,对换气过程有哪些要求?
2. 二冲程柴油机的换气过程可分为哪几个阶段,各阶段有什么特点?
3. 四冲程柴油机的换气过程可分为哪几个阶段,各阶段有什么特点?
4. 换气机构有何功用,它由哪些部分组成?
5. 简述气阀间隙的定义,检查与调整步骤是什么?
6. 代长(超长)行程低速柴油机使用的液压式气阀传动机构有哪些特点?

第4章　燃烧过程和燃油喷射系统

【知识目标】

1. 了解燃油的化学组成，理解燃油的理化性能指标。

2. 理解过量空气系数对柴油机性能的影响。

3. 理解可燃混合气的形成；理解燃油的燃烧过程及影响燃烧过程的因素。

4. 了解喷射系统形式，理解对喷油设备的要求；掌握燃油系统主要部件的结构和工作原理。

5. 了解电控喷射系统的组成，理解电控喷射系统的原理和特点；熟悉瓦锡兰 RT－flex 型柴油机和曼恩 ME 型柴油机电控喷射系统的组成、原理及区别。

【能力目标】

1. 能根据燃油指标鉴别燃油品质好坏并选择合适的燃油品种。

2. 识别燃油喷射系统的类型。

3. 能拆装喷油器与喷油泵。

4. 能检查并调整供油提前角；能检查喷油器的密封性，检查并调整启阀压力；能进行雾化试验。

4.1　燃　　油

燃油的燃烧过程直接影响柴油机的经济性、动力性、可靠性、操作便利性和排放，而柴油机的燃烧过程又受到燃油品质的影响，要全面而深入地了解柴油机的燃烧过程，必须先了解燃油。

4.1.1　燃油的理化性能指标

燃油的化学成分决定了燃油的质量，燃油的质量可由理化性能指标定量衡量，常见的理化性能指标如下。

1. 十六烷值

十六烷值是评定燃料自燃性的指标。柴油是在柴油机压缩冲程末端，在燃烧室的高温高压空气中自行发火的。在无外源点火的情况下，柴油自行发火的性质叫自燃性。这种自行发火的最低温度叫自燃温度。

燃料的十六烷值越高，自燃性越好，柴油机工作柔和且易于低温启动。但十六烷值也不能过高，一方面燃油费用会增加，另一方面燃料容易在高温下裂化成游离碳，继而聚合成碳烟，排气冒黑烟，使柴油机经济性下降。如果十六烷值过低，则燃烧推迟，使柴油机启动或低速运转时难以发火。由于燃烧推迟，当积聚过多柴油一下子全部燃烧时，又导致能启动的柴油机运转粗暴。因此柴油机要求其燃料的十六烷值适当。柴油机转速越高,燃烧时间则越短,十六烷值相对较高。一般高速柴油机的十六烷值为 40 ~ 60;中、低速柴油机的十六烷值为 40 ~ 50。对于燃用重油的大型低速柴油机,只要其十六烷值不低于 25,即可保证正常工作。实际使用中,一般燃油都能满足中、低速柴油机燃烧的十六烷值要求,因此除轻柴油外,重柴油、燃料油在燃油规格中均不对十六烷值做出规定。

2. 馏分和馏程

馏分和馏程是柴油蒸发性能指标。把燃油放在装置中蒸馏,馏出(蒸发)第一滴油品的气体温度称初馏点,蒸馏到最后的气体最高温度称终馏点(也称干点)。在一定温度范围内燃油所能蒸发的百分数称馏分。每个馏分的初馏点和终馏点称该油品的馏程,它是用燃料馏出某一百分比的温度范围来表示的。例如国产 10 号轻柴油规定:50% 的馏出温度不高于 300 ℃;90% 的馏出温度不高于 355 ℃。

为了提高轻馏分的产量,可把重的石油组分加热(一般到 400 ℃以上)使之分裂成轻烃分子,这就是所谓的热裂化。

3. 热值

1 kg 燃油完全燃烧时放出的热量称为燃油热值或发热值,以 H 表示,单位是 kJ/kg。一般用试验方法测得的热值包括了燃气冷却后,燃烧产物中的水蒸气凝结放出的潜热,所以又称为高热值 H_h。实际柴油机中,燃气在高温下排出,不可能利用这项潜热,所以一般计算热效率时,以扣除这项潜热后的热值为基础,这样的热值称为低热值 H_u。我国规定,重柴油的基准低热值 H_u = 42 000 kJ/kg;轻柴油的基准低热值 H_u = 42 700 kJ/kg。国际标准化组织(International Organization for Standardization, ISO)规定轻柴油的基准低热值 H_u = 42 707 kJ/kg。

4. 黏度

黏度是燃油内摩擦力的度量,反映燃油流动时分子间阻力大小。

液体的黏度值有绝对黏度和相对黏度(条件黏度)。属于绝对黏度的有动力黏度和运动黏度。直接采用黏度计测定动力黏度 μ 与运动黏度 υ 是很困难的,常采用间接测量法测量。用黏度计测得的液体黏度叫相对黏度。由于测量条件的不同,各国采用的相对黏度有所不同,美国采用赛氏黏度,用 SSU 表示,英国采用雷氏黏度,用 R 表示,我国和一些欧洲国家采用恩氏黏度,用 E 表示。

ISO 规定燃油的黏度值等于 50 ℃时的运动黏度(mm^2/s)。压力和温度对燃油的黏度有很大影响。燃油的黏度随压力的增大而增加,随温度的升高而降低。燃油的黏度随温度而变化的特性称为黏温特性。黏温特性差则燃油黏度随温度变化大。对于柴油机和燃油辅锅炉,常通过加热来降低燃油的黏度,从而使燃油满足流动和良好雾化的要求。

5. 硫分

硫分是燃油中所含硫的质量百分数。燃料中的硫以硫化物形式存在,是一种有害成分。液态硫化物(如硫化氢等)对燃油管路、容器和喷射系统的设备有腐蚀作用。硫化物燃烧时,燃油中所含的硫分将生成 SO_2、SO_3。燃油中的氢燃烧后生成水蒸气。SO_2、SO_3 和水蒸气在温度降到各自的露点(缸内条件下露点为 160 ~ 180 ℃)以下,就会凝结成亚硫酸和硫酸,这对金属有强烈的腐蚀作用。故由硫酸引起的腐蚀称低温腐蚀或“冷”腐蚀。硫的氧化物沉积于积炭中形成坚硬物质,加剧气缸、活塞等零件的磨损。因此应严格控制柴油中的含硫量。轻柴油硫分很少,重柴油硫分相对较多,有时为 3% ~ 4%。

6. 灰分

灰分是在规定条件下燃油完全燃烧后所剩残留物的质量百分数。灰分会加剧燃烧室部件的磨损，应尽量减少燃油中的灰分。

7. 钒、钠含量

钒、钠是燃油中非常有害的成分。钒、钠燃烧后生成低熔点的化合物，当缸壁和排气阀表面温度过高超过这些化合物的熔点时，它们就会熔化附着在金属表面上，并与金属发生氧化还原反应而腐蚀金属，由于该腐蚀只发生在高温条件下，故称为高温腐蚀。为避免高温腐蚀应将缸壁与排气阀的表面温度控制在 550 ℃以下。

船用燃油中如在压载舱与燃油舱转换、洗舱等过程中混入海水，钠含量将大大升高，导致严重的高温腐蚀。

8. 残炭值和沥青分

残炭值是指燃油在规定试验条件下加热至全部蒸发后，所留下炭渣占试验油质量的百分数，它表示燃油在燃烧过程中形成炭渣的倾向。残炭值不能表示气缸中实际生成结炭的多少，只反映燃油燃烧时结炭、结焦的倾向。残炭值中包含了机械杂质和灰分。当燃用残炭值较大的燃油时，将在燃烧室产生较多的结炭使传热系数减小，热阻增加，引起过热、磨损，从而缩短柴油机的维修周期，严重时造成柴油机部件损坏。

沥青分表示沥青占燃油质量的百分数。沥青悬浮于燃油中呈胶状，不易分离，很难燃烧，可导致后燃冒黑烟，易于在气缸中和喷油器喷孔处产生积炭，增加气缸磨损，使喷油器偶件咬死。

9. 闪点

燃油蒸气与空气的混合气同火焰接触而闪火的最低温度称为燃油的闪点。它是衡量燃油的挥发成分引起爆炸或火灾危险性的指标。根据测试仪器的不同，闪点分为开口闪点和闭口闪点。开口闪点高于闭口闪点，常用的是闭口闪点。重质燃油闪点高于轻质燃油闪点。按国内外船舶建造规范规定，船舶使用的燃油闪点（闭口）不得低于 60 ℃。从防爆、防火的观点出发，倾倒燃油或敞开容器的环境温度应低于燃油闪点 17 ℃。

10. 凝点、倾点和浊点

凝点、倾点和浊点是说明燃油低温流动性和泵送性的重要指标。

燃料开始析出固态结晶的温度称为浊点。燃料尚能够流动的最低温度称为倾点，国外常使用倾点。温度更低时，形成网络状结晶，液态烃类均匀地分布在结晶网中，使燃料失去流动性，达到凝固，燃油冷却到停止流动时的最高温度称为凝点。轻柴油的牌号就是其凝点的数值。

通常，燃油的浊点高于凝点 5 ~ 10 ℃，燃油的倾点高于凝点 3 ~ 5 ℃。燃油温度低于浊点，滤清器及管道堵塞，中止供油。燃油温度低于凝点，无法泵送。从使用观点看，浊点比凝点更重要。燃油的使用温度至少应高于浊点 3 ~ 5 ℃。

11. 密度与相对密度

燃油的密度随温度的升高而下降。燃油的密度 ρ 是在某温度 t（℃）时单位体积的质量，单位是 kg/m^3 或 g/cm^3。在 20 ℃时的密度称为标准密度 ρ_{20}。燃油在 20 ℃（国外为 15.6 ℃）时的密度与 4 ℃（国外为 15.6 ℃）时水的密度的比称为相对密度。

在装载燃油时应根据燃油的密度和油舱的舱容计算装载量，需注意的是应根据装油温度对密度进行修正。喷油泵的油量调节机构位置不变，则供油量的容积不变，当换用不同密度的燃油时,燃油的质量会发生改变。故当更换不同密度的燃油时,为保证燃油的质量不变,则应调节油量的调节机构。

燃油的性能指标总结见表4-1。选用燃油的主要依据是影响燃油燃烧性能的指标。

表4-1 燃油的性能指标

性能指标作用	性能指标
影响燃烧性能的指标	十六烷值、馏程、热值、黏度等
影响燃烧产物的指标	硫分、灰分、钒钠、残炭值和沥青分等
影响燃油管理的指标	闪点、密度、凝点、倾点、浊点、黏度等

4.1.2 燃烧过量空气系数

1 kg燃油完全燃烧所需的最低空气量,称为理论空气量。1 kg 柴油的理论空气量是14.3 kg。

在柴油机的实际工作过程中,燃烧过程是在很短的时间内完成的,不可能使每个燃料分子都能与缸内空气中的氧分子发生反应,因此为了保证燃料能完全燃烧,1 kg燃料完全燃烧所需要的实际空气量 L 应大于理论上所需要的空气量 L_0。两者之比,称为过量空气系数,记作 α,则 $\alpha = L/L_0$。显然,$\alpha > 1$。

α 值对柴油机的工作性能有很大影响。在柴油机吸入气缸的空气量一定的情况下,α 值越小,气缸容积利用率越高,就可以向气缸多喷油,发出更大的功率。此时平均有效压力高,柴油机强化程度高。但由于燃烧不充分,经济性较差,气缸热负荷较大,排气温度较高,可靠性差。α 值大时则相反。可见,α 是反映混合气形成和燃烧完善程度及整机性能(包括负荷大小、经济性优劣、可靠性高低以及排气污染程度等)的指标。在保证完全燃烧和热负荷允许的情况下,应尽量减小 α 值。

不同机型其标定工况下的 α 值不同,二冲程柴油机的 α 值大于四冲程柴油机(受热负荷的限制);大型柴油机的 α 值大于小型柴油机(保证燃烧的要求);增压柴油机的 α 值大于非增压柴油机(受热负荷的限制)。对同一机型,α 值随柴油机的负荷而变化。负荷增大,α 值变小。同一机型同一负荷,在柴油机燃烧室内,由于燃油分布不均匀,所以局部区域的 α 值也是不同的。在油束中心内部因空气很少或无空气,$\alpha \approx 0$;在油束外缘油气与空气混合,距油束中心越远,α 值越大,在燃烧室周边无油区,$\alpha \approx \infty$。

不同机型的 α 值的范围:

非增压高速四冲程小型柴油机 $\alpha = 1.2 \sim 1.7$;

增压高速四冲程小型柴油机 $\alpha = 1.5 \sim 1.9$;

非增压低速二冲程大型柴油机 $\alpha = 1.8 \sim 2.1$;

增压中、低速二冲程大型柴油机 $\alpha = 2.0 \sim 2.3$。

欧美国家习惯上使用空燃比(air fuel,AF)或燃空比(fuel air,FA)表示。空燃比 = 实际空气量/喷入气缸的燃油量,燃空比 = 喷入气缸的燃油量/实际空气量。

4.2 可燃混合气的形成

4.2.1 可燃混合气形成方法

可燃混合气是燃料的蒸气与空气的混合物。柴油机中由于燃烧室形式不同,混合气形成的方法也不同,大致可分为空间雾化混合法、油膜蒸发混合法和复合法。

1. 空间雾化混合法

空间雾化混合指可燃混合气在燃烧室空间形成。空气中的燃油呈细小液滴,与热空气混合形成不均匀的气、液相混合物,然后小油滴在高温下蒸发。空间雾化混合时燃油必须喷向燃烧室空间,与燃烧室形状配合。如果燃油喷到燃烧室壁面,燃烧时会由于缺少空气而易冒黑烟和结炭。

根据对油束特性和空气涡动的依赖程度不同,空间雾化混合法又分为油雾法(主要依赖燃油的喷雾,油找气)和涡动法(主要依赖空气涡动)。油雾法在油与气的双方混合中,起主导作用的是油,对喷射设备的要求较高,主要应用于船用大、中型低速柴油机;中、小型高速柴油机多采用涡动法,较少依赖燃油的喷雾,对喷射设备的要求较低。

空间雾化混合是一种传统的混合气形成方式,船舶柴油机绝大部分采用此方式形成混合气。

2. 油膜蒸发混合法

将大部分燃料(约占95%)以油膜状态分布于燃烧室壁面上,在壁面温度的影响下迅速蒸发,在高速气流作用下,油膜逐层蒸发,与空气迅速混合,这种混合法称为油膜蒸发混合法。油膜蒸发混合法的特点是工作柔和,对喷射系统要求较低,受供油系统和进气系统影响较大,燃烧过程稳定性较差,且冷启动较困难。该混合法要求燃油喷射到壁面,燃烧室壁面要有合适的温度并有强烈的空气涡动,在实践中具备上述三个条件比较困难,故未得到广泛应用,仅用在小型高速柴油机的球形燃烧室中。

3. 复合法

上述两种混合方法兼而有之,先喷入少部分油膜蒸发混合,后喷入大部分燃油空间雾化混合。着火前先喷入燃烧室壁上的燃油不燃烧;待以雾化形成的混合气着火、缸内温度上升后,再分层分批地投入燃烧。这样既可以减少着火前的混合气形成量,又可以提高中后期混合速度。大多数小型高速柴油机为复合混合。

4.2.2 影响混合气形成的因素

可燃混合气的质量对燃烧过程起决定性作用。影响可燃混合气形成的主要因素如下:

1. 燃油喷射质量

燃油的喷射质量包括燃油的雾化质量和喷油规律两项评估指标。燃油的雾化表明了油粒细碎、均匀的程度;喷油规律表明了油滴在喷油期间的数量分布情况。若油粒细碎、均匀程度高,且喷油规律接近理想的喷油规律,则燃油的喷射质量高。对空间雾化的船用大中型低速主机而言,燃油喷射质量是关键影响因素。

2. 燃油的喷射形状

燃油的喷射形状应与燃烧室形状相适应,以形成良好的混合气。

3. 燃烧室内空气的涡动状态

在燃烧室造成强烈的空气涡流有利于良好混合。空气涡流对任何一种混合方法均有利,对采用涡动法的中、小型高速柴油机更是关键影响因素。

4. 气缸状态

缸内压缩终点的温度与压力,既影响雾化质量也影响可燃混合气的形成。

5. 燃烧室类型

不同的燃烧室形成的空气涡流的强弱及涡动方式会有很大区别,因而影响了可燃混合气的形成。

4.2.3　燃烧室

燃烧室可分为直接喷射式燃烧室和分隔式燃烧室。直接喷射式燃烧室按其结构特点又分为开式、半开式、球形等多种。分隔式燃烧室又分为涡流室式和预燃室式两种。

1. 直接喷射式燃烧室

直接喷射式燃烧室中,燃油直接喷射到燃烧室空间,主要靠喷射油束与燃烧室形状相互配合,使燃油与空气均匀地混合。

(1)开式燃烧室

如图4-1所示,开式燃烧室由气缸盖底面、活塞顶面和气缸套内表面形成统一的容积。以油雾法形成可燃混合气,主要依靠多孔高压喷射而较少依赖空气涡流。活塞顶通常做成浅凹状。其特点是形状简单,结构紧凑,相对散热面积小,散热损失少,不组织气流运动,无流动损失,燃油消耗率最低,故容易启动,其最大优点是经济性好。但其对燃油喷射系统要求高,需采用高喷射压力和多孔喷油器;由于是均匀的空间混合,最高燃烧压力 p_z 和压力升高率($\lambda = p_z/p_c$)都较高,燃烧室部件热负荷和机械负荷较高,容易工作粗暴;为适应油找气,过量空气系数 α 较大,排气中的有害成分 NO_x 较多;对柴油机转速变化及燃油质量特别敏感。因此其广泛应用于大、中型四冲程柴油机或大型低速二冲程柴油机。如果在向气缸加入新鲜的空气时,造成空气涡流,就能改善统一式燃烧室内的混合气形成。二冲程柴油机进气口按切线方向布置,增强进气涡流。

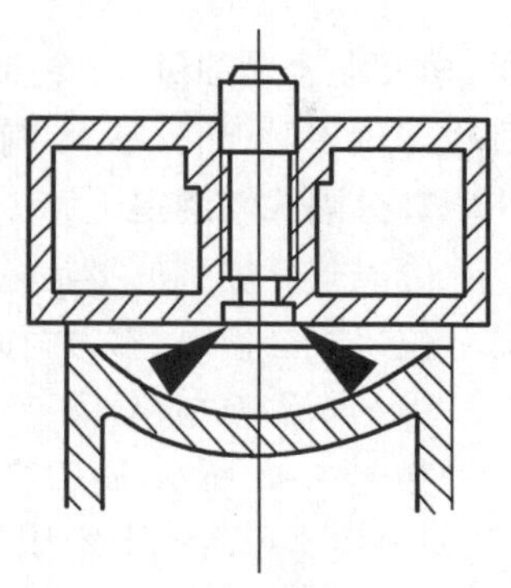

图4-1　开式燃烧室

(2)半开式燃烧室

小型高速柴油机由于转速高,在同样转角下混合气形成和燃烧时间极短,如果采用开式燃烧室,喷射压力过高会导致喷射系统制造困难,另外,体积小导致过量空气系数不可能大,故小型高速柴油机一般采用半开式燃烧室,也称为深坑燃烧室。如图4-2所示,燃烧室分成两部分:活塞顶面到气缸盖底面之间的余隙容积和位于活塞顶部或气缸盖底部的凹坑容积,而且两者没有明显分开。混合气的形成靠喷雾质量和压缩过程空气在活塞顶的深凹坑内产生挤压涡流(图4-3),这两方面作用促使燃油与空气均匀混合;对燃油系统要求低,但仍保持燃油消耗率低、启动方便的优点，并使柴油机工作柔和，过量空气系数小。应用最多的是 ω 形燃烧室，且仅限于某些高速小型柴油机上使用。

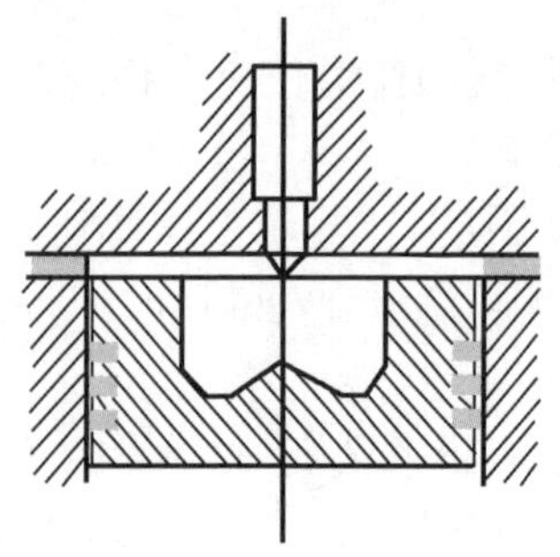

图 4－2　半开式燃烧室

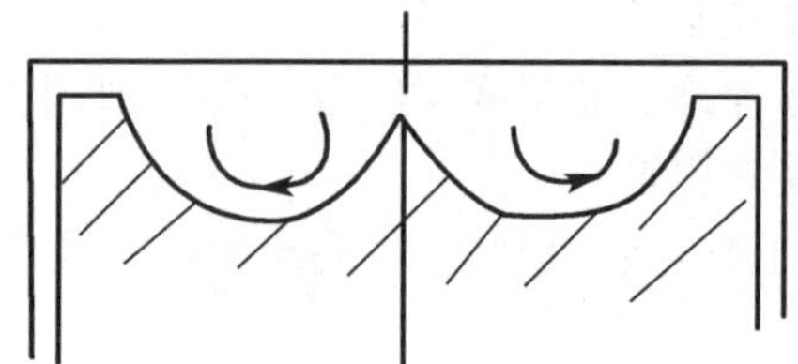

图 4－3　挤压涡流

(3)球形燃烧室

球形燃烧室也称 M 过程燃烧室，如图 4－4 所示。球形燃烧室属于半开式燃烧室，但混合气靠油膜蒸发形成。顺气流方向喷油，形成油膜，逐渐地蒸发、燃烧，其中一小部分先雾化完成点火准备形成火源，再点燃大部分蒸发形成的可燃气体。其特点是对喷射系统要求低，工作柔和，噪声小，排烟少，空气利用率高，过量空气系数小，启动时燃烧室壁面温度低，蒸发混合燃油量少，冷启动困难，变负荷性能差。当每循环供油量多时，油膜厚，影响混合气的形成，故在增压机型和大型柴油机上应用困难。

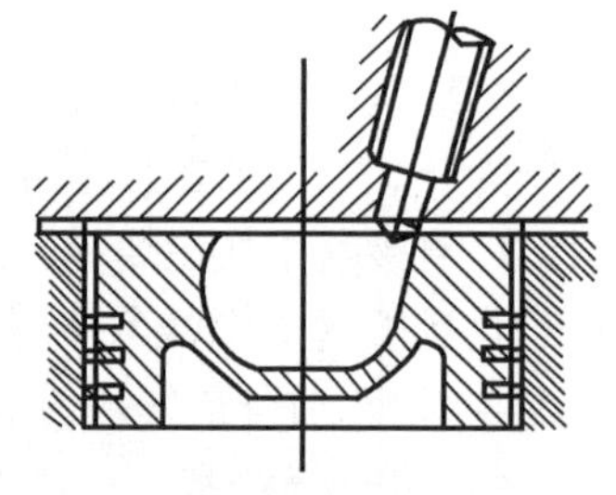

图 4－4　球形燃烧室

2. 分隔式燃烧室

分隔式燃烧室被明显隔成两部分，一部分在气缸盖与活塞顶之间，称为主燃烧室；另一部分位于气缸盖内，称为涡流室或预燃室(副燃烧室)。两者以一条或数条通道相连接。

(1)涡流室式燃烧室

如图 4－5 所示，副燃烧室设在气缸盖内，呈球形或圆柱形，涡流室容积占整个容积的 60%～80%，主燃烧室与副燃烧室以狭小的切向通道连通。压缩冲程，活塞上行，将空气经通道切向压入涡流室，产生压缩涡流。喷油器安装在涡流室内，燃油顺着涡流方向喷射，被冲散形成可燃混合气。膨胀开始后，燃气和未燃混合气一起冲入主燃烧室，与主燃烧室空气进一步混合燃烧。

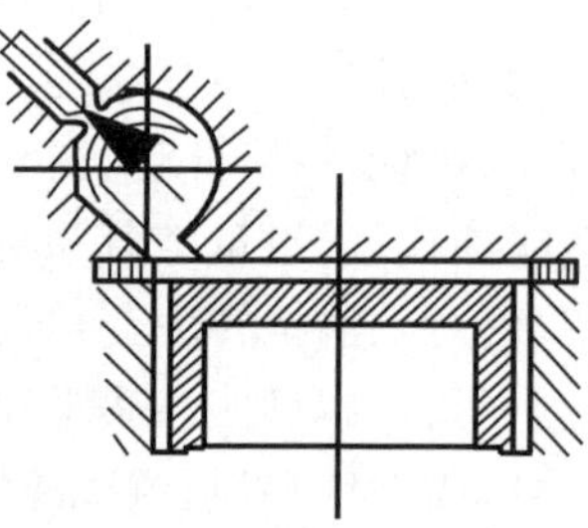

图 4－5　涡流室式燃烧室

(2)预燃室式燃烧室

如图 4－6 所示，也由主燃烧室和副燃烧室组成。副燃烧室设在气缸盖位置中间，称预燃室，形似瓶状。预燃室容积占总燃烧室容积的 20%～40%。主燃烧室和副燃烧室以单孔或多孔直通道相连，通道面积远小于涡流室式燃烧室，连接通道不相切于内部空间，气流不会产生涡流。当着火燃烧后，预燃室中的压力和温度迅速升高，将预燃室中的混合气高速推入主燃烧室并在主燃烧室中形成燃烧涡流。

涡流室式燃烧室靠压缩涡流形成可燃混合气，预燃室式燃烧室靠燃烧涡流形成可燃混合气，均有空气涡流作用，故分隔式燃烧室的特点基本相同。共同的优点是柴油机运转平稳，对燃油系统要求不高，对转速、燃油品质敏感性较小，所需过量空气系数很小，NO_x 有害气体排放少。瓦锡兰双燃料主机为减少 NO_x 排放，就采用分隔式燃烧室，其 NO_x 排放不需经机外处理就能达国际海事组织（International Maritime Organization，IMO）的 TierⅢ的标准。分隔式燃烧室共同的缺点是存在节流损失和散热损失，燃油消耗率高，启动困难。另外，预燃室喷嘴在高温环境下工作，容易损坏。

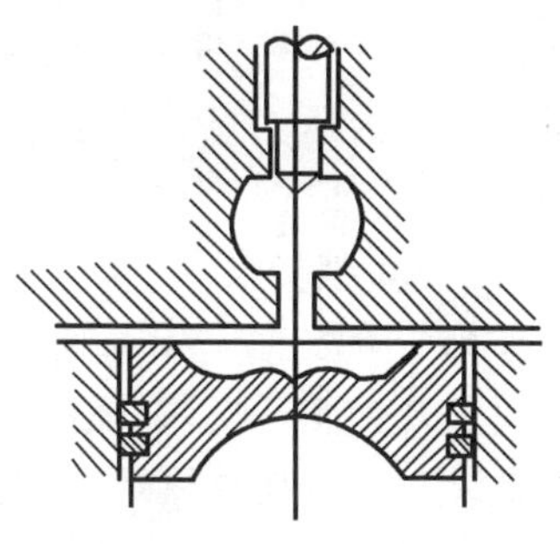
图 4－6　预燃室式燃烧室

不同燃烧室特点比较见表 4－2。

表 4－2　不同燃烧室特点比较

项目	直接式燃烧室			分隔式燃烧室	
	开式	半开式	球形	涡流式	预燃式
燃烧室形状	简单	一般	一般	复杂	复杂
混合气形成方法	空间雾化	空间雾化为主	油膜蒸发	空间雾化为主	空间雾化
空气运动	进气涡流弱	进气涡流较强	进气涡流最强	压缩涡流	燃烧涡流
燃料雾化	要求高	要求较高	一般	要求较低	要求低
喷油嘴	多孔	多孔 4～6	孔 1～2	轴针	轴针
启阀压力/MPa	20～40	18～25	17～19	10～15	8～13
热损失与流动损失	小	较小	较小	大	最大
启动	容易	较易	难	难	最难

4.3　燃油的燃烧

4.3.1　燃油的燃烧过程

试验表明，柴油机的可燃混合气首先着火的部位是在油束核心与外围之间混合气浓度适当（$\alpha \approx 1$）且温度适当处。在油束外围油粒较小，蒸发较快，浓度适当，但温度较低；在油束核心处又因浓度太大而不会首先着火。可燃混合气的着火一般是多点同时着火且各循环的着火点也不尽相同。形成着火点后，火焰向四周传播形成稳定的燃烧。传播路径与速度取决于可燃混合气的状态（混合气过浓或过稀会使传播中断）和空气的扰动。

1. 燃烧过程

气缸内压力和温度是综合反映燃烧过程的重要参数，工程上研究燃烧过程最简便、最常用的方法是测量展开示功图，图 4－7 是柴油机典型的展开示功图。图中压力 p 曲线反映燃烧过程压力随曲轴转角的变化关系，AB 和虚线是纯压缩曲线，另外，还画出了温度 T 曲线，即燃烧过程温度随着曲轴转角的变化曲线。根据气缸内压力变化，柴油机的燃烧过程分为如下四个阶段：

(1)滞燃阶段(*A*—*B*)

第一阶段为滞燃期，是从喷油始点 *A* 开始到着火点 *B* 为止。喷入气缸的雾化柴油在气缸内从高温空气中吸收热量，蒸发、扩散并与空气混合进行燃烧前的物理准备，燃油分子和氧分子进行预氧化中间反应的化学准备。滞燃期喷入气缸的燃油量称为滞燃量，滞燃期喷到缸内的燃油量要求是适中。量太多，一旦发火燃烧，压力就会突然升高，使柴油机工作粗暴；量太少，不易启动。一般低速柴油机的滞燃量为循环喷油量的15%～30%，高速柴油机可达80%～100%。

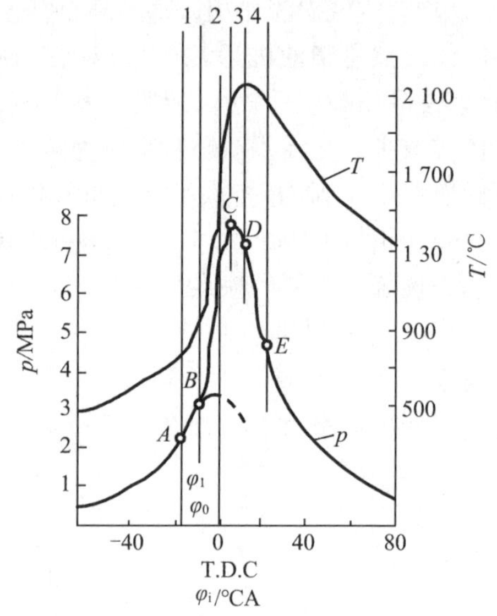

图 4－7　燃烧过程 $p-\varphi$ 和 $T-\varphi$

滞燃期的长短可用滞燃角 φ_i 或滞燃时间 τ_i 表示。滞燃期过短，燃油刚离开喷油器就立即燃烧，油气混合不均匀，使燃烧不完全，冒黑烟；如滞燃期过长，滞燃期喷油量太多，一旦发生燃烧，缸内压力急剧增高，使工作粗暴，严重时发生燃烧敲缸，并损坏机件。通常，滞燃期过长是引起燃烧过程恶化的主要原因，所以应尽可能缩短滞燃期，但并不是越短越好。适当减少供油提前角可减少滞燃期。

燃油在滞燃期内没有产生明显的燃烧，焰前氧化反应的放热量与物理准备的吸热量基本相等，所以气缸内的压力和温度基本与压缩压力和温度相同。图 4－7 中 *AB* 段与纯压缩曲线重合。滞燃期内形成的可燃混合气的数量决定了后续速燃期燃烧的急剧程度，对燃烧质量影响最大。

(2)速燃阶段(*B*—*C*)

第二阶段为速燃期，从气缸内发火燃烧 *B* 点开始到出现最高压力 *C* 点为止。速燃期中，滞燃期喷入缸内的燃油和速燃期喷入的部分燃油几乎同时燃烧，且活塞在上止点附近，燃烧接近于在等容状态下进行，导致燃烧室中温度和压力迅速上升，最高爆发压力点在上止点后 10°～15° CA。

评价速燃期的重要参数不是最高爆发压力，而是平均压力增长率 $\Delta p/\Delta\varphi$，它反映速燃期中压力升高的急剧程度，体现柴油机燃烧过程的柔和性。$\Delta p/\Delta\varphi$ 小的柴油机工作柔和，燃烧平稳，无敲击声。$\Delta p/\Delta\varphi$ 大的柴油机工作粗暴，常伴有敲击声，即为燃烧敲缸。一般柴油机 $\Delta p/\Delta\varphi < 0.4$ MPa。

速燃期的燃烧速率很难直接用控制该燃烧期燃油与空气混合速度的办法来加以掌控，故速燃期亦称为不可控燃烧期。但速燃期的燃烧情况与滞燃期的长短有关，滞燃期越长，缸内积聚并完成燃烧准备的柴油越多，导致燃烧开始后气缸压力急剧升高，造成发动机工作粗暴、爆燃(即燃烧敲缸)。常通过控制滞燃期的长短来控制速燃期。

(3)缓燃阶段(*C*—*D*)

缓燃期从最高压力点 *C* 到最高温度点 *D* 为止。在这一阶段，随着燃烧的进行，燃烧产物增加，氧气量减少，燃油分子有可能在氧气不充分的条件下出现不完全燃烧，燃烧速度从快转慢,燃烧速度取决于喷入气缸的燃油分子寻找氧分子的速度,故称扩散燃烧阶段。持续放热使热量积聚,燃气最高温度(1 700～2 000 ℃)一般出现在上止点后 20°～35° CA。缓燃期的特点是近似为等压燃烧,缓燃期的长短取决于柴油机负荷的大小,称为可控燃烧期。为了改善此阶段的燃烧质量,应设法加强燃烧室内空气的扰动,以加速混合气的形成。

速燃期和缓燃期燃烧燃油高达循环燃油量的 80%,构成燃油明显燃烧时期,两者统称为主燃期。主燃期的长短主要取决于柴油机的负荷。

(4)后燃阶段(D—E)

后燃期从最高温度点 D 开始到燃烧基本结束点 E 为止。后燃阶段是燃烧过程在膨胀过程中的继续。由于处于膨胀行程,燃烧在极为不利的条件下缓慢进行,在此期间,缸内压力、温度逐渐下降,热效率下降,后燃期释放的热量转化为机械能的比例下降,未转化的热量使排气温度和冷却水温度上升,热负荷增加。故后燃期的存在有以下危害:排气温度升高;热负荷增加;热效率下降;可靠性降低。所以后燃期越短越好。缩短后燃期的措施是加强燃烧室内空气运动,改善混合气的形成。但柴油机的后燃是不可避免的。一般柴油机在低负荷运转时后燃期将缩短,低速柴油机的后燃期比高速柴油机短。

燃烧过程的要求是:滞燃期尽量缩短,工作平稳不粗暴;后燃期尽可能短,燃烧迅速及时;主燃期燃烧完全、空气利用率高。

2. 燃烧过程的影响因素

(1)燃油的品质

燃油的物理化学性能,如自燃性、蒸发性和流动性等对可燃混合气体的形成和燃烧过程均有很大影响。其中十六烷值对燃烧过程的影响最大。十六烷值高,自燃性好,滞燃期短,可以使柴油机工作柔和,但过高时燃油在高温下易裂化成游离碳,继而聚合成碳烟,排气冒黑烟,使柴油机经济性下降;反之,十六烷值低,自燃性差,滞燃期长,燃烧过程粗暴(即燃烧敲缸)。

(2)缸内工质状态

工质状态主要指压缩终点的空气温度、压力和扰动。其中压缩终点的温度对燃烧过程的影响最大。压缩终点的温度越高,滞燃期越短,柴油机工作越平稳。

(3)喷油提前角

喷油提前角是从喷油开始时刻至活塞到达压缩上止点所对应的曲轴转角。喷油提前角过大,缸内气体的压缩压力和温度都不够高,燃油不易发火,致使滞燃期长,柴油机工作粗暴。喷油提前角过小,则由于活塞下行,缸内温度和压力开始下降,也使滞燃期增长,并使燃烧过程后移,后燃期增长,柴油机的功率和有效热功率均下降。为了保证发动机具有良好的性能,必须选择柴油机的最佳喷油提前角。最佳喷油提前角是指柴油机在转速和供油量一定的条件下,能获得最大功率及最小燃油消耗的喷油提前角。

当燃油品质变化较大时,应依据爆压和排气温度通过试验确定柴油机最佳喷油定时,从而满足平稳后燃烧的要求。

(4)雾化质量

雾化质量直接影响燃烧过程的各个阶段。燃油雾化质量好将使滞燃期缩短,柴油机工作平稳,且燃油细粒与空气充分混合,容易使燃油完全燃烧,后燃期短。船用大型低速柴油机的雾化质量主要取决于喷油设备。喷油设备的工作状况可根据排气烟色来判断。如当喷油器针阀因关闭不严而漏油时,将使后燃严重,燃油不完全燃烧生成碳烟,排气为黑烟。

(5)转速与负荷

转速与负荷反映柴油机运转工况。发动机的转速提高,减少活塞环的漏气损失和散热损失,使压缩终了空气的温度和压力提高,并加强了缸内气体扰动。转速提高使喷油压力相应提高,使燃油的雾化和与空气的混合得到改善,缩短了滞燃期,有利于燃烧。但是,随着转速的提高,滞燃期所对应的曲轴转角(滞燃角 $\varphi_i = 6n\tau_i$)增大了,在这段滞燃角内喷入气缸的燃油增多,从而使速燃期的压力和压力增长率增大,不利于燃烧。同时由于滞燃角 φ_i 的增大,燃烧过程后延,从而使后燃期加长。因此,当转速增加时,喷油提前角也应相应增大。一般高速柴油机都装设离心式喷油提前角自动调节器以满足上述要求。

柴油机的负荷对滞燃期有着间接的影响。随着柴油机负荷的增加,每循环喷油量增加,燃烧室的温度将大幅度上升,有利于混合气体的形成,使滞燃期缩短,柴油机工作柔和。但当负荷过高时,过量空气系数 α 值过小,使得燃烧不良,后燃期加长,废气中出现碳烟,排气温度升高,经济性下降,对发动机的寿命有一定影响。

(6)喷油规律

喷油规律对燃烧过程也有很大影响,凡是影响喷油规律的因素均影响燃烧过程。影响喷油规律的主要因素有喷油泵凸轮的有效工作段的几何形状、高压油管尺寸及柴油机的负荷和转速等。

4.3.2 改善燃烧质量的措施

燃烧质量直接影响柴油机热能转化为机械能的数量,对柴油机的动力性、经济性和可靠性都有重要的影响。

改善燃烧质量的措施如下:

1. 设计方面

①采用特殊形状的燃油凸轮,保证初期喷射速度低,而后期喷射速度增加,并在短时间内完成喷射。

②采用油膜蒸发方式,以保证燃烧柔和。

③采用分级喷射,即同一气缸有两个油泵柱塞,初期由一个柱塞供油,随后由两个柱塞同时供油。

④采用变压缩比活塞,低负荷时采用高压缩比,缩短滞燃期,提高经济性。

⑤采用变喷油定时,随负荷改变而改变供油提前角。

2. 运转管理方面

①确保换气质量良好。及时清洗进、排气口和进、排气通道,保证正确的气阀定时。

②确保燃油喷射系统正常工作。确保喷油泵有合适的供油定时和供油量,喷油器具有合适的启阀压力和良好的雾化状态,并避免不正常喷射。

③良好燃油品质。注意燃油的黏度与十六烷值。当换用不同燃油时应根据最高爆发

压力的数值来调整供油提前角。

④控制气缸压缩温度。测量各缸压缩曲线,可判断各缸的压缩状态。运转管理中应注意活塞环和气缸套的磨损情况,避免燃烧室漏气。另外,应注意气缸的冷却是否合适。

⑤强化日常例行管理。a. 注意观看排气温度。如果某一缸的排气温度低于平均值,则往往是该缸喷油量过少。如果某一缸的排气温度高于平均值,要么该缸喷油量过多,要么喷油设备出现故障而出现后燃现象。b. 注意观看排气颜色。柴油机排气的正常颜色是隐约可见的淡灰色。如冒黑烟,常常是由于燃烧不完全,再结合排气温度判断哪一缸不正常,一般燃烧不正常的气缸排气温度要比正常气缸高。c. 测量气缸最高爆发压力。最高爆发压力过高,可能是喷油泵的供油提前角过大。d. 定期测量各缸示功图。根据示功图分析判断各缸燃烧情况,检查各缸的均匀性。

4.4 燃油系统的组成、功用和要求

4.4.1 燃油喷射系统

1. 对喷油设备的要求

柴油机可燃混合气的形成是内部混合,混合一般只有30° ~40° CA,对于 $n = 500$ r/min 的柴油机,混合时间仅占0.01 s左右。由于柴油机燃油与空气的混合是在极短的时间内完成的,为使全部燃料能分散成细小均匀的油滴,且能均匀地分布到整个燃烧室,柴油机对喷射系统有定时、定量与定质的要求,简称“三定”。

(1)定时喷射

柴油机在一定的转速和负荷情况下,均有一个最佳的喷油时间。在这一时间喷油能够使得循环在上止点后10° ~15° CA内达到最大燃烧压力,这时柴油机的经济性最好,并且运转平稳,燃烧噪声较小。因此,应根据机型和转速选择合适的喷射时间。

(2)定量喷射

喷油系统应保证柴油机在一定负荷下,精确地供给气缸所需要的燃油量,并随负荷的变化相应调节供油量,使柴油机发出的功率与负荷相平衡。当负荷不变时,应能保持各循环之间供油量不变,这样可以使发动机运转平稳。

(3)定质喷射

燃油喷射系统必须提供足够的喷油压力以保证良好的雾化效果;为使燃油与空气充分混合,喷束的形状和分布应与燃烧室的形状相匹配;还应有正确的喷油规律来满足燃烧过程的要求。

2. 燃油喷射系统类型

(1)柱塞泵式喷射系统

柱塞泵式喷射系统属于直接喷射系统,也称急压式喷射系统。船舶柴油机大多数采用这种喷射系统,如图4-8所示。该系统由高压油泵、喷油器(俗称喷油嘴)和连接它们的高压油管等组成,简称“泵管嘴”。高压油泵为柱塞泵。曲轴带动凸轮轴转动,凸轮机构控制柱塞的运动。在柱塞升程中,凸轮通过滚轮驱动柱塞上行,当柱塞上行至油孔时,泵腔内的燃油受到压缩,压力升高,达到能克服出油阀弹簧的弹力时,出油阀开启,此时为供油始点。

高压燃油经高压油管送至喷油器，当油压能克服喷油器弹簧的预紧力时，针阀被抬起，高压燃油经喷孔喷入气缸。当柱塞下部的斜槽边缘开启油孔时，高压燃油经斜槽回油至进油空间，油压下降，出油阀落座，供油结束。当针阀处压力低于喷油器弹簧的预紧力时，针阀落座，喷油结束。

高压油管的存在，使该系统布置灵活，但难以实现高压喷射和理想的喷油规律。该系统的特点是结构简单、管理方便、工作可靠；但在低负荷、低转速时喷射质量和各缸均匀性较差。

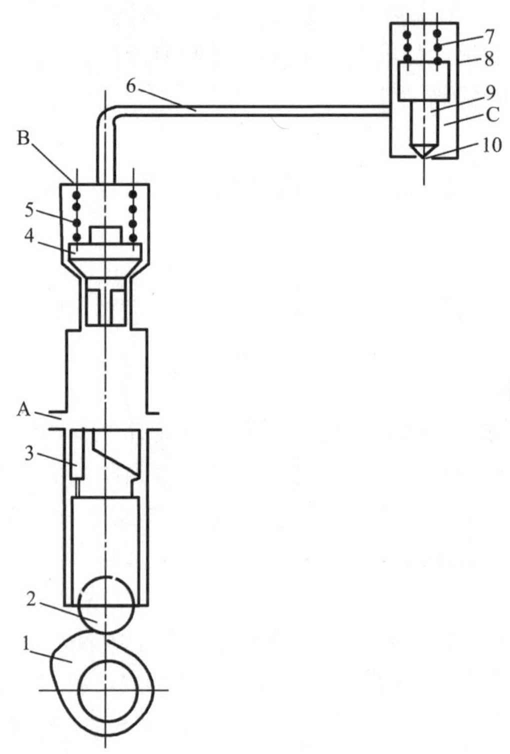

1—凸轮；2—滚轮；3—柱塞；4—出油阀；5—出油阀弹簧；6—高压油管；7—喷油器弹簧；8—喷油器；9—针阀；10—喷孔；A—油孔；B—出油阀空间；C—喷油器空间。

图 4-8　柱塞泵式喷射系统

(2)泵-喷油器式喷射系统

泵-喷油器是将喷油泵和喷油嘴合装在一起，成为一个单独的部件，其优点是省去高压油管，减小了高压下燃油压缩性和高压油管的膨胀导致的燃油波动；可产生高达100~150 MPa 的喷射压力；可准确控制喷油的开始与终了时刻；不产生滴油现象。该系统适用于顶置式凸轮轴的小型高速柴油机。

(3)蓄压式喷射系统

蓄压式喷射系统也称定压喷射系统、间接作用式喷射系统及共管式喷射系统。喷油泵产生的高压燃油不直接作用在喷油器上，而是预先贮存在一个高压蓄压器中，蓄压器容积远高于柴油机工作循环喷油量，以保证在喷射持续期间喷孔处的喷射压力基本不变。喷油器的启闭由其他控制单元控制。其优点是喷射压力高，喷油持续期短，喷射压力波动小，喷射压力与转速无关，可改善低速运转性能，但设备复杂，各缸供油均匀性难以保证，可靠性较差。

(4)电控喷射系统

20 世纪 70 年代,能源危机、排放污染和飞速发展的电控技术,催生了电子控制喷射系统。它是借助于电子控制单元(electronic control unit,ECU),通过对喷油定时、喷油量和喷射率在内的喷油规律实行最优柔性控制,完善柴油机的燃烧,使柴油机具有较好的经济性能和较低的废气排放,达到优化运行。

电子控制喷射系统以蓄压式喷射系统为基础,图 4 –9 为电子控制的蓄压式喷射系统原理示意图。高压共轨的压力及柴油机工况由传感器检测后送至 ECU, ECU 根据柴油机工况按预存的最佳方案控制电磁式喷油器的工作。最佳的喷油定时由电磁阀通电时刻来决定,喷油量由共轨压力和电磁阀开启的持续时间来共同确定。电磁喷油器的外形与机械喷油器相似,只是针阀的启闭是利用电磁线圈来控制的,启闭动作迅速。

该系统本质上是喷射适时。该喷射系统有以下优点:提高所有运转工况的经济性;提高对不同燃油品质的适应能力;改善柴油机的低速运转性能及操纵性能;降低柴油机排气中的有害成分。电控喷射系统目前已广泛应用在船舶主机中。

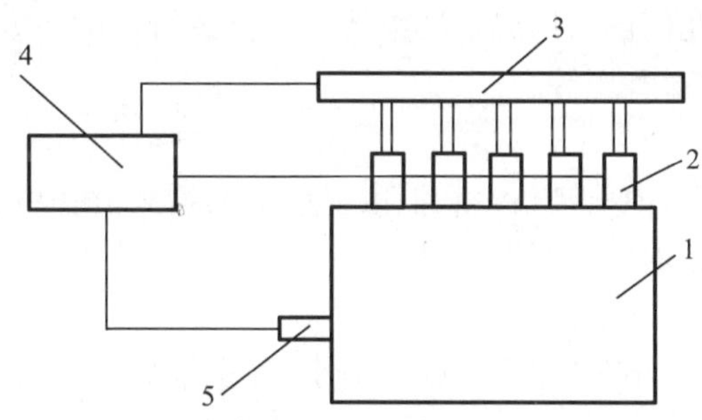

1—柴油机;2—电磁式喷油器;3—高压共轨;4—ECU;5—传感器。

图 4 –9　电子控制的蓄压式喷射系统原理图

4.4.2　燃油的雾化质量及其影响因素

1. 燃油的雾化质量

燃油以极高的压力和极快的速度从喷油嘴的喷孔中喷出,燃油流经喷孔时的扰动作用,以及缸内压缩空气的阻力作用,使喷出的燃油被粉碎成极细小油滴,这些油滴在燃烧室中进一步分散并细化形成雾状的油粒,这一过程称为燃油雾化。雾化可加速燃油的吸热和汽化过程,创造了发火和燃烧的必要条件。雾化过程后进入燃油的速度比先进入的要快,后进入油滴将先进入油滴推向两边,后浪推前浪般地逐渐形成一个接近圆锥形的油束(也称喷柱)。油束在中间部分油滴密集且直径较大,边缘油滴分散且直径较小。通常在油束外部的细小油粒最先蒸发并与空气混合成可燃混合气。燃油油束示意图如图 4 –10 所

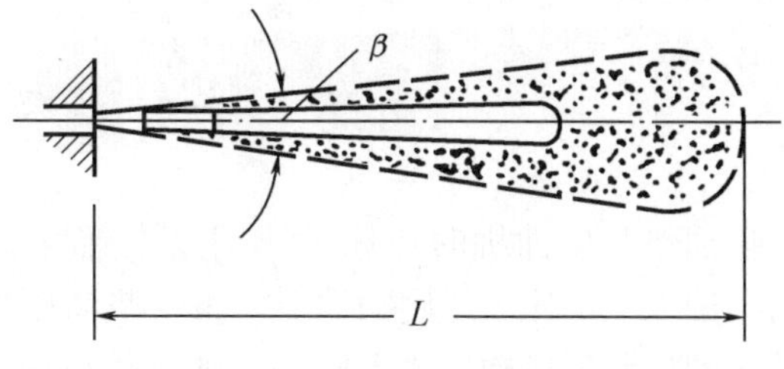

图 4 –10　燃油油束示意图

示。图中 L 为油束射程，β 为油束锥角。油束射程表示喷柱前端在压缩空气中贯穿的深度。油束射程应与燃烧室相匹配。油束锥角是油束外缘之间的夹角，表示油束的扩散程度。油束锥角大表示扩散能力强，油粒细，燃油与空气的接触面积大，有利于混合气的形成。油束锥角的大小主要与喷油器的结构、喷油压力等有关。油束射程和油束锥角表达了油束的几何形状。

燃油在高压下喷入气缸并形成细微油滴的过程称为燃油的喷雾或雾化。燃油的雾化质量即燃油油滴的细度及均匀度。燃油被粉碎得越细小越均匀，表面面积越大，有利于从空气吸热和油滴的汽化，雾化质量越好。油雾包括不同尺寸的油滴，其直径从 5 μm 到 250 μm。雾化的细度可用油粒的平均直径来表达。雾化的均匀度是油粒直径变化的范围。油粒直径变化范围越小，则雾化越均匀。对雾化细度与均匀度的要求是随着柴油机的转速与强载程度的增加而提高的。

细度好、均匀度好、燃油在空间分布好是燃油雾化良好的标志。

2. 油束特性的影响因素

雾化质量和油束的几何形状构成了油束特性。油束特性的主要影响因素有喷油压力、喷孔直径、燃油品质和喷射背压等。

(1)喷油压力

燃油的喷射压力越大，油束锥角 β 和油束射程 L 均增大，在喷孔中燃油扰动越大，受到阻力也越大。雾化细度和均匀度都提高，但喷油设备的负荷相应增大。

(2)喷孔直径

试验表明，油嘴孔径减小时，油束射程 L 减小，油束锥角 β 增大。喷柱中的油滴就变得更细、更均匀。

(3)燃油品质

影响雾化质量的燃油品质主要是燃油的黏度与密度，其中黏度影响更大。当燃油黏度与密度增加时，由于流动性较差，雾化质量显著下降。为此，船用燃油常通过加热来降低黏度，以满足雾化质量的要求。

(4)喷射背压

喷射背压即气缸内压缩终点的空气压力。背压越高，空气密度越大，油束所受阻力越大，雾化质量提高，油束锥角增大，但油束射程减小。

(5)油泵转速

油泵转速提高时，油泵柱塞的移动速度也增加，喷油压力上升，因此油泵转速与喷油压力对雾化质量的影响类似。而电子喷射柴油机则具有独立的喷射压力控制，转速变化对其没有影响。

4.5 喷射系统的主要设备

喷油泵是柴油机的心脏，其作用是按照柴油机发火顺序和负荷大小，在规定时刻将定量的柴油以一定压力送到喷油器。由于柴油压力很高，喷油泵都采用柱塞式结构。根据喷油器的油量调节机构形式不同，它可以分为回油孔调节式和回油阀调节式两大类。前者在沿海及内河船舶各类中、小型柴油机上获得广泛使用，后者主要用于大型柴油机。

回油孔式喷油泵又称波许泵(Bosch)。根据其结构可分为单体泵和组合式两种。两者结构与工作原理基本相同,前者用于较大功率柴油机,后者用于中小功率多缸柴油机。

4.5.1　回油孔式喷油泵

喷油泵为高压柱塞泵,它可使燃油产生 60 ~ 150 MPa 的高压。柱塞由燃油凸轮及滚轮顶动,柱塞下方的弹簧能够保证滚轮始终压在凸轮上。

1. 结构

喷油泵通常由泵体、泵油机构、油量调节机构及柱塞传动机构组成。回油孔式喷油泵结构如图 4 - 11 所示。

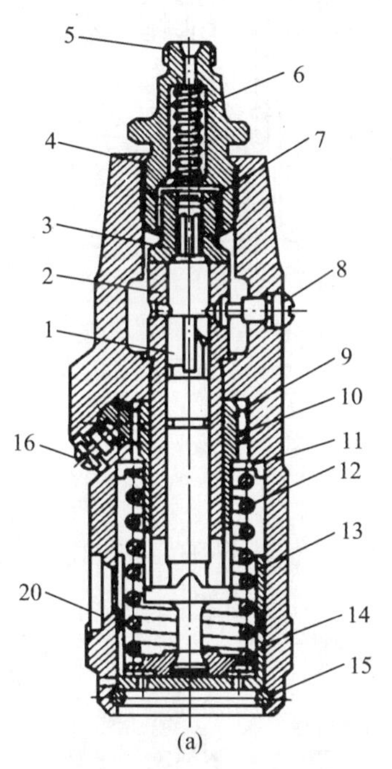

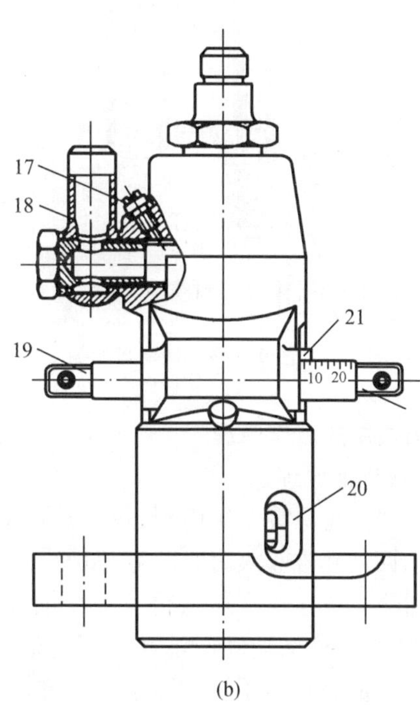

1—柱塞;2—套筒;3—排油阀座;4—喷油泵本体;5—出油管接头;6—排油阀弹簧;7—排油阀;8—定位螺钉;9—齿套;10—小齿轮;11—弹簧上座;12—弹簧;13—导程筒;14—弹簧下座;15—卡簧;16—导销;17—放气螺钉;18—进油管接头;19—调节齿条;20—观察窗孔;21—指示片。

图 4 - 11　回油孔式喷油泵结构图

泵油机构是柱塞泵的主体机构,在多缸泵中称为分泵,包括柱塞偶件(柱塞与柱塞套筒)和出油阀偶件(出油阀与出油阀座,也称排油阀偶件)。偶件一般是成对选配、配合面经精细研磨且不可互换的两个零件。柱塞(图 4 - 12)上部有 3 个槽,分别是直槽、斜槽及环形槽。柱塞下方有横销,也称凸耳,嵌入齿套的切槽中(图 4 - 13)。柱塞套筒上有进、回油孔,均与喷油泵本体中的低压油相通。进油孔是圆柱形,腰圆形的回油孔由定位螺钉固定,防止套筒转动。调节机构由齿条、齿圈与导销构成。齿套的上部是小齿轮(有的柱塞泵将齿套与小齿轮做成一体,称齿圈),小齿轮与调节齿条相啮合(图 4 - 13),拉动齿条、转动齿圈,通过横销可转动柱塞,从而调节供油量。齿条上有刻度,喷油泵本体上固定有指示片,由指示片对正的齿条刻度可知供油量。导销也称导向防卡销,卡在齿条部件的长槽内,防止齿条移动时发生歪斜,卡住齿圈。传动组件除由弹簧上座、弹簧下座、弹簧、导程筒和卡簧组成外,还应包括图4-14中的滚轮、滚轮体(也称顶头)、调节螺钉和锁紧螺母。弹簧下座卡在柱塞的卡槽中。传动组件的作用是传动,在油泵凸轮作用下,驱动柱塞上行压油,柱塞的下行吸油则靠柱塞弹簧的弹力,柱塞弹簧通过弹簧下座将柱塞推向下方,并使滚轮保持与凸轮轴上的凸轮相接触,如图4-14所示。导程筒对柱塞与弹簧的运动起导向作用。卡簧对导程筒起限位作用,并防止柱塞与弹簧从泵体中脱落。

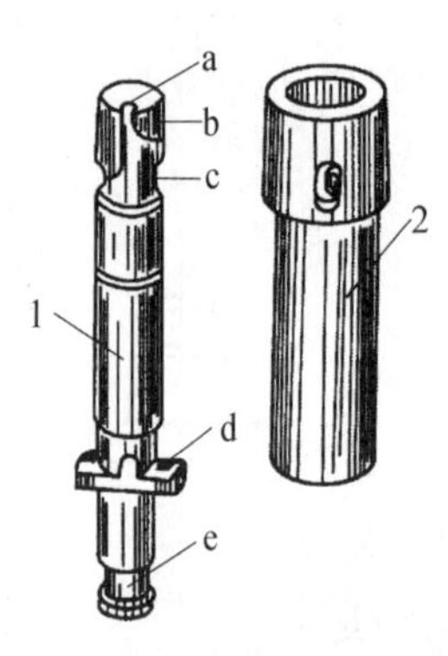

1—柱塞;2—套筒;a—直槽;b—斜槽;c—环形槽;
d—横销;e—卡槽。

图4-12 柱塞与套筒

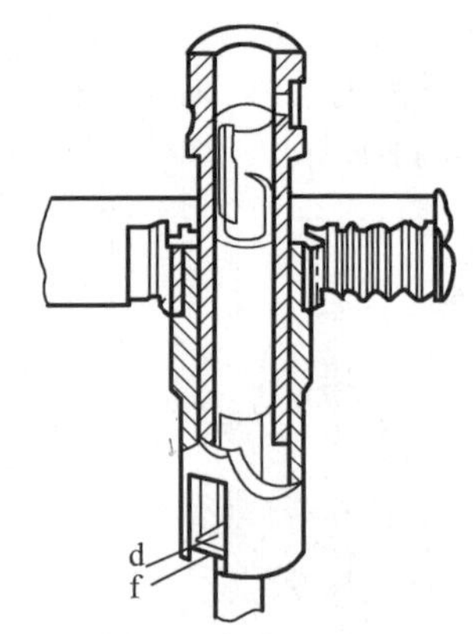

d—横销;f—切槽。

图4-13 齿条式油量调节机构

2. 喷油泵的工作原理

(1)吸排油原理

①充油 在弹簧力作用下,柱塞从最高点下行至最低位置时,燃油自进油腔(低压油腔)经进、回油孔被吸入套筒内腔,如图4-15(a)所示。

②回油 当柱塞从最低位置被喷油泵凸轮顶动开始上行时,部分燃油经回油孔流回进油空间,直到柱塞上部端面将回油孔关闭,柱塞上方形成密封空间,燃油才开始受压缩,如图4-15(b)所示,这就是喷油泵的"几何供油始点"。此时柱塞上部构成密闭空间。柱塞从最低位置到供油始点的这一段行程,称为"前无效导程",也称"前导程"。图4-14中调节螺钉主要用来调整柱塞前导程,也可微量调节供油提前角,以补偿喷油泵各零件的制造安装误差及磨损导致的各缸供油量的不均匀性,调整时应注意避免使柱塞在最高点时碰到排油阀座。

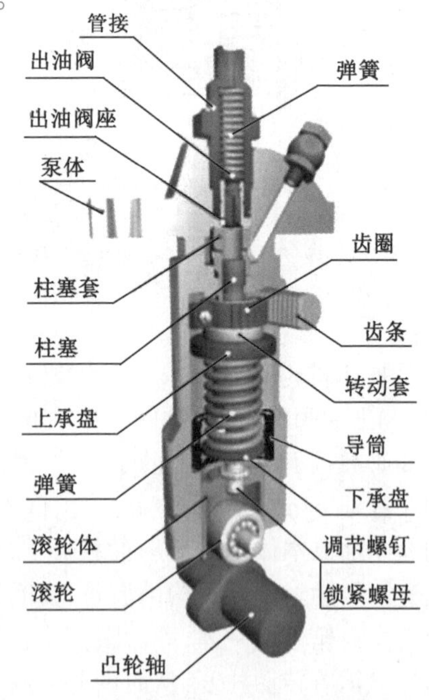

图4-14 喷油泵立体结构图

③供油 在油泵凸轮作用下,柱塞继续上行,油泵持续供油。当柱塞斜槽下边缘打开回油孔时,柱塞上部的高压燃油即经柱塞头部的直槽和斜槽,与回油孔相通而流回进油空间,如图4-15(c)所示,这就是喷油泵的"几何供油终点"。从供油始点到供油终点柱塞上行的供油行程(从柱塞上边缘遮住回油孔开始

到其斜槽的下边缘打开回油孔为止的这一段行程）称为柱塞的有效行程。

④回油　此后，在油泵凸轮作用下，柱塞再上行至行程最高位置，燃油则流回进油空间，如图 4－15（d）所示。柱塞从斜槽打开回油孔至运行到最高点的行程，称为“后无效行程”。

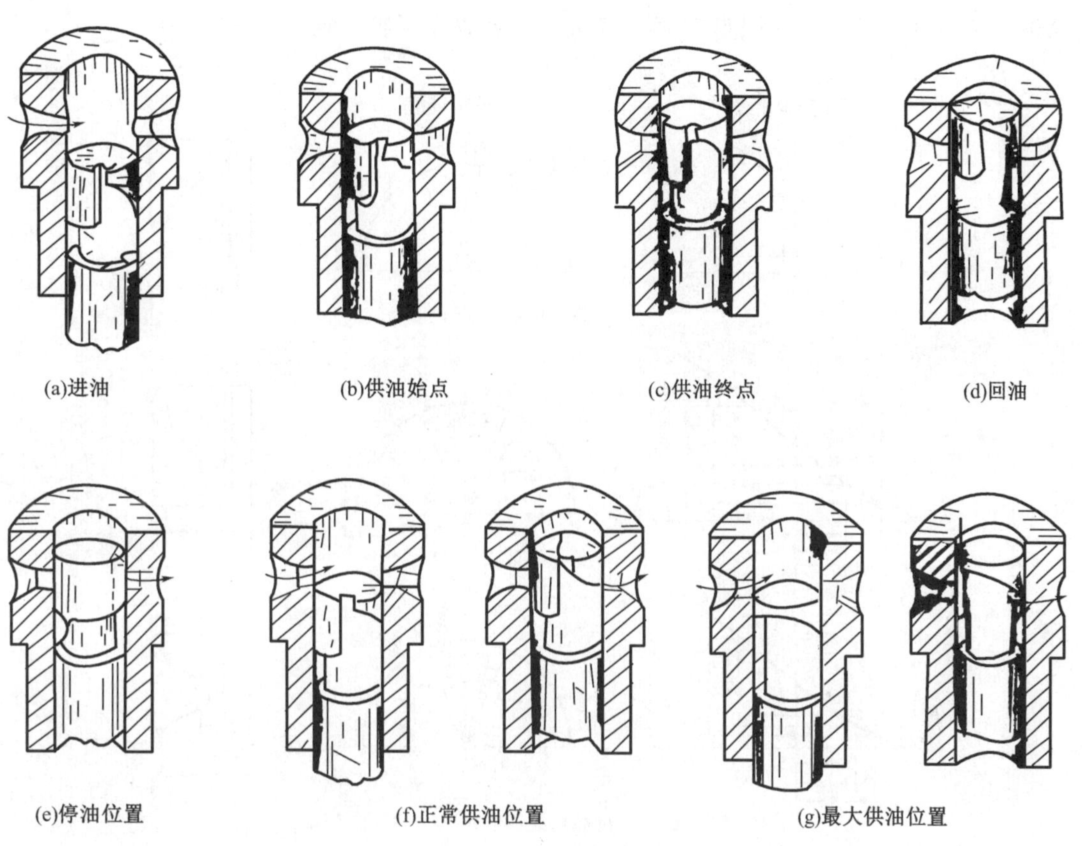

图 4－15　回油孔式喷油泵工作原理

（2）油量调节原理

供油量大小主要取决于柱塞的直径和柱塞的有效行程。柱塞的斜槽与套筒上回油孔的相对位置决定了柱塞的有效行程，决定了供油量，同时也决定了供油持续时间。转动柱塞就改变了柱塞斜槽边和回油孔的相对位置，也就改变了柱塞的有效行程、喷油泵的供油量和供油持续时间，故斜槽的作用是调节供油量。如直槽对准回油孔时，低压油腔始终通过回油孔、直槽与柱塞上方高压油空间相通，柱塞上行时无法构成密闭空间，无法提供高压油，故直槽的作用是停油。当柱塞上行，使环形槽与回油孔相通时，柱塞上方油与低压油腔相通，油压下降，故环形槽的作用是卸油。

转动柱塞，回油孔越靠近直槽，柱塞有效行程越小，供油量越小。图 4－15（e）所示位置为停油位置，直槽对着回油孔。图 4－15（f）所示位置为正常供油位置。图 4－15（g）所示位置为最大供油位置。通常供油量由零到最大，柱塞只转动很小的角度，因此供油量的调节是十分灵敏的。

在柱塞直径一定时，柱塞有效行程愈长，供油愈大，供油的延续时间也愈长。如果供油延续时间过长，则会引起后燃。因此，供油量较大的柴油机，必须选用较大的柱塞直径。

(3)油量调节的三种方式

喷油泵的供油量取决于柱塞上行时的有效供油行程。供油量的调节有三种方案。

图4－16分别表示终点调节、始点调节及始终点调节三种油量调节方式的喷油泵柱塞结构及其调节特点。三种不同的调节方式取决于柱塞上斜槽位置。

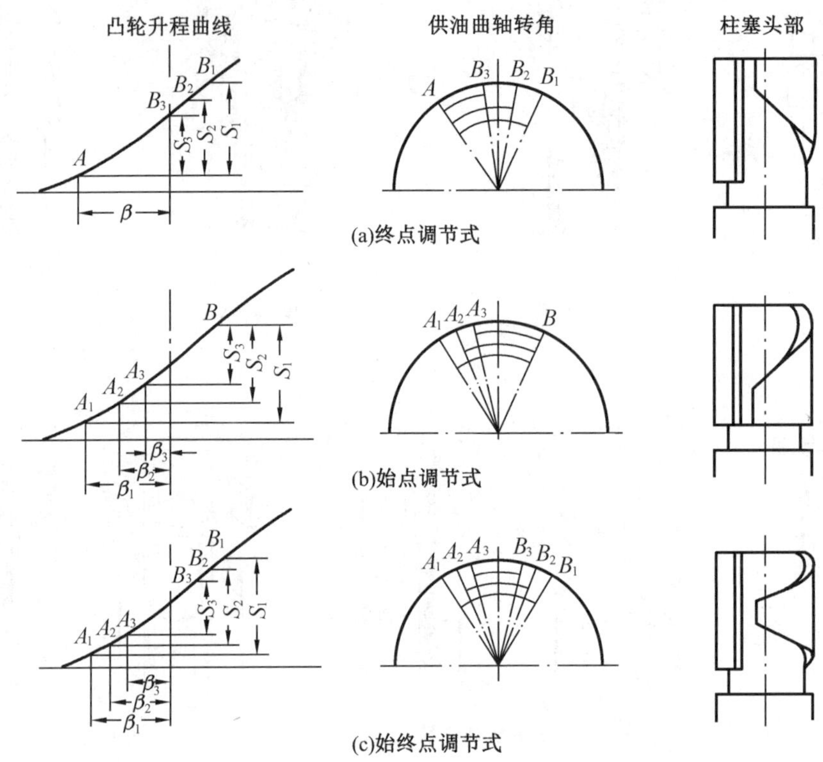

图4－16　三种油量调节方式及其柱塞头部结构

图中A、A_1、A_2、A_3代表供油始点；B、B_1、B_2、B_3代表供油终点；S_1、S_2、S_3代表柱塞的有效行程；β、β_1、β_2、β_3为几何供油提前角。

①终点调节式。由图4－16(a)可见，柱塞头部斜槽在下。这种结构无论将柱塞转到什么位置，其上端面遮住回油孔上边缘的时刻——几何供油始点，即曲柄转到A点是不会改变的。但其下边缘露出回油孔的几何供油终点B_2均随负荷改变。负荷大时，供油终点滞后成B_1，供油量增大；负荷小时，供油终点提前至B_3，供油量减少。故这种调节方式称为终点调节式。

②始点调节式。由图4－16(b)可见，柱塞头部斜槽在上。这种结构不论供油量多少，曲柄转到B点就停止供油。但供油始点随供油量的增加而提前，即供油提前角增大，故称始点调节式。

③始终点调节式。如图4－16(c)所示，柱塞头部上、下各有一个螺旋斜槽。始点和终点都随供油量的变化而改变。负荷减少，供油量减小，始点滞后、终点提前；负荷增加，供油量增大，始点提前，终点滞后。

3. 出油阀偶件的作用及卸载方式

出油阀也称排油阀，是装在喷油泵内控制高压燃油排出的单向阀。出油阀偶件是喷油泵中的另一对精密偶件，由出油阀和出油阀座(图 4 - 14)组成。出油管接头(图 4 - 14 中为管接)将排油阀座紧压在柱塞套筒的顶部。出油阀座和出油管接头之间有一密封垫圈，用以防止高压燃油向下漏入低压油腔和沿管接头螺纹间隙渗漏到泵外。

(1)出油阀偶件的作用

出油阀偶件的作用是使供油开始及时迅速，停油干脆利落，即蓄压、止回和减压(也称卸载)作用。

(2)出油阀偶件的分类

按卸载方式的不同，可将出油阀分为等容卸载出油阀及等压卸载出油阀两种。

①等容卸载出油阀　等容卸载出油阀是使用最多的一种出油阀，如图 4 - 17 所示。出油阀的头部有密封锥面，与阀座研磨配合。密封锥面下有圆柱形减压环带，环带与阀座的圆柱形孔密封配合。环带下面阀尾部的圆柱上铣有四个槽，使断面呈十字形(图 4 - 17 中的 A—A 剖视图)，沟槽处构成油的通道，外圆弧面对出油阀运动起导向作用。当柱塞压油时，泵腔中油压升高，克服弹簧力及高压油管残余压力，将出油阀向上压，由于出油阀减压环带的阻隔作用，虽然出油阀已离开了阀座，但泵腔并未向高压油管供油，直到出油阀上升 h 距离，减压环带离开导向孔之后，燃油才能经过四个铣槽流入高压油管。在出油阀上减压环带和弹簧的作用，使油泵供油时刻延迟到出油阀上升 h 距离之后，从而使喷油泵获得较高的初始供油压力，起到了蓄压的作用。喷油泵不供油时，出油阀在高压油管的残余压力和弹簧的作用下，紧压在阀座上，当柱塞有效行程结束，回油孔开始泄油时，减压环带先行进入导向孔，将泵腔与高压油管分隔开来，避免高压油管的燃油倒流入泵腔，起到了止回的作用，提高了循环供油量，减少了喷油延迟时间。出油阀继续下降距离 h(h 应从锥面中间密封带算起)，使高压油管中的容积增加 $\pi d^2 h/4$(d 为减压凸缘外径)，管中燃油压力因容积增大而迅速降低(约为喷油压力的 1/10)，喷油迅速停止，缩短了燃油喷射过程的滴漏阶段并可避免重复喷射，此为减压作用。因为这种卸载容积在柴油机各种转速下都是不变的，所以称等容卸载出油阀。卸载容积是等容卸载出油阀的关键参数。

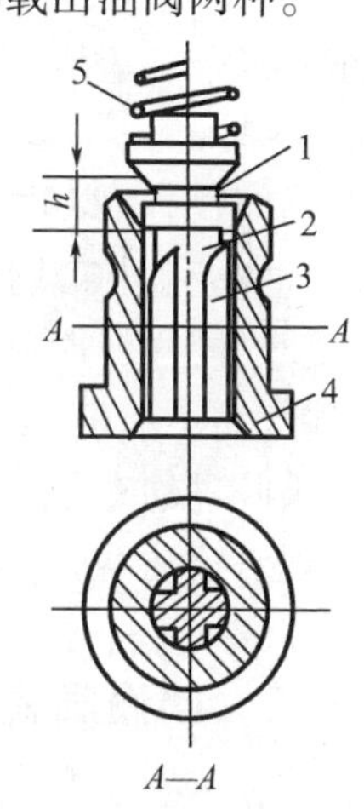

1—排油阀；2—导向柱面；3—排油阀；4—排油阀座；5—排油阀弹簧。

图 4 - 17　等容卸载出油阀

等容卸载出油阀有以下特点：

a. 结构简单，应用广泛；

b. 缩短燃油喷射过程的滴漏阶段并可避免重复喷射；

c. 低负荷时易穴蚀。由于卸载容积恒定，因而在柴油机工况变化时高压油管中的残余压力相应变化，低负荷时可能因过分卸载而造成高压油管的低压，形成穴蚀。

等容卸载出油阀是利用减压环带降压卸载，当经长时间使用后，因减压环带磨损，其降压卸载能力降低，严重时减压环带无法密封，使出油阀的减压作用消失，产生二次喷射。

②等压卸载出油阀　等压卸截的出油阀上无减压环带，但在其内部设有一个由卸载弹

簧控制的锥形卸载阀,如图 4-18 所示。当柱塞不供油时,出油阀在弹簧力作用下自动落座,能有效地防止高压油管中的燃油倒流入泵腔,起止回作用;当出油阀关闭,若高压油管中的油压高于卸载阀的开启压力,则卸载阀开启使燃油倒流入喷油泵工作空间。卸载阀的压力一般低于二次喷射压力,故出油阀起到减压即防止二次喷射的作用;当柱塞供油时,油压须高于出油阀弹簧压力才能向高压油管供油,起到蓄压的作用。

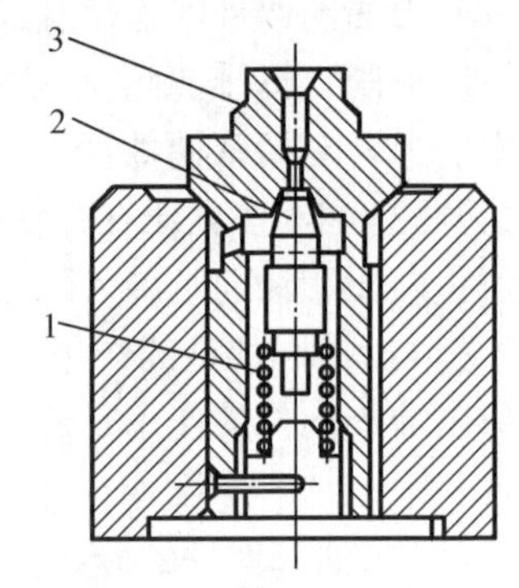

1—卸载弹簧;2—卸载阀;3—出油阀。

图 4-18　等压卸载出油阀

等压卸载出油阀在柴油机工况变化时高压油管中的残余压力不变,不但可避免重复喷射而且可避免穴蚀,但阀中有阀,结构复杂。等压卸载出油阀在中、高速大功率柴油机中使用较多。

等压卸载出油阀的关键参数是卸载弹簧的预紧力。等压卸载出油阀利用卸载弹簧控制的锥形卸压阀进行卸载,当经长时间使用后,因卸载弹簧的弹性变小,同样变形量,弹簧压力减少,卸载能力增强。

某些大型柴油机(如 B&W 型)的喷油泵出口处不设出油阀偶件,而在泵腔顶部装进油阀,保证泵腔进油充分;利用较高的进油压力(约 0.7 MPa)保证泵腔及高压油管始终充满燃油,并实现对喷油器的循环冷却,常与无冷却式喷油器配合使用。

4.5.2　回油阀式喷油泵

回油孔式喷油泵由于有斜槽、直槽和环形槽,故密封性较差;另直槽与斜槽中的压力油使柱塞易发生单面磨损。大型柴油机需要燃油压力高,故常采用回油阀式喷油泵。

1. 结构

由图 4-19 可知,回油阀式喷油泵的柱塞上不加工斜槽、直槽和环形槽,柱塞只起单纯的泵油作用。泵体上增加进、回油阀,阀控件泵的有效供油行程即控制供油量,阀由柱塞通过摆杆驱动。

2. 工作原理

回油阀式喷油泵供油量的改变是由进、回油阀的启闭来实现的。与回油孔式喷油泵相同,回油阀式喷油泵按供油量调节方式的不同也有始点调节、终点调节和始终点调节三种方式。图 4-19 上方实线 S 为对应于三种调节方式的凸轮展开图,虚线 V 为柱塞运动速度线,S_1、S_2、S_3为柱塞升程。图下方为三种调节方式的结构及原理图。

①始点调节式。图 4-19(a)所示为始点调节式。进油阀与柱塞处于偏心轴的两侧。当柱塞位于凸轮基圆时,柱塞处于最低位置时,摆杆的右端和顶杆处于最高位置,进油阀被顶开,柱塞上方与低压油腔相通。随着凸轮转动,柱塞从最低位置上行,到一定位置时,摆杆的右端和顶杆下降到刚刚脱开进油阀时,进油阀在弹簧力作用下关闭。柱塞上方构成密闭空间,这时柱塞上部的燃油开始被压缩,这就是喷油泵的几何供油始点(进油阀关闭时刻)。此时,在进油阀和顶杆之间刚刚出现间隙。柱塞继续上行,此间隙不断增大,当柱塞上升到最高位置时,间隙达到最大值,泵油终止。柱塞有效行程为柱塞从进油阀关闭时刻运动至最高位置所走过的距离。柱塞有效行程与进油阀和顶杆之间最大间隙值成正比。

间隙越大,表示柱塞有效行程越长,油泵供油量越大。调节此间隙就可调节喷油泵的喷油量。但无论怎样改变此间隙,供油终点永远是柱塞处于最高位置的时刻,供油始点却随着供油量的增大而提前,故此种结构喷油泵称为始点调节式喷油泵。

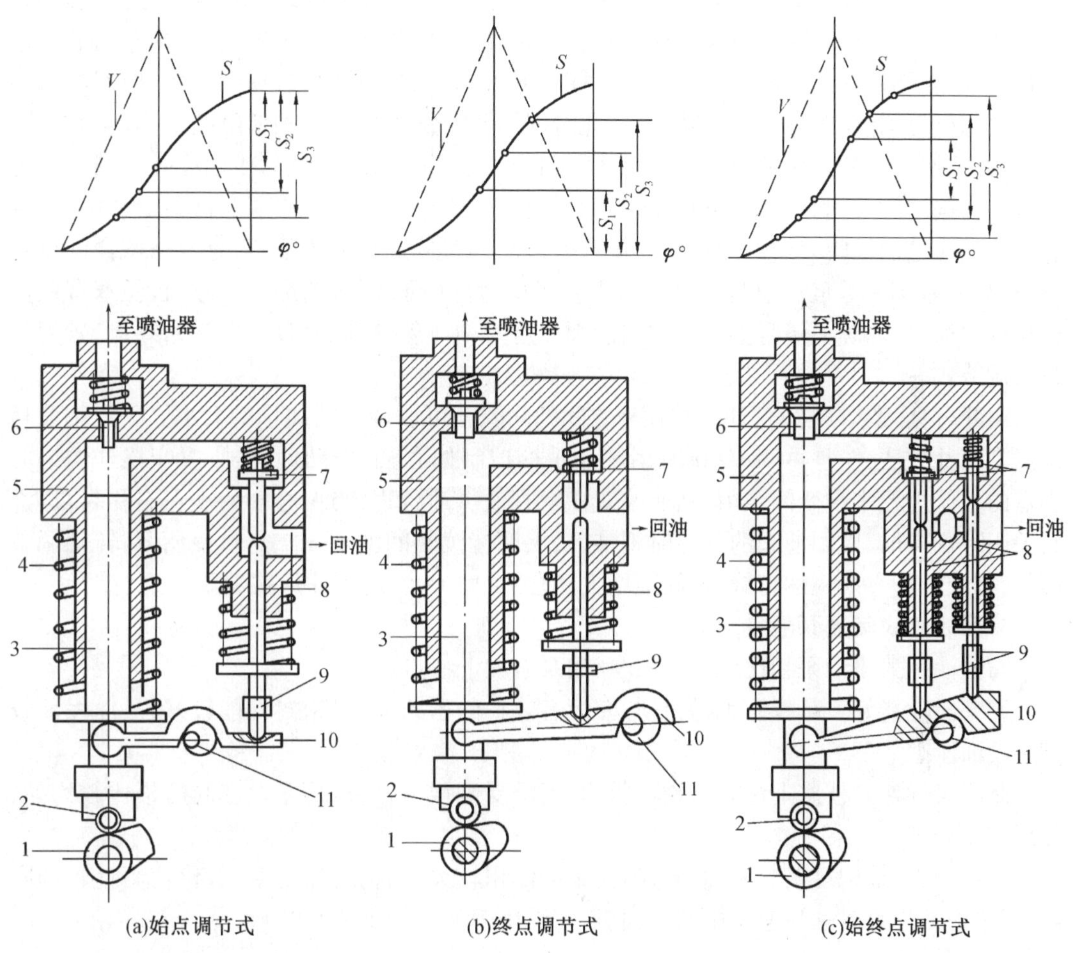

1—凸轮;2—滚轮;3—柱塞;4—弹簧;5—泵体;6—出油阀;7—进(回)油阀;8—顶杆;9—调节螺钉;10—摆杆;11—偏心轴。

图4－19　回油阀式喷油泵结构与原理

②终点调节式。图4－19(b)所示为终点调节式。回油阀与柱塞并列在偏心轴的同一侧。当柱塞处于凸轮基圆时,柱塞处于最低位置时,顶杆也在最低位置,回油阀与顶杆间间隙最大。此时回油阀处于关闭位置,柱塞上方构成密闭空间,当柱塞从最低位置开始上升,泵腔内的燃油即被压缩,此为几何供油始点。随着凸轮转动,柱塞继续上行,回油阀与顶杆间间隙逐渐减小。至一定位置,回油阀与顶杆间间隙刚刚为零,然后回油阀被顶杆顶开,高压油腔与低压油腔相通,供油结束,即为几何供油终点。柱塞有效行程为柱塞从最低位置运行到回油阀关闭时刻所走过的行程。可见,回油阀在最低位置时,在进油阀和顶杆之间的间隙值与柱塞有效行程成正比。故可通过改变这一间隙值来改变喷油量,间隙越大,柱塞有效行程越大,则供油量越大。但无论怎样改变此间隙,供油始点始终是柱塞处于最低位置的时刻,供油终点却随着供油量的增大而滞后,故此种结构喷油泵称为终点调节式喷油泵。

③始终点调节式。图 4－19(c)所示为始终点调节式。进(回)油阀分列在偏心轴的两侧,左边一个为回油阀,控制着供油终点;右边一个是进油阀,控制着供油始点。始点调节式与终点调节式可看作始终点调节式的特殊情况。当柱塞处于凸轮基圆时,柱塞处于最低位置时,右边顶杆处于最高位置,进油阀处于开启状态,左边顶杆处于最低位置,回油阀处于关闭状态,与顶杆之间有最大间隙。随着凸轮转动,柱塞从最低位置上行,泵腔内的燃油通过进油阀回流,进油阀随顶杆下降。当柱塞上行到一定位置时,进油阀关闭,而回油阀与顶杆之间仍有间隙,也处于关闭状态,则此时即为几何供油始点。柱塞继续上行,至回油阀打开时,柱塞上方的高压油经回油阀与低压油腔相通,供油结束,此为供油终点。其柱塞有效行程为进油阀关闭到回油阀开启期间柱塞上行的距离。此后,柱塞上行到最高位置,泵腔内燃油通过回油阀处于回油过程。接着弹簧使柱塞从最高位置下行,直至柱塞最低位置(凸轮处于基圆),泵腔一直处于充油过程。当增大进(回)油阀的最大间隙值,柱塞有效供油行程增加,进油阀关闭时刻提前和回油阀开启时刻滞后,即同时改变供油始终点,故为始终点调节式。

由此可见,调节进(回)油阀与顶杆之间的间隙就可以调节喷油量的大小。一般调节喷油量有两种方法:一是总调,总调时用燃油手柄控制偏心轴,转动偏心轴,改变摆杆的偏心支点的高低位置来改变间隙值,从而改变柱塞有效供油行程;当偏心轴的支点右移时,进油阀关闭时刻提前,而回油阀的开启时刻推迟,供油持续时间增加。二是单独调节,转动调节螺钉,按顺时针方向将螺钉旋进,间隙增大,喷油量增大,反之喷油量减少。

3. 回油阀式喷油泵的特点

与回油孔式喷油泵相比,回油阀式喷油泵有如下特点:

①密封性能好。其柱塞无槽,且与套筒有较长的密封面,故密封性能较好,足以保证较高的喷油压力。

②耐磨性好。柱塞上没有直槽与斜槽,不承受侧推力,所以柱塞及套筒磨损比较均匀,使用寿命较长。

③体积大,结构复杂。回油阀式喷油泵的体积较大,结构比较复杂,造价较高且管理麻烦,不适用结构紧凑的高速及中速柴油机,广泛用于大型低速柴油机。

4.5.3 可变供油正时机构

柴油机的供油定时是影响燃烧质量的重要因素。柴油机的最佳供油定时是在额定工况下确定的。当柴油机负荷或转速改变时,如果喷油泵不仅供油量改变,供油提前角也随之改变,则柴油机非额定工况的性能必将得到改善。因而,当代新型船用低速二冲程柴油机的喷油泵上设有可变供油正时(variable injection time,VIT)机构。

1. VIT 机构的作用

VIT 机构在柴油机部分负荷运行时可以提高最高爆发压力,改善在部分负荷运行时的经济性能。当柴油机在高负荷运行时,又能控制最高爆发压力,使之不超过标定值,降低机械负荷,提高可靠性。

2. VIT 机构的类型

(1)MAN B&W 公司 L－MC/MCE 型柴油机的 VIT 机构

图 4－20 是 MAN B&W 公司 L－MC/MCE 型柴油机回油孔终点调节式喷油泵的 VIT 机

构。由图4-20(a)可知,其VIT机构由位置传感器、位置伺服器、喷油正时调节齿条和正时齿套螺母等组成。齿套螺母(见放大图)内部与喷油泵导程筒下部的梯形螺纹相旋合,外部与供油正时调节齿条相啮合。

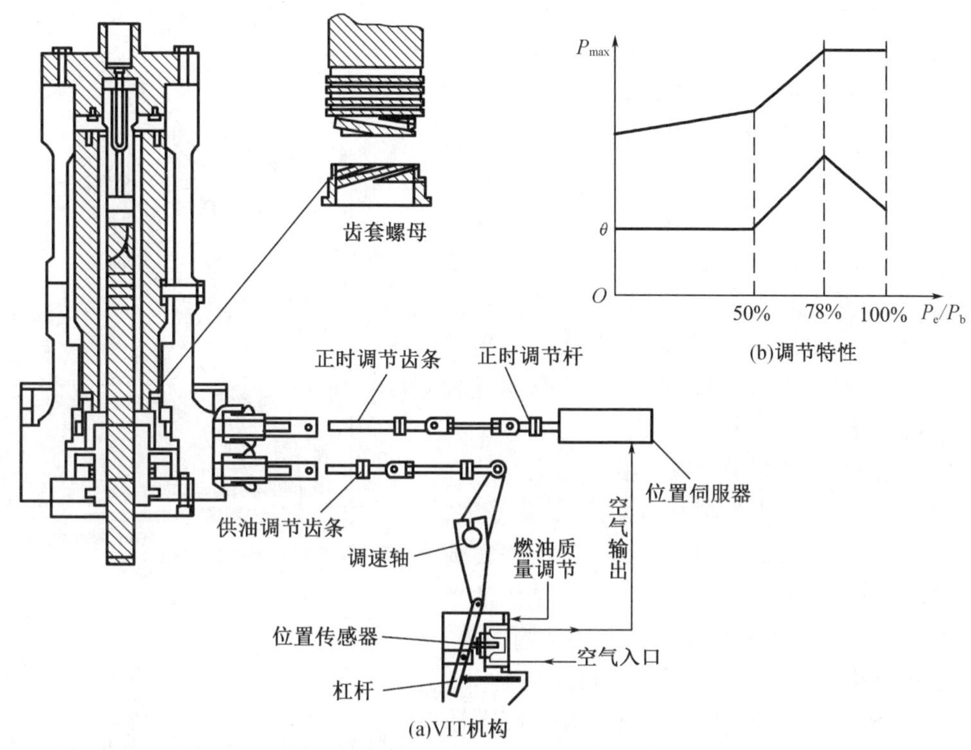

图4-20　MAN B&W公司L-MC/MCE型柴油机的VIT机构

该油泵有两根齿条,下方一根是供油调节齿条,能转动柱塞改变供油量;上方一根是供油正时调节齿条,能使套筒升降改变供油定时。位置伺服器为气动执行元件,其活塞杆通过正时调节杆与正时调节齿条相接。控制信号来自位置传感器。位置传感器由调速器的调速轴(调节轴)控制。当负荷变化时,调速器的调速轴在改变供油量的同时通过杠杆改变位置传感器的控制空气压力,从而改变位置伺服器的活塞位置,通过活塞杆,拉动供油正时调节齿条转动齿套螺母,齿套螺母转动时会带动套筒在泵体内升降,达到改变供油正时的目的。

图4-20(b)为MAN B&W公司L-MC/MCE型柴油机的VIT机构的调节特性图。低负荷时,即当柴油机在50%标定功率以下时,该VIT机构失效,供油提前角θ基本不变;部分负荷时,即负荷高于负荷50%而低于78%P_b时,供油提前角θ随负荷的增大逐渐增大,爆发压力也随之逐渐增高至最大值,部分负荷的经济性得到提高;高负荷时,即当负荷大于78%P_b而小于标定负荷时,随着负荷增加,供油提前角θ减小,以保持爆发压力不变,减少机械负荷,提高可靠性。由此可见,此种VIT机构在78%P_b(调正转折点)时具有最大的供油提前角θ,最高爆发压力P_z最大,节油率最大。

(2)Sulzer RTA型柴油机VIT机构

图4-21所示为Sulzer RTA型柴油机回油阀始终点调节式喷油泵的VIT机构。该机构主要由特殊形状的VIT凸轮和燃油质量调定杆组成。该VIT凸轮设在一个十字形摇臂的

右端。十字形摇臂左端与调速器油量调节轴相连,上端与喷油泵回油阀偏心轴等相连,下端与拉伸弹簧相连。柴油机负荷改变时,调速器油量调节轴即带动十字形摇臂转动,使喷油泵进(回)油阀偏心轴同时转动,从而改变供油始终点、改变供油量。同时,通过VIT凸轮使进油阀关闭时刻改变,从而改变供油提前角。通过VIT凸轮,当负荷降至85%标定负荷时,供油提前角最大。当负荷为小于85%标定负荷的部分负荷时,通过提高供油提前角,提高经济性;当大于85%标定负荷时,减少供油提前角来降低爆发压力。不同品质燃油,由于滞燃期不同,要求供油提前角就不同,通过燃油质量调定杆,改变VIT凸轮位置来调节供油提前角。

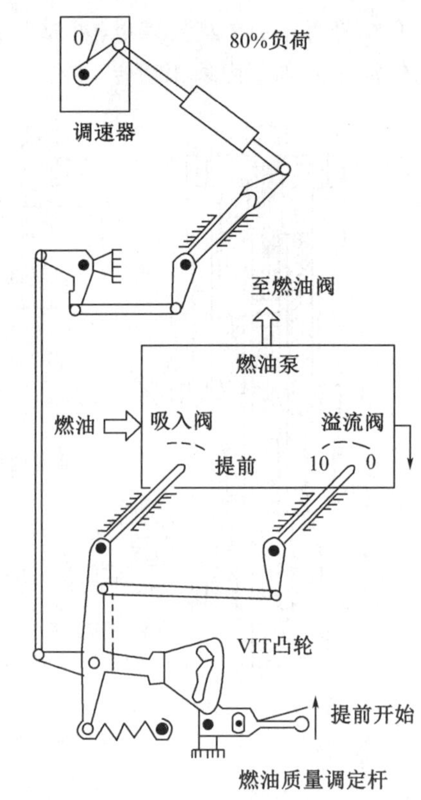

图4-21　Sulzer RTA型柴油机的VIT机构

(3)采用特殊线型的柱塞斜槽

对于中、小型回油孔式喷油泵,因结构受限,柱塞头部常采用特殊线型的双斜槽结构来实现可变喷油定时,如图4-22所示。在改变供油量的同时自动调节供油定时。这种方法结构简单,但需对斜槽的线型进行优化设计和特殊加工。

采用VIT机构针对不同负荷采取提高爆压又限制爆压的措施,这是改善柴油机经济性和可靠性的重要措施。由于电子控制比VIT机构更灵活有效,故目前电子控制正逐渐取代VIT在柴油机中的应用。当VIT机构发生故障不能正常调节时,应将VIT机构固定在标定负荷位置,相当于无VIT机构。

4.5.4　喷油器

1. 喷油器作用与要求

喷油器装在柴油机气缸盖中,其主要作用是燃油雾化。对喷油器的要求:一是保证良好的雾化质量和合理的油束形状;二是喷油开始和结束利落、无滴漏、无二次喷射等。

2. 喷油器的结构与工作原理

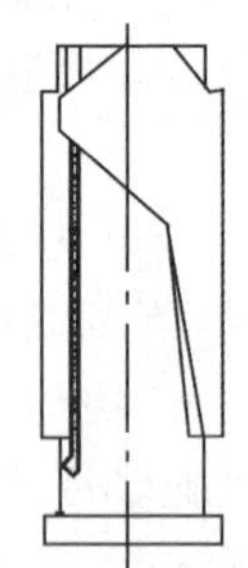
图4-22　双斜槽VIT机构

船舶柴油机多使用闭式喷油器,也称液压启阀式喷油器。图4-23为135型柴油机喷油器。喷油器的主要零件是针阀偶件及喷油嘴。喷油器中的针阀偶件与喷油泵中柱塞偶件、出油阀偶件合称为燃油系统三大偶件。针阀偶件由针阀与针阀体组成。针阀体的密封面有端平面、圆锥面和圆柱面。密封面与相应配合面均需精细研磨,保证密封。针阀体上有两个圆锥面,大的为承压面,小的为密封面。针阀体上圆柱密封面也为导向面,对针阀上下运动起导向作用,并允许有少量燃油经导向部件间隙往上回流,以润滑和冷却针阀偶件。针阀体中下部的腰圆环形槽为储油腔，喷油器本体中燃油通过针阀体中细长斜油孔流入储油腔。针阀体下部均布着4个直径为0.35 mm的喷孔，喷射锥角为150°。调压弹簧通过推杆将预紧力传至针阀，将针阀以圆锥密封面压在针阀体上。弹簧的弹力可由调压螺钉控制，并用锁紧螺母防松。针阀尾柄插入推杆底部孔中，针阀升程受到本体端面限制，正常值为0.45 mm。喷油器下端钻有喷孔并伸入燃烧室的零件称为喷油嘴或雾化头。它不但受到燃油冲刷、腐蚀，而且还受到缸内的高温燃气作用。大型柴油机多烧劣质燃料，喷油嘴易损坏，故喷油嘴多与针阀体分开制造，方便喷嘴损坏后更换。135型等中小型柴油机喷油器的喷油嘴多与针阀体做成一体。喷油器中喷孔的数目与位置应与燃烧室匹配，以保证燃油雾化良好并与空气混合均匀。定位销使针阀体与喷油器本体中油道对正。

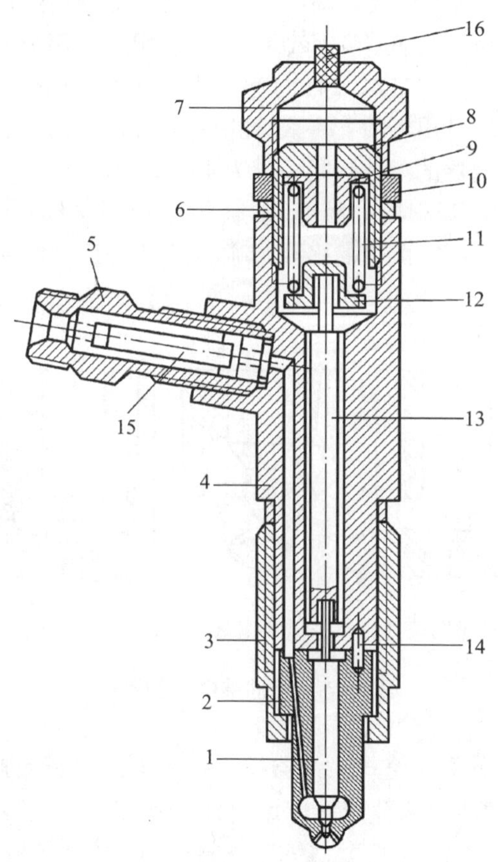

1—针阀；2—针阀体；3—紧帽；4—本体；5—高压滤器；6—进油管接头；7—垫圈；8—护帽；9—防污塞头；10—调压螺钉；11—弹簧上座；12—锁紧螺母；13—调压弹簧；14—弹簧下座；15—推杆；16—定位销。

图4-23　135型柴油机喷油器

高压燃油自进油管接头经高压滤器过滤后，由本体内孔进入储油腔作用在针阀的大圆锥面上，克服弹簧的预紧力将针阀抬起。当针阀离开阀座，小圆锥面也承受油压，承压面突然增大，使针阀快速升起，减小了节流损失，使燃油迅速地经喷孔喷入气缸。喷油泵停止供油后，储油腔油压突然降低，当作用在喷油器针阀大、小锥面上的油压低于弹簧压力，针阀落座停止喷油，此压力叫作闭阀压力。可见，该喷油器依靠燃油本身的压力来开启或关闭针阀，所以称之为液压启阀式喷油器，另闭阀后针阀把高压油空间与燃烧室隔开，所以这种喷油器也称为闭式喷油器。需要说明的是，在电控喷射系统中喷油器是电磁式，其针阀开闭由电磁线圈来控制。

喷油器中有两个重要参数，一个是启阀压力，一个是针阀升程。所谓启阀压力是燃油抬起针阀的最低压力。启阀压力取决于弹簧预紧力，数值略大。由于启阀时油压仅作用于针阀的大锥面上，故启阀压力应大于闭阀压力。针阀升程是针阀上升的最大距离，升程过小，节流损失大；升程过大，落座时加重针阀与针阀体圆锥面撞击磨损。有的喷油器设有针阀升程限制器。

3. 喷油器的分类

①按喷孔数目分类。闭式喷油器按喷孔数目分为单孔式喷油器与多孔式喷油器。单孔式只有一个喷孔，位于喷油嘴中央。喷孔直径相对较大，不易堵塞，喷出的油束穿透力强，雾化后油粒较大，启阀压力较低，雾化效果较差，多用于使用分隔式燃烧室的小型高速柴油机上，如图 4－24(a)所示。图 4－24(b)为单孔式喷油器中的轴针式喷油器，其优点是自洁性好，即每喷一次油，轴针出入喷孔一次，能防止喷孔内外的结炭堵塞。图 4－24(c)为多孔式喷油器。多孔式喷油器的喷孔数目一般为 4～12 个，孔径 0.15～1.0 mm。因其孔径相对较小，另启阀压力较高，喷射的油粒细、锥角大、雾化质量较好。喷孔角度应使喷出的油束形状与燃烧室形状有良好的配合。多孔式喷油器多用于开式和半开式燃烧室的大、中型中、低速柴油机上。

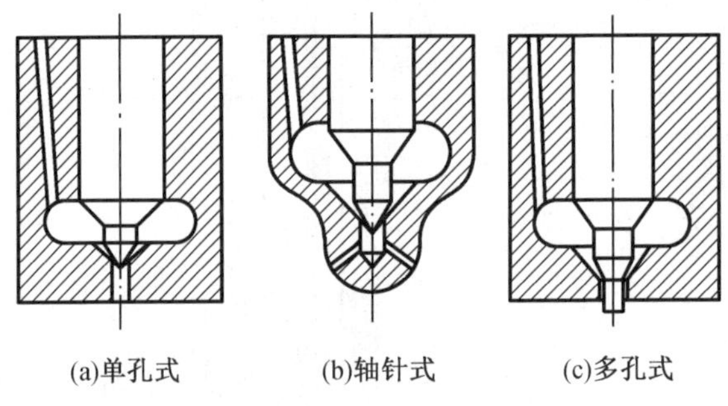

(a)单孔式　　(b)轴针式　　(c)多孔式

图 4－24　针阀结构示意图

②按调节弹簧的位置分类。闭式喷油器按弹簧位置分弹簧上置式和弹簧下置式。如图 4－25 所示，上置式喷油器中调节弹簧位于顶杆上方，弹簧预紧力通过长顶杆加在针阀上，因而针阀的运动惯量较大，运动惯量过大会导致针阀关闭压力降低，易造成关阀时滴漏与雾化不良。下置式喷油器中，顶杆在调节弹簧的上方，运动件质量减轻，针阀运动惯量较小，降低了惯性力对喷油规律的影响，故下置式喷油器也称低惯量喷油器。

③按是否冷却分类。喷油器按冷却情况分冷却式和非冷却式。冷却式喷油器使用单独设置的冷却系统，在针阀体内部布置冷却液流道（也称为内部冷却）；常以淡水或柴油作为冷却介质对喷油器进行强制冷却。淡水导热系数大，冷却效果好，但密封要求高。使用淡水冷却的喷油器冷却系统，是一个单独设立的冷却系统，称为喷油器冷却系统。用燃油冷却无须专门密封，系统较为简单。图 4－26 所示为两种常见的冷却式喷油器。图 4－26(a)为钻孔冷却。冷却腔由 4 个钻孔组成。孔的端部用闷头堵死。喷油嘴头部有的还镀有一层钨镍合金保护层，以延长使用寿命。图 4－26(b)为冷却水套式，冷却液从专门的孔道进入喷油嘴头部的冷却腔内，冷却后经另一通道（图中未画出）流出。为防止燃气漏入冷却

腔,冷却水套与喷油嘴的接缝须采用焊接或热压工艺。

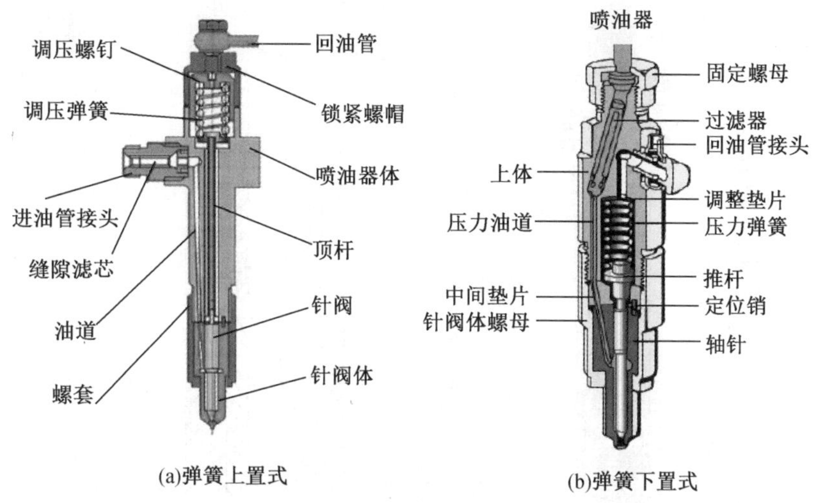

(a)弹簧上置式　　(b)弹簧下置式

图 4 –25　喷油器结构

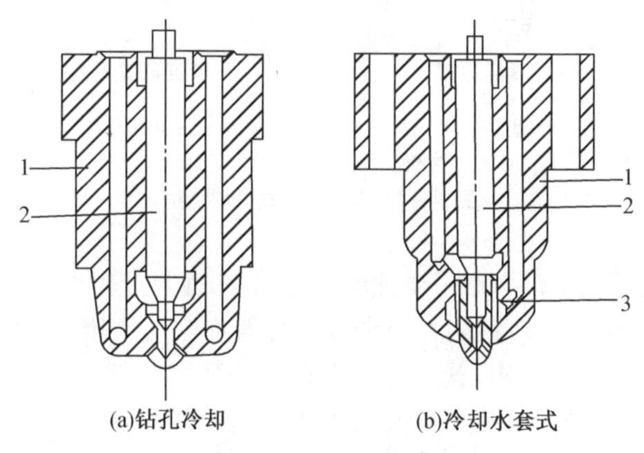

(a)钻孔冷却　　(b)冷却水套式

图 4 –26　冷却式喷油器

图 4 –27 为 MC 型柴油机非冷却式喷油器。喷油器由喷油器体和喷油器头组成。该喷油器体上有两个阀,上部是止回阀,下部是针阀。止回阀由止回阀阀体、止回滑阀、止推座和滑阀弹簧组成。以上各零件用锁紧螺母紧固在一起。

燃油由喷油器顶部进入。当柴油机不喷射,燃油压力小于 2 MPa 时,止回阀关闭,滑阀封闭燃油下行通道,止推座的旁通孔开启,燃油经此旁通孔在喷油器体内循环冷却后排出。当柴油机喷射,油压大于 2 MPa 时,滑阀上行关闭旁通孔,止回阀开启,燃油向下进入针阀的油腔内。在燃油压力达到启阀压力时,针阀开启燃油喷入气缸。当喷油结束,油压低于闭阀压力时,针阀先行关闭。当油压低于 2 MPa 时,止回阀关闭,燃油循环冷却回路重新接通。喷油器启阀压力由弹簧预紧力预先确定,使用中不能进行调节,如需调节则应解体喷油器后换用专用弹簧垫片来改变预紧力。

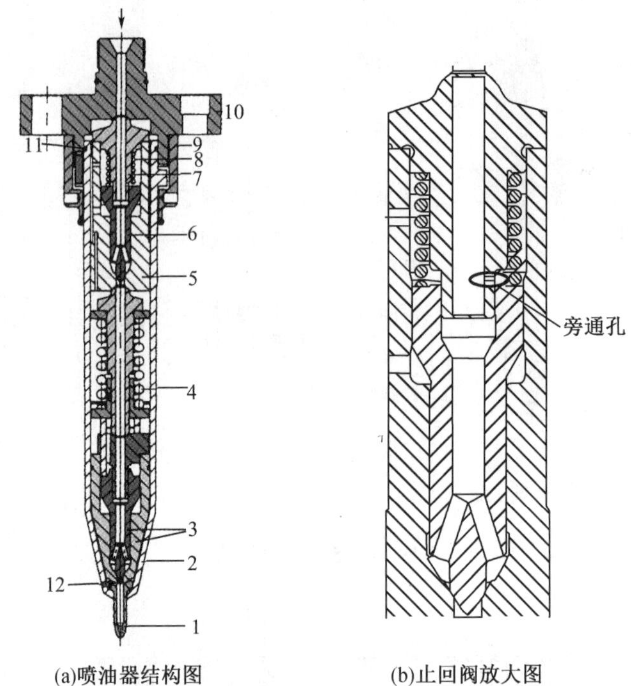

(a)喷油器结构图　　(b)止回阀放大图

1—喷油嘴;2—喷油器体;3—针阀偶件;4—弹簧;5—止回阀阀体;6—止回滑阀;7—止推座;8—滑阀弹簧;9—锁紧螺母;10—喷油器头;11—O 形密封圈;12—销。

图 4-27　非冷却式喷油器

非冷却式喷油器结构不但省略了单独的冷却系统,而且此种燃油循环在柴油机备车期间可对喷油器进行预热,在运转期间对喷油器冷却兼有驱气作用。Sulzer RTA 型柴油机也采用类似的非冷却式喷油器结构,其喷油器上设有循环油路,柴油机在停车状态下燃油一直循环流动,使柴油机在停车和机动航行工况下一直使用重油,不必换用轻柴油。非冷却式喷油器常与无出油阀的喷油泵配合使用。

需要说明的是,一般的喷油器在喷射燃油的过程中,燃油对喷嘴产生一定的冷却作用,通常的小型柴油机和热负荷不高的柴油机无须再进行专门的冷却。

4.6　喷油设备的检查与调整

4.6.1　回油孔式喷油泵的检查与调整

喷油泵的功用是定时、定量地向喷油器提供一定压力的燃油,所以对它的检查应着重在密封性、定时及供油量这三方面。

1. 喷油泵密封性检查

喷油泵的密封性主要取决于柱塞偶件和出油阀偶件的密封性。

(1)简易试验法

在船上,对于拆卸下的柱塞偶件和出油阀偶件的密封性进行粗检,常用简易试验法。

该法简单方便,包括滑动试验法和密封性试验法。

①滑动法检查。将精密偶件在清洁的柴油中清洗后,用手指拿住柱塞套筒(或针阀体)倾斜 45°,轻轻地抽出柱塞(或针阀)约 1/3,放手后,柱塞(或针阀)应能依靠其自重,自由、均匀、缓慢地下滑,且无卡阻现象,则认为其滑动性良好。如果柱塞(或针阀)下滑速度太快,说明柱塞(或针阀)与套筒(或针阀体)的间隙太大;若柱塞(或针阀)下滑速度太慢,则说明柱塞(或针阀)或套筒(或针阀体)内径已产生椭圆形磨损;如果柱塞(或针阀)下滑至某一位置卡住,则需检查原因,是否有零件变形。

②密封性试验法。密封性试验法是用大拇指将套筒孔上端堵死,把柱塞从上极端位置向下拉。若感到有吸力,松手后柱塞能回到原位,便认为密封性尚可。

(2)油压降法检查

①综合检查。在喷油泵出油管接头装上压力表,手动泵油,当油压达到说明书规定压力时,停止泵油,使柱塞处于 1/2 以上有效行程位置不动,观看压力表。若压力在规定时间(一般不少于 30 s)内保持不变,则可判定该喷油泵密封性良好。

若无压力表,可用闷头将喷油泵出油口闷死,然后撬动柱塞泵油,燃油在密闭空间因容积减小应压力升高。如果柱塞不能上行或上行极缓慢,说明喷油泵不漏油,密封性良好。反之,说明喷油泵密封不良,则应分别检查排油阀与阀座和柱塞套筒的密封性。

②出油阀检查。操作步骤基本同上,区别在于停止泵油时放松泵油手柄。此时柱塞自然下行,这时若压力表读数保持不变,则认为出油阀密封性良好。若发现压力下降,则说明出油阀密封不良。

③柱塞套筒检查。取出出油阀重复上述步骤①。若压力表读数符合说明书的要求,则柱塞套筒偶件密封性良好;若压力下降很快,则说明柱塞套筒偶件漏油。

2. 喷油泵供油正时的检查方法

(1)冒油法(油面波动法)

①放气。②柴油机曲轴盘车至喷油泵供油位置附近。③拆下第一缸的高压油管,并接上有助于清晰观察液面变化的玻璃管接头。④将燃油手柄置于标定供油位置。⑤泵油,使燃油从出油接头处冒出或在波面指示器的玻璃管内出现为止。⑥反向盘车约 50° CA,再按顺车方向均匀缓慢地盘车,同时注意观察出油接头处或玻建管中的油面是否波动,一有波动就立即停止盘车,此时即为实际开始供油时刻。根据飞轮上的刻度,即能读出供油提前角度值。对多缸柴油机可按照发火次序依次检查。冒油法多用于中、小型柴油机,对于柱塞直径较大、喷油时间较短的柴油机,因较大的误差而不宜采用。

(2)光照法

对大型回油孔终点调节式喷油泵,若套筒上进(回)油孔在同一高度,可用光照法检查供油正时。如图 4－28 所示,把柱塞套筒定位螺钉拆下,用手电筒照射螺孔处,缓慢盘车,从对侧进油孔中观察柱塞的运动。当柱塞上行到刚好将回油孔遮住看不到光线时,立刻停止盘车,此时从飞轮上的刻度即可读出该泵的供油提前角。

(3)标记法

有的喷油泵在泵体下部设有观察窗孔,在泵体的观察窗孔(图 4－28 放大图中虚线)上和导程筒外表面(图 4－28 放大图中实线)分别刻有刻线。盘车时,观察窗孔上的虚线与导程筒上实线正对平齐的瞬间即为该泵的供油始点。这时从飞轮上的刻度即可读出该泵的供油提前角。

3. 喷油泵供油定时的调节

调节供油定时的方法有以下三种。

(1)转动凸轮法

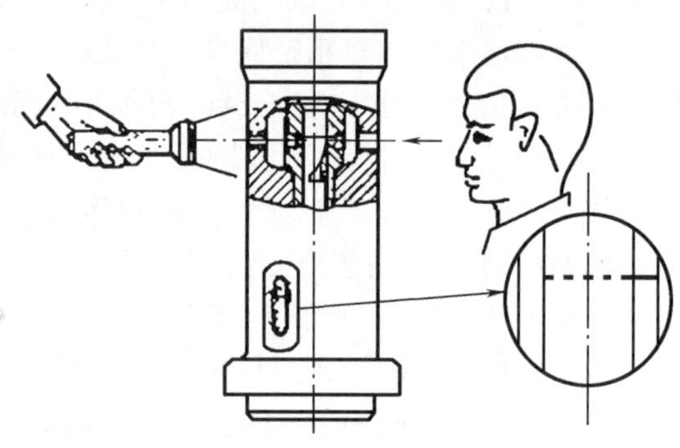
图 4－28　供油提前角的检查

各种形式的柴油机,安装凸轮的凸轮轴都是由曲轴按 1∶1或 1∶2速比传动的。无论齿轮传动还是链传动,只要改变凸轮轴的相位,即改变了燃油凸轮的相位,喷油泵的供油定时均发生变化。如整体式凸轮轴(小型机)调节整机的供油定时,可松脱油泵凸轮轴连接法兰盘,转好调节角度后再重新连接。此法的规律是:欲增大供油提前角,应顺正车方向转动油泵凸轮或逆正车方向转动曲轴飞轮;反之相反。还有一种更方便的方法,即先松开油泵凸轮与喷油泵传动轴间的连接,转动油泵凸轮至刚供油,转动飞轮至规定供油提前角,然后将油泵凸轮与喷油泵传动轴连接即可。对于装配式凸轮轴(大、中型),调节单缸供油定时,可直接转动燃油凸轮的安装相位。

(2)升(降)柱塞法

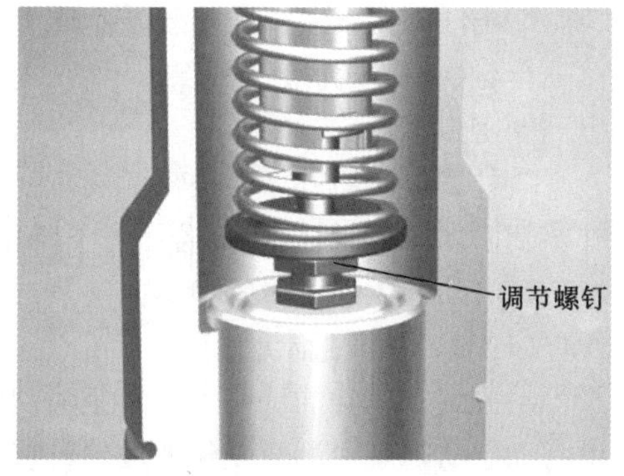

图 4－29　升降柱塞法

此法多用于中、小型柴油机回油孔式喷油泵。通过调整调节螺钉的高度(图 4－29),使柱塞在套筒内升降,改变柱塞上边缘与回油孔的相对高度,从而改变凸轮的有效工作段,供油定时随之改变。柱塞上升供油提前,反之则滞后。调节后须紧固锁紧螺母。必须指出,调节螺钉不可伸长过多,以防柱塞在最高位置与排油阀相撞;亦不可缩短过多,以免滚轮落在凸轮基圆上时调节螺钉与喷油泵导程筒(导筒)脱离接触,导致工作中发生撞击。

(3)升(降)套筒法

此法多用于大、中型柴油机回油孔式喷油泵。套筒上升时,正时滞后,反之,则提前。套筒的升降有三种途径:①套筒上端设有一组调节垫片,减少垫片即提升套筒。②泵体下端设置多个调节垫片。增加垫片,套筒升高,供油提前角减小;反之,供油提前角增大。③套筒上设有螺旋套,用齿条拉动使套筒升降。

在上述三种供油定时的调节中,第 2,3 两种方法调节供油定时,在改变供油时间的同时也改变了凸轮的有效工作段,使喷油泵的供油规律受到影响,故通常仅用于对供油提前角做微量调节,参见表 4－3。

表 4－3　三种供油定时调节方法比较

影响方法	供油定时	柱塞有效行程	凸轮有效工作段
转动凸轮法	改变	不变	不变
升(降)柱塞法	改变	不变	改变
升(降)套筒法	改变	不变	改变

4. 喷油泵供油量的检查与调整

(1)零油位的检查与调整

当回油孔式喷油泵柱塞直槽正对回油孔时,柱塞虽做往复运动但建立不起油压,柱塞的有效行程为零,这个位置称为“零油位”。检查与调整零油位,是为了确保油量手柄置于停车位置时各喷油泵立即停止供油,以保证柴油机能迅速停车。

零油位的检查方法如下:

①对线法。回油孔式喷油泵油量调节齿条上有反映供油量大小的刻度线。只要喷油泵安装正确,将油量手柄置于停车位置,各泵指示片都应指到调节齿条的零油位刻度线。当齿条在小于刻度“2”时,应保证供油量为零。

②对孔法。取出排油阀偶件,将油量手柄置于停车位置时,柱塞直槽应对准套筒回油孔。因为直槽有一定的宽度,回油孔有一定的直径,所以零油位有一小区间供调整用。

③压油法。拆下高压油管,将油量手柄置于停车位置。用一字头起子撬柱塞,使柱塞上下运动,应无油面上升现象。

一般地,只要喷油泵是按照安装标记装配的,就可以保证零油位正确。若不准确,可以重新组装。误差不大时,可通过旋转油量调节杆与齿条连接处的调节螺钉来调节。

(2)各缸供油量均匀性的检查与调整

检查、调整各缸喷油量的均匀性,是为了保证当油量手柄位于标定供油位置时各喷油泵柱塞的有效行程相等。否则会使各缸供油量不同,负荷不均匀,致使在高负荷时,某些缸会因供油过多而超负荷;在低负荷时,某些缸可能因供油太少而不能正常燃烧,使柴油机运行严重不稳定,甚至自行停车。

通常规定在标定工况下,多缸柴油机各缸供油量的不均匀度不得超过3%。

①各缸均匀性检查。各缸供油量均匀性检查方法中量杯法较准确。量杯法常用于在油泵试验台上的油量调整。在柴油机上应用此法检查供油量均匀性时,应把喷油器拆卸下来安置在量杯上,然后盘车(或人工泵油)使喷油泵工作,柴油经喷油器喷入量杯。盘车到一定转数后(如100转),比较各量杯中的油量,求出供油量的不均匀度。不均匀度可用下式计算:

$$H = \frac{2(b - m)}{b + m} \times 100\%$$

式中　H——不均匀度;

b——最大供油量,mL;

m——最小供油量,mL。

②各缸均匀性调整。各喷油泵供油量均匀性的调整方法,随油量调节机构的形式和油量调节拉杆的连接方式而异。

单体式喷油泵供油量均匀性的调整。对于喷油泵齿条用调节拉杆连接油量调节杆的结构形式,改变调节拉杆的装配长度,即可改变某缸喷油泵齿条的移动量,从而改变了供油量。若各喷油泵齿条通过调节螺钉单独与油量调节杆相连,则可通过调节螺钉对各泵的供油量进行单独调整,使各泵的齿条均调节到同一刻度上。这样就能保证各缸供油量基本均匀。但初步调节后,还需要启动柴油机,根据各缸热力参数(如排气温度、燃烧压力等)以及测取的示功图对供油量进行最后的调整。

组合式喷油泵供油量均匀性的调整。对油量调节机构为齿轮-齿条式的组合泵,其调节方法是:打开喷油泵侧盖板,旋松小齿圈的定位螺钉,用小钉插入油量控制套筒上部小孔内,转动套筒以带动柱塞旋转,从而改变了柱塞斜槽与回油孔的相对位置,即调整了柱塞的有效行程。转动套筒时,应注意套筒增减油的转动方向。调好后旋紧定位螺钉。

③标定供油量的检查。在试验台上把喷油泵的油量调节齿条或调节拉杆移到标定供油量位置,然后测量50次、100次或200次的泵油量。测量值应符合说明书中的规定。在船上可用手动泵油进行近似测量。喷油泵的累计循环喷油量用量杯测量。在测定喷油泵供油量的同时,应检查油量调节齿条的刻度数,以供在使用中或重新拆装喷油泵时参考。

4.6.2 回油阀式喷油泵的检查与调整

1. 供油定时的检查与调节

对于回油阀式喷油泵,进油阀关闭决定供油始点,检查供油定时即检查进气阀关闭时刻对应上止点的曲轴转角。下面以回油阀始终点调节式喷油泵为例,说明其供油定时的检查步骤。

①拆下进油阀上方的弹簧。

②将燃油手柄置于标定供油位置,盘车至凸轮最高位置,在进油阀上方装专用千分表并把表的读数调为"0"(即为进油阀关闭位置),如图4-30 (a)所示。

③盘车至凸轮基圆,千分表读数最大。继续正车盘车,当进油阀千分表读数降为0.02 mm时为进油阀关闭时刻,停止盘车。此时,飞轮上的刻度即为供油提前角。

如供油定时不正确应酌情调节进油阀杆下方的调节螺钉。旋进调节螺钉,与顶杆间隙增大,则提前供油,供油提前角增大;旋出调节螺钉,供油提前角减小。

2. 零位检查与调整

回油阀式喷油泵的供油终点取决于回油阀打开时刻,供油始点取决于进油阀关闭时刻。故喷油泵的供油量取决于进(回)油阀的关闭、开启状态。当燃油手柄置于停车位置时,只要在柱塞上行的全行程中进(回)油阀不同时关闭,即可实现零位。为此,对此种喷油泵的零位检查应首先测定进(回)油阀的关闭、开启时刻,然后再检查其零位。下面以回油阀始终点调节式喷油泵为例,说明其零位检查步骤。

①拆下进、回油阀上方的弹簧,拆下柱塞上方出油阀。

②将燃油手柄置于停车位置,盘车至凸轮最高位置,在进油阀上方装专用千分表并把表的读数调为"0"(即为进油阀关闭位置),如图4-30 (a)所示。

③继续盘车至凸轮基圆,此时回油阀关闭,柱塞在最下方。在回油阀上方装专用千分表,并把表的读数调为"0",如图4-30 (b)所示。

④正车盘车,当进油阀千分表读数为0.02 mm时为进油阀关闭时刻,停止盘车。

⑤检查回油阀上方千分表,其读数应为某一规定数值(如在0.8 mm以上)。若为这一规定数值,则表明回油阀处于开启状态。此时表示该油泵零位正确,说明柱塞整个上升行程中进(回)油阀没有同时关闭的时刻(即不供油)。

如零位不正确(如回油阀千分表读数小于0.8 mm)应调节进(回)油阀杆下方的调节螺钉。

3. 供油量均匀性检查与调整

将油门手柄置于标定供油量位置,通过测量各柱塞的有效行程的方法加以判断回油阀式喷油泵供油均匀性。下面以始终点调节式喷油泵为例,说明供油量均匀性的检查方法。

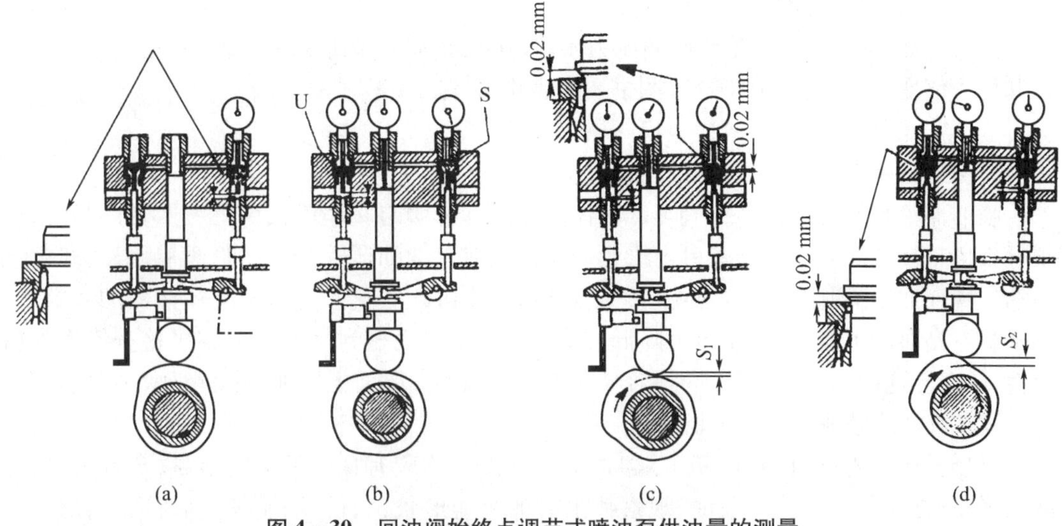

图 4-30　回油阀始终点调节式喷油泵供油量的测量

①按上述零位检查中①、②、③步骤在进(回)油阀及柱塞上方装专用千分表并调零。

②正车盘车,当进油阀千分表读数为 0.02 mm 时为供油始点,停止盘车。此时进油阀开始关闭,即油泵开始供油,柱塞上方千分表的读数 S_1 为无效行程,如图 4-30(c)所示。

③正车盘车至回油阀上方千分表读数为 0.02 mm 时为供油终点(回油阀开启),停止盘车。柱塞上方千分表的读数 S_2,如图 4-30 (d)所示。

④柱塞有效行程 $S_e = S_2 - S_1$。各缸喷油泵应具有相等(差值小于 0.2 mm)的有效行程 S_e 才能保证各缸供油均匀。

回油阀式油泵各缸供油量的调节用回油阀下面的调节螺钉进行。旋进调节螺钉,油量加大;旋出调节螺钉,油量减小。

可见,测量供油提前角时,只需要一个千分表装在进油阀上方,测定进油阀关闭的时刻即可;当检查零位时,需要两个千分表分别装于进(回)油阀上方,测定进油阀关闭时刻(0.02 mm), 回油阀的开启高度是否超过规定值(如超过 0.8 mm);当测量供油泵的供油均匀性时,则需要三个千分表,分别装于进(回)油阀和柱塞上方,测量从进油阀关闭到回油阀开启柱塞的行程(有效行程)。

4.6.3　喷油器的检查与调整

为确保喷油器的喷油质量,需对喷油器启阀压力、密封性及雾化质量进行检查并做相应调整。

1. 启阀压力的检查与调整

①喷油器试验台检查。

②将待检查的喷油器接入油泵试验台并排除喷油器油路中的空气,空气比油轻,如果油流出,空气也就排除。如果喷射系统油道中的空气排放不净,则会导致喷油压力难以建立。

③缓慢泵油,注意压力表指针向高压方向移动情况,在喷油压力开始下降的那一瞬间

记住压力表上的最高读数。

④若此压力表读数与规定喷油压力不符,则可转动调节螺钉进行调节,记下调整的圈数和压力值变化,直到压力符合说明书要求为止。

⑤锁紧螺母和护罩,再次检查启阀压力。

2. 密封性检查

喷油器密封性检查包括针阀与针阀体圆柱面和针阀与阀座锥面两处密封性的检查,此项检查也是在喷油器雾化试验台上进行的。试验时泵油油压控制在略低于启阀压力,停止泵油后观察油压降落的速度。此速度大于规定范围时,说明针阀与针阀体柱面的间隙大,因密封不良而产生漏油,致使压力降低较快。在检查柱面密封性的同时亦可检查锥面的密封性,即在上述操作中停止泵油时,若喷孔处只有轻度潮湿而无燃油滴漏者为密封性良好。

3. 多孔闭式喷油器雾化试验

喷油器无论快喷(120 次/分)、慢喷(20 次/分),均应有良好的雾化质量,声音清脆,无滴油现象,方为合格。手动泵油,观察喷出的油束的形状、数目、油滴细度和分布情况。雾化良好时,各油束分布均匀,没有局部密集现象或油滴漏出,而且每次喷油从开始到终了都很迅速、明确、有清脆的"吱吱"声,在连续几次喷油后,喷油嘴上不滴油,但允许有湿润。

4.7 柴油机电控燃油喷射系统

4.7.1 柴油机电控燃油喷射系统的组成与原理

传统的柴油机是由调速器控制其喷油量,由凸轮控制其喷油定时,从而使柴油机在额定工况下实现性能的优化。但是当柴油机工况、外界环境、燃油品质发生变化时,凸轮磨损或者机械间隙改变,会导致喷油正时、喷油压力及喷油速率发生变化,影响柴油机经济性、动力性和排放。尤其是在低负荷运行时,由于喷油压力降低,雾化质量变差,燃烧性能不良,导致运转稳定性变差,排放恶化。柴油机电控燃油喷射系统较好地解决了这些问题。柴油机电控燃油喷射系统一般由传感器、电子控制单元(ECU)和执行器组成。其工作原理是利用多种电子传感器监测柴油机各种工况下的运行参数,如转速、压力、温度、油泵状态、针阀升程、流量等,并把这些参数输送至电子控制单元,与储存器中的各种参数值进行比较,如果两者相同,则柴油机保持原有状态,如果不一致,则会根据偏离值的正负和大小,按一定的控制策略进行有关信号的计算处理,按最佳方案控制电磁阀等执行机构工作,实现最佳喷射,如图 4-31 所示。

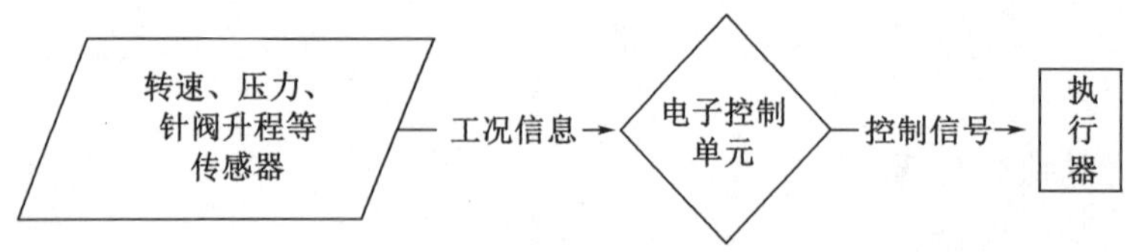

图 4-31 电控燃油喷射示意图

4.7.2　柴油机电控燃油喷射的特点

柴油机电控燃油喷射通过对喷油模式、燃油喷射始点、喷射压力、喷油量控制、喷油速率的有效控制，实现理想的喷油规律，达到最佳喷射，最终优化燃烧过程、降低燃烧消耗率和降低柴油机排放，改善柴油机的启动、换向、加速和降低稳定转速等性能。

电控燃油喷射系统采用电磁阀控制，反应迅速灵活，控制精度高。与机械燃油喷射系统相比，电控燃油喷射具有如下特点：

(1)运转适应性强

①对工况适应性好。部分负荷时运行性好，最低稳定转速低。通过改变喷射压力，柴油机在不同的工况下均具有最佳喷射压力，尤其是通过提高部分负荷时的喷射油压，改善低速工况下雾化质量，保证无烟排放，燃油消耗率也得到显著降低。通过精确控制燃油喷油量，使柴油机各缸负荷分配均匀，使最低稳定转速降为标定转速的1/6。有些机型最低稳定转速降为1/10 标定转速。

②燃油适应性好。对于不同燃油，特别是劣质燃料油，可根据燃烧的需要改变喷油定时。

(2)燃烧过程优化

机械式喷射系统，喷油提前角大，则在燃烧的前期燃油燃烧的速度快、放热率大，导致爆发压力与燃烧温度高。如果采取减小喷油提前角来降低爆发压力和最高燃烧温度，则整个燃烧过程较长，后燃严重，从而导致柴油机的经济性降低。电控燃油喷射系统通过预喷射、后喷射和多次喷射，减少上止点前喷油量，降低爆发压力和最高燃烧温度，同时增大中间喷油速率，达到理想的喷油规律，配合高的燃油喷射压力，优化燃烧过程，减少后燃。预喷射是指主喷射前百万分之一秒内向缸内喷射少量柴油。通过对预喷射量的控制来实现对着火延迟期内混合气形成数量的控制，从而达到防止柴油机工作粗暴、减小噪声的目的。后喷射是指在膨胀过程中进行的喷射。后喷射的柴油燃烧放出的热量，可提高柴油机在缓燃期和补燃期的温度，减少后燃期。多次喷射是指在柴油机的一个工作循环内进行若干次(一般多于3 次)喷射，可以根据柴油机工况对喷油速率和喷油规律进行精确控制，实现最佳喷射。

(3)操作灵活性好

控制程序中设定多种喷油模式，如经济性模式、低排放模式和低负荷模式。在一般航区采用经济性模式，在排放限制航区采用低排放模式。

(4)经济性好

由于各个负荷状态下燃油均能很好雾化，缸内结炭明显减少，可以延长检修周期，降低船舶备件费用。

4.7.3　瓦锡兰 RT－flex 电控喷射系统

图4－32 为瓦锡兰 RT－flex 电控喷射系统。该系统由供油单元、高压共轨油管、WECS－9520 控制系统(Wartsila engine control system，WECS)、燃油控制单元(injection control unit，ICU)和喷油器等组成。供油单元有2～8 个高效的机带柱塞泵，柱塞泵由柴油机的曲轴带

动，通过齿轮传动，由凸轮驱动。共轨泵的供油量通过齿条位置控制。供油单元取代机械喷射系统的喷油泵，提供更高压力的燃油。供油单元中柱塞泵只是维持高压共轨的压力，无传统喷油泵的定时定量作用。

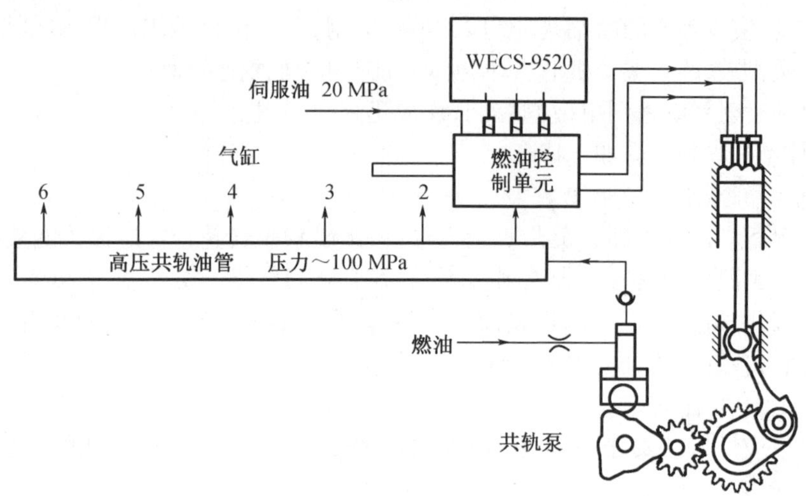

图 4－32 瓦锡兰 RT－flex 电控喷射系统

高压共轨油管中的压力由柴油机负荷决定。柴油机工作时，由低压燃油泵将燃油输送到燃油共轨泵，共轨泵将燃油加压至 60～90 MPa 并送入高压共轨油管。由 WECS－9520 根据共轨压力传感器测量的共轨压力及柴油机的工况产生控制信号，通过执行机构拉动共轨泵的齿条来调节供油量，以控制高压共轨油管中的压力。燃油的流量和喷射时间控制由 WECS－9520 通过瓦锡兰 RT－flex 容积式燃油控制单元（ICU）来实现，如图 4－33 所示。WECS－9520 根据柴油机运行状态，发出信号给 ICU 的共轨阀，共轨阀打开，20 MPa 伺服油流入燃油控制单元，推动活塞（由于电子控制能量有限，不足以推动活塞，故借助于伺服油）。打开燃油控制阀，使高压共轨油进入喷油器。也就是说，电磁阀通过控制液压油的通断实现对喷油阀的控制，最终实现对喷油量的控制。电磁阀开启时间决定喷油持续时间。图 4－33 中流量传感器通过检测燃油量活塞的位移来取得燃油喷射量和喷油开始时刻的反馈信号，并将信号送至 WECS－9520。

针对柴油机在各种工况下的最佳经济性、动力性和低排放的要求，RT－flex 电控燃油喷射装置可以实现多种喷射模式下的燃油喷射。三个喷油嘴可按不同的形式组合，使得喷油形式多样化，如预喷射（一小部分燃油在主喷射之前喷入气缸）、三次喷射（使燃油量分三次，相互独立地快速喷入气缸）和顺序喷射（三个喷油器按不同的喷油定时喷射）。图 4－34 给出了三种不同的喷射模式。RT－flex 共轨喷射系统能够有选择地切断某单个喷油器的工作。柴油机低转速运行时要求喷射的油量小且雾化好，在这种状况下，共轨系统仍能保持高的喷油压力，而且还能使喷油系统按单个喷油器顺序工作模式喷油，切断其中 1 个或 2 个喷油器的工作，减少喷油量。这样既省油还能保证低速工况下的油气混合质量，使得柴油机在最低稳定转速达 12 r/min 时，达到无烟运行。

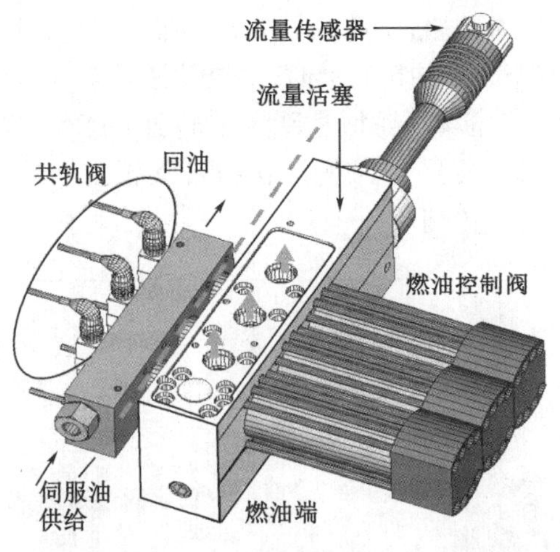

图 4－33　瓦锡兰 RT－flex 容积式燃油控制单元

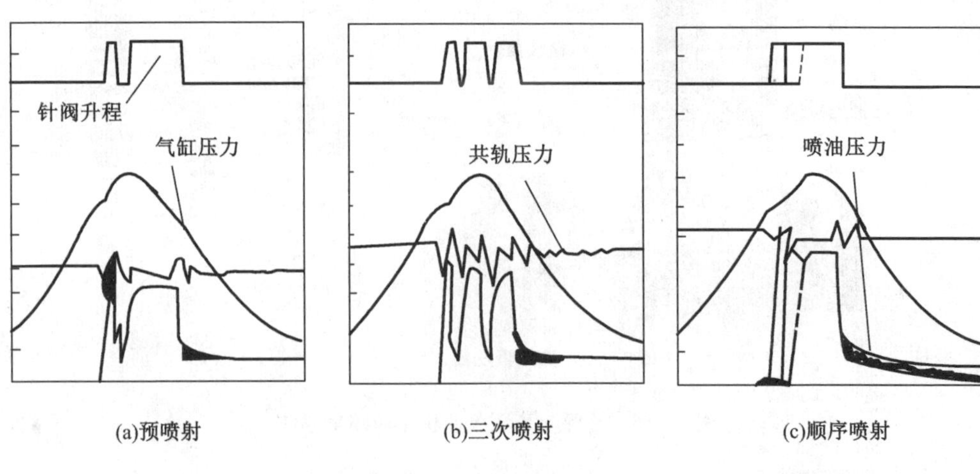

(a)预喷射　(b)三次喷射　(c)顺序喷射

图 4－34　三种喷射模式

4.7.4　曼恩 ME 型柴油机燃油喷射系统

曼恩 ME 型柴油机燃油喷射系统如图 4－35 所示。每缸设一只燃油喷射高压油泵(燃油升压泵)，将 0.8 MPa 左右的低压燃油升高至 100 MPa。其工作原理为：当 ELFI 比例电磁阀关闭时，液压活塞下方液压油腔的 20 MPa 的液压油排出，活塞下移至最低位置，吸入阀打开，低压燃油泵送来的 0.8 MPa 的低压燃油经吸入阀进入升压泵内的低压油腔，如图 4－36(a)所示。当 ELFI 比例电磁阀打开时，蓄液器中 20 MPa 的液压油经比例电磁阀进入活塞下部的液压油腔，并推动活塞上移，燃油吸入阀关闭，燃油柱塞上方的油压迅速上升，大于喷油器弹簧预紧力时，喷油器中针阀打开，向气缸喷射雾化，如图 4－36(b)所示。每个气缸有二到三个喷油器，各喷油器燃油喷射规律完全相同。比例电磁阀是由微处理器控制程序系统根据柴油机状况分析系统和控制操作系统的综合信息发出指令而动作的。

液压动力单元(hydraulic power supply，HPS)为燃油喷射和排气阀的启闭提供足够的动力。蓄液器中 20 MPa 的液压油来自 HPS，HPS 包括两台电动液压泵和三台机带轴向变向变流量液压泵和安全蓄压装置。如图 4－37 所示，HPS 的液压油来自柴油机滑油系统，即柴油机滑油经主滑油滤器后分为两路,一路去正常的各轴承的润滑和活塞冷却;另一路经自动清洗滤器过滤后,进入 HPS。柴油机启动时,由电动液压泵升压至 17.5 MPa,进入两个大蓄液器和液压油共轨管。柴油机转速达到标定转速的 15% MCR(maximun continuous ratings,标定转速),两台电动液压泵自动停止,由机带液压泵供给,油压达 20 MPa。高压滑油共轨管中一般保持恒压,波动较小。

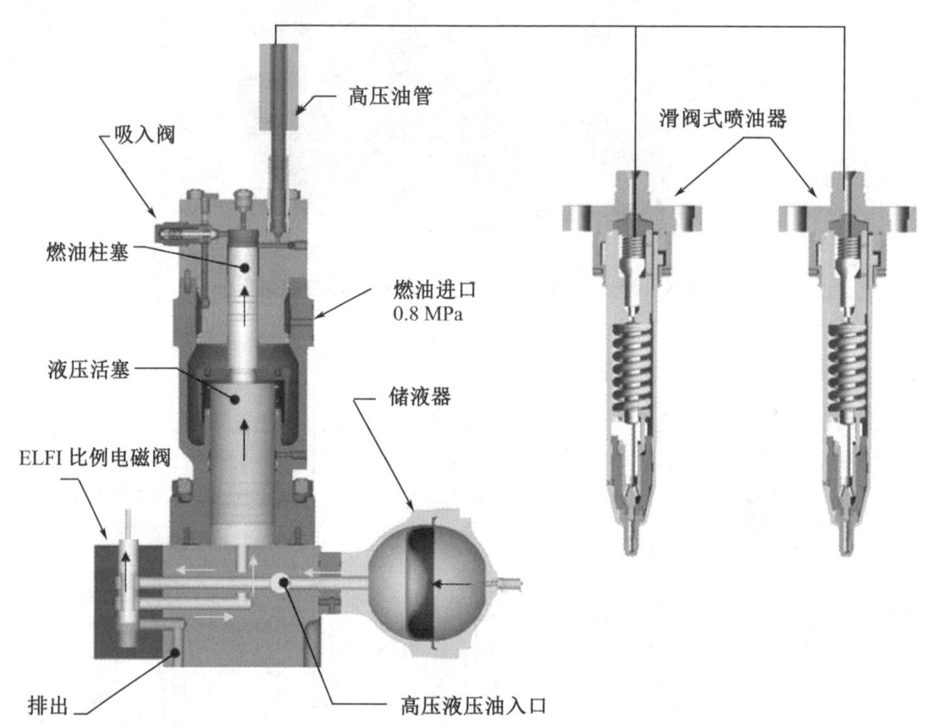

图 4-35 曼恩 ME 型柴油机燃油喷射系统

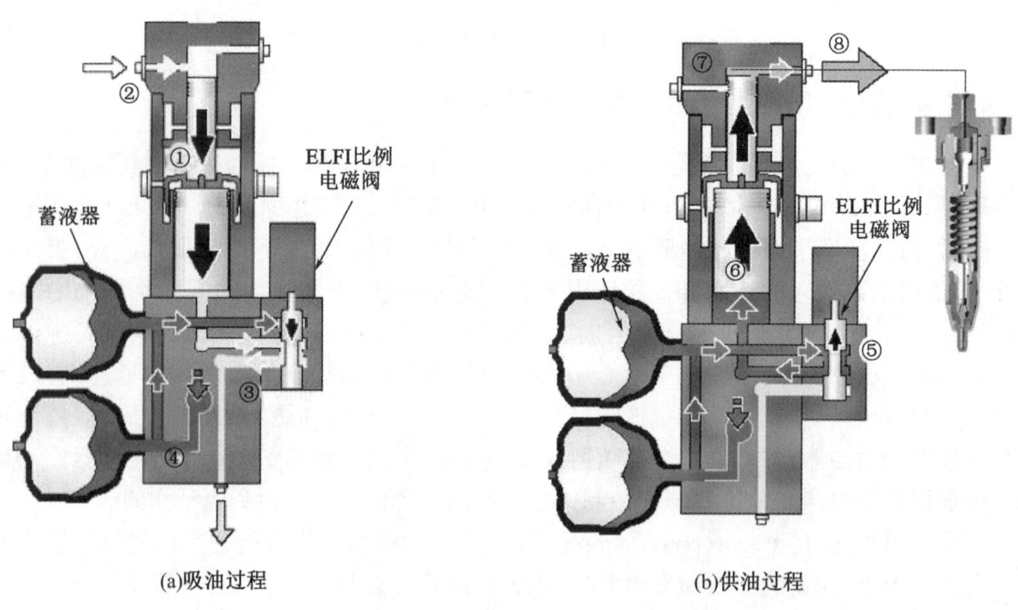

图 4-36 燃油升压泵工作原理

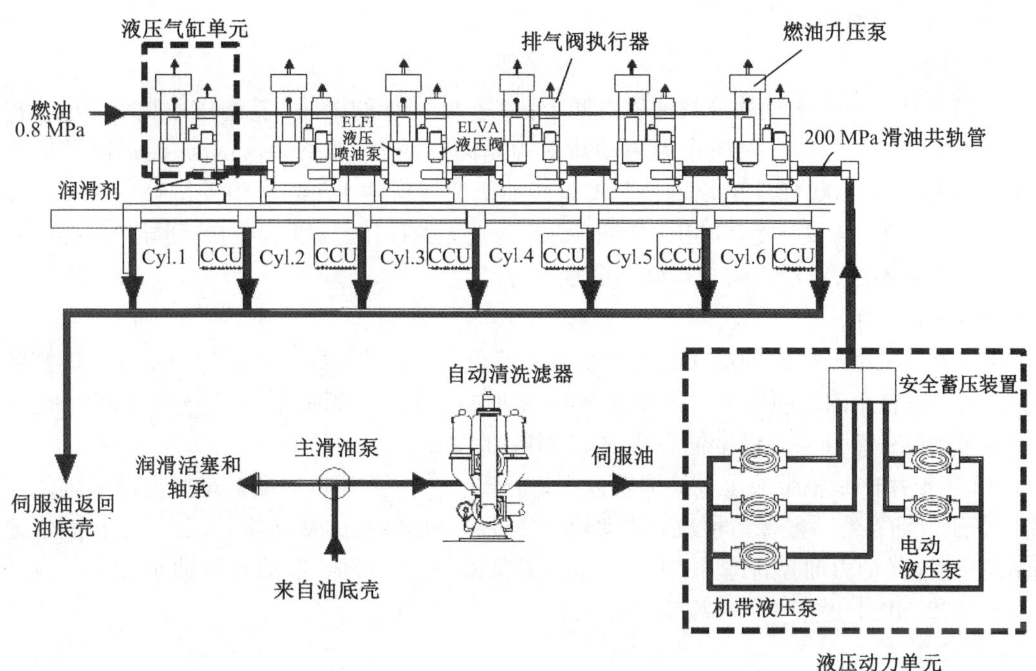

图4－37　ME型柴油机液压动力系统图

4.7.5　RT－flex与ME型电控喷射系统比较

世界上两大船舶柴油机公司曼恩和瓦锡兰公司开发的电控喷射系统均投入使用并趋于成熟，实践证明：电控喷射系统使船用低速大功率柴油机无论在经济性、可靠性，还是在排放性能方面都较传统柴油机优越。电控喷射系统发展的趋势是使喷油参数具有更大的可控性，使柴油机在任何工况下都能按最优的特性运行，以提高输出功率，降低燃/机油消耗，同时适应日益严格的排放法规。

下面就曼恩和瓦锡兰公司电控燃油喷射系统的异同进行总结，其相同点体现在：

(1)取消了控制凸轮

传统机械喷射系统喷油定时和喷油量由高压油泵凸轮的型线控制。在新型的电控共轨式喷油系统中，喷油压力、喷油定时和喷油量由电磁阀控制，与凸轮无关，而且可以分别控制，系统的控制自由度大大增强。

(2)均采用共轨

共轨中时刻保持着一定的压力，且能根据发动机工况的要求对其进行反馈控制；共轨中的压力与发动机转速无关，这样就使得对喷油和排气的控制自由度大大增强，发动机在任何工况下的性能都得到了优化。

(3)采用了高速响应电磁阀作为控制的关键执行器件

在共轨喷油系统中，电磁阀相当于喷油凸轮的作用，电磁阀的开启、关闭时刻决定着喷油的开始与结束，电磁阀的流量与工作油压相当于凸轮的升程和转速。

其不同点体现在：

(1)油轨

瓦锡兰 RT－flex 机型的公共油轨有两个：一是 20 MPa 的滑油，它的作用是因为电子控制系统中所输出的能量有限而作为驱动喷射控制阀的动力，推动活塞运动，使燃油共轨和喷油器接通；二是 100 MPa 的重油，它作为柴油机的燃料油，在油轨中等待喷射。而曼思 ME 机型的公共油轨仅一个 20 MPa 滑油，它作为动力油使用。轨压上的差别导致电磁阀的密封性能要求不同，对油轨的管理就要区别对待。

(2)原始动力

RT－flex 机型采用曲轴带动的复合凸轮来带动柱塞式油泵保持油轨中 100 MPa 的燃油油压，从而以预定的高喷射压力把足够量的燃油输送到高压燃油共轨。同样由曲轴通过传动齿轮带动的一个油泵来保持伺服滑油 20 MPa 的油压。

ME 机型用的是轴带液压泵给油轨输入 20 MPa 滑油（柴油机启动前是用电动泵输入滑油），高压滑油系统一般保持恒压，波动较小。各缸高压油泵的燃油喷射，是由电控阀快速控制高压滑油（动力油）的进、出，以驱动活塞快速上、下运动，带动高压油泵柱塞产生高压（75～120 MPa）燃油，经油嘴喷射雾化。

(3)高压油泵

RT－flex 机型的高压油泵是柱塞式增压泵，与原来相比，变化不大。而 ME 机型采用的是液压驱动高压油泵。前者是凸轮的传动使燃油泵柱塞上下运动，后者是用高压滑油作为高压燃油泵的驱动动力。

(4)喷油控制

RT－flex 机型在控制喷油时，是由控制系统发出信号给电磁阀，电磁阀的动作使伺服器的油路变化，从而改变燃油的油路，完成喷射过程。ME 机型在控制喷油时，同样是控制系统发出信号给电磁阀，电磁阀改变伺服油路后，再给伺服油驱动油泵使燃油增压，完成喷射过程。前者控制的是伺服油，后者控制的是动力油。

(5)燃油的来源

RT－flex 机型燃油来自 100 MPa 的油轨中；ME 机型的燃油是由给油泵供给的大约 1 MPa 的燃油。

【思考与练习】

1. 如环境温度最低为 －3 ℃，请给发电柴油机选择合适的牌号并简述理由。

2. 简述过量空气系数 α 对柴油机性能的影响。

3. 请在图 4－38 中标注喷射的三个阶段、供油提前角、喷油提前角、喷射延迟角与喷射持续角。

4. 什么叫后燃？后燃对柴油机有什么危害？缩短后燃期的措施有哪些？

5. 分析图 4－39 回油孔式喷油泵供油量调节方式。柱塞套筒上回油孔处于图示位置，请在图中标出有效行程的长度。当柱塞按箭头所示方向旋转时，试分析其循环供油量、供油定时的变化？

6. 请回答图 4－40 的出油阀名称及特点，并在图上标出偶件的名称。

7. 何谓供油提前角，其检查的方法和调整方法分别有哪些？

8. 何谓启阀压力？如何调整启阀压力？

9. 简述瓦锡兰 RT－flex 电控喷射系统与曼恩 ME 型柴油机燃油喷射系统的区别。

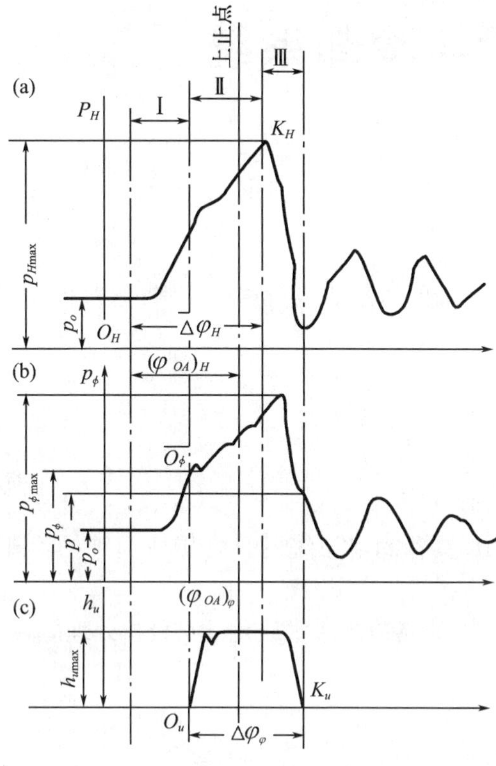

图 4－38　题 3 用图

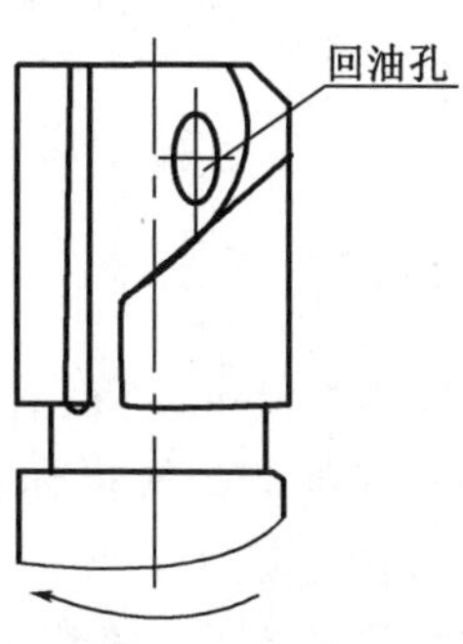

图 4－39　题 5 用图

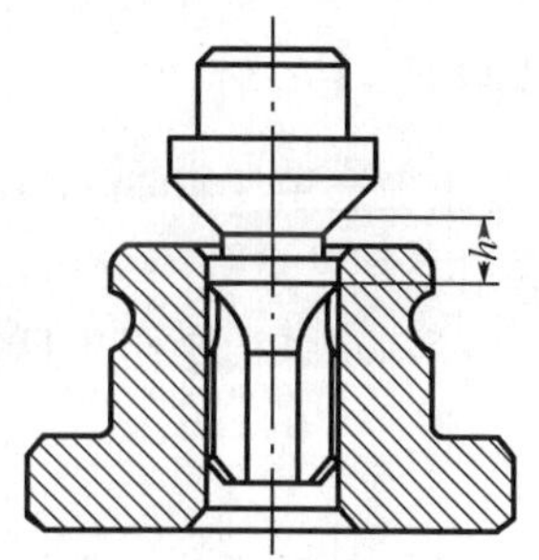

图 4－40　题 6 用图

第5章　润滑与冷却系统

【知识目标】

1. 了解润滑系统的组成、主要设备和作用。

2. 掌握润滑油的品质指标及气缸油、曲柄箱油的质量等级与选用原则；熟悉润滑系统的操作与运行管理要点。

3. 理解润滑系统的基本组成及其工作原理。

4. 理解闭式和中央冷却式冷却水系统的组成及其工作原理。

【能力目标】

1. 具备正确选用气缸油和曲轴箱油的能力；具备润滑系统的日常操作与维护管理能力；具备润滑系统常见故障分析与处理能力。

2. 具备冷却水系统操作与日常运行管理能力；具备冷却水水质化验与分析处理能力。

5.1　润　滑　油

润滑油油品取决于润滑油的性能。润滑油的性能指标主要有黏度、黏度指数、闪点、凝点、残炭、酸值、抗乳化度、热氧化安定性、抗氧化安定性、腐蚀度、总碱值、机械杂质和水分等十余种。润滑油的性能指标对润滑油的选择和使用有重要参考作用。

1. 润滑油的性能指标

①黏度和黏度指数(VI)。黏度在很大程度上决定着两个摩擦表面间楔形油膜的形成。国外广泛采用按润滑油(以下简称滑油)的黏度进行分类的SAE分类法。在现行的SAE J300~1999DEC(2005)滑油规格中，把发动机用滑油按黏度分成10个等级，分别是0W、5W、10W、15W、20W、25W、20、30、40、50。ISO把滑油按40 ℃时的运动黏度的数值分成18个等级。

滑油的黏度随温度的升高而降低，这种性能称为滑油的黏温性。对于航行在不同季节和水域的船舶，柴油机在冷车启动和正车运转时，滑油的工作温度不同，其黏度的大小也不同，这对保证可靠的润滑影响极大。因而仅以测定温度下的黏度来判断滑油的品质是不够的，还必须注意黏度随温度的变化规律。

黏度指数(VI)是反映滑油黏温性大小的指标，它是通过与两种标准油相比较而得出的。黏度指数的物理意义表明，VI值大者，则温度变化时其黏度变化小。一般VI在80以上者称为高黏度指数，小于35者为低黏度指数，介于35~80者称为中间黏度指数。最好的石蜡黏度指数可达124，加入增黏剂后可高达200以上。

②酸值和水溶性酸或碱。滑油中的酸可分为有机酸和无机酸两种。新鲜滑油中的有机酸来源有二：一是原存于石油中的精制时没有全部去除；二是有意识加入的呈酸性的抗氧、抗腐添加剂。使用中滑油的有机酸来自自身氧化而产生的有机酸。有机酸含量少时，

对金属无多大腐蚀作用,反而能增加滑油的油性以保持较好的边界润滑性能。当其含量较多时,就会对一些轴承材料(有色金属及其合金,特别是铅)产生腐蚀作用。无机酸指硫酸,它对金属有强烈腐蚀作用,滑油中一般不允许有硫酸存在。新鲜滑油中可能含有的硫酸是在精制过程中经酸洗和中和后残留下来的,使用中的滑油由于含硫燃油的燃烧产物漏入曲轴箱而可能形成硫酸。

我国用"酸值"表示滑油中有机酸含量,用"水溶性酸或碱"表示无机酸或强碱的有无。"酸值"用中和 1 g 滑油中的酸所需要的氢氧化钾毫克数来表示,单位当量为 mgKOH/g。"水溶性酸或碱"指能溶于水的无机酸(强碱)及低分子有机酸,这种酸几乎对所有金属都具有腐蚀性;水溶性碱是在油品加工时的碱洗剩余物或储存中污染而生成的,它对铝有腐蚀作用。"水溶性酸或碱"只说明油品呈酸性或碱性,仅用于定性检查。

国外用总酸值 TAN 表示有机酸和无机酸的总和,用强酸值 SAN 单独表示无机酸的含量,单位当量均为 mgKOH/g。

③抗乳化度。海水或淡水漏入滑油经搅拌后使滑油形成乳浊液并生成泡沫,这个过程称为乳化。乳浊液影响润滑性能,加速滑油变质,并在两相界面上吸附机械杂质,污损摩擦表面,加剧零件磨损。滑油的抗乳化度是指滑油在乳化后自动分层(油层和水层)所需的时间(以分计),即滑油的破乳化时间。破乳化时间短,抗乳化度好,反之则差。

④热氧化安定性和抗氧化安定性。这两个指标都用来衡量滑油在使用条件下抵抗空气氧化的能力,只是试验方法和应用对象不同。前者属于薄油层在高温条件下的氧化试验,用氧化形成漆膜所需时间(以分计)来表示,我国标准规定用"巴包克法",即是指在规定的高温 250 ℃条件下,空气自由流过试验油,测定试验油由氧化而生成 50% 的漆状物所需时间(min),用此时间来评定热氧化安定性。这种试验方法是模拟气缸壁上的油膜工作条件,适用于柴油机润滑油。抗氧化安定性属于较低温度下的厚油膜氧化试验,用氧化后生成的沉淀物和酸值来表示。按我国规定是指 125 ℃条件下,向试验油中通入一定流速的空气或纯氧 4 h 或 8 h,分别测定试验油氧化生成的沉淀物(%)和酸值(mgKOH/g)。如氧化后沉淀物少,酸值小,则试验油的抗氧化安定性好。这种试验方法模拟液压系统中滑油的工作条件,故用于液压油和透平油等品种。

⑤腐蚀度。它用来衡量高温条件下工作的滑油在与氧充分接触时,对金属(铅)腐蚀的程度。它是柴油机润滑油的一个重要指标。现代柴油机中的铜、铅等合金轴承材料对腐蚀十分敏感,只要滑油中有少量酸就能被严重腐蚀。我国标准规定腐蚀度试验用"品克维奇法",即把试验油加热到 140 ℃,用特制的一定面积的金属片以每分钟 15 ~ 16 次的速度交替地浸入在油中和露置于空气中,经过 50 h 后,测定金属片减少的质量(g/m^2)。金属片减少质量越大,滑油的腐蚀性越强,品质越差。

⑥总碱值。总碱值 TBN 表示滑油碱性的高低。它的单位与酸值相同,也用 mgKOH/g 表示,但意义相反。TBN 表示 1 g 滑油中所含碱性物质相当于氢氧化钾的毫克数。天然矿物油本身无碱性,只有加入碱性添加剂后才呈现碱性。在使用过程中,由于添加剂的损耗,总碱性会逐渐降低。

⑦浮游性。它表示含添加剂滑油清洗零件表面胶质炭渣,使之分散为小颗粒而悬浮携带的能力。通常是在专用试验机上在规定条件下进行一定时间的试验,然后根据活塞上漆膜情况,按 0 ~ 6 七个级别进行评定。0 级为活塞非常清洁,没有漆膜形成;6 级为严重脏污,活塞完全被漆膜覆盖。

⑧抗泡沫性。它表示在规定试验仪器内以专用泡沫头并通入一定数量的空气测量试验油的起泡体积和消泡时间。滑油在运转时受到激烈搅动,使空气混入油中形成泡沫。泡沫过多,除损失滑油外,还会使油泵和轴承引起空泡腐蚀,润滑性能降低,造成轴承烧毁。

2.滑油的添加剂及作用

所谓添加剂是指凡是能够改善和提高石油产品的质量和给予新的性质,以满足使用及储存性能的要求而添加的少量物质。石油添加剂的种类很多,其主要作用是:①减少发动机部件上有害沉积物的形成和聚积;②中和酸性物质,减少其对设备的腐蚀;③防止设备及部件受到锈蚀;④减少设备及部件的摩擦和磨损,延长设备及部件的使用寿命;⑤使润滑剂的氧化和热分解延缓,延长其使用寿命;⑥改变润滑剂的物理性质,如提高其黏度指数、降低其倾点、改善低温使用性能、减少泡沫形成等。

目前常用的滑油添加剂按其使用性能分为如下几种:

①清净分散剂(清净浮游添加剂)。防止高温时生成漆膜的添加剂称为清净添加剂;防止低温时生成油泥沉淀物的添加剂称为分散剂。在我国统称为清净分散剂。它的作用有二:一是洗涤作用,能够使沉积在部件上的炭烟颗粒和沥青树脂状物呈分散悬浮状态,降低积炭和油泥,保持部件清洁和防止系统堵塞;二是中和酸性物质,这种添加剂为碱性,既可以控制因氧化而形成的有机酸,又可中和进入曲轴箱的燃烧产物形成的无机酸,起到锈蚀抑制剂的作用。它是气缸油中的重要添加剂。

②油性剂、极压剂(抗磨剂)。油性剂、极压剂都能在边界润滑条件下起到减磨作用,但它们的作用机理不同。油性剂是带有极性基团的活性物质,它能定向地吸附在金属表面上形成不易破坏的边界吸附膜,以降低磨损。常用的油性剂有硫化鲸鱼油、硫化棉籽油等。极压剂能在高温和高负荷下分解产生活性化合物,在金属表面生成低熔点化合物,形成反应薄膜,有减少摩擦、防止擦伤、降低磨损、加强油膜承载能力的作用。其主要组成为含氯、硫、磷的有机化合物,如硫氯化石蜡、磷酸酯等。

③黏度指数改进剂和增黏剂。这类添加剂可提高基础油的黏度,并改善其黏温特性,提高其黏度指数。加入这类添加剂的滑油称为稠化油。对于户外使用的柴油机(如救生艇用)冬季启动温度为 −30 ℃,正常运转后气缸温度可达 200 ℃。稠化油在低温时可使黏度增加不多,而在高温时变稠,以满足柴油机冬夏两季的不同需要。增黏剂不仅起到改进润滑剂的流体力学特性的作用,还可用来改进润滑剂的吸附能力。其组成多为油溶性的链状高分子有机化合物,如聚甲基丙烯酸酯和聚异丁烯等。

④消泡剂。它可以降低泡沫的表面张力,抑制泡沫的发生并使形成的气泡破裂和消失,防止生成稳定的泡沫。常用的有二甲基硅油等。

⑤降凝剂(降倾点剂)。降凝剂并不改变石蜡析出温度,只改变石蜡结构。它吸附在油中石蜡结晶表面上,使之仅能生成微小结晶,防止形成结晶网,从而改变低温流动性,降低油品的凝点。常用的有长链烷基萘等。

⑥防锈剂和抗腐蚀剂。防锈剂是依靠其自身具有的极性,吸附在金属和油的界面上形成保护层,防止水与金属接触生锈。抗腐蚀剂保护有色金属合金(如轴承合金)表面,使其不受油氧化和燃气产生的酸的腐蚀,并能中和这些酸。

5.2　润滑油的作用和分类

5.2.1　润滑油的作用

相对运动的接触面受到摩擦力的作用,同时产生热量。在无任何润滑条件下的摩擦(干摩擦)必然引起表面严重破坏和擦伤。在柴油机中,减少两相对运动表面之间干摩擦的主要方法是在两表面之间用一层完整油膜隔开,使两表面间的干摩擦变成液体分子间的液体摩擦。通常使用润滑油作为运动表面的润滑剂。

在柴油机中润滑油有以下作用:

①润滑作用。在相互运动表面保持一层油膜以减小摩擦系数,减少摩擦功耗,提高机械效率;减小机件磨耗量,延长使用寿命,这是润滑油的主要作用。

②冷却作用。带走两运动表面因摩擦而产生的热量。

③清洁作用。清洗摩擦表面,带走磨损下来的金属细末及其他微粒,防止出现磨粒磨损。

④密封作用。产生的油膜同时可起到密封作用,如活塞与缸套间的油膜除起到润滑作用外,还有助于密封燃烧室空间。

⑤防腐作用。润滑油膜隔绝了空气及酸性物质与零件表面的直接接触,从而减轻零件表面受氧化、腐蚀的程度。

⑥消振隔声作用。形成的油膜可起到缓冲作用,减轻振动与噪声。

⑦传递动力。如推力轴承中推力环与推力块间的动力油压。

5.2.2　润滑油的分类

船舶柴油机使用的润滑油种类有曲轴箱油、汽轮机油、气缸油、增压器油等。轮机员应能正确地选择滑油,管好用好滑油。

1. 曲轴箱油

曲轴箱油又叫柴油机油或系统油。通常,曲轴箱油主要对柴油机曲轴箱内各轴承进行润滑,在筒形活塞柴油机中还可兼作气缸润滑油(飞溅润滑)和活塞冷却液,有时它还用作液压控制油。这种润滑油在使用中的最大特点是循环使用,因而它在使用中将逐渐污染变质。

柴油机曲轴箱油按使用条件不同,有十字头式和筒形活塞式两种。

(1)十字头式柴油机曲轴箱油

十字头式柴油机中的曲轴箱与气缸是隔开的,所以曲轴箱油的工作条件比较好,它主要用来润滑各轴承和导板等,在某些柴油机中还用来冷却活塞或兼作操纵机构液压控制油使用。

对这种曲轴箱油的要求如下:

①黏度和黏温性能。应具有适宜的黏度,以保证油膜的建立。并要求它具有较好的黏温特性,能在较宽的温度范围内可靠地工作。

②抗腐蚀性能。抗腐蚀性能对轴承有重要意义。抗腐蚀性差,可能引起轴承合金腐蚀或铅锡等镀层剥落。曲轴箱必须加有抗腐蚀添加剂。

③清净分散性。清净分散性使炭粒或各种颗粒油泥等分散成微小粒子并悬浮在油中，以便滤掉。

④抗氧化安定性。应具有在较高温度下抗氧化性能，因曲轴箱油与空气接触机会多，易氧化变质，要求抗氧化安定性好。通常，应控制油温不超过 82 ℃，以降低氧化速度。

⑤其他。如闪点、抗乳化性能、抗泡沫性能等也应符合使用要求。

(2)筒形活塞式柴油机曲轴箱油

筒形活塞式柴油机曲轴箱油还要兼作气缸润滑油使用，故其工作条件较十字头式柴油机曲轴箱油恶劣。它除应满足对十字头式柴油机曲轴箱油的全部要求外，还应满足以下要求：

①高温工作时的清净性。在高温下应能保证各种沉淀物不黏附在机件上而应悬浮在油中。

②热氧化安定性好。

③足够的碱性。要求能中和劣质燃油燃烧后生成的硫酸。一般要求 TBN = 22 ~ 34 mgKOH/g。

④黏度要求较高。根据不同使用条件应分别具有相当于 SAE20、SAE30、SAE40 等级的滑油。

综上所述，十字头式柴油机和筒形活塞式柴油机曲轴箱油的工作条件不同，因而要求的质量等级也不同。在选用曲轴箱油时，应首先根据制造厂的推荐牌号选用曲轴箱油。若无法获得推荐牌号滑油时，可选用一种与推荐用油的黏度等级和质量等级相近的滑油，而且要注意不可随意与其他油品混兑。

2. 汽轮机油(透平油)

汽轮机油主要用于汽轮机的轴承和减速齿轮箱的润滑和冷却。它在柴油机中用来润滑废气涡轮增压器和调速器，也可代替液压油用于舵机和起重机的液压系统，还可代替齿轮油用于轻负荷的齿轮箱。对这种油的要求是：有良好的抗氧化安定性，能长期使用而不生沉淀物；抗腐蚀性强，应能防止金属表面腐蚀；抗乳化性能好，容易与水分离；因润滑齿轮，故要求边界润滑性能(油性)好；黏度的等级多，以便于选择。

3. 气缸油

柴油机气缸润滑是一个复杂而重要的问题。随着大型低速柴油机广泛采用废气涡轮增压和使用低质燃料油，对气缸油的要求愈来愈严格。

(1)对气缸油的要求

良好的气缸油应具有如下性能：

①润滑性。气缸油必须在活塞与气缸壁之间形成适当厚度的油膜，以减少滑动摩擦和磨损。鉴于气缸润滑处于边界润滑，因而要求气缸油要具有良好的油性。

②黏度及黏度指数。为减少阻力，润滑油黏度不至于太高，气缸油在较高温度范围内应具有适当的黏度，即要求气缸油应有适当的黏度和较高的黏度指数。

③清净分散性。气缸油应能抑制在活塞和活塞环上形成漆膜和沉淀物；具有能使炭渣变成微小颗粒悬浮在油中的性质。

④中和性能。气缸油应能中和燃用劣质高硫燃料时生成的硫酸。要求气缸油具有一定的碱性。

⑤抗氧化性。气缸油应在气缸内高温下有良好的抗氧化性，防止生成积炭沉积物，使缸壁上的油膜得以保持。

⑥其他。气缸油燃烧后生成的灰分应尽可能少,不应产生硬颗粒磨损物质;应具有良好的密封性和储存稳定性等。

从上述要求可以看出,没有哪一种纯矿物油能够完全满足这些要求。所以,现代的气缸油都是选用优质矿物润滑油作为基础油,再加入各种效能的添加剂而制成。其中,碱性添加剂占有最重要的地位。

(2)气缸油的选择

选择气缸油时,一般是根据所用燃油的含硫量来选择气缸油的总碱值 TBN。当使用高硫燃油时,应选用高碱性气缸油,这时滑油不仅可将燃烧产物中的酸中和掉,而且能有效地保护油膜,减少漏气,并保证气口和活塞的清洁。一些柴油机制造厂曾根据燃油的硫分,对理论上气缸油的总碱值给出了推荐值,但这种匹配关系在实践中却不易执行。目前的解决办法是,各石油公司一般都生产高、中、低几种不同总碱值的气缸油以备选用,即使用高硫分($S>2.5\%$)的燃油,选用总碱值为 65 ~ 75 的气缸油;当使用硫分$S<2.5\%$燃料油时,选用总碱值为 40 的气缸油;使用低硫分的船用柴油时,选用总碱值为10 ~ 14 的气缸油(多用国产 14 号柴油机油代替)。

为了检查运转中柴油机使用的气缸油碱性是否足够,可以从气缸中刮下残油(在活塞杆填料函取样)进行化学分析,若残油仍呈现一定的碱性(TBN 大于 10),则说明气缸壁上的油膜有足够的碱性储备。此外也可直接观察来判断:若气缸油碱性较低,则在各注油点之间的缸套表面上出现漆状沉积物,使铸铁缸套表面被腐蚀发暗,镀铬缸套表面会出现白斑;若气缸油碱性过高,有可能出现由过量碱性添加剂所形成的大量灰白色沉淀物(通常为含钙盐类)。

5.3　润滑系统

5.3.1　润滑系统的作用

润滑系统的作用是向柴油机各运动部件输送足量的、温度适宜的清洁滑油,满足润滑和冷却的需要。润滑系统对柴油机的可靠工作和延长使用寿命具有重要的作用。

5.3.2　润滑系统的组成

柴油机的润滑系统通常有曲轴箱油强制润滑系统、曲轴箱油分离净化系统、气缸润滑系统和废气涡轮增压器润滑系统。

1. 曲轴箱油强制润滑系统

柴油机曲轴箱油的强制润滑系统也称为低压循环润滑系统,按滑油存放场所的不同,可分为“湿式曲轴箱”和“干式曲轴箱”两种形式。

(1)湿式曲轴箱润滑系统

在这种系统中,全部润滑油存在油底壳中,油底壳起循环油柜的作用。系统只设一台滑油泵,滑油泵直接从油底壳中把滑油送到各摩擦表面,经过润滑后的滑油全部流回油底壳中。湿式曲轴箱润滑系统比较简单,但在运行中,油面将随船舶摇摆而波动,滑油泵有时吸不上油,影响到润滑油供给的连续性。润滑油与漏到曲轴箱中的燃气接触机会增多,滑油易氧化变质,使用周期短。该系统中,气缸壁与活塞之间的润滑是利用曲柄-连杆机构高速运动时飞溅起来的油滴或油雾进行润滑的。湿式曲轴箱润滑系统在中小型柴油机中应用普遍。

图5-1是135系列柴油机的湿式曲轴箱润滑系统。滑油的流动路线如下:

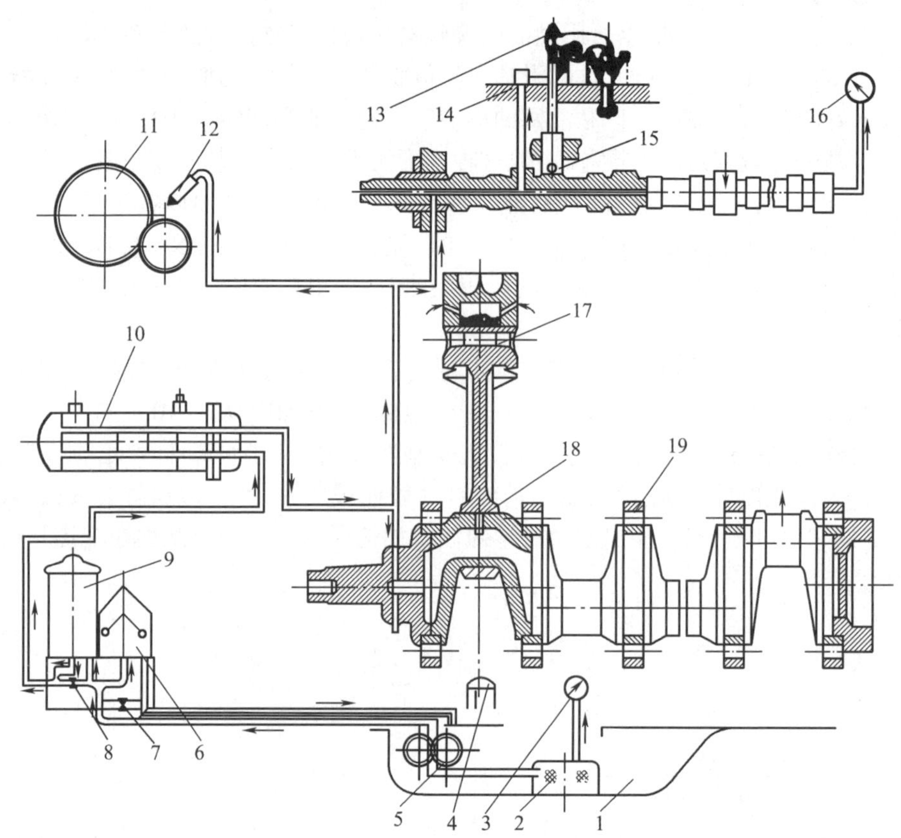

1—油底壳;2—粗滤网;3—油温计;4—加油口;5—滑油泵;6—离心式滑油精滤器;7—调压阀;8—旁通阀;9—刮片式滑油粗滤器;10—水冷式滑油冷却器;11—传动齿轮;12—装于盖板上的喷嘴;13—摇臂;14—气缸盖;15—顶杆套筒;16—压力表;17—活塞销;18—曲轴颈;19—主轴颈。

图5-1　135系列柴油机湿式曲轴箱润滑系统

滑油泵从油底壳经粗滤网和吸入管将滑油吸入,再压送到滑油滤器底座,在此分为两路:一路滑油进入离心式滑油精滤器,滤清杂质后流回油底壳;另一路则经金属刮片式或绕线式滑油粗滤器,滑油冷却器后进入柴油机。

进入柴油机的滑油分三路:第一路滑油进入曲轴内油道去润滑连杆大端轴承,然后从轴承两侧流出,借离心力飞溅至缸套与活塞配合面。刮油环从缸壁刮下的滑油又滴入连杆小端油孔内,以润滑连杆小端轴承和活塞销轴承。主轴承则靠油雾和飞溅润滑。

第二路滑油去润滑气阀配气机构。进入凸轮轴内油道的滑油润滑凸轮轴承后,再经机身内油道进入气缸盖,然后经滑油管注入摇臂轴,一部分润滑摇臂轴承和气阀导管。一部分润滑挺柱和凸轮工作面,然后在重力作用下流回至油底壳。

第三路滑油经盖板上的一个喷嘴喷到各传动齿轮的工作面润滑各齿轮,随后也流回油底壳。

在滑油滤清器底座中装有调压阀和旁通阀。调压阀用来限制和调节滑油最高压力。柴油机刚启动时,因滑油黏度过高或排油管道阻塞,造成滑油压力过高时,调压阀被滑油顶开,使一部分滑油流回油底壳,以保护润滑系统不致因受高压作用而爆管。旁通阀在粗滤器阻塞而滑油压力增高时自行开启,使滑油不经粗滤器而旁通到冷却器,由此可以避免因粗滤器堵塞而造成柴油机中断滑油的危险。

精滤器与粗滤器并联的优点是:始终有部分滑油经过精滤而保持洁净,而使润滑系统的阻力增加不多;当粗滤器堵塞时,一部分滑油仍受到过滤,可保证柴油机继续工作。

滤清器在冷却器之前,温度较高,流动性好,滤清效果较好。

(2)干式曲轴箱润滑系统

这种系统的特点是滑油单独存放在柴油机外的油柜内,油底壳只是用来收集各部位流回的滑油,然后利用滑油泵送入油柜。该系统有单泵系统和双泵系统两种形式。单泵系统中只有一台滑油泵,其滑油循环舱(柜)设置于柴油机油底壳之下,滑油泵自其内吸油,经滑油冷却器冷却后送至各润滑部件,润滑后借助重力流回柴油机底部,最后流回滑油循环舱(柜)中。双泵系统中有两台滑油泵。一台具有单泵系统中的吸油和泵送功能;另一台则专门用于抽吸柴油机油底壳中的滑油,将油泵至循环舱(柜)中。该系统的循环舱(柜)与管路布置不受柴油机位置限制,滑油不存于油底壳中,改善了滑油工作条件,延长了使用寿命,但需增加一台滑油泵。

干式曲轴箱润滑系统的特点是:①润滑可靠,可避免船舶摇摆倾斜时因油面波动而导致的润滑失常;②减少曲轴箱内高温气体对滑油的影响,延长滑油使用时间;③油底壳容积小,使柴油机高度降低;④结构复杂。

目前大多数船用主机和辅机都采用单泵干式曲轴箱润滑系统。图 5-2 所示为某大型中、低速柴油机的单泵干式曲轴箱润滑系统。

润滑循环柜中的滑油经粗滤器由滑油泵抽出、经细滤器和滑油冷却器送到柴油机的滑油总管中。滑油总管中接有若干支管,滑油经各支管流至主轴承、连杆轴承、十字头销轴承、滑块和凸轮轴轴承等处进行润滑。对于用滑油冷却活塞的柴油机,则设专门的管系供应冷却润滑油,一般与润滑用管系分开。

所有润滑与冷却作用的滑油在完成其任务后,在重力作用下流到油底壳,并进入循环柜,以便循环使用。滑油泵和粗、细滤器都有设有两台,一用一备。循环柜中一般都有加热设备,以保持滑油有适当的黏度,保证油泵正常工作。循环柜内还设中间隔板,以减少滑油扰动,使杂质便于沉淀。

为了对滑油进行净化处理,系统中还设有分油机及相应的管系。系统还装有自清洗和自动切换的滤器装置,当滑油流经滤器前后的压差超过规定时,即可自行切换冲洗。

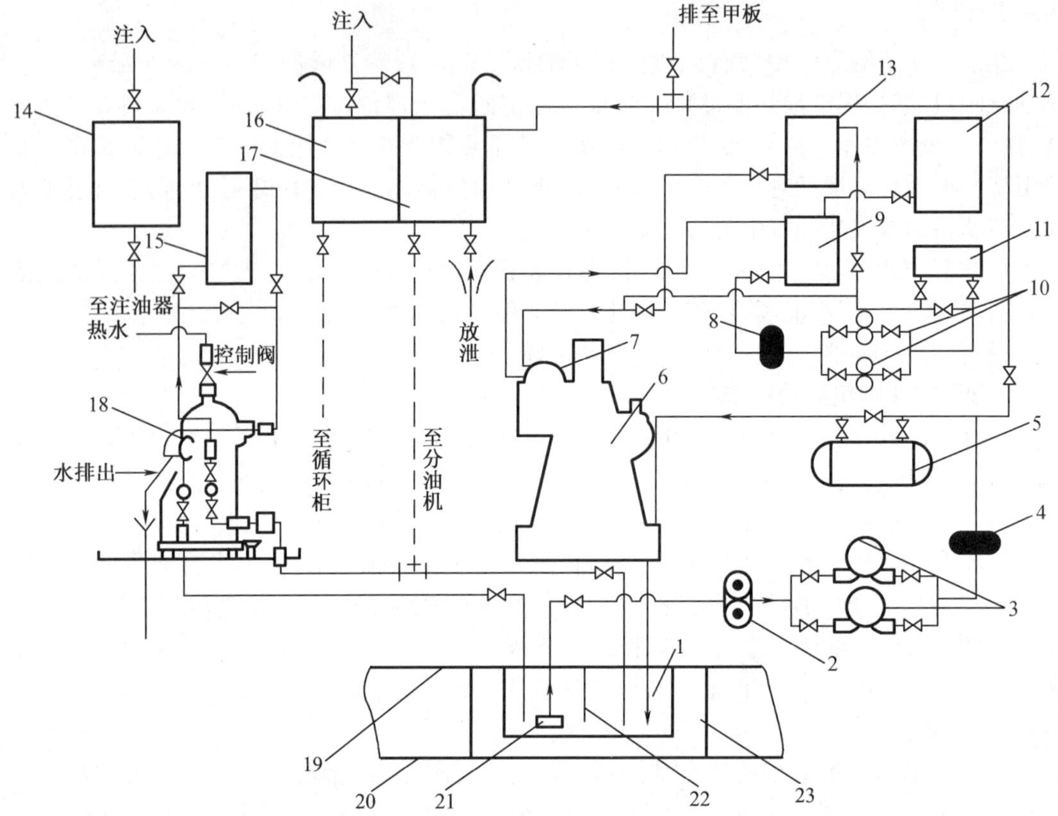

1—润滑循环柜;2—粗滤器;3—滑油泵;4—细滤器;5—滑油冷却器;6—柴油机;7—增压器;8—滤器;9—增压器循环油柜;10—透平油循环泵;11—透平油冷却器;12—透平油柜;13—透平油重力油柜;14—气缸油柜;15—加热器;16—滑油集油柜;17—日用滑油柜;18—分油机;19—双层柜顶;20—船体;21—吸入口;22—纵向隔板;23—隔舱。

图 5-2　单泵干式曲轴箱润滑系统

2. 涡轮增压器润滑系统

涡轮增压器是高速回转机械,一般采用黏度较小的汽轮机油(透平油)润滑。其润滑有三种方式:增压器润滑系统与柴油机曲轴箱共用一个曲轴箱油润滑系统,自身封闭式润滑(不设润滑系统)和重力-强制混合循环润滑系统,后两种较常用。图 5-2 中为重力-强制混合循环润滑系统,透平油柜给增压器循环油柜供油,循环油柜中的滑油由循环油泵经滤器和透平油冷却器送入增压器中润滑冷却,然后流回循环油柜,如此不断循环。透平油重力油柜的作用在于当循环系统发生故障时,依靠重力经单向止回阀将滑油送入增压器中,以保证增压器在短期内不致因缺油干摩擦损坏并发出报警。

若柴油机选用的曲轴箱油能够满足涡轮增压器的要求,则增压器与曲轴箱可共用润滑系统,但需增加细滤器、重力油柜、溢流管和观察镜等部件。

3. 曲轴箱油净化系统

曲轴箱油净化系统可连续对滑油循环柜中的曲轴箱油进行分离净化处理,清除使用中混入滑油的各种杂质和氧化沉淀物。

如图 5-3 所示为某大型柴油机的曲轴箱油净化系统。滑油分油机经污油吸入管从滑油循环柜中吸入曲轴箱油,经加热器预热后送入分油机进行净化处理,净化后重新回到循环柜。滑油中分离出来的水和污渣分别由水出口和污油出口排出，最后由污油泵排出。对直链纯矿物曲轴箱油，其净化速度能保证在一天内净化油量为储油量的 2 ~ 3 倍，对清净型曲轴箱油为 2 ~ 5 倍。

在停港期间，可把全部滑油泵至滑油处理柜中，再进行净化处理，如预热、沉淀、放水、放污、加添加剂等，处理完毕后再用分油机送入循环柜。如需进行水洗处理，可在滑油分油机入口处加入相当于 1% ~ 2% 滑油油量的淡水进行净化。水洗法不仅能洗掉无机酸，还可浸湿小颗粒杂质使之便于分离。因某些滑油添加剂也溶于水，故水洗时，应征求供油厂商的意见。中、小型柴油机的曲轴箱油，因其油量较少，一般采用全部滑油换新。

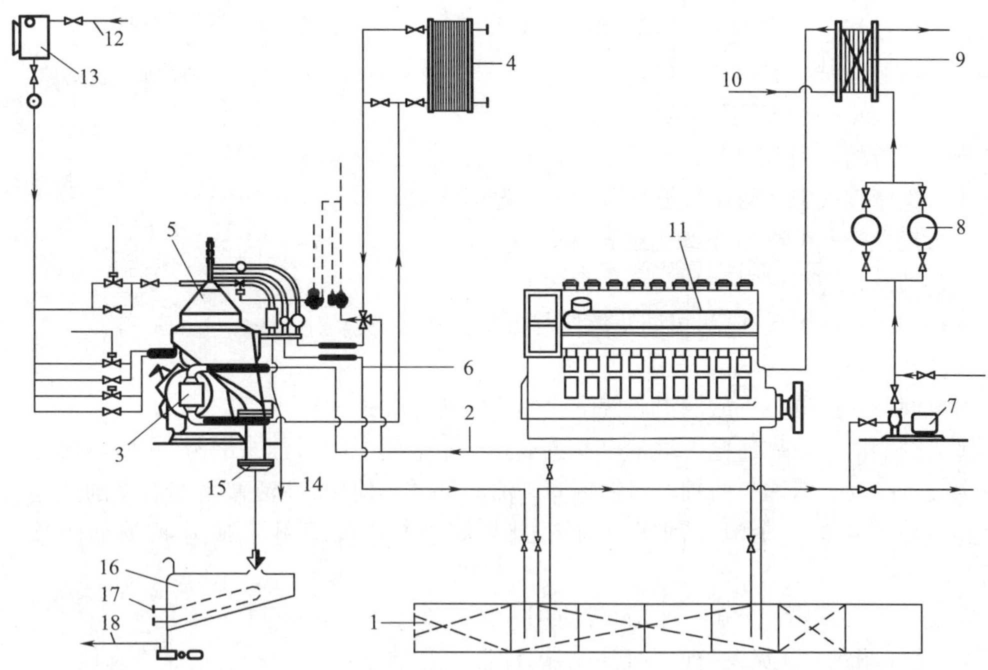

1—滑油循环柜；2—污油吸入管；3—泵；4—加热器；5—分油机；6—净油；7—滑油泵；8—滤器；9—冷却器；10—冷却水出口；11—柴油机；12—冷水；13—工作水箱；14—水出口；15—污油出口；16—污油箱；17—加热管；18—污油泵出口。

图 5 – 3　曲柄箱油净化系统

4. 气缸润滑系统

（1）气缸润滑的工作条件

气缸润滑的特殊性首先是工作温度高。通常气缸套上部表面温度为 180 ~ 220 ℃，缸套下部表面温度为 90 ~ 120 ℃，活塞环槽表面温度根据测量点位置和活塞顶的设计在 100 ~ 200 ℃。高温会降低滑油黏度，加快滑油氧化变质速度，并使缸壁上的部分油膜蒸发。

其次，活塞在往复运动时的速度在行程中部最大，在上、下止点处为零。因此只有在活塞行程中部才有液体动压润滑，而在上、下止点处则不可能。特别是上止点处，气缸中的温度最高，活塞环对缸壁的径向压力最大，即使滑油能承受这里的高温，也只能保证边界润滑条件。

柴油机使用重油后对气缸润滑带来新的问题。这主要是由于重油的高硫分、高灰分、高残炭值和沥青值引起的，易对气缸壁造成低温腐蚀、固体颗粒磨损、结炭增多以致引起活塞环胶着和气口堵塞等故障。另外,活塞顶与环带部分变形也使气缸润滑的难度增大。

由于上述原因,气缸套特别是它的上部,很难形成连续完整的油膜,因而一般在气缸套的上部磨损特别严重。图5-4为二冲程直流扫气柴油机的气缸套磨损随行程变化的规律。该柴油机使用劣质含硫燃油。上限曲线表示使用低碱性气缸油,下限曲线表示使用高碱性气缸油,由图可见,气缸套最大磨损量均发生在缸套上部,高碱性气缸油可大大降低缸套腐蚀量,上下限曲线间的阴影部分可认为是由酸性腐蚀引起的磨损。

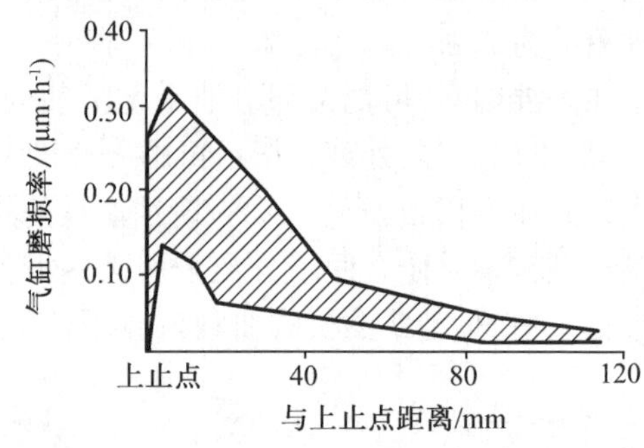

图5-4 气缸套磨损随行程变化的规律

(2)气缸润滑的作用及方式

气缸润滑的作用有:

①减少摩擦损失和防止气缸套及活塞的过度磨损;

②带走燃烧残留物和金属磨粒等杂质;

③帮助密封燃烧室空间;

④在金属表面形成油膜,可防止燃气与金属接触,以免产生腐蚀;

⑤减轻噪声。

气缸润滑一般分为飞溅润滑和气缸注油润滑两种方式。

①飞溅润滑。它靠连杆大端带出并飞溅到气缸壁面上的滑油来润滑,一般不需要专门的润滑装置。气缸滑油与曲轴箱滑油属同一油品且循环使用,在活塞裙部需设刮油环以便把飞溅到缸壁上的多余滑油刮回曲轴箱,此种润滑方式仅适用于中、小型筒形活塞式柴油机。

②气缸注油润滑。气缸注油润滑使用专用的润滑系统(图5-5)及设备(气缸注油器、注油接头),把专用气缸油经缸壁上的注油孔(一般均布8~12个)喷注到气缸壁表面上进行润滑;其注油量可控,喷出的气缸油不予回收,也称为"一次过润滑",这种润滑方式能保证可靠的气缸润滑,而且可选择不同质量的气缸油以满足缸内润滑的不同要求,因而这是一种较合理的气缸润滑方式。目前在十字头式柴油机(装设横隔板)中均使用此种润滑方式。在某些中速筒形活塞式柴油机中,气缸润滑除采用飞溅润滑方式,尚采用注油润滑作为气缸润滑的辅助措施。

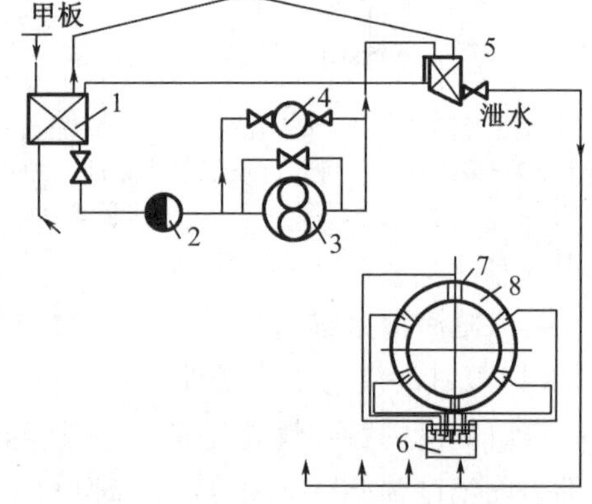

1—气缸油储存柜;2—气缸油滤器;3—气缸油输送泵;4—手摇泵;5—气缸油日用油柜;6—气缸注油器;7—注油接头;8—气缸套。

图5-5 气缸注油润滑系统示意图

(3)气缸注油影响因素

①气缸注油孔的位置和数量与油孔两侧八字形布油槽的形状对润滑有很大影响。正常情况下气缸注油孔(8~12个,视气缸大小而定)沿气缸套圆周均布。若油孔数太多易引起各注油孔注油不稳定。注油孔的位置因机型而异。通常大型二冲程柴油机注油孔多设在缸

套中上部(高位注油孔),而四冲程柴油机的注油孔则多分布在气缸套的下部。

②气缸注油定时。一般来说应选择在活塞上行使注油点位于第一、第二道活塞环之间时向缸内注油。但机械注油器通常难以做到精准地定时向气缸注油。试验表明,只有当气缸中的气体压力低于注油管中的压力时,气缸油才注入气缸中。在短活塞柴油机曲轴一转之中,这种机会一般只有两次:一次是活塞上行到上止点附近,活塞的下边缘打开缸壁上的注油孔;另一次是活塞下行到下止点附近,气缸内正在进行扫气时。而在长活塞柴油机曲轴一转中,这种机会只有一次,即当气缸内正在扫气时。可见,机械气缸注油器,其注油定时不能精准调节控制,而只能是随机的。注油次数则随不同机型而异,通常 2 ~4 个活塞行程注油一次。电子注油器则易实现精确的注油定时。

③注油率。注油率应适当,若气缸套内表面湿润、干净,首环半干半湿,其余环湿润且在活塞环槽内活动灵活,环外表面光亮,倒角尚在,则表明气缸注油率适中。注油量过多,不但浪费,而且会使活塞顶、环槽、气口和排气阀处的沉淀物增多,引起活塞环和排气阀黏着,并使气口和气阀通道因积炭而变窄。同时多余的气缸油还沉积在活塞下部空间、扫气箱和定压排气管中,导致扫气箱着火。注油率太小,则难以形成完整的油膜。致使活塞环与缸套的磨损加剧,漏气增多,而漏泄的燃气又会破坏缸壁的油膜,甚至引发咬缸。因而存在一个最佳的注油率。

由于气体的流动形式和活塞的长度不同,直流扫气柴油机的气缸油分布特性与弯流扫气柴油机不同,一般来说弯流扫气柴油机的注油率比直流扫气式的多。其原因在于弯流扫气式柴油机内空气和废气在气缸内的流动比较混乱,会将部分滑油带入扫气箱或排气管(弯流扫气式常在排气口处加设注油点)。柴油机长期在低负荷下运行时,应适当减小注油量,避免扫气箱和排气管油垢和烟灰过多。

不同类型的柴油机最佳注油率在不同工况下各不相同。最适宜的注油率应根据推荐的注油率并应综合考虑活塞环的状态、缸套磨损率的大小以及柴油机部件的拆检周期来确定。其大致范围为:直流扫气柴油机为 0.54 ~1.0 g/(kW·h);弯流扫气柴油机为 1.0~1.36 g/(kW·h)。

④磨合期。磨合期间为加速度磨合,常采用无添加剂的精炼润滑油,其牌号应与所用燃油含硫量相匹配,因为该滑油具有较强的承载能力且不阻碍硫分对工作表面的腐蚀(适当的腐蚀有利于磨合)。应当注意在任何情况下均不应使用高碱性的气缸油,否则会使磨合期加长且无法控制有磨损和擦伤。并且在磨合期的各个不同阶段还应适时换用不同碱性的气缸油。磨合期的注油率尚无统一的标准,比较普遍的做法是增加注油率 20% ~100%,随着负荷的提高逐步减少过时滑油,通常认为磨合期使用硫分大于 1% 的燃油对磨合有利。

(4)气缸注油器的结构、工作原理和调整方法

气缸注油的主要设备是注油器和注油器接头。气缸注油器由多个柱塞式油泵单元组成,按其驱动方式可分为机械式、液压式和电子式三种。

①机械式气缸注油器。机械式气缸注油器由凸轮轴或其他运动部件带动,其结构简单可靠,曾得到广泛应用。其油量的调节方式一般是"随转速调节(等速率调节)",也就是油量与柴油机转速成正比,但当柴油机在低负荷运转时,存在注量过大的问题。

图 5 -6 所示为随转速调节的 HJ 型气缸注油器。注油器每缸设置一个。每个注油器由若干油泵单元组成,各油泵单元分别将滑油注供给各缸的注油点。滑油储存在储油箱

中，油泵柱塞由凸轮轴上的凸轮驱动，凸轮轴则由驱动轴经一对齿轮带动。驱动轴的转速为柴油机曲轴转速的一半，即曲轴每转两圈，各油泵单元分别向气缸注油点供油一次。柱塞动作时，滑油由泵体下部的吸入阀吸入，经排出阀排入玻璃管，然后经止回阀送至注油点。玻璃管内有一浮动钢球，可随滑油的不同流量而升至不同的高度，据此高度可监测注油器的工作。若各钢球均位于同一高度，则表明各注油点的注油量相等。油泵单元的供油量由柱塞的行程来确定，各柱塞的行程既可以通过转动偏心轴同时变更，又可以通过调节螺钉单独变更。当注油器停用一段较长时间后，可能有空气漏入油泵单元中，松开放气螺钉即可将空气放出。

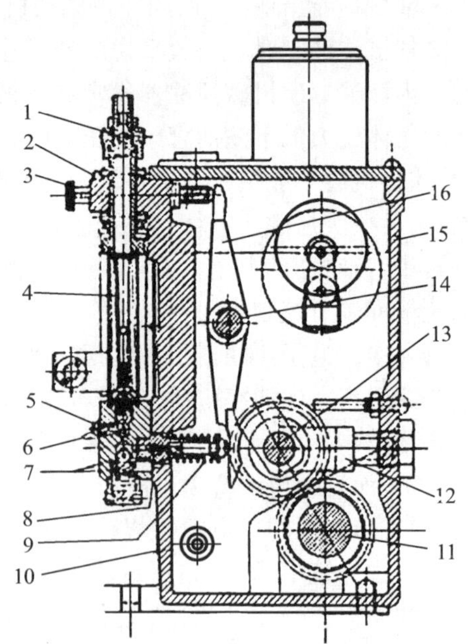

1—止回阀；2—锁紧螺钉；3—调节螺钉；4—玻璃管；5—放气螺钉；6—排出阀；7—吸入阀；8—柱塞；9—弹簧；10—电加热器；11—驱动轴；12—轴承；13—凸轮轴；14—偏心轴；15—储油箱；16—摇臂。

图 5－6　HJ 型气缸注油器

②液压式气缸注油器。液压式气缸注油器使用较少，仅用于 Sulzer RLB 和 RAT 柴油机，如图 5－7 所示。注油器由液压马达驱动，液压马达的滑油由凸轮轴带动齿轮泵供应，但油量由燃油负荷指示轴根据调节插槽的位置通过流量调节阀决定。也就是说液压式气缸注油器的供油量是“随负荷调节”的，由于这种气缸注油器可改善随转速调节注油器在低负荷运转时注油量过大的缺陷，因而在一些新机型中采用。

气缸注油润滑有脉动式和蓄压式两种。在脉动式注油方式中，注油器中柱塞泵的柱塞在加压行程中向气缸注油器接头压送滑油。为了保证活塞上行通过注油点时能定时注油，柱塞与活塞的运动是相对应的。而实际上，滑油只有当气缸内压力低于注油器出口管内压力时，注油接头处的止回阀才开启向气缸内注油。蓄压式注油方式中，柱塞泵出口的油进入各注油接头处的蓄压器内，在该压力与气缸内压力差作用下自动注入气缸。注油接头穿过气缸冷却水空间安装在气缸套各个注油孔内，图 5－8 所示为蓄压式注油接头。

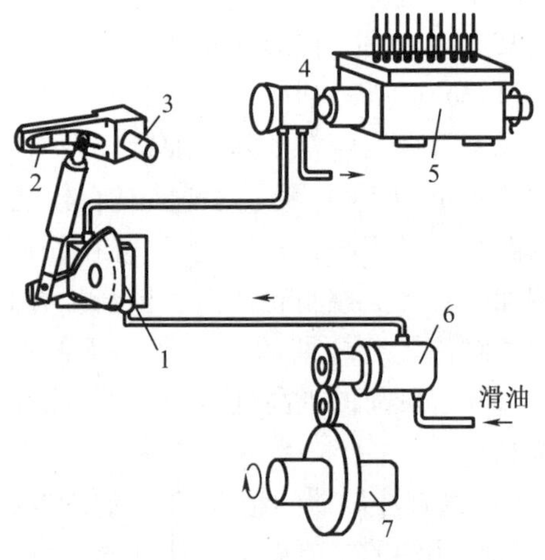

1—流量调节阀；2—调节手柄；3—燃油负荷指示轴；4—液压马达；5—注油器；6—齿轮泵；7—凸轮轴。

图 5－7　液压式气缸注油器

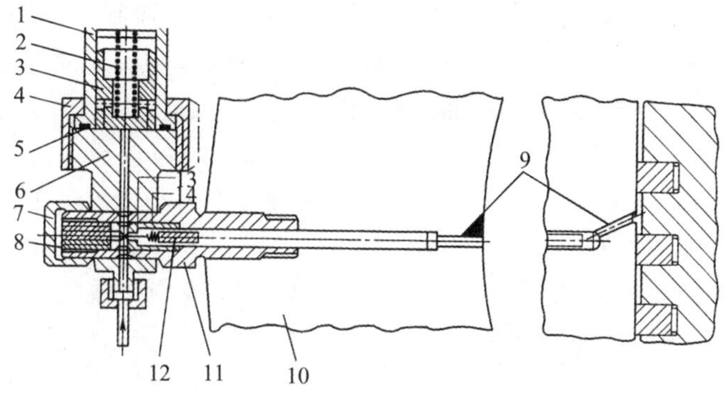

1—蓄压器缸套;2—弹簧;3—活塞;4—螺母;5—膜盒;6—座;7—螺母;8—缓冲螺栓;9—注油管;10—气缸套;11—接头;12—顶销;13—止回阀;14—止回阀座。

图 5-8　蓄压式注油接头

蓄压器储存气缸油并使注油接头内维持一个恒定压力。注油器每次排油量很小,仅使系统内压力升高 0.15~0.20 MPa。止回阀防止缸内燃气倒冲入接头,当缸内压力低于蓄压器压力时,止回阀开启,气缸油自动注入气缸。

③电子式气缸注油器。减少气缸润滑油消耗量会明显提高柴油运行的经济性,所以在保证不增加气缸磨损率和检修周期不缩短的前提下减少气缸油注油量,一直是气缸润滑技术发展的一个重要目标。气缸油必须在准确的位置和时刻注入气缸,才能保证气缸油的最有效利用,而这一点用传统的机械式气缸注油器是很难实现的。为此,MAN B&W 公司开发了一种计算机控制的电子气缸油系统,即 α 电子注油系统,如图 5-9 所示。该系统由气缸油日用柜、油泵、控制单元、α 气缸油器和蓄压器等组成。它既可用于凸轮轴控制的传统柴油机,又可用于电子控制柴油机。

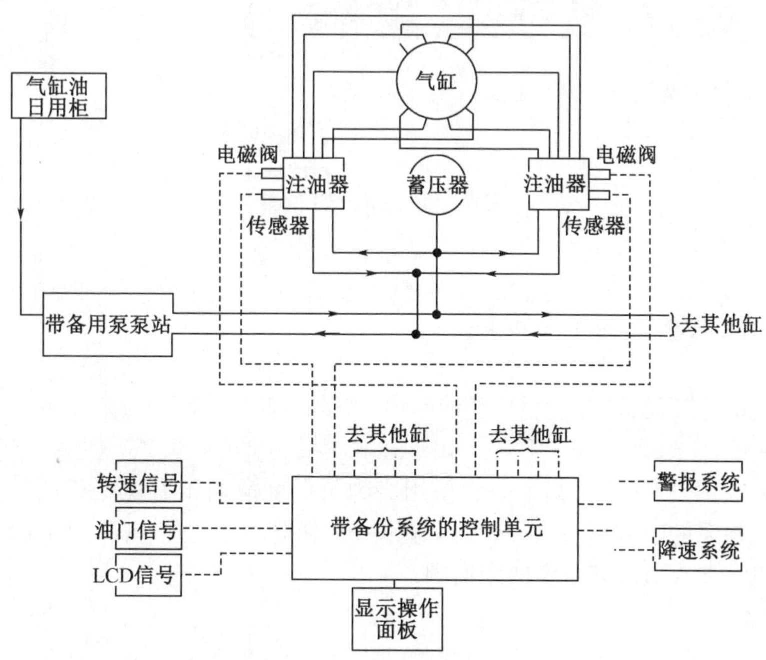

图 5-9　电子气缸注油系统

系统工作时，控制单元发出控制信号给电磁阀对其进行控制。开始注油时，控制单元给电磁阀发出开启信号，被油泵加压到4.5 MPa的气缸油作为液压油经电磁阀去推动驱动活塞，驱动活塞推动注油柱塞开始注油，经过预设时间后，控制单元向电磁阀发出关闭信号，压力油停止推动驱动活塞并泄放，注油结束。注油系统可选择在任一时刻向气缸内注油，但最好选择在活塞环接近注油点时。为此需要通过传感器给控制单元发送一个曲轴位置信号。注油量可能通过调整注油次数来调节，如曲轴4转、4.5转、5转注油一次等。注油量调节由柴油机负荷控制，同时可根据需要增加，如在负荷变化或启停时。如果电磁阀发生故障，相应气缸的其他注油器的注油量将自动增加到最大。如果油压低、控制单元就会启动备用泵，关停故障油泵，若控制单元和位置传感器故障，备用控制单元就会接管控制保证润滑。

α电子注油器如图5－10所示。它的注油快速、精准。对于大型柴油机，每个缸装有两个气缸注油器（各供给五个注油接头），而对于比较小的机器，每缸装有一个注油器。柴油机启动前的预润滑可以手动进行，也可根据机动操车顺序进行。

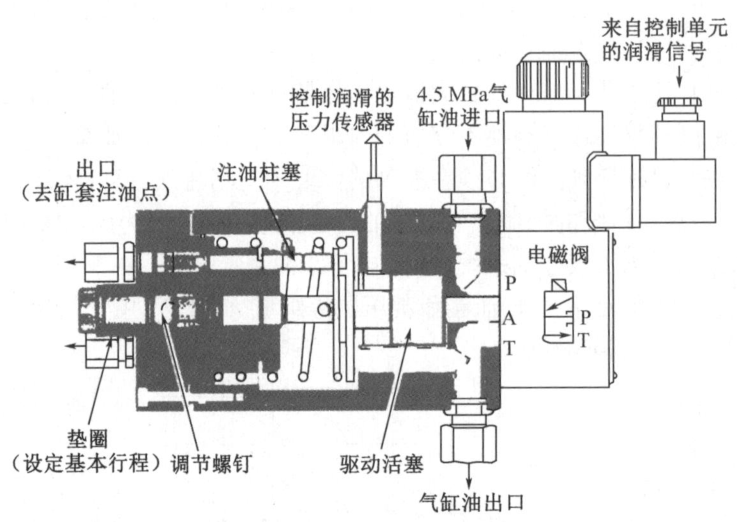

图5－10　α电子注油器

5.3.3　润滑系统的主要设备

润滑系统的主要设备有滑油泵、滑油滤器、滑油冷却器等。

(1)滑油泵

滑油泵一般都设有两台，其中一台备用。为了保证滑油压力稳定和流动均匀，滑油泵多用螺杆泵。在泵的吸入端管上一般装有真空表，真空度不超过33.3 kPa。泵的排出管上装有安全阀以及调节压力和流量的旁通阀。

(2)滑油滤器

滑油泵进出口端分别设有粗滤器和细滤器。滤器一般为双联式。进口端为粗滤器，出口端为细滤器。其前后装有压力表。滑油细滤器极易脏堵，从而使柴油机不能正常运行。

按照滤清方式滑油滤器可分为过滤式滤器和离心式滤器两种。过滤式滑油滤器种类很多,离心式滤器的工作原理如图5-11所示。它主要由转子组和壳体两部分组成。滑油从进油口进入转子轴内孔,通过空心转子轴侧壁上的油孔进入转子组的内部密封空间。充满在转子组内具有一定压力的滑油通过滤网上的油孔压送到喷嘴处。滑油从喷嘴上的喷孔喷出,产生高速喷射油流,并产生切向反作用力,作用于转子组上。转子组上的两个喷油嘴喷孔方向相反,两股喷射油流形成一个力偶,于是推动转子组高速旋转(可达5 000 r/min以上)。这样,转子内的滑油也随之转动,于是滑油中的机械杂质在离心力的作用下,被甩向转子组内腔四周壁上,而清洁的滑油通过滤网从喷油嘴喷出,经过出油口流回油底壳中。离心式滤器滤清效果好,使用维护保养方便、成本低。但流通阻力很大,从喷嘴喷出后的滑油压力很低,因此只能并联在润滑系统中,一般离心式滤器的流量只占柴油机总循环滑油量的5%~8%,常用作精滤器。

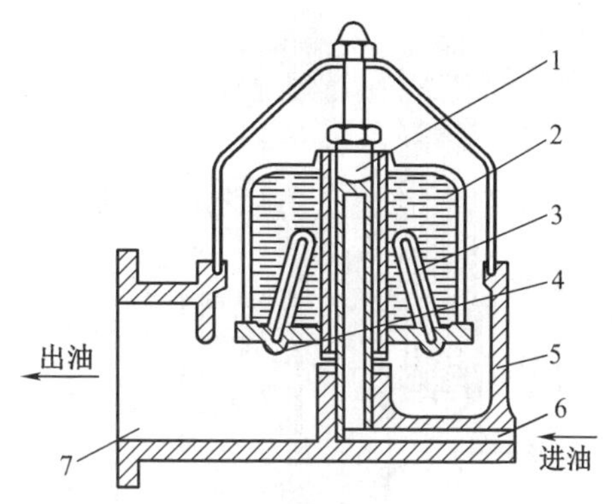

1—转子轴;2—转子组;3—滤网;4—喷嘴;5—滤清器座;6—进油口;7—出油口。

图5-11 离心式滤器工作原理

为了避免对滤器的人工频繁清洗,甚至停车清洗,目前自动化船舶都采用自动清洗滤器,不仅节省人力和减少滑油的消耗,而且保证了船舶航行安全。常用的一种有再循环装置的反冲滤器,是种可用于过滤滑油和燃油的自动滤器,其过滤元件的清洗是用压缩空气自动反向冲洗的,而且总有一个清洗好的滤室作为备用,过滤元件是纸滤芯。中间为一个由伺服电机带动的转轴阀,此外还配有专用的压差显示器和压缩空气反冲系统。

过滤过程如图5-12(a)所示,带过滤的介质由进口经转轴阀流入滤器进口腔室,进入滤芯部件,当介质通过滤芯后,介质中的杂质就留在了滤芯的滤网上,清洁的介质就留出了滤芯,来自空气瓶的压缩空气通过电磁阀使杂质泄放阀关闭,同时准备下一次的自清循环。随着过滤过程的进行,在滤芯上滤出杂质的增加,使得进出口的压差不断增大,这会在压差显示器上显示出来,当压差达到设定的值时,将自动运行反冲洗程序。

反冲洗过程如图5-12(b)所示,当反冲洗程序启动的时候,在电气接触器的控制下,伺服电机带动转轴阀至反冲洗位置,介质不再进入反冲洗腔室,而是通过转轴阀进入备用的腔室,来自空气瓶的压缩空气经转轴阀反向进入滤芯,在空气压力的作用下将附着在过滤元件上的杂质冲下,同时通过电磁阀打开泄放阀,将冲洗出的污物通过开启的泄放阀排出。

自清过程的空气冲洗只持续很短的时间,就会通过电磁阀关闭泄放阀,同时也通过控制系统切断反冲空气,停止对滤芯的冲洗,然后将清洁过的过滤腔室重新充满介质,并达到正常的工作压力。自清滤器还备有旁清滤器,它可以在自清滤器工作不正常时投入使用。

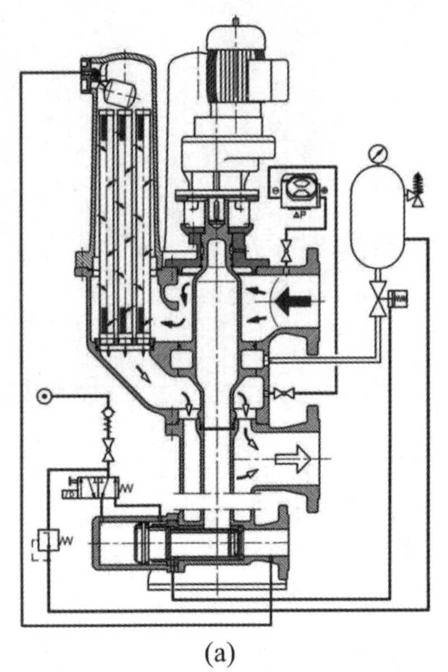

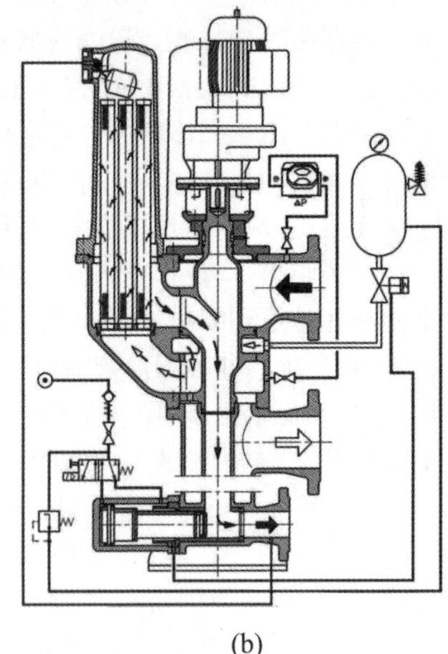

图 5－12　自动反冲滤器

(3)滑油冷却器

滑油冷却器通常采用管壳式或板式两种。

①管壳式。目前，船舶柴油机上使用的滑油冷却器多采用管壳式冷却器，如图 5－13 所示。在这些冷却器中，一般是冷却液在管内流动而被冷却的流体在管外壳内流动。管壳式冷却器的传热管一般采用耐腐蚀性能较好的铜管。对于用海水做冷却介质的冷却器，在海水进口处须装有更换方便的锌块或锌棒。管壳式冷却器具有结构坚固、易于制造、适应性强、换热容量大、压力损失小、密封性比较好等优点，但也具有结构笨重、清洗麻烦等缺点。管壳式冷却器被广泛应用。

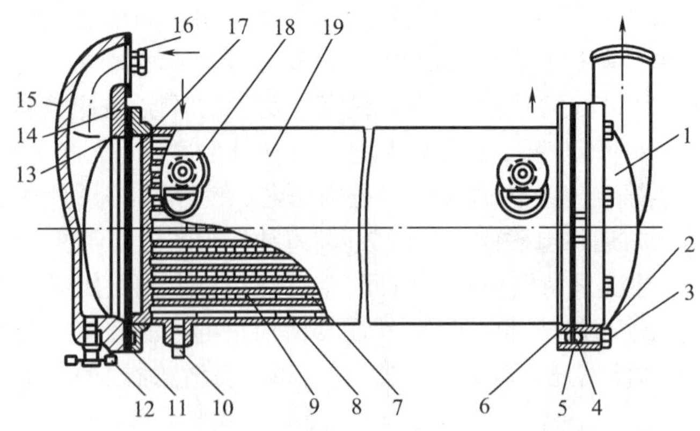

1—前盖；2—弹簧垫圈；3—螺钉；4—芯子法兰；5，11，16—垫片；6—外壳法兰；7—冷却管；8—隔板；9—散热片；10—方头螺塞；12—放水阀；13—封油圈；14—封油垫圈；15—后盖；17—芯子底板；18—接头；19—外壳。

图 5－13　管壳式冷却器

②板式。图 5－14 为板式冷却器示意图。板式换热器由许多几何结构相同的平行薄板相互叠压而成。板式冷却器两相邻薄板用密封垫隔开,形成两种流体间隔流动的通道。冷热流体通过板交换热量,为强化传热并增加钢板的刚度,常在薄板上压制出各种花纹。图 5－15 为板式冷却器的结构分解图。其主要部件由换热板片、密封胶垫、夹紧板、导杆、夹紧螺栓等组成。换热板片由不锈钢板压制成型,它上面开有 4 个流道孔,中部压成人字形波纹,四周压有密封槽。密封槽内粘有密封胶垫。换热板片通过两导杆定位对齐,两夹紧板通过夹紧螺栓将各板片压紧,相邻换热板片的人字形波纹方向安装时相反,接触点彼此相互支承。人字形波纹和这些支承点使流体介质在其内部流动时充分形成湍流,这是板式换热器具有很高换热效率的主要原因。另外换热板片厚度较薄,导热热阻较小,板片两侧的流体介质流动分布较为均衡,也使得传热较为充分。平行板式冷却器的优点是换热系数高、结构紧凑、质量轻、体积小、易于清除污垢和维修,系列化好,通过改变板片数目可方便增减传热面积,改变传热能力;其缺点是初投资费用较高,密封垫片损坏时容易漏泄。

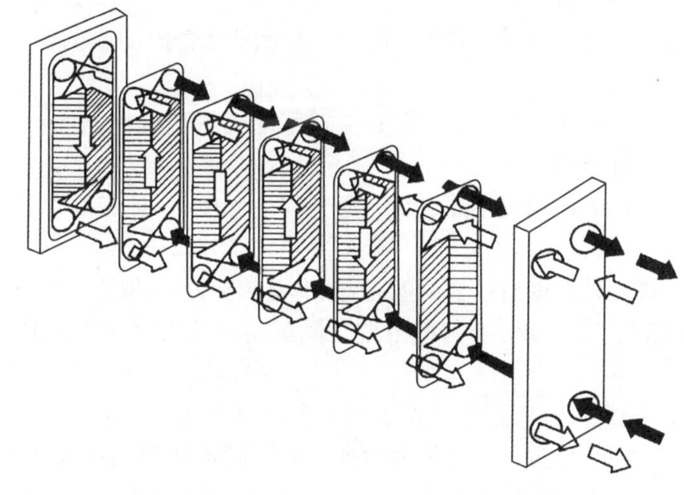

图 5－14　板式冷却器

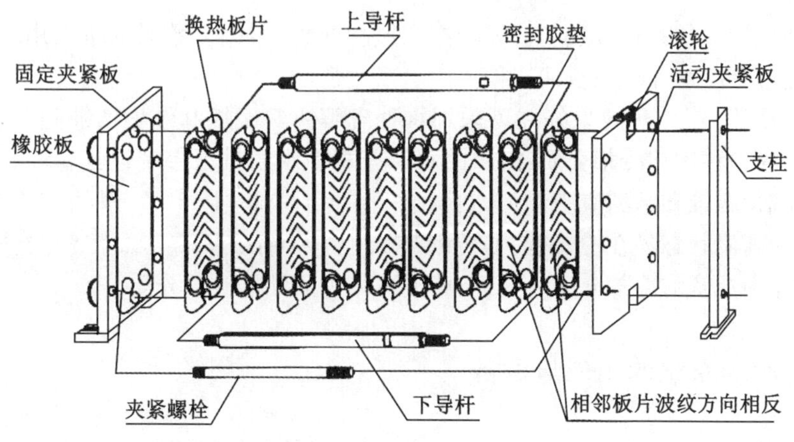

图 5－15　板式冷却器结构分解图

5.4 冷却系统

5.4.1 冷却的作用与冷却方式

柴油机工作时的燃气温度高达 1 800 ℃，使与燃气直接接触的气缸盖、气缸套、活塞、气阀、喷油器等部件严重受热，会造成：

①材料的机械性能下降，产生较大的热应力与变形，导致上述部件产生疲劳裂纹或塑性变形。

②破坏运动部件之间的正常间隙，引起过度磨损，甚至发生相互咬死或损坏事故。

③燃烧室周围部件温度过高，使进气温度升高，密度降低，从而减少进气量；增压后的空气温度也会升高，并影响进气量。

④润滑油的温度也逐渐升高，黏度下降，不利于摩擦表面油膜的形成，甚至失去润滑作用。

综上所述，为了保证柴油机可靠工作必须对柴油机受热机件、滑油及增压后的空气等进行冷却。柴油机冷却有以下作用：

①保持受热部件的工作温度不超过材料所允许的限度，保证在高温状态下受热部件的强度。

②保证受热部件内外壁面有适当的温差，减少受热部件的热应力。

③冷却可以保证运动件如活塞与气缸壁之间的适当间隙和缸壁工作面上滑油膜的正常工作状态。

但柴油机也不可过度冷却，过度冷却会导致热损失增加，热效率下降；内外温差过大，热应力过大；水蒸气液化，导致气缸套低温腐蚀。故应既不使柴油机因过分冷却而过冷，也不使柴油机因缺乏冷却而过热。从尽量减少冷却损失，充分利用燃烧能量出发，国内外正在进行绝热发动机和低排热发动机的研究，并相应地发展了一批耐高温的受热部件材料，如陶瓷材料等。

目前柴油机的冷却方式分强制液体冷却和风冷两种，绝大多数柴油机使用前者。液体冷却的介质通常有淡水、海水、滑油三种。

淡水的水质稳定，传热效果好并可采用水处理解决其腐蚀和结垢的缺陷，因而它是目前使用最广泛的一种理想冷却介质；海水的水源充裕但水质难以控制且其腐蚀和结垢问题比较突出，为减少腐蚀和结垢应限制海水的出口温度不应超过 55 ℃；滑油的比热容小，传热效果较差，在高温状态易在冷却腔内产生结焦，但它不存在因漏泄而污染曲轴箱油的危险，因而适于作为活塞的冷却介质。同理，柴油可作为喷油器冷却介质。

5.4.2 冷却系统的组成与设备

柴油机中燃油燃烧所产生的热量大约有 1/3 要经气缸、气缸盖和活塞等部件散到外界。为了能散发这些热量，必须保证冷却系统具有良好的工作性能。柴油冷却系统一般是淡水强制冷却系统，采用闭式循环；然后用海水强制冷却淡水和其他载热流体（如滑油、增压空气等),海水系统属开式系统。

1. 淡水冷却系统

在淡水循环系统中,淡水流动的线路可以有两种方案。

①方案 A 如图 5 - 16(a)所示,淡水泵供应的淡水先进柴油机去淡水冷却器。由于冷却器内淡水的压力较低,有可能发生海水漏入淡水的情况。

②方案 B 如图 5 - 16(b)所示,淡水泵供应的淡水先去冷却器,然后再到柴油机。由于柴油机淡水冷却腔内的压力较低,易造成死角,出现局部的蒸发、冷却不良并引起穴蚀或局部过热。

目前方案 A 在船上应用较多,方案 B 应用较少。由于受热部件工作条件不同,所要求的冷却液温度、压力也各不相同。因此各受热部件的冷却通常采用单独的系统组成。一般分为缸套和气缸盖、活塞、喷油器三个闭式淡水冷却系统。

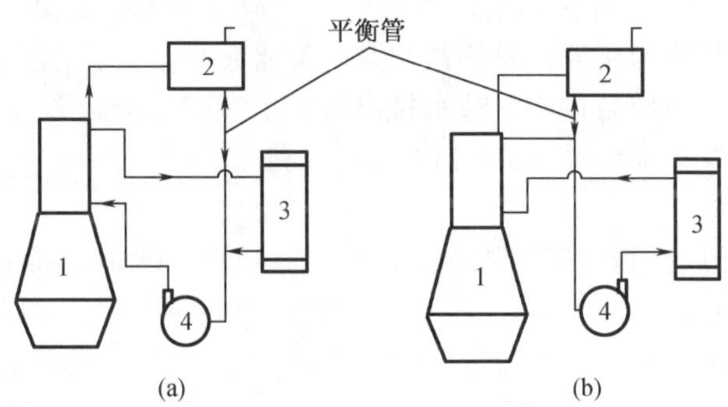

1—柴油机;2—膨胀水箱;3—冷却器;4—淡水。

图 5 - 16　冷却系统布置方案

图 5 - 17 为闭式冷却系统。淡水由淡水泵供应,先进入淡水冷却器冷却后再进入柴油机进行冷却,热水由淡水泵抽出循环使用(淡水泵一般设两台,通常用离心泵)。图中高置式膨胀水箱通过平衡管与淡水泵的吸入口相连。膨胀水箱的作用是:排放系统中的空气;使淡水受热后有膨胀的余地;自动向系统中补充因蒸发和漏泄损失的水量;保证淡水泵有足够的吸入压头;便于向系统投放化学药品进行水处理;若设有蒸汽管,可加热淡水进行暖缸。此外还可以装水位表,以便观察系统中冷却水量的变化情况。

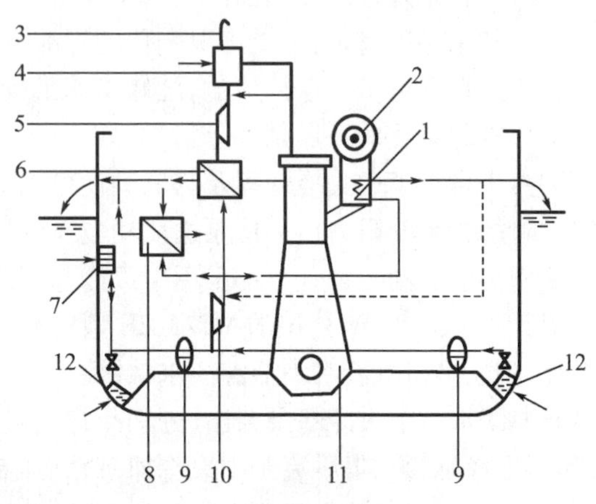

1—空气冷却器;2—涡轮增压器;3—放气管;4—膨胀水箱;5—淡水泵;6—淡水冷却器;7—高位海底阀;8—滑油冷却器;9—海水滤器;10—海水泵;11—柴油机;12—低位海底阀。

图 5 - 17　闭式冷却系统

2. 海水冷却系统

在海水冷却系统中,用海水来冷却滑油、淡水、增压空气和空气压缩机等。

冷却系统的基本组成是:海底阀(海底门)和大排量海水泵。从图5-17可以看出,从海底阀来的海水经滤器而抽入海水泵,然后被送往滑油冷却器、淡水冷却器和空气冷却器后排出舷外。系统中还装有感温元件和自动温度调节阀,使部分使用过的海水回流至海水泵进口(图5-17中虚线所示),保证进冷却器的海水温度不低于25 ℃。由于海水中含有大量盐类、杂质和气体,受热后会在冷却器表面沉积成水垢,降低冷却效果,故海水的出口温度不得高于50 ℃。

一般设两个以上海底阀,分高位和低位,分别置于船舶的两侧舷旁。高位海底阀于空载水线以下约300 mm处,低位海底阀设在舱底(靠双层底附近)。当船舶在浅水道、港口航行或停泊时,为避免水下泥沙污物堵塞海水冷却系统,使用高位海底阀;而在海上航行时,为防止风浪而造成空吸,使用低位海底阀。当依靠码头时,一般停用靠近码头一侧的海底阀,而改用外侧海底阀,以防止污物堵塞海底阀。

海水泵一般设两台,一台为备用。海水泵一般均采用大排量离心泵。为减少系统设备,有些船上还把备用海水泵兼作备用淡水泵。海水泵排量很大,常在吸入管接一应急舱底吸口,以备机舱进水时应急排水。海水排出管道上装有与消防泵、通用泵或压载泵排出管路相通的管系,当某泵损坏时可切换以互相应急代用。

3. 中央冷却系统

中央冷却系统是一种新型柴油机冷却系统。其特点是使用不同工作温度的两个单独的淡水循环系统:高温淡水(80~85 ℃)和低温淡水(30~40 ℃)闭式系统。前者用于冷却主机,后者用于冷却淡水和各种冷却器(如滑油、增压空气等)。受热后的低温淡水再在一个中央冷却器中由开式海水系统进行冷却。这样可只使用一个海水作为冷却液的冷却器,简化了海水管系的布置并可保证柴油机在工况变化时其冷却水参数不变。中央冷却系统较传统的冷却系统有下列明显优点:

①海水管系及中央冷却器的维修工作量减至最少;

②冷却水温度稳定,不受工况变化的影响,使柴油机始终在最佳冷却状态下运转;

③淡水循环可多年保持清洁,维修工作量少。

中央冷却系统的缺点是:

①由于增加了中央冷却器及其辅助设备与管系,故投资费用较高;

②附加管系的阻力损失使泵送耗功也有所增加。

新型柴油机动力装置大都采用中央冷却系统。

图5-18为B&W公司的MC/MCE型柴油机中央冷却系统。主机缸套冷却水为高温淡水系统,副发电机缸套水为低温淡水系统。主机活塞采用滑油冷却,喷油器为非冷却式。

低温淡水由中央冷却泵泵出,分别冷却主机滑油冷却器、空气冷却器、主机缸套水冷却器,其回水经总管汇集后流至中央冷却泵(共3台)入口处。此低温淡水同时兼作发电副机缸套水,其出口水在航行时(阀A开启,阀B关闭)流至单设的中央冷却泵入口处。在停泊期间(阀A关闭、阀B开启),发电副机缸套冷却水可用于主机暖机。受热后的低温淡水可在中央冷却器中由主海水泵泵来的海水进行冷却。在系统中还装有多个温度传感器及相应的热力控制阀,可根据水温变化来调节旁通水量。

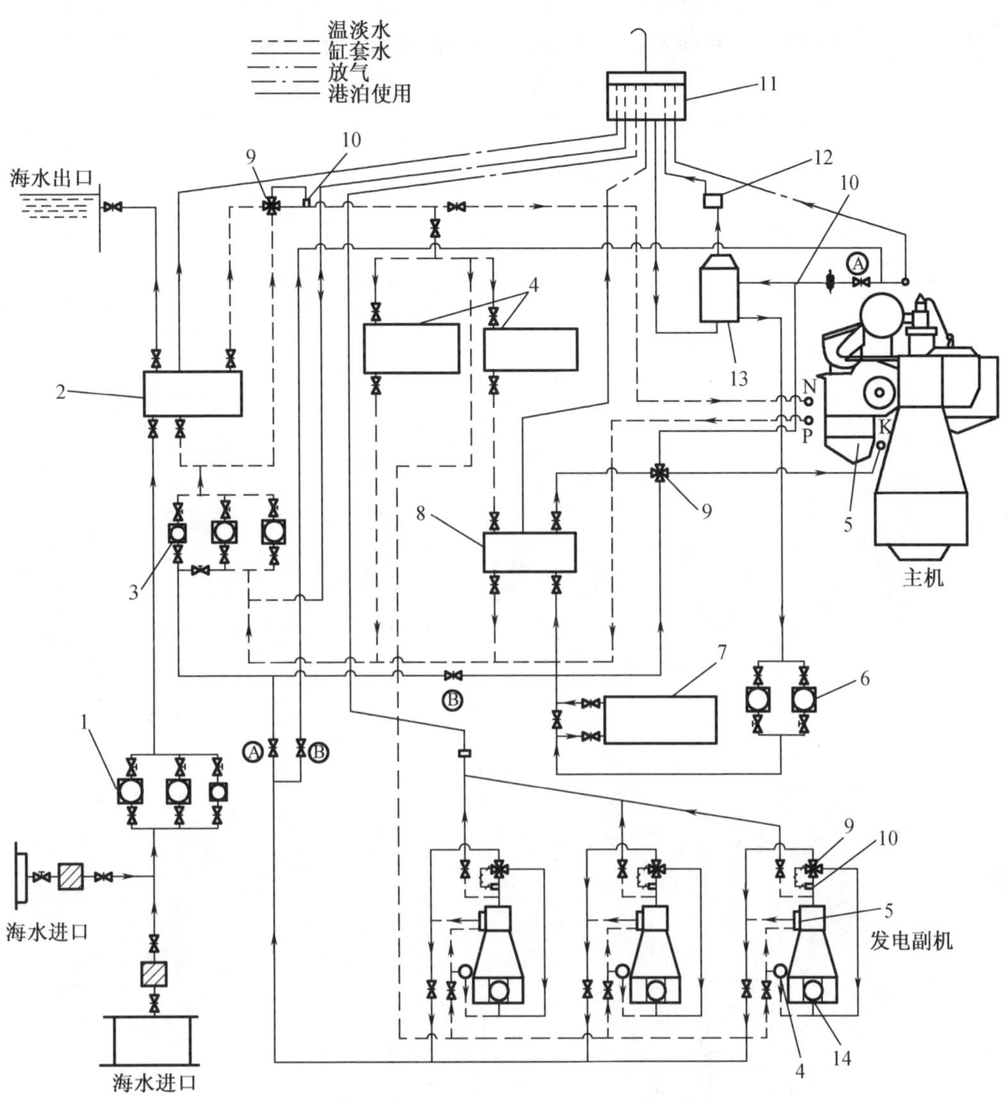

1—主海水泵;2—中央冷却器;3—中央冷却泵;4—滑油冷却器;5—空气冷却器;6—缸套冷却水泵;7—制淡水机;8—缸套水冷却器;9—热力控制阀;10—温度传感器;11—膨胀水箱;12—空气分离器报警器;13—空气分离器;14—机带淡水泵;P、N、K—转换点。

图 5－18　B&W MC/MCE 型柴油机中央冷却系统

【思考与练习】

1. 什么是滑油总碱值(TBN)？它在使用中有什么特点？
2. 气缸润滑的工作条件是什么？目前气缸润滑有几种方式？
3. 简述干式和湿式润滑系统的特点和应用场合。
4. 柴油机滑油温度过低和过高有什么危害？
5. 对柴油机曲轴箱滑油压力有什么要求？滑油压力过高、过低有哪些危害？
6. 柴油机为什么要适度冷却？

7. 在船舶柴油机的冷却系统中所使用的冷却介质有哪些,各有什么特点?

8. 船舶上对柴油机冷却淡水进行水处理的目的是什么?目前有几种常用的水处理方法,各有什么特点?

9. 中央冷却器的组成与特点是什么?

第 6 章　启动、换向和操纵系统

【知识目标】

1. 能正确掌握压缩空气启动装置中气缸启动阀、空气分配器、主启动阀的结构组成、工作原理和启动条件。

2. 熟悉常见柴油机的启动故障现象,并进行正确的判断。

3. 能掌握双凸轮换向装置、单凸轮换向装置的基本原理、换向方法和要求。

4. 熟悉常见换向装置的故障特征。

5. 能正确掌握船舶柴油机对操纵系统的要求。

6. 熟悉各种操纵系统的类型及特点。

【能力目标】

1. 能使用各种船舶柴油机的操纵系统。

2. 熟悉常见换向装置的故障处理方法。

3. 熟悉常见柴油机的启动故障的处理。

为满足船舶在各种航行条件下机动操作的要求，船舶主机应具有启动和停车、定速和变速、超速和限速、超负荷和限制负荷、正车和倒车等能力。因此船舶主机必须设置启动、换向和调速装置，以及使上述装置联合动作的操纵机构。

6.1　柴油机的启动

6.1.1　概述

1. 柴油机的启动原理

柴油机本身没有自行启动能力。为使静止的柴油机转动起来必须借助外力，使柴油机转动,并达到第一个工作循环的条件，即在外力作用下实现进气、压缩、喷油，直至燃油燃烧膨胀做功而自行运转。柴油机在外力驱动下,从曲轴开始转动到自动运转的全过程称为柴油机的启动。启动过程中必须使柴油机达到一定转速，才能保证在压缩终点缸内达到燃油自燃发火的温度。柴油机启动所要求的最低转速称为启动转速。

启动转速的高低与柴油机的类型、环境条件、柴油机技术状态、燃油品质等有关。它也是表征柴油机启动性能的重要标志。启动转速的一般范围为：

高速柴油机 80 ~ 150 r/min；

中速柴油机 60 ~ 70 r/min；

低速柴油机 25 ~ 30 r/min。

2. 柴油机的启动方式

(1)人力启动

人力启动是利用人力通过启动摇把直接转动曲轴和飞轮,当达到启动转速后即自行发火燃烧。人力启动方式最简便,但人的体力有限,它只适用于 20 kW 以下的小型柴油机。船上的救生艇和应急消防泵使用的柴油机常采用人力启动。

(2)电力启动

电力启动的基本原理是:用蓄电池向装在飞轮端的启动电动机供电,电动机再通过同轴上的小齿轮带动轮缘上装有齿轮圈的飞轮,使曲轴转动来启动柴油机。电力启动装置简单、紧凑、启动方便,广泛用于高速小型柴油机。但启动能量受蓄电池容量的限制,故只适用于 300 kW 以下的柴油机。船上小型电站和救生艇的柴油机,大多数采用电力启动。

(3)压缩空气启动

压缩空气启动的基本原理是:将压力为 1.5 ~ 3.5 MPa 的压缩空气,按柴油机的启动顺序和规定的启动定时在气缸处于膨胀冲程时引入气缸,以压缩空气代替燃气推动活塞运动,带动曲轴旋转,当达到启动转速后自行发火燃烧,完成启动过程。

压缩空气启动可提供很大的启动能量。启动迅速,正倒车均可启动。有时还能用于柴油机的紧急制动,帮助主机刹车。压缩空气启动普遍用于大、中型柴油机,船用可直接倒转的柴油机毫无例外地采用这种方式启动。

6.1.2 压缩空气启动装置的工作原理

压缩空气启动就是将具有一定压力的空气，按柴油机的发火顺序在膨胀行程时引入气缸，推动活塞，使柴油机曲轴达到启动转速，实现自行发火工作。其主要优点是启动能量大，启动迅速可靠，在倒顺车运转时还可利用压缩空气来刹车和帮助操纵。但该装置构造较复杂,质量较大，故不适用于小型柴油机。

压缩空气启动装置主要包括：空气压缩机、启动空气瓶、主启动阀、空气分配器、气缸启动阀和启动控制阀等。其组成和工作原理如图 6 – 1 所示。

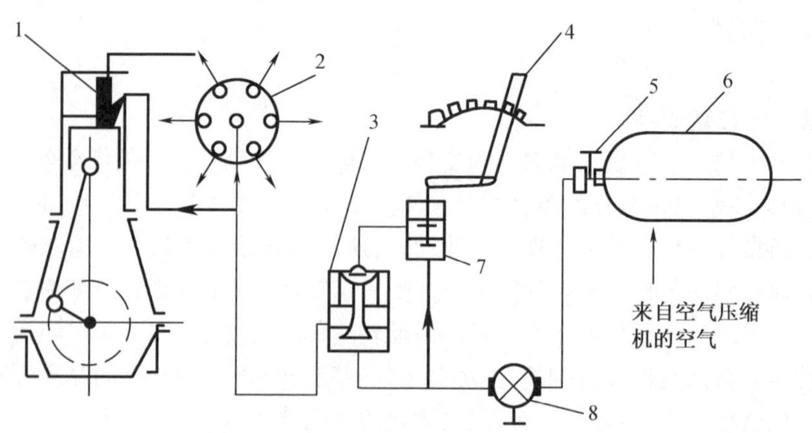

1—气缸启动阀;2—空气分配器;3—主启动阀;4—启动手柄;5—出气阀;6—启动空气瓶;7—启动控制阀;8—截止阀。

图 6 – 1 压缩空气启动装置工作原理

①空气压缩机:作用是对空气进行压缩增压,然后再输入启动空气瓶中。除少数机型的空气压缩机由主机曲轴前端带动外,大多数由电动机单独带动,且都装有自动控制装置。当启动空气瓶内的压力降至一定值时,能自动启动空气压缩机,以便使启动空气压力保持为2.5 ~3.0 MPa;当启动空气瓶内压力升至规定值后,空气压缩机即自行停车。我国海船规范要求空气压缩机的总排量应能从0.7 MPa开始在1 h充满所有主机启动用的启动空气瓶,故船上大都装有几台空气压缩机。

②启动空气瓶:作用是将空气压缩机提供的高压空气储存起来供启动用。船上均备有2个以上的启动空气瓶,以保证足够的容量,满足相应的规定要求。

③主启动阀:是压缩空气系统的总开关。主启动阀的启闭直接控制启动过程的开始和结束,故要求它能启闭迅速、节流损失小和操纵方便。

④空气分配器:作用是按柴油机的启动定时,将启动空气(或操纵空气)分别送往各缸气缸启动阀,使它能定时启闭。空气分配器由启动凸轮控制其启闭动作。

⑤气缸启动阀:作用是启动时,向气缸通入启动空气,使柴油机启动。通常它连同阀壳安装在气缸盖上,由空气分配器来的压缩空气控制其启闭。在非启动情况下,气缸启动阀处于常闭状态。

⑥启动控制阀:用来控制主启动阀的启闭。因为大、中型柴油机的主启动阀尺寸较大,通常都装有启动控制阀,以便利用压缩空气来快速启闭主启动阀。

启动前,空气压缩机向启动空气瓶充气至规定压力(2.5 ~3.0 MPa)。备车时,先打开启动空气瓶出气阀和截止阀,使瓶中空气经截止阀沿管路通至主启动阀和启动控制阀处等候。启动时,将启动手柄推到“启动”位置。此时,启动控制阀开启,控制空气进入主启动阀的活塞上面,推动活塞下移,使主启动阀开启。压缩空气则分成两路:一路为启动用压缩空气,经总管引至各缸的气缸启动阀下方空间等候;另一路为控制用压缩空气,被引至空气分配器,然后按发火顺序依次到达相应的气缸启动阀的顶部空间,使其开启。以便原等候在此阀下方空间的启动空气进入气缸,推动活塞运动,使曲轴旋转并使其达到启动转速。随即将燃油手柄推至启动供油位置,柴油机自行发火运转。启动后立即通过操纵手柄关闭启动控制阀,切断控制空气。主启动阀随即关闭,气缸启动阀上部空间的控制空气经空气分配器泄放掉,于是气缸启动阀关闭,启动过程结束。然后可逐渐调节供油量,使柴油机在指定转速下运转。当无须再次启动主机时,可依次关闭截止阀和出气阀。

为保证启动迅速可靠,柴油机压缩空气启动装置必须具备以下4个条件:

①压缩空气必须具有一定的压力和储量。按我国《钢质海船入级规范》规定,供主机启动用空气瓶(至少有2个)的压力应保持在2.5 ~3.0 MPa,其储量应保证在不补充空气的情况下,对可换向的主机能从冷机正倒车交替启动不少于12次;对不可换向的主机能从冷机连续启动6次。最低启动空气压力与柴油机的构造、启动装置的完善性以及柴油机的技术状态等有关。

通常空气压缩机上装有自动控制阀,当气瓶内压力降至一定数值时,空气压缩机自动投入工作,进行充气。而当气瓶内的压力升至规定值后,空气压缩机自行停车。启动空气管应装安全阀,开启压力为1.1倍的最高启动压力。

②压缩空气供气要适时并有一定的供气延续时间,适当的供气正时应既有利于启动又节省空气消耗。压缩空气必须在活塞处于膨胀行程之初的某一时刻开始送入气缸,并持续一段时间。启动定时(即空气分配器定时)与柴油机的类型、气缸数目、标定转速,以及启

动空气压力等因素有关。

通常，大型低速二冲程柴油机的供气始点约在上止点前5° CA，供气终点约在上止点后100° CA，供气持续角一般不超过120° CA。中高速四冲程柴油机供气始点约在上止点前5～10° CA，供气持续角因受排气阀限制一般不超过140° CA。实际上，启动空气进入气缸的时刻会稍延后些。

③必须保证有最少气缸数。为保证曲轴在任何位置均能启动，要求在任何位置至少有一个气缸处于启动位置。为此，启动所要求的最少气缸数对二冲程机为360° CA/100° CA，一般不少于4个；而对四冲程机为720° CA/140° CA，一般不少于6个。若气缸数少于上述限值，则启动前应盘车至启动位置。

④要按一定的发火顺序向各缸供气。多缸柴油机启动时，压缩空气不应同时进入各个气缸，而应符合发火顺序的要求依次进入各缸。这个要求由空气分配器和启动凸轮来保证实现，因此空气分配器和启动凸轮应正确安装和调整。

启动装置应保证柴油机能迅速可靠地启动，且启动消耗的能量尽可能少，易于实现机舱自动化和遥控。对船舶主机，还要求当曲轴处于任何位置和机舱温度低于8 ℃时不需暖机就能迅速可靠地启动。

6.1.3 压缩空气启动装置的主要设备

1. 气缸启动阀

气缸启动阀通常每缸一个，装在气缸盖上，其下方与启动空气总管相连，上方与空气分配器相连。其动作由空气分配器控制，按发火顺序使启动空气进入气缸，完成启动动作。

气缸启动阀不仅应有足够的流通面积，而且要能兼顾启动和制动两方面不同的要求。

在启动方面：

要求气缸启动阀开关迅速但落座速度缓慢以减轻阀盘与阀座间的撞击。当缸内发火后，即使有控制空气作用在其上方空间，它也应保持关闭状态，防止燃气倒流入启动空气管。

在制动方面：

要求在制动过程中，即使缸内压力稍高于启动空气压力时，气缸启动阀仍然保持开启，以实现减压制动和强制制动。

柴油机的制动过程由能耗（减压）制动和强制制动两个阶段组成。为使高速回转的柴油机迅速停车，首先由换向机构做换向操作，然后空气分配器按换向后的定时打开气缸启动阀，而此时曲轴仍按原方向转动。气缸启动阀开启时活塞正处于压缩行程，这时柴油机起着压缩机的作用。被压缩的空气从开启的气缸启动阀排出，从而减少了行程末了留在燃烧室空间的空气数量和压力，即减小了空气在膨胀行程的做功能力，使柴油机转速迅速下降，此即能耗制动。当柴油机转速降低后，在压缩行程将压缩空气送入气缸，以阻止活塞运动，即强制制动。为保证制动的效果，当缸内压力稍高于启动空气压力时，要求气缸启动阀仍能保持开启。

可见启动和制动两方面对气缸启动阀的要求是互相矛盾的。启动时要求当气缸内气体压力大于启动空气压力时应当自动关闭，而制动时则要求气缸内的压力稍高于启动空气压力时启动阀应保持开启，只是当缸内气体压力超过启动空气压力太多时，气缸启动阀才自动关闭。这种不同的要求可通过启动阀不同的构造来实现。

气缸启动阀分直接启阀式气缸启动阀和间接启阀式气缸启动阀

(1)直接启阀式气缸启动阀

它是一个简单的单向阀，其启动空气与控制空气合并由空气分配器控制。当压缩空气由空气分配器进入该单向阀后，该阀开启进行启动；当压缩空气经分配器泄入大气后，该阀即在弹簧作用下关闭。这种结构适于中、小型柴油机。

(2)间接启阀式气缸启动阀

由气压控制式开阀的控制空气(从空气分配器来)与进入气缸的启动空气(从空气总管来)分开输送，故空气分配器尺寸小，空气损失少，启动迅速，适用于大型柴油机。按控制气路的不同，气压控制式分单气路控制式与双气路控制式两种。

①单气路控制式气缸启动阀。

单气路控制式气缸启动阀的结构与工作原理如图 6－2(a)所示，图 6－2(b)为柱塞式空气分配器工作简图。单气路控制式气缸启动阀优点是结构简单、启阀活塞面积大、开关迅速、启动空气消耗量少，被多数柴油机所采用。但是这种阀关闭时落座速度过快、撞击大，容易使阀盘及阀座磨损或变形，影响密封性和工作可靠性。另外，由于这种阀的启阀面积大，故当气缸内燃气压力超过启动空气压力时，阀仍会保持开启而造成燃气倒冲，引起空气管爆炸事故。此外这种阀在性能上不能兼顾启动和制动两方面的要求，它的制动性能较差。

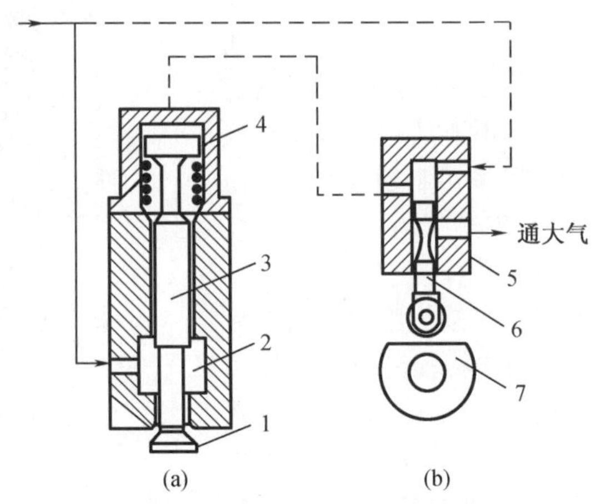

1—启动阀阀盘；2—进气腔；3—导杆；4—启阀活塞；5—阀体；6—滑阀；7—凸轮。

图 6－2　单气路控制式气缸启动阀

启动阀由阀盘、导杆和面积较大的启阀活塞组成。启动空气进入进气腔，由于阀盘与导杆(即平衡活塞)的直径基本相等，对气缸启动阀的开启不起作用，所以阀盘在启阀活塞下部的弹簧作用下保持关闭。当空气分配器将控制空气送入启阀活塞的上部空间时，启阀活塞被压下，气缸启动阀开启。原等候在此阀下方空间的启动空气进入气缸进行启动。

滑阀的位置由呈下凹状的凸轮控制。图 6－2 所示情况为滑阀处于最低位置，阀体上的出气口(中间的一个)打开，控制空气经空气分配器到达气缸启动阀启阀活塞的上部，开启启动阀。当凸轮转过一定角度后，滑阀被抬起将进气孔与出气孔隔断，同时使出气孔与泄气孔(最下面的一个)连通。启阀活塞上部的空气通过空气分配器泄入大气，气缸启动阀在弹簧的作用下上行关闭。当进入空气分配器上部的控制空气泄放后，滑阀由自身弹簧(图中未示出)吊起而脱离凸轮的控制，避免在柴油机运转中磨损。可见此种气缸启动阀的开启由空气分配器中的控制空气来控制，而启动空气则由空气管道直接输送。

单气路控制式气缸启动阀属平衡式气缸启动阀。启动阀的开启依靠控制空气的作用，关闭则由弹簧控制。其启阀活塞为单级平面式,面积大,所以开关迅速,启动空气消耗少,且结构简单,因而被多种柴油机(如 B&W－MAN MC/MCE 型柴油机)所采用。但它不能兼顾启动和制动两方面的要求。且启动阀关闭时的落座速度大,导致阀盘与阀座撞击严重,磨损快，影响其密封性和可靠性。此外，其启阀活塞面积大，故当缸内压力超过启动空气压力时仍有可能开启而发生燃气倒冲，引发空气管爆炸事故。MC 型柴油机的每个启动阀进气管均装有一个安全保护帽，以防事故发生。

②双气路控制式气缸启动阀。

双气路控制式气缸启动阀如图 6－3 所示。它由启动阀、阀杆以及阶梯形启阀活塞组成。启动空气由 AL 进入启动阀下部空间并使启动阀保持关闭(平衡式)。启阀活塞为分级活塞式，由面积不等、呈阶梯状的控制活塞 K1、K2、K3 组成,由来自空气分配器的两路控制空气(管 H 与管 J)控制其启闭。

这种阀开关迅速,阀盘落座速度缓慢,而且可保证只在气缸内压力低于启动空气压力时才开启,属于平衡式启动阀。另外,这种阀能避免燃气倒流,在紧急制动时,即使气缸内气体压力已超过启动空气压力,该阀仍能保持开启状态,满足制动方面对启动阀的要求。但这种阀结构复杂,造价高。

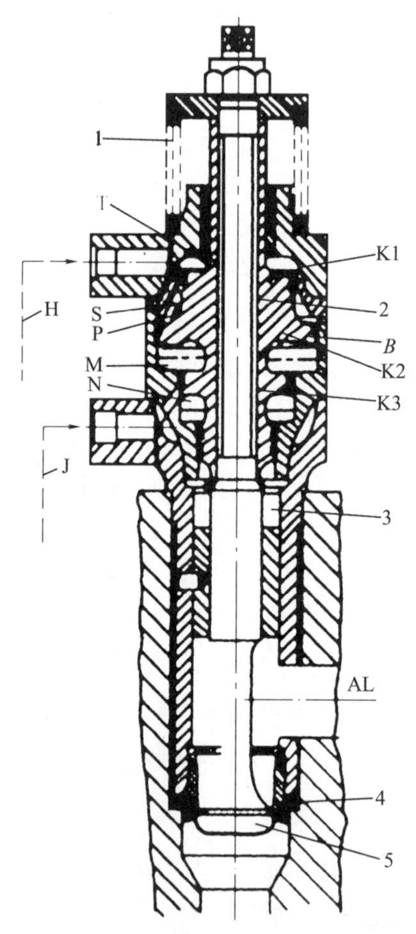

1—弹簧;2—阶梯形启阀活塞;3—阀杆;4—阀座;5—启动阀;K1、K2、K3—控制活塞;T—上部空间;M—中部空间;N—下部空间;P—空间;S—控制口;B—连接触;H—开启管;J—关闭管;AL—启动空气管。

图 6－3　双气路控制式气缸启动阀

2. 空气分配器

空气分配器由凸轮轴驱动，按照柴油机的发火顺序,在要求的启动定时时刻内将控制空气分配到相应的气缸启动阀并将其打开，以便压缩空气进入气缸，启动柴油机。当启动完毕,柴油机进入正常运转状态，分配器滑阀与驱动凸轮自动脱离接触，以减少不必要的磨损。

按结构形式不同,空气分配器可分为回转式(分配盘式)和柱塞式两种结构形式。前者如图 6－1 中所示，它利用凸轮轴驱动一个带孔的分配盘与分配器壳体上的孔(与气缸数目相同)相配合，控制各缸气缸启动阀的启闭，多用于中、高速柴油机。后者则通过启动凸轮和滑阀来控制气缸启动阀的启闭，多用于大、中型柴油机。

3. 主启动阀

主启动阀是压缩空气系统的总开关，它位于启动空气瓶和启动空气总管之间，用来启闭空气瓶与空气分配器和气缸启动阀间的主启动空气通路。启动操纵时，来自空气瓶的压缩空气经主启动阀迅速进入启动空气总管，并经总管分至各缸气缸启动阀和空气分配器，它既能满足启动所需要的压缩空气量，又可以使供气迅速可靠，并减少压缩空气的节流损失。启动完毕后，它能迅速切断进入启动总管的压缩空气，并使总管中的残余空气经主启动阀放入大气。大、中型柴油机压缩空气启动装置中多设有主启动阀。大型柴油机的主启动阀尺寸较大，故常采用气动控制。有时另装手动机构备用。

按动作原理，主启动阀分为均衡式和非均衡式两种。前者的开启依靠加载于控制缸内启阀活塞上的控制空气破坏原均衡关闭状态来实现；后者则依靠泄放控制缸内的空气来开启。大型低速柴油机多采用后者。图 6－4 为 SULZER 型柴油机用的一种带慢转阀的非均衡式主启动阀结构图。图中 6 为主启动阀体，阀壳上部的止回阀可用来防止燃气倒流，阀壳左下侧设有控制阀，由启动控制阀控制。阀左侧为慢转阀，其启闭由慢转阀控制活塞控制。启动前，通过慢转阀可使柴油机在主启动阀体不动作的情况下以 5～10 r/min 的转速慢转以进行检查。

启动前，将主启动阀手轮置于“自动”位置，如图 6－4 中芯轴 5 位置所示。开启空气瓶出口阀启动空气进入阀体空腔 P 并经孔 EB 进入空腔 P1，继而通过芯轴与轴套之间间隙 G 进入空腔 P2。由于作用在阀体底面上的力与弹簧的弹力之和大于启动空气作用在阀体上的开阀力，阀体向上保持关闭状态。

同时，由空腔 P 经平衡孔 E 进入慢转活塞上方空腔 P4 的启动空气向下作用力与弹簧 14 的弹力之和也大于作用在慢转活塞上的向上开阀力，使慢转活塞向下落在慢转阀阀座上，保持关闭，压缩空气无法进入空腔 P5，因此止回阀 9 和 10 关闭。

当需做慢转操作时，按下“慢转”按钮，控制空气进入进口 CA1 推动慢转阀控制活塞上行顶开阀 15，使空腔 P4 的启动空气经放气孔 V1 放至大气。同时该控制空气还进入进口 CA2，推动慢转活塞下部的启阀活塞上行，使慢转活塞上行直至与调节螺钉接触为止。启动空气由空腔 P 进入空腔 P5，并打开单向阀进入空腔 P3，通向气缸启动阀。进入进口 CA2 的控制空气还通过双止回阀的出口 SC 通向空气分配器进口 CA（图 6－4），将空气分配器滑阀压向启动凸轮，从而控制气缸启动阀的开启，使柴油机慢转起来。

慢转转速由进入气缸的空气量决定，调整调节螺钉的长度可改变慢转活塞的开度，从而可调整慢转转速在 5～10 r/min。慢转结束时，切断进口 CA1 和 CA2 的控制空气，控制活塞 16 和阀 15 复位，继而慢转活塞下行关闭气路，慢转阀关闭。

启动时，按下“启动”按钮，控制空气经进口 CA3 使控制活塞上行顶开阀 2。空腔 P1 和 P2 中的启动空气经放气孔 V2 放入大气，而经平衡孔 EB 进入空腔 P1 的空气来不及补充，故使阀体下行开启启动空气通路，启动空气顶开止回阀穿过空腔 P3 进入启动空气总管，启动过程开始。

启动完毕后，切断通至 CA3 的控制空气，控制活塞落下，阀 2 关闭。待 P1 和 P2 内充满启动空气后主启动阀即自行关闭，随后止回阀在弹簧作用下落座。止回阀可防止气缸内燃气倒流入主启动阀或启动空气瓶。当主启动阀自动装置失灵时，可改由手动操作。通过手轮调整到“手动开启”位置，即可通过芯轴的头部凸缘将主启动阀拉开。同样，调整到“手动关闭”位置可将主启动阀手动关闭。

检查阀 CV 和放泄阀 DV 用来放掉管路中的残余空气和凝水。检查阀 CV 还用于检查主启动阀的动作和气缸启动阀的密封性。每次完车或定速后应转动手轮至“手动关闭”位置，同时应手动开启阀 CV 和 DV 排掉管路中的残余空气。压力表 M 用以监测启动空气总管内的压力。

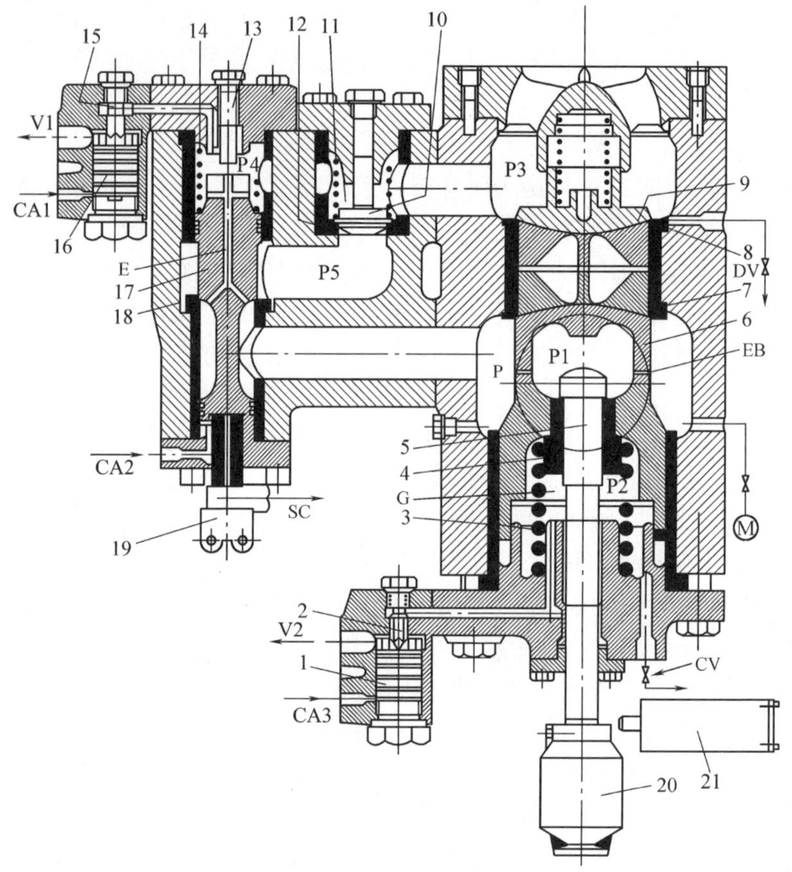

1—主启动阀控制活塞；2—阀；3—弹簧；4—轴套；5—芯轴；6—主启动阀体；7—阀座；8—止回阀阀座；9—止回阀；10—慢转阀的止回阀；11—弹簧；12—阀座；13—调节螺钉；14—弹簧；15—阀；16—慢转阀控制活塞；17—慢转活塞；18—慢转阀阀座；19—双止回阀；20—联轴节 / 凸轮；21—二位三通间；E—平衡孔；G—间隙；EB—平衡孔；M—压力表；DV—放泄阀；P1 ~ P5—压力空腔；CV—检查阀；CA1、CA2、CA3—控制空气进口；SC—空气分配器；V1、V2—放气孔。

图 6 – 4 带慢转阀的非均衡式主启动阀

图 6 – 5 为 MAN B&W 公司的 LMC/MCE 型柴油机采用的一种球阀式主启动阀示意图。它由 1 个大球阀（主启动阀）和与其并联旁通的小球阀（慢转阀）组成。两个球阀均由气动控制阀控制的推动装置来启闭。在主启动阀出口管系中还设止回阀，以防止燃气倒灌。

慢转时，按下慢转开关，通过电磁阀使主启动阀锁闭，慢转阀打开做慢转动作。正常启动时，由气动推动装置将两个球阀都打开进行启动。若停车超过 30 min，柴油机再次启动前应先操作操纵台上的慢转开关使主机慢转，并且慢转开关至少要使主机慢转一周后才能复位使电磁阀释放主启动阀的锁闭。然后在控制空气作用下气动推动装置开启大球阀，继续启动过程。

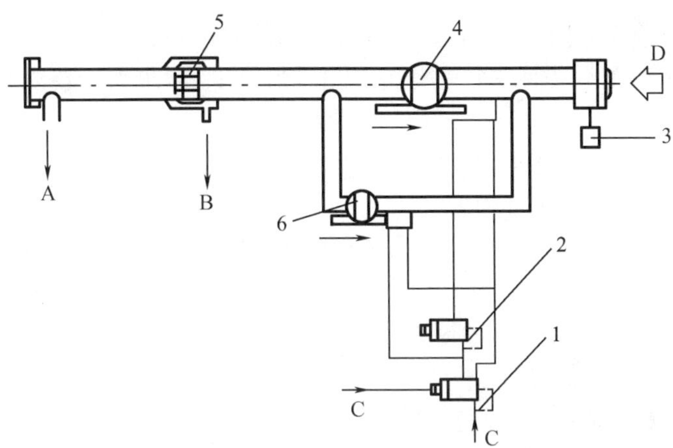

1—气动控制阀;2—电磁阀;3—启动空气压力传感器;4—主启动阀;5—止回阀;6—慢转阀;A—去气缸启动阀;B—去空气分配器;C—控制空气;D—启动空气。

图6-5　球阀式主启动阀

4. 启动控制阀

其功用是用以控制大、中型柴油机的主启动阀的启闭。它结构较简单,通常位于操纵台上,通过启动按钮、启动手柄或启动手轮,利用凸轮使其动作,以便使一股操纵空气通入主启动阀,使加载式(均衡式)主启动阀开启;或泄放掉控制空气使卸载式(非均衡式)主启动阀开启。

6.1.4　压缩空气启动系统的维护管理

1. 压缩空气启动系统的维护

①系统中有关部件的检查。如各阀件定期保养、清洁、润滑，特别应注意有否锈蚀、卡死或漏气，保证各部件动作灵活、气密。

②压缩空气瓶应定期放残。检修阀件时应关闭气源，以免发生事故。

③应特别注意对气缸启动阀的维护保养，保证其密封性。

④有关部件拆装、检修后应校对或调整相应的间隙。

2. 压缩空气启动系统常见故障分析

(1)柴油机不能启动

若启动手柄或手轮推至启动位置而柴油机没有转动，其主要原因在启动系统。可能原因如下：

①盘车机未脱开，盘车机连锁阀尚在关闭位置，启动控制阀无控制空气。

②空气瓶出口阀或主截止阀未开足，应检查有关阀门并予以开足。

③压缩空气瓶压力不足，需予以补足。

④启动空气管系脏污，需清洁管系内壁并排放残水。

⑤主启动阀卡死，致使气缸启动阀无法开启。可酌情由“自动”改为“手动”或用专用工具将阀撬起或对其拆检。

⑥空气分配器柱塞咬死或磨损漏气，或启动定时错误（拆装后）。查明原因并排除故障。紧急情况下可紧急换向，并反向启动即停。然后再换向启动（个别柱塞咬死时）。

⑦气缸启动阀动作不灵活或严重漏气，可用专用工具压动阀杆或将阀芯换新。

⑧启动控制阀咬死或磨损过度，需清洗或换新。

(2)启动时曲轴转动但达不到发火所需转速

①启动空气压力过低，需予补足。

②柴油机暖缸不足，滑油的黏度太大，应充分暖缸。

③启动操作过快，应重新启动。

④个别气缸启动阀或空气分配器咬死，或动作不灵活，需检查并拆卸清洗。

(3)某一段启动空气管发热

这是由该气缸启动阀漏泄所致，应检修研磨漏气的气缸启动阀。

6.2 柴油机的换向装置

6.2.1 概述

船舶航行中如果要从前进变为后退（或相反），一般有两种方法。其一是改变螺旋桨的转向（直接换向）；其二是保持螺旋桨转向不变而改变螺旋桨叶的螺距角使推力方向改变（变距桨换向）。目前多数船舶采用第一种方法换向。改变螺旋桨转向的方法，除某些间接传动推进装置采用倒顺车离合器外，一般都直接改变柴油机的转向。因此，要求船舶主机应具有换向性能，即能按需要改变柴油机曲轴的旋转方向以适应船舶航行的要求。

柴油机只有按照规定的进、排气和喷油正时及发火顺序工作，才能以恒定的方向连续运转。换向时，首先应停车，然后将柴油机反向启动，再使柴油机按反转方向运转。要满足反向启动和反向运转的要求，必须改变启动正时、喷油正时和配气正时，使其与正转时有相同的规律。这些正时均由有关凸轮来控制，所以柴油机的换向就是如何改变空气分配器、喷油泵和进、排气凸轮与曲轴相对位置，以适应换向后的工作要求。为了改变柴油机的转向而设置的改变各种凸轮相对于曲轴位置的机构称为换向机构。

二冲程弯流扫气柴油机仅空气分配器及喷油泵凸轮需要换向；二冲程直流扫气柴油机又增加了排气凸轮的换向；而四冲程柴油机则包括空气分配器、喷油泵及进、排气凸轮。所以不同的机型采用不同的换向装置。对换向机构的基本要求主要有：

①准确、迅速地改变各种换向设备的正时关系，保证正、倒车正时相同。

②换向装置与启动、供油装置间应有必要的连锁装置，以保证柴油机运行安全。

③设置锁紧机构，以防止在运转过程中各凸轮正时机构相对于曲轴上止点的位置发生变化。

④换向过程所需时间需符合我国规范的要求(15 s)。

6.2.2　双凸轮换向装置

1. 换向原理

双凸轮换向特点是对需换向的设备均设置供正、倒车使用的两套凸轮。正车时正车凸轮处于工作位置，倒车时轴向移动凸轮轴使倒车凸轮处于工作位置。从而使柴油机各缸的有关正时和发火顺序符合正、倒车运转的要求。

以二冲程直流扫气柴油机为例来说明双凸轮换向原理。如图 6 – 6 所示，图中实线为正车凸轮，虚线为倒车凸轮，正、倒车凸轮对称于曲轴上、下止点位置的纵轴线 ob。图 6 – 6 (a) 为喷油泵凸轮。正转时，凸轮轴顺时针旋转，如果凸轮的升起点 α 为供油始点，图示位置曲柄正处于上止点，则供油提前角为 11° CA。图 6 – 6(b) 为排气凸轮，当曲轴按正车方向转到上止点后 104° CA，即下止点前 76° CA 时，排气阀开启。

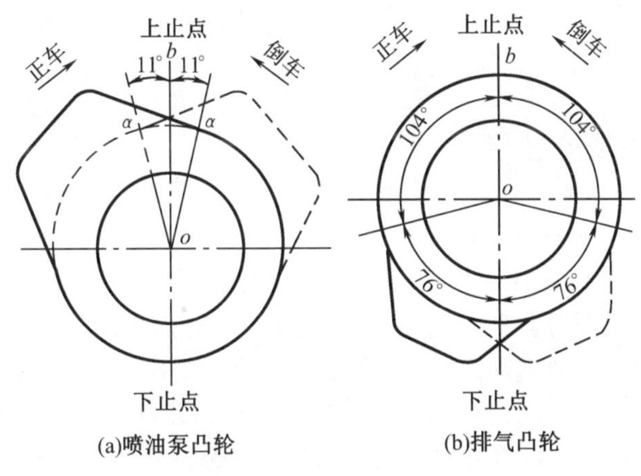

图 6 – 6　双凸轮换向原理

柴油机换向后，使用倒车凸轮从图示位置逆时针旋转。由图可知此时供油提前角仍为 11° CA，排气提前角为下止点前 76° CA。图中未示出空气分配器凸轮，其正、倒车凸轮的布置原则与喷油泵凸轮相同。多缸柴油机的正、倒车发火顺序相反。若二冲程六缸柴油机正车发火顺序为 1 – 6 – 2 – 4 – 3 – 5，则倒车时其发火顺序为 1 – 5 – 3 – 4 – 2 – 6。

2. 换向装置

根据轴向移动凸轮轴所用能量与方法不同，双凸轮换向装置有不同的构造形式。一般有机械式、液压式和气压式。图 6 – 7 所示为液压式，目前 MAN 型柴油机即采用此种换向装置。图中所示为倒车位置。当进行由倒车到正车的换向操作时，利用换向杆使换向阀开启，压缩空气进入正车油瓶，倒车油瓶中的气体则经换向阀泄入大气。压缩空气使滑油压入油缸活塞的右侧，推动活塞带动凸轮轴左移，同时油缸活塞左侧的油被活塞压入倒车油瓶。当活塞移至左侧极限位置时，各正车凸轮正好处于相应的从动件的下方，实现了换向动作。

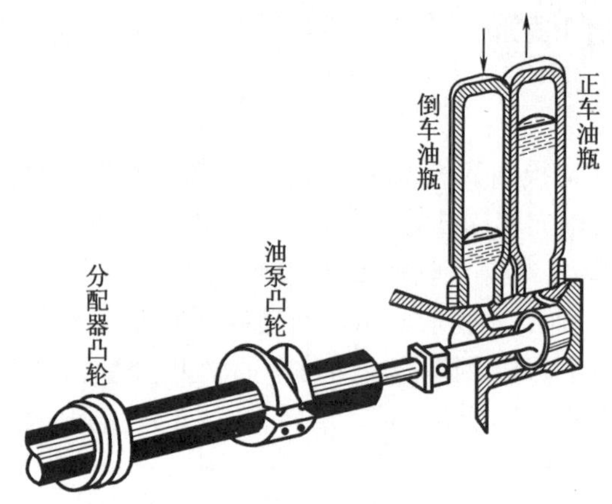

图 6-7 双凸轮换向装置

6.2.3 单凸轮换向装置

单凸轮换向特点是每个需换向的设备(如喷油泵、空气分配器、排气阀等)均由各自轮廓对称的凸轮控制，正、倒车使用同一凸轮。换向时无须轴向移动凸轮轴，只需将凸轮轴相对曲轴转过一个角度即可。柴油机换向时为改变正时而使凸轮轴相对本缸曲轴转过一个角度的动作称凸轮的换向差动，所转过的相应角度称为换向差动角。若差动方向与换向后的新转向相同称为超前差动;若差动方向与换向后的新转向相反则称为滞后差动。单凸轮换向所使用的凸轮线形有两种：一般线形和鸡心线形。前者适用于各种凸轮，后者仅适用于直流阀式换气的喷油泵凸轮。

1. 一般线形单凸轮换向

以图 6-8 来说明一般线形单凸轮换向原理。图 6-8(a) 为二冲程柴油机的喷油泵凸轮，凸轮作用角为 2φ，它为一对称凸轮，oo'、oo_1、oo_2分别为本缸曲柄的上止点位置线和凸轮在正、倒车位置时的中心线。图中所示位置时曲柄处于上止点，β 为供油提前角，凸轮正车工作(实线)，凸轮中心线 oo_1与曲柄上止点间夹角为 $\alpha_s=\varphi-\beta$。

当柴油机从正车换为倒车时，为保证倒车时有同样的供油提前角 β，则要求正车凸轮中心线 oo_1沿换向后转向(逆时针)的相反方向转过一个差动角 $2\alpha_s=2(\varphi-\beta)$，如图中点画线凸轮所示。本例中，正车转向为顺时针，倒车转向为逆时针，由正车换为倒车时的差动方向为顺时针。故相对于换向后的新转向(倒车)为滞后差动。若由倒车换为正车则应向反向差动(逆时针)$2\alpha_s$,但对换向后的新转向(正车顺时针)而言，仍为滞后差动。因此喷油泵凸轮为滞后差动，换向差动角为 $2\alpha_s$。

图 6-8(b)为二冲程直流阀式柴油机的排气凸轮。由图可见，当由正车(实线)凸轮位置换为倒车(虚线)位置时，其差动方向为沿换向后的同方向(逆时针)，即为超前差动，换向差动角为 $2\alpha_s$。

可见，由于换向时油泵凸轮与排气凸轮的差动方向相反，差动角也不同，因此采用一般线形单凸轮换向时，两者无法同轴差动，只能分别装在两根凸轮轴上进行双轴单凸轮差动换向，使柴油机上止点结构复杂化。为简化柴油机结构，使两组凸轮能在同一根轴上实现差动换向必须满足下述 3 个条件：

①两组凸轮差动方向相同。

②两组凸轮差动角相等。

③差动前后同名凸轮的正、倒车正时相同或基本相同。

为满足上述要求，需以特殊形状的鸡心凸轮来代替上述一般线形的喷油泵凸轮。

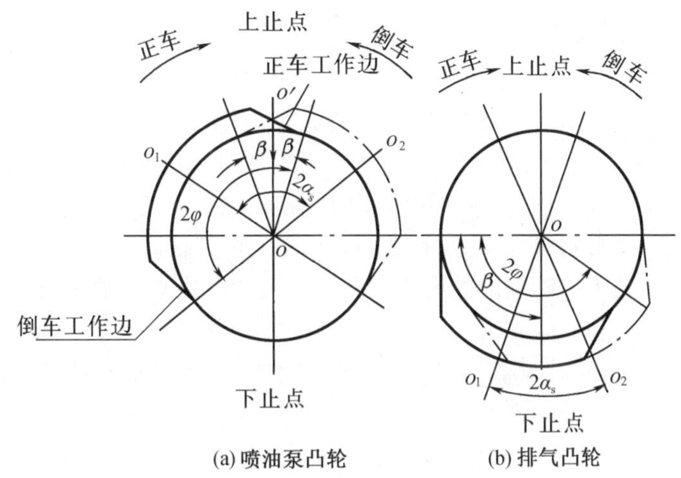

图 6－8　一般线形单凸轮换向原理

2. 鸡心凸轮换向原理

图 6－9 为鸡心凸轮换向差动原理。图 6－9(a) 为喷油泵凸轮，呈鸡心状；图 6－9(b) 为排气凸轮，为一般线形凸轮。两凸轮安装在同一轴上。图中实线为两凸轮的正车位置，虚线为其倒车位置。鸡心凸轮对称于 oo' 线。它由基圆 o_1、o_2（半径最小），顶圆 α_1、α_2（半径最大），以及由圆 o_1、o_2 两侧向顶圆 α_1、α_2 伸展且按相同规律变化的两段曲线 $o_1\alpha_1$ 及 $o_2\alpha_2$ 组成。

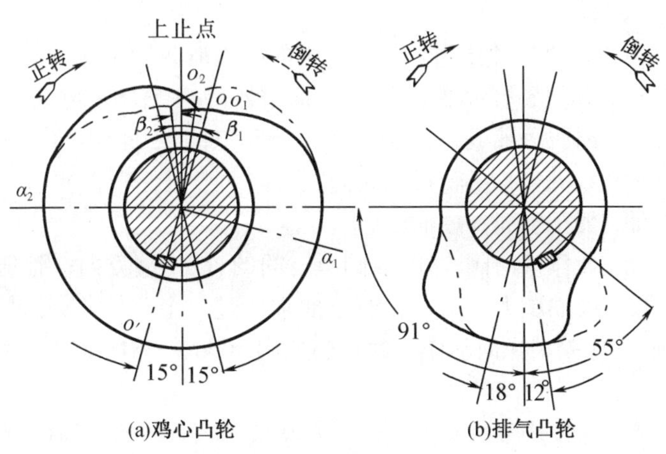

图 6－9　鸡心凸轮换向差动原理

正车运行时(顺时针转动),$o_1\alpha_1$为喷油泵吸油段;$o_2\alpha_2$为喷油泵的泵油段，供油提前角为β。在图6－9(a)所示的情况下，鸡心凸轮的对称线oo'相对于该缸曲柄上止点的夹角为$\alpha_s=15°$。当由正车改为倒车时，只要把鸡心凸轮沿换向后转向(逆时针)转动差动角$2\alpha_s=30°$即可，如图6－9中虚线所示凸轮。此凸轮按倒车方向(逆时针)转动时可保证相同的供油提前角，但喷油泵的吸油段、供油段与正车运转时正好互换。

由上可见,鸡心凸轮差动方向对新转向(倒车逆时针)而言为超前差动。于是喷油泵凸轮与排气阀凸轮的差动方向一致,满足了同轴差动的第一个条件。

对于图6－9(b)所示的排气凸轮,其正车凸轮中心线与下止点线夹角为18° CA(排气阀正时为下止点前91° CA开启,下止点后55° CA关闭,排气凸轮的作用角为146° CA),换向差动角应为2 × 18° CA＝36° CA,这与喷油泵凸轮差动角30° CA不一致。为满足同轴差动的第二个条件，考虑到供油定时对柴油机工作过程的影响更为重要，取30° CA为共同的差动角。此时可保证喷油泵的供油正时在换向前后不变，但排气阀正时在倒车运转时较正车正时滞后6° CA,即下止点前85° CA开，下止点后61° CA关，而排气持续角(146° CA)未变，满足了同轴差动的第3个条件。由此可实现喷油泵凸轮与排气阀凸轮同轴差动换向。

单凸轮换向需在换向时改变凸轮轴与曲轴的相对位置。实现这种差动的方法通常有4种：

①曲轴不动，通过换向装置使凸轮轴相对于曲轴转过一个差动角，一般为滞后差动。

②凸轮轴不动，先进行空气分配器换向动作，在反向启动使曲轴反向回转之初，曲轴相对凸轮轴转过一个差动角之后才带动凸轮轴一起转动。此法为滞后差动。

③先进行空气分配器换向，在反向启动之初，通过差动机构使凸轮轴与曲轴之间的有一定的转速差，待完成差动角后，再同步转动。此法一般为超前差动。

④曲轴与凸轮轴均不动，通过改变喷油泵滚轮在凸轮轴上的倾斜方向完成换向差动，一般为超前差动。

3. 单凸轮换向装置

单凸轮换向装置用于实现凸轮轴与曲轴之间差动过程，按使用的工质和能量不同，可分为以下几种：

(1)液压差动换向装置

采用液压差动换向伺服器并使用滑油系统中的中压滑油(0.6 MPa) 作为工质，完成差动动作。伺服器的外壳通过链轮由曲轴驱动。伺服器的内腔有一转板并用键固定在凸轮轴上，转板将伺服器的内腔分隔成两个空间(正、倒车空间)，此两个空间分别用滑油管与换向阀的有关油管相连。正车时，转板顶在伺服器内两个对称布置的扇形凸块上，而且正车空间充满中压滑油，倒车空间释放油压。

换向时曲轴不动，操作换向阀改变正、倒车空间的进、排油方向，倒车空间进油，正车空间释放油压，转板在滑油压力作用下相对于曲轴转过一个差动角,并带动凸轮轴从正车位置转至倒车位置,完成差动换向动作。此种装置用于Sulzer RD、RND、RND－M等型柴油机,为滞后差动。

Sulzer RTA型柴油机使用一种新型的液压差动换向装置。该柴油机每段凸轮轴都装配一个换向伺服器，每个换向伺服器外缘上装有两个油泵凸轮，凸轮轴上装有不需换向的排气凸轮。凸轮轴与伺服器不是刚性连接,而是通过凸轮轴上的两个转翼带动换向伺服器及外缘上的燃油凸轮按规定方向转动。换向时，凸轮轴和曲轴均不动，而是变化控制油进、排方向，使换向伺服器及其外缘凸轮绕凸轮轴在两转翼之间转过一个差动角来实现换向动作。液压伺服器采用由十字头滑油泵提供的1.6 MPa液压油。

(2)气动机械差动换向装置

该换向装置利用压缩空气为动力来轴向拉动花键轴，使凸轮轴实现差动。正常运转时，空气缸被定压空气固定在正车位置或倒车位置，曲轴经链轮并通过花键轴、推力法兰等带动凸轮按一定方向旋转。换向时，改变空气缸中活塞两侧压缩空气的流向，使活塞轴向移动从而带动花键轴做轴向移动。由于花键轴上的螺旋花键是左、右螺旋彼此相反，通过推力法兰带动凸轮轴相对于曲轴产生周向差动(为超前差动)，实现差动换向动作。

图6－10所示为MAN B&W公司近年来采用的一种更简易新颖的气动机械换向装置。换向时曲轴与凸轮轴均无差动动作，通过改变各缸喷油泵传动机构中的滚轮在油泵凸轮上的倾斜角度来实现换向动作。图示为正车位置，换向时用压缩空气拉动滚轮的顶头，使滚轮连接杆的倾斜方向发生改变，即改变滚轮与凸轮的相对位置以实现超前差动换向。

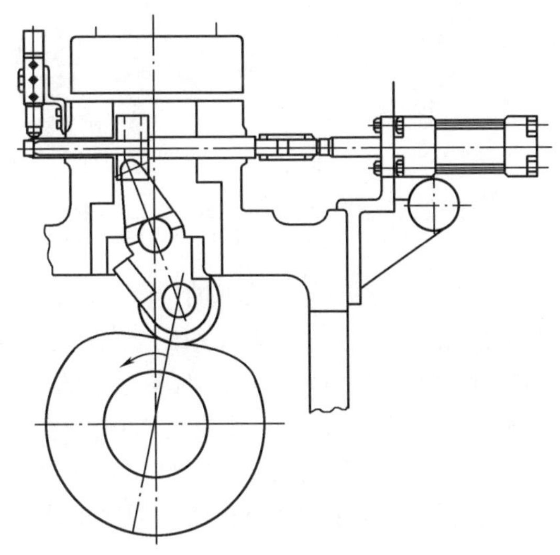

图6－10　气动机械换向装置

6.2.4　换向装置常见故障

换向装置常见故障主要是柴油机不能换向，即换向手柄已从正车位置推至倒车位置(或相反)，但柴油机未能开出倒车(或倒车换成正车)。其主要原因通常是换向机构故障和操作不当。

1. 换向机构故障

①换向装置中有关阀件咬死或失灵。

②换向伺服器故障：油路堵塞、漏油，转板在极端位置咬死或不能达到另一极端位置，检修时控制油管装错。

③空气分配器失灵。

④双凸轮换向装置中的“气力－液力式”换向装置的有关控制部件漏气、漏油，使凸轮轴无法轴向移动。

⑤拉动喷油泵滚轮连杆的拉杆螺栓松脱（MAN B&W 公司的 SMC/MCE 型柴油机）使个别缸喷油泵无法完成换向动作。此时其他已实现换向的气缸仍可使柴油机按换向要求运转，而该缸自动断油。

2. 操作不当

①操作过快，换向手柄虽已到位，而凸轮轴尚未到位就急于启动，导致换向失败。

②换向手柄虽已到位，但由于水流作用使螺旋桨仍按原转向以较高转速转动，此时急于启动而导致换向失败。

③紧急刹车时过于性急，主机转速尚未有较大的降低时就强制制动，强制制动的时机不当，导致换向失败。

6.3 操纵系统

6.3.1 概述

操纵系统是将船舶主机的启动、换向、调速等各装置联结成一个整体，并可集中控制柴油机运行的机构。轮机人员在操纵台前，通过控制系统就可集中控制机组，以满足船舶操纵的各种要求。

随着自动化和电子技术的发展及各种遥控技术的广泛应用，特别是计算机技术和微处理机越来越多地用于主机遥控、检测和工况监视等领域，不仅大大减轻了轮机人员的劳动强度，而且还可避免人为的操作差错，进一步提高船舶运行的安全性、操纵性和经济性。近代船舶主机遥控的技术水平日趋成熟，船舶正朝着全面自动化和智能化的方向发展。

操纵系统是船舶柴油机中最复杂的一部分，零部件多，排列复杂。遥控技术、自动化技术和计算机技术的应用，更增加了系统的复杂程度。为保证操纵系统工作可靠，它应满足下列基本要求：

①能迅速而准确地执行启动、换向、变速和超速保护等动作，并满足船舶规范的相应要求。

②有必要的连锁装置，以避免误操作和事故。

③有必要的监视仪表和安全保护与报警装置。

④操纵系统中的零部件必须灵活可靠，不易损坏。

⑤操作、调节方便，维护简单方便。

⑥便于实现遥控和自动控制。

6.3.2 操纵系统的组成

①换向部分：完成换向指令。当柴油机的转向与要求不符时通过移轴（双凸轮换向）、差动（单凸轮换向）或齿轮箱换向方式完成换向动作。

②启动部分：按指令打开主启动阀，使柴油机迅速启动，并在启动后迅速关闭主启动阀。

③调速部分：按指令要求压缩或放松调速弹簧，或直接移动油量调节杆，通过喷油泵增

减油来满足柴油机加、减速的要求。

④停车部分:按停车指令把油量调节杆拉至零油位,保证柴油机按要求熄火停车。

⑤各部分之间的连接装置及连锁装置。

6.3.3　操纵系统的类型

1. 按操纵部位和操纵方式分类

(1)机旁手动操纵

操纵台设在机旁，采用相应的控制机构操纵柴油机，使其满足各种运行工况的要求。

(2)机舱集控室控制

在机舱的适当位置设置专用的控制室，对柴油机的工况进行控制和监视。

(3)驾驶室控制

在驾驶室的控制台上由驾驶员直接控制柴油机运行。

机旁手动控制是整个操纵系统的基础。机舱集控室控制和驾驶室控制统称为遥控，即远距离操纵主机。遥控系统采用各种逻辑回路和自动化装置代替原有的手动操作程序。在 3 个部位的操纵台上均设有操纵手柄、操纵部位转换开关、应急操作按钮及显示仪表等,以便对主机进行操纵和运行状态参数的监测。尽管遥控技术已相当成熟,但仍必须保留机旁手动操纵系统，以保证对主机实施可靠控制。

2. 按遥控系统使用的能源和工质分类

(1)电动式遥控系统

以电作为能源，通过电动遥控装置和电动驱动机构，在遥控室对主机进行操作。

电动式遥控系统控制性能好，控制准确;信号传递不受距离的限制，有利于远距离操纵;不用油、气管路，无须油、气处理装置，不必担心漏油、漏气;易于实现较高程度的自动化，是实现主机遥控的最佳途径。这种系统的管理水平要求高，需配备具有一定电子技术的较熟练的管理人员。

(2)气动式遥控系统

以压缩空气为能源，通过气动遥控装置和气动驱动机构对主机进行遥控。压缩空气可直接利用主机启动用的压缩空气，通过减压和净化即可取得。

气动遥控系统的信号传递范围较远，一般可达 100 m 以内;信号传递基本不受温度、振动、电气干扰的影响;因有管路和气压,看得见、摸得着，动作可靠，维护方便，故深受轮机人员欢迎。但该系统信号传递不如电动式快，对气源的除油、除尘、除水等净化处理要求较高，否则易导致气动元件失灵。气动系统目前也趋于小型化和集成化。Sulzer RTA 型柴油机采用此种遥控系统。

(3)液力式遥控系统

液力式遥控系统以液压为能源。此种系统结构牢固，工作可靠，传递力较大。但因液压传动有惯性及所用油的黏度受温度的影响等，会影响传动的灵敏性和准确性,故一般限于机舱范围内应用，不适合远距离信号传递。

(4)混合式遥控系统

混合式遥控系统可综合利用上述各种系统的优点，如电 - 气混合式和电 - 液混合式等。即从驾驶室到机舱采用电传动，机舱系统采用气动或液压式。目前此种系统应用较广。MAN B&W 公司的 LMC/MCE 型柴油机的操纵系统采用电－气联合操纵系统。

(5)微型计算机控制系统

常规的遥控系统中,程序控制等功能由各种典型环节的控制回路来实现。微型计算机遥控主机,则通过计算机执行程序取代常规遥控系统的控制回路,用软件取代硬件程序。计算机系统在执行时，根据从接口输入的车令和表征主机实际运行状态的各种信息进行综合判断和运算，得出所需之控制信息，再经输出接口去控制操纵系统的执行元件，从而实现主机的换向、启动、停车和调速等操作。

这种系统的特点是用微处理机取代分立元件或集成逻辑电路元件,且体积小,功能强,扩大了逻辑功能和运算功能,增加了灵活性,可实现最佳状态和最经济性控制。计算机遥控主机系统是当代船舶向综合性自动化方向发展的目标。

6.3.4　操纵系统的其他功能

主机遥控系统除了根据车钟指令通过各种逻辑回路和自动装置等实现主机启动、换向、调速和停车等程序操作外，还必须具有重复启动、慢转启动、负荷程序、应急停车、自动避开临界转速、故障自动减速或停车、紧急倒车等辅助功能。但柴油机的备车系统状态检查等则应由轮机人员在机舱内完成,然后再转换到遥控系统控制。

为保证操纵系统操作可靠，并保护柴油机，操纵系统还应具备必要的连锁及安全保护功能。

1. 连锁功能

①车钟连锁。若尚未回车钟，则无法拉动启动手柄。

②盘车机连锁。若盘车机未脱开，则主机不能启动。

③换向连锁。若换向伺服器尚未换向完毕，则启动手柄不能拉起。

④运转方向连锁。换向过程中当柴油机的换向与车钟手柄所指示的方向不一致时,切断燃油供给。

2. 安全保护

当下列情况出现时,停车伺服机构会自行动作使主机停车,同时给出故障报警信号:

①曲轴超速。

②主机的滑油压力过低或冷却水压力过低。

③涡轮增压器滑油压力过低。

④推力轴承温度过高。

⑤曲柄箱油雾浓度达故障状态。

6.3.5　几种典型操纵系统

1. MAN B&W 公司的 LMC 型柴油机操纵系统

该机采用电－气联合操纵系统。它具有集控室控制、驾驶室控制、机旁应急控制 3 种控制方式。

为便于控制部位的转换，在机旁应急操纵台上设有遥控／应急转换阀和手轮，用于集控室和机舱应急操纵台间的控制部位转换。在集控室设有驾驶室／集控室控制转换阀，用于驾驶室和集控室间的控制部位转换。

(1)操纵系统的主要组成

①集控室操纵台与主控制阀箱操纵台上有回令车钟、操纵手柄、停车控制阀、启动控制阀、调速器控制阀、驾驶室/集控室控制转换阀、主机或遥控系统中某些装置的工况显示、故障报警及安全保护信息显示，以及若干应急操纵的指令按钮等。主控制阀箱内有为实现上述功能的各种既独立又相关的功能单元。

②驾驶室控制台及控制阀箱有遥控发令车钟、集控室/驾驶室控制转换阀、电－气转换阀、主机工况显示、故障报警信息显示，以及若干应急操纵指令按钮等,用于驾驶室遥控。

③机旁应急操纵台有遥控/应急转换阀、启动阀、停车阀、正倒车控制阀、调速手轮，以及若干控制阀件等。当气动遥控系统、调速器或电子设备故障的情况下，可在机旁手动应急操纵主机。

集控室手动控制时，主机的启动、停车和调速由集控室操纵台上的操纵手柄以电动、气动或电气联合执行。主机转速由气动设定或电子设定的调速器执行，换向操作由回令车钟手柄实现。

驾驶室自动控制时，主机操作完全由发令车钟手柄控制。

遥控系统使用单独的0.7 MPa压缩空气作为控制空气;系统的安全保护装置使用单独供应的0.55 MPa压缩空气并由单独的电子安全系统控制。

(2)操纵系统的主要特点

①2.5～3.0 MPa压缩空气启动系统。采用单气路控制式气缸启动阀及空气分配器、球阀式主启动阀与慢转阀(图6－5)。当主机停车超过30 min需重新启动时，应经慢转阀使主机慢转一圈后，方能启动。

②喷油泵凸轮及空气分配器凸轮采用单凸轮换向装置。喷油泵凸轮用鸡心凸轮，换向时以0.7 MPa控制空气拉动其滚轮连杆(图6－10)即可改变油泵滚轮与凸轮的相对位置。排气阀凸轮不做换向。

③采用Woodward PGA型气动速度设定液压全制式调速器或电子式调速器,并配用多种辅助装置。如扫气压力燃油限制器等。

④安全保护系统。一旦发生下述情况，安保系统触发相关机构使柴油机停车:主机超速、主滑油系统低压、凸轮轴滑油低压、推力轴承温度过高，以及控制室手动停车。高压油管故障保护:若高压燃油管漏泄量大于专设节流孔的排放量，则将触发相应的控制阀，使该缸喷油泵停油(齿条置“0”位或抬起油泵滚轮)。

特急倒车操纵中的安全措施:当控制室进行特急倒车操纵(crash astern)——主机在“港内全速”以上转速运转4 min以上而进行倒车操作,30 s后，调速器扫气压力燃油限制器的限制作用自动取消，以保证柴油机迅速倒车。并且，操纵台上也设“扫气限制”开关。当将其转到“切断”时，扫气压力燃油限制作用也可取消。

⑤连锁机构。如盘车机连锁、运转方向错误(wrong way)连锁(当主机转向与车钟指示运转方向不同时，主机自动断油)、换向连锁等。

2. Sulzer RTA型柴油机操纵系统

该机采用气动遥控系统，用于在机舱集控室(或驾驶室)遥控主机，还能在机旁应急手动操纵主机。各操纵部位可以通过转换阀转换。

(1)操纵系统的主要组成

操作系统由3部分组成:集控室中的操纵台;控制元件箱(安装在柴油机上);柴油机的启动、换向、调速等装置。

该操作系统的控制介质主要有:来自十字头滑油泵的1.2~1.6 MPa的控制油，用以供给喷油泵凸轮换向伺服器及空气分配器换向伺服器;来自船舶压缩空气系统的800 kPa的控制空气;来自船舶空气系统并经减压至550~600 kPa的排气阀空气弹簧控制空气;来自启动空气瓶并减压至600 kPa的安全系统控制空气，以及来自启动空气瓶的3 MPa的启动压缩空气。

(2)操纵系统的主要特点

①启动装置采用双气路气缸启动阀和空气分配器。特殊设计的气缸启动阀在换向程序结束后即可有效地实施能耗强制制动。

②空气分配器和喷油泵采用单凸轮液压差动换向，滞后差动，差动角98° CA。排气凸轮不需换向。

③采用PGA气动液压调速，并装配设定转速燃油限制器、增压空气压力燃油限制器、升压器、超速电磁切断装置等辅助装置。

④安全保护装置。当主机超速，主轴承、十字头轴承滑油低压，气缸注油器断油，气缸冷却水、活塞冷却水低压，排气阀空气弹簧低压，以及应急停车等情况下，由安全切断装置或断油伺服器停止喷油泵进泊,使柴油机停车。

操纵系统中还设有“应急强迫用车”(emergency overriding)装置。在窄水道或避碰等紧急情况下，若发生自动停车现象时，可按下“应急强迫用车”按钮,强制柴油机继续运转，以确保船舶安全。但此时可能导致主机的严重损伤。

⑤连锁装置。如盘车机连锁、运转方向连锁及启动连锁装置等。以保证柴油机的操纵过程按操纵程序正确安全地进行。

【思考与练习】

1. 什么叫柴油机的启动转速?
2. 什么叫最低稳定转速?我国有关法规对低、中、高速柴油机最低稳定转速有何具体规定?
3. 压缩空气启动装置主要由哪些部分组成?
4. 保证压缩空气迅速而可靠启动的条件有哪些?
5. 对压缩空气启动时的正时有何要求?如何保证曲轴在任何位置都能启动?
6. 柴油机气缸中的压缩空气压力大于空气瓶中的压力,为何又能启动柴油机?
7. 试述二冲程柴油机最少启动缸数为四缸的理由。
8. 对气缸启动阀有何要求?比较单、双气路气缸启动阀的优缺点。
9. 何为换向装置?对换向装置有何要求?
10. 柴油机实现换向的先决条件是什么?
11. 何为差动换向、差动角?有哪几种常用的换向方式?
12. 柴油机燃油凸轮与排气凸轮能在同一轴上实现差动换向的条件是什么?

第 7 章　柴油机的调速和调速器

【知识目标】

1. 了解对船舶主机和发电柴油机进行调速的必要性。
2. 能正确掌握机械调速器、液压式调速器、电子调速器的工作原理和特点。
3. 熟悉并联工作的发电柴油机对稳定调速率的要求。
4. 能掌握调速器的常见的故障现象。
5. 能掌握船舶柴油机各种超速保护装置的类型及工作特点。

【能力目标】

1. 能熟知液压调速器的各项调节。
2. 能对调速器进行维护管理与一般故障排除。

7.1　柴油机的调速

柴油机运行中的不同转速和负荷是通过改变循环喷油量来实现的。在一定的外界负荷条件下，供给柴油机一定燃油量，使柴油机发出的功率与外界负荷相平衡，柴油机就在某一转速下稳定运行。改变油量调节机构，使柴油机转速调节到规定的转速范围内称柴油机调速。

船舶柴油机的外界负荷是经常变动的，欲使柴油机的功率与新的外界负荷相适应，就应及时改变喷油量。为此必须装设专门的调速装置，以便根据柴油机负荷的变化来自动调节供油量，维持其规定的转速范围，这种装置称为调速器。

船舶推进主柴油机与发电柴油机的运转条件和工作特性不同。当外界负荷变化时，柴油机自身的适应能力也不同，因此对其调速的要求也不同。

7.1.1　船舶发电柴油机的调速

船舶发电柴油机要求当外界负荷(用电量)变化时能保持恒定的转速，以保证发电机的电压和频率恒定，即柴油机应按负荷特性工作。这就要求柴油机的有效功率能随外界负荷而变动并保持平衡。若外界负荷减小而喷油量不变，则柴油机的功率就会大于外界负荷而使转速升高，转速升高则又进一步扩大了功率的不平衡，使转速继续升高以致发生飞车。反之，若外界负荷增加而喷油量不变，柴油机转速就会降低并最终导致停车。

可见，为使柴油机在外负荷变化时仍保持恒速稳定运转，必须在转速随外负荷变化时相应地调节其供油量，以使其有效功率与外界负荷的变化相适应。即发电柴油机必须装设定速调速器，以保证负荷变化时柴油机始终能以规定的转速稳定运转。

7.1.2　船舶推进主柴油机的调速

船舶主机的运转条件和工作特性与发电柴油机不同。船舶主机（直接驱动螺旋桨）因航行要求而需改变转速时，其工作特性为柴油机推进特性，它与螺旋桨配合工作的特性曲线如图 7－1 所示。图中曲线Ⅰ为 90% 标定负荷速度特性，Ⅱ为推进特性。B 点为稳定工作点，柴油机有效功率与螺旋桨的阻力功率相等。若外界负荷不变而增加供油量，使其速度特性曲线变为Ⅰ′，由图可见，供油量增加瞬时，柴油机的有效功率大于在原运行点 B 时桨的阻力功率，使柴油机转速增加。当达到新的稳定运转点 B' 时，两者功率又达到平衡，即柴油机重新在较高的转速下稳定运转。反之，若减少供油量，则柴油机将在较低的转速下稳定运转。可见改变柴油机供油量可有效地对柴油机实现调速。

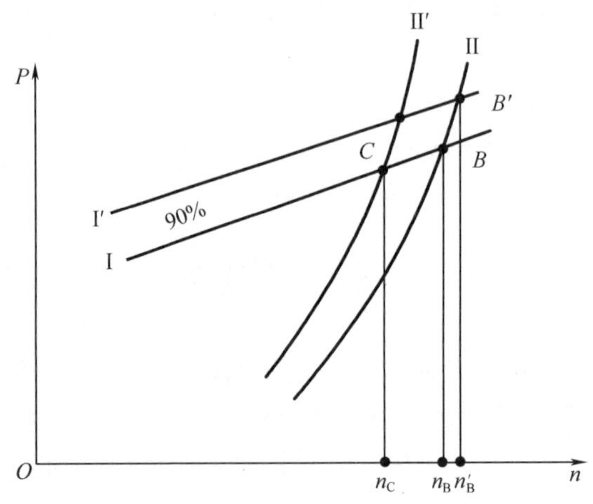

图 7－1　柴油机与螺旋桨配合工作的特性曲线

若柴油机供油量不变而外负荷增加（如船舶阻力增加），使曲线Ⅱ左移至Ⅱ′，与曲线Ⅰ的交点为 C，在曲线Ⅱ变更的瞬时，桨的阻力功率大于柴油机的有效功率，使柴油机转速降低至 n_C 时两者功率又达到平衡而稳定运转。反之，若外负荷降低，则柴油机将在较高的转速下稳定运转。

可见，船舶主机有自动变更转速以适应外界负荷变化的能力。即使没有调速器，转速仍可自动恢复稳定。即船舶主机具有自动调速性能。所以若对船舶主机的转速不是严格地要求恒定不变，则无须装设调速器。但为了防止主机运转中断轴、螺旋桨失落或出水等造成柴油机超速飞车，根据我国有关规定，船舶主机必须装设可靠的调速器（限速器），使主机转速不超过 115% 标定转速。

另外，现代船舶主机为了避免外负荷变化所引起的转速变化，以及由此对柴油机工作的不良影响（如可靠性、寿命及经济性等），通常均装设全制式调速器。它能在主机正常转速范围内的任一设定转速下保证稳定运转。

7.2 调速器的类型及超速保护装置

7.2.1 调速器的类型

1. 按调速范围分类

(1)极限调速器(限速器)

此种调速器只用于限制柴油机的最高转速不超过某一规定值，在转速低于此规定值时它不起调节作用。此种调速器仅用于船舶主机，目前很少单独使用。

(2)定速(单制式)调速器

这是负荷变化时直接调节供油量以保持柴油机在预定转速下稳定运转的调速器。此种调速器应用于要求转速固定不变的发电柴油机。通常，为满足多台柴油机并联运行的要求，调速器一般有 ±10% 标定转速的可调范围。

(3)双制式调速器

这是能维持柴油机的最低运转转速并可限制其最高转速的调速器。其中间转速由人工手动调节。此种调速器能改善柴油机怠速工况的稳定性并限制最高转速，用于对低速性要求较高或带有离合器的中小型船用主机。当离合器脱开的瞬时相当于柴油机突卸负荷，该调速器就能有效地防止柴油机飞车。在低转速时接上离合器又能避免柴油机转速急剧下降而保持最低转速。

(4)全制式调速器

这是从柴油机最低稳定转速到最高转速的全部运转范围内，均能自动调节供油量以保持任一设定转速的调速器。此种调速器广泛用于船舶主机及柴油发电机组。

2. 按执行机构分类

(1)机械式(直接作用式)调速器

它直接利用飞重产生的离心力来移动油量调节机构以调节柴油机的转速。

(2)液压(间接作用式)调速器

它通过液压伺服器将飞重产生的离心力放大，利用放大后的动力来移动油量调节机构以调节柴油机的转速。

(3)电子调速器

这是转速信号监测或执行机构采用电气方式的调速器。

7.2.2 机械式调速器

机械式调速器主要部件由飞重、滑动套筒及调速弹簧等组成，如图 7－2 所示。飞重安装在飞重架上通过转轴由柴油机驱动高速回转。飞重和调速弹簧组成的转速感应元件按力平衡原理工作。当柴油机发出的功率与外界负荷恰好平衡时，其转速稳定，飞重产生的离心力与调速弹簧的预紧力相平衡，油量调节杆保持在某一供油量位置，如图 7－2 中实线所示。

若外界负荷突然减小，则柴油机发出的功率就大于外负荷，使转速升高，此时飞重离心力将大于弹簧预紧力而使套筒上移，增加调速弹簧的压缩量，同时通过角杆拉动油量调节杆以减少供油量。当调节过程结束时，柴油机的功率与外负荷在彼此都减小了的情况下达到平衡，调速器的飞重则稳定在图 7－2 示之虚线位置，其离心力和调速弹簧的作用力也在彼此都增大了的情况下达到新的平衡。

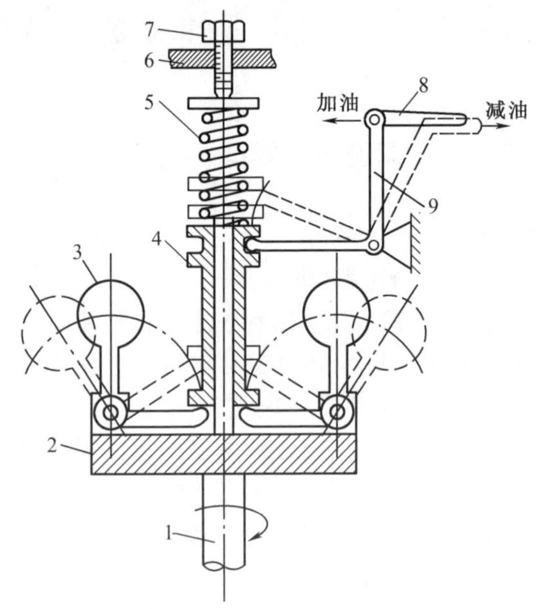

1—转轴；2—飞重座架；3—飞重；4—套筒；5—调速弹簧；6—本体；7—调节螺钉；8—油量调节杆。

图 7－2　机械式调速器简图

当外界负荷突然增加时，调速器的动作与上述相反，飞重离心力与弹簧作用力在彼此都减小了的情况下达到新的平衡状态。

由上可见，机械式调速器不能使柴油机在调速前后的转速保持不变。当外负荷减小时，调节后的转速要比原转速稍高。而当外负荷增加时，调节后的转速要比原转速稍低。引起这种转速差的根本原因在于感应元件与油量调节机构之间采用刚性连接。当外负荷减少时，供油量必须相应减少才能保持转速稳定，因此调油杆必须右移减油，这就必然同时增大了调速弹簧的压缩量而使弹簧压力变大，于是与弹簧力平衡的套筒推力以及飞重离心力也必须相应增加。而这些平衡条件只有在柴油机的转速稍高于原转速时方能达到。反之，当外界负荷增加时，上述平衡条件只有在柴油机的转速稍低于原转速时方能达到。

转动调节螺钉可改变调速弹簧的预紧力，从而改变柴油机的设定转速。此种调速器调节油门的动力来自飞重的离心力，故其工作能力较小，且不能实现恒速调节，灵敏度和精度较差。但结构简单，维修方便，多用于中小功率柴油机。

7.2.3　调速器的性能指标

调速器的性能直接影响柴油机运转的稳定性和可靠性。调速器装机后，在柴油机性能鉴定时应对柴油机进行突变负荷试验，同时用转速自动记录仪记录柴油机的转速随时间的变化曲线（即调速性能试验），用以分析调速器的性能。

图 7－3 为柴油机突变负荷试验时得到的调速过程的转速变化曲线。柴油机先在最高空载转速 n_{omax} 下稳定运转，在某瞬时突加全负荷，转速立刻下降，瞬时转速降到 n_{min}。此时由于调速器相应增加了喷油量，转速又回升，经过一段时间 t_s 后并经历数次收敛性的波动，至某点才稳定在全负荷稳定转速 n_b 下运转。此过程称为调节的过渡过程。

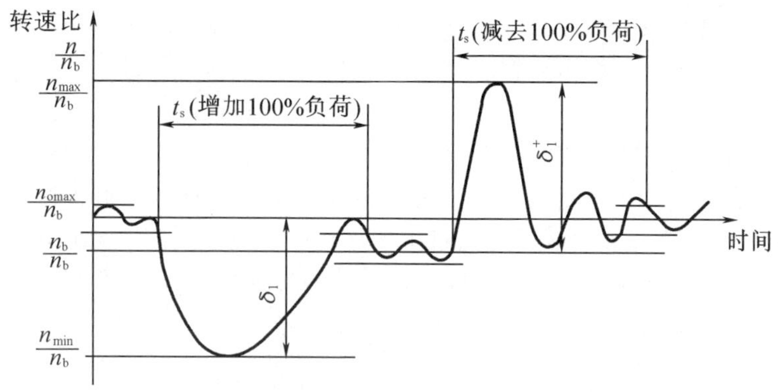

图7－3　突卸、突增负载时转速调节过渡过程

试验还可从其后某点突卸全负荷，此时转速立即升高，达到最高瞬时转速 n_{max}。由于调速器相应减少喷油量，转速又下降，经过 t_s 时间后，又稳定在原最高空载转速 n_{omax}。

评定调速器的性能有静态指标和动态指标。

1. 调速器的静态指标

(1)稳定调速率 δ_2

调速器标定工况下的稳定调速率 δ_2 是根据标定工况突卸全部负载求得的。它是指当操纵手柄在标定供油位置不变，柴油机在标定工况稳定运行时突卸全部负载，调速器起作用使柴油机重新稳定运行后，其最高空载转速(空车稳定转速) n_{omax} 与标定转速 n_b 之差同标定转速 n_b 比值的百分比，即

$$\delta_2 = \frac{n_{omax} - n_b}{n_b} \times 100\%$$

稳定调速率 δ_2 用来衡量调速器的准确性。调速器存在调速率(也称速度降)说明当外界负荷变化时，柴油机的转速会有少量波动，其值较小就表示准确性好；如果 δ_2 过大，不仅对被带动的工作设备的稳定工作不利，即便对空转时柴油机零件的磨损也是有害的。

稳定调速率的大小应根据柴油机的用途和要求而定。我国海船建造规范规定，船舶主机调速器的稳定调速率应不超过10%，船舶发电柴油机调速器的稳定调速率应不超过5%。对于单台柴油机允许 $\delta_2 = 0$，它表示柴油机的转速不会随外界负荷变化而保持恒速运转。但在几台柴油机并联工作时，为了按比例均衡分配负载，各柴油机的稳定调速率 δ_2 必须相等且不为零。

(2)转速波动率 Φ 或转速变化率 φ

柴油机在稳定运转时，转速也会产生微小的波动，转速的变化程度可用转速波动率 Φ 或转速变化率 φ 来评价，两者定义不同，均用来衡量调速器的稳定性。一般让柴油机在某转速稳定运行15 min，测定其间的转速波动情况。

$$\Phi = \left| \frac{n_{cmax}(n_{cmin} - n_m)}{n_m} \right| \times 100\%$$

$$\varphi = \frac{n_{cmax} - n_{cmin}}{n_m} \times 100\%$$

转速波动率 Φ 表征稳定工况下转速波动的大小，转速变化率 φ 表征其转速变化的大小。为保证柴油机可靠运转，一般规定在标定工况时，$\Phi \leqslant 0.5\%$，$\Phi \leqslant 1\%$。如果超过规定范围，就表示调速系统的工作不正常。

(3)不灵敏度 ε

调速器在工作时，因为调速器内的运动元件之间存在摩擦阻力，从调速器到喷油泵之间的传动件（拉杆、杠杆、销轴等）之间有间隙，各零件运动时有摩擦阻力和惯性力。因此当柴油机外界负荷有点变化并引起转速微量增加或减少时，调速器不会立即做出反应去改变供油量，而要到转速变化量足够大时，调速器才开始起到喷油量的调节作用。这种现象称为调速器的不灵敏性，通常用不灵敏度 ε 来表示不灵敏性的大小，即

$$\varepsilon = \frac{n_2 - n_1}{n_m} \times 100\%$$

不灵敏度过大会引起柴油机转速不稳定，严重时会导致调速器失去作用，甚至产生飞车事故。不灵敏度随柴油机转速高低会有差异，当柴油机转速较低时，因调速器预紧力较小，产生张力也小，而传动机构的阻力却反而增大，造成不灵敏度加大。

一般规定在标定转速时 $\varepsilon \leqslant 2\%$，在最低稳定转速时 $\varepsilon \leqslant 13\%$。

2. 调速器的动态指标

由一个平衡转速过渡到另一个平衡转速之间所反映的调速系统的特性，称为调速器的动态特性，用作评定调速系统调节过渡过程性能的动态指示，通常采用下列二项。

(1)瞬时调速率 δ_1

根据试验时负荷的突卸与突加，可分为突卸负荷瞬时调速率 δ_1^+ 和突加负荷瞬时调速率 δ_1^- 两种。

①突卸负荷瞬时调速率 δ_1^+：指柴油机先在标定工况下稳定运行，然后突然卸去全部负荷，测定转速随时间的变化关系。

②突加负荷瞬时调速率 δ_1^-：与突卸负荷情况相似，当柴油机在最高空载转速 n_{max} 下稳定运转时，突加全部负荷，转速也会突然下降，最低瞬时转速为 n_{min}，再经几次收敛性的波动后，才会稳定在标定转速 n_b 运行。

船舶主机一般要求 $\delta_1 \leqslant 12\%$，对船舶发电柴油机要求 $\delta_1 \leqslant 10\%$。

(2)稳定时间 t_s

过渡过程的稳定时间是指突卸（或突加）全负荷后，转速开始波动到转速达到新的稳定范围（指转速波动率 Φ 不大于规定值）为止的时间，表明消除过渡过程中波动现象的快慢，以秒计。

稳定时间 t_s 越短，说明转速消除得越快，调速器的稳定性越好。t_s 一般限制在 5 ~ 10 s，对于船舶发电柴油机，要求 $t_s \leqslant 5$ s。

一个好的调速系统，其调速过程应满足 3 个条件：一是过渡过程的转速波动是收敛的，即转速波动的幅度随时间增长而减小；二是过渡中转速瞬时波动的幅度不应过大，以免柴油机超速而影响其可靠性；三是过渡时间不应过长，转速应迅速达到稳定。

7.2.4 超速保护装置

为防止在调速器损坏时造成柴油机超速损坏，除按规定和使用要求需装设上述调速器

外，按我国有关规定，凡标定功率大于 220 kW 的船舶主机和船舶发电柴油机还应装设超速保护装置，以防主机转速超过 120% 标定转速和发电柴油机转速超过 115% 标定转速。

超速保护装置是一种安全装置，它与调速器不同，它只限制柴油机转速，本身无调速特性。在正常运转范围内它不起作用，只在转速达到规定限值时才做出响应使柴油机立即停车或降速。按规定超速保护装置必须与调速器分开设立而独立工作，无论柴油机操纵机构处于何种状态，超速保护装置的保护动作必须迅速而准确。

超速保护装置由转速监测器、伺服机构和停车机构 3 部分组成。转速监测器对柴油机转速随时进行测定与鉴别。当转速达到规定限值时，发出信号，触发伺服机构动作。伺服机构的动作应具有足够的强度与幅度，保证在任何情况下均能带动停车机构立即切断燃油供给或停止气缸进气，使柴油机迅速停车。

转速监测器有离心式、电磁式、气压式 3 种形式。离心式利用飞重 - 弹簧测定转速，多用于中型柴油机。电磁式利用电磁感应原理测定转速（如测速发电机），多用于中、低速柴油机。气压式利用增压空气压力测定转速，仅适用于机械增压的小型柴油机。

伺服机构有弹簧式、气压式、液压式 3 种。弹簧式的结构简单，但需人工复位。气压式和液压式结构复杂，但动作作用力大，且能自动复位。

7.3 液压调速器

液压调速器通过一个液压放大机构将飞重产生的离心力放大后再去移动油量调节机构。所以它属于间接作用式调速器。这种调速器中必须具有由控制滑阀和动力活塞组成的液压放大机构（液压伺服器）。同时，为提高液压调速器调节过程的稳定性，改善其动态特性，还必须具有反馈（补偿）机构。液压调速器具有广阔的转速调节范围，调节精度和灵敏度高，稳定性和通用性好，广泛应用于船舶大、中型柴油机。但其结构复杂，管理要求较高。

7.3.1 液压调速器工作原理

1. 无反馈液压调速器

图 7 - 4 为无反馈液压调速器的结构示图。转速感受元件由飞重、调速弹簧和速度杆组成，由柴油机驱动轴带动旋转。伺服放大机构由滑阀及液压伺服器组成。调速器内的高压工作油由齿轮泵供给。

柴油机稳定运转时，飞重的离心力与弹簧的预紧力平衡，飞重位于图 7 - 4 所示位置。由速度杆控制的连接摇杆（AC）位于图 7 - 4 所示垂直位置。滑阀封闭液压伺服器的左、右控制孔。液压伺服器内的动力活塞保持静止，喷油泵齿条不动，于是柴油机按该调速弹簧所设定的转速稳定运转。

若柴油机的负荷减小，驱动轴的转速将升高，飞重离心力增大，飞重向外张开，推动速度杆右移。连接摇杆以 A 为支点逆时针摆动，于是节点 B 带动滑阀右移，左、右控制孔打开，从而压力油进入伺服器油缸右侧，而左侧空间接通低压油路。油压使动力活塞左移并带动喷油泵齿条减油，柴油机转速下降。当转速恢复至原设定转速时，速度杆和滑阀又回至原平衡位置，并切断伺服油缸工作油通路。动力活塞则停在新的位置上，调节过程结束。

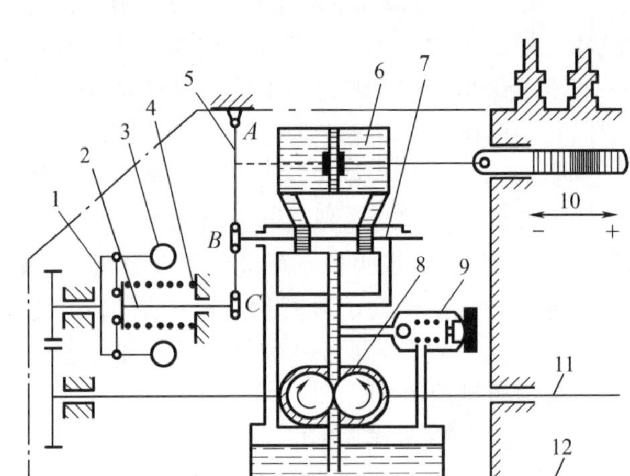

1—转盘;2—速度杆;3—飞重;4—调速弹簧;5—连接摇杆;6—液压伺服器;7—滑阀;8—齿轮泵;9—溢流阀;10—油泵齿条;11—驱动轴;12—喷油泵。

图7-4 无反馈液压调速器

类似地，当柴油机的负荷增加时，转速将降低，则调节过程按上述相反方向进行。

实际上，调速系统的惯性使滑阀和动力活塞的动作总是滞后于柴油机转速的变化。当负荷减小需调小供油量时不能达到根据负荷的减少程度适度调节，导致油量过分减少，柴油机过度降速。类似地，当柴油机负荷增加时，供油量将过分增加，柴油机过度增速。于是如此不断重复降速、加速的调节过程，使转速波动调节过程不稳定，无法满足使用要求。这种无反馈装置的液压调速器在实际中是不能使用的。

为能实现稳定调节，液压调速器中需加入一个反馈(或补偿)机构。反馈环节在动力活塞移动的同时反作用于滑阀，使其向平衡位置移动，从而使滑阀提前恢复至平衡位置。反馈环节对滑阀产生的反作用动作称为反馈或补偿。液压调速器中的反馈机构有刚性反馈和弹性反馈两类。

2. 刚性反馈液压调速器

其基本结构与无反馈液压调速器相似。若将图7-4中的连接摇杆的固定支点A改为与动力活塞杆铰接，即构成刚性反馈机构，如图7-4中虚线所示。

由图可见，当柴油机负荷减小时，驱动轴的转速将升高，飞重向外张开使调速弹簧压缩，同时使速度杆向右移动。由于此时动力活塞尚未动作，故反馈杠杆AC的上端点A此时作为固定点，杠杆AC绕A点向右(逆时针)摆动，带动滑阀右移，将控制孔打开。高压油进入伺服器油缸的右腔，左腔则与低压油路相通。高压油便推动活塞带动油泵齿条左移，减少柴油机的供油量。

动力活塞左移的同时，杠杆AC绕C点向左摆动并带动与B点相连接的滑阀也左移，从而使滑阀向相反方向移动。并且，柴油机此时由于减油而转速下降，也使滑阀左移。在两者的共同作用下，滑阀就能迅速回复至原来位置。于是调节过程的波动很快被衰减，使调速器实现稳定调节。

调节过程结束时，滑阀回到原位，关闭控制油孔，切断通往伺服油缸的油路。此时动力活塞停止运动，油量调节杆则随其移到一个新的平衡位置，柴油机在相应的新负荷下工作，即 A 点的位置是随负荷而变的。而 B 点在任何稳定工况下均应处于原位，它与负荷无关。由于反馈是通过刚性连接达到的，故 C 点的位置必须随 A 点做相应的变动而稳定在新的位置，亦即柴油机不能恢复到原有的转速。故调速器的稳定调速率不能达到零，不能实现恒速调节。这是刚性反馈的特点。

进一步分析可知，刚性反馈调速器当负荷减小时，新的稳定转速将比原转速稍高。当负荷增加时，新的稳定转速将比原转速稍低。

3. 弹性反馈液压调速器

如果既要调速过程稳定，又要实现恒速调节（$\delta_2=0$），就必须采用带有弹性反馈的液压调速器。

弹性反馈液压调速器实际上是在刚性反馈液压调速器的基础上增加了一个弹性环节，如图 7－5 所示。它由缓冲器、补偿活塞、补偿弹簧、节流针阀等组成。缓冲器油缸中充满工作油，油缸内补偿活塞两侧空间通过管道及针阀而接通。当缸体自受力后，缸内工作油从一侧间流向另一空间。节流针阀的节流作用使补偿活塞的移动比受力滞后，从而起到缓冲作用。

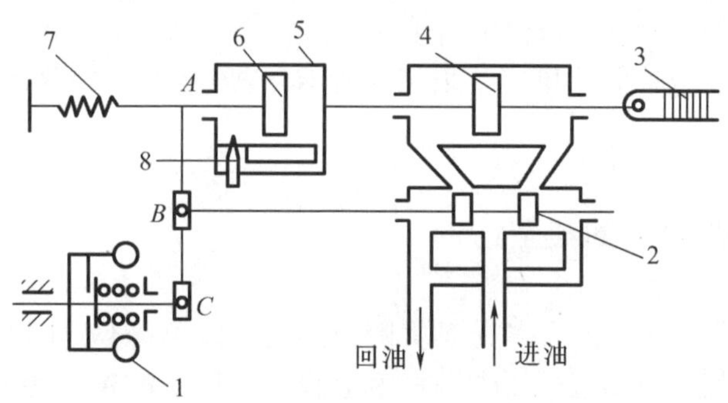

1—飞重；2—滑阀；3—油泵齿条；4—伺服活塞；5—缓冲器；6—补偿活塞；7—补偿弹簧；8—节流针阀。

图 7－5　弹性反馈液压调速器工作原理

柴油机的负荷减小时，转速将增大，飞重的离心力增大，于是滑阀右移，伺服活塞左移并减少喷油泵供油量。在调速过程开始时，随着伺服活塞的左移，缓冲器的油缸、活塞及 AC 上的接点 A 几乎以相同速度左移，使补偿弹簧受压缩，同时带动与 B 点相连接的滑阀也左移。这些动作与刚性反馈相同。

但到调速过程接近结束时，滑阀回到原位遮住通往伺服油缸的油路，此时缓冲器和伺服活塞已停留在与新负荷相应的位置上。而被压缩的补偿弹簧则在弹性力的作用下复原，使 A 点带动补偿活塞相对于缓冲器油缸移向右方，回到原位。补偿活塞右侧油缸中的油经节流针阀流到左侧。于是，补偿弹簧及杠杆 ABC 均恢复到原来位置，调速器的速度杆也回到原位。亦即调速过程结束后，柴油机的转速保持不变，稳定调速率可为零，实现恒速调节。当柴油机负荷增加时，通过对调速过程类似的分析，也可得到这一结论。

4. 双反馈液压调速器

并车运行时，除了要求柴油机调速过程稳定外，还需按正确的比例分配各机的负荷。因此调速器既应具有弹性反馈机构以保证调节的稳定性，同时还应具有刚性反馈机构使其有一定的稳定调速率，以保证各机按比例分配负荷。图7－6 为双反馈液压调速器工作原理示意图。

刚性反馈杠杆 *EGF* 和弹性反馈机构（缓冲器K、补偿弹簧 S、节流针阀 C）由动力活塞杆带动。当柴油机负荷降低，转速升高时，飞重向外张开，带动杠杆 *AB* 以 *A* 点为支点做逆时针摆动，使滑阀杆 D 上移，压力油进入伺服器动力活塞的下方而从其上方泄至低压空间。于是，动力活塞上行减油。同时，一方面使刚性反馈杠杆 *EGF* 绕 *G* 点顺时针摆动，*F* 点下移增加弹簧预紧力，使其稳定后转速较原转速稍有提高($\delta_2>0$)。另一方面由弹性反馈机构保证恒速稳定调节。

双反馈调速器中，可通过弹性反馈机构中节流针阀的开度大小调节其稳定性。通过改变刚性反馈杠杆 *EGF* 两臂的比例来调节稳定调速率，当 *F* 与 *G* 重合时，$\delta_2=0$。船舶柴油机广泛采用这种双反馈液压调速器。

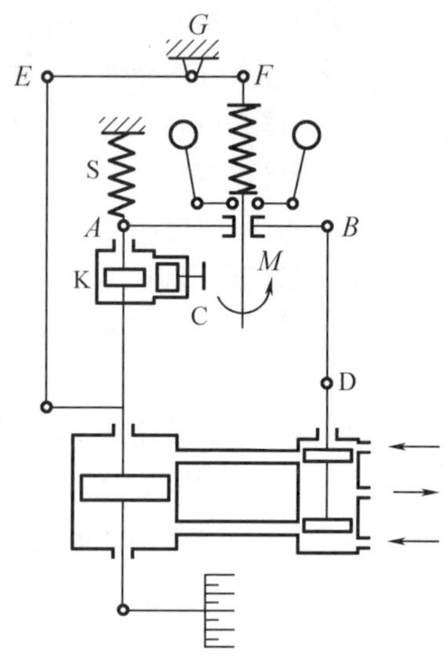

K—缓冲器；C—节流针阀；S—补偿弹簧；D—滑阀杆；*EFG*—反馈杠杆。

图7－6　双反馈液压调速器工作原理

7.3.2　液压调速器的典型结构

船舶柴油机的液压调速器大多为双反馈全制式。以 Woodward UG 和 Woodward PGA 型液压调速器最为普遍。UG 型分为杠杆式和表盘式两种。PGA 型为气动遥控式，多用于遥控主机。它们均可按用户要求附加某些辅助装置以完成控制或安全等方面的额外要求。国产的双反馈全制式液压调速器，如 TY－111 或 TY－555 型，其基本结构和性能与 UG 型相似。

1. Woodward UG－8 型表盘式液压调速器

UG－8 型表盘式液压调速器的输出调节力矩（工作能力）为 10.85 N · m，输出轴转角为 42°，多用于发电柴油机。

UG－8 型表盘式液压调速器正面表盘上有 4 个旋钮：

“3”——调速旋钮；

“8”——速度降旋钮；

“9”——负荷限制旋钮；

“1”——转速指示器。

(1)结构组成

UG－8 型调速器的结构原理如图 7－7 所示，它主要由以下部分组成。

①驱动机构　驱动轴由柴油机的凸轮轴经伞齿轮传动，通过油泵齿轮、传动齿轮和飞重架等使飞重转动，将柴油机的转速信号传递到感应机构。

②转速感应机构　由飞重、锥形调速弹簧及调速杆等组成，用来感受和反映转速的变化。

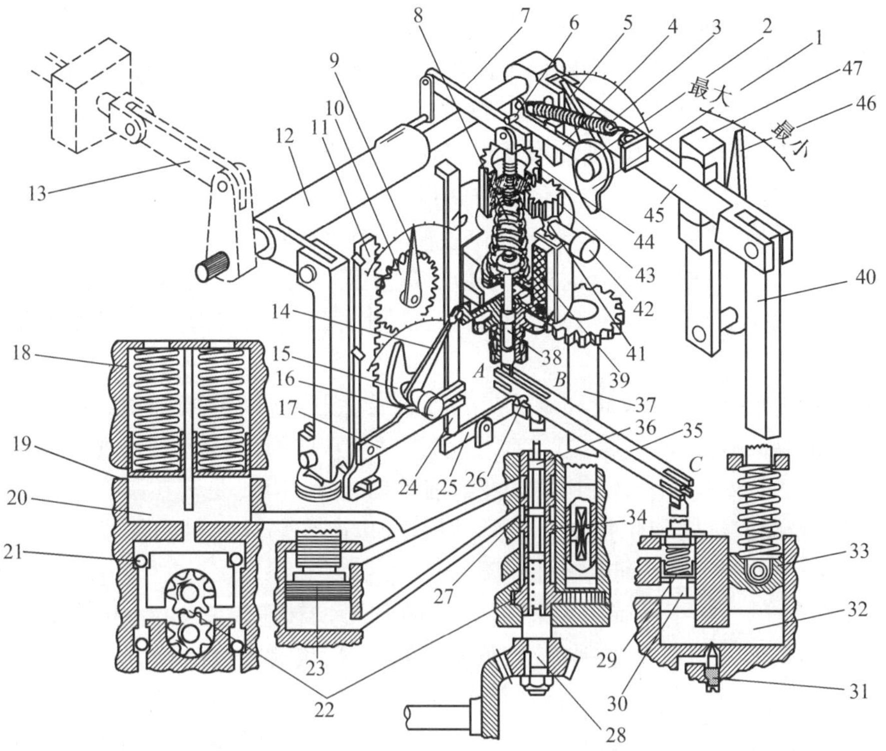

1—静速差凸轮；2—静速差旋钮；3—拉紧弹簧；4—顶杆；5—静速差指针；6—支持销；7—静速差杆；8—调速弹簧；9—负荷指针；10—齿轮；11—齿条；12—输出轴；13—油量调节杆；14—负荷限制指针；15—负荷限制凸轮；16—负荷限制旋钮；17—控制杆；18—稳压油缸；19—溢油孔；20—蓄压室；21—球阀；22—油泵齿轮；23—动力活塞；24—紧急停车杆；25—限制杆；26—限制销；27—控制孔；28—驱动轴；29—反馈弹簧；30—小反馈活塞；31—补偿针阀；32—补偿空间；33—大反馈活塞；34—控制滑阀套筒；35—浮动杆；36—滑阀；37—弹性轴；38—调速杆；39—飞重；40，45—反馈杠杆；41，43—传动齿轮；42—调速旋钮；44—调速齿轮；46—反馈指针；47—活动支点。

图7－7　UG－8表盘式调速器结构原理图

调速弹簧的下端作用于调速杆，调速杆的下端与浮动杆铰接。浮动杆的右端与小反馈活塞铰接，中间与滑阀的杆端铰接。于是，转速变化时飞重张开或合拢，其动作通过调速杆和浮动杆使滑阀上下移动。

③伺服放大机构　由控制滑阀、控制滑阀套筒、动力活塞以及有关油路等组成，用以放大感应机构的输出能量。

控制滑润套筒由驱动轴带动回转。稳定运转时，滑阀恰好将套筒的控制孔封闭。转速升高时，飞重张开，滑阀上移，动力活塞下部空间通过控制孔接通低压油路，于是动力活塞下移；转速降低时，动作相反，动力活塞将上移。

④调节机构　由动力活塞、输出轴及油量调节杆等组成，伺服活塞上下运动，通过杠杆机构转动输出轴，用来拉动调油杆调节供油量。

⑤恒速反馈机构　由大反馈活塞、小反馈活塞、反馈弹簧、补偿针阀、反馈杠杆、活动支点、反馈指针以及反馈油路等组成，用以保证调速过程中转速稳定。

反馈杠杆连接在调速器的输出轴上，由输出轴驱动。动力活塞在转动输出轴的同时，通过反馈机构使浮动杆绕 A 点摆动，使滑阀上下移动，从而提前复位至中央位置。

⑥速度降(静速差)机构　由静速差旋钮、静速差凸轮、顶杆、拉紧弹簧、支持销、静速差杆和静速差指针等组成。它是一种刚性反馈机构，不但能使调节过程稳定，而且能调节稳定调速率，产生一定的静速差，以满足调节稳定性和柴油机并车工作之需要。

静速差机构将伺服活塞的调油动作反作用到调速弹簧上，并根据支持销的位置按比例地改变调速弹簧的预紧力。预紧力不同，与其相应的转速也不同。因此对应不同的负荷，发动机的稳定转速将不同。支持销在不同位置便可得到不同的 δ_2。支持销位置可人工调节，当支持销与调速弹簧轴线重合时，其刚性反馈作用消失，即有 $\delta_2=0$，可实现恒速调节。

⑦速度设定机构　由两部分组成，通过改变调速弹簧的预紧力来改变柴油机的设定转速。

其一是由调速旋钮、传动齿轮和调速齿轮等组成。当转动调速旋钮时，通过传动齿轮使调速齿轮(即上弹簧盘，带内螺纹)转动并同时沿中心螺杆上下移动，以改变调速弹簧预紧力，从而改变设定转速。该部分用于调速器前手动调节。其二是装在调速器盖上的调速电机，并通过蜗轮减速机构和摩擦离合器驱动齿轮，以改变调速弹簧的预紧力。调速电机由配电板上的开关控制，用于配电极处遥调。

表盘上右下方的转速指示旋钮用来指示柴油机选定的转速，它自身不可调节。

⑧负荷限制机构　由负荷限制旋钮、负荷限制指针、负荷限制凸轮、控制杆、紧急停车杆、限制杆、限制销、齿条、齿轮、负荷指针等组成，用来限制动力活塞的加油行程。

在图 7 -7 所示位置，负荷限制指针位于表盘刻度“10”(最大)处。而此时动力活塞的实际加油行程由负荷指针指示为“5”处(负荷指针由齿条和齿轮传动，指示动力活塞的位置)。此时，在控制杆和负荷限制凸轮之间存在间隙，故当负荷继续增大时，滑阀的下移不受限制，动力活塞可继续上行增加供油量。当动力活塞上行到最大供油量位置时，负荷指针转到刻度“10”。此时控制杆与负荷限制凸轮刚好接触，限制了控制滑阀继续下移，动力活塞(即供油量)也被限制在刻度“10”处。类似地，若负荷限制指针置于刻度“8”“6”“4”处，则柴油机的供油量亦被限制在“8”“6”“4”处。

启动时为防止柴油机加速过快，应将负荷限制旋钮置于刻度“5”左右；待启动后运转正常再逐渐将负荷限制旋钮转至刻度“10”或其他规定位置。若转动负荷限制旋钮至“0”刻度，则通过凸轮及控制杆将紧急停车杆压下，柴油机将停车。

若需紧急停车可按下紧急停车杆。此时限制杆通过限制销使滑阀抬起，动力活塞便下移将供油量减为零。此停车杆仅在调速器试验中使用，并非在柴油机运转中使用，但可在其上方安装安全停车辅助装置(停车电磁阀等)以保护柴油机。

⑨液压系统　由低压油池、油泵齿轮、稳压油缸及油缸中的稳压活塞和有关油路等组成，用以产生并维持推动动力活塞运动的油压。

油泵齿轮从油池中吸油加压后输送到稳压油缸及相关空间。稳压油缸、稳压活塞、弹簧和溢油孔等用来维持系统中稳定的油压(约 0.8 MPa)。当油压过高时，稳压活塞将升起，滑油从溢油孔流回油池，以保持系统中的油压稳定。

(2)工作原理

柴油机在某一负荷下稳定工作时，飞重的离心力与调速弹簧的预紧力平衡，滑阀位于图 7 -7 所示中间位置将控制孔封闭，使动力活塞下方空间封闭。于是动力活塞稳定不动，输出轴和油量调节杆等均稳定在某一位置，使柴油机有一个相应于外负荷的供油量。柴油机在由调速弹簧所设定的转速下稳定运转。

当负荷增大时，转速下降，飞重的离心力将小于调速弹簧的弹力，飞重向内收拢，调速弹簧推动调速杆下移，使浮动杆以右端 C 点为支点向下摆动，推动滑阀下移并打开套筒上的控制孔，于是高压油进入动力活塞的下腔。由于动力活塞下部面积为上部面积的两倍（差动式），油压向上的作用力大于向下的作用力，使动力活塞上移，并带动输出轴朝加油方向（逆时针）转动，供油量增加使转速回升。

随着动力活塞上移，输出轴逆时针转动的同时，反馈杠杆左端上移，右端以活动支点为中心下移，带动大反馈活塞下移，压缩补偿空间中的滑油，迫使一部分滑油从补偿针阀的小孔流出。由于补偿针阀的节流作用，反馈油路中的油压仍有上升，使小反馈活塞上移并压缩反馈弹簧。此时浮动杆以左端 A 点为支点逆时针转动，带动滑阀上移，使其提前返回原平衡位置，重新封闭控制孔，切断压力油，于是动力活塞停止加油。此后，反馈弹簧的作用使小反馈活塞逐渐下移复位，多余的滑油经补偿针阀泄出。此下移速度与调速杆的上行速度相适应，使滑阀处在中央位置不动，柴油机恒速运转。

上述反馈动作即为弹性（恒速）反馈，其作用是防止调速器加油过量。反馈动作并非一次完成，而是反复多次，一直持续至油量增加到与负荷增加相适应，且使发动机恢复到原来的工作转速时为止。此时，飞重、调速杆、滑阀和小反馈活塞回到原先的平衡位置，而动力活塞、输出轴和大反馈活塞就停在对应于负荷增加后所需的供油量位置上，柴油机恢复至原转速稳定运转，获得新的平衡，实现恒速反馈调节。

为保证调速过程有一定的静速差，亦即具有一定的稳定调速率，调速器中设有静速差机构（刚性反馈机构）。当外负荷增加，输出轴向加油方向（逆时针）转动的同时，还带动静速差杆绕支持销也按逆时针方向转动，其右端上移，调速齿轮和中心螺杆随即一起上移，将调速弹簧稍微放松。由于调速弹簧预紧力的减小，使柴油机在负荷增加后的稳定工作转速较原工作转速稍有降低，亦即存在一定的静速差（速度降）。

同理，当柴油机的负荷减小时，调速器的调节过程与上述相反。同样由于速度降机构的动作，使柴油机负荷减小后以比原转速稍高的转速稳定运转。

2. Woodward PGA 型调速器

PGA 型液压调速器由原 PG 型调速器与遥控气动速度设定机构组合而成，是一种双反馈、气动速度设定的全制式液压调速器。PGA 意指压力补偿压缩空气速度设定。其速度降由刚性反馈实现，而弹性反馈改用一种阻尼补偿系统。PGA 型调速器主要用于气动遥控系统的主柴油机。它还具有某些辅助装置，如扫气压力燃油限制器（保证在加大负荷时其循环供油量与增压空气压力同步增长，以防止匹配不当而冒黑烟）、电磁阀切断装置等。

PGA 型调速器由调速器主体部分、速度设定部分、速度降机构 3 部分组成。图 7 - 8 为其结构原理图。

（1）主体部分

主体部分包括：齿轮油泵、蓄压器、调速弹簧、飞重、推力轴承、滑阀柱塞、回转套筒、阻尼补偿系统（补偿针阀和阻尼活塞）及伺服油缸等。伺服油缸内的动力活塞杆通过输出转轴与柴油机燃油调节机构连接。其工作原理与 UG - 8 型调速器基本相同，而弹性反馈机构则改用一种由阻尼活塞、弹簧和补偿针阀组成的阻尼补偿系统。

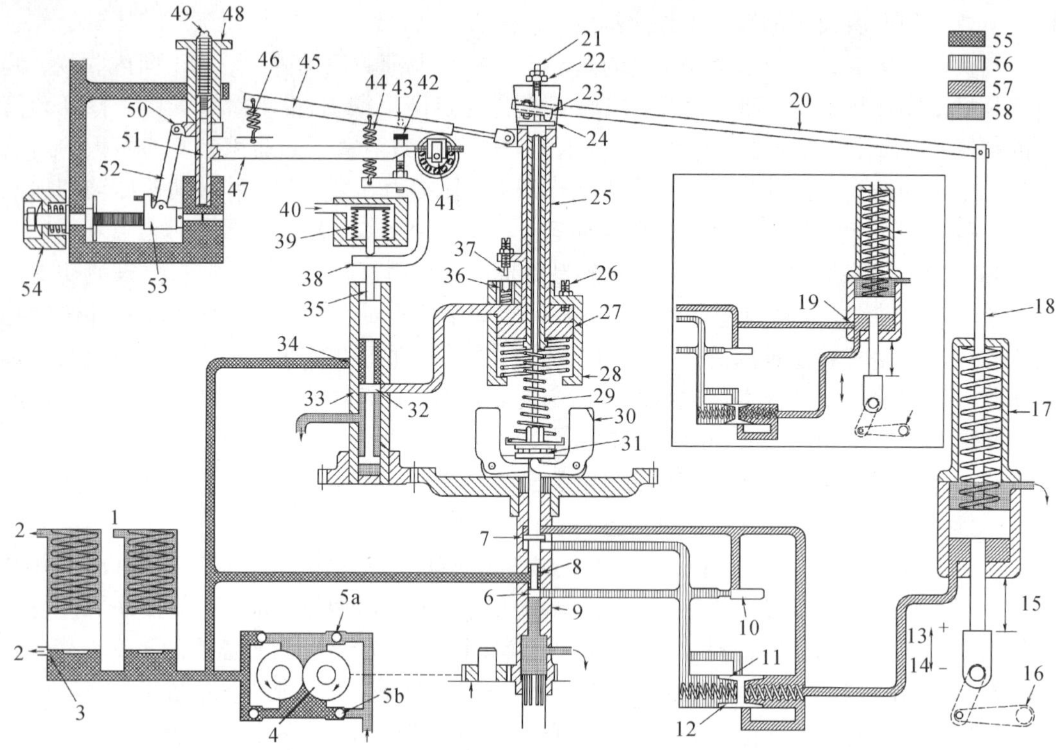

1—蓄压器;2—储油箱;3—溢油孔;4—油泵;5a—止回阀(开启);5b—止回阀(关闭);6—控制环带;7—补偿环带;8—滑阀柱塞;9—回转套筒(传动);10—补偿针阀;11—旁通阀;12—阻尼活塞;13—加油;14—减油;15—间隙;16—输出转轴(选配);17—伺服油缸;18—尾杆;19—选配的补偿切除孔;20—速度降杆;21—切断杆;22—切断螺母;23—速度降凸轮;24—速度降柱塞;25—活塞杆;26—活塞止动调整螺钉;27—转速设定活塞;28—转速设定油缸;29—调速弹簧;30—飞重;31—推力轴承;32—控制环带;33—套筒(转动);34—断续供油口;35—速度设定滑阀柱塞;36—最大转速限制阀;37—限制阀调整螺钉;38—"C"形框;39—波纹管;40—控制空气;41—可调支点架;42—低速调整螺钉;43—停车销;44—复位弹簧;45—复位杆;46—负荷弹簧;47—速度设定螺钉组件;48—速度设定螺母;49—高速停车调整螺钉;50—滑环;51—高速停车销;52—连杆;53—引导螺母;54—手动速度调节旋钮;55—油泵供油压力;56—中间部分油压;57—封闭油和伺服油缸中的油压;58—储油箱油压。

图 7-8　PGA 型调速器结构原理图

柴油机稳定工作时,飞重产生的离心力与调速弹簧的预紧力平衡飞重处于图 7-8 所示之垂直位置,滑阀柱塞的控制环带封闭住回转套筒上通往阻尼活塞左侧的油路,伺服油缸内的动力活塞稳定不动,输出转轴静止。柴油机稳定恒速运转。

当柴油机负荷增大时,转速下降,飞重产生的离心力减小,滑阀柱塞下行。其控制环带开启通向阻尼活塞左侧的油路,压力油进入阻尼活塞左侧并推动它右移,右侧的油则压入伺服油缸内动力活塞的下部,推动动力活塞上行,增大油门使柴油机加速。与此同时,阻尼活塞左右两侧的油压同时作用在位于滑阀上部的补偿环带的两侧,且其下侧油压大于上侧油压,产生向上的补偿力使滑阀上移提前复位,即由补偿力产生负反馈作用。于是滑阀可在柴油机转速达到原转速之前提前回复至中央位置,关闭控制孔,从而避免了因调速系统的惯性导致的过分加油。

在此后柴油机的增速调节过程中,由于阻尼活塞的缓慢左移复位而通过补偿针阀进行调节，使此补偿力逐渐减小。若补偿针阀开度适当，则可使补偿力的减小速率与飞重离心力的增加速率相同，使滑阀在中央位置不动。最后当转速恢复到原设定转速稳定运转时，补偿力消失，飞重恢复至垂直位置，滑阀与阻尼活塞也回到原中央位置，而动力活塞则稳定在新的位置上。于是柴油机在增大了的供油量下稳定运转。

当柴油机负荷减小时，调节过程与上述相反。

若柴油机的负荷发生大幅度增减，滑阀柱塞的移动较大，则阻尼活塞将迅速移向其极端位置，开启旁通口使高压油直接进出动力活塞的下部空间，以大幅度增减油量。且此时在补偿环带的上下侧不产生压差，无补偿力，从而可减小调速器的瞬时调速率 δ_1，使调速过程能与负荷的大幅度变化相适应。

(2)速度设定部分

速度设定部分由气压设定与手动设定机构两部分构成。气压设定的控制空气压力范围为 0.049 ~0.50 MPa,允许的最低压力为 0.021 MPa，允许的最高压力为 0.71 MPa，速度设定值与控制空气压力成正比。而手动设定旋钮可在切断控制空气的情况下任意设定转速值。

①气动转速设定机构　主要由波纹管、速度设定滑阀柱塞、单作用弹簧支承的液压转速设定油缸以及使滑阀柱塞回中的复位机构(活塞杆、复位杆、可调支点架、复位弹簧等)等组成，如图 7 -8 所示。

波纹管与复位弹簧组成一力平衡系统，并通过“C”形框与速度设定滑阀柱塞连接。当作用于波纹管外侧的控制空气压力恰与复位弹簧向上的力平衡时，滑阀柱塞位于转动套筒中的中央位置，滑阀上的控制环带将套筒上之控制孔封闭。转速设定油缸的上方无工作油流出或流入。于是速度设定活塞静止不动，调速弹簧的预紧力不变，即柴油机的设定转速不变。

当输入波纹管外侧的控制空气压力增高(即要求设定转速增高)时，波纹管被压缩向下的力大于复位弹簧向上的作用力。波纹管受压使速度设定滑阀柱塞下移，工作油进入转速设定活塞的上方，并推动设定活塞下移，增加调速弹簧的预紧力，即设定转速增高。活塞杆相应下移的同时，带动复位杆以可调支点为支点顺时针转动，使复位弹簧与负荷弹簧向上的拉力增大，并与波纹管向下的作用力相互平衡。同时通过“C”形框向上拉动速度设定滑阀柱塞使其恢复到中央位置，封闭速度设定滑阀活塞的压力油路，于是转速设定活塞稳定不动，给出一个增高了的设定转速。

当为了降低设定转速而减小控制空气压力时，上述速度设定机构按相反过程动作，最后转速设定活塞稳定在某一上移的位置不动，给出一个降低了的设定转速。

若控制空气中断或低于最低值时，可按不同要求立即停车或维持柴油机在某低速下运转,这可以通过调节低速调整螺钉的不同位置来实现。

为达到停车要求，可以在控制空气中断及柴油机停车状态时调节低速调整螺钉的高度，使其与复位杆上的停车销之间有一固定的间隙。这样，当控制空气中断或低于最低值时，速度设定活塞的上行降低设定转速动作就不会引起复位杆推动低速调整螺钉下行而使速度设定滑阀柱塞回中，从而速度设定活塞可继续上行而停车。

为达到低速运转要求，调节低速调整螺钉的高度，使其当控制空气压力和柴油机转速都处于它们正常运行的最低值时,低速调整螺钉的高度应恰好与停车销相接触。从而限制速度设定活塞继续上行。

②手动转速设定机构　主要由手动速度调节旋钮、引导螺母、连杆、滑环、速度设定螺母、高速停车调整螺钉、高速停车销，以及“T”形带有滚珠轴承支架的手动速度设定螺钉组件等组成，用于当没有控制空气时，可在机旁任意设定柴油机的运行转速。在无控制空气作用时，低速调整螺钉在复位弹簧的作用下上移至与停车销接触。同时，负荷弹簧使复位杆压在滚珠轴承上并将速度设定螺钉组件一起压下。

若需提高设定转速，则可顺时针转动手动速度调节旋钮，引导螺母左移，通过连杆、滑环拉动速度设定螺母下移，并带动速度设定螺钉组件和滚珠轴承一起下移。相应于速度设定螺母下移的某一位置，负荷弹簧拉下复位杆并通过低速调节螺钉、“C”形框等使速度设定滑阀柱塞下移离开中央位置。于是，压力油进入速度设定活塞的上方使其下移，以增加调速弹簧的预紧力，提高设定转速值。此后，随着活塞杆的下移，复位杆顺时针转动，并通过复位弹簧提起滑阀柱塞复位到中央位置，切断压力油，转速设定活塞稳定不动，柴油机在较高的设定转速下稳定运转。

类似地，若需降低设定转速，则逆时针转动手动速度调节旋钮。速度设定活塞上升至某一较低转速的位置稳定不动，从而降低设定转速。

调速器上还设有正常切断和最高转速限制。正常切断装置由切断杆、切断螺母等组成。气动操作气压信号消失后，活塞杆即上移超过正常低速位置，活塞杆上端的支座接触切断螺母的下螺帽，将切断杆及控制阀提起，动力活塞下移切断燃油供给。

最高转速限制由装在转速设定油缸上部的最大转速限制阀及安装在活塞杆上的限制阀调整螺钉组成。当调速器设定转速超过最大转速(约为 5 r/min)时，活塞杆下移到最大转速位置，限制阀调整螺钉顶开最大转速限制阀，于是速度设定活塞上部的压力油排至油池，设定活塞不再下移。由此使转速不致超过最大转速设定值。

(3) 速度降机构

由动力活塞上的尾杆、速度降杆以及速度降凸轮等组成。它为一刚性反馈机构，其反馈作用的实质是在负荷增加的同时，稍微降低调速弹簧的预紧力。本机构可在增加燃油量的同时，使柴油机稳定转速成比例地降低以补偿负荷的增加。

当动力活塞上行增加供油量时，尾杆上移推动速度降杆，并通过速度降凸轮的锁紧螺钉使速度降凸轮转动，于是速度降柱塞稍微上移以放松调速弹簧的预紧力，保证一定的稳定调速率。反之，当动力活塞下行减油时，速度降凸轮将稍许增大调速弹簧的预紧力。调节凸轮的安装位置可调节稳定调速率的大小。

7.3.3　液压调速器的调节

液压调速器的调节一般指修理后的调整或性能优化调整。调整工作最好在调速器试验台上进行。若在柴油机上进行，则需严防柴油机超速飞车并应备好紧急停车机构。调整工作随调速器的类型不同而不同，通常包括稳定调速率的调节、稳定性调节以及 PGA 型调速器的速度设定调节。

1. 稳定调速率 δ_2 的调节

(1)稳定调速率 δ_2 的作用和要求

保证一定的稳定调速率不但能提高调速过程的稳定性，而且还可对并联工作的柴油机间所承担的负荷做自动调节，以保证各机的负荷分配合理。不同用途的柴油机对其调速器

的 δ_2 要求有所不同，在柴油机交验时必须经测试和调节以符合有关规范的要求。

为使各机负荷分配合理，多台并联运行的柴油机（如多台发电柴油机并车运行）应要求各机所承担的负荷与其标定功率成正比。若各机标定功率相等，则各机间负荷应均匀分配；若标定功率不等，则各机间负荷与其标定功率成正比，从而保证各机的负荷同步增减。

稳定调速率在调速特性曲线上的表示如图 7－9(b) 所示。实测的调速特性曲线略有弯曲，此处近似以直线示出。可见若空载时转速为 $n_空$，则随着负荷的增加，柴油机转速相应降低，在标定转矩时转速下降为 n_b（标定转速）。若 $n_空 = n_b$，则 $\delta_2 = 0$，相当于具有弹性反馈的液压调速器的调速特性，如图 7－9(a) 所示。

若两台标定功率相同的柴油机并联运行且其稳定调速率均为零，则其调速特性曲线为一垂直于横坐标的直线，如图 7－10 所示。此时总功率虽一定，但在运转中两机间功率的分配将是任意的，可能随时自行变动。亦即工况将不稳定，这种装置是无法使用的。

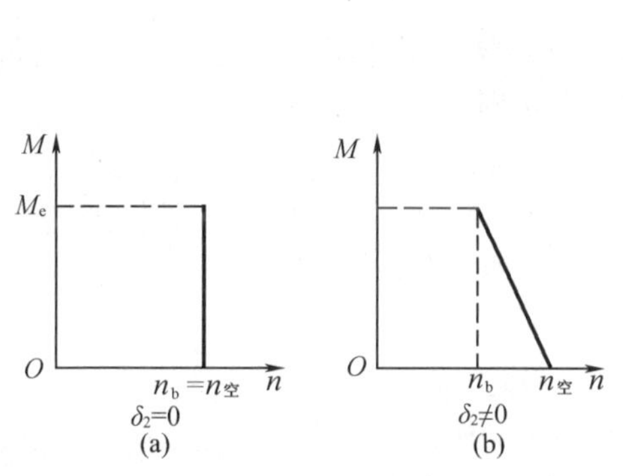

图 7－9　调速特性曲线图

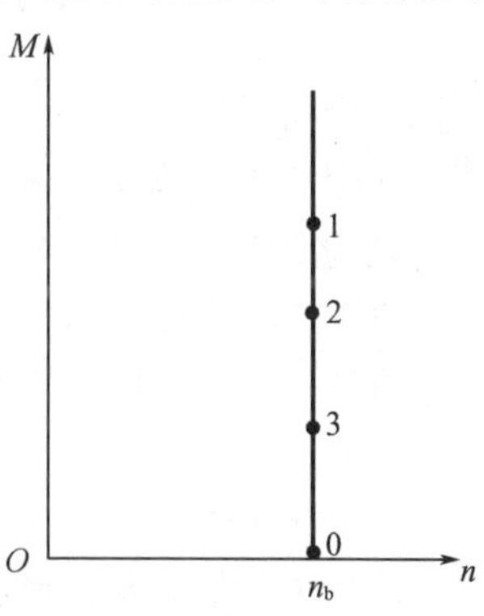

图 7－10　$\delta_2 = 0$ 时的负荷分配

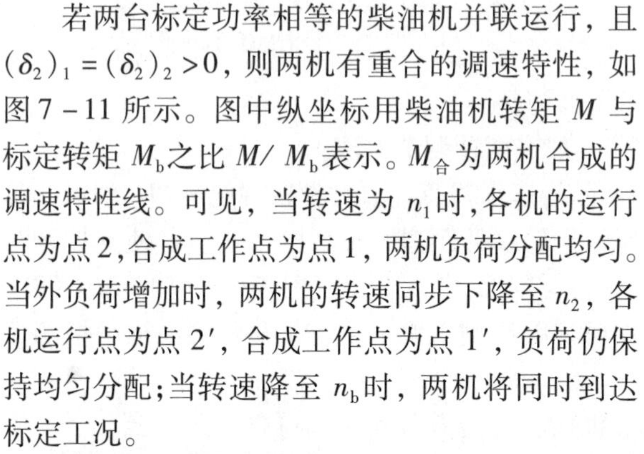

若两台标定功率相等的柴油机并联运行，且 $(\delta_2)_1 = (\delta_2)_2 > 0$，则两机有重合的调速特性，如图 7－11 所示。图中纵坐标用柴油机转矩 M 与标定转矩 M_b 之比 M/M_b 表示。$M_合$ 为两机合成的调速特性线。可见，当转速为 n_1 时，各机的运行点为点 2，合成工作点为点 1，两机负荷分配均匀。当外负荷增加时，两机的转速同步下降至 n_2，各机运行点为点 2′，合成工作点为点 1′，负荷仍保持均匀分配；当转速降至 n_b 时，两机将同时到达标定工况。

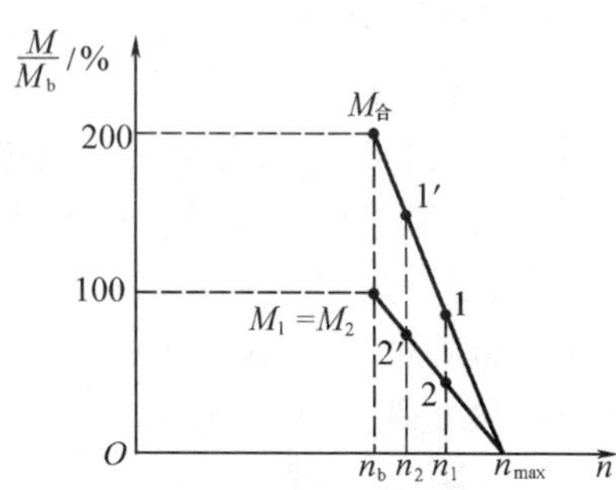

图 7－11　两机 δ_2 相等时的负荷分配

若两机标定功率相等，并联运行，但其稳定调速率 δ_2 不等，且 $(\delta_2)_2 > (\delta_2)_1 > 0$，则其调速特性线如图 7－12(a) 所示。两机的调速特性线具有不同的倾斜度，δ_2 小者较陡。当转速为 n_a 时，两机工作点分别为点 1 和点 2，δ_2 小者（1 号机）承担负荷多，显然负荷分配不均匀。此时若调节调速器的设定转速，使两机调速特性线沿 n 轴平移而相交于点 2，如图 7－12(b) 所示，则可使两机承担负荷相同。但这种均衡负载状态是暂时的，一旦外负荷发生变化，此种负荷均匀分配状态就发生变化。如图所示，若外负荷增加而转速降至 n_c，则两机工作点分别为点 3 和点 4，此时负荷分配又变成不均匀。

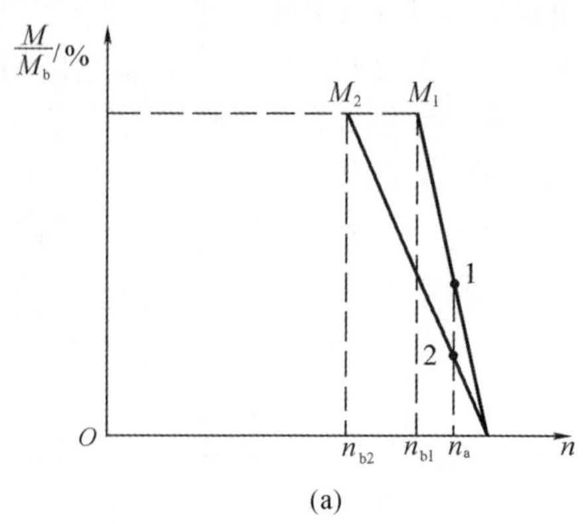

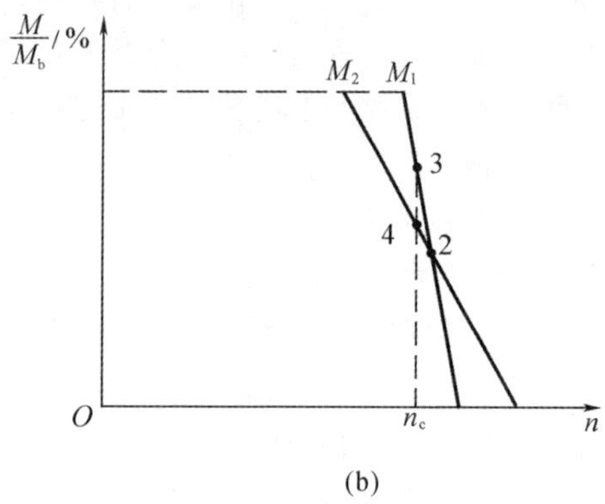

图 7-12　两机 δ_2 不等时的负荷分配

若两机标定功率不等,并联运行,$(M_b)_1>(M_b)_2$，且稳定调速率$(\delta_2)_1=(\delta_2)_2>0$，则其调速特性如图 7-13 所示。可见当转速为 n_c时，两机工作点分别为点 1 和点 2，其负荷分配与其标定功率成正比。并且当负荷变化时，两机的负荷同步增减。但若两机的 δ_2不等,则两机的负荷分配不能与其标定功率成比例。

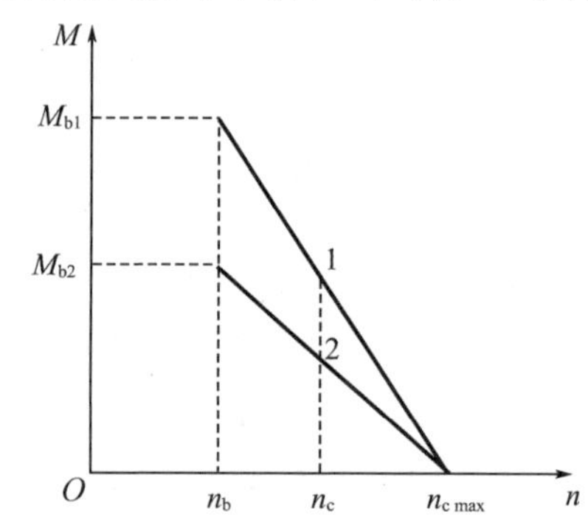

图 7-13　两机标定功率不等时的负荷分配

总之，柴油机并联运行时，可通过调节稳定调速率来调节其承担负荷的分配比例。不管柴油机的标定功率是否相同，为使其承担的负荷合理分配，要求各机的 δ_2必须相等且大于零。同时，各机的 δ_2值还需满足有关规范的要求。

(2)稳定调速率 δ_2的调节

液压调速器的稳定调速率可通过速度降机构(刚性反馈机构)来调节。Woodward 液压调速器一般有两种调节方法。

①表盘式调速器可通过其表盘上的静速差旋钮来调节。顺时针转动此旋钮，就可通过速度降机构增大支持销(图 7-7)相对调速弹簧轴线的距离，从而增大 δ_2。若使支持销与调整弹簧轴线重合,则其 $\delta_2=0$。若将此旋钮转至刻度 30~50 处，则表示相应的 $\delta_2=(3\sim5)\%$ 。实践中应根据并联运行柴油机的负荷分配比例来调节，若某并联柴油机承担的负荷小，则应调小该机的 δ_2数值。

②杠杆式 PGA 型调速器的外部无调节机构。若需调节 δ_2值，可打开调速器顶盖，旋松速度降凸轮(图 7-8) 的锁紧螺钉，则速度降凸轮可沿支点销上的槽道移动。若将速度降凸轮沿槽道向右滑动，即朝向动力活塞尾杆的方向移动，则 δ_2值增大;反方向移动则 δ_2值减小。若使凸轮中心线与支点销中心线重合，则 δ_2值为零。注意不得使速度降凸轮移动超过 $\delta_2=0$ 的位置，因为这样会出现负的稳定调速率而导致调速器动作非常不稳定。这些调速器中 δ_2的调节范围在 0~12% 。

机械调速器的稳定调速率与其结构参数有关，除非更换调速弹簧(刚度)或飞重等零件,一般不可调整。若将调速弹簧换用刚度小者，则其 δ_2变小，准确性提高，而稳定性将降低。

2. 稳定性调节

为保证调速过程稳定，液压调速器中设有反馈系统。一般在调速器换新或修理后应对反馈系统进行综合调节，以获得尽可能小的瞬时调速率 δ_1 和尽可能短的稳定时间 t_s。

反馈系统的调节主要有两个环节。一是扳动反馈指针，来改变反馈杠杆的活动支点的位置，从而调节反馈行程大小。二是调节补偿针阀的开度，以调节反馈速度的快慢。若反馈指针的位置和补偿针阀的开度调节正确，则控制滑阀提前复位后，在飞重和小反馈活塞的复位过程中，控制滑阀在中央位置上一直保持不动。此时调速器的瞬时调速率 δ_1 和稳定时间 t_s 均符合有关规定，调速器稳定性良好。

若将反馈指针指向"最大"位置，反馈行程过大，则控制滑阀会过早提前复位而导致供油量调节不足（负荷增大时油量增加不足或负荷降低时油量减少不足），柴油机转速波动幅度大。反之若将反馈指针指向"最小"位置，反馈行程过小，导致供油量调节过度。这两种情况使调速器产生严重的速度波动，稳定性变差。

若补偿针阀开得过大，就会失去节流作用，反馈动作将无法到达小反馈活塞，使反馈作用过分减弱，导致供油量调节过度。反之若将针阀开得过小甚至关闭，反馈作用将过分增强，导致供油量调节不足，转速恢复时间长，即稳定时间 t_s 过长。

由上可见，调速器的稳定性调节，应同时调节反馈指针的位置和补偿针阀的开度。其原则是在尽可能小的反馈指针刻度下，保证针阀开度符合相应说明书的要求。如 UG－40 型调速器要求 1/4～1/2 转；UG－8 型调速器要求 1/8～1/4 转（1955 年前产品）、1/2～3/4 转（1955 年后产品）；PGA 型调速器要求 1/16～2 转。应注意在任何情况下均不得将补偿针阀全部关死。

以 UG 型调速器为例来说明稳定性调节步骤。

（1）调节前的准备

使柴油机无负荷下空车运转，此时须有专人掌握燃油杆，以备人工切断供油。待柴油机转速和调速器滑油温度上升到正常值时，方能开始调节。

（2）调速器滑油驱气

将反馈指针置最大位置，补偿针阀旋出几转，使柴油机处于游车状态。松开调速器上的透气塞，使柴油机转速波动 1～1.5 min，此时调速器各油路中的空气将从放气塞泄出，直至空气全部排光后上紧放气塞。

（3）无负荷调整

将反馈指针置于刻度 3，人为使柴油机转速波动并逐渐关小补偿针阀，直至转速波动刚好消失为止，检查此时针阀的开度。可先将针阀慢慢地完全关死，然后再返回原来的位置，记住转动的圈数是否符合要求。若开度符合说明书规定，则调整便完成。

若调节中波动不停或开度不符合规定要求，则说明反馈不足，应将反馈指针向"最大"方向增加两格，重复上面的调节。若反馈指针达到 7 格时还不稳定，则应调节速度降机构，适当增大静速差（即增大稳定调速率），再重复调节直至满意。

通过上述调节，转速波动会很快停止。如果针阀开度合乎要求，就可继续试验在各种转速下柴油机能否在转速一旦波动后就会迅速停止。如果达到满意，则无负荷调整即告完成。

（4）有负荷调整

有时在无负荷时调整已认为满意，但在有负荷时可能又出现转速波动。故还需进行有负荷调整。

有负荷调整就是使柴油机承受负荷，在所需的各种转速下，检查调速器的稳定性。调整步骤与无负荷时相同。通常只需对反馈指针或补偿针阀稍做调整即可达到满意的调整。

调整完毕后，记下反馈指针位置、针阀开度和速度降的数值。反馈指针的位置应锁紧，不要随便移动。当清洗调速器、更换滑油时，只需重新调整针阀的开度即可，一般无须改动反馈指针的位置。

PGA 型调速器无反馈指针，故其稳定性调节较简单，只需从全开针阀到逐步关小针阀来调节即可，最后仍需使针阀开度符合 1/16 ~2 转的要求。应尽量使针阀有较大的开度以保证调速器调节迅速。若在针阀几乎关死情况下仍不能恢复到稳定运转，则可换用一个刚度较大的阻尼弹簧(图 7 –8 中阻尼活塞 12 处）。

3. 速度设定的调节

PGA 型调速器的速度设定调节主要包括气动低速设定值调节，控制空气压力与相应转速范围调节，以及手动设定旋钮的最高转速调节。

(1)调整前的准备

启动柴油机，使调速器滑油油温达到正常。

①若调速器装置有停车电磁阀或压力停车装置，应使它们脱开，处于不致使柴油机停车之状态。

②逆时针转动手动速度调节旋钮，直到最低转速为止(出现滑动)。

③调整手动高速停车调节螺钉的上端与 T 形速度设定螺丝的顶部平齐。

④调整活塞止动调节螺钉，使其在速度设定油缸顶部伸出长度达 13 m 左右。

(2)气动低速设定值调节

①接通控制空气，并调至与所要求的低转速(空车)相对应的最低空气压力值。

②逆时针转动速度设定螺母，直至在最低控制空气压力下达到所要求的低速。

(3)控制空气压力及其相应的调速范围的调节

①缓慢增加控制空气压力，直至所需的最大压力值(应注意防止超速飞车)。若控制空气压力在达到最大值前，柴油机已达到所要求的高速，则应向速度设定油缸方向移动可调支点架。若相反，控制空气压力已达到最大值而柴油机尚未达到要求的高速，则向相反方向移动可调支点架。

必须注意,在进行此项调节之后应重新调整低速设定值。

②控制空气压力达到最大值，使柴油机稳定运转。顺时针转动限制阀调节螺钉，使柴油机转速刚刚开始下降，然后再逆时针转动螺钉 1/4 ~1/2 转，并将其锁紧，防止超速。

③控制空气压力降至最低值，顺时针转动活塞止动调节螺钉直至刚接触伺服活塞为止。然后再逆时针返回 3 转，并锁紧。这样，在柴油机启动时能迅速打开油门，以减少启动时间。

(4)手动转速设定的最大转速设定值调节

①关闭控制空气，顺时针转动手动转速设定旋钮，使柴油机达到所要求的高转速。

②顺时针转动手动高速停车调整螺钉，直至其刚好与高速停车销接触。

然后,应将手动设定旋钮逆时针转到最低速度位置处，以恢复气动速度设定控制。

7.4 电子调速器

电子调速器是一种电子控制系统。凡转速感测元件或执行机构采用电气方式的调速器，通称为电子调速器。它不使用机械机构，动作灵敏、响应速度快，响应时间只有液压调速器的1/10~1/2；动态与静态精度高；无调速器驱动机构，装置简单、安装方便；便于实现数字化、遥控与自动控制，是近代发展起来的精密调速器，已在许多新型船舶柴油机上应用。

电子调速器还能采用双脉冲调节，即将转速变化信号和负载变化信号这样两种单脉冲信号叠加起来以调节燃油量。此种调速器亦称频载调速器。双脉冲调速器能在负载一有变动而转速尚未明显变化之前就开始调节供油量，所以有很高的调节精度，适于对供电要求特别高的柴油发电机组。

7.4.1 电子调速器的种类

电子调速器通常有3种类型。

1. 全电子调速器

此类电子调速器是信号感测与执行机构均采用电气方式的调速器。此类电子调速器工作能力较小，多用于小型柴油机。如海因茨曼电子调速器、Woodward 8290型电子调速器等。

2. 电－液或电－气式调速器

此类电子调速器是信号感测采用电子式，而执行机构采用液压式或气力式的调速器。此类电子调速器的伺服执行器工作能力较大，可满足各种柴油机的使用要求。如Woodward 2301型电子调速器，其执行机构使用EG3P型液压伺服器；而DGF－8800型数字式调速器其执行机构采用气压式。

3. 液－电双脉冲调速器

在普通的液压调速器上加装电子式负载信号感测装置。此类调速器的特点是当电子部分发生故障时，可自动转为液压调速器工作。国产TYD－4型调速器即为此类调速器。

7.4.2 电子调速器的基本组成

图7－14所示为双脉冲电子调速器的基本组成框图。图中3为磁电式转速传感器，用于监测柴油机转速的变化，并按比例转换成交流电压输出。5为负荷传感器，用于监测柴油机负荷（如电流、电压、相位）的变化，并按比例转换成直流电压输出。6为速度控制单元，是电子调速器的核心，它接受来自转速传感器和负荷传感器的输出电压信号，并按比例转换成直流电压后与转速设定电位器的设定转速（电压）进行比较，并将比较后的差值作为控制信号输出送往执行机构。执行机构则根据输入的控制信号以电子方式或液压方式拉动柴油机的油量调节机构进行调速动作。

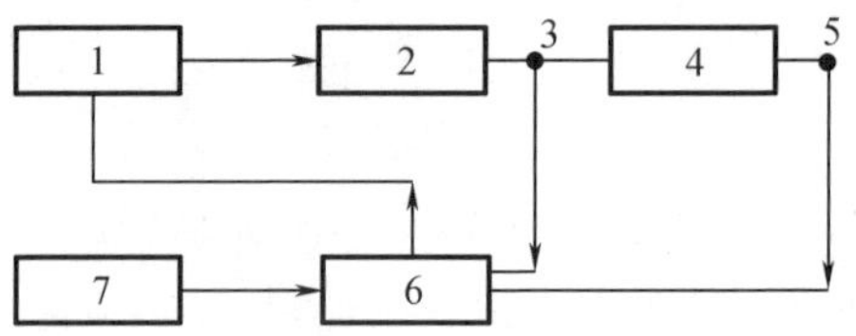

1—执行机构;2—柴油机;3—磁电式转速传感器;4—柴油机在执行负载;5—负荷传感器;6—速度控制单元;7—转速设定电位器。

图 7-14 双脉冲电子调速器的基本组成框图

7.4.3 电子调速器工作原理

柴油机稳定运行时，其工作转速与转速设定电位器的设定转速相等。转速传感器的输出电压作为负值信号在速度控制单元内与正值的设定转速电压信号相互抵消。此时速度控制单元输往执行机构的控制电压信号使执机构的输出轴保持静止不动，柴油机供油量固定，转速稳定。

若柴油机的负荷增加，首先负荷传感器的输出电压发生变化，此后转速传感器的输出电压也相应变化(数值降低)。此两种降低的脉冲信号在速度控制单元内与设定转速(电压)比较，并输出正值电压信号，机构中使其输出轴向加油方向转动，以增加柴油机的供油量。

类似地，若柴油机负荷降低，转速升高，则传感器的负值信号数值将大于转速设定电压的正值信号数值，控制单元输出为负值电压信号，使执行机构输出轴向减油方向转动，以减少柴油机的供油量。

7.4.4 典型电子调速器简介

Woodward 2301 型电子调速器属于电-液调速器，它使用广泛。其转速传感器采用磁电式，控制单元采用 2301 型电子控制器，执行机构采用 EG3P 型液压执行器。它有单纯调频型(单脉冲)和调频调载型(双脉冲)两种。单脉冲型用于单机运行，其瞬时调速率 δ_1 在 5% ~ 7%，稳定时间 t_s 在 3 ~5 s。双脉冲型则用于并联运行机组，瞬时调速率 δ_1 一般不大于 2%，稳定时间 t_s 不大于 1 s 。

单脉冲 2301 型电子控制器外形如图 7-15 所示。其正面面板上有 4 个调节旋钮，自左而右分别为：

怠速(LOW IDLE SPEED) 调节旋钮——用于调节滑油低压保护运转时的最低转速；

设定转速 (RATED SPEED) 调节旋钮——用于调节设定转速；

稳定度 (STABILTY) 调节旋钮——用于稳定性调节；

增益量 (GAIN) 调节旋钮——用于稳定性调节。

这 4 个调节旋钮下方有接线端子 1 ~16，端子的接线如下：

1,2——接 12 ~40 V 直流电源(经稳压电源后转换为 9 V)。

3,4——速度失灵保护(用于当测速传感器损坏时，切断去执行器的调速信号，使柴油机停车)。

5,6——2301 型控制器输出(去执行器调速电压信号)。

7,8——磁电式测速传感器测速电压信号输入 (1 ~1.5 V)。

9,10——怠速调节电位计(与怠速调节旋钮相连)。

11,12——转速设定电位计(与设定转速调节旋钮相连)。

13,14——稳定调速率调节电位计(调节范围为 0 ~13%)。

15,16——机组加速时间调节电容器(用以调节由低速到标定转速的加速时间)。

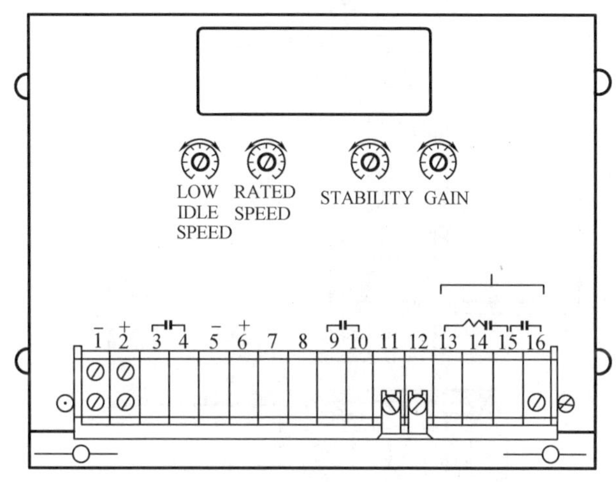

图 7 –15　单脉冲 2301 型电子控制器外形

图 7 –16 为 EG3P 型液压执行器的工作原理图。来自齿轮泵的高压油(最大压力 25 MPa)始终作用在负荷活塞的下方,力图使其上行减油,但其上行受动力活塞下方的油压制约。

如图 7 –16 所示,永久磁铁固装于滑阀柱塞上方,并通过中央弹簧与复位弹簧将永久磁铁悬挂在电磁线圈内的磁场中。滑阀柱塞上有两个作用力:其一为中央弹簧的向上弹簧力与复位弹簧的向下弹簧力，其合力方向始终向上，而大小则随输出轴的不同位置而变化。其二为由电磁线圈产生的电磁力，其方向始终向下，而大小与输出轴的转角位置成正比。两种力的相互作用决定了滑阀柱塞的移动方向。

柴油机在设定转速 n_b 下稳定运转时，转速传感器产生的交流电压信号经 2301 型电子控制器内的频率转换器调质整流成为直流电压信号，并以负值（ $-V_b$）输至控制器内的输出运算放大器的输入端，与设定转速正值电压（ $+V_b$）做比较。此时，其差值 $\Delta V=0$，于是输出运算放大器便输出一个与输出轴转角位置(即负荷大小)成正比的调速电压信号，并输往执行器中的电磁线圈，以产生一个向下的电磁力。此电磁力在数值上恰与前述的弹簧合力相等，从而使滑阀柱塞在中央平衡位置保持不动，控制带封闭动力活塞的下方空间，动力活塞不动。输出轴保持静止，油门不动，使柴油机在设定转速 n_b 下稳定运转。

当柴油机负荷降低时，转速升高，转速传感器产生的并经调质整流的直流负值电压 $|-V_a|>V_b$。于是，在输出运算放大器输入端与设定转速正值电压（ $+V_b$）比较后，其差值 $\Delta V<0$，使控制器的输出调速电压减小。因此电磁线圈产生的向下的电磁力变小，滑阀柱塞就在过剩的弹簧合力作用下上移。从而动力活塞下方与低压油相通，负荷活塞上行，

动力活塞下行，并逆时针转动输出轴而减油。

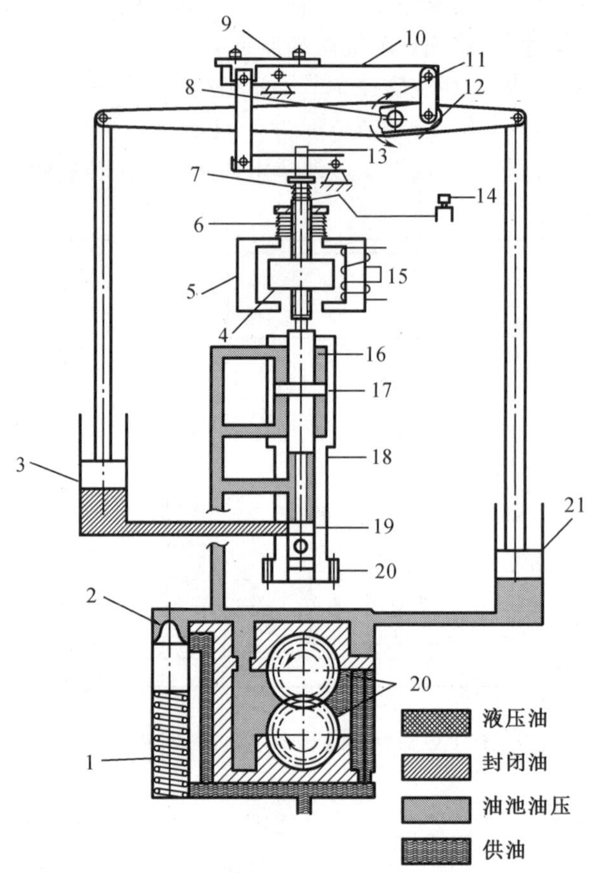

1—全阀弹簧;2—安全间柱塞;3—动力活塞;4—永久磁铁;5—电磁线圈;7—复位弹簧;8—输出轴;9—可调滑动支架;10—复位杆;11—加油 12—减油;13—可调弹簧座;14—中央螺钉;15—电子控制器;16—滑阀柱塞;17—补偿环节;18—滑阀套;19—控制带;20—齿轮泵;21—负荷活塞。

图 7－16　EG3P 液压执行器原理图

在减油动作的同时，复位杆绕可调滑动支架的支点逆时针摆动，增加了复位弹簧的向下作用力，使滑阀柱塞下行提前复位，以实现负反馈作用，使调速过程稳定。最后，输出轴在减少了供油量的某一位置上，使相应的弹簧合力（向上）与电磁力（向下）在均有所降低的情况下重新达到平衡，滑阀柱塞重新复位到中央平衡位置，动力活塞下方恢复封密状态，输出轴静止不动，柴油机在较低供油量情况下重新稳定运转（n_b）。

类似地，当柴油机负荷增加时，转速降低，测速负值电压信号 $|-V_a|>V_b$，其差值 $\Delta V>0$。于是输出运算放大器的输出调速电压信号值增大，使电磁线圈中的电磁力增大。在过剩的电磁力作用下推动滑阀柱塞下移，从而动力活塞下方与高压油相通，使动力活塞上行，负荷活塞下行，顺时针转动输出轴使柴油机加油。此后的负反馈调节过程与上述负荷减少情况相反。最后在输出轴增加了供油量的某一位置滑阀柱塞恢复平衡，动力活塞静止不动，柴油机重新稳定运行。

7.5 调速器的维护管理

运行中调速器的故障，可能导致柴油机运转不稳，甚至发生熄火或飞车等事故。因此对调速器及其系统正确维护和管理十分重要。

7.5.1 调速器常见故障

当柴油机工作中转速出现异常时，通常有以下 3 方面的因素：柴油机工作性能恶化；调速器某些辅助设备失常；调速器本身故障。所以，当柴油机转速变化异常时，应依次做以下检查。

1. 柴油机工作性能恶化、调速器某些辅助设备失常的检查

①检查柴油机的负荷是否超过了柴油机的标定负荷。

②检查各缸负荷是否严重不均，发火是否正常，喷油器工作是否正常。

③检查调速器与喷油泵之间的杠杆传动机构是否卡滞或间隙过大而导致松动。

④确认调速器负荷指针的零位与喷油泵的零位是否一致。

⑤确认调速器的设定机构、控制空气压力等是否正常。

2. 调速器本身故障的检查

当进行以上检查并排除后，若调速器工作仍不正常，则为调速器自身故障。

(1)柴油机游车或转速振荡

游车指转速有节奏地变化，以手动停住调速器的作用时可消除波动，但放手后仍会恢复有节奏的转速变化。转速振荡指转速有节奏变化且幅值较大，手动停住调速器作用可消除波动，放手后转速不会立即重新波动，但在调速或负荷变化后波动仍会发生。可能原因有：

①调速器反馈系统调速不当，需重新做稳定性调节。

②调油杆、高压油泵发生空动或卡死。

③调速器的滑油太脏、起泡或油位过低(油位表不见油位)。

④调速器内部故障，元件失灵，如飞重和轴承磨损，滑阀卡死，补偿(阻尼)弹簧弹性失效等。

⑤调速器与柴油机不匹配。

(2)调速器输出轴颤动(高频振动)

此类故障可能的原因有：

①调速器驱动不稳定，如传动齿轮磨损，啮合不良，凸轮轴传动机构松动，柴油机减振器故障等。

②飞重的弹性驱动机构发生故障。

③调速器在安装支座上没有均匀固紧。

(3)柴油机启动时喷油泵齿条未能及时拉开

此类故障可能的原因有：

①调速器中油压过低，原因有齿轮泵磨损、齿轮泵单向阀漏泄等。

②启动转速过低。

③升压伺服器(在启动时刻使用启动空气迅速增加调速器内滑油压力的选用设备)动作失灵。

④转速设定值或扫气压力燃油限制器(启动时由扫气压力限定调速器输出轴转角的一种辅助装置)设定值太低。

⑤某种断油机构(如停车螺母等)调整不当或未复位。

(4)柴油机达不到全速全负荷

此类故障可能的原因有:

①喷油泵齿条拉出长度不够,或调速器输出轴已达到最大输出行程(刻度10),可能是调油杆系卡滞、空动,调速器输出轴与喷油泵的供油刻度匹配不当等因素导致。

②控制空气或扫气空气压力过低或设定转速太低。

③液压系统的油压太低或油路阻塞。

④动力活塞的运动受阻。

7.5.2 调速器的管理

对调速器进行调整检查时,为防止某些控制机构失控而导致运转中的柴油机超速或飞车(转速失去控制而急剧上升,超过最高允许转速并达到危险程度),应备好柴油机的应急停车装置。调速器的管理应遵循说明书上的规定。

1. 正确选择调速器滑油

应按说明书规定选择调速器滑油。调速器滑油既是润滑油又作为液压油,必须满足下述要求:

①具有适当的黏度和黏度指数,以保证在整个工作温度范围内(通常 60 ~ 93 ℃)黏度变化符合下列要求:赛氏黏度为 100(或 50) ~ 300 s 或运动黏度为 20 ~ 65 mm^2/s。

②含有适当的添加剂,以保证在上述工作温度范围内性能稳定。

③对密封材料(如脂橡胶、聚丙烯等)不得产生腐蚀和损坏作用。

根据上述要求,可选用黏度等级为 SAE30、SAE40,质量等级为 CB、CC、CD 级的石油基润滑油,并应注意不同的油品不得混用。

2. 防止调速器滑油高温

调速器连续工作时推荐使用油温为 60 ~ 93 ℃(在调速器外壳下部外表面处测量)。实际油温比推荐使用油温约高 6 ℃。

油温过高,调速器稳定性不好,且易引起滑油氧化变质,从而在调速器的零部件上产生浸渍或沉渣。为防止其氧化变质,应降低滑油的工作温度,如采用换热器进行冷却或换用抗氧化能力高的滑油等。

3. 保证滑油清洁,防止滑油污染

调速器滑油污染原因主要有:容器脏污;滑油反复加热与冷却,引起油中凝水;滑油氧化变质等。

滑油污染是调速器故障的主要原因。据统计大约 50% 的故障来自滑油脏污。故应定期检查滑油质量,若滑油污染变质应及时换油。正常情况下,一般每 6 个月应换油一次。在理想工作条件下,若工作环境灰尘和水分很少且工作温度处于正常范围,则换油周期可延长至 2 年或更长些。

若不允许将调速器从柴油机上拆下，则应在油热的时候及时将旧油从放油孔中排掉，再充入清洁的轻柴油，将补偿针阀打开两转以上，启动柴油机让调速器波动 30 s 以自行清洗。然后停车并把清洁用的轻柴油放净，注入新滑油至规定油位，并调整好补偿针阀。

为保证清洗用的轻柴油能全部放掉，在柴油机短时间运转后，可将新换的滑油再放掉，然后再注入新油。

4. 保证调速器滑油的液位正常

调速器工作时，其油位应保持在油位玻璃表的刻线之间，不得过高或过低。若液位下降过快，则表明调速器有漏油或渗油，应立即查找并修理。否则，滑油因漏泄而减少，会引起调速器咬死、柴油机飞车等事故。

5. 调速器内部油道驱气

调速器拆检或装配后，其油道内会掺混空气；运行中若管理不当（如油位过低），油道内也会混入空气。油道内有空气存在，会影响油流的连续性和补偿作用的敏感性，将引起柴油机的转速不稳定。

排除油道内空气的方法是，先将柴油机启动怠速运转，然后将补偿针阀旋出几圈，人为使柴油机产生大幅度的转速波动，以迫使油道内的空气从出气孔中挤出。这种大幅度游车至少应持续 2 min，然后再慢慢关小补偿针阀，直至游车完全消除。

【思考与练习】

1. 为什么柴油机要装调速装置？柴油机的负荷、转速及供油量三者有何关系？
2. 极限和定速调速器用于何种用途柴油机？
3. 发电柴油机和推进主柴油机安装调速器的要求和目的有何不同？
4. 评定调速器的性能指标都有哪些？
5. 从调速器的调速过程曲线上可以看出，一个良好的调速系统，其过渡过程应满足哪些要求？
6. 在调速器对油量调节机构的作用方式上，液压调速器与机械调速器有何不同？
7. 杆式液压调速器中的补偿针阀开得太大或太小，对柴油机将有什么影响？
8. 当外界负荷降低时，柴油机的转速升高并超过了规定范围，在调速器上可能有什么故障？
9. 为什么调速器有时不能使柴油机达到全速运转？
10. 液压调速器多长时间更换一次油？若不从柴油机上拆下来，怎么换油？

第 8 章　柴油机特性

【知识目标】

1. 能正确描述柴油机的工况和运转特性的基本概念。
2. 能简单叙述柴油机负荷特性及其参数分析。
3. 能简单叙述柴油机速度特性及其参数分析。
4. 能简单叙述柴油机调速特性及其参数分析。
5. 能简单叙述柴油机推进特性及其参数分析。
6. 能简单叙述柴油机万有特性及其参数分析。
7. 能简单叙述柴油机限制特性和运转范围。

【能力目标】

1. 能根据柴油机各种特性分析柴油机的运行特点。
2. 能掌握螺旋桨的结构参数对柴油机与螺旋桨配合的影响。
3. 能掌握柴油机的功率和转速的使用范围。

8.1　柴油机的工况与特性

8.1.1　柴油机的工况

柴油机作为动力机械应用得十分广泛，主要用在船舶、发电、农业机械、汽车等领域。因此，柴油机所拖动的对象差异很大，其工作规律也各不相同。工况就是指柴油机在拖动各种设备运转时的状况。其中转速和负荷（扭矩 M_e 或平均有效压力 p_e）就是柴油机运转工况变化的 2 个主要参数。

由柴油机功率表达式可知，有效功率 P_e、转速 n、扭矩 M_e（或平均有效压力 p_e）3 个参数中，如果已知其中 2 个参数则第 3 个参数就可确定，柴油机的工况也就确定了。

柴油机在运行过程中，主要参数的变化应满足使用上的需要。根据被拖动对象的工作情况，对柴油机的转速和转矩变化关系的要求可分为如下 3 类工况：

第 1 类工况，要求柴油机的转速 n 始终不变或变化很小，而输出扭矩 M_e 或有效功率 P_e 应能满足从零变到最大的需要，如柴油机拖动发电机的情况。

第 2 类工况，要求柴油机的转速 n 和扭矩 M_e，都可在广泛的范围内各自随机变化（对应于任一转速，柴油机应能输出各种不同的扭矩；对应于任一扭矩，柴油机应有不同的转速）。如拖拉机、汽车工作时的情况。

第 3 类工况，要求柴油机的转速 n 和扭矩 M_e 都能在一定范围内变化，而且它们之间的变化有一定的规律。如柴油机作为船舶主机带动螺旋桨工作时，其工况由螺旋桨特性决定。

8.1.2　柴油机特性

柴油机的工况是根据所拖动对象的需要在不断地变化，随着运转工况变化其性能参数也要相应地变化，我们把柴油机有效性能参数（有效功率 P_e、平均有效压力 p_e、效率 η_e等）随工况（转速、负荷）改变而变化的关系，称为柴油机的特性。将这些关系在坐标图上以曲线的形式表示出来就叫特性曲线。掌握柴油机各种运转特性的曲线能指导我们解决以下主要问题：

①通过各种运转特性能确定柴油机极限允许使用范围。

②合理选择柴油机与螺旋桨，调整柴油机最佳工作点。

③通过柴油机实际运转所测得的主要参数与说明书给定特性曲线上的相应工况下的参数进行比较，从而可检查柴油机的工作情况，为调整、修理和改进柴油机提供依据。

8.2　负荷特性

负荷特性是指当柴油机转速保持一定时，其性能参数随负荷（扭矩 M_e或平均有效压力 p_e）而变化的规律。负荷特性通常是在专门的试验台上或实船测取并绘制成特性曲线的。其步骤是：

①启动柴油机，逐步将转速提高到标定转速，再通过测功器稍加负荷使柴油机水温、油温达到所要求的热状态。

②分别按标定功率的 25%、50%、75%、90%、100%、110%等不同工况，逐步增加负荷，每调节一次负荷应相应改变供油量，使转速保持不变。记录每一负荷下柴油机的各性能参数，整理后在以负荷为横坐标、各性能参数为纵坐标的坐标图上标出，就可以得到柴油机的负荷特性曲线。

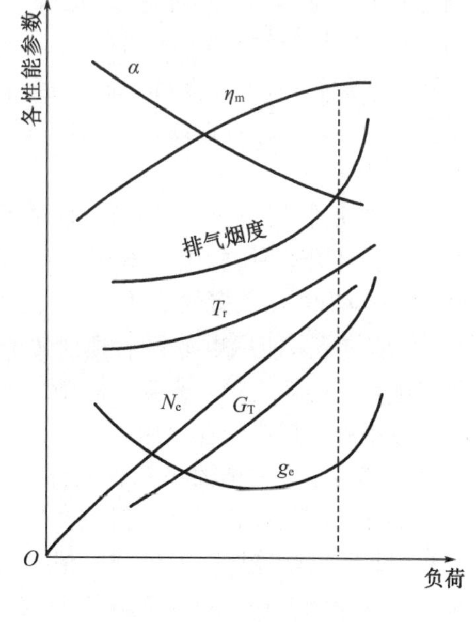

图 8－1　负荷特性曲线

图 8－1 为典型的柴油机负荷特性曲线。随着负荷的增加，每小时供油量 G_T增加；因转速不变，所以进气量变化不大，因此随负荷增加过量空气系数 α 减少；随着供油量增加，放热量增多，所以排气温度 T_r和排气烟度都增加，但在低负荷时增加缓慢，在高负荷时，由于 α 减少，混合气形成恶化，引起燃烧不完全，排气烟度增加较大；如果再继续增加供油量，则产生大量黑烟，功率反而下降，因此柴油机在任一转速下的负荷特性都有一个冒烟极限。

因为柴油机的机械损失主要与转速有关，所以在转速不变的情况下，机械损失变化不大，因此随负荷增加，机械效率 η_m增高。

在低负荷时，虽然 α 较大，指示油耗率 g_i较低，但此时的机械效率也很低，所以有效油耗率 g_e仍较高；随着负荷进一步增加，虽然 α 有所减小，但仍足够高,使指示油耗增加不多,但机械效率增加,总的结果使有效油耗降低;当负荷增加到一定程度后,因 α 下降得太多,使燃烧不完全,经济性下降,指示效率对单位油耗量的影响超过机械效率增高对单位油耗的影响,总的结果使有效油耗率 g_e 增加。这里应指出,对于涡轮增压柴油机来说,在低于40% ~50% 标定负荷时,其油耗曲线与非增压柴油机的油耗曲线相同,但随着负荷的进一步增加(超过 40% ~50% 标定负荷),涡轮增压器转速增加使柴油机进气压力提高,因此 α 减小的趋势要比非增压柴油机平缓,所以有效油耗率曲线不像非增压柴油机那样有明显的向上弯曲部分。

8.3 速度特性

速度特性是指在供油量调节机构(供油拉杆或齿条)固定在某一位置,柴油机的各有效性能参数(M_e、P_e、G_T、g_e等)随转速变化的关系。根据供油量调节机构固定位置不同,柴油机的速度特性可分为全负荷速度特性和部分负荷速度特性。全负荷速度特性是把油量调节机构固定在标定功率位置时,所测得的速度特性,也称外特性。根据我国的具体情况,柴油机有 4 种标定功率:

15 min 功率,它是指柴油机允许连续运转 15 min 的最大有效功率;

l h 功率,它是指柴油机允许连续运转 1 h 的最大功率;

12 h 功率,它是指柴油机连续运转 12 h 的最大功率;

持续功率,它是指柴油机允许长期连续运转的最大功率。

按上述 4 种标定功率所测得的全负荷特性又分别称为 15 min 功率外特性、1 h 功率外特性、12 h 功率外特性、持续功率外特性。根据国家标准对每一台柴油机都应按用途特点,在柴油机铭牌上标明上述4 种标定功率中的两种及其相应的转速。当油量调节机构固定在设计标定功率(持续功率)以下的各位置时,所测得的速度特性称为部分负荷速度特性。

进行全负荷速度特性(外特性)试验时,启动柴油机后,应使其负荷和转速逐步增加。当达到某一标定功率和转速时,把柴油机的油量调节机构固定保持不变。然后,调节测功器加载,使柴油机转速下降到某一点,并使之在该转速下稳定运转,测出各主要参数。如此方法逐次进行,直至速度特性试验运行点的下限为止。根据试验记录整理出数据,绘制出全负荷速度算出特性曲线(外特性曲线)。图 8 -2 是 4135AG 型柴油机 1 h 功率和 12 h 功率的外特性曲线。

柴油机外特性曲线上各有效性能参数(M_e、P_e、G_T、g_e等)随转速变化规律如图 8 -3 所示。当转速升高时,机械效率 η_m 下降;由于转速升高使进气阻力增加,所以充气系数 η_v 下降;对于没有校正装置的普通柱塞式喷油泵的循环供油量转速升高会稍有增加(因漏泄减少)。总的结果使扭矩 M 随转速变化的曲线较为平坦。若将柴油机各转速下的负荷特性冒烟极限点的扭矩连接起来就是图中的冒烟极限曲线。

目前在工厂中仍在使用以前的标定功率方法。柴油机的功率名称有额定功率、超额功率和连续功率。在柴油机铭牌上标明的是额定功率,通常所说的标定功率常仅指额定功率。额定功率是工厂在试验台上测得的,并把大气压力为 760 mmHg(1 mmHg = 133.322 Pa)、环境温度为 27 ℃、相对湿度为 60% 作为标定的试验外界条件。额定功率为最经济功率的 110%,在额定功率时,柴油机应能保证 12 h 的连续运转。超额功率为额定功率的 10%,在超额功率时不准冒黑烟,并保证柴油机连续运转 1 h,单位油耗量不超过额定功率时的7%。连续功率是能保证柴油机长时间连续运转的最大功率,一般为额定功率的85%～90%,而相应的转速为额定转速的94.7%～96.5%。

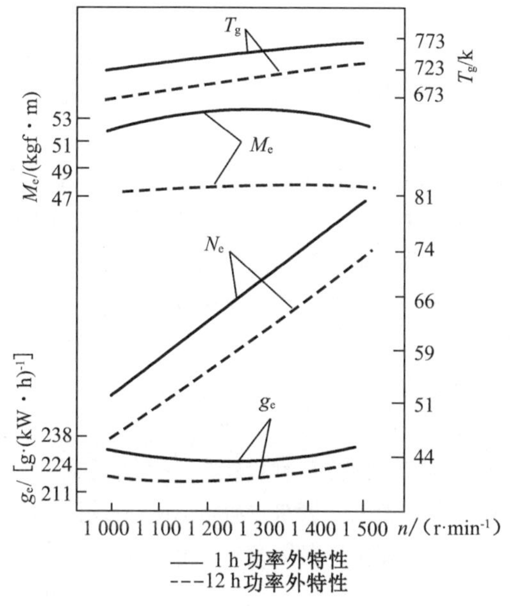

图8－2　4135AG型柴油机外特性曲线

注:1 kgf·m≈9.8 N。

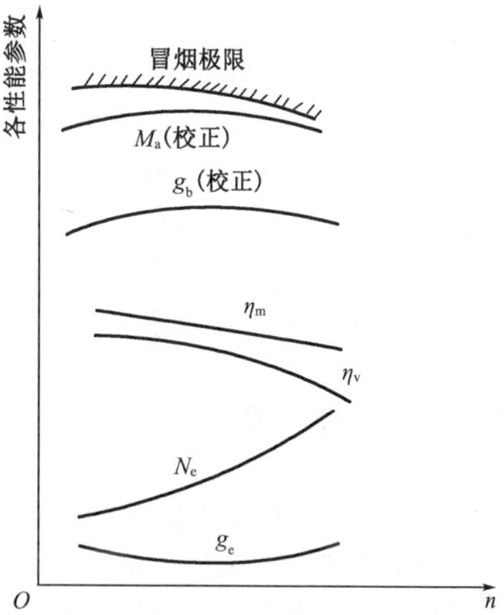

图8－3　柴油机外特性曲线上各参数随转速的变化规律

部分负荷速度特性是在设计标定功率(持续功率)的90%、75%、50%、25%各部分负荷下稳定运转时,按全负荷速度特性(外特性)的试验方法进行测定。一般与全负荷速度特性(外非特性)试验连贯地进行。

速度特性反映了柴油机动力性、经济性随转速变化的规律,通过全负荷速度特性可以找出柴油机能达到的最高性能指标,以及对应于最大功率、最大扭矩和最低油耗率时的转速,并可计算出扭矩的储备率以评定柴油机克服超负荷的能力。通过部分速度特性知道不同工况时油耗率的变化规律和最低油耗率所对应的转速,这样可以全面衡量各种不同用途的柴油机适应变工况运转的性能从而确定最佳转速范围。

8.4　调速特性

将调速器的调速手柄固定在某一工况位置时,使负荷从零逐渐增加到该工况下的负荷,在调速器的作用下,柴油机的扭矩M_e、功率P_e、油耗率g_e等参数与转速n的变化关系称为调速特性。

若将调速手柄固定在标定工况位置上,使负荷从零逐渐增加到标定工况下的负荷,在调速器作用下则得到标定功率时的调速特性曲线。

根据不同用途的需要可将调速手柄分别固定在小于标定功率的几个不同位置上,分别测取各部分调速特性曲线。

测取调速特性曲线的目的是为了研究带有全制式调速器柴油机的动力性和经济性;验

证调速器对柴油机的调速作用及运转性能的影响,检查调速是否满足使用要求。在测取调速特性曲线时,应在完成突变负荷试验的基础上进行(一般进行突卸负荷试验)。

8.4.1 负荷试验

①启动柴油机,逐步增加转速至标定转速。调节测功器,增加负荷。使柴油机在标定工况下稳定运转,然后将调速手柄固定。

②突然卸去全部负荷柴油机达到瞬时最高空转速,在调速器作用下经几秒钟后,柴油机在比突卸负荷前稍高的转速下运转,将突卸负荷前的功率 P_e 和转速 n_1(在标定工况下为 n_1,即标定转速)、突卸负荷后的最高瞬时转速 n_3、突卸负荷后的稳定转速 n_2、从突卸负荷到转速稳定下来的时间 t 记录在表中。计算出瞬时调速率 δ_1 和稳定调速率 δ_2。

8.4.2 调速特性测试

①在突卸负荷试验的基础上,接着进行标定工况下的调速特性测试。突卸负荷后从调速器控制下的空转稳定转速 n_2 起,以标定功率的 25%、50%、75%、90%、100% 或测功器相应读数的整数值为测量点,调节测功器以增加负荷,每调节一次负荷(一个测量点),待柴油机稳定运转后,测量一次转速、测功器读数、消耗一定燃油及所需要的时间、排气温度等参数,如此逐点测量,直到突卸负荷前的工况。

②将各次测得的参数及计算求得 P_e、M_e、P_e、G_T、g_e 等填入表中。绘制出各参数调速的特性曲线。

如需要测取部分调速特性曲线,则分别将调速手柄固定在低于标定工况下的几个不同位置,按标定工况调速特性的测取方法和步骤进行。

调速特性与速度特性中的外特性有密切关系,所以往往都画在以转速 n 为横坐标,以 M_e 或 P_e 为纵坐标的同一图上,如图 8-4 所示。图中曲线 1 为全负荷,2~7 为调速手柄在不同位置时的曲线。

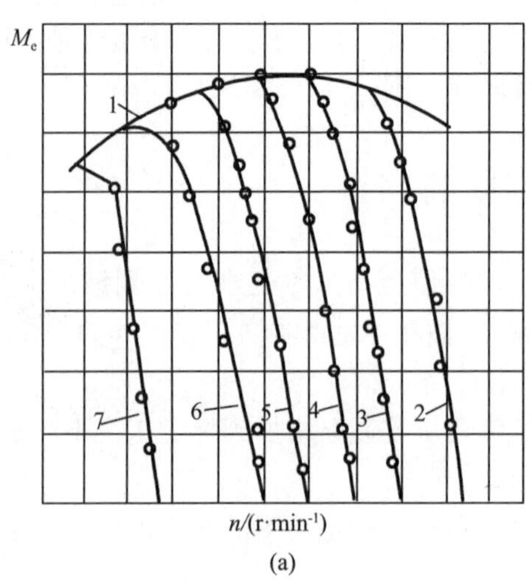

(a)

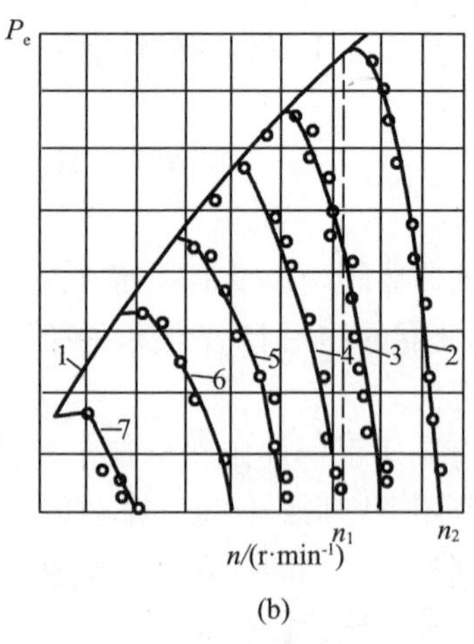

(b)

图 8-4 调速特性曲线

8.5　推进特性

8.5.1　推进特性及其用途

当柴油机用作船舶主机时，柴油机的特性将由螺旋桨决定。不管柴油机是否通过减速箱还是直接通过轴系与螺旋桨相连，二者之间总要保持能量的平衡关系。即主机发出的功率 P（或扭矩）总是与螺旋桨吸收的功率 P_n（或扭矩）相等。因此，主机功率（或扭矩）随转速变化的规律就是螺旋桨吸收功率（或扭矩）随转速变化的规律，我们把这个规律就叫船舶柴油机的推进特性。这个特性的功率和转速的关系可用如下公式表示

$$P = Cn^m$$

式中　C——常数；

m——随船体线型及其速度而变化的指数，范围为 1 ~ 3.5，民用船 m 为 3。

如果按 $P = Cn^3$ 关系，则可算出主机在各种转速下的对应功率百分数，其值见表 8 - 1。

表 8 - 1　主机在各种转速下的对应功率百分数

标定转速/%	63	79.5	91	96.5	100	103
标定功率/%	25	50	75	90	100	110

如果知道柴油机的标定转速和标定功率（工厂通常指额定转速和额定功率）后，就可根据上表计算出各运行点的转速和功率值，就可以绘制出功率随转速变化的规律，如图 8 - 5（a）所示。

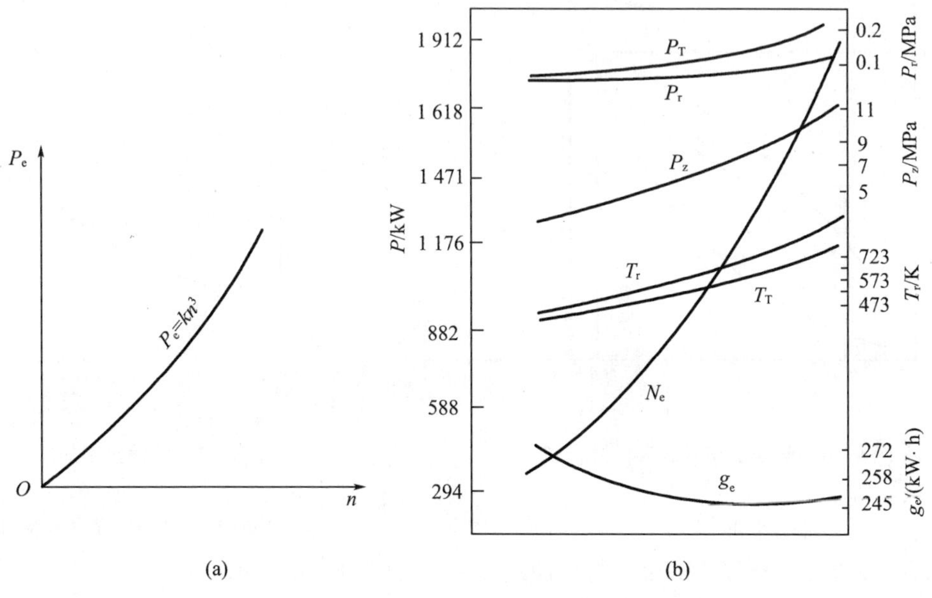

图 8 - 5　推进特性曲线

柴油机的推进特性还必须在试验台上测定，目的不是得到功率随转速变化的规律，而是为了求得按推进特性工作时，其他性能参数随转速 n 变化的规律，以供使用和管理柴油机时参考。

实际上，推进特性曲线上的各点就是柴油机各速度特性线运行点的一部分。所以只要在完成速度特性试验之后，按照推进特性各运行点整理出柴油机各性能参数，便可绘制出柴油机按推进特性工作时的各性能参数随转速变化的关系曲线。如单独测试各性能参数随转速变化的关系曲线，就要先计算出符合该台柴油机推进特性各运行点的转速和功率值，再根据这些数据将柴油机调节在各运行点上运行（一般从标定功率点开如逐步向低负荷进行），逐点测取各参数（如最高燃烧压力、增压压力、废气涡轮前后排气温度、机械效率、过量空气系数、烟度，有效耗油率等），然后以转速为横坐标，以上述各参数为纵坐标绘制成曲线，如图 8－5(b)所示。

8.5.2 柴油机与螺旋桨匹配

图 8－6 是柴油机与螺旋桨的配合工作情况。柴油机全负荷速度特性曲线和螺旋桨推进特性曲线（即柴油机的推进特性曲线）相交于 H 点，并在 H 点稳定运转。当小于此转速时，柴油机就以部分速度特性曲线工作，这时与螺旋桨推进特性分别交于图中 D 点、E 点等。可见，柴油机直接带动螺旋桨，在低转速时柴油机的潜在功率没有得到全部发挥。

快艇在低速时的功率和转速的关系为 $P=Cn^{1.5}$；在高速时一般为 $P=Cn^{1.75}$。可见，快艇的螺旋桨推进特性曲线较民用船舶的平坦。故在定压增压的柴油机中，在低速时有可能速度特性曲线低于螺旋桨推进特性曲线，出现没有自动平衡能力的工况，如图 8－7 所示。

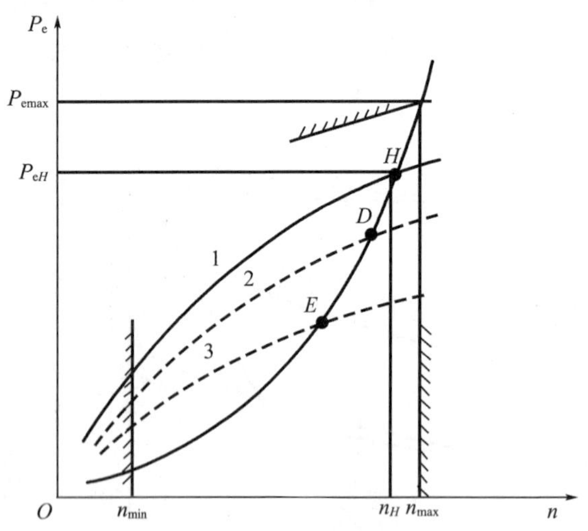

图 8－6 柴油机与螺旋桨的配合工作

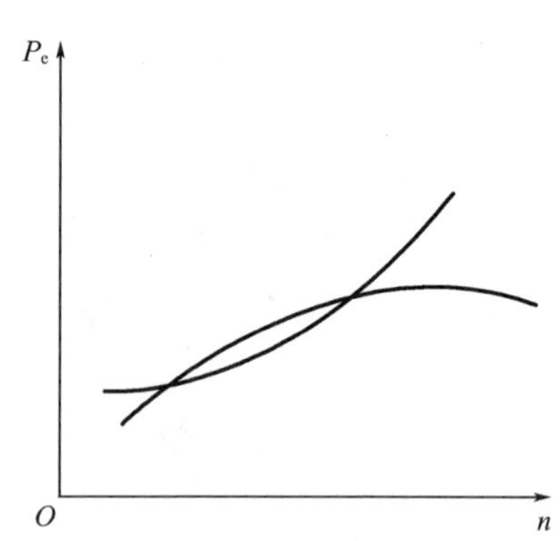

图 8－7 低速出现的工况

为了合理利用柴油机功率，要正确选择螺旋桨直径 D 或螺距和直径比 H/D（螺距比），不同直径或直径比螺旋桨的推进特性曲线也不同，如图 8－8 所示的曲线 1，2，3。当螺旋桨选得正确时，推进特性曲线 1 与标定功率外特性曲线的交点 A 正好落在柴油机的标定功率及标定转速上。

这时柴油机的功率得到充分利用。若螺旋桨直径或直径比太大，其推进特性变为曲线 2，它与柴油机标定外特性曲线交于 B 点，此时柴油机的转速为 n_B，功率为 P_{eB}，没有发挥柴油机的能力；如果使柴油机在标定转速下运转，将导致柴油机在超过标定功率下运转，此时柴油机超负荷外特性曲线与推进特性曲线 2 交于 D 点。反之，若螺旋桨直径或直径比太小，则螺旋桨推进特性为曲线 3，它与柴油机标定外特性曲线交于 C 点，这样将导致柴油机超速运转，若使柴油机不超速，仍在标定转速下运转（如在调速器作用下），则柴油机必将以部分负荷速度特性工作，并与曲线 3 交于 E 点，柴油机没有充分发挥出应有的功率。

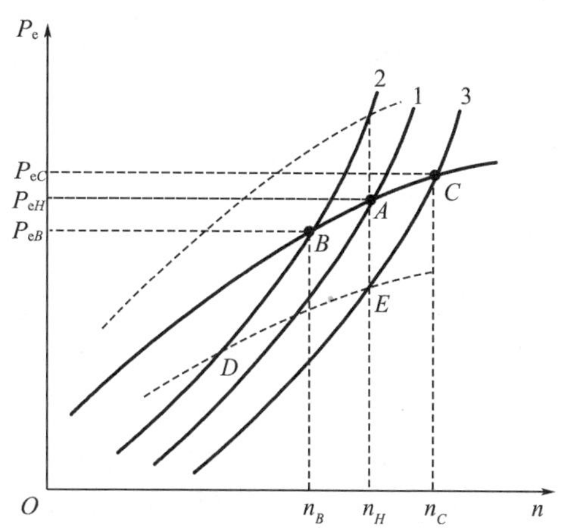

图 8－8　不同直径螺旋桨特性即配合工作点

此外，同一个螺旋桨在船舶不同航行情况下，其推进特性曲线也不相同。如图 8－9 所示，曲线 5 为系泊试验时的推进特性曲线，曲线 2 为拖带双驳时的推进特性曲线，曲线 3 为拖带一个驳船时的推进特性曲线，曲线 4 为空载航行时的推进特性曲线。它们分别与柴油机标定外特性曲线有 4 个不同交点。如果设计螺旋桨是以单驳曲线 3 为准，设计工作点为 B，这时柴油机功率为标定功率（一般指额定功率），转速为标定转速。若船舶拖带双驳航行时，则工作点为 C，柴油机工作达不到标定转速，要想在标定转速下运转，柴油机必须以新的超负荷外特性线运行，使之与曲线 2 的交点所对应的功率大大超过标定功率。同样，设计的螺旋桨以双驳航行为准时，则工作点 C 所对应的转速为标定转速，功率为标定功率；若以单驳状态航行时，必须使柴油机工作在部分速度特性曲线上才能与曲线 3 的交点 E 点处于标定转速上。

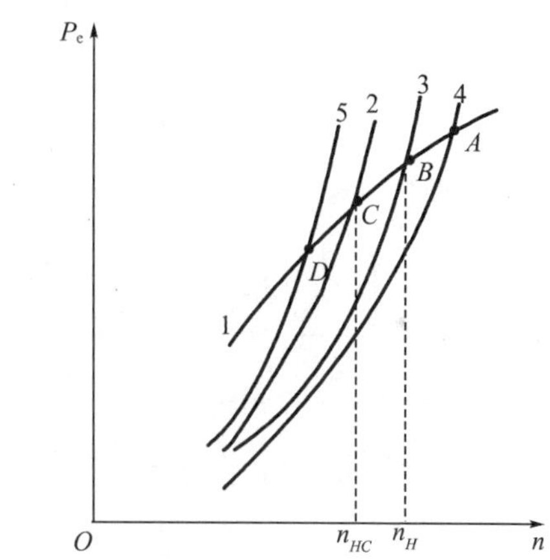

图 8－9　不同航行情况下的螺旋桨工作点

为此，采用可变螺距螺旋桨，使船舶在任何航行状况下，能调节螺旋桨的推进特性曲线，以满足柴油机在标定工况下工作。

8.6　万有特性

前面讲过的负荷特性、速度特性、推进特性都是表示柴油机 2 个参数的关系，都不能较全面地反映出柴油机的性能。我们把能表示出 3 个或 3 个以上参数间的关系的特性曲线称为万有特性曲线（多参数曲线）。用它能较全面地了解柴油机性能，找出最经济的负荷与转速，判明一台柴油机的适用范围，为合理选配柴油机提供依据。

一般万有特性曲线表示单位耗油量、排气温度、烟度、平均有效压力、有效功率等参数随转速和负荷(或功率)变化的规律。用得最广的万有特性是以转速为横坐标,平均有效压力(或功率)为纵坐标,在图上可同时画出若干条等单位耗油量曲线、等功率曲线和等排气温度曲线等,如图 8 - 10 所示。

绘制万有特性曲线时,首先将各转速下的负荷特性试验中所获得的 p_e、P_e、n、g_e、T_t 等参数列表整理清楚,再以 p_e 或 P 为横坐标;以 g_e 或其他参数为纵坐标绘出各转速下的 g_e 或其他参数的负荷特性曲线,然后再绘制万有特性曲线。下面以绘制等 g_e 曲线为例说明万有特性的绘制方法。

如图 8 - 11(a)所示,先按上述方法绘出各转速下的 g_e 随 P 变化的负荷特性曲线,再画出等 g_e 线(水平的直线),每条等 g_e 水平线与若干转速下的负荷特性曲线相交,每个交点都有对应的转速 n 和平均有效压力 p_e 然后再把每个交点转换到以 n 为纵坐标,以 p_e 为横坐标的坐标系内,如图 8 - 11(b)所示。图中所画出的是单位耗油量为 230 g/kW · h 的各转速下的等耗油线,按此方法可得到很多条不同的等耗油线。

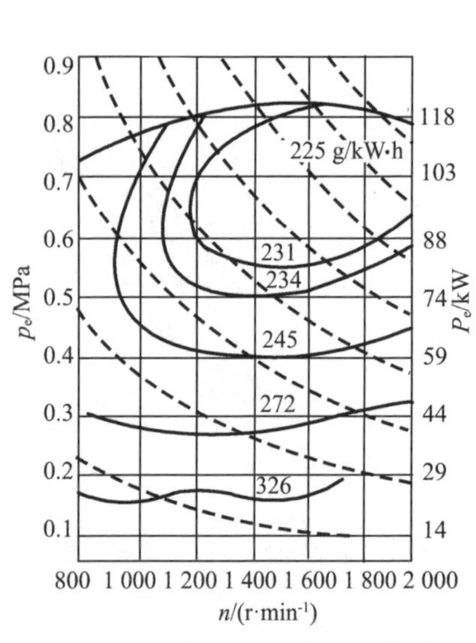

图 8 - 10　柴油机的万有特性曲线

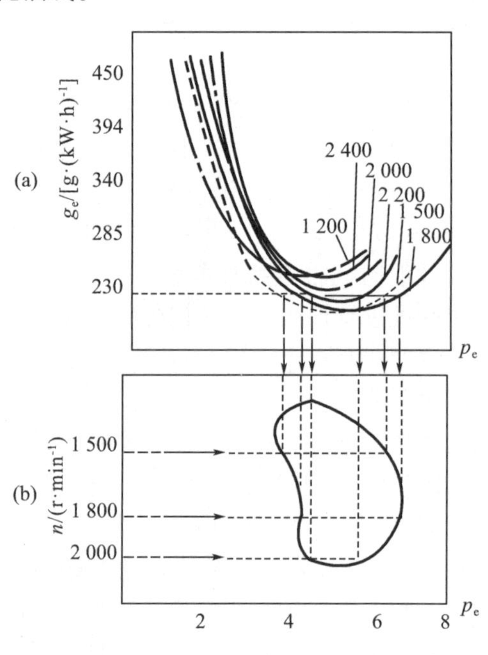

图 8 - 11　万有特性曲线的绘制

通过万有特性曲线很直观地找出柴油机最经济的负荷和转速。如图 8 - 12 所示,愈内层的等 g_e 线区域就愈经济。而且螺旋桨的推进特性曲线在很大的转速范围内处于低单位耗油量曲线以内。如果推进特性曲线向左下方移动,则明显变得不经济。

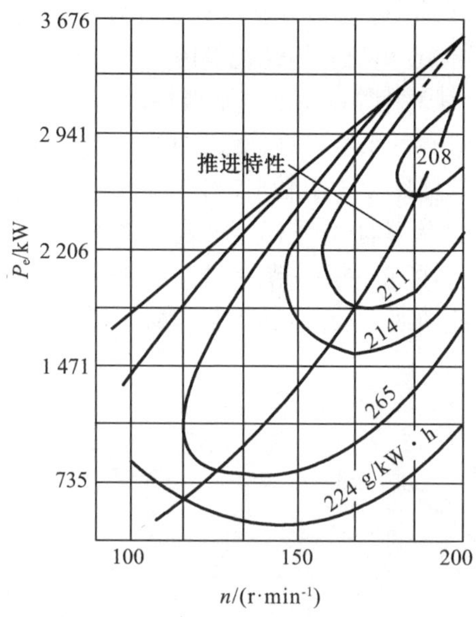

图 8－12　推进特性与万有特性配合

8.7　柴油机限制特性与运转范围

保证柴油机长期稳定工作所规定的最高许用负荷及过程参数与转速的关系称为限制特性。

柴油机的制造厂根据柴油机长期稳定运转的条件,把机械负荷、热负荷及工作过程基本参数保持在各标定功率的水平上,达到对功率的限制。常用的限制特性有:冒烟特性、等过量空气系数限制特性、等扭矩限制特性。因等扭矩限制特性只适用于非增压或低增压柴油机,下面仅介绍前两种限制特性。

8.7.1　冒烟限制特性

在柴油机运行转速的范围内,调节喷油泵的调节机构,测取排气刚要开始冒烟时各转速下的功率,这种功率与转速的变化关系曲线称为冒烟限制特性曲线。这条曲线是柴油机工作的冒烟和不冒烟的分界线,柴油机在此限制特性工作时虽然没有产生冒烟,但主要受热部件温度还是很高的。

图 8－13 为某增压柴油机的速度特性和冒烟限制特性曲线。曲线 1 为每循环供油量 Δg 保持不变的速度特性曲线,曲线 2 为每循环供油量按柴油机冒烟限制测取的冒烟限制特性曲线。可见,在高转速时,这两条曲线的每循环喷油量相等。

8.7.2　等过量空气系数限制特性

等过量空气系数限制特性是指柴油机在整个工作转速范围内保持过量空气系数不变

的情况下，测取柴油机功率、耗油率、排气温度等参数随转速变化的关系，保持一定的等过量空气系数，能保证柴油机在一定负荷和转速范围内工作过程的完善，如图 8 – 14 所示。曲线 1 为速度特性曲线，2，3，4 为 3 种等过量空气系数特性曲线，曲线 2 是与曲线 1 最大功率时过量空气系数相同的等过量空气系数特性曲线，曲线 3 是最高转速时功率较曲线 1 低的等过量空气系数过量曲线。从曲线 2，3 中看出，当转速下降到一定程度时，由于可燃混合气形成变差，影响燃烧过程，使后燃增加、排气温度升高。如按曲线 2，3 工作只能在较窄转速范围内正常运行，只不过曲线 3 的正常工作范围较曲线 2 大些。曲线 4 是保持持续功率下的等过量空气系数的限制特性曲线，在此条件下工作时才可以在整个柴油机转速范围内正常运行。

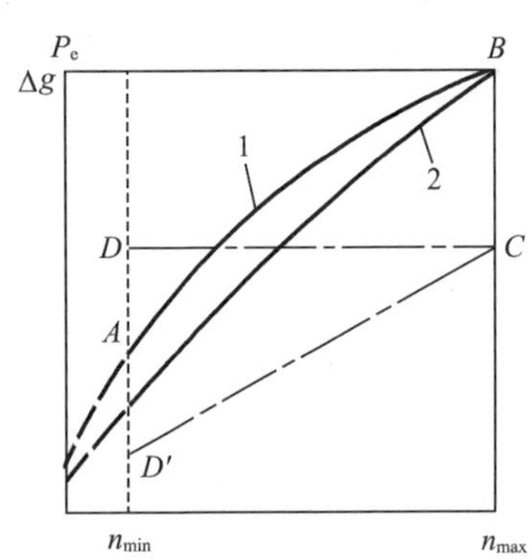

图 8 – 13　增压柴油机的速度特性和冒烟限制特性曲线

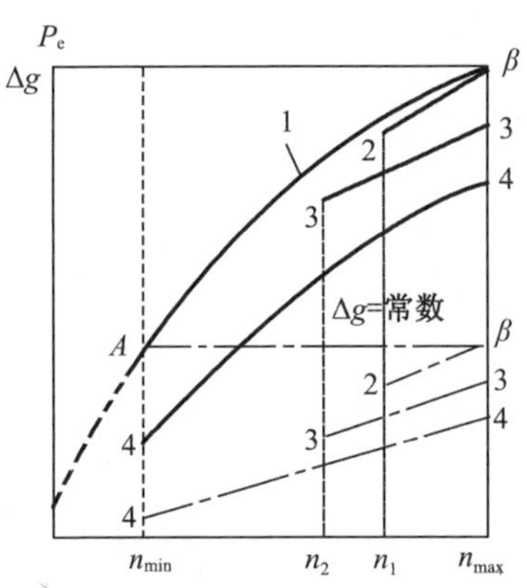

图 8 – 14　等过量空气系数限制特性

在实际的柴油机运转过程中，保持过量空气系数不变是不可能的，而且随时确定燃烧过程的过量空气系数也是难以做到。所以常用在标定负荷下的总过量空气系数来代替（在柴油机试验台上容易测得总过量空气系数值），并用它作为限制参数之一，另外还要以排气温度 t_r 和最高燃烧压力 P_Z 的许用值作为限制参数。

在船舶中对运行的柴油机测取总过量空气系数也是困难的，故按试验台上以总过量空气系数等于常数条件下，确定柴油机在不同转速每小时供油量 G_T、排气温度和最高燃烧压力 p_Z 值，并以此为限制值。

根据这 3 个限制值检验柴油机的工作是否在接近等过量空气系数限制特性下工作。

如图 8 – 15 所示是一台涡轮增压四冲程高速柴油机保持总过量空气系数为常数时的限制特性曲线。

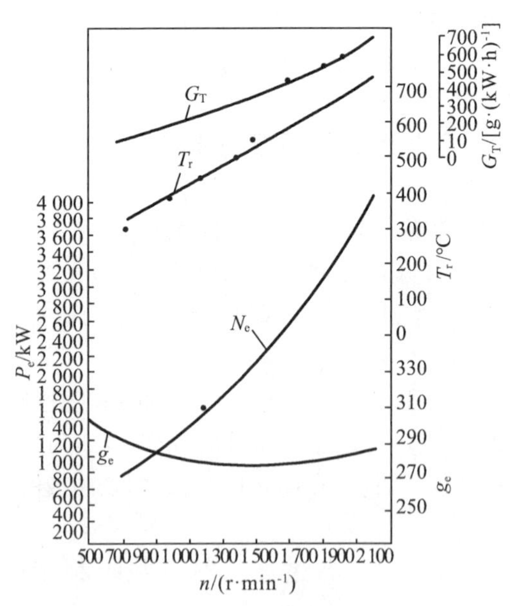

图 8 – 15　限制特性曲线

8.7.3　柴油机的运转范围

为了使柴油机工作可靠、寿命长，不仅需要转速在运转范围内，而且对各转速下的工作最大功率、最高转速、最低转速以及各转速下的最低功率也要进行限制。图8－16为一台四冲程柴油机的限制特性和许用负荷区。曲线1为最高转速限制线，超过此范围会引起往复惯性力过大产生强烈振动，加速运动部件的磨损。作为大型船舶主机该转速限制为标定转速的103%，并安装限速器作为保护装置。

曲线2为最低负荷限制线，在柴油机各转速下，随负荷的降低，每循环喷油量减少到一定程度后，各缸供油量均匀性变差，甚至出现某气缸不喷油或不能着火，使柴油机转速不稳定，以及由于燃烧不完全带来的不良后果。一般最低负荷为长期使用功率的10%～25%。曲线3为最低转速限制线，这条限制线取决于柴油机的类型和在低转速下供油系统控制的精确性。由于转速低不利于混合气的形成、燃烧以及辅助系统的工作，从而不能保证柴油机正常运转。这一转速，低速柴油机一般为标定转速的30%左右，小型高速柴油机为50%左右。曲线4为最低空转曲线。曲线5为极限速度特性曲线，曲线6，7，8分别为最大功率、间歇功率和持续功率曲线。

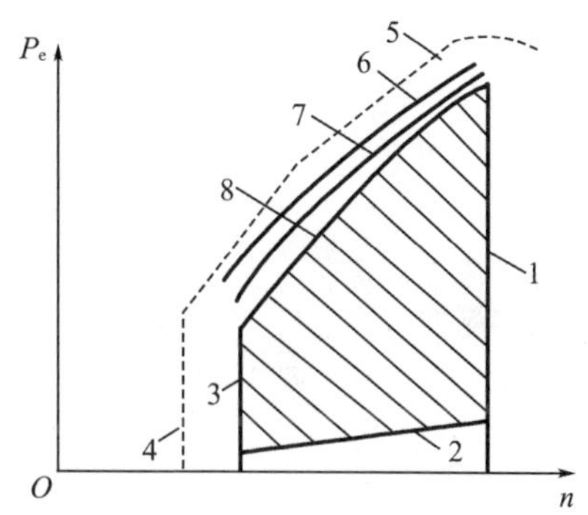

图8－16　四冲程柴油机的限制特性和许用负荷区

【思考与练习】

1. 什么是柴油机特性？研究柴油机特性的目的是什么？
2. 什么是柴油机工况？船舶柴油机根据其用途有几种工况？
3. 什么是柴油机负荷特性？负荷特性曲线是如何测取的？
4. 什么是柴油机速度特性？速度特性曲线是如何测取的？
5. 什么是柴油机推进特性？推进特性曲线是如何测取的？
6. 怎样实现柴油机与螺旋桨的合理匹配？
7. 什么是柴油机的限制特性？柴油机的运转范围是怎样确定的？

第二篇　船舶燃气轮机

第 9 章　船舶燃气轮机概述

【知识目标】

1. 了解燃气轮机发展史。
2. 了解燃气轮机的基本构成。
3. 掌握燃气轮机的特点及其应用。

【能力目标】

1. 能说出燃气轮机的基本构成。
2. 能分析燃气轮机的特点。

9.1　燃气轮机发展史

9.1.1　燃气轮机发展史

众所周知，燃气轮机装置并不是一个新兴的动力装置，而是有着几十年发展时间的、具有深厚技术积累的、以综合性的学科作为支撑的工业力量。首台实用的燃气轮机是由德国人于 1920 年研制成功的，由于其良好的空气动力性能，随后在航空方面得到广泛的应用。水面舰艇的研制单位深受水面动力装置的困扰，在看到航空燃气轮机技术的前景之后，经过高性能航空发动机的改装及简单循环技术的发展、中间冷却 - 回热复杂循环的优化、先进的余热利用式燃 - 蒸联合循环的应用已使军用船舶燃气轮机的发展和应用进入了一个崭新的时期。

燃气轮机与其他动力装置相比，具有功率大、尺寸小、质量小、机动性强、采用箱装体结构可快速更换等优点，备受各国海军青睐。船舶燃气轮机已成为水面舰艇的主动力装置，是水面舰艇现代化的极为重要的标志。

9.1.2　我国燃气轮机工业概况

中国舰用燃气轮的研制自 1958 年至今已有 60 余年的历史，经历了仿制、自行设计和航机舰改的过程，目前仅有大、小两型舰用燃气轮机装备部队使用。

在舰用燃气轮机领域，国内面临的主要差距如下：

①使用数量少，使用成熟度低。我国燃气轮机的应用程度不仅落后于世界海军强国，与日本、印度、韩国等周边国家也存在较大差距。

②尚未形成燃气轮机装备体系，不能满足海军装备发展需求。目前国内可用于装备的燃气轮机远不能满足海军各型舰船的发展需求，在燃气轮机性能、可靠性等方面也与海军

强国差距明显。

中国具有漫长的海岸线,随着全球经济一体化的进程推进和国际形势的错综复杂,迫切需要提升中国海军舰船的性能。众所周知,国防武器装备中动力系统是制约装备整体战技性能提高的瓶颈技术,各国对此都十分重视,其核心技术严禁出口,因此,为了避免舰船动力受制于人,必须发展具有完全自主知识产权的舰用燃气轮机。

西方国家在舰用燃气轮机的发展中走过单独发展和航机舰改的发展道路,但最终都选择了航机舰改的发展模式。认真分析其原因,有助于中国舰用燃气轮机的发展。

中华人民共和国成立前没有燃气轮机工业,中华人民共和国成立后全国各地试制过十几种型号的陆海空用途的燃气轮机。1956 年我国制造的第一批喷气式飞机试飞,1958 年起又有不少工厂设计试制过各种燃气轮机。

1962 年上海汽轮机厂试制船舶燃气轮机,1964 年与上海船厂合作制成 550 kW 燃气轮机,1965 年制成 6 000 kW 列车电站燃气轮机,1971 年制成 3 000 kW 卡车电站。在这期间还与中国船舶重工集团第 703 研究所合作制造了 3 295 kW、4 410 kW、18 380 kW 等几种船舶燃气轮机。

1969 年哈尔滨汽轮机厂制成 2 200 kW 机车燃气轮机和 1 000 kW 自由活塞式燃气轮机,1973 年与 703 研究所合作制成 4 410 kW 船用燃气轮机,与长春机车车辆厂合作制成 3 295 kW 机车燃气轮机。

1964 年南京汽轮电机厂制成 1 500 kW 电站燃气轮机;1970 年制成 37 kW 泵用燃气轮机;1972 年制成 1 000 kW 电站燃气轮机;1977 年制成 21 700 kW 快装式电站燃气轮机;1984 年与 GE 公司合作生产了 PG6541B 型 36 000 kW 燃气轮机;从 1984 年至 2004 年已生产了 PG6541B 型、PG6551B 型、PG6561B 型、PG6581B 型 4 种型号燃气轮机,功率由 36 000 kW上升到现在的 43 660 kW。2003 年中华人民共和国国家发展和改革委员会(简称国家发改委)决定南京汽轮电机集团有限责任公司与 GE 公司进一步扩大合作生产范围,在南京汽轮电机集团有限责任公司生产 S209E 型燃气 - 蒸汽联合循环发电装置中的燃气轮机、汽轮机和发电机。

1978 年东方汽轮机厂制成 6 000 kW 燃气轮机;1972 年杭州汽轮机厂制成 200 kW 燃气轮机;1972 年青岛汽轮机厂制成 1 500 kW 卡车电站燃气轮机。

2003 国家发改委决定在秦皇岛建一座燃气轮机生产基地,与美国 GE 公司合作生产 MS9001FA 型燃气轮机。该生产基地隶属于哈尔滨电气集团有限公司,与哈尔滨汽轮机厂、哈尔滨电机厂共同生产 S109FA - SS 型燃气 - 蒸汽联合循环发电设备。2004 年 8 月在秦皇岛组装的第一台 MS9001FA 型燃气轮机已发运到杭州半山电厂。

9.2 燃气轮机的构成

燃气轮机是一种连续回转的内燃、叶轮机械式的新型热机。它主要由压气机、燃烧室和涡轮 3 大部件构成。图 9 - 1 所示为一个简单开式等压燃烧的燃气轮机简图。燃气轮机以气体(空气 - 燃气)为工质。

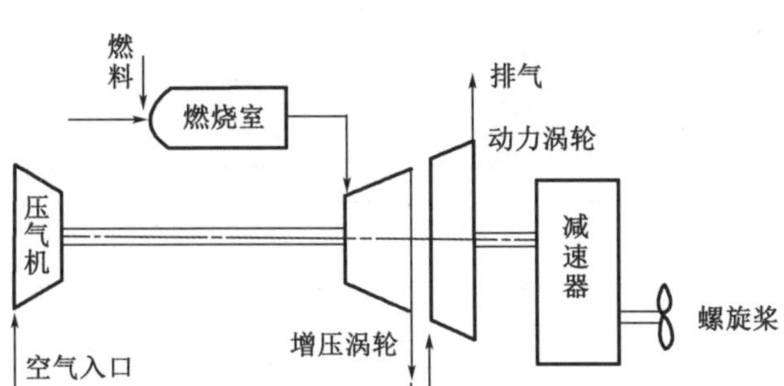

图9-1　简单开式等压燃烧的燃气轮机简图

燃气轮机在正常工作时,压气机从外界吸入空气并使之增压,同时,空气温度也相应提高。压送到燃烧室的空气与燃油喷嘴喷入的雾化燃油混合燃烧,形成了高温、高压的燃气。燃气在涡轮中膨胀做功,推动涡轮带动压气机和外负荷转子一起高速旋转。这样,燃气轮机就把燃油的化学能转变成热能,又把部分热能转变成机械功。由此可知,它不同于往复式内燃机和外燃式蒸汽轮机,是一种以连续流动的气体工质等压内燃连续回转叶轮机械式的新型热机。从涡轮中排出的燃气,或直接排至大气自然放热,或引入余热回收设备中利用部分余热后再排至大气。通常,涡轮发出的机械功2/3左右用来驱动压气机,其余1/3左右的机械功则通过燃气轮机的输出轴和传动装置驱动外负荷(如发电机、螺旋桨等)。

船舶燃气轮机推进装置是由进、排气装置,主传动装置(含减速器和轴系等),船舶燃气轮机,推进器(螺旋桨)和监控系统组成。显然,船舶燃气轮机是船舶燃气轮机推进装置的心脏(核心)。燃气轮机产生的轴输出功率拖动推进螺旋桨旋转,实现了船舶的推进。因此,通常称它为燃气轮机推进船舶的动力源。

所谓船舶燃气轮机就是在参数、材料、结构和运行性能等方面都能满足船舶航行技术要求的燃气轮机。它可以用作船舶推进的动力。通常把用作船舶推进动力的船舶燃气轮机称为主燃气轮机。在船舶各种航速下都投入使用的主燃气轮机称为全工况船舶燃气轮机。在船舶巡航时提供推进动力的主燃气轮机称为巡航船舶燃气轮机。在高速航行或应急机动时开动的主燃气轮机称为加速船舶燃气轮机。此外,燃气轮机也可作为驱动船舶辅助机械,如发电机、海水泵、风机等的动力。用作驱动船舶辅助机械的船舶燃气轮机称为辅助船舶燃气轮机。

船舶燃气轮机主要也由压气机、燃烧室和涡轮3大部分组成,但一般做成分轴形式。通常把压气机、燃烧室和带动压气机的涡轮三者作为一个整体,称为燃气发生器,燃气发生器可以看成是能连续不断地产生具有一定温度和压力燃气的单元。而把利用燃气发生器产生输出功率拖动外负荷(螺旋桨或电机)的单元称为动力涡轮。由于动力涡轮的转子与燃气发生器的转子之间无机械联系,而仅有气动上的联系,因而有时也称动力涡轮为自由涡轮。由此可知,船舶燃气轮机又可看作由燃气发生器和动力涡轮2部分组成。前者为后者提供符合技术要求的燃气气源,后者发出机械功以拖动外负荷。

太因RM1A型燃气轮机是英国R·R公司研制的巡航船舶燃气轮机。它是由太因航空涡轮螺旋桨发动机经舰用化改装设计而成的。它与奥林普斯船舶燃气轮机一起构成目前英国海军水面舰艇燃气轮机推进的标准动力单元,用作护卫舰、驱逐舰推进动力。它的改进发展型太因 RM1C 型及太因 RM1D 型的推进功率大、质量小，可用作水翼艇、气垫船、巡逻艇等的推进动力，三者的性能参数见表 9－1。

表 9－1　舰用太因 RM1A 型、RM1C 型、RM2D 型的性能参数

性能参数	RM1A	RM1C	RM2D
最大持续功率/kW	3 126	3 928	3 678
最大间断功率/kW			4 266
耗油率/[g·(kW·h)$^{-1}$]	302	290	
燃气初温/K	1 150	1 280	
动力涡轮转速/(r·min^{-1})	12 900	13 970	14 900
压比	13	13	13
空气流量(kg·s^{-1})	19.8(排气) 20.1(进气)	20.1(排气)	21.8
排气温度/℃	393	441	454
装箱尺寸/m^3	0.548 9×0.208×0.254	0.556	0.212×0.261

燃气轮机在正常工作时，在压气机中的吸气增压过程、燃烧室中的燃油雾化与空气的掺混燃烧过程、涡轮中的膨胀做功过程，以及废气在大气(或余热利用装置)中的散热过程都是连续进行的。在这些过程中，贮存在燃油中的化学能转变成热能，热能又部分地转变成机械功。这就是燃气轮机的工作原理。

为了保证燃气轮机(含船舶燃气轮机)的正常工作，除了上面提及的 3 个主要部件以外，还必须根据不同的技术要求和使用条件设置复杂程度、技术标准不同的附属系统和设备。如燃油系统、滑油系统、附件传动装置、空气冷却系统、启动系统、调节保安系统等。对于船舶燃气轮机推进装置，还应设置进气滤清系统、通流清洗系统等。有的燃气轮机为了提高循环热效率和比功而采用复杂循环，还要配置相应的中间冷却器、回热器、废热(余热)锅炉等换热部件。

9.3　船舶燃气轮机的特点及使用方式

现代常规舰艇动力装置主要有柴油机、蒸汽轮机、燃气轮机 3 种动力装置。

9.3.1　柴油机动力装置

柴油机动力装置的突出优点是耗油率低，经济性好。在军用舰艇中，常规动力潜艇几乎全部都采用柴油机。大多数辅助舰艇也采用柴油机作为推进动力。在民用船舶中，低速和中速柴油机广泛用于各型商船。但柴油机单机功率小，难以满足大、中型水面舰艇所需要的全部功率要求。

因此，只能用作巡航主机。而加速机则多采用燃气轮机。另外，柴油机的振动大、高水下噪声会影响反潜声呐的工作,故目前大、中型水面舰艇的巡航主机也尽量不采用柴油机,而选用燃气轮机。再则柴油机还需大量冷却水,滑油消耗量也较大。

9.3.2 蒸汽轮机动力装置

蒸汽轮机动力装置的优点是单机功率大、工作可靠、寿命长、维护和使用经验丰富。因此,在大型水面舰船中仍占优势。在军用方面,它用作驱逐舰、巡洋舰和航空母舰的动力。在民用船舶方面,它主要用于大型油轮和集装箱货船。蒸汽轮机动力装置的缺点是系统庞大笨重、启动时间长、维护使用需要的操纵、管理人员较多等。

9.3.3 燃气轮机动力装置

燃气轮机这种新型船舶动力装置的优点是结构简单、工作可靠、单机功率大、体积小、质量小、启动加速性好、运转平稳、振动小、水下噪声小、维护使用简单、操作方便、易于实现远距离自动操纵和监控等。燃气轮机用作船舶推进主机可大幅度提高和改善现代舰艇的战术技术性能,因而,在军用舰艇上得到了广泛应用。但燃气轮机动力装置也具有耗油率偏高,特别是变工况时耗油率更高、翻修寿命较短(8 000 ~ 10 000 h)、排气温度较高、空气流量大,要求的进、排气装置的尺寸较大等问题。倒车方面也存在一些技术困难。由于燃气轮机动力装置目前的经济性尚较差,这一点实际上影响了它在民用船舶上的应用。

采用燃气轮机动力装置的舰艇,其推进的应用方式有下列几种类型。

1. COSAG(蒸 - 燃联合动力装置)

COSAG 是主机由蒸汽轮机和燃气轮机组成的联合动力装置。蒸汽轮机和燃气轮机用并车齿轮箱机械地联系在一起,产生推进动力。蒸汽轮机和燃气轮机热力系统是各自独立的。通常用蒸汽轮机巡航,加速时并入燃气轮机与蒸汽轮机共同驱动螺旋桨,以获得舰艇的高航速。这是一种最早出现的联合推进方式。由于蒸汽轮机动力装置质量、尺寸较大,随着全工况燃气轮机的发展,已能满足各种功率要求,为使装置简化,在中、小型水面舰艇中已由柴 - 燃联合动力装置或全燃联合动力装置所取代。

2. CODOG(柴 - 燃交替联合动力装置)

CODOG 是主机由柴油机和燃气轮机组成的联合动力装置。针对燃气轮机在低工况运行时经济性差、启动快和单机功率大,柴油机在所有工况下都运行平稳,又便于反转的特点,20 世纪 60 年代,柴油机和燃气轮机组成的联合动力装置成为中、小型水面舰艇的主要动力装置应用形式之一。柴油机在总功率中所占比例较小(25%),柴油机仅巡航用,大于巡航工况时,柴油机停车,改用燃气轮机工作,称为柴 - 燃交替联合动力装置。

3. CODAG(柴 - 燃并列联合动力装置)

CODAG 是柴油机和燃气轮机可同时使用的联合动力装置。

舰艇的巡航航速较高,即柴油机功率在总功率中所占比例较大(50%)时,则必须柴油机在所有工况下都工作,而燃气轮机只在大于巡航航速时才投入使用,称柴 - 燃并列联合动力装置。巡航时使用柴油机,加速时燃气轮机与柴油机同时工作。

4. COGOG(燃 - 燃交替联合动力装置)

COGOG 是燃气轮机和燃气轮机交替使用的联合动力装置。舰艇装备不同型号的燃气轮机,其中功率较小、耗油率较低的燃气轮机作为巡航机使用。功率较大的燃气轮机作为加速机组,两者交替使用。

5. COGAG(燃 – 燃并列联合动力装置)

COGOG 是燃气轮机和燃气轮机可同时使用的联合动力装置。舰艇装备两台以上相同型号的燃气轮机联合推进。例如,美国 DD963 驱逐舰即装备了由 4 台 LM2500 船舶燃气轮机组成的燃 – 燃并列联合动力装置,双轴线推进,每轴并列安装 2 台 LM2500 船舶燃气轮机。全速工作时,4 台机组同时工作,航速可达 30 kn 以上。巡航时,每根轴线上开动 1 台燃气轮机并在低工况下工作。

6. COGAS(燃 – 蒸联合动力装置)

COGAS 是燃气轮机和蒸汽轮机组成的复合动力装置。两者不仅在机械上,而且在热力系统上联合在一起。以燃气轮机产生基本功率,而利用余热锅炉回收燃气轮机排气中的部分热能,产生蒸汽,驱动汽轮机,发出附加功率(一般附加功率占总功率的 25% 左右)。这样,可以有效地增加输出功率、减小耗油率,提高装置的经济性。

随着对船舶燃气轮机和联合动力装置的深入探索和研究,必将促进船舶燃气轮机用于船舶推进方式的变革和各种联合动力装置的改进。所以,推进应用方式也不是一成不变的。例如间冷 – 回热燃气轮机、平行复合双流程式循环燃气轮机、余热利用进气冷却式燃气轮机等的开发研制必将引起船舶燃气轮机推进方式的新变化。

【思考与练习】

1. 分析比较蒸汽轮机、柴油机、燃气轮机 3 种动力装置的优缺点。

第 10 章　船舶燃气轮机装置的基本原理

【知识目标】

1. 掌握船舶燃气轮机的技术性能指标。
2. 了解燃气轮机基本系统工作原理。

【能力目标】

1. 能说出燃气轮机的技术性能指标。
2. 能描述开式循环燃气轮机、闭式循环燃气轮机的热力循环 $T-S$ 图。

10.1　船舶燃气轮机装置的技术性能指标

船舶燃气轮机的技术性能指标(对于舰艇通常称为战术技术要求)一般包括以下内容:

10.1.1　单机功率

单机功率是指一台燃气轮机所能发出的额定功率,即最大持续功率。

单机功率是一个综合性评定指标,它决定于燃气轮机设计制造能力和技术水平。

单机功率通常根据为保证舰艇具有一定航速的总功率、装置方式、螺旋桨数目、发动机台数以及发动机设计能力和制造水平等因素确定,通常在战术技术要求中规定。

舰用燃气轮机的单机功率可达 18 ~ 22 MW,在试制的有 30 ~ 37 MW。单机功率大,不需并车即可满足螺旋桨功率要求,可以减少并车传动装置的复杂性。

由于柴油机单机功率小,通常为 3 ~ 4.5 MW。法国的中速柴油机虽单机功率可达 20 MW,但因尺寸、质量过大,不能满足装舰要求。

因此,中型以上舰艇只能选用蒸汽轮机装置和燃气轮机装置。由于燃气轮机装置在许多方面都比蒸汽轮机装置具有明显的优越性,通常优先考虑采用燃气轮机作为主动力装置。

目前,航空母舰采用核动力装置,其蒸汽轮机功率可达 56 MW,对于轻型航母,燃气轮机仍有许多优势。

10.1.2　比质量

装置的总质量与额定功率之比称为装置的比质量 G_0,即装置发出每单位功率时的装置质量。根据定义,可写出

$$G_0 = \frac{G_y}{N_e} \tag{10-1}$$

式中 G_y——燃气轮机装置的总质量；

N_e——装置的总功率。

在比较装置的比质量时，应首先明确前提条件，即主装置中是否包括了主推进装置的附属系统等部件之质量，还是只指机组本身的质量（涡轮、压气机、燃烧室、管路，有时包括换热器）。如果指主推进装置的质量，还应包括主机附属系统及减速器、换向设备、轴系、进排气装置及螺旋桨、操纵台等质量。

当同类燃气轮机进行比较时，可只考虑机组的质量（当然更严格来说，在参数相同时才可比较）。

但不同类型的装置进行比较时，包括上面列举的那些附属系统和设备的质量，才能真实反映燃气轮机在比质量方面的优势。实际上，主要是燃气轮机、传动装置及轴系所占质量起重要的影响。

对于不同类型的舰艇，装置的质量（包括燃油、滑油及冷却水贮备）占排水量的比例是有限制的，因为装置的质量（比质量）直接影响船舶的航速以及有效排水量指标。

对不同类型的舰船，装置质量占排水量的百分比见表 10－1。

表 10－1 装置质量占排水量的百分比

舰艇类型	炮艇快艇	护卫舰	驱逐舰	主力舰	巡洋舰	潜艇
装置、燃油及管路质量	25%	25% ~35%	35% ~45%	20% ~24%	8% ~10%	~35%
燃油、滑油及水加载质量	10%	10% ~15%	12%	9%	3.5%	~7%

对于民用船舶，装置及燃油等总质量占排水量的百分比为

货船 5% ~10%；

快速客货船 10% ~28%；

快速客船 20% ~30%。

显然，比质量愈小的装置，可以把剩余的质量份额分配给燃油贮量，增加续航力，或者多携带武器、弹药、提高舰艇的作战威力。

由于燃气轮机本身结构紧凑、质量小、其比质量仅为 0.25 ~2 kg/kW，对于水翼艇、气垫船尤为适宜，可充分发挥比质量小的优越性。

对于中型水面舰艇，如单机功率不足，可以采用并车的方式解决。

虽然燃气轮机装置主传动装置笨重，进、排气装置较大，然而其比质量与其他的动力装置相比仍占优势。各类型装置的比质量为

燃气轮机装置 11 ~13 kg/kW；

蒸汽轮机装置 16 ~32 kg/kW；

大功率低速柴油机 45 ~60 kg/kW

中速柴油机 5 ~7.5 kg/kW；

高速柴油机 1.4 ~4 kg/kW；

中速柴油机比质量低于燃气轮机装置，由于其单机功率小，即使并车仍不能满足中型

舰艇的功率要求,如若考虑装置的比质量,要比上面给出的数值大很多。

由于燃气轮机装置不需更多的冷却滑油和冷却水,因此燃气轮机比较容易满足所占排水量的限定值。从一些中型舰艇动力装置比较来看,英 42 型驱逐舰若改为蒸汽轮机装置,质量要增加 250 t,美 DD－963 型驱逐舰若采用蒸汽轮机装置,比采用 4 台 LM2500 多 300～600 t,对于护卫舰,若采用全燃装置,比采用柴－燃联合装置质量可减少 25%,因此燃气轮机装置可节省舰艇排水量,对于排水量一定的舰船,可以加强武器装备,改善舰员生活条件,提高战术性能。

10.1.3　耗油率

耗油率是装置每发出单位功率(kW)时的燃油流量,或每千瓦小时所消耗的燃油。耗油率(简称油耗)是装置经济性能好坏的重要标志之一。根据定义,耗油率 b_e 可表示为

$$b_e = \frac{B_e}{N_e} \tag{10-2}$$

式中　B_e——燃油流量,kg/h;

N_e——装置的额定功率,kW。

目前,各类装置的耗油率如下

燃气轮机装置　　265～240 g/(kW·h);

中速柴油机　　215～200 g/(kW·h);

蒸汽轮机装置　　380～70 g/(kW·h)。

燃气轮机装置在部分负荷工况时,耗油率要增加 480～540 g/(kW·h)。为了克服部分负荷耗油率高的缺点,在低工况下,巡航机组工作。可采用不同功率的机组组成 COGOG,如果各类装置都采用相同牌号的燃油,则可以由耗油率直接比较燃油费用,如果采用不同牌号的燃油,则应经过详细折算,才可比较燃油的消耗费用。

10.1.4　耗气率与比功

装置发出每千瓦小时功率所需的空气量称为耗气率。根据定义,耗气率可表示为

$$g_e = \frac{G_e}{N_e} \tag{10-3}$$

式中　G_e——空气量,kg/h;

N_e——装置的额定功率,kW。

耗气率大,则表示机组的尺寸大,特别是进气装置的截面积大,要占据较大的甲板面积。这对舰艇的布置和甲板的强度是不利的。

耗气率的倒数即为比功 l_e:

$$l_e = \frac{N_e}{G_e} \tag{10-4}$$

随着燃气轮机性能和技术水平的提高,比功不断增加,耗气率不断下降。目前可降为 13.5～11 kg/(kW/h),要比柴油机高 2～3 倍。

第一代燃气轮机比功约为　　175 kW/(kg/s);

第二代燃气轮机比功约为　　　　260 kW/(kg/s)；
柴油机装置比功为　　　　　　　490 kW/(kg/s)；
蒸汽轮机装置比功为　　　　　　450 kW/(kg/s)。

对同类装置来说,燃气轮机的耗气率高,表征机组尺寸大。不同类型装置的比功率只说明各类机械中消耗于压缩空气的功率不同。由于燃气轮机耗气率大,几乎把装置的2/3的功率用于做压缩功,只能给出30%的有用功。

动力装置的尺寸大小是其重要特性之一,应把耗气率作为设计指标之一。

在考虑经济性、质量的同时,也必须考虑装置的尺寸。有时把单位功率的 V_e 容积表示为

$$V_e = \frac{V}{N_e} \tag{10-5}$$

式中　V——给定的机舱容积。

燃气轮机装置的尺寸和质量与功率、主要部件的形式、主机的参数、辅机的数量、系统方案等因素有关,也与所选用的零件强度和金属材料性能有关。

装置质量、尺寸减小,可以提高装置的机动性。在规定的动力装置质量和机舱尺寸的情况下,减少单位容积可以增大全速功率,降低装置的质量,可以增大续航力。

10.1.5　翻修期限(寿命使用期限)

翻修期限是指装置出厂后第一次翻修(返厂大修)或两次返厂翻修之间的实际使用小时数,也是指寿命或使用期限。翻修后的使用期限应与翻修前相同。

因为动力涡轮一般都设计成长寿命,并与舰龄(或为服役期限)相同(20~25年),在此期间不用翻修。因而,翻修期限仅指燃气发生器的翻修期。

一般来说,翻修期限是由高温条件下受力条件最恶劣的部件寿命所限制,对燃气发生器,通常是由高压涡轮第一级工作叶片(动叶)的寿命规定,现在舰用燃气轮机的翻修期限可达8 000~10 000 h。

翻修期限的提高,主要靠提高高压涡轮工作叶片的金属材料性能以及提高这些部件的结构完善程度、冷却技术等。

翻修期限(寿命)与装置的参数选择、经济性能、质量尺寸、运行工况变化时的特性以及结构形式有关。增加装置的翻修期限,可减少修理时间及停泊时间,可以提高舰船作战能力,降低管理维修费用及增加装置的可靠性。显然,增加翻修期限在各方面都是极为有利的,因此翻修期限是设计舰船装置的一个重要指标,也是装置设计中的一个综合性技术参数。

目前,柴油机的翻修期限为3 000~5 000 h,蒸汽轮机装置一般可达30 000~50 000 h。如果燃气轮机作为加速机组使用,由于舰艇在全速或高工况下工作时间仅占整个运行时间的很少部分,相应的翻修期限可达3~4年,可以满足舰艇使用要求。如燃气轮机作为全工况机组使用应在设计中尽量采取措施增加装置的翻修期限。

现代燃气发生器在结构上一般都设计成箱装体单元结构形式,很容易实现"以换代修",可以在泊位上换装燃气发生器,例如LM2500在泊位上每台换装时间一般不超过24 h,基本上可以保证不因主机故障而影响舰艇的使用,从而保证舰艇的在航率。燃气轮机在此

方面要比其他类装置具有明显的优越性。

10.1.6　加速性和机动性，低负荷工况下的工作稳定性

加速是指装置由冷态启动加速到额定工况，或由额定工况过渡到某一给定的部分负荷工况所需的时间。减速所需的时间一般与加速时间大致相同，不做另外要求。加速性好的发动机可以较好地满足舰艇机动性的要求。

所谓机动性，是指在保证舰船安全航行的条件下，装置迅速过渡到任意给定工况的能力。表征燃气轮机装置机动性的指标有装置的启动时间（即装置达到空车状态并能迅速发出功率的时间）、从空车到发出全负荷功率所需的时间、停车换向时间（从正车到反车）、过渡到停止使用部分螺旋桨的部分工况所需的时间。表征机动性的还有：最低允许转速、压气机可能发生喘振的转速区域、换向次数、部分工况的极限功率以及长期倒车工况下的极限功率等。

在现代战争条件下，由于武器系统的完善程度不断提高，对舰艇的机动性、迅速改变舰艇方向和速度的能力，提出愈来愈高的要求，要求起航快、加速快、倒航性和回转性好。因此，必须要求动力装置启动迅速，从冷态到发出全负荷功率的时间短，从一个工况到另一个工况以及从正车到反车的换向时间要短。

装置的机动性及加速性，主要与装置结构、装置系统、涡轮压气机组和换热器（如果装置中采用换热器时）的尺寸、质量、重要部件的金属材料性能、压气机特性及调节系统有关。机动性或加速性是一个综合性技术指标，是保障安全航行的主要因素之一。

低工况下的工作稳定性是指在低工况下工作时不发生喘振，在压气机特性线上的平衡运行工作点远离喘振边界的程度。要求发动机在最低工况到满负荷时的整个运行工况范围内，装置都稳定工作，其喘振裕度不低于1.10。

在设计要求中应规定最低稳定工况的要求，慢车转速应低于最低稳定工况转速。在25～35 ℃大气温度下，从冷态启动到慢车工况一般不大于1 min。从冷态启动经慢车工况至最大持续工况的时间一般不大于3 min。

在加速性方面，燃气轮机有独特的优点。如LM2500燃气轮机装置的实测结果是：从启动到慢车平均时间为48 s，从慢车到全负荷工况的加速时间平均为28 s。又如用4台FT4－4型燃气轮机作为主机的护卫舰从静止到航速为36 kn只需55 s，DD－963型驱逐舰从全速正车到反车仅需2 min。而一般蒸汽轮机装置启动时间需90 min，就是紧急启动也需20 min左右。柴油机的启动性较好，但加速性比燃气轮机差。

10.1.7　噪声、振动与抗冲击性

燃气轮机装置噪声分为气动噪声和水下噪声，噪声的大小以分贝表示。噪声级的大小与测点位置有关，以相应位置的分贝值来比较。燃气轮机装置气动噪声水平高，必须严格限制，必须有隔声降噪措施，以保证在燃气轮机侧面距表面1 m的中心高度处的噪声轻型结构不大于110 dB；箱装体结构不大于100 dB。

离下述机械1 m处的噪声值是：

主燃气轮机（或箱装体）　　　　≤105 dB

主传动装置	≤105 dB
空压机	≤95 dB
通风机	≤90 dB
各种泵	≤85 dB

在 DD－965 型驱逐舰上，甲板上的噪声可降至 65 dB 以下，由于采用箱装体结构，使机匣传出的噪声降到 90 dB。燃气轮机是回转式机械，水下噪声很小，由于采用箱装体和减振支座，又可使水下噪声进一步减轻，对舰上的声呐干扰小，也不易被敌舰声呐发现。对于具有猎潜任务的舰艇，应优先考虑使用燃气轮机装置。

由于燃气发生器的转速可高达 8 000～11 000 r/min，对振动的控制要严格。燃气发生器各方向上的双振幅值≤0.05～0.10 mm，动力涡轮各方向上的双振幅值≤0.1～0.15 mm。

装置承受冲击力是衡量机组工作可靠性和生命力的指标之一，可分为抗空气冲击和抗水下冲击。受武器攻击时，要承受空气冲击波；遭受水下攻击时，要承受爆炸冲击波。在垂直方向为 15g、横向为 9g、纵向为 6g 的冲击载荷条件下燃气轮机应能正常工作。动力涡轮应能抵抗 40g 的冲击。

除上面列举的以外，还有对装置的调节控制、结构质量、尺寸以及使用、运行和其他方面的要求。

如何最大限度地满足上述要求，则是在设计或改装时要慎重处理的问题。在装置的整体设计中，要根据舰船总体提出的战术技术要求加以合理地综合。显然，上述要求中要全部满足，有的是互相矛盾的。因此，要在满足主要条件下，得到最合理、最佳的、比较满意的方案。分清主次，对装置循环方案、结构布置、性能参数、结构形式、材料选择、传动方式、调节规律、控制方法等方面综合考虑，合理地选择和解决。

10.2 简单燃气轮机装置的基本工作原理

10.2.1 概述

燃气轮机装置工作原理和其他热力机械动力循环一样，都是为实现热能转变为机械能的一系列热力过程的连续封闭循环，在这些能量转换的热力过程中，遵守热力学第一定律，必然存在有补偿过程。在循环中要得到机械功，工质的温度则要降低，工质的压力也随之下降，与此相反，当机械能变为热能时，也伴随有补偿过程——工质的温度增高，压力也随着增加。

在燃气轮机装置中，各种热力过程是连续进行的。

首先对工质进行压缩，在压缩过程中，要消耗外部提供的机械功，因而伴随有温度增加和压力的升高，然后外部热源（燃烧室中燃料燃烧反应释放出的热量）对工质进行加热、使工质的温度升高，这一过程是工质的蓄热过程，所以可以把工质的压缩和加热过程看作为实现热功转换的准备过程。随后的过程则是把准备过程中工质储存的热量在其膨胀过程中转变为机械功。要完成这一过程必然要消耗一部分热量（这部分热量先转变为动能，这部分动能又做机械功），因而使工质的压力降低，并且也相应地使工质的温度降低。未消耗完的热量随着工质一起排入大气中去。此时，工质又回复到压缩过程开始时的相应状态，因而使循环闭合。

根据热力学第二定律,任何热力过程的实现必须有热源和冷源。在热力过程中,温度高的热源把热量排给温度低的冷源。热机工作时,从高温热源取得热量,把其中一部分转变为机械功,把其余的部分排到低温热源中去,而不能把全部热源的热量都用来做机械功。

从循环中把工作完了的工质排到大气,而把做机械功剩余的热量从循环中排到冷源,使工质回到循环初始状态,同时,又重新从大气中吸入新的工质。这两种过程(排出废气和吸入新工质)同时进行的这种循环方式,在热力学中称为开式循环。

工质在膨胀过程中做功之后,同一工质又进入到冷却器(冷源),向冷源释放做机械功剩余的热量,又重新返回到循环内,这种循环方式在热力学中称闭式循环。

工质在膨胀过程中得到的机械功与工质在压缩过程中消耗的机械功之差称为有用功。循环中相应于转变为有用功的这部分热量与外部能源中提供的全部热量之比称为循环效率。

显然,循环中得到的有用功等于外部提供的全部热量与循环向外部介质排出的热量之差值。

10.2.2 简单燃气轮机装置的不同方案

1. 开式循环燃气轮机

图 10－1 示出开式循环燃气轮机装置工作原理图及热力循环 $T-S$ 图。在以空气为工质的开式燃气轮机装置循环中,压气机 C 以压力 p_1 及温度 T_1,从大气中吸入空气,在压缩过程中,压气机把空气压力提高到 p_2 温度增加到 T_2(在 $T-S$ 图中,假定把压缩过程表示为等熵过程)。具有压力 p_2 温度 T_2 的空气进入到燃烧室(C · C),同时喷入燃烧室的还有燃油、空气与燃油混合燃烧后所释放出的热量用来加热空气,使燃烧室中的空气温度增加到 T_3。在一般情况下,压力 p_3 由燃烧过程的特点所决定。在燃烧室中,燃烧产物与空气混合,使其达到涡轮前的初温 T_3 之后,燃气空气混合物在涡轮中膨胀到大气压力,并以 T_4($T_4 < T_3$)的温度排入到周围大气环境中。

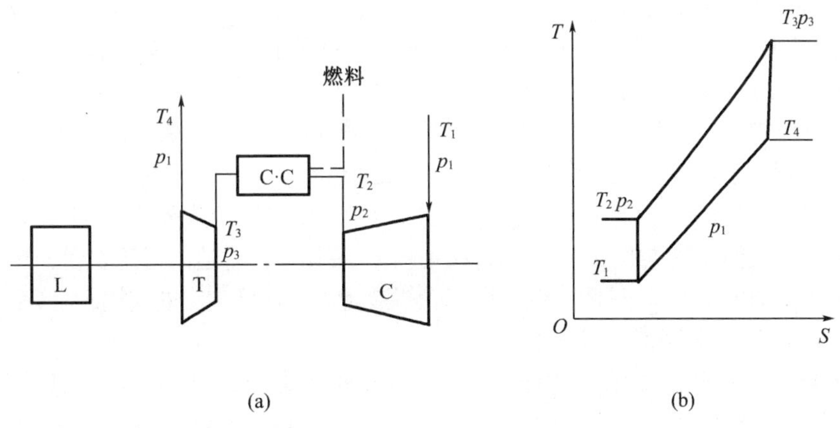

图 10－1 开式循环燃气轮机装置工作原理及热力循环 $T-S$ 图

涡轮膨胀过程中得到的机械功,部分消耗于压气机内的空气压缩做压缩功,部分传给负荷(例如驱动螺旋桨、带动发电机等)。

随同燃料一起加入循环中的热量 Q_1 由空气从状态 p_2、T_2 转变到 p_3、T_3 的条件决定。随同涡轮膨胀后的废气一起排入大气中的热量 Q_2,由涡轮出口焓与压气机进口焓之差确定。因而,开式循环是由装置中工作完了的工作介质空气与燃烧产物的混合物的冷却过程(工质与大气空气相混合的过程)使循环等效封闭。在这一混合过程中,大气中的空气参数基本是不变的(排入大气中的废气数量同大气中的空气数量相比是微不足道的),因而,可以认为压气机入口的空气回复到循环的初始状态 p_1、T_1。

2. 简单闭式循环燃气轮机

图 10－2 示出的是最简单的闭式循环燃气轮机工作原理图。与开式循环装置的差别是在涡轮和压气机之间有一空气冷却器及空气表面式加热器(加热器用来代替开式循环装置中的混合式燃烧室)。

闭式循环装置中的工作介质可以是空气(或为其他惰性气体),与燃烧产物不相混合。此时,燃料仅在表面加热器(HB)中燃烧,释放出的热量通过表面加热器对工作介质进行加热,加热表面都是小直径管束(或翅片管)或其他结构的加热表面组成的,燃烧产物从空气表面加热器排出大气。

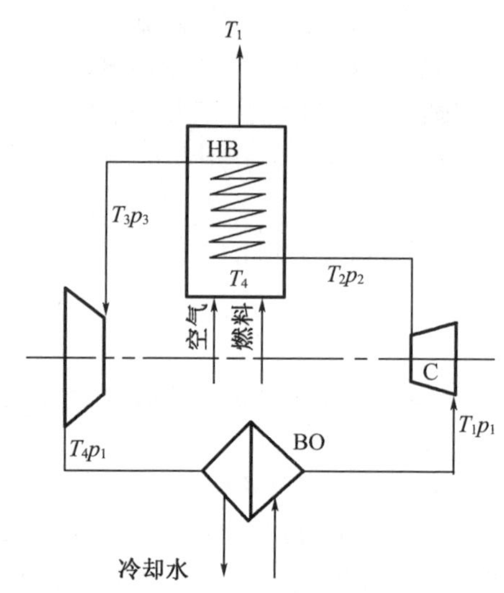

图 10－2　闭式循环燃气轮机装置工作原理图

从图 10－2 中可以看出,闭式循环燃气轮机装置的涡轮中工作完了的空气不是排入大气,而是进入空气表面冷却器(BO),并在其中冷却到压气机入口处的相应状态。

因此,闭式循环是由空气在表面冷却器内的冷却过程封闭的。在闭式循环装置的整个流程中,循环工作的介质均不与大气接触。

在闭式循环中,压气机入口及涡轮出口的空气压力与大气压力不同,可能为任意值。因而,与开式循环相比,在闭式循环中可以增加空气的质量流量,在涡轮、压气机和气体管路尺寸相同的情况下,闭式循环可以得到更大的功率。

然而,在闭式循环装置中,由于有表面加热器(或称空气锅炉)及表面冷却器,使这种装置较开式循环装置复杂得多,并且,闭式循环中的表面加热器效率比开式循环装置中的燃烧室效率低,因为一部分热量同燃烧产物排入大气中去。因此,在同样参数条件下,闭式循环装置的效率总是低于开式循环装置的效率。同时,在结构上,要设计出合适的对流表面加热器也是很困难的。由于上面的情况,这种闭式循环燃气轮机装置尚未得到广泛的应用。

3. 半开(半闭)式循环燃气轮机装置

开式循环与闭式循环相结合的循环,称为半开式或半闭式循环。按半开式循环工作的,最简单形式的燃气轮机装置的形式如图 10－3 所示,这种装置的主要特点是在循环中有增压压气机 HC,它从大气中吸入仅供燃烧室内作为氧化剂的那部分空气量,与燃料混合燃烧。增压压气机压缩空气送入主压气机 C,增压压气机与主压气机均由同一涡轮 T 带动,主压气机的工作类似于闭式循环。在涡轮 C 工作的一部分废气通过气体冷却器 BO,在压力等于增压压气机出口的压力下再送入主压气机，在主涡轮中工作过的其余废气通入动力涡轮（这部分废气在数量上等于增压压气机送入循环内的空气质量流量与燃烧室内燃料流量之和），在动力涡轮中工作的介质的压力等于主压气机前的压力 p_1' 膨胀到大气压力 p_1。动力涡轮废气排入大气中。

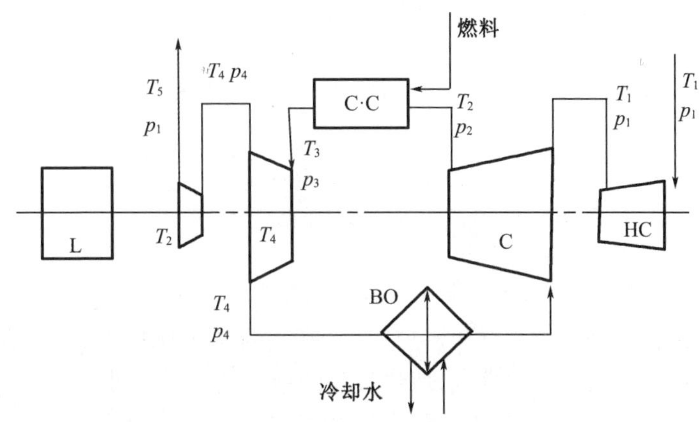

图 10－3　半开式（半闭式）燃气轮机装置原理图

10.2.3　燃气轮机装置的理想简单热力循环

所谓理想简单热力循环，是指循环中的工质假定为满足气体状态方程的理想气体，并认为在理想热力循环中所进行的各热力过程，都同外部介质既不发生热量的交换，也不存在摩擦损失。理想简单热力循环通常是指等压加热的简单开式循环，这种简单的装置是由压气机、燃烧室、涡轮和负载组成的。在这种循环中，压气机内的压缩过程是绝热的。不考虑其摩擦损失，这是一可逆的热力过程，称此压缩过程为等熵压缩过程。同样，在涡轮内进行的膨胀过程也是以绝热方式进行的，也不考虑摩擦损失，因此是等熵膨胀过程。我们把没有摩擦损失或效率等于 1 的涡轮和压气机称为理想机械。同样，可以认为工质由一个部件流到另一个部件时，也没有同外部介质的热量交换和摩擦损失。

在理想循环中，考虑的仅仅是根据热力学第二定律所决定的，除了有不可避免地给冷源的放热损失外，没有任何其他损失的一种简化的热力循环。

这样，理想简单循环可以认为是由以下 4 个过程组成的、理想绝热（等熵）压缩过程，等压燃烧（加热）过程；理想绝热（等熵）膨胀过程，等压放热过程。理想简单循环的 $p-v$ 和 $T-S$ 图如图 10－4 所示。

线段 1—2 表示压气机内的等熵压缩过程，线段 2—3 表示等压加热（燃烧）过程，线段 3—4 表示涡轮内的等熵膨胀过程。为使过程封闭，假设气体沿线段 4—1 由状态点 4 变到状态点 1，并认为是在等压下把气体中的一部分热量释放出来。

在理想绝热压缩过程中，工质的状态参数按照热力学绝热过程规律变化，压缩结果使工质的压力增高，比容减小。在 $p-v$ 图上，面积 1—6—5—2 表示压气机对工质的理想绝热压缩功，由于是理想绝热压缩，$\delta q=0$，所以 $ds=\delta q/T$。在 $T-S$ 图上，压缩过程 1—2 就是一条与 T 轴平行的直线。

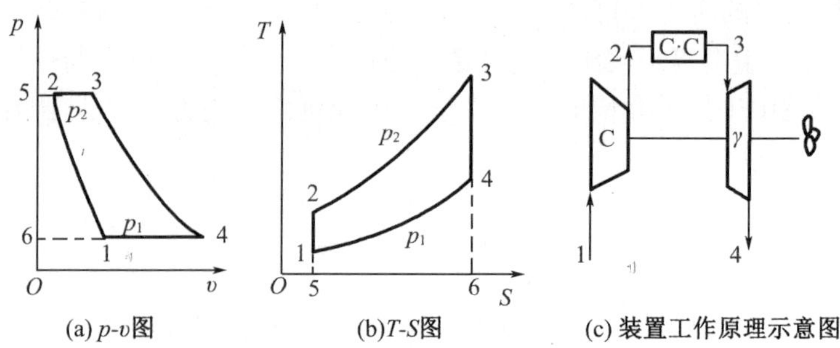

(a) p-v图　　(b)T-S图　　(c) 装置工作原理示意图

点1—压气机进口处的空气状态；点2—压气机出口处的空气状态；
点3—燃烧过程结束时的状态；点4—涡轮内膨胀过程终了时的状态。

图10-4　燃气轮机理想简单循环示意图

在等压燃烧过程中，工质的压力是恒定不变的（因为燃料和空气连续不断地进入燃烧室，混合气体点燃以后保持燃烧过程，燃烧室前后的压力自动地保持不变）。在 $p-v$ 图上，燃烧过程2—3是一条与 v 轴平行的直线，燃烧过程的结果使工质从外部吸入热量 Q_1，并提高工质的温度，即 $\delta q>0$，$dT>0$。在 $T-S$ 图上，燃烧过程是一条 T 和 S 值同时增大的曲线，因此面积2—3—6—5—2是工质在此过程中从外界吸入的热量 Q_1。

在理想绝热膨胀过程中，工质状态参数按规律变化，膨胀过程一直进行到 $p_4=p_1$，膨胀过程结果使工质的压力降低，比容增大，在 $p-v$ 图上，膨胀过程线是一条压力逐渐降低而比容增大的曲线，面积3—4—6—5—3即为理想绝热膨胀功。由于此过程是绝热的，与外界没有热量交换，$\delta q=0$，$dS=0$，因此，在膨胀过程中，$S=0$，是等熵膨胀过程，在 $T-S$ 图上，膨胀过程线3—4也是一条与 T 轴平行的直线。

在等压放热过程中，工质的压力是恒定的，$p_4=p_1$，在 $p-v$ 图上，放热过程4—1是一条与 v 轴平行的直线。在放热过程中，工质向外界释放出热量 Q_2，使工质温度降低到压气机入口处的初始状态，所以，在 $T-S$ 图上，是一条 T 和 S 同时递降的曲线。面积4—1—5—6—4即为释放给外界的热量 Q_2。

从 $p-v$ 图中可以看出，面积3—4—1—2—3等于面积3—4—6—5—3减去面积1—2—5—6—1，其中，面积3—4—6—5—3为1 kg燃气在涡轮中的等熵压缩功，面积1—2—5—6—1为1 kg空气在压气机中的等熵压缩功，面积3—4—1—2—3为1 kg空气在燃气轮机装置中完成一个循环后能够对外界输出的理想循环功。

从 $T-S$ 图中可以看出，$Q_1-Q_2=1$。因此，面积3—4—1—2—3即为1 kg空气在燃气轮机中完成一个热力循环以后，从外界净吸收的热量，这个热量全部转换为对外界输出的理想循环功。

【思考与练习】

1. 船舶燃气轮机在设计或者改装时要考虑哪些技术性能指标？
2. 请说明开式燃气轮机装置的工作原理。
3. 请说明闭式燃气轮机装置的工作原理。
4. 请说明半开式燃气轮机装置的工作原理。

第 11 章　船舶燃气轮机装置的结构

【知识目标】

1. 了解船舶燃气轮机装置的结构组成。
2. 掌握燃气轮机压气机的结构。
3. 掌握燃气轮机燃烧室的结构。
4. 掌握燃气轮机涡轮的结构。
5. 了解燃气轮机的其他部件。

【能力目标】

1. 能说出船舶燃气轮机装置的结构组成。
2. 能说出轴流式和离心式压气机的结构。
3. 能描述基本类型的燃烧室结构。
4. 能描述动力涡轮的特点及结构。
5. 能列举船舶燃气轮机的其他部件。

11.1　压　气　机

11.1.1　概述

压气机是燃气轮机的主要部件之一。它的功用是提高流过它的空气压力,供给燃烧室以符合要求的压缩空气。压气机性能的优劣直接影响燃气轮机的功率、油耗、工作稳定性和可靠性等。因此,对压气机提出如下基本要求:

①应满足燃气轮机总体性能提出的各项要求。如在给定的空气流量和压比的条件下,具有符合要求的迎面尺寸、通流面积、级数、轴向尺寸和质量,具有较高的效率等。

②应采用适当的防喘和防颤振技术措施,保证压气机具有宽广的稳定工作范围。

③应满足强度、振动和刚性的要求,保证压气机工作可靠、寿命长。

④结构应简单,制造、装配、维修方便,成本低廉。

根据压气机的结构形式和气体流动的特点,现有船舶燃气轮机中应用的压气机可分为轴流式和离心式两类。

在轴流式压气机中,空气基本上是沿着与叶轮旋转轴平行的方向流动的。图 11 - 1 示出了轴流式压气机的典型结构。轴流式压气机由许多单级串接组成。虽然各单级的压比为 1.15 ~ 1.35(跨音级压比可高些),但多级串接后整机压比可达 20 ~ 30,甚至更高,并得到 87% 左右的整机效率。

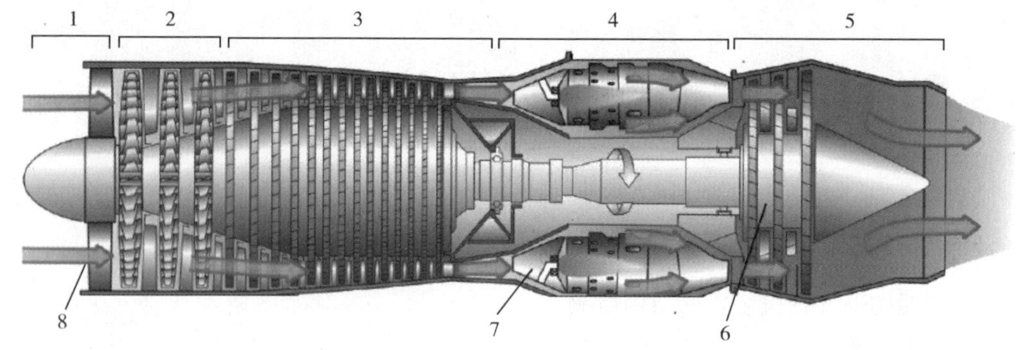

1—入口;2—低压压缩;3—高压压缩;4—燃烧;5—排气;6—涡轮机;7—燃烧室;8—机器入口。

图 11－1 轴流式压气机

轴流式压气机结构复杂,特性线陡峭,稳定工作范围必须依靠调节的方法才能确保。尽管如此,由于它的压比高、效率高,特别是它具有很高的单位面积通流能力,所以,在当前的船舶燃气轮机中,尤其是大、中型船舶燃气轮机中仍得到了普遍应用。

在离心式压气机中,空气是沿着离开叶轮中心的方向流动的。图 11－2 示出了离心式压气机的典型结构。离心式压气机的单级压比高、结构简单、可靠、稳定工作范围比较宽广,且一般不需要调节。但它的效率较低,流量和压比的进一步提高受结构的限制。离心式压气机仅应用在中、小型燃气轮机上。

在一些中、小型燃气轮机上,还应用一种由轴流式和离心式组合而成的压气机,通常称为混流式压气机。混流式压气机一般由离心级前加若干轴流级组成。图 11－3 示出了混流式压气机的典型结构。这种压气机在小流量条件下可充分发挥上述两种基本类型组成级的特点,获得满意的性能和简洁的结构。

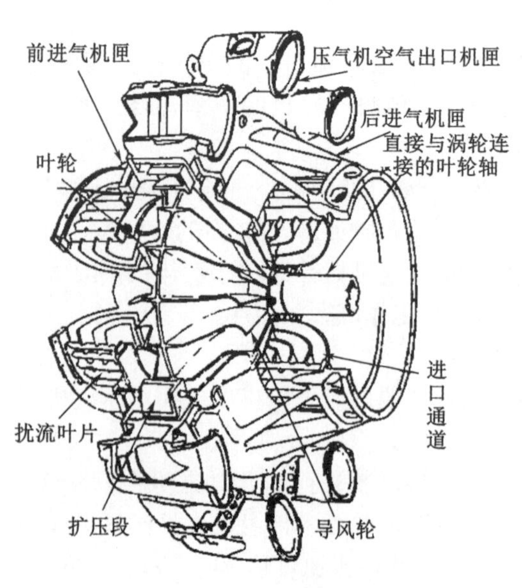

图 11－2 离心式压气机

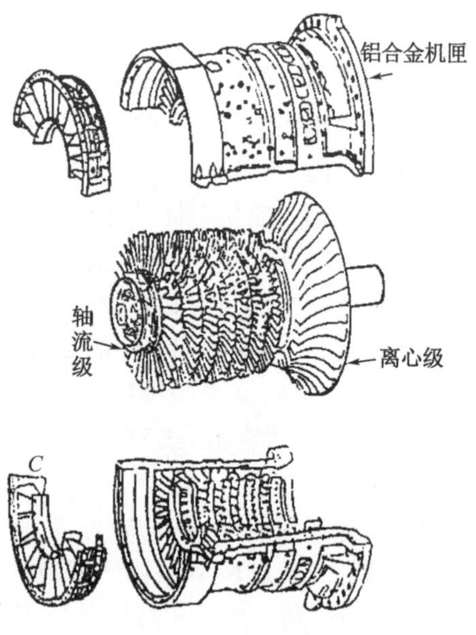

图 11－3 混流式压气机

根据转子的数目,可以把轴流式压气机分为单转子、双转子和三转子结构的压气机。在双转子压气机中,两个压气机分别称为低压压气机和高压压气机;在三转子压气机中,则分别称为低、中、高压压气机。目前,在船舶燃气轮机中,广泛应用单转子和双转子压气机。

若轴流式压气机进口气流沿半径的相对速度为亚音速的,称为亚音速级,均由亚音速级组成的压气机称为亚音速压气机。长期以来,船舶燃气轮机主要使用亚音速压气机。跨音速级则指动叶顶部进气气流相对速度是超音速的,而根部为亚音速的压气机。

包含有跨音速级的压气机称为跨音速压气机。跨音速压气机利用合理组织波系进行加功增压,单级压比可达 1.4 以上,甚至有的可达 1.9,而级效率又降低不多。跨音速压气机的采用,可以大大减少压气机的级数、轴向尺寸和质量。

轴流式压气机的通流形式如图 11 – 4 所示,它可分为等内径、等外径、等平均直径 3 种基本形式。

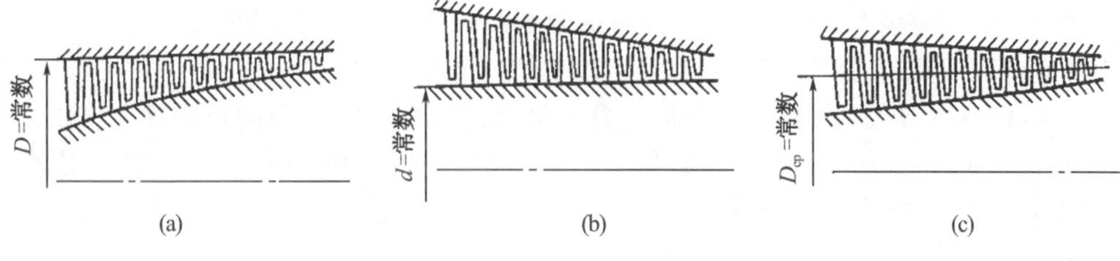

图 11 – 4 轴流压气机的通流形式

等内径通流形式的优点是末级平均直径小,末级叶片较长,有利于压气机效率提高。其缺点是在相同的最大外径下,增压能力低,欲达到规定的压比,需要较多的级数,使压气机的尺寸、质量增加。再则机匣内壁呈曲面形状,加工制造较困难。当转子与静子之间发生相对轴向位移时,会影响工作叶片叶尖与机匣内壁之间的径向间隙,从而影响到压气机效率和工作的安全。

等外径通流形式的优、缺点恰好与等内径的相反。而等平均直径通流形式则介于两者之间。

有时,在大流量、高压比的压气机中,尚采用一种组合形式的通流形式,其通流部分的前段为等外径的,后段是等内径的。这种通流形式可以兼顾等外径和等内径通流形式的优点,以获得级数少、末级叶高又比较长的、高效、小尺寸、小质量的压气机。

由图 11 – 1、图 11 – 2、图 11 – 3 可知,压气机由进气装置、转子和静子、防喘装置等部分组成。

LM2500 船舶燃气轮机的压气机为 16 级,高压比轴流单转子设计,主要由压气机前承力机匣、压气机转子、压气机静子(中机匣)和压气机后承力机匣等组成。

压气机静子的前端由前承力机匣壳体支承,而压气机转子的前端由滚柱轴承支承,压气机静子后部由压气机后承力机匣支承,而压气机转子后部由滚珠轴承支承。

前承力机匣形成压气机进口空气的流动通路。毂部与外壳之间用导流支板连接。支板为空心结构,以放置回油池用的滑油供油和回油管件。该机匣同时还支承着压气机前轴承、进气管、整流罩、压气机壳体的前端、进气导升内支承、输入齿轮箱和回油池端盖。在机匣中还有密封压力和通风等的空气通路,以及压气机进口空气压力和温度的探针和传感器等。

压气机转子是一个高速旋转、对气流加功增压的部件。它是带有圆周分布式燕尾隼槽的短鼓-轮盘混合式结构。短鼓可使若干级叶片装在一个整体的转子结构上,共有7个主要结构单元和3个主要螺栓接口。1级轮盘、2级轮盘(与前端短轴成一体)和3至9级的短鼓都被单独的短螺栓连接在第2级轮盘上。3至9级短鼓用短螺栓同10级轮盘和11至13级短鼓连接在第10级的接合面上,紧接在11至13级短鼓后面的是后轴和用单独的短螺栓连接在13级上的14至16级短鼓。所有的法兰连接都使用了过盈配合,以保证零件良好的定心和连接刚性。

转子的短鼓-轮盘材料为:第1至10级用钛合金,而其余部分用Inconel 718。工作叶片和静叶片的可磨叶尖部分与喷涂材料相接触,叶尖的磨损作用防止了喷涂材料的过度损耗,以保持最小的间隙。第1和2级轮盘有一系列单叶片轴向燕尾榫槽,而第3至16级,每级叶片保持在圆周分布的燕尾榫槽中。第1至14级工作叶片的材料为钛合金,第15与16级工作叶片材料为A286。第1级叶片有减振阻尼凸台,以减少叶片的振动。

压气机的静子是气流减速扩压的部件,也是燃气轮机的主要承力壳体构件之一。它与前承力机匣和后承力机匣构成一个整体。各级整流器(静子叶片环)固定在静子机匣内,并形成通流部分的静子部分。该压气机的静子有一级进口导叶和16级静叶。进口导叶和1至6级静叶为可转静叶。进口导叶和1,2级静叶材料为钛合金,而3至16级的材料为A289。第8级导叶叶身材料为A286,叶根材料为不锈钢。静子机匣由4部分组成,由螺栓固定在一起。两段分半式机匣由钛合金制成,而后面两段分半式机匣由Inconel 718制成。

压气机后承力机匣用Inconel 718制成,由外壳体导流支板、毂及B回油池壳体组成。其外壳支承着燃烧室、燃油总管、34个燃油喷嘴、2个点火器和第1级涡轮导向器支承。

轴承的轴向、径向负荷和第1级涡轮导向器负荷的一部分由毂承受,并通过10个径向导流支板传至机匣外壳。毂是铸件,其内径约为10个导流支板径向长度的一半。导流支板端部为铸件,被焊接于毂上,毂与导流支板组合件同外壳体焊成一体。机匣外壳既是燃烧室外壳,又是压气机机匣与涡轮中机匣之结构负荷的传递通路。

11.1.2 轴流式压气机转子

轴流式压气机转子一般由工作叶片、轮盘(鼓环)、轴和一些连接件等组成。

转子的功用是把由涡轮传来的机械功通过工作叶片加给空气。它是高速旋转的部件,在工作时承受巨大的离心力、气动力、扭矩和振动力的作用。因此,设计时应满足下列要求:

①各组件应有足够的强度,以传递功率,并承受惯性力、气动力、振动力等作用。

②转子应定心准确、连接可靠,并且有足够的刚性,以保证工作时平衡性好、变形小。

③结构简单、质量轻。

④制造容易、装拆方便、成本低廉。

⑤便于维修和检查。

1. 转子的结构

压气机转子可分为3种基本结构形式:鼓式、盘式和混合式,如图11-5所示。

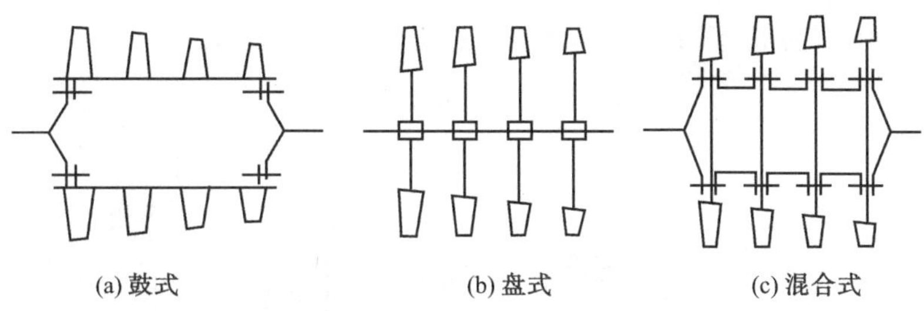

图 11－5　轴流式压气机转子的基本结构形式

(1)鼓式转子

鼓式转子由圆柱形或圆锥形鼓筒及其前、后安装边上固定连接的前、后轴组成，如图 11－5(a)所示。鼓筒外表面上加工有环形或纵向燕尾形槽，用来安装工作叶片。工作时，作用在转子上的主要负荷(叶片和鼓筒的离心力、弯矩和扭矩等)由鼓筒承受和传递，故强度较差。一般由铝合金、钛合金制成的鼓筒，当圆周速度超过 180～200 m/s 时，鼓筒内的工作应力就会超过保证转子可靠工作的应力允许值。因此，鼓式转子在现代船舶燃气轮机的压气机中很少应用。这种转子的结构特点是结构简单、零件数目少、加工制造容易、成本低廉，并且有较高的抗弯刚性，故可应用于圆周速度较低的压气机上。图 11－6 示出的民用斯贝发动机低压压气机转子就是典型的鼓式转子。鼓筒分为前、后两段。前段由 3 段通过氩弧对接焊焊成。前段带有前轴颈，后段带有后轴颈。前、后两段通过安装边用 24 个精密螺栓连接成一体。其中 3 个是圆柱形螺栓，起装配定心作用。其余 21 个为锥形螺栓，工作时定心传扭。

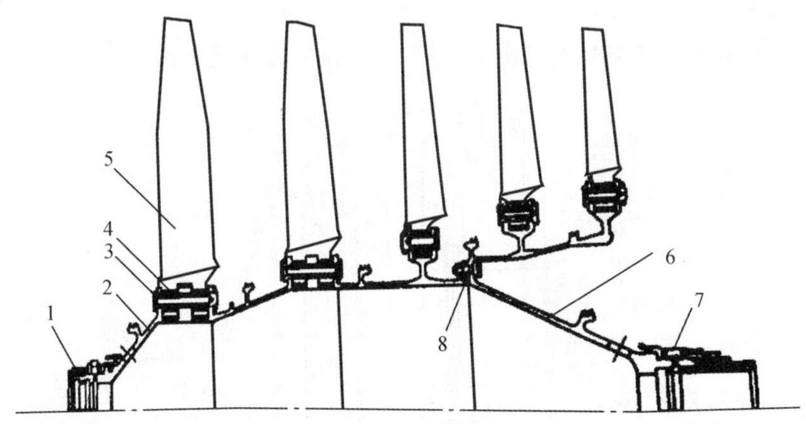

1—前支点;2—鼓筒前段;3—销钉;4—衬套;5—风扇叶片;6—鼓筒后段;7—转子后轴承内圈;8—连接螺栓。

图 11－6　民用斯贝发动机低压压气机转子

(2)盘式转子

盘式转子由一组轮盘和一根中心轴组成。通过连接件把轴和一组轮盘连成一体，如图 11－5(b)所示。扭矩通过轴传给盘，再由轮盘传给固定在轮缘上的工作叶片。由于轮盘的强度比鼓筒好，因此这种转子结构允许有较高的圆周速度，一般可达 350 m/s，但它的主要缺点是抗弯刚性很差，且传递大扭矩及保证定心的可靠性差，特别容易产生振动。这种盘式转子近代已很少使用。图 11－7 为某压气机盘式转子的结构。

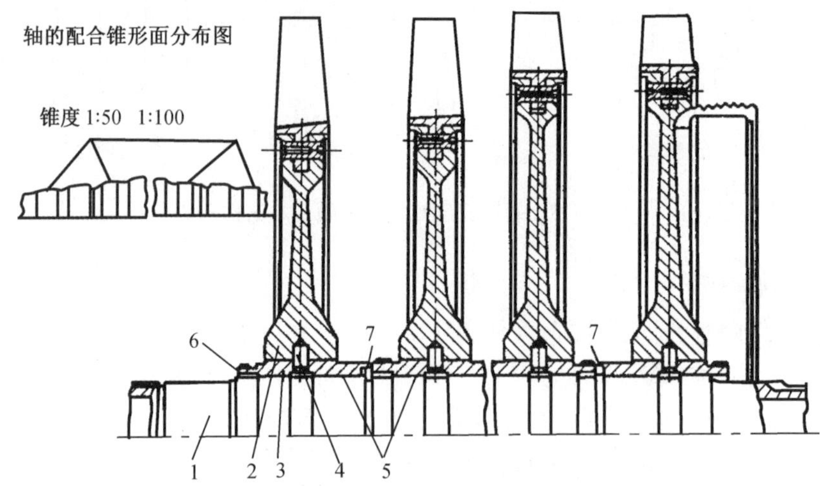

1—前轴承；2—轮盘；3—衬套；4—销钉；5—工作叶片；6—轴；7—后轴承。

图 11－7　盘式转子的结构

（3）混合式转子

混合式转子由盘、鼓环和轴等组成，如图 11－5(c)所示，扭矩和其他负荷由轴、盘鼓环逐级传递。这种转子兼有鼓式转子抗弯刚性好及盘式转子强度好的双重优点，得到广泛应用。按盘与鼓环（轴）的连接方法不同，混合式转子可分为不可拆卸式和可拆卸式两种。

①不可拆卸式混合式转子

图 11－8 所示为某压气机的转子，为不可拆卸的鼓盘混合式转子。

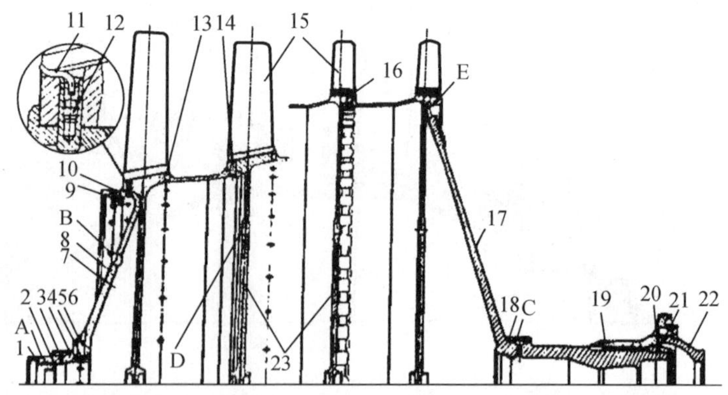

1—前轴颈；2—堵头；3—止动螺钉；4—前轴颈挡油圈；5，6—销钉；7—前轴颈组合件；8—前轴颈锥体；9—螺栓；10—前轴颈密封圈；11，16—锁片；12—配重螺栓；13—锥形螺钉；14—销钉；15—叶片；17—后轴颈；18—后轴颈挡油圈；19—从动套齿；20—螺母；21—螺栓；22—球形座盖；23—盘；A—套齿，B—前减卸荷腔进气孔；C—后轴颈封严装置引气孔；D—均压气孔；E—后轴颈上的孔。

图 11－8　各级依次压装并用销钉固定的混合式转子

实心轮盘的外缘和鼓环做成一体。各级轮盘及前、后轴借鼓环上的圆柱形定位面互相配合,组合钻、铰孔后压入径向销钉。数量很多的销钉将各级轮盘与前、后轴连成一个整体,并传递扭矩,承受轴向力,保持转子的刚性,确保各级轮盘、鼓环、前后轴工作时定心的可靠性。为了使销钉在工作时承受纯剪切负荷,轮盘间的定位面均采用较大过盈量的紧配合;转子装配时,轮盘要加温到150~250 ℃ ,逐级压入,然后再钻铰销钉孔和压入销钉。为了避免因切屑落入转子内腔破坏转子的平衡,销钉孔都做成盲孔。

②可拆卸式混合式转子

a. 拉杆连接的可拆卸鼓盘式转子。

用一根或若干根拉杆将压气机轮盘、鼓环和半轴等基本构件连成一体,工作时转子的负荷传递靠拉杆的拉紧力来保证。传扭可依靠盘、鼓环、轴间的压紧面的摩擦力,盘、鼓环、轴间的端面齿或拉杆承受剪切并附加端面间的摩擦力等多种方式来实现。用一根拉杆(中心拉杆)的鼓盘式转子仅用于压比不高的小功率燃气轮机中。普遍采用的形式是外围多根拉杆的结构。

b. 轴向短螺栓连接的可拆卸鼓盘式转子。

图 11 -9 所示为采用精密轴向短螺栓固定各分段的混合式转子。鼓环、盘和轴上的与精密螺栓柱面相配的孔是经组合钻铰的,因此装上精配螺栓后能保证相邻鼓环、盘和轴之间角向位置的准确和工作定心的可靠。扭矩的传递主要借助安装边接触端面摩擦力实施。

由此可见,转子的结构形式是多种多样的,要根据总体结构要求,使用经验和燃气轮机生产厂家的加工传统和工装设备来确定采用哪种形式。

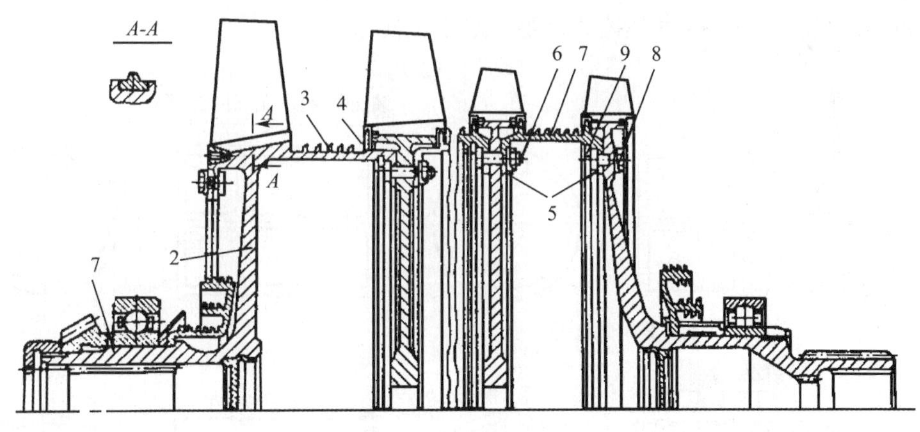

1—轴颈;2—轮盘;3—鼓筒段;4,5—安装边;6—螺栓;7—转接段;8—保险锁片;9—弹性环。

图 11 -9 采用精密轴向短螺栓固定各分段的混合式转子

11.1.3 轴流式压气机静子

轴流压气机静子主要由机匣(前机匣、中机匣和后机匣)和静子叶片组件(或称整流器或导向器)组成。它是压气机中不旋转的部分。它除了承受静子叶片所受的轴向力、周向力和振动负荷外,还要承受传递转子支承的各种负荷。静子和转子共同构成压气机的通流部分,保证对空气加功、增压能在高效率下进行。

静子设计的基本要求是：

①在保证强度和刚性的条件下，结构应简单、质量要轻；

②各段机匣间要保证可靠的密封、准确定位和良好的连接刚性；

③具有良好的封严设施，静升有优异的气动性能，能与转子密切配合，保证压气机效率高；

④维修方便，工艺性好，成本低廉。

由 LM2500 典型压气机简介中可知，静子结构形式是与转子结构形式相配合、相适应的。在单转子和双转子轴流压气机中，静子一般分为前、中、后 3 段，分别称为进气机匣（也称前承力机匣）、中机匣和扩散机匣（也称后承力机匣）。

压气机静子与进气防冰、通流部分清洗、防喘以及轴承的润滑和通气、附件传动、冷却封严等的安排有密切关系。本部分主要分析安装整流器的中机匣的结构。

1. 轴流压气机中机匣

中机匣是一个圆柱形或圆锥形的薄壁圆筒。它连接着前、后机匣。机匣的内壁车有固定各级整流器叶片的相应沟槽。它是燃气轮机的主要承力构件之一。它支承在前、后机匣之间，压气机转子支承在压气机静子机匣内，机匣的刚性和强度对燃气轮机的气动性能和工作可靠性有重要影响。

中机匣的结构分为整体式和可分（分半）式（包括分半式、分段式）两种，如图 11－10 所示。中机匣结构形式的选取与压气机转子和整流器的结构、机匣的材料及制造方法有密切关系。

整体式机匣质量轻，加工量少，刚性均匀。但压气机的装配很不方便，且必须和可拆式转子配合使用，这给转子的平衡工作带来许多困难。此外，检查叶片和机匣之间的径向装配间隙也很不方便。这种整体式机匣一般很少使用。

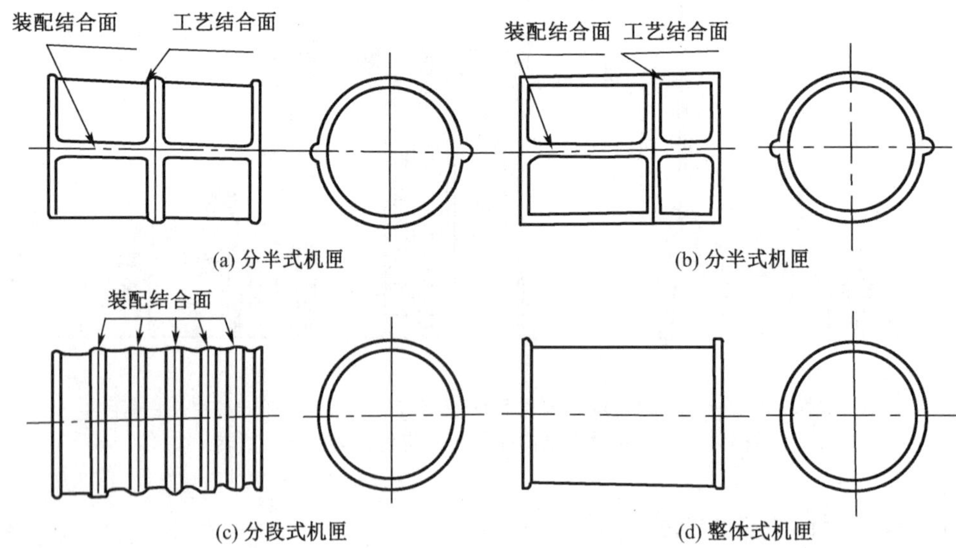

图 11－10　轴流式压气机中机匣的方案

可分式机匣一般将机匣制成两半，故也称分半式机匣。每一半均有纵向接合面（安装边），两半机匣借此接合面用螺栓和定位销连成一体。此时，整流器也制成两个半环，且分别装入两半机匣的相应环槽内。待整个转子的动平衡稳定后装入机匣，再把两半机匣合拢安装。为了使纵向接合面处保持要求的密封性和连接性，接合面应经精细机械加工，应采用较厚大的安装边以及较多数量的连接螺栓。通常，安装边的厚度应为机匣壁厚的 2～3 倍。安装边上螺栓孔的孔距为螺栓直径的 6～10 倍。由于沿压气机通流方向空气的压力是逐渐提高的，所以，连接螺栓的孔距应是逐级减小的。安装边上还应装有定位销和精密螺栓，以保证两半机匣间的精确定位。为了便于分解已经结合成整体的机匣，在纵向安装边处应设有顶丝孔。

由于分半式机匣的装配、维修，性能优异，尽管尺寸和质量稍大，周向刚性不够均匀，但考虑到压气机工作温度不甚高，只要合理设计加强肋，周向刚性不均匀问题不会严重。加上整体式转子的优良结构特性，目前压气机中分半式机匣运用得十分普遍。

2. 整流器及其在机匣上的安装固定

从叶轮机械原理可知，整流器的用途是把气流在工作叶片中获得的动能转变成压力能（即提高气体的静压），并使气流转弯，以保证下一级工作叶片对进气方向的要求。压气机工作时，整流器只承受气体力作用，因此强度问题不突出，但振动因素仍需认真对待。就结构而言，整流器设计的突出问题是在机匣上的可靠安装和固定，主要要求是：连接榫头尺寸小，结构轻巧，能安装足够数量的静子叶片，对机匣强度的削弱小，连接的刚性和可靠性好。在现有压气机中，整流器与机匣的连接固定可分为与机匣直接固定和间接固定两种结构方式。

（1）整流器叶片与机匣直接连接固定结构

对于铸造的分半式机匣，由于机匣壁厚较大，整流器叶片可以用各种形式的榫头直接固定在机匣内壁车制的特形环槽内，如图 11－11 所示。图中（a）（b）为 T 形榫头的连接固定；（c）（d）为燕尾形榫头的连接固定。这种结构形式具有结构简单、连接位置准确、装拆方便、连接固定可靠等优点，所以，它是现代燃气轮机整流器叶片与机匣连接固定的主要结构形式。这种结构的缺点是机匣加工复杂，连接处须开有各种形式的沟槽和孔洞，对机匣的强度有所削弱，特别是又要求机匣的壁不能太薄。为了承受气体对静子叶片的气动力和气动力矩，为了提高叶片的自振频率，要求叶片与机匣间的连接具有足够的连接刚性。为此，有的采用叶根柱状销结构，并借助轴向可分开的内半环将该级叶片连成一体，而叶冠处的柱状销的外端制有螺纹，它穿过机匣上的圆孔，并用螺帽将叶片拧紧在机匣上。可转导叶和静叶也属于这类结构，如图 11－12 所示。

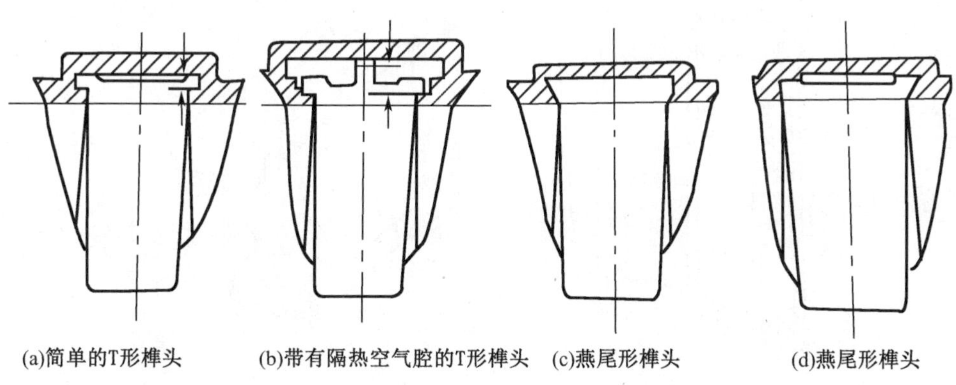

图 11－11 静子叶片用榫头直接与机匣连接

有的则利用锥形销钉使叶片榫头周向抵紧，如图 11－13 所示。

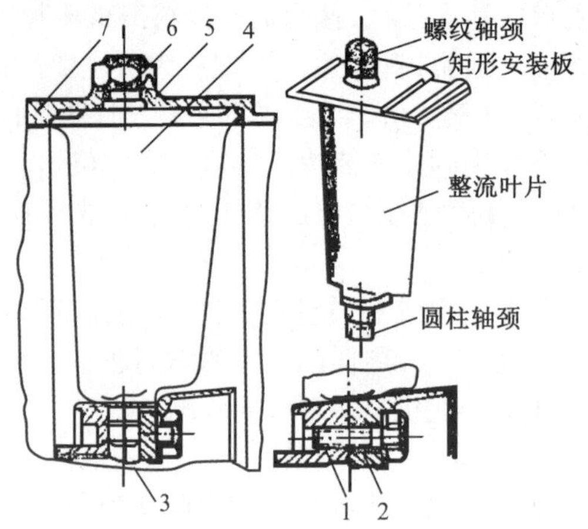

1—前半环;2—后半环;3—卡圈;4—整流叶片;
5—橡胶圈;6—螺帽;7—机匣。

图 11-12　带有圆柱挥头的静叶及其与机匣的连接固定

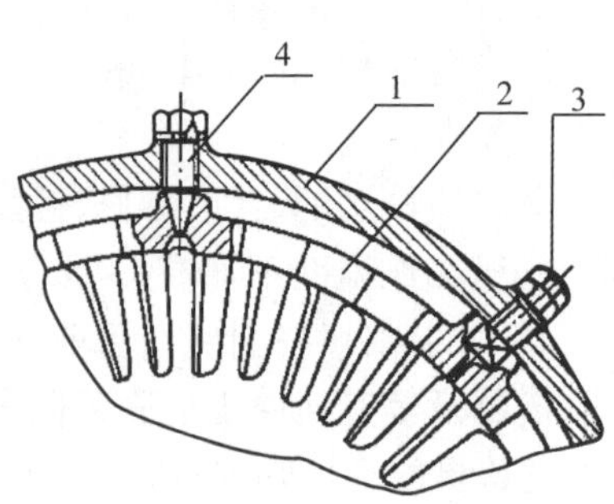

1—机匣;2—整流叶片;3—固定螺栓;
4—锥形销钉。

图 11-13　用锥形销钉使整流器叶片榫头周向抵紧

(2)整流器叶片与机匣间接连接固定结构

采用专门的环形零件(整环或半环)把整流器叶片组成组合件,然后连接固定在机匣内。图 11-14 所示为某发动机的压气机整流器静子叶片(无冠叶片)用钎焊或氢弧焊焊接在内、外环(中间件)上,形成整流器整环(或半环),而后再用螺钉固定在板料或铸造机匣上。这种方式具有结构简单、质量小、成本低的优点,但它是一种不可拆式结构,叶片损坏无法更换。所以,有的燃气轮机上采用带有榫槽的中间外环与整流叶片连接,而中间外环与机匣间用螺栓连接的结构,如图 11-15 所示,使其变成可拆式结构。但它结构复杂、零件数目多、尺寸质量大,且通常仅能用在铸造机匣上。

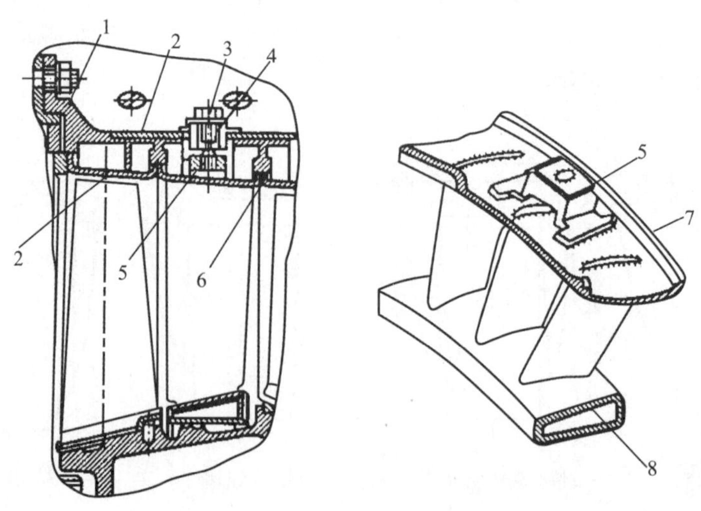

1—安装边;2—板料机匣;3—螺钉;4—衬套;5—凸块;6—定位环;7—外环;8—内环。

图 11-14　焊接不可拆整流器与机匣固定

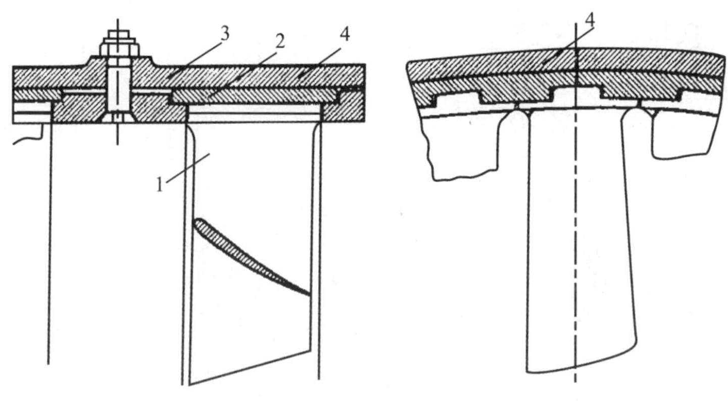

1—整流叶片;2—外环;3—螺栓固定件;4—机匣。

图 11－15　用燕尾 s 形榫头间接固定的整流器

11.1.4　封气装置

在压气机转子和静子之间,如工作叶片叶尖和机匣内壁之间、整流器内环内壁和转子鼓环之间、转子前后端面和机匣内壁之间,都存在漏气间隙。这些间隙必然会引起损失。试验表明,当工作叶片叶尖和机匣内壁之间的相对间隙值(即该处径向间隙 δ 与叶片高度 h 的比值 δ/h)增加 1% 时,则压气机效率下降约 3%,燃气轮机油耗增加近 10%,因此为了减少漏泄损失,除正确选择间隙外,还应采用封气装置,以确保压气机具有满意的效率。

径向间隙值是根据压气机工作时最小的安全间隙原则选取的。但正确选定最小的安全间隙是一个复杂的问题,它与零件的制造精度、转子和机匣的刚性、工作时各零件热膨胀的协调性有密切关系。所以,正确的间隙值是在燃气轮机试验修正过程中确定的。

为了使径向间隙最小以及工作时转子和静子相碰而不致危及工作安全,目前广泛采用在静子壁面上喷涂或黏接易磨的软金属,加装蜂窝、复合材料或软质涂层。图 11－16 示出了用软质涂层(通常为石墨、滑石粉、铝粉及其他混合物)同工作叶片叶尖、鼓环篦齿配合进行级间封气的结构。为保证涂层黏结牢靠,在喷涂之前,应先将零件表面加工成粗糙状。通常把上述粉料用专门的漆料调整成膏状涂在待涂的粗糙表面上,经干燥后再车削,加工完成后的涂层厚度为 1 ~ 3 mm。

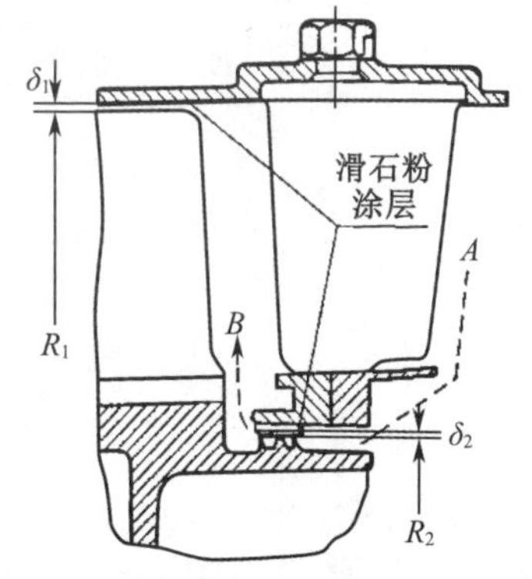

图 11－16　压气机的级间封气

图 11－17 为几种封气装置篦齿的形式。

篦齿封严属于非接触式封气装置,其漏气量比接触式大,而且会磨损,造成漏气量加大使燃气轮机性能降低。

目前开放的刷式封气装置(简称刷封)是一种性能优异的封严先进装置。

图 11－18 为一典型的刷封装置。在静子结构内,有前后侧板夹着的很细金属丝组成的环形刷,刷内端紧压在转动的轴上,轴在与刷接触的环带上涂有耐磨陶瓷。

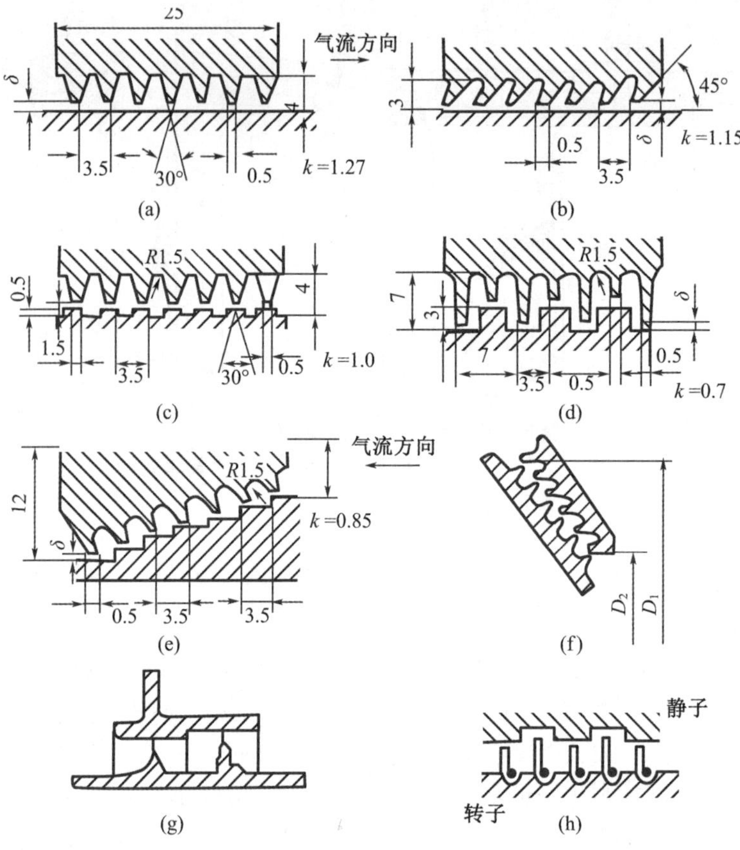

图 11-17　几种封气装置篦齿的形式

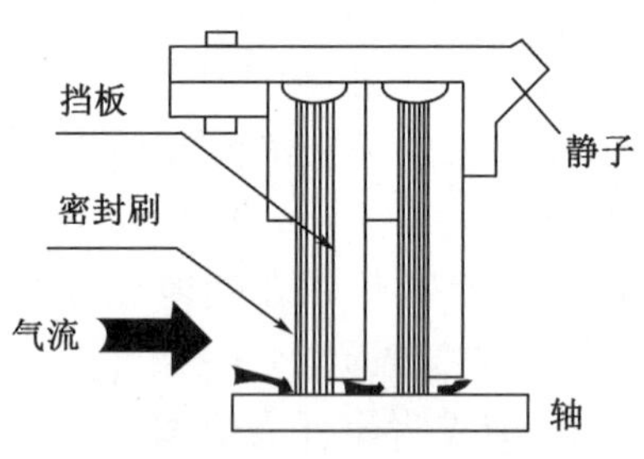

图 11-18　刷封装置

11.1.5　进气与防冰装置

压气机进气装置的作用是保证气流均匀地进入压气机内。在进气部分的设计中,还应考虑不能使外物(冰块、飞鸟)进入,以及压气机通流积盐的清洗等问题。压气机的进气部分一般包括进气装置、防冰装置以及通流清洗装置。

1. 进气机匣及进口导流叶片

进气机匣也称为压气机前机匣。一般由机匣内外壁、进口导流叶片及进气整流罩、进气管等组成。在进气机匣的中心部分,通常安装压气机的前支点、进口空气压力和温度的探针与传感器,以及转子转速表、传感器等附件。进口导流叶片常常做成空心的,中间穿过滑油、通气、防冰空气管及附件传动杆等。图 11－19 为某压气机进气机匣的结构。

整体式的前承力机匣由内、外壁与呈径向布局的空心导流叶片焊成。整流罩通过安装边和前承力机匣的内环前安装边连成一体。而进气管则固定在前承力机匣的外环前安装边上。

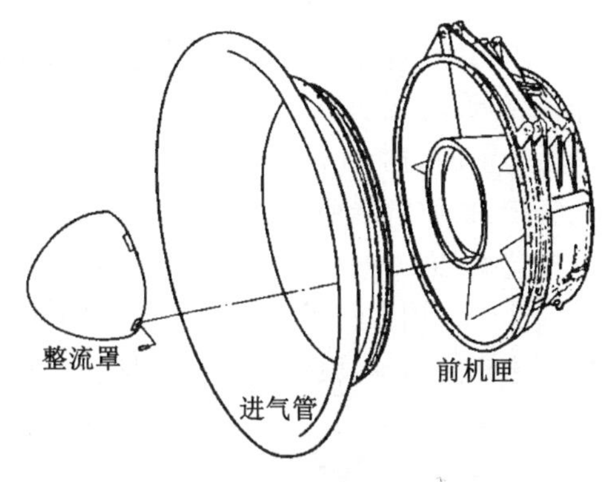

图 11－19　进气机匣的结构

有的发动机进气装置中的导流叶片在机匣内、外壁间的连接并不呈径向,而是与径向倾斜一小角度 r(如斯贝压气机 $r=7°18'$)。这样做,可以使导流叶片在受热膨胀时产生的热应力减少,且可使导流叶片的尾迹力均匀地作用在工作叶片上,有效地减小工作叶片的激振力。

当压气机第一级在跨音速状态工作时,通常不带进口导流叶片,此时,进气机匣只有机匣外壁,整流罩固定在转子上,并和转子一起旋转。

2. 防冰装置

当燃气轮机在接近 0 ℃及以下的大气温度,且空气的湿度又很大的条件下工作时,在压气机进口部分会出现结冰现象。冰层会引起压气机通流面积减小,减少了燃气轮机的空气流量,使燃气轮机的功率下降,涡轮前温度升高,严重时会造成压气机喘振。此外,由于冰块脱落,被吸入燃气轮机中,会打伤叶片,甚至使整机损坏。为此,应在压气机进口处设置防冰装置。

最常用的防冰方法是对易结冰的零件表面进行加温。燃气轮机上用得最多的则是利用压气机后两级的温度较高的压缩空气来加温防冰。从高压压气机抽来的热空气通过管道引向防冻空气控制阀,然后通向进气机匣外壳、进口导叶和整流罩,最后经进气机匣外壳进入冷空气气流中,可以有效地防止结冰。

此外,还有用电加热和热滑油加热的防冰装置,但使用不普遍。

11.1.6　减荷装置

由气体动力学可知,燃气轮机压气机转子上的轴向力是向前的,而涡轮转子上的轴向力是向后的。压气机转子和涡轮转子通过联轴器连成一体。联轴器使转子上的两个方向相反的轴向力抵消一部分后仍是一个数值相当大的向前的轴向力。例如某燃气轮机压气机转子承受了 570 kN 向前的轴向力,而涡轮向后的轴向力为 226.5 kN。这样大的轴向力作用在止推轴承上,会严重影响轴承及其支承元件的尺寸、质量,影响轴承的工作可靠性和寿命。

单排滚珠轴承结构简单、安装方便,是燃气轮机止推轴承常用的结构形式。但一单排滚珠轴承能承受的轴向力很有限,一般仅 8.9 kN 左右。在不得已的情况下,可采用双排滚珠轴承,但这时轴承所能承受的轴向力也仅为 17.8 kN 左右。因而,必须在压气机上设置卸荷装置,以减小作用在止推轴承上的负荷,改善止推轴承的工作条件。

图 11－20 为该机组的卸荷装置。由图可见,篦齿封气装置把压气机前、后腔(A、B)与气流通道隔开,通过孔口将压气机第 5 级高压空气引入转子内腔,再经过前轴颈锥体上的孔 1 进入前卸荷腔 A,高压空气作用在转子前端面上,产生向后的轴向力。在后卸荷腔 B,用放气导管 3 和大气相通,放气导管装有调压隔板,使后卸荷腔 B 的绝对压力保持在$(1.3 \sim 1.6) \times 10^5$ Pa,这样就降低了作用在转子后端面上向前的轴向力。采用上述卸荷措施,就可以大幅度地减小作用在止推轴承上的轴向力。

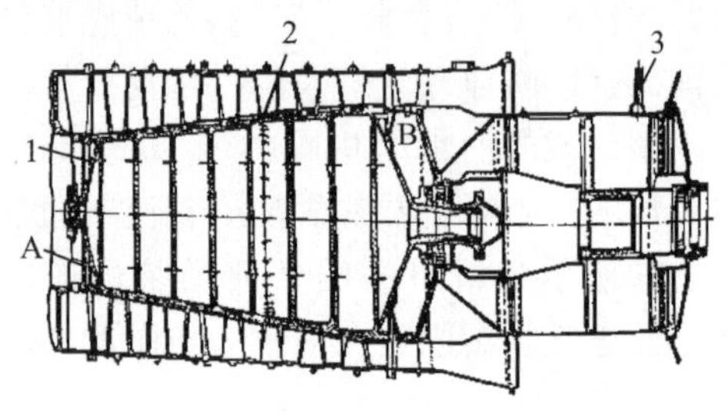

1—孔口;2—篦齿封气装置;3—放气导管;
A—前卸荷腔;B—后卸荷腔。

图 11－20 某燃气轮机压气机卸荷装置

11.1.7 轴流式压气机的防喘装置

防喘振装置按结构形式可分为:放气机构、进口可转导流叶片和可转静子叶片、可变弯度进口导流叶片、双转子压气机、机匣处理等。

1. 放气机构

由叶轮机械原理可知,在轴流式压气机中间级放气,是扩大压气机稳定工作范围、改善燃气轮机启动特性的简单有效的方法。这种方法的缺点是将增压后的空气放出压气机,造成能量损失,使压气机效率降低。此外,放气时还会增加放气窗口附近叶片的激振力,造成叶片的附加振动。

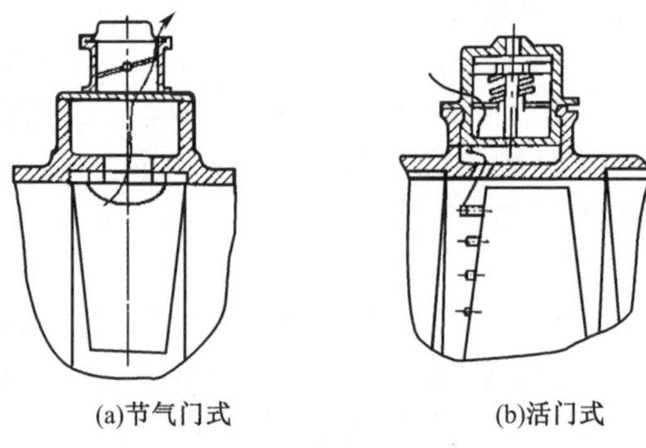
(a)节气门式　　(b)活门式

图 11－21 放气结构简图

放气窗口的位置依靠试验确定。放气窗口的位置和数目应使工作叶片前的速度场和压力场不受很大影响,否则会造成叶片的剧烈振动。因此,放气窗口数目应多且均匀分布在机匣的圆周上,或者经过环腔放气。窗口不应位于工作叶片的外端,而应当位于整流器的平面内,如图 11－21(a)所示,或整流器的后面,如图 11－21(b)所示。放气机构有下列几种形式。

(1)活塞式放气机构

空气自压气机经放气孔放出,受活塞式放气活门的操纵,图 11－22 所示为某燃气轮机压气机的活塞式放气活门。放气活门装于压气机中机匣外表面的集气室上。放气活门由壳体、活门、活塞及弹簧等组成。在压气机正常工作时,活塞顶部无油压,在弹簧力的作用下,使活门处于关闭状态。当压气机发生喘振时,通过自动调节器,将高压滑油经进油管输入活塞上方的空腔中。由于作用在活塞上方的滑油压力大于弹簧力,使活门向下移动,打开放气活门。因此,压气机中的空气通过该活门排至大气。

为了保证有足够的放气量和放气均匀,可以在压气机的一级上安置几个放气活门,有时甚至同时在几个中间级上安置这样的放气活门。

活塞式放气机构的缺点是：放气不够均匀、放气机构结构复杂、质量大。特别是对于大流量的压气机，因放气量大，则需要安置较多的放气活门，这更增加了结构的复杂性，尺寸、质量也较大。它比较适合于小流量轴流压气机的防喘调节。优点是：由于活门的个数及安装位置调整改变比较方便、容易，所以，调节放气量的大小、放气的时间和放气活门的位置都很方便。

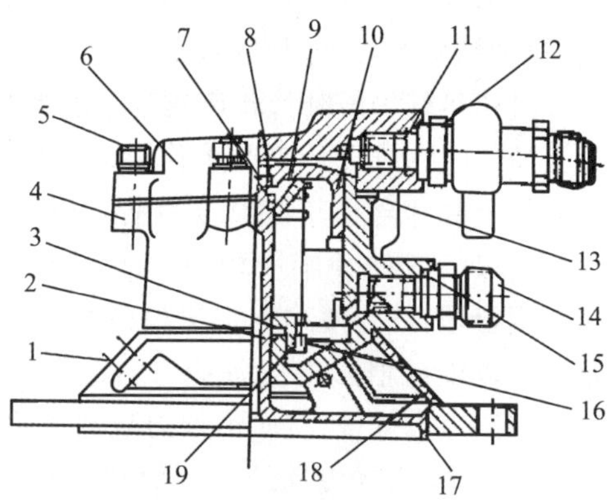

1—铆钉；2—胶圈；3—胶垫；4—壳体；5—螺栓；6—盖子；7—锁块；8—止推盘；9—座盘；10—活塞；11—垫圈；12，14—管接头；13—垫子；15—垫圈；16—弹簧；17—活门；18—网子；19—弹簧座盘。

图 11－22　放气活门

（2）链带式放气机构

图 11－23 所示为某压气机的链带式放气机构。在压气机第 3 级机匣外壁上，沿周开有许多长方形放气窗口。窗口两侧有凸边，钢带围绕在凸边上，并借助操纵机构使之拉紧或松开。在正常工作状态下，将高压气体（或液体）通入作动筒，借活塞杆将钢带收回，并紧紧箍在凸边上，这样，放气带关闭，停止向大气放气。当要放气时，则停止向作动筒供应高压气体（或液体），作动筒活塞在弹簧作用下被推向筒的两端，使钢带松开，于是，放气窗口被打开，空气从窗口逸出。

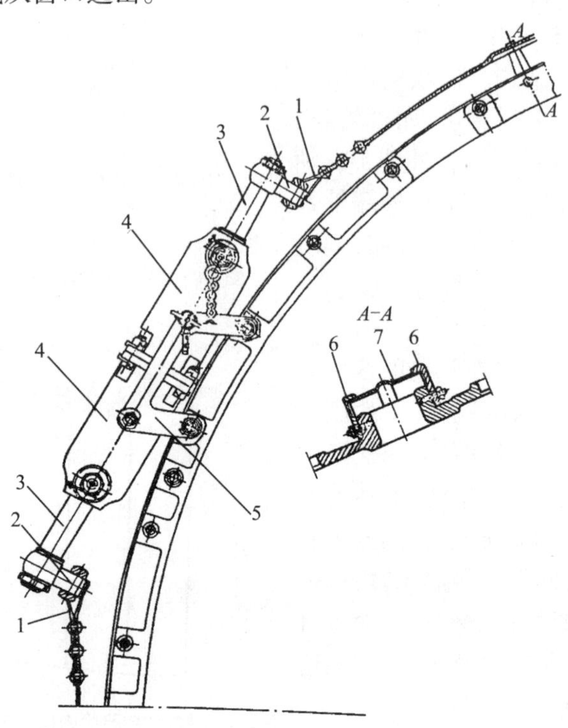

1—放气带固定耳环；2—固定销；3—活塞杆；4—放气带作动筒外壳；5—支臂；6—限动器；7—放气带。

图 11－23　链带式放气机构

这种形式的放气机构结构简单，放气均匀，减少放气过程中工作叶片所受的激振力。但是，这种结构的封严效果差。

2. 进口可转导流叶片和可转静子叶片

当压气机在非设计工况工作时，进口导流叶片和静子叶片会绕其轴颈转动某一角度，使压气机进口气流的预旋量相应改变。只要调节的角度合适，就会使第1级进口的气流攻角恢复到接近设计值。也使各级叶片的气流攻角恢复到接近设计值，从而达到防喘的目的。

图11－24为外传动的可转导叶和静叶结构。对于高压比的压气机，为了扩大稳定工作范围，可采用同时转动导叶和若干级静叶的防喘系统。

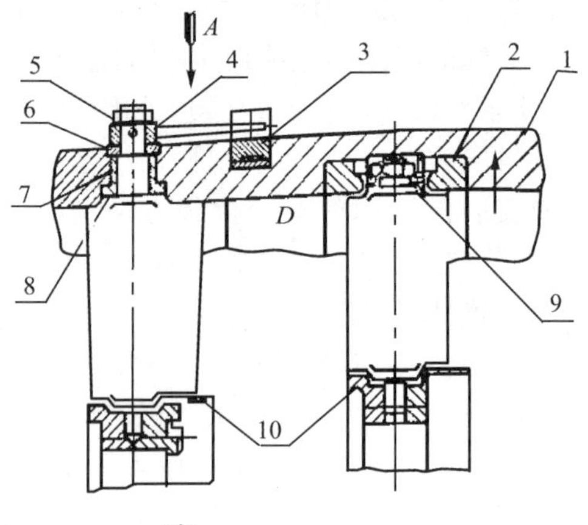

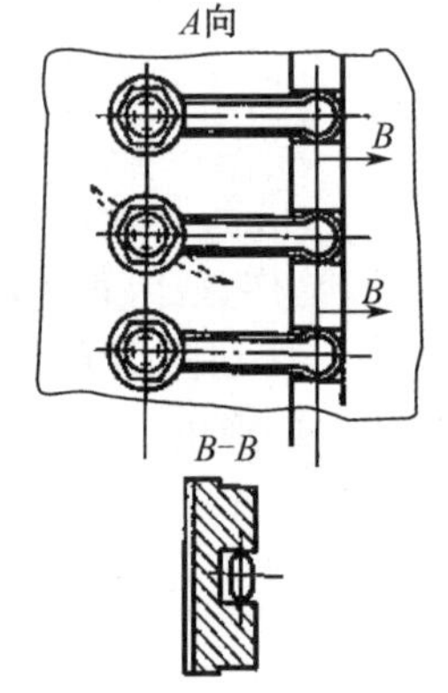

1—机匣；2—叶片外环；3—联动环；4—摇臂；5—固定销；6—青铜垫片；7—紫铜衬套；8—调整垫片；9—紫铜垫片；10—导叶内环。

图11－24　外传动的可转导叶和静叶结构

3. 可变弯度进口导流叶片

可变弯度进口导流叶片的防喘基本原理与可转导叶没有什么原则区别，只是在结构上相差较大。可变弯度进口导流叶片由前、后两段组成。前段固定，保证气流轴向进入。后段铰接，可连续调节，保证气流相对工作叶片所要求的攻角。图11－25示出了某燃气轮机可变弯度进口导流叶片的结构。前段空心，内、外端和机匣焊成一体。中间有进、回油管路、防冰空气及通气管路。后段的内、外端带有轴颈，内端插在内支承机匣的孔座内，外端轴颈上装有摇臂。各摇臂由一个作动环连接，同时动作。作动环则由两个气压作动筒操纵。

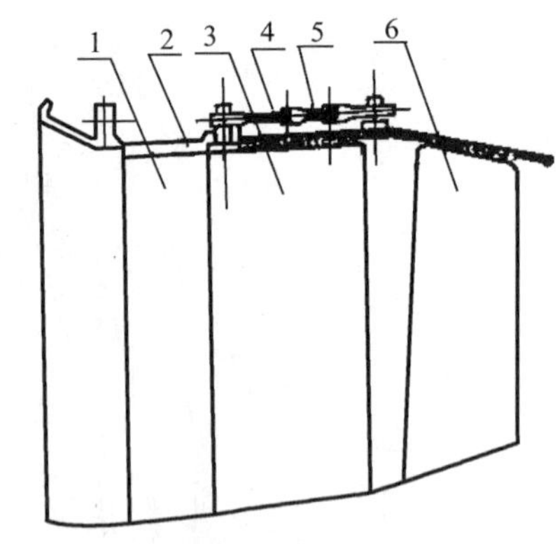

1—导流叶片前段固定部分；2—压气机机匣；3—导流叶片后段可转动尾部；4—摇臂；5—作动筒；6—第一级工作叶片。

图11－25　可变弯度进口导流叶片

4. 双转子压气机

由叶轮机械原理可知，当压气机的压比大于10时，采用两个由气动联系的转子的压气机进行防喘调节，才能具有显著的效果。所谓双转子结构即把一个高压比的单转子轴流压气机分为两个低压比的轴流压气机，用两根套轴把它们分别与各自的涡轮连接起来，组成两个转子。两个转子之间没有机械联系，而仅有气动上的联系。也可以制成多转子形式，但这样结构会变得更加复杂。

双转子或多转子压气机的防喘原理可归结为压气机在偏离设计点工作时，（或多个转子）会自动地调节转速使两个转子接近设计值，保持气流进入低压压气机和高压压气机的攻角始终接近设计值，从而保证高压比压气机能在较宽的范围内高效、稳定的工作。这种结构的特点是调节范围宽，压气机变工况工作时效率较高，燃气轮机启动比较容易，消耗的启动机功率较小，但结构很复杂。

5. 机匣处理

在压气机进气机匣外壁开斜槽、环槽或开孔等可以延迟叶片的失速，扩大压气机的喘振裕度。带有这类机匣结构的称之为机匣处理。图 11－26 所示为机匣处理的一种形式。在工作叶片叶尖处的机匣上，做出一个环形空腔，内装数百片扰流片。从工作叶片顶部甩出的空气，通过扰流片间形成的狭缝进入环形空腔，然后，又由这些狭缝排向叶片进口，形成附加的循环气流。这股循环气流可以抑制机匣与叶片表面附面层的发展，增大进口处的气流速度，抑制旋转失速的产生。

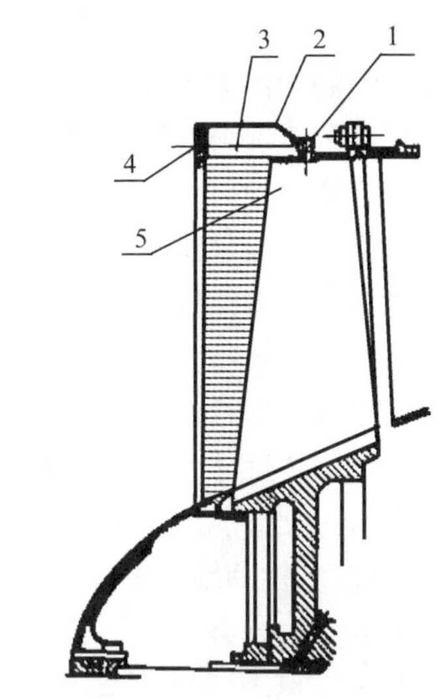

1—径向固定梢；2—进气机匣处理；3—环流片；4—轴向固定销；5—第一级工作叶片。

图 11－26　进气机匣处理

11.2　燃　烧　室

11.2.1　概述

1. 燃烧室的功用及其重要性

燃烧室是保证燃气轮机在各种工况下，将燃料的化学能转化为热能，用来加热工质的装置。来自压气机的高压空气进入燃烧室后与喷油嘴喷入的燃料混合并燃烧，把存储在燃料中的化学能以热能的形式释放出来。高压空气在这里变为高温高压的燃气，具有较大的做功能力。

燃烧室是燃气轮机的重要部件。燃气轮机的性能和可靠性与它有着密切的关系。例如，燃烧室出口局部温度过高会引起涡轮叶片过热或烧毁，燃烧的不稳定会导致熄火和燃气轮机的停机，燃烧组织不好，会使燃烧过程的流动损失增加，燃烧效率低，燃料耗量也将增大。同时，在火焰筒和涡轮叶片工作表面会产生积炭，火焰筒壁面上积炭，使冷却能力变差，造成过热变形，甚至开裂，涡轮叶片上积炭会使涡轮叶片的气动性能变差，降低涡轮效率，并会造成转子的不平衡和燃气轮机的振动。

2. 燃烧室的工作条件

①燃烧室中的燃烧是在高速气流及贫油混合气情况下进行的；

②燃烧室在高温、大负荷下工作；

③燃烧室在变工况下工作；

④燃烧室在具有腐蚀性的环境下工作；

⑤燃烧室内的燃烧过程是一个极其复杂的物理化学过程。

3. 对燃烧室的要求

①在各种工况，包括工况急剧变化的过渡过程，燃烧室工作应稳定；

②燃烧要完全；

③燃烧室具有最小的流体阻力；

④燃烧室出口温度场应能满足涡轮的要求；

⑤在任何使用条件下，燃烧室都应能迅速、可靠地启动点火，且联焰性好；

⑥工作寿命要长；

⑦燃烧室的尺寸和质量要小；

⑧排气污染应能满足国家标准规定；

⑨检视、装拆和维修方便。

4. 燃烧室的分类

由上述可知，船舶燃气轮机燃烧室的工作条件十分恶劣，对燃烧室的设计要求又很高。为了满足这些要求，在现代船舶燃气轮机燃烧室上都采用了“减速扩压”“空气分股”“反向回流”等基本技术措施，以便在恶劣条件下，在燃烧室局部区域内造成优势，保证燃烧的完全、稳定等。为了实现上述基本技术措施，现有的燃烧室都由进气装置（减速扩压装置）、壳体、火焰筒和点火器等基本构件组成。由于这些基本构件可以有不同的结构形式，故燃烧室通常可分为分管、环管和环形 3 种基本类型。当然，还有许多介于上述 3 种基本类型之间的各种“混合”形式。这里主要分析、介绍基本类型燃烧室的结构。

11.2.2 基本类型燃烧室的结构

1. 分管燃烧室

分管燃烧室的结构特点是管形火焰筒的外围都包有一个单独的壳体，构成一个分管，沿燃气轮机圆周均匀的安装有 6 ~ 16 个这样的分管，各分管用联焰管连通，以传播火焰和均衡压力。分管燃烧室的优点是：

①装拆、维护、检修方便；

②因每个分管的工质流量不大，调试容易，试验结果比较接近实际情况。

其缺点是：

①外形尺寸大、笨重；

②空间利用不好（环形面积利用率低，仅 70% ~80%），热损失大；

③涡轮部件进口温度场（即燃烧室出口温度场）分布不均匀；

④流动阻力较大。

分管燃烧室在早期的船舶燃气轮机上曾使用过。现在已很少使用，仅用在一些小功率的工业燃气轮机上。

图 11 – 27 所示为某燃气轮机的分管燃烧室。全机共有 9 个分管燃烧室，每个分管燃烧室轴线与发动机轴线呈 19°。沿圆周均布。每个分管均由燃烧室颈、涡流器、外壳、火焰筒和传焰管等组成。燃烧室颈的前端与压气机出气管相连，两安装边之间装有球面垫圈，仅用 2 个螺栓连接，以保证拆装、维修燃烧室方便和保证接合面密封可靠。燃烧室外套前段（铝合金）和燃烧室外套后段（10 号钢焊接件）之间用 30 个螺栓连接成一体，形成燃烧整体

外套。外壳后端的密封圈插入燃气收集器（镀铬）的安装圈内，在轴向留有较大的轴向间隙，可保证工作时外壳的膨胀，更重要的是可以配合前面的球面垫圈及2个螺栓的结构，实施拆卸和装配燃烧室时可不必分解压气机和涡轮。火焰筒用一个空心固定销和2个传焰管在外壳上轴向定位，前端借插在涡流器内环中的喷油器支持，后端借火焰筒尾端冲压出来的凸包在外壳中定心。在9个分管内，仅安装2个点火器，发动机启动时，借传焰管将火焰传入其他分管。

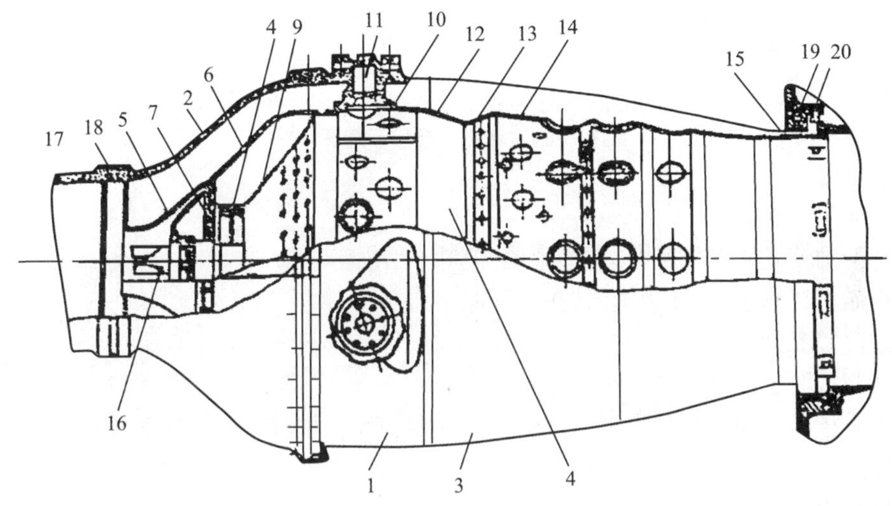

1,3—燃烧室外壳;2—热烧室颈;4—火焰筒;5—火焰筒圆锥罩;6—火焰筒圆锥段;7—带许多小孔的进气碟;8—叶片式涡流器;9—带许多小孔的进气锥体;10—火焰筒圆柱段;11—空心固定销;12—火焰筒中间锥段;13—结合环;14—火焰筒后锥段;15—火焰筒出口段;16—喷油器;17—压气机出气管;18—球面垫圈;19—燃烧室密封圈;20—燃气收集器的安装圈。

图 11－27　分管燃烧室

火焰筒由1～1.5 mm圆柱的耐热合金板料焊成。它由火焰筒圆锥罩、进气碟、进气锥体、涡流器、圆锥段、圆柱段、结合环、后锥段以及出口段等组成。

传焰管的中心通道与火焰筒的内腔相通，传焰管的环形通道则与相邻分管燃烧室外套的内腔连通。每个燃烧室的传焰管间则依靠螺纹凸缘和螺帽连接。为防止空气和燃气的漏泄，其间夹有密封元件。

叶片式涡流器的叶片、外环、内环用点焊制成。其外环与进气锥体焊成一体，内环与喷油嘴接触。涡流器使流过的一股气流沿火焰筒内壁做螺旋运动，并形成回流区。

分管燃烧室外套配合火焰筒起到扩压、分流的作用。

分管燃烧室的缺点限制了它在船舶燃气轮机中的使用。但是，后来使用的环管和环形燃烧室都是在分管燃烧室的基础上发展起来的。

2. 环管燃烧室

这是带有轴流式压气机的燃气轮机广泛采用的一种燃烧室结构形式。它是将若干个（6～14个）火焰筒沿周均布，排列安装在同一燃烧室内、外壳体的环腔内，相邻火焰筒燃烧区之间用传焰管连通，如图11－28所示。

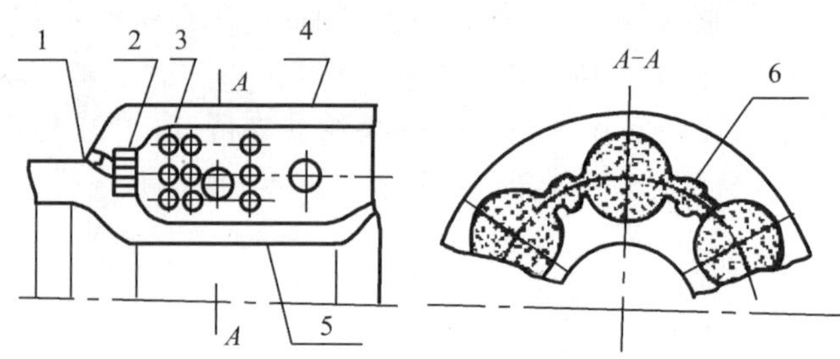

1—喷嘴;2—涡流器;3—火焰筒外壁;4—燃烧室外壳;5—火焰筒内壁;6—燃烧室内壁。

图 11－28　环形燃烧室示意图

它的主要优点是:

①适合与轴流式压气机配合,布局紧凑、尺寸小、刚性好;

②气流通道转弯小,流动阻力小,热损失亦小;

③调试比较容易;

④加工制造的工作量比分管小。

但由于它相当于分管和环形燃烧室的过渡方案,所以,相对环形燃烧室还有如下缺点:

①燃烧室出口温度场沿周向不够均匀;

②燃烧室的流体损失较大;

③耗费的材料、工时较多;

④质量较大。

这种形式的燃烧室在船舶、航空和工业燃气轮机中都得到了很广泛的应用。但由于质量较大,出口温度场沿周向不均匀,火焰筒气膜冷却又需要较多空气量等缺点,随着燃烧室设计、研制和使用经验的不断丰富,又发展了一种新型的燃烧室,这就是环形燃烧室。

3. 环形燃烧室

环形燃烧室的内、外壳体结构与环管燃烧室类似,但火焰筒却有很大差别。在内、外壳体之间的环形腔室中,布置一个呈环形的火焰筒。火焰筒的内、外壁构成环形主燃区和环形掺混区,如图 11－29 所示。环形燃烧室火焰筒的头部、内壁和外壁可以做成不同的结构形式。

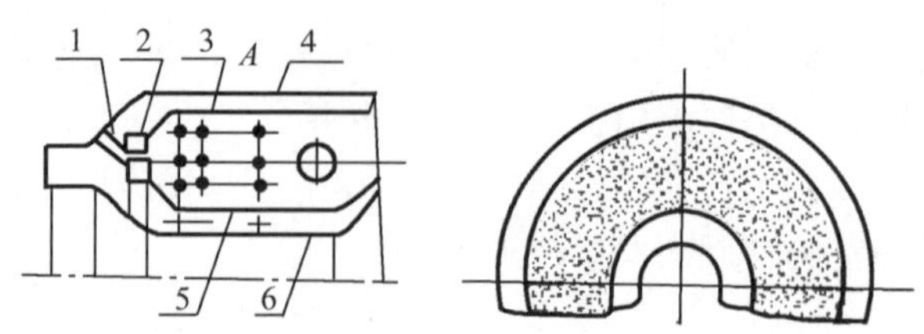

1—喷嘴;2—涡流器;3—火焰筒;4—燃烧室外壳;5—火焰筒的内壁;6—燃烧室内壳。

图 11－29　环管燃烧室示意图

这种燃烧室的优点是：

①环形火焰筒制造简单，比环管省工时三分之二左右。

②长度短，质量轻。

③环形燃烧室通道与压气机、涡轮部件的通道皆为环形，配合方便、容易，且流动阻力小，气流均匀。这种直流式布局有利于缩短扩压器及降低扩压器损失。

④节约火焰筒冷却空气量约 1/3，缓和了大加温比(其中分别为燃烧室出口和进口处的气体总温)时，冷却空气量显得不足的矛盾。

⑤环形火焰筒断面积比相同外形尺寸的环管燃烧室火焰筒断面积总和约大 1/4，筒内气流速度可降低 1/4，流体阻力较小(约可减小 7/16)，有利于燃烧的完全、稳定，减轻对大气的污染。

⑥联燃性能好。

但环形燃烧室也存在如下缺点：

①调试比较困难，全尺寸试验件试验需要的气源很大，试验成本高。

②环形燃烧室火焰筒尺寸大，刚性差。

③用叶片式涡流器，出口旋流强度低，回流区比较弱，燃料浓度分布不均匀(存在有喷油死区)，组织燃烧困难。带有与环管燃烧室相类似头部的混合式环形燃烧室，虽然可以有较理想的回流区和燃料浓度分布，但结构和工艺较复杂。

④装拆、检查不方便。火焰筒的局部损坏，往往使整个火焰筒报废。

近些年来，由于试验装备水平的提高，以及大流量、高压比、高燃气初温燃气轮机发展的需要，环形燃烧室得到了大力的发展。一些新研制的高水平燃气轮机已普遍采用了环形燃烧室。

由于供油方式(机械离心压力喷射式、气动喷油式、蒸发式和甩油盘式)的不同，以及造成气流回流系统的技术实施方式(叶片式涡流器、双锥体、隔板等)的不同等，环形燃烧室以不同方式组合，使环形燃烧室有多种多样的结构形式。

11.2.3　燃烧室基本构件

1. 扩压器

扩压器的功用是降低从压气机流出的气流速度，并与火焰筒配合实施分流，以利于燃烧。气流的减速扩压是在扩压器的扩散形通道中实现的，一般扩压器进、出口截面积之比，使压气机出口的气流速度由 120 ~ 125 m/s 降低到 30 ~ 50 m/s。扩压器是燃气轮机的承力件之一。气流在扩压器中的流动损失约占燃烧室总损失的 1/4。

根据扩压器内气流通流型面的不同，目前常见的扩压器有如下 3 种形式：

(1)一级扩压器

这是一种早期的扩压器。扩压器的气流通流截面积按一定的规律变化，使压力较均匀地增加，这些变化规律可以是等压力梯度、等速度梯度或两者兼有的混合造型规律。等压力梯度造型的压力损失小，但加工比较困难。

(2)二级扩压器

压气机出口气流先经过一个扩压比不大的一级扩压器，而后再进入扩压比很大的第二级扩压器。由于第一级扩压器的扩压比小和第二级进口气流速度已下降，扩压器的总损失不致扩大，并可以较有效地缩短扩压器的总长度。

(3)突然扩张式扩压器

这是一种很短的扩压器。压气机出口气流经过很短的略为扩张的环形通流,使气流速度略为下降后就突然扩张。这种扩压器不但轴向尺寸很短,燃烧室工作较少受压气机出口流场变化的干扰,但其总压损失要大些。这种扩压器除用在短环形燃烧室外,还广泛应用在带离心甩油盘的折流式环形燃烧室中。

目前的环形燃烧室,还广泛采用将燃烧室进口扩压段并入压气机出口扩压段内的措施,以缩短燃烧室长度。

扩压器是燃烧室中结构复杂且质量较大的组件,又是燃气轮机的主要承力件,压气机后轴承就安装在扩压器里面。因此,还要解决传力、轴承润滑和封气等问题。在结构设计中,除考虑抓住减少流动损失、减少尺寸、质量等主要矛盾外,还必须周密照顾到强度、刚性和整台燃气轮机的结构特点等。

2. 燃烧室壳体

燃烧室壳体构成两股气流的通道。在环管和环形燃烧室中,燃烧室壳体由内、外壳体(内、外套)组成,是燃气轮机的主要承力件。由于其直径尺寸大,壁厚较薄,设计时必须保证壳体具有足够的强度、刚性。为此,除选择壳体材料、确定壁厚、采用专门的加强肋、散热和隔热措施外,大多数燃烧室内、外壳体前、后端用专门的连接构件组成封闭的盒形结构。

图 11-30 示出了燃烧室内壳体的加强肋的实例。燃烧室壳体承受有轴向力、径向力,扭矩、弯矩和振动负荷等,受力较大,应力状态复杂。特别是燃烧室内套和扩压器内壁,空气压力的作用使薄壳筒形零件承受径向指向轴心的外压作用,在内传力和内外混合传力的方案中,它们又承受轴向拉伸(压缩)等作用。为了保证在较大径向应力作用下薄壳不致失稳,许多燃气轮机的扩压器内壁和燃烧室内套采用由板料冲压焊接的加强肋予以加强。图 11-30(b)所示的 Z 形加强肋主要是径向加强,用在圆柱段上。为了减轻质量,在加强肋的辐板上可沿周开许多减轻孔,孔口还可以翻边加强。图 11-30(a)所示的 L 形封闭加强肋可在径向和轴向都起到加强作用,因而,用在同时受轴向力和内压力作用的曲线形壳体的转接段上(例如扩压器内壁)。

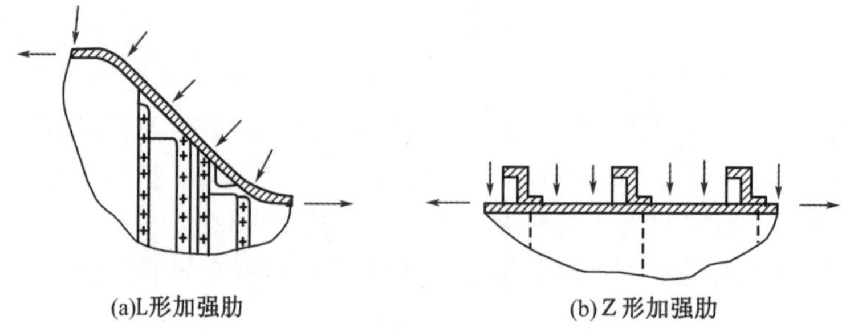

图 11-30　两种形状加强肋对壳体的加强

燃烧室外套通常不用加强肋加强,因为外套承受内压作用,一般不会造成失稳,再则尺寸比较厚大的前、后安装边,也起到了对外套的加强作用。

燃烧室外套的安装边结构如图 11-31 所示。其中图 11-31(a)为搭接滚焊形式,用得较普遍;图 11-31(b)为对接熔焊形式;图 11-31(c)为搭接熔焊形式,可以获得比滚焊更好的气密性;图 11-31(d)结构比较合理,因为焊缝远离安装边,可有效地减少焊接热影响区对安装边造成的挠曲变形。另外，较大的轴向尺寸、安装边材料厚度由厚变薄的合理过渡都有利于提高壳体与安装边间的焊接质量。

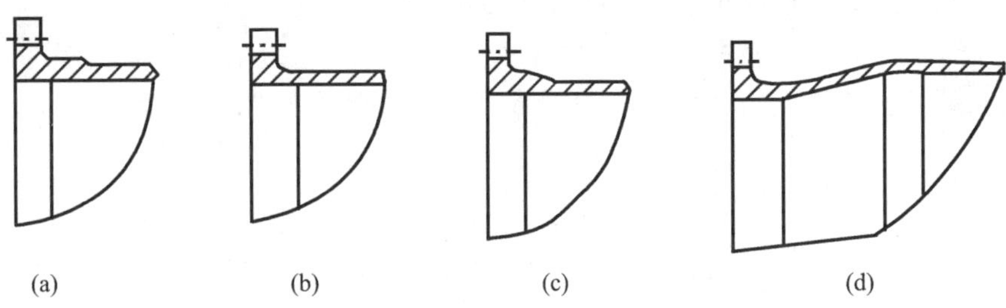

图 11－31　燃烧室外套的安装边结构

3. 火焰筒

火焰筒是燃烧室的核心构件，由涡流器和火焰筒筒体、传焰管等部分组成。

(1) 涡流器

涡流器的作用是使高温燃气在火焰筒头部形成低速回流区保证点火、稳定燃烧和燃烧完全。按涡流器结构，它可分为叶片式和无叶片式两种。

叶片式涡流器在非蒸发管燃烧室中得到普遍应用，它主要由内、外环，扰流叶片等组成。叶片式涡流器在结构上分为轴流式和径向式两种。

图 11－32(a)示出了简单轴流式涡流器的结构。叶片以一定的安装角固定于内、外环之间，气流轴向进入流过叶片时，形成旋流。这是一种广泛采用的结构形式。

径向式涡流器结构如图 11－32(b)所示，叶片沿周以一定的安装角固定在端壁上，气流切向或径向进入并形成旋流。

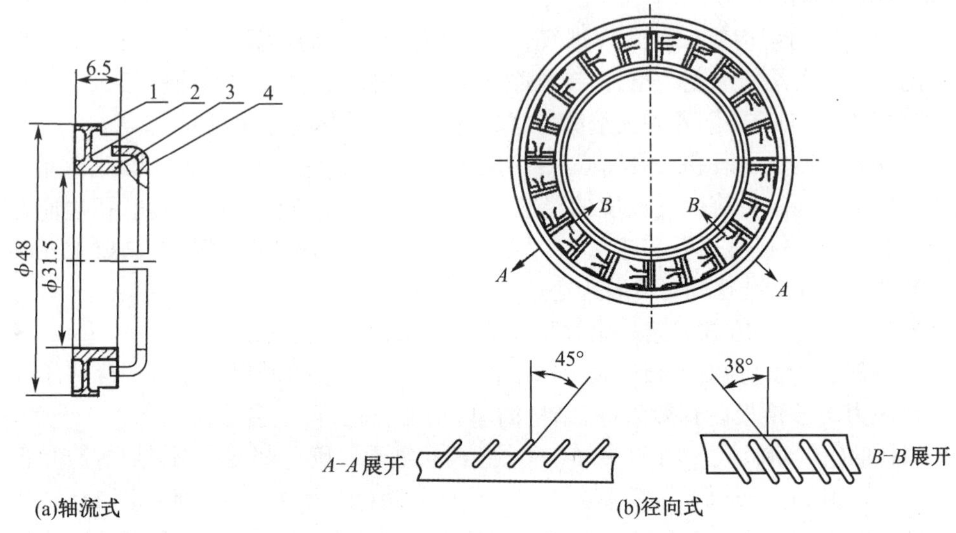

1—外环；2—叶片；3—内环；4—折流环。

图 11－32　某机组火焰筒涡流器

无叶片式涡流器利用喇叭形、碗形、双锥体等非流线体之后产生低速回流区，或经过多孔壁后产生低速回流区。

图 11－33 示出了具有喇叭形结构的无叶片式涡流器。一股气流流过喇叭形涡流器时，由于气流突然扩张，在火焰筒头部形成回流区。

无叶片式涡流器有另一种形式，称为多孔壁式涡流器。它是在火焰筒头部冲制专门的缝隙和孔口，起到涡流器作用。图 11－34 所示为折流燃烧室的火焰筒头部。

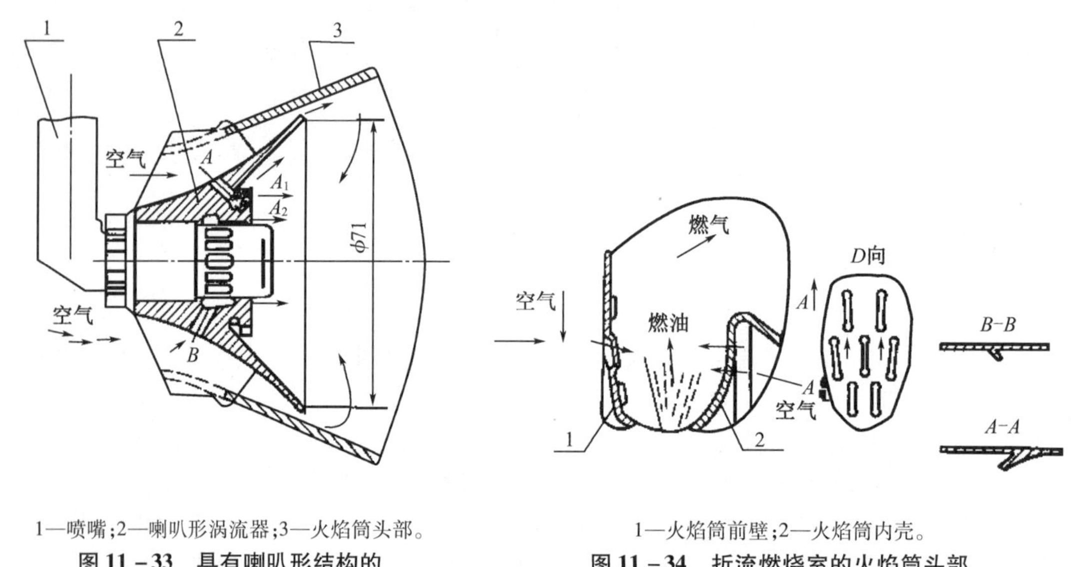

1—喷嘴；2—喇叭形涡流器；3—火焰筒头部。

图 11－33　具有喇叭形结构的无叶片式涡流器

1—火焰筒前壁；2—火焰筒内壳。

图 11－34　折流燃烧室的火焰筒头部

(2) 火焰筒筒体

火焰筒筒体的结构应保证合理进气，与燃料混合，形成回流区，便于点火、稳定燃烧和掺混降温。由于火焰筒承受高温，又接触冷却空气，受热很不均匀，热应力很大。在结构设计中，应注意筒壁的冷却问题和火焰筒各组成部分之间的热变形协调问题。

筒体壁面上设置一股和二股气流开孔（图 11－35），这些开孔的大小、形状、数量和分布取决于燃烧组织和涡轮前燃气温度的要求。为了提高抗振、抗热疲劳强度，孔边应抛光和加强，如加箍套或做成弯边孔和进气斗。为了改善受热不均匀的情况，在筒壁上孔稀少而孔径大的部位或在大孔之间可开若干小孔。

目前，筒壁的冷却方式普遍采用气膜冷却结构，如图 11－36 所示。

图 11－36(a)(b) 为波形板气膜冷却结构，它具有弹性，可减轻由于径向膨胀不一致而引起的热应力。波形板冷却效果好，结构简单，刚性也好，可以省去加工许多小孔的麻烦，但冷却消耗的空气量较大。图 11－36(c) 为鱼鳞状缝隙气膜冷却结构，其结构简单，但口边缘容易开裂。图 11－36(d) 为双边冷却环。图 11－36(e) 为单边冷却环。图 11－36(f) 则为冷却环与缩腰小孔冷却气膜结构。气膜式筒体冷却效果好、质量轻，合理的结构设计又可以使火焰筒具有良好的刚性和热补偿性。气膜的有效作用长度为 40～80 mm。因而，需沿火焰筒长度方向安排许多道气膜。为了加强环形燃烧室的径向刚性和改善冷却效果，在近代燃气轮机的火焰筒内、外壁上，采用了锻造经机械加工或用特型型材滚压而成的冷却环，如图 11－37 所示。

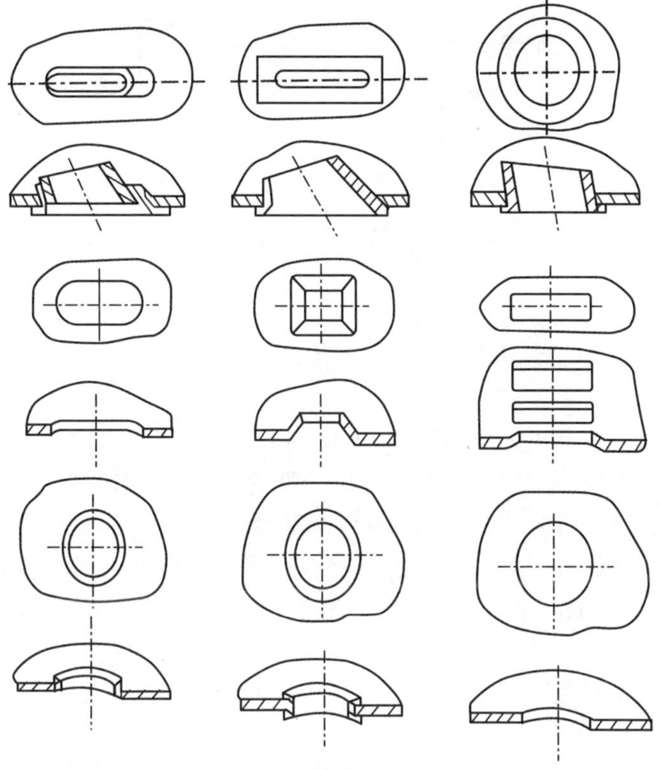

图 11－35　火焰筒上的气流开孔形式

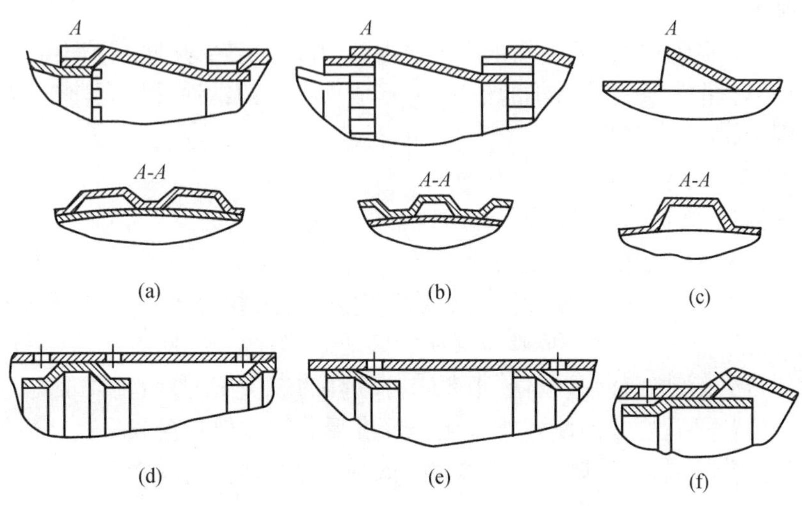

图 11－36　形成火焰筒冷却气膜的结构形式

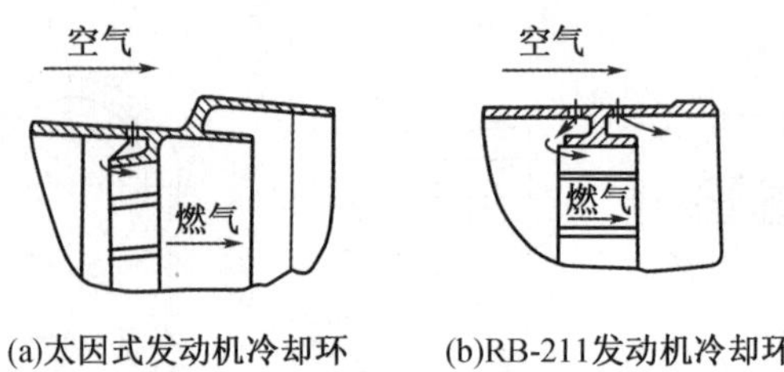

(a)太因式发动机冷却环　(b)RB-211发动机冷却环

图 11－37　机械加工的火焰筒冷却环

(3)传焰管

在分管和环管燃烧室中装有传焰管,用来传递火焰筒燃烧区之间的火焰,并均衡各火焰筒间的压力。

分管燃烧室的传焰管伸出燃烧室外套,因此必须解决好传焰管同外套的密封和传焰管本身的冷却问题。环管燃烧室的传焰管包围在二股气流中,因此结构较简单。传焰管的轴向位置应设置在回流区直径最大的地方,因为这里容易点火。传焰管的直径应足够大,以保证传焰的可靠性,但又不能过分大,因为贯穿在二股气流中的大尺寸传焰管会在其下游产生强烈的旋涡,影响火焰筒壁面的冷却。

4. 燃料喷嘴

燃料喷嘴的作用是将燃料雾化(或汽化),加速混合气形成,保证稳定燃烧和提高燃烧效率。

燃气轮机上采用的燃料喷嘴主要有离心喷嘴、气动喷嘴、蒸发喷嘴(亦称蒸发管)、甩油喷嘴(亦称甩油盘)等。由于离心喷嘴工作可靠,有很好的雾化质量,故应用得最多。但离心喷嘴存在高温富油区,容易造成排气冒烟,而且在不同工况下,燃烧室出口温度场变化较大。

(1)离心喷嘴

燃料以一定的压力切向进入喷嘴内腔。在内腔中高速旋转,从喷嘴喷出时在离心力的作用下,将燃油雾化散开成许多微小的油珠,并形成旋转的圆锥油雾层,与来自涡流器的旋转气流相撞、混合,形成油气混合气。

(2)气动喷嘴

为了改善燃料的雾化质量,设计了利用压缩空气吹散作用的气动喷嘴。图 11－38 所示为 RB－211 燃烧室的气动喷嘴。燃油经 6 个切向孔,在喇叭口的内壁表面上形成旋转的薄油膜层,在内、外两股高速气流的作用下,破裂成与空气充分掺混的油雾,进入火焰筒头部。气动喷嘴的优点是:油气混合均匀,避免了主燃区的局部富油区,减少了冒烟和积炭;火焰呈蓝色,辐射热量少,火焰筒壁温较低,不要求有很高的燃油压力,而且在很宽的工作范围内喷雾角大致保持不变,故容易使燃烧室出口温度场分布比较均匀、稳定。气动喷嘴的缺点是:由于油气充分掺混,贫油熄火极限大大降低,使燃烧室稳定工作范围变窄,在启动时,气流速度低,压力也低,雾化不良。

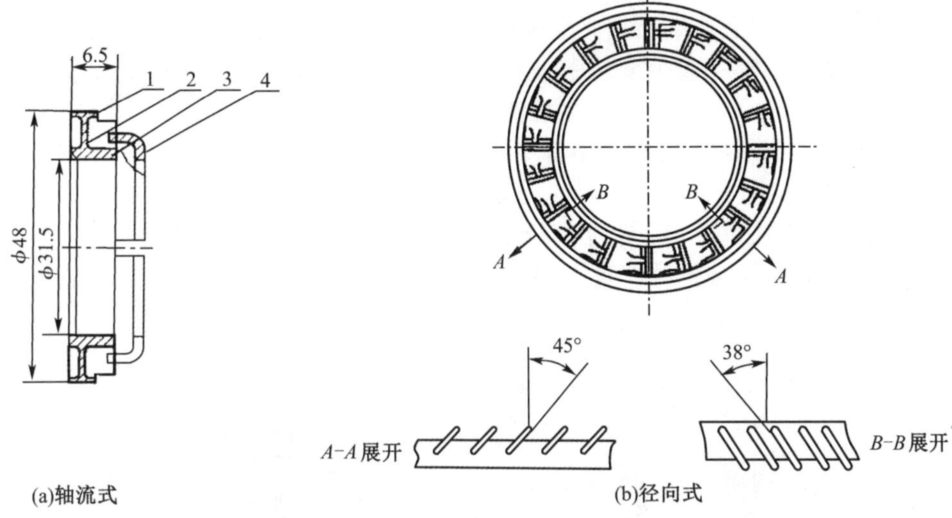

1—壳体;2—分油环;3—内锥;4—密封圈。

图 11－38　RB－211 燃烧室的气动喷嘴

(3)蒸发喷嘴

这是应用于航空发动机环形燃烧室的一种喷嘴。油气的混合提前在蒸发管内进行,即燃油首先喷入处于高温燃气包围着的、炽热的蒸发管内,并迅速吸热、蒸发,形成燃油蒸气,与进入蒸发管内的少量空气初步混合成油气,然后,从蒸发管喷入火焰筒的主燃区内,与大量空气混合后燃烧,如图 11－39 所示。

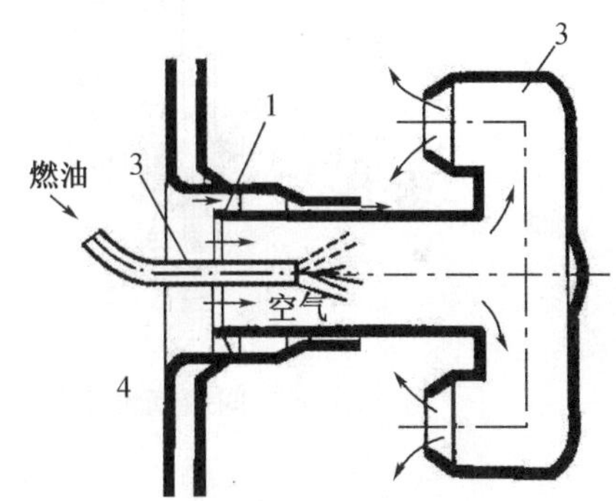

1—支承环;2—发管;3—喷油管;4—火焰筒头部。

图 11－39　某航空燃气机燃烧室的蒸发喷嘴

由于蒸发喷嘴的油气预混好,使燃烧容易完全,燃烧效率高,发烟度低,供油压力也比较低,具备了气动喷嘴的类似优点。但它仍然存在稳定工作范围较窄、蒸发管本身冷却困难、管内预混油气存在自燃、需要辅助启动供油系统等缺点。因此在船舶燃气轮机上尚未采用。

(4)甩油喷嘴

甩油喷嘴在高转速、小流量折流式环形燃烧室中得到了普遍的应用。燃油在甩油盘孔中形成油膜,离开喷口时由于突然膨胀,使油膜破碎成油珠,在气动力的作用下,油珠变成更小的油雾,并和空气混合,进入主燃区。

5. 点火装置

点火装置的作用是在启动时向燃烧室提供初始点火炬。当燃烧室主燃区能连续、稳定地燃烧时,点火过程结束,点火装置即可停止工作。目前,点火装置分为两类:间接点火和直接点火装置。

(1)间接点火装置

早期的燃气轮机大多采用间接点火装置。它实际上是一个小小燃烧系统,如图 11－40

所示。它穿过燃烧室外壳,插在火焰筒或传焰管中,空气经上面小孔进入预燃室,与启动喷嘴喷出的燃油混合,经点火电嘴点火生成点火火炬,点燃主燃区中心的油气混合气。这种点火装置的特点是:对在主燃区的安装位置不敏感、点火能量大且火炬连续、工作可靠。但它是一个复杂的系统,要求有一套启动燃油系统、电系统和小小燃烧室。这种结构复杂、质量又大。近期新研制的燃气轮机已不再使用这种复杂的间接点火装置了。

(2)直接点火装置

直接点火装置(图 11-41)是利用高能电嘴产生的点火炬直接点燃火焰筒头部混合气的点火装置。这种点火装置的能量大、结构简单、工作可靠性好,因而得到越来越广泛的应用。

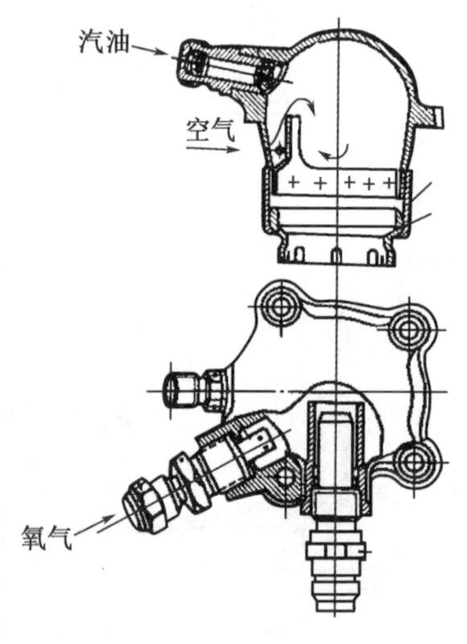

图 11-40　间接点火装置

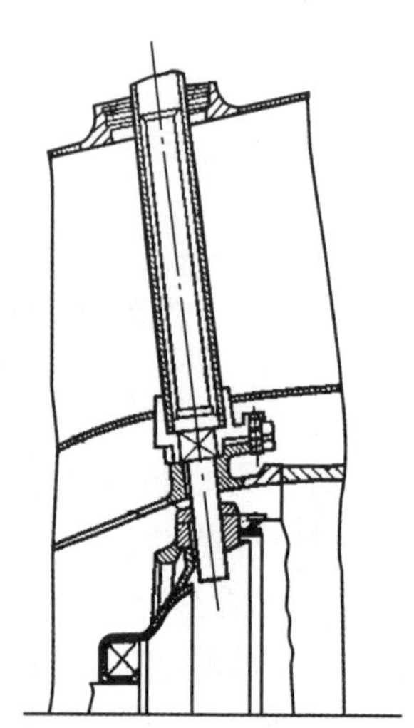
图 11-41　直接点火装置

高能点火电嘴固定在燃烧室外套的安装座上,伸进火焰筒头部,使生成的点火炬正对喷油嘴和涡流器下游。保证点火源限制在主燃烧区内,并能借回流作用在回流区内不断地回转,直到火焰遍及整个燃烧区。为了避免电极积炭和电嘴烧毁,直接点火器的电嘴不能放在主燃区,而只能放在上面提及的火焰筒头部、靠近喷雾锥的外缘流速较低的位置。斯贝两个点火电嘴的放电能量,其中一个为 12 J,另一个长时间连续工作的为 3 J。

11.3　燃气涡轮

11.3.1　概述

燃气涡轮是燃气轮机的另一主要部件,它的功用是将来自燃烧室的高温、高压燃气中的部分热能和压力能转换成机械能,用以带动压气机、附件和船舶螺旋桨。

船舶燃气轮机多应用轴流式涡轮。其特点是功率大、燃气温度高、转速高、效率高,同时对其尺寸、质量有严格的要求。

涡轮的工作条件十分恶劣：高温、高转速、频繁剧烈的热循环、热冲击、不均匀加热，以及由于转子不平衡和燃气压力脉动造成的不均衡负荷的作用。涡轮是燃气轮机中热负荷和动力负荷最大的部件。因此，对燃气涡轮的设计提出下列要求：

(1)必须具有足够高的效率

涡轮效率越高，则在其他条件相同的情况下，传到船舶螺旋桨轴上的轴功率就越大，经济效益就越高。只有对涡轮的工作叶片、静叶片和其他组件采用正确的气动造型、精密加工和正确地选择组件的基本尺寸、形状和装配间隙等才能做到高效率。

(2)必须能承受高温、热冲击和热应力的作用

涡轮部件在高温下工作，除了有很大的离心负荷和气动负荷作用外，还承受很大的热负荷作用。特别是工作叶片、轮盘等关键零件，必须有足够的强度。这就要求在结构设计时，选取具有优良的耐高温、耐腐蚀、耐疲劳的结构材料，使零件具有合理的尺寸和形状，充分考虑零件受热后的热补偿等，避免产生过大的热应力，具备抗热冲击、抗热疲劳的能力。特别是还要采取一系列技术措施，防止在海洋条件工作的涡轮部件发生严重危及工作可靠性和性能的硫化腐蚀现象。

(3)外廓尺寸要小，结构要紧凑，质量要轻

精巧紧凑的结构不但是燃气涡轮可靠性的要求，而且可以减少耐热合金的消耗。镍基合金、钴基合金和包含大量镍、铬元素的耐热钢不仅价格昂贵，还是世界上紧缺的战略物资，必须合理、节约使用。

(4)必须考虑涡轮部件的冷却

充分考虑涡轮部件的冷却，以满足燃气轮机不断增长的性能和可靠性要求。

(5)充分注意零、组件的热定心问题

涡轮部件除了要妥善处理类似压气机部件的各种问题外，最突出的要注意解决好高温、高负荷、温度不均匀所带来的特殊问题。例如热变形、热应力、热定心、热疲劳、硫化腐蚀以及高温材料的选择、冷却系统的设计等。

在船舶燃气轮机中，用来带动压气机和附件的称为燃气发生器涡轮(也称增压涡轮)。用来带动减速器-螺旋桨或其他外负荷，专做功率输出的称为动力涡轮。这两个涡轮之间通常仅存在气动上的联系。两者通常由中间扩压器(也称中间机匣)连通起来。中间机匣如图 11-42 所示。它是一段把增压涡轮出口的燃气以最小的流动损失引入动力涡轮的中间环形通道。一般，动力涡轮的直径比增压涡轮的直径大得多，故中间机匣具有一定的扩散度。中间机匣是用耐热合金或耐热钢板焊接的，是具有机械加工安装边的环形截锥筒体。内壁和外壁之间用若干整流支板连成一个整体。

增压涡轮和动力涡轮虽都是发出机械功的部件，但因所处工作条件的差异，在气动和结构设计上应有各自特点。

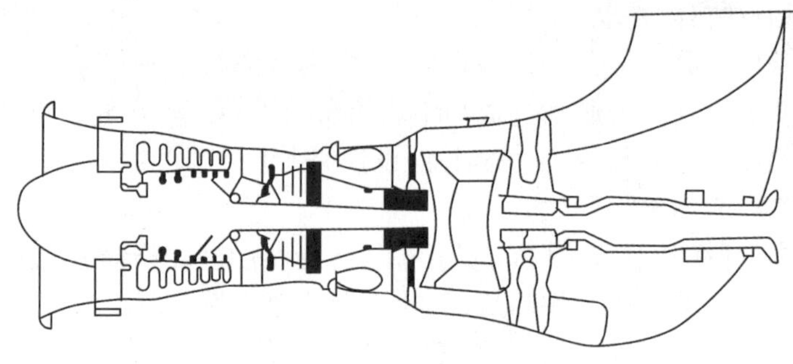

图 11-42　中间机匣

11.3.2　涡轮转子

涡轮由转子和静子两部分组成。涡轮转子是涡轮转动部分的总称，由涡轮盘、涡轮轴、工作叶片及连接零件等组成。

涡轮转子，特别是增压涡轮转子，是在高温、高转速、高负荷等十分恶劣的条件下工作的。尽管涡轮转子在结构上与压气机转子结构设计有许多相似之处，但由于高温、热冲击、热负荷等又引起了许多新问题。

(1)材料的选取

高温使一般材料的机械性能大大降低，必须采用在高温下具有足够强度的耐热合金来制造转子的工作叶片、涡轮盘等零件。耐热合金在高温下的强度用持久强度极限表示，即在给定的温度下，在一定时间内引起材料损坏的最大应力。例如 δ_{100} 表示在给定的温度下，在 100 h 内使材料破坏的应力。对于船舶燃气轮机涡轮选材应突出材料的抗氧化、耐腐蚀特性。这是因为在海洋条件下工作，会造成涡轮部件的硫化腐蚀现象，即在高温和具有氯化钠、硫、钒元素的恶劣环境条件下，在涡轮零件工作表面上发生了硫酸钠与耐热合金基体铬、镍元素间的化学反应，从而严重地影响涡轮部件的性能和工作可靠性。

目前，耐热合金的发展赶不上燃气轮机燃气初温发展的需要。所以，普遍采用冷却技术，特别是对增压涡轮导向器叶片、工作叶片及涡轮盘进行有效的冷却降温。

(2)热变形

高温和温度分布不均匀会造成涡轮零件的热变形，以致影响涡轮的正常工作。长时间在高温下工作，还会在应力作用下造成涡轮零件的永久变形——蠕变。例如涡轮使用一段时间之后，工作叶片会伸长，轮盘直径会变大。由于热变形会改变涡轮原来零件间的配合性质，使间隙或紧度改变，或使连接定心破坏。材料抗热变形、抗蠕变的性能是不同的。通常用蠕变极限来表示材料在高温下的抗变形能力。蠕变极限是在一定的温度下，在一定的时间内总变形达到给定值时的应力，例如 $\sigma_{0.2/100}$，第一个数表示永久变形的百分数，第二个数表示达到该变形的时间(以小时计)，它也是材料高温强度的一个指标。

(3)热应力

高温会使连在一起的、膨胀系数不同的零件间产生热应力。由于温度分布不均匀，一个零件上的各部分热膨胀不同，也会在零件内部产生热应力。如热应力的数值过大，常会引起零件的热裂纹。在高温结构中,热应力是引起零件损坏的重要原因之一。

(4)热疲劳

高温零件因反复经受高、低温冲击,使零件某些局部地方交替承受拉伸和压缩。反复次数多了,就会引起热疲劳,使零件发生裂纹。

(5)热定心

热变形还会使原来的配合零件间的配合性质发生改变。因此,在解决涡轮高转速下工作的热定心以及叶尖间隙等问题时,要考虑热变形因素的影响,以保证涡轮在各工况下工作时的性能和可靠性。

1. 盘与轴的连接

涡轮盘和涡轮轴在连接处承受很大负荷,有扭矩、轴向力、转子质量、惯性力及不平衡力引起的弯矩,以及由于转子的不平衡、燃气压力脉动等原因造成的振动负荷,此外,还处在较高的温度下工作,具有一定的热负荷。因此,盘与轴连接处的结构必须保证工作时可靠传递负荷、定心性能好,并减少轮盘向轴和轴承的传热。盘与轴的连接分为不可拆式和可拆式两种结构形式。

(1)不可拆卸式盘轴连接

图 11－43 所示为某燃气轮机增压涡轮转子盘与轴的销钉连接结构,是不可拆式的典型结构。

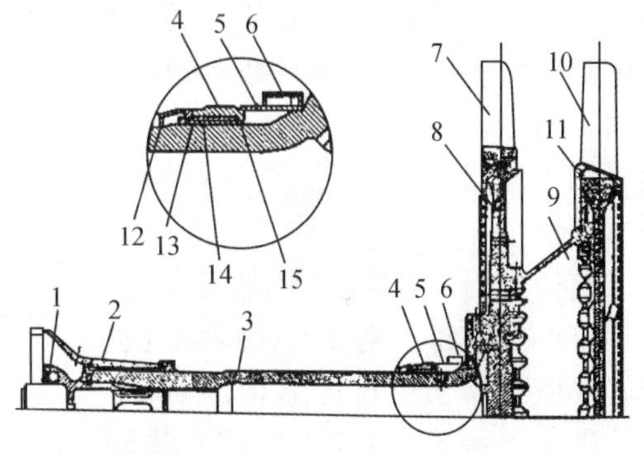

1—球形轴尾;2—主动齿套;3—涡轮轴;4—轴承内圈;6—涡轮轴封严圈;7—第一级工作叶片;8—第一级轮盘;9—承力环;10—第二级工作叶片;11—第二级涡轮盘;12—后轴承螺帽;13—锁片;14—垫圈;15—调整垫圈。

图 11－43　销钉连接结构不可拆式转子

在该结构中,轮盘需加热后套装在轴的安装边上,使盘、轴间的圆柱配合面上具有规定的紧度。在盘与轴的安装边上,径向组合钻孔,然后压入圆柱形销钉。为了防止销钉在离心力作用下甩出,需在销钉孔边冲坑。在该结构中,扭矩和轴向力靠销钉承受剪切力来传递。盘与轴的定心靠具有紧度的圆柱配合面来保证。长期工作中,由于轮盘材料的蠕变变形,会使配合表面松动,这时可由径向销钉确保定心不被破坏。为了增强转子工作时的刚性,在轴安装边内有一内凸缘,与盘的外凸缘配合,形成辅助工作热定心。圆柱配合面设置在较大半径处,并把轴端做成喇叭形,盘、轴间配合面采用紧度配合,销钉在孔中也采用紧度配合。这些措施皆有利于转子刚性的加强。

这种径向销钉连接结构加工方便、结构简单、强度及刚性较好、质量较轻,但不可拆卸。

(2)可拆卸式盘轴连接

图 11－44 所示为用螺钉将盘固定在轴上的结构。轮盘圆柱表面 A 定心,6 个螺钉拧在轴端安装边的螺纹孔中,将盘轴固紧。扭矩靠盘、轴压紧面上的摩擦力传递。为了消除螺钉内附加的弯曲应力,螺钉的拧紧力必须很大,因此螺钉直径应加大。而且在轴端安装边上加工螺纹孔,会产生应力集中。此外,在轮盘上开孔也会降低轮盘的强度。LM2500 增压涡轮转子的盘轴间的连接采用了类似的结构。

目前,采用较多的一种盘轴可拆卸式连接结构为短螺栓连接,如图 11－44 所示。靠盘与轴压紧的端面摩擦力传递扭矩,采用圆柱面定心,将轴安装边上的凸缘压入盘安装边的环腔内。这种在轴端和盘端专门设计的安装边不削弱轴、盘的强度,加工和拆卸比较方便,特别是可以使盘与钟的连接处具有一定的弹性(通常是可以将盘的安装环或轴的安装环做成薄壁和特殊形状实现)。

必须正确选择轮盘、轴和连接螺栓的结构材料,并计算好预紧力。

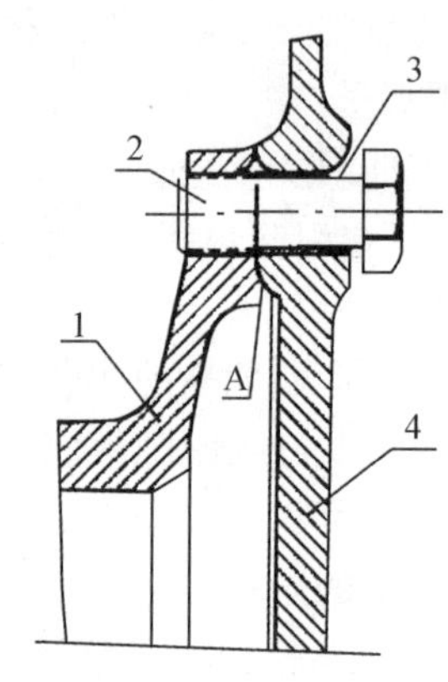

1—涡轮轴;2—螺钉;3—球形垫圈;4—涡轮盘。

图 11－44 盘轴用螺钉连接结构

2. 盘与盘间的连接

在多级涡轮转子中,盘与盘之间的连接也是结构设计考虑的方面。盘与盘之间的连接也分为不可拆卸和可拆卸两种结构。

(1) 不可拆卸连接

图 11－45 所示为涡轮转子的盘与盘间的连接结构,属不可拆卸的径向销钉连接。两级盘间有承力环,盘与承力环间均用带紧度的圆柱形安装边定心,用带紧度的径向销钉连接,并传递扭矩。为了减少承力环前、后端的温差造成的热应力,承力环做成圆锥形,由前向后扩张。同时,尽可能将承力环的直径做大些,以保证转子具有足够的抗弯刚性。

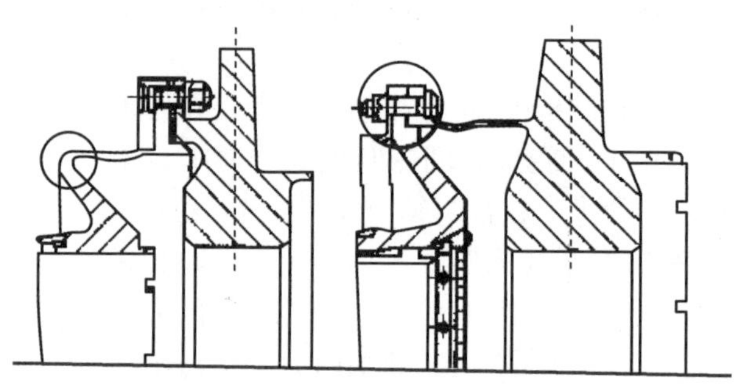

图 11－45 盘轴用短螺栓连接结构

这种盘与盘间采用紧度配合、径向销钉连接的转子刚性大、强度好、质量轻。但它属不可拆卸结构,不仅给返修带来了困难,而且给涡轮的装配带来一些不便。它的第 2 级工作叶片必须在装好第 2 级导向器后,在涡轮壳体内进行装配,即在总装中进行。

(2)可拆卸连接

在涡轮导向器做成整体不可分结构的多级涡轮中,为了便于装配,盘与盘间的连接通常做成可拆卸的结构形式。图 11－46 所示为船舶燃气轮机可拆卸三级涡轮转子。

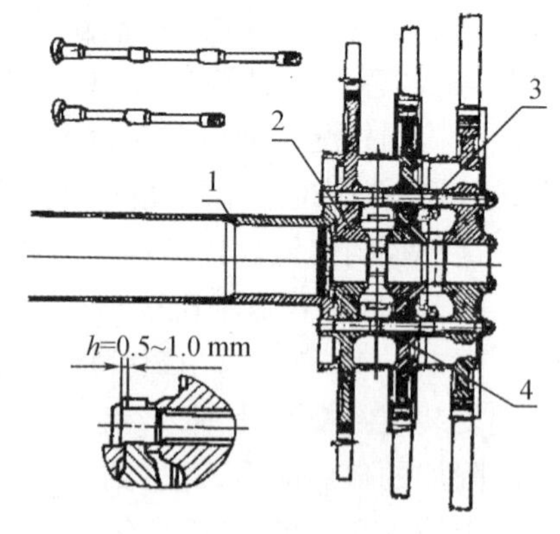

1—涡轮轴;2—涡轮盘;3—长螺栓;4—次长螺栓。

图 11－46 可拆卸三级涡轮转子

3. 工作叶片及其轮盘的连接

涡轮的工作叶片在高温燃气的包围中工作,它不仅要承受转子高速旋转时叶片自身的离心力、气体力、热应力及振动负荷,而且还受到燃气的严重腐蚀。当燃气轮机工况不断变化时,叶片还经受冷热疲劳。所以,它是燃气轮机中受力、受热最严重的零件之一。特别是第 1 级涡轮工作叶片的强度对燃气轮机的热力参数(燃气初温)的选择起着决定性作用，并直接影响燃气轮机的性能。因此，一方面须不断研制新的耐高温合金材料，以提高材料的耐高温、耐腐蚀性能；再则须不断发展各种冷却技术，以降低工作叶片的温度。

工作叶片一般由叶身、中间叶根及榫头 3 部分组成。

图 11－47 为叶片的结构形式。叶片尖部带有叶冠，可以减少叶片叶尖处由叶盆向叶背的燃气漏泄，降低二次流损失，提高涡轮效率。相邻叶片的叶冠抵紧后，可以减少叶片的扭曲变形和弯曲变形，增强叶片的刚性，提高叶片的振动频率，且可以利用相邻叶冠之间的摩擦来吸收振动能量，起到阻尼减振的作用。叶冠的形状可以做成平行四边形，也可以做成锯齿形。平行四边形叶冠结构简单，便于装拆，但对振动的抑制性能比较差。锯齿形叶冠能克服上述不足，但其结构复杂，特别是叶片向盘上装配时，需一圈叶片扣成一个整环后推入榫槽内，因此装配比较困难。

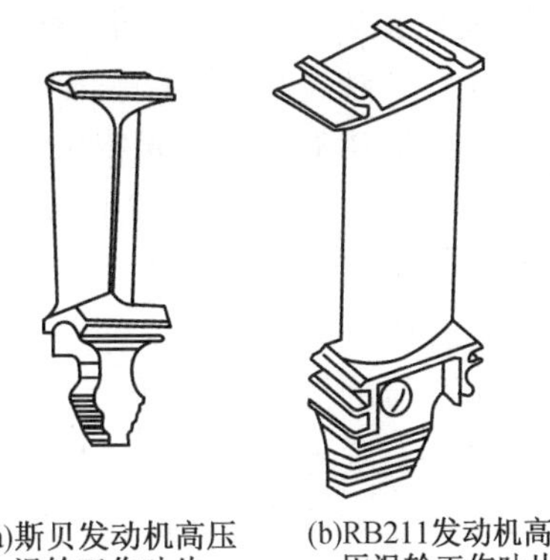
(a)斯贝发动机高压涡轮工作叶片　(b)RB211发动机高压涡轮工作叶片

图 11－47　叶片的结构形式

带冠叶片的缺点是叶冠较重。工作时增加了叶身的离心拉伸应力，也增加了轮盘的负荷。叶冠和叶身转接处易造成应力集中。为了减少叶冠离心力，通常采用减少叶尖叶型的弦长、增加叶片数，使叶冠的周向尺寸减小等办法。

叶身可借底座和榫头连接，如图 11－48(a)所示；也可通过底座及中间叶根和榫头连接，如图 11－48(b)(c)所示。

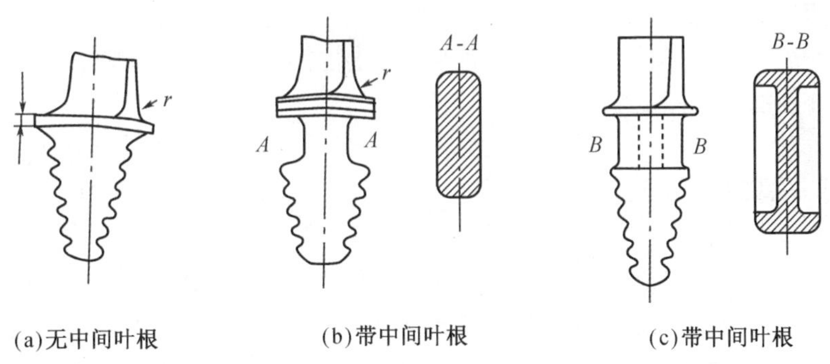

(a)无中间叶根　(b)带中间叶根　(c)带中间叶根

图 11－48　叶片型面部分与榫头的连接

带有中间叶根的叶片可以减少叶片对涡轮盘的传热盘，并改善榫头应力分布的不均匀。在冷却式工作叶片中，中间叶根处通以冷却空气并时常作为叶身冷却的空气引气口。由于空气的强制冷却，可大大降低叶根、榫头和轮缘的温度，减少盘内的热应力，轮盘可以做得薄些，从而可以减轻整个转子的质量。中间叶根的主要缺点是叶片质量加大，榫头处的应力也相应增大。

叶片用榫头和轮盘连接。涡轮叶片的榫头承受负荷和高温都很大。因此要求：

①允许榫头连接处受热后能自由膨胀，以减少热应力；

②榫头连接处的传热性能要好,使叶片上的热量容易散走。

涡轮叶片和轮盘的连接枞树形榫头得到了最广泛的应用,如图 11-49 所示。叶片靠楔形根部上的枞树形齿装在涡轮盘上的相应齿槽内,齿因受叶片离心力和弯曲力矩作用承受剪切力和弯曲力,齿的工作表面承受挤压力,榫头各截面承受拉伸力。

枞树形榫头具有下列优点:

①叶片榫头呈楔形,轮缘凸块呈倒楔形。从各截面承受拉伸应力角度看,材料利用合理,接近等强度,因而,这种榫头的质量最轻。

②榫头在轮缘所占周向尺寸较小,在轮盘上可以安装较多的叶片,便于保证要求的密度。

③这些榫头有间隙地插入榫槽内,允许轮缘受热后自由膨胀,因而,减少了叶片和轮缘连接处的热应力。

④可以利用榫头的装配间隙,通入冷却空气,对榫头和轮缘进行吹气冷却,降低叶片温度,减少叶片向轮盘的传热,降低轮缘温度,减少轮缘和轮心的温差,改善了轮盘和轴承的工作条件。

⑤由于装配间隙的存在,低转速时叶片可以在榫槽内有一定的相互移动,对振动起到阻尼作用,并可自动定心,减少了离心力所引起的附加弯矩。

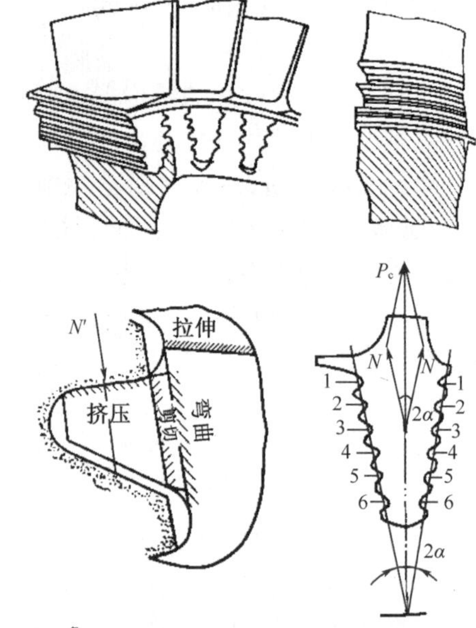

图 11-49　枞树形榫头及其受力分析图

⑥装拆和更换叶片方便。

枞树形榫头的缺点:

①由于叶片和轮盘榫齿间圆角半径较小,应力集中严重,容易出现裂纹、折断等故障。

②加工准确度要求高。

11.3.3　涡轮静子

涡轮静子由涡轮外环、导向器及涡轮支承和传力系统等组成,是涡轮部件的主要承力件,涡轮静子上没有离心负荷作用,强度问题不突出。但导向器叶片的工作温度比工作叶片更高,在热冲击和热疲劳方面,比工作叶片更苛刻。涡轮机匣在高温下要保持足够的刚性,避免翘曲变形,保持与转子之间有合理的径向间隙,以确保涡轮工作的可靠性和高效率。对涡轮静子结构设计的主要技术要求是:

①涡轮机匣要保证尽可能小的涡轮叶尖径向间隙,以提高涡轮效率;

②涡轮导向器要能经受热冲击及热疲劳,在混合传力方案中,要处理好传力和受热件的自由膨胀问题;

③在结构安排上,应满足导向器面积调整要求;

④合理设计转子和静子之间的气封、油封;

⑤对机匣和导向器叶片采取有效的冷却;

⑥结构应当简单、合理、紧凑,工艺性好,装拆方便,成本低,寿命长。

1.涡轮机匣

涡轮机匣也称涡轮外环,是带有安装边的圆柱形或截锥形壳体。前后安装边分别与燃烧室机匣和动力涡轮前的中间机匣连接,是燃气轮机承力系统的组成部分。

涡轮机匣上作用有扭矩、轴向力、惯性力和内外压差力等。涡轮机匣采用整体式结构,且采用与燃气轮机轴线垂直的分开面,将外环分成几部分。多级涡轮的情况下,也采用纵向剖分的分开式结构,这种分开式机匣装拆较方便,但是刚性沿周向不对称,工作时受力、受热变形不均匀。对于多级涡轮,整体式机匣的主要缺点是要求转子必须制成可拆式结构,而且装配不方便。

涡轮机匣采用耐热合金离心铸造或锻造毛坯,通过机械加工制成。涡轮机匣与其前后相连的机匣(燃气室机匣和动力涡轮的中间机匣)的定心(径向和周向定位)通常采用圆柱形止口来保证。配合间隙根据配合面受热情况来选定,一般为(0 ~0.3)D/100 mm。

由于涡轮外环安装边内表面受热,外表面受空气冷却,故沿径向温度梯度大,会造成安装边的过大内应力。将各螺栓孔间的材料铣掉一部分,这样可减少热应力,而且减轻了质量,如图 11 -50 所示。

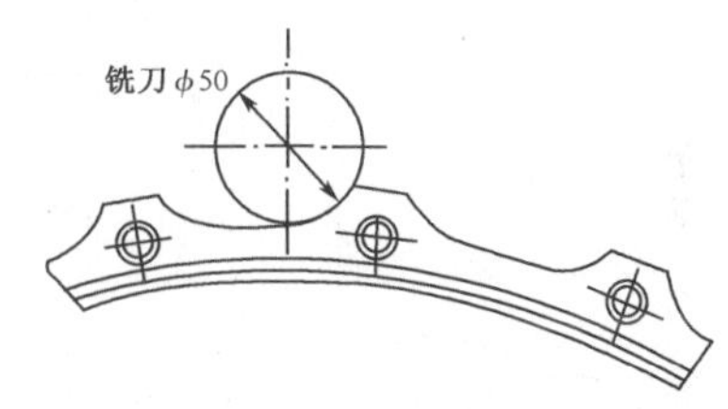

图 11 -50　涡轮机匣安装边的结构

涡轮机匣与工作叶片之间的径向间隙对涡轮效率有很大影响,应尽量减小径向间隙。但过小的径向间隙又会使转子和机匣相碰,产生故障。影响径向间隙的因素很多,其中主要有:

①工作时由于离心力和热膨胀所引起的叶片和盘的伸长;

②工作时机匣受热膨胀及不均匀变形;

③高温工作所引起的转子蠕变伸长及机匣的蠕变收缩;

④转子和静子的偏心度、轴向角偏转(叶片受轴向负荷后引起)及椭圆和翘曲变形;

⑤结构形式所带来的工作中径向间隙的变化,例如滚珠轴承若远离涡轮,而涡轮又采用外径扩张的通流形式,则由于转子、静子轴向变形量的不同,带来径向间隙的变化。

因而,必须尽量提高转子和机匣的刚性,提高加工精度,以保证同心度,消除因转子轴向膨胀而引起的径向间隙的变化。

涡轮径向间隙和压气机的径向间隙一样,随燃气轮机的工况变化而变化。特别是在过渡过程工作时,径向间隙值取决于转子对转速和温度变化的响应速度及静子机匣对温度变化的响应速度。图 11 -51 示出了径向位移随转速的变化。最小径向间隙发生在突然加、减速时。所以要求涡轮部件一定要选一个安全间隙,以便使这个间隙大于保证燃气轮机由于过载而引起的机匣与转子的变形量,避免转子和机匣之间相互干涉(碰磨)。但偏大则造成燃气轮机稳定工况时径向间隙过大,从而使效率降低。

为此应注意以下问题:

①减小装配间隙;

②采用双层机匣;

③采用主动间隙控制技术。

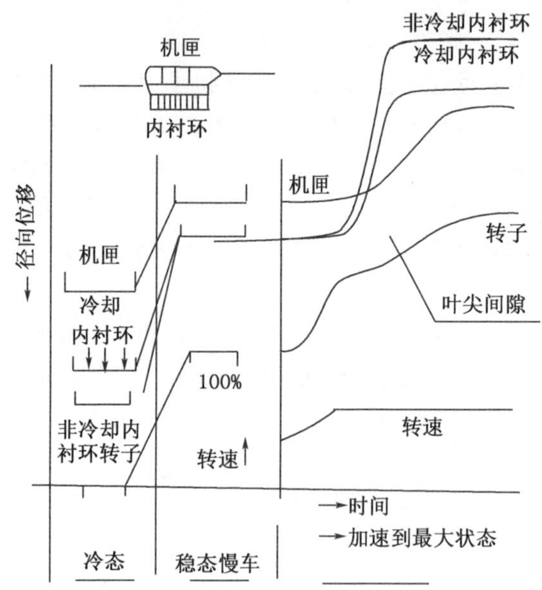

图 11－51　径向位移随转速的变化

2. 涡轮导向器

涡轮导向器是由内、外环和导向器叶片组成的环形静止叶栅。燃气通过导向器叶片组成的收敛形通道时,加速、减压、降温,同时,气流的方向也有所变化。

其功用是使燃气的部分热能转变成动能,并使燃气以一定的方向进入工作叶片。虽然导向器静止不动,但它的工作条件十分恶劣,承受的温度比较高,尤其是第 1 级导向器的工作温度比工作叶片还高;导向器各零件受热不均匀,极易烧伤;叶片直接和高温燃气接触,燃气中的游离氧和硫、钒等对叶片表面有强烈的氧化、腐蚀作用,各零件内热应力大,工作时导向器叶片又受冷、热冲击,所以,极易产生疲劳裂纹。此外,导向器还承受燃气的气体力、气流脉动所造成的振动负荷等。因此,必须在选材、结构、冷却、表面防护等方面采取相应措施。

下面我们分别讨论第 1 级导向器及第 2 级以后的导向器的结构。

(1)第 1 级导向器

图 11－52 所示为某燃气轮机 1 级涡轮器的结构。它由 1 级导向器支承、1 级导向器、内封圈、外封圈和空气隔板等组成。导向器上装有 32 对叶片,每对叶片由两个精铸叶片拼焊而成,以减少燃气漏进通道数目。此 1 级导向器为不传递轴承机匣负荷的典型结构。

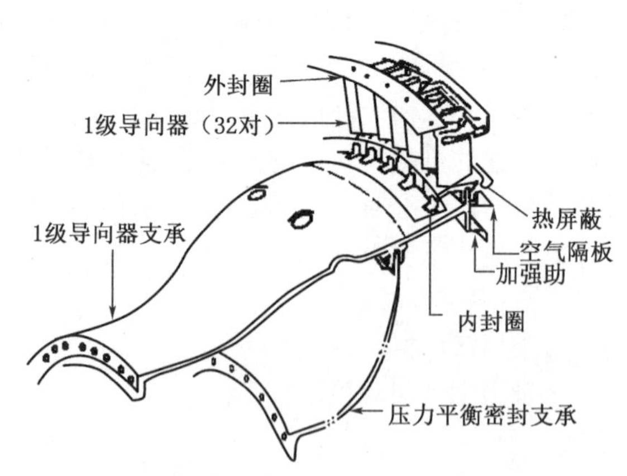

图 11－52　某燃气轮机 1 级涡轮器

第 1 级导向器的特点:

①叶片不作为燃气轮机的承力件(即

不传递轴承上的负荷)，而仅承受燃气的气动负荷。叶片自由地安装在导向器内、外环中，允许自由膨胀，以减少热应力。

②导向器做成可拆分的结构，便于获得高准确度的叶型，保证高效率，损坏的叶片也便于更换。

③第1级导向器可做成双支点结构与相邻壳体连接，有利于保证导向器有较好刚性。

④排气面积必须设计成可调节的。

(2)第2级及以后各级导向器

第2级及以后各级导向器都位于两级工作轮之间，只能采用外端固定的悬臂结构。

作用在导向器叶片上的负荷，通过叶片外端传到外环上去。由于后几级导向器叶片都比较长，为了加强刚性，应使叶片叶冠在工作时互相抵紧、靠住，并形成气流内通道。后面级导向器工作温度比较低，一般不用通气冷却。

一般不可拆式导向器必须与可拆式转子配合使用。而可拆式导向器应与不可拆式转子配合使用。

图11－53所示为某燃气轮机涡轮第2级不可拆式导向器的结构。在导向器内、外环上做有翼形槽，使叶片的内端插入内环的槽中，然后将叶片顶端与环焊成一体。作用在叶片上的气体力通过叶片顶端传到外环上。叶片内端与内环之间留有间隙，允许叶片受热后自由膨胀。内环上固定有封严装置。这种结构的优点是结构简单、质量轻。但内、外环上的翼形槽加工困难，导向器叶片损坏后不好更换。此外，由于内环与各导向叶片之间有间隙，内环与转子的同心度不好保证，因此在装配封严环时，要用千分表找正，再固定在内环上。这种不可拆式导向器结构要求与可拆式转子搭配使用。

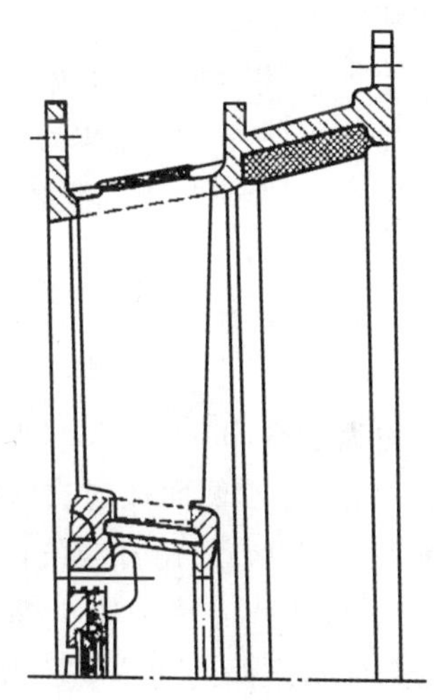

图11－53　第2级不可拆式导向器

图11－54所示为某燃气轮机高压涡轮，其第2级导向器的封严装置自成组件，固定在叶片内缘板上。这种结构，既要使封严环定心可靠，保证和转子封严环的同心度，又不能影响叶片受热后的自由伸长。它采用叶片内缘板的后端凸边作为轴向定位，前端用凸块和封严组件定心并传扭。内缘板与封严组件径向配合处留有间隙，允许叶片受热后自由伸长。

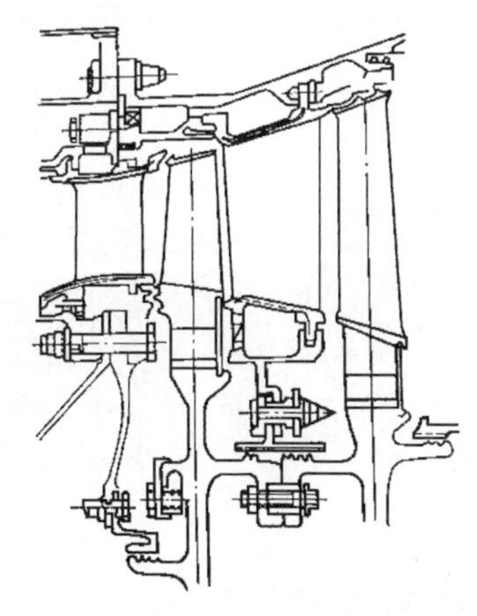

图11－54　某燃气轮机高压涡轮

11.3.4　涡轮零件的冷却

涡轮是燃气轮机中承受热负荷和机械负荷最大的部件。要保证涡轮在高温条件下可靠地工作，除了采用耐热合金或耐热合金钢制造零件外,还必须采用有效的隔热冷却技术,分析涡轮零件的温度分布,设计有效的冷却系统,改善零件的工作条件。

实践证明,光靠冶金技术的进展来满足提高燃气初温的要求是难以做到的。必须利用空气冷却技术,即利用从压气机引来的气流或燃烧室二股气流来冷却在高温区工作的涡轮工作叶片、导向器叶片、轮盘以及机匣等零件。这样就可以在现有冶金水平基础上较大幅度地提高燃气初温,从而改善燃气轮机的性能。这种冷却技术的结构并不十分复杂,且运行可靠,耗气量可以接受,因而获得了普遍的应用。例如 LM2500 机组通过采用空气冷却技术,在最大功率为 19 859 kW 时,第 1 级工作片的工作温度降至 813 ℃,第 1 级导向器叶片的工作温度由 1 170 ℃降至 738 ℃,效果是十分显著的。

涡轮部件冷却的目:

①提高燃气轮机的燃气初温,以提高燃气轮机的性能。

②在给定的燃气初温条件下,使零件工作温度降到允许范围内,以提高零件工作的可靠性。

③使零件内温度场均匀,以减小零件的热应力。例如加强叶片前、后缘的冷却、加强轮盘轮缘的冷却,可以大幅度地减少热应力。

④尽量使零件和燃气流隔离,避免燃气对零件工作表面的腐蚀。

⑤由于冷却使零件的温度大幅度下降,可以使用耐热性能略差的材料代替昂贵的高温合金,从而降低成本。

下面介绍几台燃气轮机的轮盘、叶片的冷却结构及涡轮部件空气冷却系统的总体安排。

1. 涡轮盘的冷却

(1)空气沿轮盘侧面径向吹风冷却

如图 11－55 所示,冷却空气由前方引来,经导流器向涡轮盘前端面吹风冷却,且径向向外流过盘面,经工作叶片和轮盘榫头间隙、工作轮与导向器间的间隙流至燃气通道中。由于导流器与轮盘之间的通道截面狭窄,所以,冷却空气在该处加速流动,使冷却效果提高。由于这种冷却方式的冷却空气先冷却轮盘中心,后冷却轮缘,加大了轮盘端面径向温差,反而加大了盘中的热应力。冷却空气只冷却轮盘的前侧面,而不冷却轮盘的后侧面,造成了轮盘前、后侧面间具有较大的温差,这也会造成热应力。

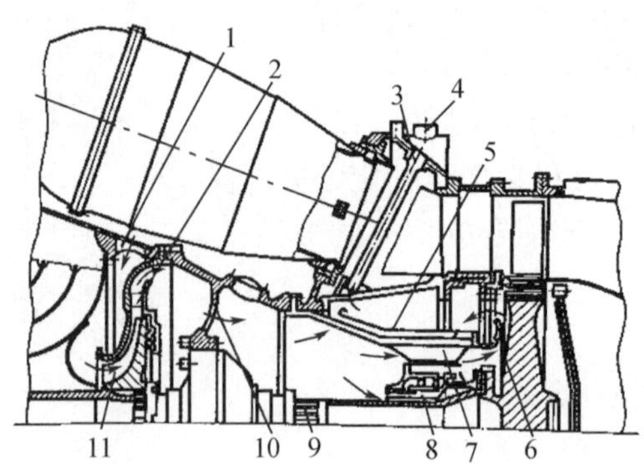

1—后承力框架上的窗口;2—扩压器;3—空气导管;4—排气总管;5—隔热屏;6—导流板;7—后轴承机匣的肋条;8—涡轮轴衬套;9—带键槽的涡轮轴定位;10—中轴承机匣支板上的窗口;11—冷却。

图 11－55　涡轮盘侧面径向吹风冷却

(2)空气流过叶片根部或榫头的装配间隙吹风冷却

图 11 - 56 所示为 RB 211 燃气轮机第 1 级轮盘的冷却结构。冷却空气经叶根特制的盒状空腔对轮缘和叶片榫根处进行吹风冷却,气流流过榫槽处的间隙时,起到隔热、冷却作用。由于采用了中间叶根结构,冷却空气和叶根的接触面积大,可以把叶根的热量直接带走,冷却效果大大优于径向吹风方式。这种冷却方式不但降低了榫头和榫槽的温度,保证了材料的机械性能,而且还减少了轮缘和轮心间的温差,从而减小了轮盘内的热应力。

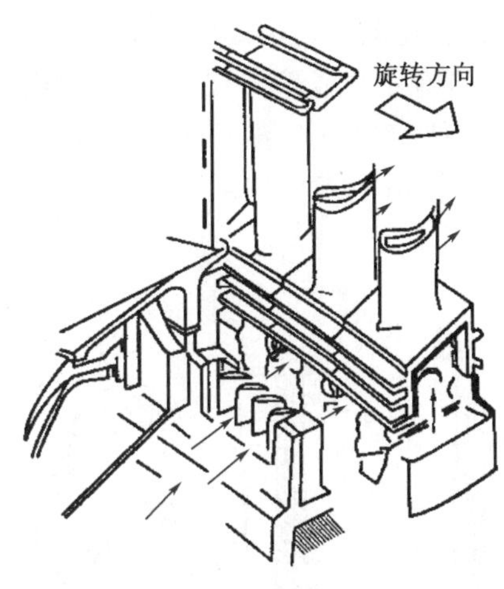

图 11 - 56　RB 211 燃气轮机第 1 级轮盘的冷却

如图 11 - 57 所示,经实际测得了两台不同燃气轮机轮缘和轮心的温度。在燃气初温相同的条件下,后者轮缘温度比前者约低 150 ℃,轮盘较薄,而且可以采用普通合金钢制造。

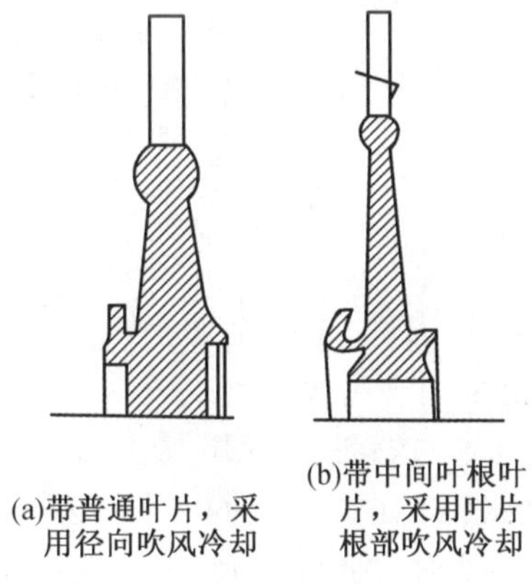

图 11 - 57　采用不同冷却方式的轮毂温度和盘的形状

2. 涡轮叶片的冷却

提升燃气初温对燃气轮机的性能影响极大,仅依靠材料的改进发展对大幅提高燃气初温是有限制和困难的。目前,不冷却的涡轮叶片的最高使用温度仅为 1 000 ~ 1 050 ℃。而采用冷却涡轮部件的方式可以将燃气初温提高至 1 700 ℃的水平。

(1)对流冷却

这是早期广泛采用的一种简单气冷方式。冷却空气流经叶片内壁上的孔道或缝隙时,冷却空气与叶片壁面间发生对流换热,把叶片上的热量带走,达到冷却的目的,从而称对流冷却。其冷却效果一般为 200 ~ 250 ℃。冷却孔道的形状可做成圆孔形、三角形、扁形、翼形孔等,如图 11 - 58 所示。

(2)喷射式冷却

这是利用冷却空气形成的一股或多股射流对着被冷却表面喷射,以增大叶片型面与冷却空气之间的换热系数,增强冷却效果。这种喷射式(或称冲击式)冷却可以用在工作叶片上，但较普遍的还是用在导向器叶片上，如图 11－59 所示。在空心叶片中装有导流片，在导流片上开有小孔或缝隙，以对准叶片内表面需要特别冷却的部位，喷射冷却空气，加强冷却效果。而后冷却空气沿导流片与叶片表面之间做横向流动，进行对流换热，最后从出气边排出，通常，让射流喷向温度最高的叶片进口前缘处。这种冷却方式时常与对流、气膜冷却配合使用。

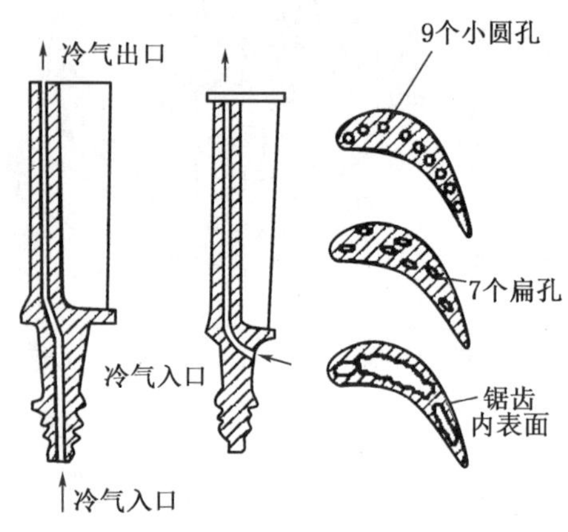

图 11－58　各种形状的孔冷却叶片

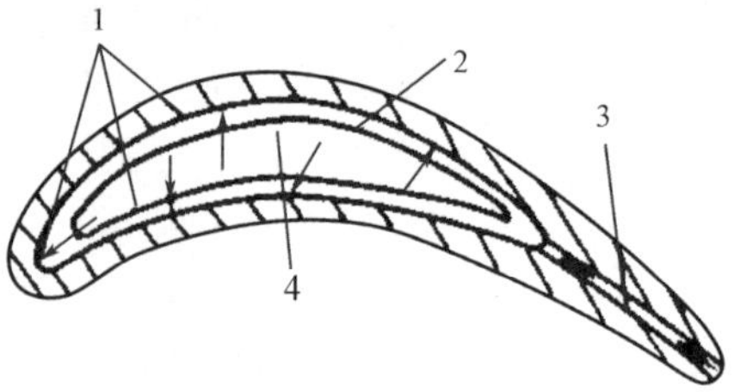

1—喷射冷却；2—导流片；3—对流冷却；4—径向气流进入内腔。

图 11－59　喷射式冷却涡轮叶片的结构

(3)气膜冷却

冷却空气从叶片端部进入叶片内部，透过壁面上的小孔流出，在顺着燃气方向的叶片外壁处，形成一层空气气膜，把叶片外表面与炽热的燃气隔离开，从而达到隔热、冷却的目的。气膜冷却如图 11－60 所示，其冷却效果比单纯用对流或喷射方式时要好，一般冷却效果可达 400～600 ℃。但这种冷却使叶片表面开孔太多，故制造工艺复杂，对叶片强度也有很大削弱。产生气膜的结构多种多样，目前实用的则多为用一排或几排小孔来形成气膜，这种结构虽然与其他结构(如缝隙式)相比，冷却效果稍差，但因制造容易，可以用电解或电火花等工艺方法加工，刚性好，只要控制开孔数不过多，叶片强度足够。且这些小孔可以开在叶片任何需要冷却的部位，因此得到了较普遍的应用。

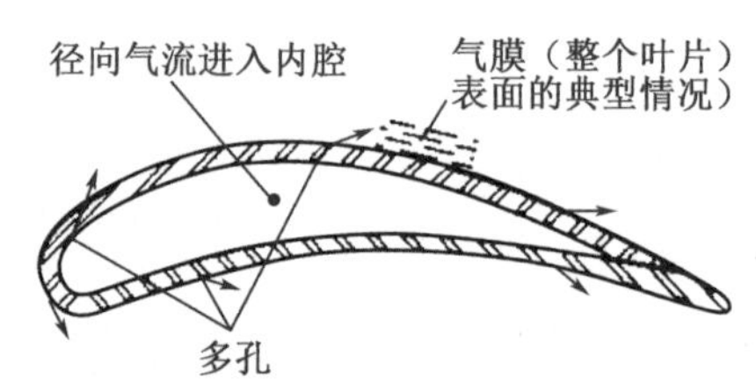

图 11－60　气膜冷却

开孔中心轴线的方向应能满足气膜生成并保证气膜有效长度较大的要求。开孔的孔径小些虽然对叶片强度的削弱小，但也不宜过小，否则会发生小孔堵塞，使冷却失效，通常孔径应大于 0.3 mm。

气膜冷却孔排应安排在需要加强冷却，而用对流和喷射式冷却又收效不大的地方。如叶片头部前缘处、叶片尾部的后缘处。

3. 涡轮部件的冷却系统

涡轮部件所需要的冷却空气占燃气轮机总量的 3%～5%，可以从压气机或燃烧室引入，也可以用专门均风扇供给，冷却各零件后排到主燃气道中与燃气混合。冷却空气的压力须满足冷却系统的要求，它取决于冷却系统的阻力、冷却空气流速和排气反压等。

下面通过 LM2500 涡轮冷却系统的布局来说明涡轮冷却系统的工作原理。

从高压压气机末级抽出的冷却空气（由燃烧室二股气流引来）分内、外两侧进入第 1 级导向器叶片。外侧一路在冷却涡轮外环和导向器安装环后进入第 1 级导向器叶片，内侧一路在冷却导向器内环之后进入第 1 级导向器叶片，并有一部分空气进入第 1 级工作叶片叶根处做叶根冷却。

从高压压气机抽出的冷却空气，通过第 1 级轮盘上的中心孔后分成两路。一路进入第 1 级轮盘的轮缘，并由此引入第 1 级工作叶片内腔，对轮缘和工作叶片进行冷却；剩余部分进入第 1 级工作叶片和第 2 级导向器叶片进行冷却；另一路空气经 1,2 级盘间鼓环上的开孔进入 2 级盘前侧，而后引入第 2 级工作叶片内腔进行冷却。有少部分冷却空气透过封严环，流入到主燃气流中。从高压压气机末级抽出的冷却空气，对涡轮外环进行冷却后，大部分进入第 2 级导向器叶片进行冷却，其余部分进入主燃气流中。

11.4　动力涡轮的特点及结构

船舶燃气轮机动力涡轮的工作原理和基本结构与增压涡轮基本相同。但其工作条件和设计要求却与增压涡轮存在较大区别，因此在气动设计参数的选择方面和结构设计上有一系列的特点。

动力涡轮通过齿轮传动装置与轴系和螺旋桨连接，总速比一般在 10 左右。在海洋作战条件下，风浪及水下爆炸对动力涡轮结构可靠性提出了特殊要求。动力涡轮的转速选择要考虑到螺旋桨的推进效率问题。如果采用变矩桨，还要考虑变矩桨在非设计工况下的水下噪声问题。从获得高的推进效率和低的水下噪声考虑，螺旋桨最好选择低转速。为了简化齿轮传动装置，提高传动的可靠性，动力涡轮也应采用低转速。动力涡轮的低转速设计还会带来低应力和低负荷（多级设计）的好处。降低转速，在圆周速度一定的条件下，排气通流面积就要增大，余速损失可以减小。但从涡轮设计点和效率角度考虑，随着转速的增高，效率先是增加，随后开始下降，因此存在一个最佳转速。从巡航燃气轮机的工况分配来看，最大工况（全功率）使用的时间是很短的，如果把设计点选在 0.8 ~ 0.9 工况附近，常可以得到较好的效率特性。统计现有船舶燃气轮机动力涡轮情况可看出：功率在 7 355 kW 以下的小燃气轮机，动力涡轮转速一般大于 1 000 r/min；功率为 7 355 kW 以上的燃气轮机动力涡轮的转速一般低于 6 000 r/min，而且功率越大，转速越低。

动力涡轮的级数常设计成 2 级或 3 级。单级或 4 ~ 6 级的情况则是少数。动力涡轮级数选择的诸因素是：

（1）支承

船舶动力涡轮的轴承要能承受 40 ~ 50 g 加速度的冲击。因此，悬臂式转子的质量不能过大，即级数不能太多。否则轴颈要加粗，切线速度增大，止推轴承要加大，滑油量也要增加。对于两端支承的结构，则允许有较多的级数，例如 LM2500 的动力涡轮为 6 级。

（2）效率和成本

级数增加，级负荷降低，效率会有所提高，变工况性能也会变好。例如 FT4C – 3F 的动力涡轮由原来的 2 级改成为 3 级，降低了级焓降，使动力涡轮效率提高到 88%，功率增长 6%，油耗下降 4%。但成本也相应增加了。

(3)发展

考虑到燃气轮机可能的功率挖潜,级负荷选择应留有一定的裕度,强度上应留有一定的贮备,因而,级数宁可选多些。例如斯贝 5M1A 的两级动力涡轮允许提高输出功率 15%。

(4)用途

如果是加速燃气轮机,其使用时间很短,效率相差不大,为降低成本,减少结构复杂性,有时倾向于减少级数。

动力涡轮的进口燃气温度和压力等参数一般都不是独立选择的。它取决于燃气发生器的参数。对于航机舰用化改装机组,与航空使用条件相比,船用动力涡轮进口燃气温度总比航空机组低。例如 LM2500 动力涡轮进口温度为 764.4 ℃,而母型 CF6-6 低压涡轮巡航工况进口温度为 782.2 ℃,前者比后者低 20 ℃。

动力涡轮各级的焓降数值较低,平均焓降在 83.7~105 kJ/kg。LM2500 级的平均焓降为 46 kJ/kg,奥林普斯 TM3B 的焓降为 199 kJ/kg,属于特例。前者为 6 级设计,后者为 1 级设计。

动力涡轮的通流形式采用等内径的居多,如 FT4、FT9、TF12。等中径的也有采用,如太因、斯贝、ME990。只有 LM2500 为等外径的。

船舶燃气轮机的燃气发生器采用“整体吊装”和“以换代修”的维修、使用方式。动力涡轮则由于工作温度、压力较低,通常设计成长寿命的。另外,也希望动力涡轮有一定的通用性。如奥林普斯 TM3B 和 TF4 的动力涡轮,经过适当改变后,分别可用于 RB211 和 FT9,以求得降低成本。所以,动力涡轮的设计思想可以概括为:长寿命、高效率、低负荷、通用性。其中低负荷与高效率及变工况适应性密切相关,也有利于长寿命的实现。

动力涡轮设计时遵循的原则是:

①其有 10 004 h 以上的寿命;

②可承受强烈冲击负荷而不损坏;

③主轴承可在不需拆卸整个组件的情况下进行检视;

④结构简单,效率高。

燃气从燃气发生器流出,经过动力涡轮进气机匣,进入动力涡轮膨胀做功,最后由排气蜗壳流出。

11.4.1 动力涡轮进口机匣

动力涡轮进口机匣为不锈钢制件,由空心支板连成一体的内、外壳体组成。外壳体包含一段波纹管,以保证其工作时的热膨胀。外壳的前安装边用波纹管接头与增压涡轮出口机匣外壳相连接。外壳的后安装边与动力涡轮的外壳相连接。内壳体的后端有一安装环,用来连接和支承静子叶片内隔板。

11.4.2 动力涡轮静子和转子

1. 静子

动力涡轮静子由动力涡轮机匣和静子叶片组成。机匣为离心铸造不锈钢制件,可沿水平中分面分开,以便于安装、拆卸,并对静子叶片进行检视。机匣的前端面用螺栓固紧于钢制支承环上，此环通过锥形扇面固定在动力涡轮的重型基座上。机匣的后端用螺钉固定于连接排气蜗壳的波纹形连接组件的外壳安装边上。

56片静子（导向器）叶片由镍基合金锻造机加工而成。叶片的外端装于机匣的"T"形槽中，内端固定于导向器叶片内隔板及进口机匣内壳后端安装环所形成的圆周槽中。

2. 转子

动力涡轮的单级转子由工作叶片、轮盘、端轴和主轴等组成。71片锻造工作叶片以枞树形榫头固定在轮盘上。真空冶炼、锻造的轮盘通过自动调位式联轴器装于端轴上。此联轴器可用于轮盘与端轴的定位和对中，并允许微小的窜动。端轴用螺栓同主轴连成一体，并由两个滑动轴承支承。在主轴的推力轴承和后滑动轴承之间的轴段上，装有超速机构爪块，当动力涡轮转速超过设计转速的10%（即6 250 r/min）时，离心力使爪块起作用，触发装在轴承座上的超速安全机构，关闭高压停止阀，停止向燃气发生器供给燃油。

3. 轴承和轴承座

动力涡轮转子轴由两个白合金滑动轴承支承，一个双向作用式的推力轴承承受由轴上凸肩传来的轴向负荷，并传至轴承座的支架。在两个滑动轴承及推力轴承上，均装有热电偶，用来测量轴承的工作温度。

轴承座是钢制件，用以安装前后滑动轴承、推力轴承及滑油导管等，也作为附件齿轮箱的支座。轴承座的外部有加强筋，整个轴承座用6个螺栓固定在基座上。轴承座的盖均可拆开，以便对轴承进行检视。润滑使用过的滑油经轴承座内回油槽，由泄油管流入与主齿轮箱共用的泄油池内。奥林普斯TM3B动力涡轮是大尺寸、高焓降的加速机组动力涡轮的典型。

图11－61所示为作为全工况使用的LM2500动力涡轮立体组件图。该动力涡轮原为TF39航空发动机带动风扇的低压涡轮。在舰用化改装时，动力涡轮进口温度明显下降，是一种典型的低负荷设计。其特点是圆周速度低，级平均焓降低。因而级数达6级，目的在于获得较高的效率（设计工况效率达92.5%）和良好的变工况特性。

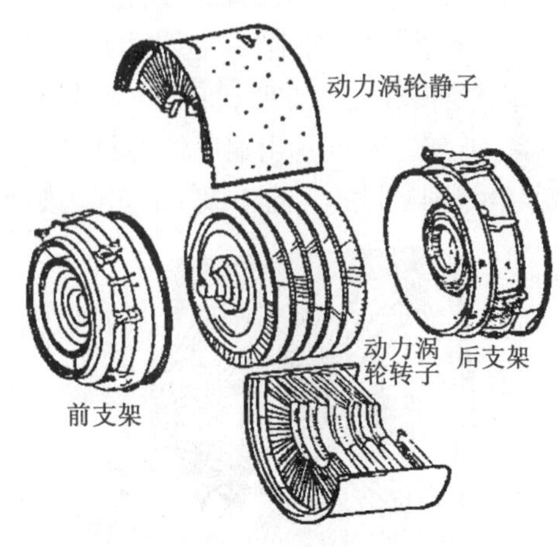

图11－61 LM2500动力涡轮立体组件图

为适应高效率要求，在结构上使用了带冠工作叶片。静子机匣内壁采用了具有蜂窝结构可容损材料制成的衬里，加强了封严作用，减少了漏损。因为级数多，采用了两端筒支的支承结构，设置了两个专门的承力支承元件——前支架和后支架。

前支架也称涡轮中机匣，前安装边与燃气发生器的后安装边连接，后安装边则与动力涡轮的具有水平中分面的静子机匣相连接。如图11－62所示。前支架主要由内座圈、外壳体和连接两者的整流支板组成。它是一个整体传力元件。涡轮第1级导向器叶片环固定其内，内座圈处安装前轴承组合体。

后支架也称涡轮后机匣，前安装边与动力涡轮静子机匣相连接，后安装边与排气蜗壳连接。后支架也是整体承力、传力元件，如图11－63所示，主要由内座圈、外壳体和连接两者的整流支板组成。内座圈处安装后轴承组合件。

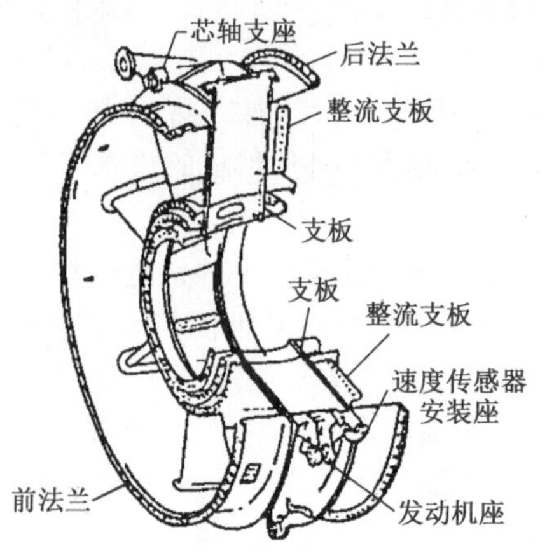

图 11-62　LM2500 动力涡轮前支架

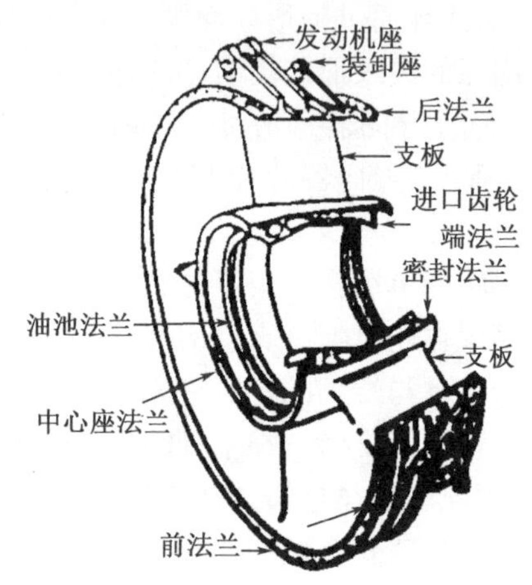

图 11-63　LM2500 动力涡轮后支架

动力涡轮静子为水平剖分式结构,如图 11-64 所示。第 2,3,4,5,6 级导向器叶片环固定在静子机匣的环槽中。在各级静子叶片环前,机匣的内壁面处以及叶片环内环壁面处嵌装蜂窝结构可容损材料制成的密封装置,以减少动力涡轮工作叶片与机匣之间的径向间隙,以及叶片环内环壁面与转子之间的级间密封间隙,提高涡轮效率。

动力涡轮转子为短螺栓连接盘鼓混合式结构,如图 11-65 所示。锥形前鼓轴固定在第 3 级轮盘之前,锥形后鼓轴固定在第 6 级轮盘之前,使转子支点间距大大缩短,使结构紧凑,增强了转子的抗弯刚性。这种由短螺栓连接的多级盘鼓式结构简单、质量轻、连接刚性好,装拆更换损坏元件方便,布局灵活,结构新颖。6 级工作叶片全部为带冠结构,抗振性好,效率高。6 级工作叶片由耐腐蚀性材料 Rene77 制成。导向器叶片前 3 级由 Rene77 制成,后 3 级由 Rene41 制成。前 3 级工作叶片表面涂有防腐涂层。

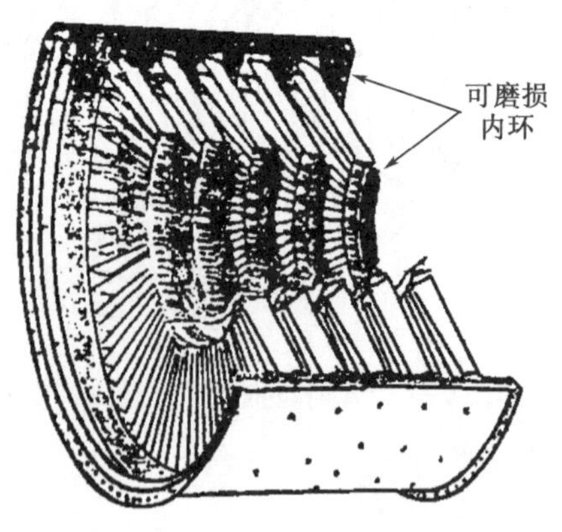

图 11-64　LM2500 动力涡轮静子

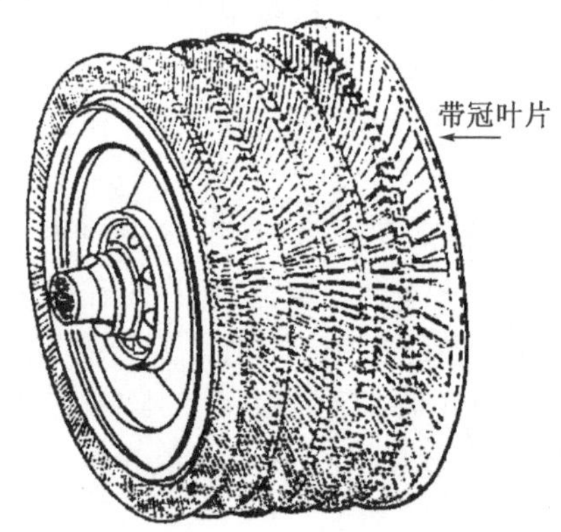

图 11-65　LM2500 动力涡轮转子

11.5　船舶燃气轮机的其他部件

船舶燃气轮机除了上面论及的三大部件:压气机、燃烧室和涡轮外,为了保证高效可靠工作,还应设置一些其他部件。例如为了保证燃气轮机入口进气均匀、流动损失小,在压气机进口处,常布置直流式进气管。为了保证燃气轮机排气通畅、流动损失小,在结构上能方便地引出动力涡轮所发出的功率,在动力涡轮的后面应设置排气蜗壳。又如采用复杂循环工作的船舶燃气轮机,回热器、中间冷却器、余热锅炉,甚至汽轮机、冷凝器、水泵等也都可看成是燃气轮机的部件。这里仅就压气机进气管、排气蜗壳做简要介绍。

11.5.1　船舶燃气轮机压气机的进气管

船舶燃气轮机压气机的进气管是装于压气机前的吸入空气并具有稳流、稳压、除水、除盐和消声作用的管道,即我们常说的船舶燃气轮机动力装置的进气滤清、清声装置。燃气轮机的空气流量大,为减少流动损失,在燃气轮机进气管道内的速度不能太高,一般为 15 ~ 30 m/s,故进气管尺寸很大。吸入空气的状态对压气机的工作性能和可靠性影响很大,如吸入的空气含有油污、海水或尘埃,会使压气机叶片积垢,效率下降,甚至工作不稳定(喘振),引起高温下工作的零部件(燃烧室、涡轮)的高温硫化腐蚀,故必须在管道中设置各种分离器和清洗设备。此外,为防止进气管内积雪、结冰或异物脱落,使压气机发生严重故障,必须设置防冰设备、应急进气门和防护网。进入压气机和空气流场不均匀会引起压气机效率下降和叶片振动,甚至造成压气机不稳定工作,故必须装有导流叶栅和稳压室。

为了降低气流流动噪声,管道内设有消声器。如果燃气发生器或动力涡轮需要从进气管内装卸,还需设置吊运设备。有时燃气轮机外表面需要空气冷却,可用风扇从管道内吸取。

如图 11 - 66 所示为燃气轮机进气管示意图。但必须指出,这部分管道是属于燃气轮机动力装置范围的。我们要讨论的则是燃气轮机压气机的进气管,即图 11 - 66 中的进气管。

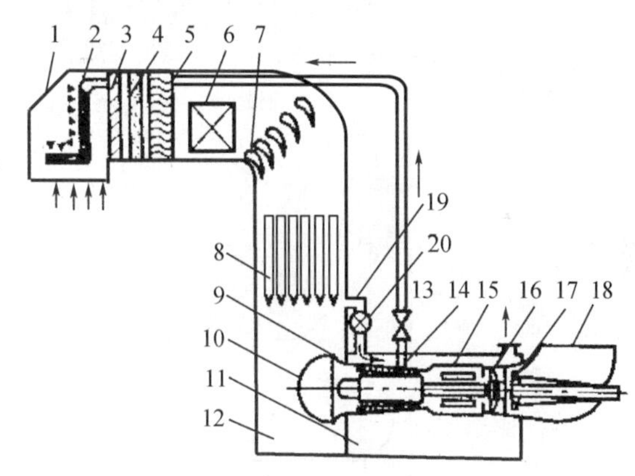

1—管道;2—防水喷射管;3—百叶窗式气水分离器;4—网式气水分离器;5—惯性式气水分离器;6—应急进气门;7—导流叶栅;8—消声器;9—进气管;10—防护滤网;11—罩壳;12—稳压室;13—调节阀;14—压气机;15—燃烧室;16—增压涡轮;17—动力涡轮;18—排气口;19—冷却空气引气管;20—风扇。

图 11 - 66　燃气轮机进气管示意图

虽然它属于压气机的一部分,(通常也不作为一个单独的部件),但它的作用是不容忽视的。即它与船舶燃气轮机动力装置的进气管密切配合,保证压气机进口流场均匀,进气流动损失小,保证压气机进口具有较小的流场畸变,使压气机在任何工况下皆具有合格的喘振裕度,从而保证燃气轮机稳定可靠工作。

燃气轮机压气机的进气管多采用直流式结构,但个别的也有采用蜗壳结构的。例如,570 K 燃气轮机的压气机进气管就采用了蜗壳结构,如图 11 - 67 所示。但绝大多数的进气管制成直流式的。这种结构形式的进气管结构简单、质量轻、刚性好,流动损失小,可以保证压气机进口具有均匀的流场,特别是又便于与船舶燃气轮机动力装置的进气管配合和安排布置防冰系统和压气机通流清洗系统等。因而这种直流式结构的进气管得到了普遍的应用。进气管由内整流罩、外整流罩和进气机匣等组成。

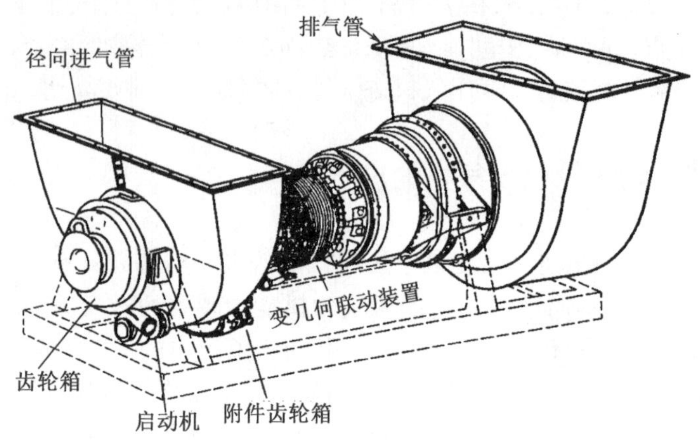

图 11－67　570 K 燃气轮机立体图

外整流罩一般都做成略有收敛的喇叭形，内壁型线可以从多种曲线中选取，其中以极距 $d=0.6D_0$ 的双扭线（图 11－68）最适宜。有时为了加工工艺上的方便，内壁型线也可以由直径大小不同的圆弧线构成，甚至可以采用单圆弧型线。当然，此时进口段流场的不均匀程度将增加，流动损失也会加大。外整流罩可以用铸造机械加工或板料焊接制成，有的燃气轮机压气机的进口管还用纤维玻璃钢制成。有不少机组在外整流罩处设置压气机通流清洗系统用的喷水环腔。

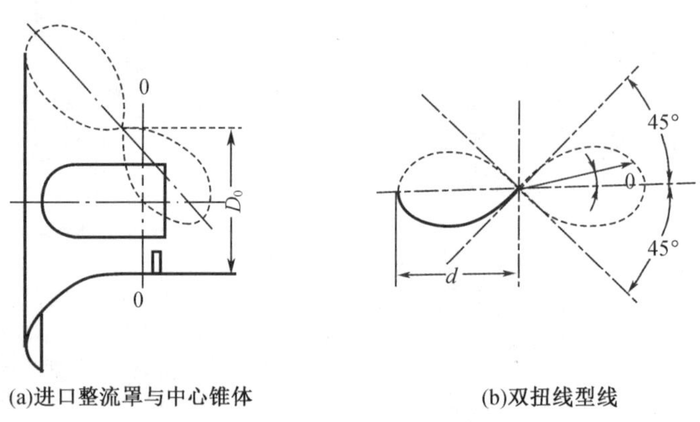

(a)进口整流罩与中心锥体　　(b)双扭线型线

图 11－68　压气机进口管形状、尺寸

内整流罩（也称中心锥体）的型线选择应满足进气管面积场均匀收敛的要求，并且工艺简单。通常选择近似抛物线的型线。中心锥体一般由金属薄板制成，多为双层结构，以便通以热空气或热滑油，用来防冰。中心锥体一般固定在压气机进气机匣上，但也有的中心锥体是固定在转子前端，此时它成了一个转动件。

压气机的进气机匣一般是铸造机械加工制件，由外壳、内壳和整流支板以及进口预旋导流叶片组成。它是一个重要承力件，内壳中心处安装压气机前轴承座和前轴承。进口管和进气机匣共同形成压气机进口空气的通流部分。毂部和外壳之间的整流支板为收油池提供了滑油供油和回油的通路。毂部内端支承着压气机转子的前轴承和内整流罩。外壳上支承固定压气机中机匣的前端、进口预旋导向器叶片环、压气机进口温度传感器、进口总压探针以及转换齿轮箱的固定支座，在进气机匣中有回油池、密封压力和通风等空气通路。在进气机匣的底部有一个密封滑油的泄放接头，下部的整流支板中放置径向传动轴，将输入齿轮箱的功率传到固定在机匣底部的转换齿轮箱。

11.5.2　船舶燃气轮机的排气蜗壳（排气管）

在动力涡轮中膨胀做功后的废燃气应排至大气中。因此在船舶燃气轮机动力装置中设有专门的排气管，如图 11－69 所示，其主要功能是排气、降温、消音等。燃气轮机的排气量大，为了减少流动损失，管道内的气流速度不能过高，一般为 40～70 m/s，故排气管道尺寸很大，一般装有扩压器，以降低排气速度，使部分动能转换成静压。

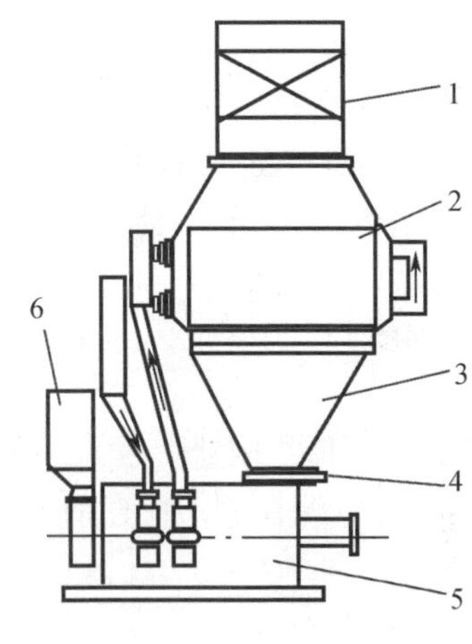

1—消音器；2—回热器；3—扩压器；4—膨胀接头；5—燃气轮机；6—进气管。

图 11－69　燃气轮机排气管示意图

装设回热器以利用排气余热加热进入燃烧室前的空气，或设置废热锅炉以利用排气余热加热给水生产热水或蒸汽，有的还装有红外抑制系统（喷水、引射降温）以减少燃气的红外辐射。配置消声器以降低气流的流动噪声，由于排气温度很高（一般大于 450 ℃），为了减少对周围环境的影响，须敷设绝热材料。为补偿燃气轮机与排气管道的热胀冷缩的影响，设有膨胀接头。有时可利用排气的高速流动能量抽吸隔热罩内的空气，对燃气轮机外壁进行冷却，并降低机舱和排气温度。

作为燃气轮机的部件之一的排气蜗壳的出口是与燃气轮机动力装置的排气管相连接的，从动力涡轮排出的废燃气最终经动力装置的排气管道后排入大气。因为动力涡轮的输出轴向后伸出，所以排气不允许像航空燃气轮机那样轴向排出，只能把动力涡轮轴向排出的燃气收集起来，减速扩压，转折 90°后排至动力装置的排气道入口。完成把动力涡轮排出的燃气收集、减速扩压，并使之方向转折的装置称为排气蜗壳（即排气管）。

1. 烟斗式（衬管式）排气管（图 11－70（a））

气流主要沿轴线方向比较平缓地逐渐转向和减速扩压。由于其形状类似烟斗，故称烟斗式排气管。这种排气管的特点是结构简单、宽度和高度尺寸都较小，但轴向尺寸长。

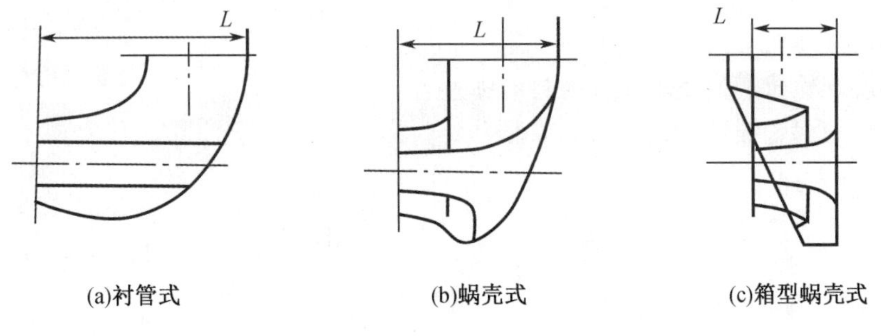

(a)衬管式　(b)蜗壳式　(c)箱型蜗壳式

图 11－70　排气管的结构形式

2. 蜗壳式排气管(图 11 –70(b))

气流同时沿轴向和周向逐渐转折,而气流的减速扩压作用一般只存在于进口处较短的扩压器中。这种排气管的轴向尺寸比烟斗式要小,但径向尺寸却很大,结构也比较复杂。

3. 箱形蜗壳式排气管(图 11 –70(c))

气流先在轴向 – 径向扩压器中得到充分的减速扩压,然后再在结构比较简单的箱形蜗壳中转折 90°后流出。由于这种排气管的轴向尺寸可做得很小,尽管箱形蜗壳式排气管径向尺寸与蜗壳式相差不多,但在工艺上比后者简单,且可以较有效地缩短机舱的长度,因而,在现代船舶燃气轮机动力装置中得到广泛的应用。

如图 11 – 71 所示,箱形蜗壳式排气管由下列部分组成:

(1)环形扩压器

它使气流在进入蜗壳前,气流速度最大限度地降低下来。

(2)蜗壳

它收集由扩压器排出的燃气,并使气流方向折转 90°。

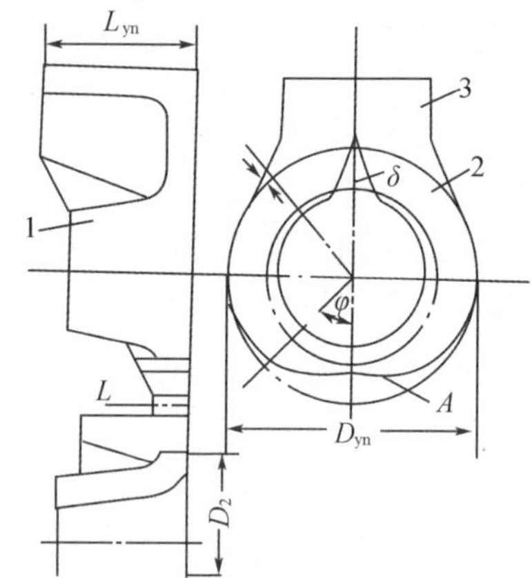

1—环形扩压器;2—蜗壳;3—过渡段。

图 11 – 71　箱形蜗壳式排气管

(3)过渡段

它将燃气引入动力装置的排气管道。

在排气蜗壳中,燃气流动极其复杂,同时沿周向、径向和轴向做不规则的流动。因而,在确定排气管扩压比(其中 A_i 和 A_n 分别代表排气管的进口和环形扩压器出口的面积)和扩压比的分配,以及各组成部分尺寸的选择和造型时,要根据具体的要求,做得尽量合理。在尺寸和造型完成之后,再做具体的结构设计。在结构设计中要注意蜗壳与动力涡轮以及排气装置的连接形式和结构、动力涡轮输出轴端的引出和动力涡轮轴的支承结构、分开面的选择、装拆工艺问题,结构刚性的保证以及热补偿等技术问题。

由于篇幅的原因,燃气轮机的总体结构及附属系统和设备可参阅其他相关教程和资料。

【思考与练习】

1. 船舶燃气轮机对压气机的基本要求有哪些?
2. 船舶燃气轮机燃烧室的工作条件有哪些?
3. 影响动力涡轮级数的选择因素有哪些?

第三篇　船舶蒸汽轮机

第 12 章　船舶蒸汽轮机概述

【知识目标】

1. 了解船舶蒸汽轮机动力装置的发展历史。
2. 掌握汽轮机的特点。
3. 了解常见的船舶蒸汽轮机装置。

【能力目标】

1. 能介绍船舶蒸汽轮机动力装置的发展历史。
2. 能说出几种船舶蒸汽轮机装置。

12.1　船舶蒸汽轮机的发展

12.1.1　蒸汽轮机动力装置的发展

蒸汽轮机作为船舶动力装置，始于 1897 年，透平尼亚号在维多利亚女王的观舰式上横空出世，它达到了前所未有的 34.5 kn 的航速，使整个世界为之震动。查尔斯·帕森斯的精彩表演向全世界表明，蒸汽轮机——一种船舶新动力已经具备了挑战传统往复式蒸汽机的能力。

帕森斯研制的蒸汽轮机的输出功率不断提升，此前，他建造了世界上第一台实用的蒸汽轮机，当时功率只有 5 kW。经过不断改进，用于发电的蒸汽轮机的功率已经提升到 300 kW，而透平尼亚号所使用的蒸汽轮机的功率则猛增 5 倍，达到 1 500 kW。在观舰式上的成功，使帕森斯迅速赢得了海军的订单，那就是为海军建造两艘驱逐舰 VIPER 号和 COBRA 号的发动机，它们均为 4 轴推进，单舰总功率为 10 000 hp（1 hp = 0.735 kW）。

在合同中，海军制定了惩罚性条款，如果这两艘军舰的航速达不到 30 kn，那帕森斯就将被罚款 10 万英镑。不过结果毫无悬念，两艘驱逐舰都达到了 37 kn 的航速。之所以帕森斯能把他的蒸汽轮机的功率越做越大，是因为他设计的精巧，他把低速和低应力的设计方法融合在他的蒸汽轮机中，从而使他的公司在近 50 年中保持行业的领先地位。他的第一艘船透平尼亚号的轮机设计中，他采用了多达 71 级的反动式设计。每一级包含一圈固定在缸体上、起导向作用的静叶片（喷嘴）以及位于转子上的动叶片，蒸汽的进气压力为 157 PSI（1 PSI = 6 894 Pa），排气压力为 1 PSI。

由于每一级的压力只减少 2 PSI，蒸汽流的能量在每一级上缓慢而均匀的释放，因此帕森斯的蒸汽轮机不需要承受很大应力。如果要增加输出功率，只需要将叶片的面积加大，提高蒸汽的流量即可。由于蒸汽的流速不高，因此对材料的要求也相应降低，可靠性也不会随着功率的提升而降低。

基于这一设计原理,帕森斯的轮机可以满足在海军竞赛时期日益增长的舰船推进需要。1904 年,第一艘无畏舰采用了蒸汽轮机,综合性能良好。1909 年,帕森斯为 TIGER 号战列巡洋舰提供了总功率为 108 000 hp 的蒸汽轮机,就此一项,就可比采用蒸汽机减少 1 000 t 质量。

在民用领域,第一艘安装蒸汽轮机的是 1900 年建造的 650 t 轮船 KING EDWARD 号。1905 年,ALIEN 航运公司的 Virginian 和 Victorian 分别装上总功率 1.1 万马力的蒸汽轮机,成为第一批远洋汽轮机轮船,邱纳德公司卡帕西亚号则达到了 2.1 万马力。

更为令人振奋的是,1907 年,毛里塔尼亚号从德国人那些装备沉重蒸汽机的邮轮手中重新夺回了蓝缎带,这艘 3.6 万吨的豪华邮轮装备的就是帕森斯蒸汽轮机。帕森斯为毛里塔尼亚号装备了总功率为 7.3 万马力的蒸汽轮机,这是当时世界上最强大的动力,使毛里塔尼亚号的 27 kn 的航速记录保持了 22 年。

早期的反动式汽轮机采用的是铸铁缸盖,缸盖与下部缸体通过螺栓紧固在一起,而转子就放置在缸体内。缸体上固定有叶片,其两端分别位于沟槽的内表面,转子上也安装有叶片,转子叶片与固定叶片交叉设置。

气流流过静叶片对气流起到偏转作用,气流吹动转子的叶片,同时在转子中气体膨胀,气流速度加快,从而对动叶片产生一个反冲作用,因此反冲式汽轮机由此得名。早期的蒸汽轮机都是直接通过传动轴推动螺旋桨的,但螺旋桨需要较低的转速才能发挥效能,而汽轮机的转速又比较高。1910 年,单级齿轮减速蒸汽轮机的出现解决了两者之间的匹配问题。

巨大的成功使帕森斯通过专利和许可证授权的方式垄断了汽轮机技术。1910 年后的一段时间内,布朗 - 柯蒂斯公司也开始进入这一市场,他们设计和建造冲动式蒸汽轮机。这种汽轮机比帕森斯式汽轮机更紧凑和轻巧,同样的功率和转速,冲动式汽轮机只需要反动式汽轮机级数的一半。

在冲动式汽轮机中,蒸汽压力的下降只发生在静叶片或喷嘴中,从喷嘴中膨胀的蒸汽有很高的速度,吹动动叶片带动转子旋转。在冲动式汽轮机中,喷嘴中喷射的蒸汽速度和轮机的转速成正比,蒸汽速度越快,轮机转速越高。

布朗 - 柯蒂斯的冲动式汽轮机转速比帕森斯式高很多,随着减速齿轮的出现,使冲动式汽轮机可采用更高的转速设计,这对使用的材料提出了更高的要求,这点也正是帕森斯从一开始就担心的。虽然冲动式汽轮机在质量和尺寸方面都有明显的优势,但由于当时人们在技术上还未完全掌握叶轮的高转速与振动之间的关系。这导致布朗 - 柯蒂斯蒸汽轮机故障频发,最终该公司在 20 世纪 20 年代早期消亡。

在第一次世界大战前,蒸汽轮机的压力为 200 ~ 250 PSI,也没有采用过热蒸汽,所以效率相对比较低。毛里塔尼亚号的煤耗为 1.5 pounds/(hp · h)(1 pounds = 0.453 kg),总体热效率为 11.5%,船上需要 200 名司炉工日夜工作,直到 1921 年,它被改造成烧油。

从 20 世纪 20 年代开始,由于采用新的材料,锅炉的性能得到极大提高,1930 年,650 ℉(1 ℉ = -17.2 ℃),350 PSI 的蒸汽锅炉已经很普遍了。而陆地上,发电厂使用锅炉的蒸汽温度已经提高到 750 ℉。英国海军又提出了提高动力系统效率的需求,并要求帕森斯采用高温高压蒸汽。不幸的是,在驱逐舰 ACHERON 上测试的结果表明,帕森斯式蒸汽轮机在采用高温高压蒸汽后产生了严重的振动问题,不得不放弃测试。

两次大战期间,商船的主机功率需求增长缓慢,民用轮船需要的动力普遍在 3 000 hp以下，蒸汽机足以满足需求，而且在这个功率水平，蒸汽机反而显示出更高的效率。

高速渡轮、客货轮、邮轮由于对动力有着较高的要求，蒸汽轮机在这些船上开始广泛使用。从1930年的不莱梅号开始，到国王号、诺曼底号和邱纳德的两艘"女王"号，这些超级豪华邮轮无一不使用蒸汽轮机作为动力。

这些豪华邮轮中的大多数都采用了帕森斯专利技术制造的单级齿轮减速蒸汽轮机。诺曼底号则采用了不同的方式，它采用的是冲动式汽轮机和电力推进，但是蒸汽参数仍维持在350 PSI和700 ℉，输出功率为16.5万马力，而女王号为16万马力，她们都采用4轴推进。

邱纳德两艘女王号上庞大的蒸汽轮机机组体现了帕森斯公司一如既往的保守风格，每一套轮机都由高中低压气缸组成，总的降压级别达到70级。与之形成鲜明对比的是诺曼底号上的一台主机组只有高低压两个气缸，15级降压。

随着柴油机的出现，蒸汽动力逐步丧失了竞争能力。从1911年第一艘远洋柴油机船SELANDIA号投入使用到20世纪30年代末，柴油机单机输出功率已经上升到1.2万马力，新建轮船中每3艘就有2艘采用柴油机动力。

20世纪30年代中期，随着美国海军的扩张，对蒸汽轮机的需求愈发强烈，美国人深感不能依靠英国技术。他们决定在蒸汽轮机制造领域进行自主研发。最终美国人决定采用通用电气公司GE研制的冲动式蒸汽轮机装备本国战舰，这些汽轮机的蒸汽压力为600 PSI、825 ℉，参数比帕森斯蒸汽轮机高出许多。GE的汽轮机采用了标准化的设计，每套蒸汽轮机组采用1个高压和1个低压透平并排方式，轮机的转子输出连接到一台双级链式齿轮减速器上，链式减速器的齿轮输入端连接到主减速齿轮上，主齿轮再与次级齿轮连接驱动螺旋桨。

虽然原理非常简单，但是由于轮机输出的功率大，各级齿轮之间受力情况复杂，齿轮间需要精密配合和协作才能完成传动，齿轮的加工需要依赖精密切割机床加工。而当时美国拥有这种加工技术，这使他们可以利用高温、高压蒸汽并采用高转速的冲动式原理制造出大功率、高效能的蒸汽轮机。

GE汽轮机的高压透平的转速高达6 000 r/min，低压透平的转速也有5 000 r/min，在通过低压透平后，蒸汽进入冷凝器凝积成水产生真空，从而提高效率。蒸汽压力越高，轮机转速越快、效率也越高，因此整套GE机组只需要用18级降压，其中高压11级，低压7级。

冲动式轮机的转子与反动式轮机鼓型的转子也完全不同，转子上串有多个碟形圆盘。早期这些盘的截面为向轴方向收缩，现在采用的是整体锻造。叶片则镶嵌在这些圆盘外延的四周。在1940—1946年，GE提供了804套冲动式蒸汽轮机，输出功率在25 000～53 000 hp，它们在质量和尺寸方面明显比早期的汽轮机小得多。

在第二次世界大战期间，特别是对航程要求较高的太平洋战场。GE蒸汽轮机的燃油效率得到充分的体现。战后，蒸汽轮机普遍采用了冲动式设计。不过解决转子高速旋转稳定性问题的还得归功于英国人Wilfred Campbell，他加入的是美国GE公司。正是他在1924年在美国机械工程师协会上发表的一篇论文对当代冲动式汽轮机的发展起到了至关重要的作用。

1944年，为了满足船用汽轮机的需求，帕森斯公司成立了一个新的机构（PAMETRADA），这个机构成立的目的是专门从事反动式蒸汽轮机的设计，并以生产许可证的形式进行销售。PAMETRADA取得了不错的业绩，在第二次世界大战后一段不长的时间内,英国仍是世界最大的造船国家。PAMETRADA 设计的蒸汽轮机在 450 艘轮船上得到了安装,直到它在 1967 年关闭。PAMETRADA 的关闭主要是因为柴油机已经广泛渗透到蒸汽轮机的传统市场,柴油机的油耗可比蒸汽轮机降低 30%,另外一个重要因素是由于英国造船业的衰退,这些原因使 PAMETRADA 的许可证变得失去应有的价值。

战后舰用汽轮机的设计在 GE 汽轮机的基础上又有提升,这种提升是通过提高蒸汽参数和使用更为优良的材料和更科学的设计方法获得的。美国军舰上使用的蒸汽轮机参数已经达到 1 200 PSI 和 950 ℉。

蒸汽轮机也找到了新的应用领域,那就是核动力推进。核动力在美国和苏联的潜艇和水面舰艇上都有大量使用,美国核动力航空母舰装备了 4 台蒸汽轮机,总功率达 28 万马力。不过蒸汽轮机在水面舰艇上的地位已经被燃气轮机所取代,不过出人意料的是苏联在 1980 年代仍装备蒸汽动力的现代级驱逐舰。

战后中东石油异军突起,石油需求的猛增促使超级油轮(VLCC)的出现,VLCC 出现后,它们需要 3.2 万马力才能达到 15 kn 的航速,而集装箱的出现改变了海运的面貌,高速的集装箱船需要更大的功率。

在 20 世纪 60 年代末到 70 年代中期,柴油机的功率还无法到达如此高的功率要求,在 1972—1976 年,使用蒸汽轮机驱动的新船总吨位每年都超过柴油机船,这种情况自 20 世纪 20 年代后是没有出现过的,这很大程度上归功于超级油轮的建造。

为满足船用推进的需求,蒸汽轮机的主要供货商 GE 公司和 STAL - LAVAL 公司研发了标准化的设计,采用 900 PSI 和 950 ℉的蒸汽,使用热效率达到 0.44 pounds/(hp · h)。设计精良的交叉复合式蒸汽轮机利用现代材料和产品设计方法使叶片可以采用很高的速度,整体结构更为紧凑。Stal - Laval 公司通过使用行星齿轮减速箱,使蒸汽轮机的尺寸和质量更趋紧凑。两家公司通过授权生产方式各自占有 50% 的市场份额。日本的造船企业,如果三菱、石船岛播磨、川崎等则成为主要的供货商。

这一时期,轮机自动化技术迅速发展,无人机舱开始出现,轮机控制完全可以在舰桥内直接完成。轮机的可靠性也取得了长足的进步,除了锅炉等高压设备必须定期接受检查以外,其他的部件可以几年不需要检修。然而蒸汽轮机市场的短暂复苏在 20 世纪 70 年代末期戛然而止,1973 年和 1979 年爆发的两次石油危机使石油的价格暴涨。对节能的关注使大冲程、低速柴油机的优势完全体现出来,它们的燃油消耗率仅为 0.31 pounds/(hp · h)。

蒸汽轮机如今只能在一小片领域找到立足之地,那就是液化天然气(LNG)船的推进,因为它们使用从 LNG 中蒸发的天然气作为燃料,但是就是这个小小的市场现在也受到双燃料柴油机以及 LNG 再液化系统的威胁。蒸汽轮机在民用船舶市场已成昨日黄花,但在大型军舰上应用较广泛。

12.1.2 汽轮机的工作特点

汽轮机的工作原理和往复式机械不同。工作蒸汽要在汽轮机内经过两次能量转换:先在喷嘴中把蒸汽的热能转变为蒸汽高速运动的动能,然后高速气流在转动的工作叶片槽道中把动能转变为机械能,推动螺旋桨或发电机做功。

汽轮机在国民经济各部门中得到广泛的应用,也用来作为舰船动力装置的主机,和往复式发动机相比较,汽轮机具有下列突出的特点:

①汽轮机工作稳定。汽轮机连续工作时其温度和应力场稳定、工质流动连续不间断。在稳定工况时,汽轮机各部分的压力、温度、应力也都是稳定的,则主要部件的温度场和受力状态都是稳定的。因此材料的使用、强度计算比较简单,并且是可靠的。而内燃机或蒸汽机不仅工质流动是脉动的,气缸的工质参数也是周期性变化的,各承力部件受到周期性冲击载荷作用。

②汽轮机是高速回转机械。汽轮机的主要运动部件都做高速回转运动。由 $N = M\omega$(N 为功率,M 为扭矩,ω 为角速度)可知,运动部件的高速回转,可以使发动机设计得质量轻、尺寸小。另一方面回转运动是比较简单的运动方式,工作中除了轴承外没有机械磨损部件,工作平稳,振动噪声小。运行中维护操纵简单,需更换部件少,所以工作寿命很长,一般可达 20 年以上,并可在现场进行检修。往复机械则不然,机件运动复杂,有往复运动,也有回转运动,不仅限制了运动速度,且因受力状态不好,工作时振动、噪声大,工作中易磨损,需要更换的部件也多,维护操纵复杂;机器的工作寿命短,优良的高速柴油机工作寿命有 5 000 h,并必须进厂修理,较差的柴油机工作寿命只有 500 h。虽然大功率低速柴油机的工作寿命较长,但其质量、体积非常庞大,只能在民用船舶上应用。

③汽轮机工质流速高。因为工质在汽轮机通流部分内运动是连续不断的,可以实现流动损失较小的高速流动,这样在单位时间进入汽轮机内参加工作的工质数量多,汽轮机就可以发出强大的功率,所以汽轮机的单机功率目前可以达到 1 500 MW,这是任何其他种类发动机所望尘莫及的。舰船用机组因为受到传动设备和螺旋桨吸收功率能力的限制,一般不超过 52 ~ 55 MW,远远大于中、高速柴油机的功率。往复机工作中工质运动是连续的,这就限制了往复机功率的提高,目前低速柴油机单机功率虽然达到 20 MW 以上,但活塞直径也在 1 m 以上。三胀式蒸汽机的功率只达到 2.9 MW。

另外,蒸汽轮机设计制造工艺都很成熟,工作安全可靠,可使用普通材料,各国都已标准化。汽轮机组可以燃用各种材料:重油、渣油、煤、褐煤等,应用核燃料作为能源更是汽轮机应用的新途径,这无疑是其他种类发动机所不能比拟的。但事物的发展都具有两重性,汽轮机也存在如下一些缺点,限制了它在一些领域的进一步发展。目前其在舰船上的应用正受到中速柴油机和燃气轮机的挑战。

1. 汽轮机的装置复杂

虽然汽轮机本体结构简单,维护运行方便,但汽轮机工作时需要蒸发器或锅炉及大量辅机配合进行,这就增加了运行岗位和维护工作量(虽然提高动力装置自动化使其得到改善),与柴油机相比则是一个很大的缺点。

2. 蒸汽轮机装置耗油率较高

目前舰船用蒸汽轮机装置的耗油率比柴油机要高一些。由表 12 - 1 看出,与燃气轮机装置相比数值上相差不多,但燃气轮机燃用的是价格昂贵的煤油或柴油,而蒸汽轮机装置的燃料是重油,价格要便宜得多,而电站蒸汽轮机装置燃用的主要是煤粉,经济性反而要更好些。

表 12 - 1 动力装置耗油率比较

动力装置类型	循环效率	耗油率/[kg·(kW·h)$^{-1}$]
内燃机动力装置(高速)	30% ~ 40%	
内燃机动力装置(中速)		0.17 ~ 0.2

表 12-1(续)

动力装置类型	循环效率	耗油率/[kg·(kW·h)$^{-1}$]
内燃机动力装置(低速)		0.145~0.20
燃气轮机装置	30%~41%	0.24~0.35 0.25~0.18
蒸汽轮机装置	25%~35%	0.22~0.30
核动力装置	10%~31%	

3. 汽轮机装置的相对质量指标较高

这主要是高速柴油机及燃气轮机相比较。目前蒸汽轮机装置的相对质量为 13.60~20.4 kg/kW,中速柴油机为 16.32~23.12 kg/kW,低速柴油机则达 54.4~95.2 kg/kW,燃气轮机中加速机组为 0.816~27.2 kg/kW。

4. 蒸汽轮机机动性较差

常规蒸汽动力装置正常启动需要 1 h,紧急启动时也需要 20 min 才能离开码头,且不能全负荷工作。而内燃机和燃气轮机的机动性都很好,只需要 3~5 min 就可以达到全负荷工作。

尽管如此,蒸汽轮机装置作为大型舰船的主机仍占有一定的地位。因为中速柴油机的单机功率小,不能满足驱逐舰以上大中型舰艇的需要。燃气轮机的应用也受到世界范围内的"能源危机"的影响,特别是在我国燃气轮机的制造工艺、材料、配套装置上还存在不少问题,短时间内还不能成套自给。因此,目前对驱逐舰以上的大型舰艇及十万吨以上的大型民用船舶所用主机采用蒸汽轮机装置仍是主要的选择。大型发电厂不论是常规电厂还是核电厂,蒸汽轮机仍是唯一的发动机类型。核动力装置用汽轮机,基本是以饱和蒸汽和具有很小过热度的蒸汽为工质,因此核动力汽轮机属饱和汽轮机。虽然它和过热蒸汽轮机具有相同的工作原理,但湿蒸汽对汽轮机的工作带来不可忽视的影响,所以两者的设计思想、材料、辅助设备等都有所不同。

12.2 船舶蒸汽轮机装置简介

军舰汽轮机装置是一种特殊的动力厂,对这种动力厂的特殊要求主要有两条:①必须在功率相差好几倍的两种主要工况下都能有效地工作,即在额定功率和巡航功率下,整个装置的效率都较高,这两个功率分别与军舰的额定航速和巡航速度相对应;②必须尽可能少占军舰的排水量及吨位,以便军舰能装载更多的作战用品和燃料。

为了适应作战的需要,大型水面舰船额定航速一般为 30~35 kn,而它的巡航速度大多在 20 kn 以下。巡航速度之所以这样低(低于客轮和箱装货轮的航速,而与油船速度相仿),是因为军舰在 16 kn 左右的航速下单位航程所消耗的燃料最少,因而每装一次燃料后的航行半径最大。造成这一结果的主要原因是,汽轮机装置中的许多辅机所消耗的蒸汽量和燃料量随航速而变化的规律与主机的相应规律不同。下面介绍几种船用汽轮机机组。

双缸船用汽轮机机组（包括减速器和冷凝器）与电站用的透平发电机组的总体设计和布置对比之下，船用机组的特点就很突出，主要就是由船舶对减小机组尺寸、质量的要求，以及对减速的要求所决定的。此机组代表一个系列,其功率从 14 000 ~ 30 000 kW 共有 5 种,最大长度约 9 m,宽度约 9.5 m, 高度约 6.5 m,单位功率质量为 10 ~ 13 kg/kW,螺旋桨转速为 80 r/min 和 90 r/min 两种。此机组透平本身的形体尺寸在整个机组中所占比例是很小的,实际数据也表明在质量上只占 1/5 ~ 1/4。

上述机组为一种双层布置的机组,即冷凝器在透平下面。图 12 - 1 表示一种单层布置的机组(33 000 kW),冷凝器在透平前面(按船体方向),从而减小了整个机组的高度,但增加了它的长度,机组宽度变化很小。

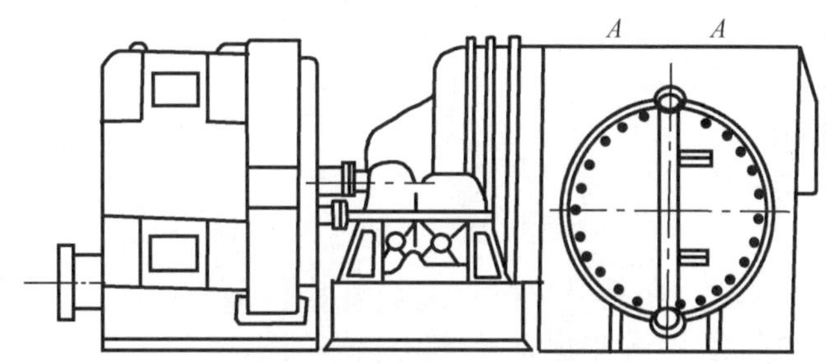

图 12 - 1　单层布置机组立体图

以上两种机组的齿轮减速器都是双层结构的,即小齿轮和 1 级大齿轮都放在 2 级大齿轮箱盖的上方。下面介绍的机组,透平冷凝器单层布置,即两个 2 级小齿轮分别位于 2 级大齿轮的两侧,3 个中心线在同一平面内,显然这种布置进一步减小了机组的高度,但却增加了宽度。由于采用的行星式和恒星式小齿轮,所以虽然放在两旁,而宽度的增加还不是很大。

上述 3 种机组布置方式虽然不同,但有一个共同点:一台机组驱动一个螺旋桨,即都是一机一桨制。另外还有所谓一机二桨制,即高低压缸各通过自己的减速器单独驱动一个螺旋桨;二机二桨制,即两台同样功率的双缸汽轮机的两个高压缸各带一个侧翼螺旋桨,而中间螺旋桨则由两个低压缸共同通过一个减速器驱动。后一种驱动方式主要的要求是,在较大的航速变化范围内能够保持各螺旋桨之间的转速差别和功率分配都变化很小,其优点是布置紧凑,设备投资小。

【思考与练习】

1. 请说出汽轮机的工作特点。

第 13 章　船舶蒸汽轮机装置的基本原理

【知识目标】

1. 掌握蒸汽轮机的分类。
2. 了解蒸汽轮机型号表达方式。
3. 理解蒸汽动力循环。
4. 掌握蒸汽轮机工作原理。

【能力目标】

1. 能进行蒸汽轮机的分类,能根据型号辨识蒸汽轮机。
2. 能正确解释蒸汽轮机工作原理。
3. 能总结蒸汽轮机实际循环和理论循环的差异。

13.1　蒸汽轮机的基础知识

13.1.1　概述

蒸汽轮机是用一定温度和压力的蒸汽做功的一种旋转式热力原动机,它的优点是功率大、效率高、结构简单、易损件少、运行安全可靠、调速方便、振动小、噪声小、防爆等。船舶汽轮机作为一种船舶推进用的主推进装置具有和电站汽轮机作为热力发电的原动机同样长久的历史。

13.1.2　蒸汽轮机的种类

蒸汽轮机的种类繁多,根据其工作原理、性能、结构特点等,可按如下几方面进行分类。

1. 按其做功原理的不同来分

可分为冲动式汽轮机和反动式汽轮机两种类型。两种类型各具特点,各有其发展的空间。

冲动式汽轮机:蒸汽的热能转变为动能的过程,仅在喷嘴中发生,而工作叶片只是把蒸汽的动能转变成机械能的汽轮机。即蒸汽仅在喷嘴中产生压力降,而在叶片中不产生压力降。

反动式汽轮机:蒸汽的热能转变为动能的过程,不仅在喷嘴中发生,而且在叶片中也同样发生的汽轮机。即蒸汽不仅在喷嘴中进行膨胀,产生压力降,而且在叶片中也进行膨胀,产生压力降。

冲动式与反动式在构造上的主要区别在于:

冲动式:动叶片出、入口侧的横截面相对比较匀称,气流通道从入口到出口其面积基本不变。

反动式:动叶片出、入口侧的横截面不对称,叶型入口较肥大,而出口侧较薄,气流通道从入口到出口呈渐缩状。

2. 按工质流动方向来分

轴流式汽轮机:工质基本沿汽轮机轴线方向流动。

径流式汽轮机:工质沿汽轮机径向流动。

3. 按转子轴线位置来分

水平式汽轮机或称为卧式汽轮机;垂直式汽轮机又称立式汽轮机,常用来拖动辅机。

4. 按气缸数目来分

单缸汽轮机组:用作辅机或小功率主机。

多缸汽轮机组:目前舰船主机多采用多缸,大功率电站机组气缸数目可多达4~6个气缸。

5. 按流路数目来分

单流路汽轮机指工质蒸汽只按一个方向流动;双流路汽轮机指工质按对称方向流动,可分为相向分流和反向分流,汽轮机做成双流路可以缩短叶片高度,增大排气口面积而增加机组功率,平衡轴向力等。

6. 按传动方式来分

直接传动汽轮机,目前只有某些辅助汽轮机和电站汽轮机组是直接传动的;带有传动机构的汽轮机,汽轮机发出的功率经传动设备传递给被拖动机械。

7. 按汽轮机工作转速来分

定转速汽轮机,工作过程中负荷变化时转速保持不变;变转速汽轮机,转速随负荷变化而变化。

8. 按热力特征来分

①凝汽式汽轮机:进入汽轮机做功的蒸汽,除少量漏气外,全部或大部分排入凝汽器,形成凝结水。

②背压式汽轮机:蒸汽在汽轮机内做功后,以高于大气压力被排入排气室,以供热用户采暖和工业用气。

③调整抽气式汽轮机:将部分做过功的蒸汽以某种压力下抽出,供工业用或采暖用。

④中间再热式汽轮机:将在汽轮机高压缸做完功的蒸汽,再送回锅炉过热器加热到新蒸汽温度,回中、低压缸继续做功。

9. 按新蒸汽参数来分

①低压汽轮机:新汽压力为1.2~1.5 MPa;

②中压汽轮机:新汽压力为2.0~4.0 MPa;

③次高压汽轮机:新汽压力为5.0~6.0 MPa;

④高压汽轮机:新汽压力为6.0~10.0 MPa。

还有超高压、亚临界压力、超临界压力汽轮机等。

13.1.3　汽轮机型号表达方式

我国采用汉字拼音和数字来表示汽轮机的型号。第一位字母为汽轮机的形式,以汉语拼音的字母来表示,规定见表 13-1。

表 13-1　汽轮机形式

代　号	形　式	代　号	形　式
N	凝汽式	CB	抽气背压式
B	背压式	G	工业用
C	一次调节抽气	H	船用
CC	二次调节抽气	Y	移动式

第二位数字表示汽轮机的额定功率,以 MW 为单位。第三位数字表示汽轮机的蒸汽参数。第一组数字为新蒸汽压力,单位为 MPa,第二组数字与汽轮机形式有关,凝汽式汽轮机表示蒸汽温度,背压式汽轮机表示排气压力。再热式汽轮机的第三组数字为蒸汽参数,对抽气式汽轮机,第三组数字都表示可调抽气压力。

例如　N6-2.35　凝汽式,额定功率 6 MW,初压 2.35 MPa。

B3-3.43/0.49　背压式,额定功率 3 MW,初压 3.43 MPa,背压 0.49 MPa。

N200-12.75/535/535　凝汽式,额定功率 200 MW,蒸汽参数为 12.75 MPa、535 ℃,再热温度 535 ℃。

对于大型核动力汽轮机因常采用低转速(1 500 r/min),并用饱和蒸汽作为工质,因此在第三位数字中除了第一个数字表示新蒸汽的压力外,第二个数字则表示汽轮机的转速。如 N-500-6.5/1 500 为 500 MW 功率,饱和蒸汽压力 6.5 MPa,汽轮机转速为 1 500 r/min。

13.2　蒸汽轮机动力循环

13.2.1　卡诺循环

卡诺循环是由两个等温过程和两个绝热过程组成的可逆循环,表示在温熵($T-S$)图中,如图 13-1 所示。

图中,AB 代表工质绝热压缩过程,过程中工质的温度由 T_2 升到 T_1,以便于从热源实现等温传热;

BC 代表工质等温吸热过程,工质在温度 T_1 下从同温度热源吸收热量;

CD 代表工质绝热膨胀过程,过程中工质的温度由 T_1 降到 T_2,以便于向冷源实现等温传热;

DA 代表工质等温放热过程,工质在温度 T_2 下向等温度冷源放出热量,同时工质恢复到其初始状态,并开始下一个循环。

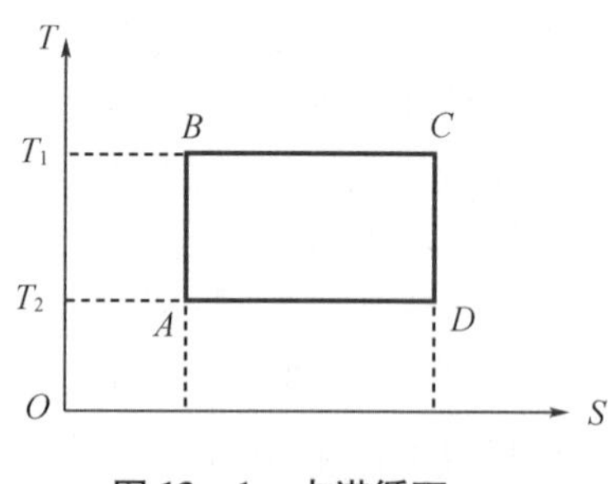

图 13-1　卡诺循环

根据热力学第二定律,在同样的热源温度和冷源温度下,卡诺循环的效率最高,其循环效率可表示为:$\eta=1-T_2/T_1$。

从该式中可得出如下结论：

①卡诺循环的效率只决定于热源和冷源的温度，所以若要提高热力循环的效率，就应尽可能提高工质吸热温度 T_1（受金属材料限制），以及尽可能使工质膨胀至低的冷源温度 T_2（受环境等条件限制）。但是，热源温度 T_1 不可能增至无限大，冷源温度 T_2 也不可能减小至零，所以 η 不可能等于1，且永远小于1，即在任何循环中不可能把从热源吸取的热量全部转换为机械能。

②当 $T_1 = T_2$ 时 $\eta = 0$，表明系统没有温差存在时（即只有一个恒温热源），利用单一热源循环做功是不可能的。

目前，卡诺循环还是一种为人类追求的理想循环，迄今为止还未实际实现。对水蒸气为工质的循环，若在其湿饱和蒸汽区建立卡诺循环，等温吸热和放热原则上可以克服，如图 13－2 所示。

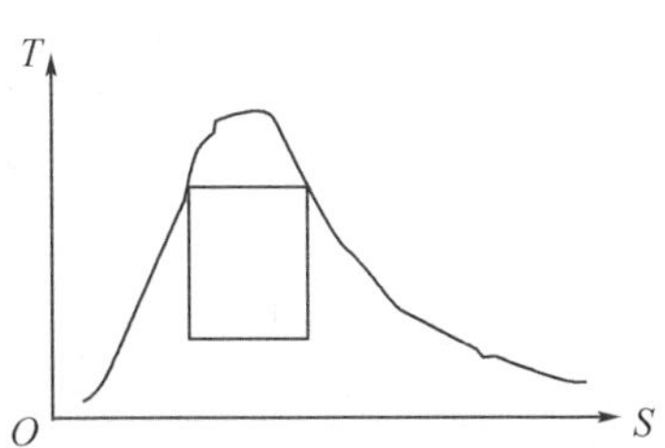

图 13－2　饱和蒸汽卡诺循环

但对压缩过程而言，由于工质处于汽水混合物状态，一是要求容积较大的压缩机，二是耗费压缩功，同时在湿气状态下，对压缩机工作不利，因此实际上很难实现饱和蒸汽卡诺循环，而是采用朗肯循环。

13.2.2　朗肯循环

朗肯循环的组成及其设备工作流程如图 13－3 所示，它是研究各种复杂蒸汽动力装置的基本循环。它的工作过程如下：

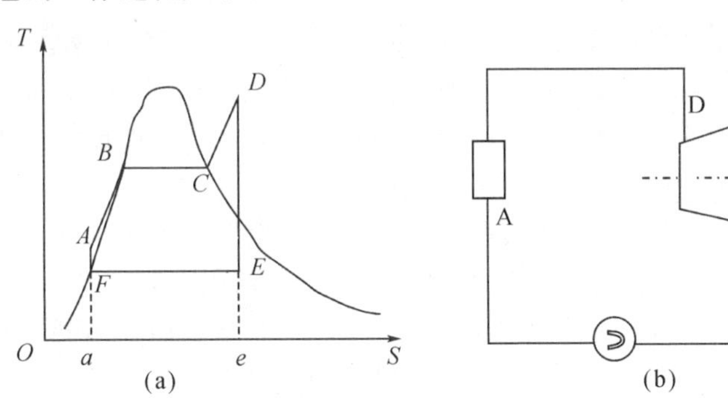

图 13－3　朗肯循环

ABCD 为等压（不等温）加热过程，水在锅炉（或蒸汽发生器）中吸热，由过冷水变为过热蒸汽，这时工质与外界没有功的交换。

DE 为过热蒸汽在汽轮机中绝热膨胀过程，将热能转换为机械能，对外做功。汽轮机出口的工质达到低压下湿蒸汽状态，称为乏汽。

EF 为乏汽在冷凝器中的凝结放热过程，变成该压力下的饱和水，称为凝结水。

FA 为凝结水在水泵中绝热压缩过程，提高凝结水压力将其送到锅炉（或蒸汽发生器）继续吸热进行下一个循环。对水进行升压要消耗外功。

由上述 4 个热力过程组成了一个蒸汽动力循环。由图 13－3 温熵图可知，朗肯循环的效率为：

$$\eta = \text{面积 } ABCDEFA/\text{面积 } aABCDEea$$

根据卡诺循环的结论,不难发现朗肯循环中吸热过程中的 AB 段是整个吸热过程中温度最低的部分,从而降低了朗肯循环的平均吸热温度,使循环效率下降。若能改善低温吸热段过程就可大大地提高蒸汽朗肯循环的效率,由此发展出了回热循环。

13.2.3 回热循环

回热循环是现代蒸汽动力循环所普遍采用的循环,它是在朗肯循环的基础上对 AB 段吸热过程加以改进而得到的。所谓回热是指利用一部分在汽轮机内做过功的蒸汽来加热给水,使进入锅炉(或蒸汽发生器)的给水温度较高,以提高循环的平均吸热温度,从而提高循环效率。图 13－4 所示为抽气回热循环示意图。

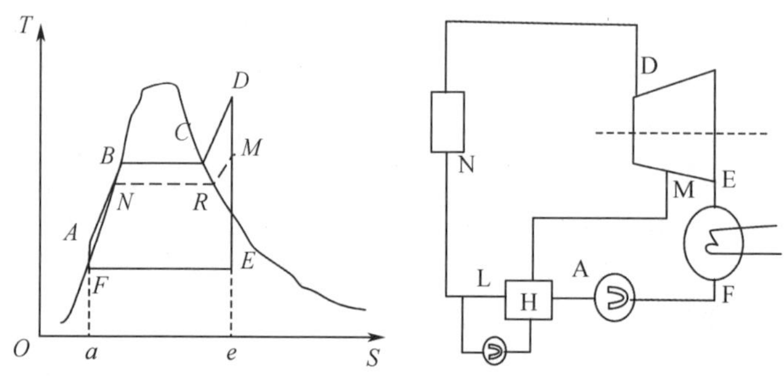

图 13－4　抽气回热循环示意图

和朗肯循环比较,回热循环增加了给水加热器 H 和相应的抽气管道及疏水管道。蒸汽在汽轮机中膨胀做功到 M 点,从中抽出一部分蒸汽送到给水加热器 H 中加热给水使给水温度由 A 点升高,其余蒸汽则继续做功直到排出汽轮机并被冷凝成凝结水。抽气放热后凝结成疏水,用疏水泵打入系统中与给水相混合使给水温度最后升高至 N 点进入锅炉或蒸汽发生器,混合后工质质量没有损失。这时,在锅炉或蒸汽发生器内给水从 N 点开始吸热,给水的低温吸热段由 AB 段变为 NB 段,提高了平均吸热温度,从而提高了循环效率。

应该指出:虽然低温段 AB 的过程也是吸热过程,但与朗肯循环不同,因为有回热时吸入的热量已经不是外部热源(来自锅炉或蒸汽发生器)的热量,而是循环内部的换热。除了提高平均吸热温度使循环效率升高外,还可以从减少冷源放热损失来说明,即抽出来一部分蒸汽在加热给水过程中被凝结成水,它的汽化潜热被给水吸收,而没有被循环水带走,减少了冷源放热损失,提高循环效率。当然,抽出来一部分蒸汽后,汽轮机内做功量也减少了。但理论计算和实际试验都表明:功的减少量远小于向冷源放热的损失量。因此,采用抽气回热总是可以提高蒸汽动力循环的热效率的。且在一定给水温度下,回热循环的效率是随着回热级数的增多而增加的。但随着回热级数的增加,回热循环效率的增加程度逐渐减少。因此,采用过多的回热级数会使系统复杂、投资增加,实际采用多少级回热合理,应通过技术经济比较确定,一般以 7～8 级为宜。

13.2.4　中间再热循环

所谓中间再热循环是将在汽轮机内膨胀做功到某一中间压力的蒸汽，重新送回到锅炉或汽水分离再热器中进行再次加热，经再热后蒸汽又回到汽轮机内继续膨胀做功，直至终点排入冷凝器。中间再热循环的温熵图及其设备工作流程如图 13 – 5 所示。

与朗肯循环比较，在中间再热循环方式中，增加了再热器设备。蒸汽在汽轮机中做功到 E 点后，全部蒸汽又被送回锅炉再热器或汽水分离再热器继续吸热，变为过热蒸汽，温度接近新蒸汽温度。之后，蒸汽再回到汽轮机继续做功。

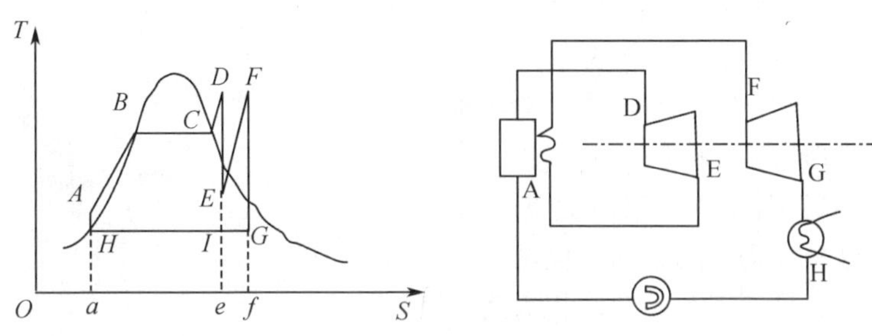

图 13 – 5　再热循环

由图 13 – 5 温熵图得出，中间再热循环的效率为：

$$\eta = \text{面积 } ABCDEFGHA / \text{面积 } aHABCDEFGfa$$

中间再热对循环效率的影响不易从上式直观看出，但可从温熵图做定性分析。将再热部分看作原循环 $ABCDEIHA$ 的附加循环 $IEFGI$。如果附加循环效率比基本循环高，则循环的总效率就可以提高，反之则降低。因此，采用再热循环不一定能够提高循环效率，要视所选再热蒸汽压力而定。若再热压力太低，可能会使循环效率降低；再热压力过高，虽然可以提高循环效率，但效果并不明显，并且采取再热的根本目的是提高蒸汽膨胀终点的干度，以保障汽轮机的安全运行。所选再热压力过高，对乏汽干度的改善较少，因此切不可舍本求末。所以综合考虑中间再热压力对效率和干度的影响，实际上存在着一最佳的再热压力。在该压力及汽轮机末级允许干度的条件下，使再热循环效率达到最佳值。其最佳再热压力的确定需做全面的技术经济比较，根据系统实际情况计算得到。一般在初压的 15% ~ 30%，采用一次中间再热可使循环效率提高 2% ~ 3.5%。

目前，蒸汽轮机无论是作为船舶主推进装置还是船舶电站蒸汽轮机，其蒸汽动力循环都是基于以上循环形式建立的，绝大部分采用中间再热回热循环，即综合了上述各循环形式优点，以满足安全、经济生产的要求。

通过以上所述，提高蒸汽动力循环效率的途径可有如下几个方向：

①尽可能提高蒸汽初参数（温度和压力），但受到设备材料的限制；

②尽可能降低蒸汽在汽轮机中膨胀终点的参数（冷凝器真空度），减少冷源损失，但受自然界环境影响；

③采用回热循环和中间再热循环；

④改善汽轮机的结构，提高热功转换效率；

⑤优化热力系统结构，减少过程损失。

13.3 蒸汽轮机的基本工作原理

汽轮机是将蒸汽的热能转换成机械能的涡轮式机械。在汽轮机中，蒸汽在喷嘴中发生膨胀，压力降低，速度增加，热能转变为动能。如图 13－6 所示，高速气流流经动叶片时，由于气流方向改变，产生了对叶片的冲动力，推动叶轮旋转做功，将蒸汽的动能变成轴旋转的机械能。

蒸汽通过喷嘴时，压力下降，体积膨胀形成高速气流，推动叶轮旋转而做功。如果蒸汽在叶片中压力不再降低，也就是蒸汽在叶片通道中的流速（即相对速度）不变化，只是依靠气流对叶片的冲击力量而推动转子转动，这类汽轮机称为冲动式，也称压力级，在工业中应用广泛。如果蒸汽在叶片中继续膨胀（简称相对速度），压力比进口时要大，这种汽轮机的做功不仅由于蒸汽对叶片的冲击力，而且还有由于蒸汽相对速度的变化而产生的巨大的反作用力，因此这类汽轮机称为反动式汽轮机。

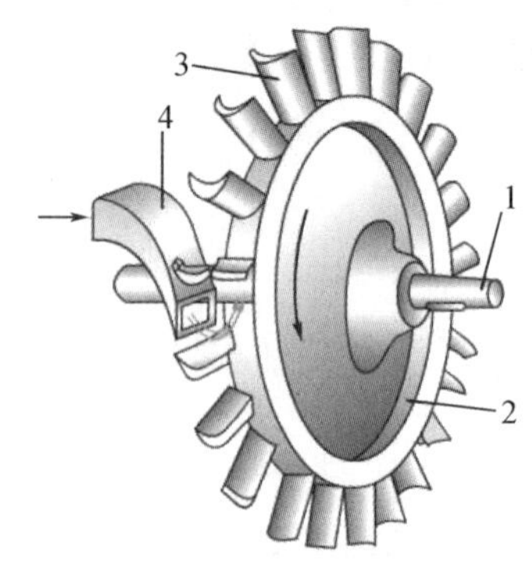

1—轴；2—叶轮；3—动叶片；4—喷嘴。

图 13－6 冲动式汽轮机工作原理图

热能→动能→机械能，这样一个能量转换的过程，便构成了汽轮机做功的基本单元部分，通常称这个做功单元为汽轮机的级。只有一列喷嘴和一列动叶片组成的汽轮机叫单级汽轮机。如图 13－7 所示，蒸汽在喷嘴中发生膨胀，压力由 p_0 降至 p_1，流速从 c_0 增至 c_1，将蒸汽的热能转变为动能。蒸汽进入动叶栅后，改变流动方向，产生了冲动作用力使叶轮旋转做功，将蒸汽动能转变为转子的机械能。蒸汽离开动叶栅的速度降至 c_2。由于蒸汽在动叶栅中不膨胀，所以动叶栅前后压力相等，即 $p_1=p_2$。

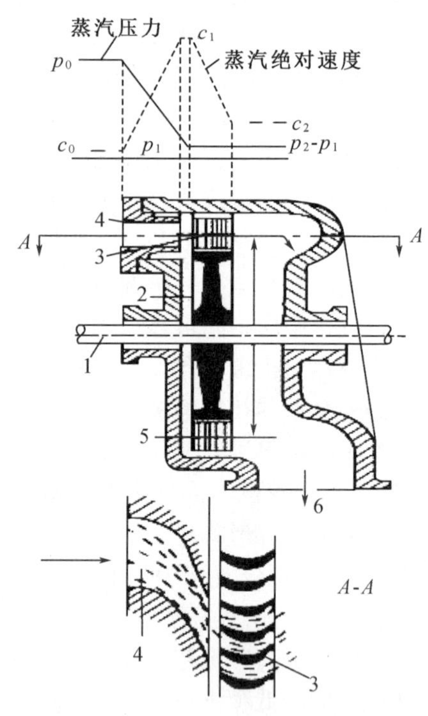

1—轴；2—叶轮；3—动叶栅；4—喷嘴；5—气缸；6—排气管。

图 13－7 单级冲动式汽轮机工作原理图

由于单级汽轮机的功率较小，且损失大，故使汽轮机发出更大功率，需要将许多级串联起来，制成多级汽轮机。多级汽轮机的第一级又称为调节级，该级在机组负荷变化时，通过改变部分进气量来调节汽轮机负荷，而其他级任何工况下都为全周进气，称为非调节级。图 13－8 所示为一种具有三个冲动级的多级冲动式汽轮机。整个汽轮机的比焓降分别由三个冲动级加以利用。蒸汽进入气缸后，在第 1 级喷嘴中发生膨胀，压力由 p_0 降至 p_1，气流速度由 c_0 增至 c_1，然后进入第1级动叶栅中做功，做功后流出动叶栅的气流速度降至c_2，由于蒸汽在动叶栅中不发生膨胀，动叶栅后的压力（即第一级后压力）即等于喷嘴后的压力p_1，从第一级流出的蒸汽，再依次进入其后的两级并重复上述做功过程，最后从排气管中排出。

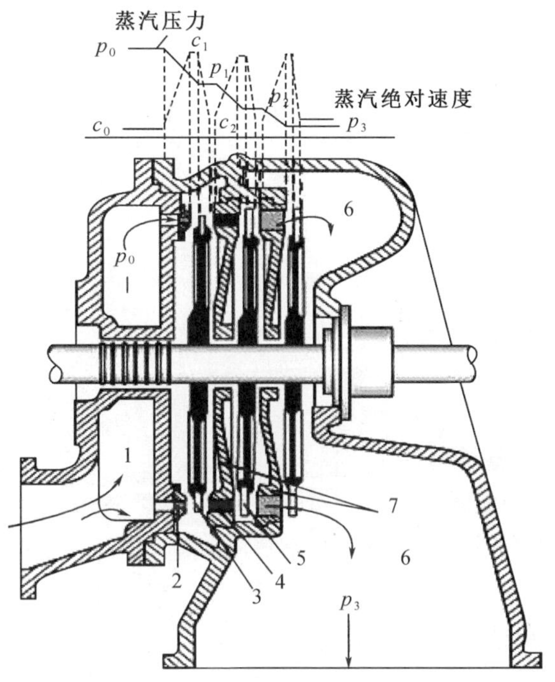

1—新蒸汽室；2—第1级喷嘴；3—第1级动叶栅；4—第2级喷嘴；5—第2级动叶栅；6—排气管；7—隔板。

图13－8　多级冲动式汽轮机工作原理图

由于高压蒸汽一次降压后气流速度极高，因而叶轮转速极高，将超过目前材料允许的强度。因此采用压力分级法，每次在喷嘴中压力降都不大，因而气流速度也不高，高压蒸汽经多级叶轮后能量既充分得到利用而叶轮转速也不超过材料强度许可范围。这就是采用多级汽轮机的原因。

如果由于蒸汽离开每一级叶片的流速仍高，为了充分利用气流的动能，可用导向叶片将气流引入第2排叶片中（每一个叶轮可安装两排叶片）进一步推动转轴做功，这称为速度分级，简称速度级（又称复速级）。速度级常用于小型汽轮机或汽轮机的第一级。

【思考与练习】

1. 请总结蒸汽轮机的分类。
2. 请描述蒸汽轮机的工作原理。
3. 试比较蒸汽轮机理想循环与实际循环的差异。
4. 为什么利用水蒸气来驱动汽轮机？

第 14 章　船舶蒸汽轮机装置的结构

【知识目标】

1. 了解蒸汽轮机结构组成。
2. 掌握汽轮机本体结构。
3. 了解蒸汽轮机的调速控制。
4. 了解蒸汽轮机的辅助设备。
5. 掌握蒸汽轮机常见故障分析。

【能力目标】

1. 能说出蒸汽轮机设备结构组成。
2. 能正确分析蒸汽轮机主要结构。
3. 能说出汽轮机调速控制系统的组成。
4. 能列举蒸汽轮机的辅助设备。
5. 能分析蒸汽轮机故障并排除。

14.1　蒸汽轮机设备组成概述

汽轮机主要由转动部分(转子)和固定部分(静体或静子)组成。转动部分包括叶栅、叶轮或转子、主轴和联轴器及紧固件等旋转部件。固定部件包括气缸、蒸汽室、喷嘴室、隔板、隔板套(或静叶持环)、汽封、轴承、轴承座、机座、滑销系统以及有关紧固零件等。

套装转子结构如图 14－1 所示。套装转子的叶轮、轴封套、联轴器等部件和主轴是分别制造的,然后将它们热套(过盈配合)在主轴上,并用键传递力矩。

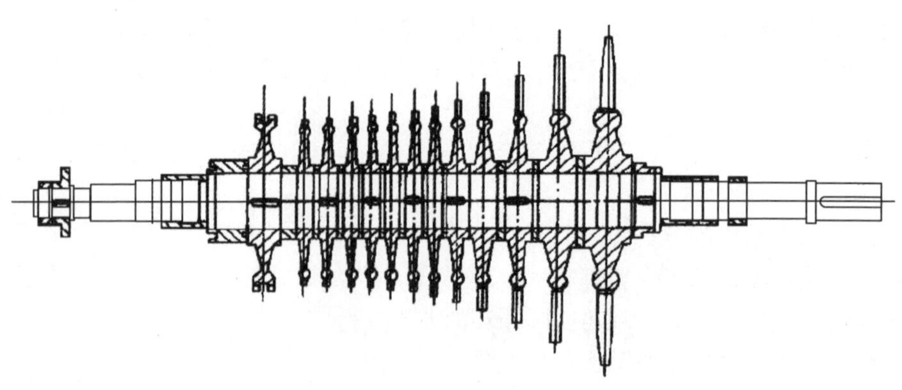

图 14－1　套装转子结构

为了保证汽轮机正常工作,需配置必要的附属设备,如管道、阀门、凝汽器等,汽轮机及其附属设备的组合称为汽轮机设备。图 14－2 为汽轮机设备组成图。来自蒸汽发生器的高温高压蒸汽经主气阀、调节阀进入汽轮机。由于汽轮机排气口的压力大大低于进气压力,蒸汽在这个压差作用下向排气口流动,其压力和温度逐渐降低,部分热能转换为汽轮机转子旋转的机械能。做完功的蒸汽称为乏汽,从排气口排入凝汽器,在较低的温度下凝结成水,此凝结水由凝结水泵抽出送经蒸汽发生器构成封闭的热力循环。为了吸收乏汽在凝汽器放出的凝结热,并保护较低的凝结温度,必须用循环水泵不断地向凝汽器供应冷却水。由于汽轮机的尾部和凝汽器不能绝对密封,其内部压力又低于外界大气压,因而会有空气漏入,最终进入凝汽器的壳侧。若任空气在凝汽器内积累,凝汽器内压力必然会升高,导致乏汽压力升高,减少蒸汽对汽轮机做的有用功,同时积累的空气还会带来乏汽凝结放热的恶化,这两者都会导致热循环效率的下降,因而必须将凝汽器壳侧的空气抽出。凝汽设备由凝汽器、凝结水泵、循环水泵和抽气器组成,它的作用是建立并保持凝汽器的真空,以使汽轮机保持较低的排气压力,同时回收凝结水循环使用,以减少热损失,提高汽轮机设备运行的经济性。

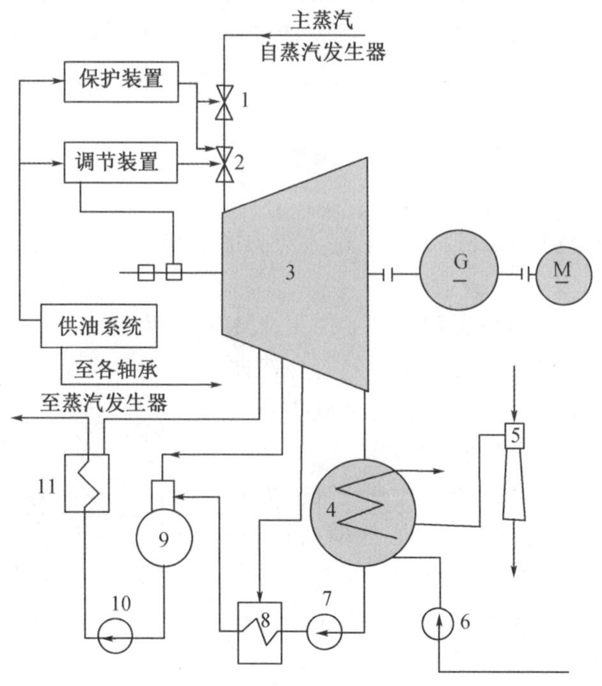

1—主气阀;2—调节阀;3—汽轮机;4—凝汽器;5—抽汽器;6—循环水泵;
7—凝结水泵;8—低压加热器;9—除氧器;10—除水泵;11—高压加热器。

图 14－2　汽轮机设备组成图

为了调节汽轮机的功率和转速,每台汽轮机有一套由调节装置组成的调节系统。另外,汽轮机是高速旋转设备,它的转子和定子间隙很小,是既庞大又精密的设备。为保证汽轮机安全运行,配有一套自动保护装置,以便在异常情况下发出警报,在危急情况下自动关闭主气阀,使之停运。调节系统和保护装置常用压力油来传递信号和操纵有关部件。汽轮机的各个轴承也需要油润滑和冷却,因而每台汽轮机都配有一套润滑油系统。

总之,汽轮机设备是以汽轮机为核心,包括凝汽设备、回热加热设备、调节和保护装置及供油系统等附属设备在内的一系列动力设备组合。正是靠它们协调有序地工作,才得以完成能量转换的任务。

14.2 蒸汽轮机的本体结构

蒸汽轮机本体包括:静体(固定部分)——气缸、喷嘴、隔板、汽封等;转子(转动部分)——轴、叶轮、叶片等;轴承(支承部分)——径向轴承和止推轴承。

14.2.1 气缸

气缸本身是水平剖分为上下部分,上下缸又各分有前后缸。前缸因温度高用铸钢制造,后缸温度低用铸铁制造。

汽轮机组在启动或停机、增减负荷时,缸体温度均会上升或下降,会产生热胀和冷缩现象。由于温差变化,热膨胀幅度可由几毫米至十几毫米。但与气缸连接的台板温度变化很小,为保证气缸与转子的相对位置,在气缸作为台板间装有适当间隙的滑销系统,其作用是:

①保证气缸和转子的中心一致,避免因机体膨胀造成中心变化,引起机组振动或动、静之间的摩擦。

②保证气缸能自由膨胀,以免发生过大应力而引起变形;使静子和转子轴向与径向间隙符合要求。

根据滑销的构造,安装位置和不同的作用,滑销可分为:

a. 横销(图 14-3):其作用是允许气缸在横向能自由膨胀,一般装在低压缸排气室的横向中心线上或排气室的尾部,左、右各装一个。

b. 纵销(图 14-3):其作用是允许气缸沿纵向中心能自由膨胀,限制气缸纵向中心的横向移动。纵销中心线与横销中心线的交点称为“死点”,气缸膨胀时这点始终保持不动。纵销安装在后轴承座、前轴承座的底部。

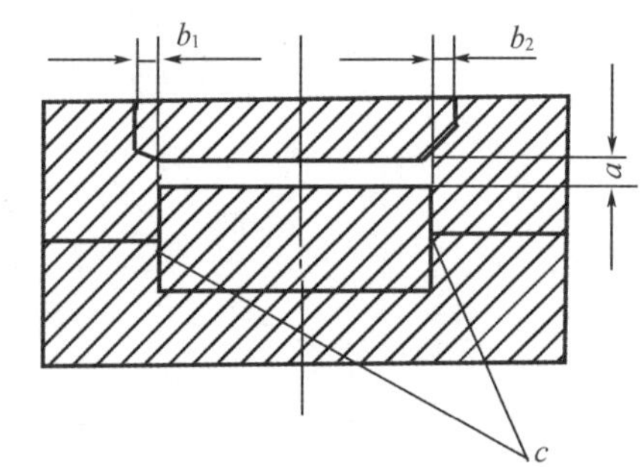

图 14-3 纵横销

c. 立销(图 14-4):其作用是保证气缸在垂直方向能自由膨胀,并与纵销共同保持机组的纵向中心不变。立销安装在低压气缸排气室尾部与台板之间、高压气缸的前端与前轴承座之间,以及双缸汽轮机的低压气缸前端和高压气缸端与中心轴承座之间。所有的立销均在机组的纵向中心线上。

d. 猫爪横销(图 14-5):其作用是保证气缸能横向膨胀,同时随着气缸在轴向的膨胀和收缩,推动轴承座向前或向后移动,以保持转子与气缸的轴向相对位置。猫爪横销安装在前轴承座及双气缸汽轮机中间轴承座的水平接合面上。猫爪横销和立销共同保持气缸的中心和轴承座的中心一致。

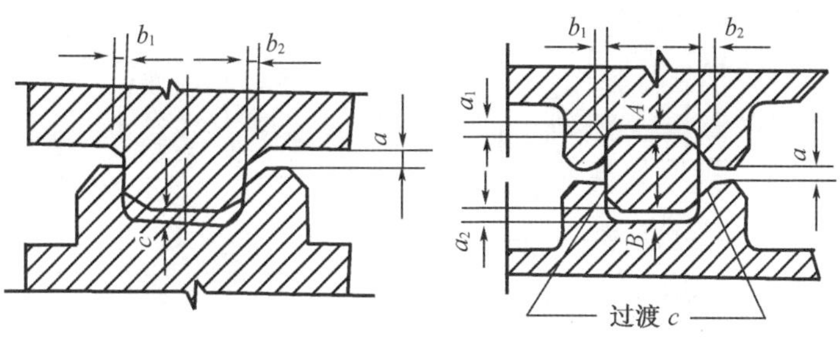

图 14－4　立销

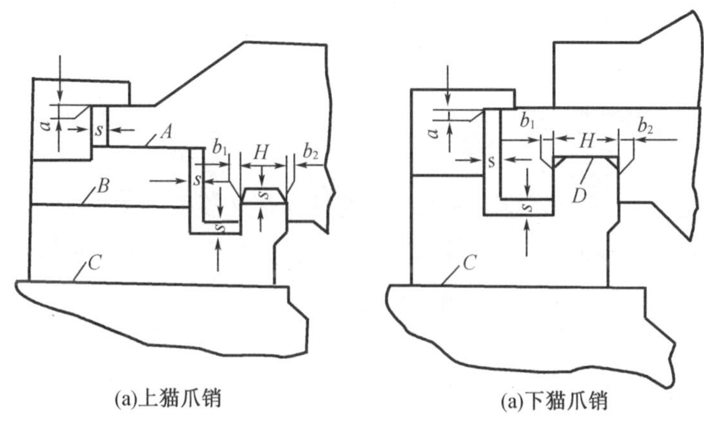

图 14－5　猫爪横销

e. 角销（图 14－6）：装在前部轴承座及双缸汽轮机中间轴承座底部的左右两侧，以代替连接轴承座与台板的螺栓，但允许轴承座纵向移动。

f. 斜销（图 14－7）：它是一种辅助滑销，起纵销和横销的双重导向作用。装在排气室前部左右两侧撑脚与台板之间。

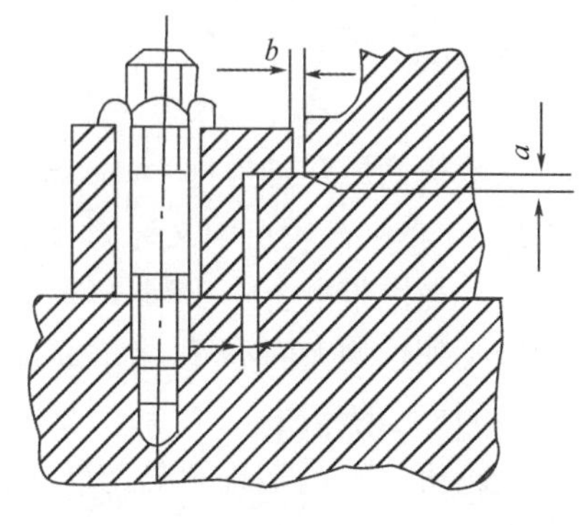

图 14－6　角销

前轴承箱坐落在前座架上，前座架由地脚螺栓固定在基础上，前轴承箱与前座架之间有纵向键导向允许前轴承箱沿前座架纵向滑动。前气缸靠猫爪与紧固在前轴承箱上的滑块连接，前气缸与前轴承箱之间有垂直键定位保证两者纵向中心一致。后气缸坐落在后座架上，后座架由地脚螺栓固定在基础上，后气缸导板保证后气缸与纵向中心一致。

就每台汽轮机的滑销系统而言，都有一个点，不管汽轮机的气缸怎么前后左右膨胀，这个点的相对位置都不变，这个点叫气缸膨胀的死点。为保证气缸能向前、后、左、右自由膨胀，为此各滑销与其槽的配合上，要求有一定的间隙，并且在精密加工之后，由钳工精心配制，滑动面要求光洁、无锈斑及毛刺，滑销系统发生故障，会妨碍机组的正常膨胀，严重时会引起机组的振动，甚至使机组无法正常运行。

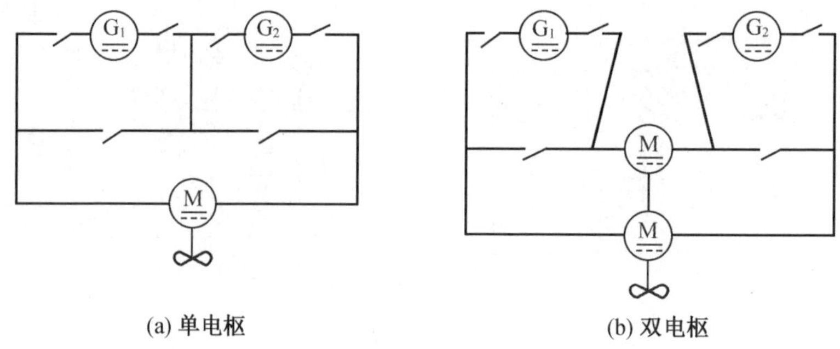

(a) 单电枢　　(b) 双电枢

图 14－7　斜销

14.2.2　喷嘴组和隔板

在冲动式汽轮机中,蒸汽热能转变为动能的过程是在喷嘴中发生的。蒸汽流过变截面的喷嘴气道之后,体积膨胀,压力降低,流速增加,然后按一定的喷射角度进入动叶片中做功。

汽轮机气缸中的隔板是由隔板外缘、喷嘴、隔板体构成的圆形板状组合件,气缸内的1级隔板与其后的1级叶轮组成一个压力级。隔板分为上下两个半圆,在中分面上有定位键,以保证上下隔板组成一体。

在汽轮机中,通常将装在调节汽室上的喷嘴组合体简称为喷嘴组,它是由喷嘴组外缘、喷嘴及喷嘴组内缘所组成。

汽轮机隔板按制造方法来分,可分为铸造隔板、焊接隔板、组合隔板3种。

14.2.3　汽封

汽轮机高压端轴封称为高压轴封,在单缸汽轮机中又称为前轴封。低压端轴封称为低压轴封,在单缸汽轮机中又称为后轴封。装在隔板汽封槽中的汽封称为隔板汽封。另外装在隔板上与围带配合防止漏气的又称为围带汽封。不论是轴封还是隔板汽封、围带汽封,其构造及外形均大同小异,阻气原理一致,统称为汽封。

(1)汽封的作用

汽轮机气缸两端轴孔处与转轴间有一定间隙,这样在工作时,气缸内进气端将发生高压蒸汽大量泄露。再看排气端,一般凝汽式汽轮机的排汽压力在0.02 kg/cm^2(绝对)左右,即排气端处于高真空状态,大气中的空气将沿后轴孔大量漏入排气管和凝汽器,就会破坏汽轮机的真空。因此,为了减少高压端的向外漏气和排气端往里漏空气,要求在气缸两端轴孔处配备汽封装置(又称轴封)。

(2)汽封的结构

目前广泛采用的是高低齿型的梳齿结构,如图14－8所示。

轴封片直接在轴封环上车出,或将轴封片压紧在轴封环的槽道里,轴封环一般由4个或6个弧段组成。齿尖最薄处厚度为0.1 mm。有弹簧片压住轴封环,使其紧贴隔板或汽封体，弹簧片的作用是箍紧轴封环，当轴封片与主轴相碰时，可自动退让，防止轴封受损。当压差较小时，可以不用高低齿，而用平齿。为了减少漏气，要求轴封间隙尽量小，但为了保证机组的安全运行，要求轴封不发生碰擦现象，所以轴封间隙有一定的要求。

除了汽轮机两端有轴封外，每一级隔板轴孔也需要安装汽封片，以减少级间漏气。隔板汽封的结构与轴端汽封相同，只是压差较小，所需要汽封片数目较少而已。此外，有的汽轮机叶片上也设有汽封装置。

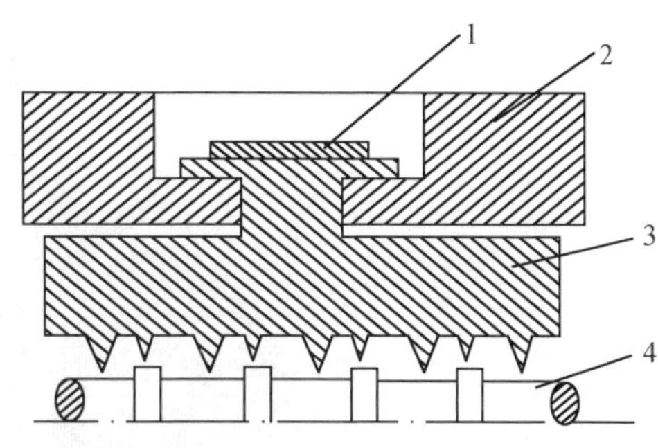

1—弹簧片；2—轴封套；3—轴封环；4—轴。

图 14-8 高低齿型的梳齿结构

(3)汽封环和汽封片的材料

高温工作区汽封环用铬不锈钢 1Cr13 或铬钼钒不锈钢 Cr11MoV，汽封片用铬镍钛不锈钢 1Cr18Ni9Ti。低温工作区汽封环用锡青铜，汽封片用铅黄铜。

(4)端部轴封系统

为了确保汽轮机的安全工作，合理地利用端部轴封的漏气，提高汽轮机的经济性。汽轮机端部轴封都有一套专门的轴封管路系统。

高压端虽装有轴封，但仍不能避免蒸汽经过轴封向外漏，为了尽量减少这一损失，把高压端轴封分成若干段，每段之间留一定的空室，将这些空间的漏气合理地引至不同的地方加以利用，以提高汽轮机的经济性。小型汽轮机的高压漏气经管道可引至低压端轴封内作为密封用气，其余少量漏气再经几道轴封片，由信号管排至大气。运行人员可通过观察信号管的冒气情况来判断端部轴封工作的好坏。

低压端为了防止空气经轴封片漏入气缸，必须引用压力稍高于大气压力的蒸汽来封住轴封通道。这部分蒸汽是由高压端轴封引来的，在轴封室中一部分经部分轴封片后流入低压气缸中，另一部分则沿轴封间隙外流，最后经信号管排至大气。

汽轮机正常工作时，高压端轴封漏气除引入低压端轴封外，多余的部分可以经管道引入凝汽器。汽轮机启动和停机时，高压端轴封没有蒸汽，则应引用经过节流降压的新蒸汽同时送入高、低压端轴封中去。

14.2.4 转子

汽轮机所有转动部件的组合体称为转子。它主要包括主轴、叶轮、叶片等部件(图 14-9)。

汽轮机转子除了受高温高压蒸汽的作用外，更主要的是它在高速下工作，受离心力的作用，还必须考虑振动的问题。我国国产机组主要采用的转子形式：套装式转子；整锻式转子；组合转子；焊接式转子。国产中小型、中等参数以下的机组的转子都采用套装式结构。

套装式叶轮在套装前叶轮内孔应比轴径小 0.05% ~0.15%，套装时将叶轮内孔周缘加热，直至叶轮内孔比轴径大 0.10 ~0.20 mm，或控制红套温度 250 ~270 ℃，将叶轮红套套在轴上，待叶轮冷却后内孔对轴就产生了很大的压紧力，保证叶轮高速旋转时的安全可靠。套装式叶轮的优点是加工制造方便，但是它在高温条件下工作时，叶轮与主轴之间容易发生松动,所以高温机组的转子常用整锻式结构。

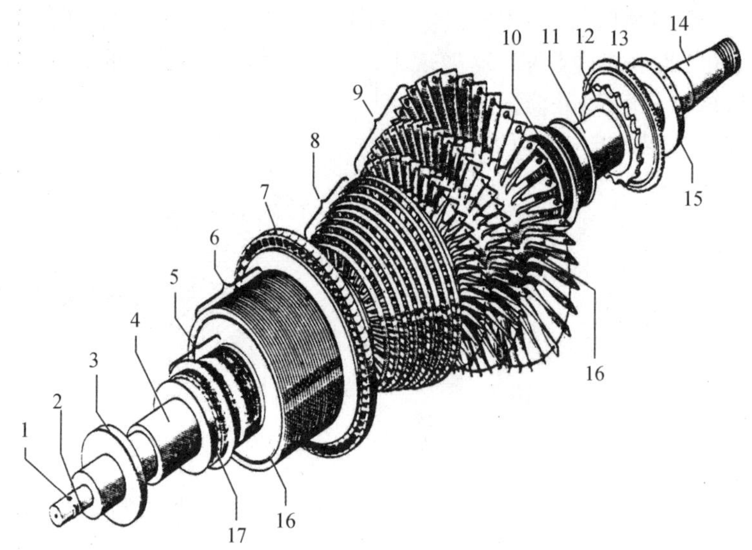

1—危急遮断器孔;2—轴位移凸肩;3—推力盘;4—前径向轴承;5—前汽封;6—内汽封;7—调节级;8—转鼓段;9—低压段;10—后汽封;11—后径向轴承挡;12—盘车棘轮;13—盘车油轮;14—联轴器挡;15—后端平衡面;16—主平衡面;17—前端平衡面。

图 14－9 汽轮机转子图

1. 叶轮的结构

叶轮的结构分为 3 部分:

①轮缘部分,是安装叶片的部分,具有与叶根结构相配合的形状。

②轮毂部分,通过轮毂将叶轮红套套在轴上。

③轮体部分,是把轮缘与轮毂连成一体的中间部分。由于速度很高,它的受力与变形主要取决于叶轮本身旋转时产生的离心力,以等强度的形式为好,但是制造困难。一般常用锥形。材料低压时用 45 钢,中压时用 35CrMoA 或 34CrMoA。一般轮体上还钻有 7 个平衡孔,这是为了减少叶轮前后压差所造成的作用在转子上的轴向推力。

2. 叶片的结构与固定

叶片由叶根、工作部分和顶部组成。

叶根:用来将叶片固定在叶轮上,叶根与叶轮的连接应牢固可靠,而且要保证叶片在任何运行条件下都不会松动,同时叶根的结构应在满足强度的条件下尽量简单,使制造、安装方便,并使叶轮缘的轴向尺寸为最小。常用的叶根有:T 形、菌形叶根、叉形叶根、枞树形叶根。

工作部分:蒸汽从这里通过,将动能转化为机械能,工作部分是叶片的主要部分。叶片的凹入部分称为叶面,凸出部分称为叶背,一般汽轮机的叶片型线沿叶高是相同的,当叶高很长,而叶高与直径之比大于 1/10 时,则用扭曲叶片。

叶顶:一般做成铆钉状,上面有套装围带,它加强了叶片强度又减少了漏气。围带有以下几种形式:

①铆接围带:围带由扁钢制成,然后用铆接法固定在叶片的顶部。

②整体围带:围带与叶片同为一整体,在加工叶片时一起铣出,待叶片组装后,再将围

带焊在一起。

③弹性拱形围带:它是将弹簧钢片弯成拱形,用铆钉固定在叶片顶部,采用互圈环状连接。

当叶片很长时,还装有拉金,将叶片连接成叶片组,以增强叶片强度并改善叶片的振动特性。拉金通常做成棒状或管状,在一级叶片中一般有 1 ~2 圈拉金,最多不超过 3 圈,用拉金连接的方法有分组连接、整圈连接及组间连接。

叶片的安装方法有以下几种:

①周向埋入法:将叶片从圆周方向依次嵌装在叶轮轮缘的相应槽内,最后一个叶片(末叶)封住缺口再用铆钉铆死。T 形叶根和菌形叶根均采用此法安装。

②轴向埋入法:将叶片从轴向单个装入叶轮轮缘的相应槽内。枞树形叶根常采用此法安装。

③径向跨装法:将叶片的叉形叶根径向插入叶轮轮缘的叉形槽内,然后用铆钉固定。此法仅适用于叉形叶根的安装。

14.2.5　轴承

目前大多数汽轮机都采用滑动轴承。汽轮机除了有径向轴承外,还有止推轴承。因为,汽轮机在工作时,转子上产生一个由高压端推向低压端的轴向推力。因此,通常在转子前端设有推力轴承,以承受轴向推力,并对保持通流部分的轴向间隙起定位作用。目前我国国产机组的前轴承大多数都采用径向推力联合轴承。

14.3　蒸汽轮机的调速控制

为了节约能源,汽轮机的效率都是根据在一定转速下进行设计。当转速变化很大时,会使汽轮机严重地偏离设计工况,使效率降低。为此需要将汽轮机稳定在一定转速,汽轮机控制调速系统的目的是为了满足这个要求。它根据汽轮机的转矩和转速相应变化的关系,利用转速变化作为信号来进行调节。当转速有一个很小的变化时,调速系统能自动地改变汽轮机的进气量,使汽轮机的功率和负荷相适应,从而使转速不发生很大的变化。汽轮机的调速控制系统由启动装置、安全装置、保安装置等组成。

14.3.1　启动装置

启动装置的作用是打开速关阀,由危急保安装置来的压力油作为启动油进入启动装置,随着操纵杆的移动,滑阀也随之移动,依次接通启动油压和速关油压,将速关阀打开。

14.3.2　安全装置——速关阀

速关阀水平安装在汽轮机气缸的进气管路上,由阀体、滤网和油缸等部分组成(图 14 -10)。速关阀是新蒸汽管网和汽轮机之间的主要关闭机构,在运行中当出现事故时,它能在最短时间内切断进入汽轮机的蒸汽。

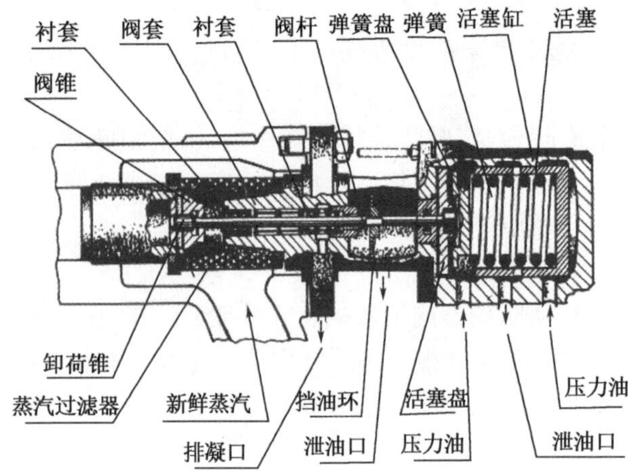

图 14-10　速关阀结构图

阀体部分：新蒸汽经过蒸汽滤网阀锥，在这个阀锥中装有一只卸荷锥，由于它的面积相对阀锥要小得多，所以在速关阀开启时能够减少提升力。在卸荷阀开启后，阀锥后的压差减小，容易被开启。阀套中的衬套有一个轴向密封面，当速关阀全开后，阀杆和衬套之间就不会有漏气，而阀门关闭时，阀杆和衬套之间的漏气经排凝口排出。

油缸部分：速关阀是由油压控制的，开启过程是通过启动装置来操作的，压力油经过外侧接口通到活塞前面，使活塞克服弹簧力并将其压向活塞盘，而由启动装置的速关阀使油通过内侧的接口进入活塞盘后面，速关油压力将活塞盘和活塞一起推到终点位置，阀门也由阀杆提升而开启，这时活塞前的空间和启动装置中的回油口相通。如果危急保安装置动作，速关油路中压力迅速下降，弹簧力大于活塞盘后油压力，于是活塞盘和阀杆、阀锥被迅速推向关闭位置，活塞盘后残留的部分速关油流入活塞和弹簧空间并经卸压口排出。

14.3.3　保安装置

1. 危急保安装置

其作用是当汽轮机在运行中出现故障时，危急保安装置动作，将速关阀的速关油泄掉，使速关阀迅速关闭，切断汽轮机进气。

危急遮断滑阀及其壳体通过托架装在前轴承座上，壳体内装有衬套，滑阀可以在衬套中沿水平方向滑动。滑阀上有两个控制凸肩，衬套与滑阀凸肩相应的端面起对凸肩的限位和油路的密封作用。在危急保安装置未投入工作时，弹簧使滑阀处于与衬套端面接触的位置。滑阀的另一端是活塞，它的端部有一扁司和钩的一端相连接，而钩的另一端插在汽轮机转子的两个凸肩之间。

在危急保安装置的滑阀处于工作位置时，压力油从进口流经节流孔板形成速关油进入危急保安装置。由于活塞的环形面积比控制凸肩的环形面积小，使得速关油作用在滑阀上的力大于弹簧的作用力。因此，控制凸肩被紧密地压在衬套的端面上，这样，回油口被切断，速关油经油口流出壳体，通过启动装置进入速关阀。如果危急保安装置的油压下降，滑阀将被弹簧推向衬套的端面，切断进油，同时将速关油与回油口接通，泄去速关油，使速关阀迅速关闭。

危急保安装置可以通过以下途径动作:

①手动:将杠杆向下压。

②转子轴向位移:钩被转子的凸肩抬起。

③危急遮断器动作。

上述情况均是切断压力油,同时泄掉速关油。

2. 危急遮断器

危急遮断器的作用是当汽轮机转速超过最高连续运行转速的9% ~11%时,通过危急保安装置使汽轮机停机。

危机遮断器的结构如图 14 - 11 所示,在汽轮机转子前轴端部分按要求加工的径向孔中,装配有两只导向环,上面一只用螺纹套筒压在转子装配孔中的接触面上;下面一只由弹簧压住,两只导向环中装入被弹簧压着的飞锤,飞锤中装有销,旋入螺纹套筒内的螺栓使销不致落到另一侧。

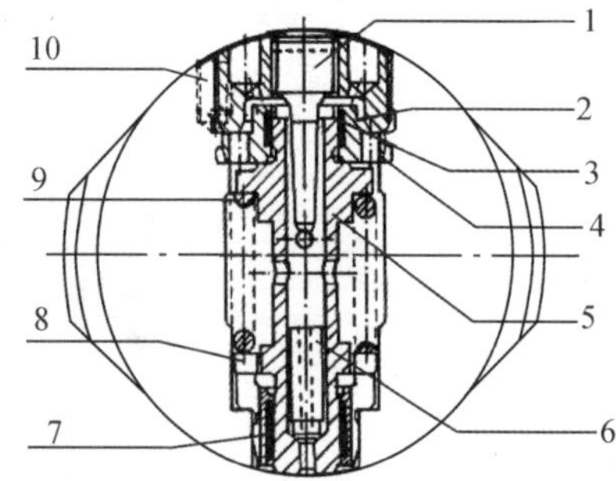

1—螺栓;2—螺纹套筒;3,7—导向片;4,8—导向环;5—飞锤;6—销;9—弹簧;10—螺钉。

图 14 - 11　危急遮断器的结构

若汽轮机转速升高到规定的动作转速时,飞锤和销的离心力克服弹簧力而使飞锤击出打在危急保安装置的拉钩上,引起速关阀关闭,汽轮机立即停机。

14.3.4　电磁阀

两位三通电磁阀装在进入保安系统的压力油管路上。它可以切断进入危急保安装置的压力油,同时引起危急保安装置动作而将速关油泄掉,最终使速关阀快速关闭。电磁阀可以由控制室或某一保护装置来操纵(需要通过一定的保护装置将要求保护的物理量转换成电信号与电磁阀连锁)。

14.3.5　油动机与错油门

1. 油动机与错油门的作用

油动机通过错油门将由调速器输出的二次油压信号转换成油缸活塞的行程,并通过杠杆系统操纵调节气阀的开度,使进入汽轮机的蒸汽流量与所要求的流量或功率相适应。错油门从二次油路中得到信号,并控制作为动力的压力油进入油缸活塞的上腔或下腔。

2. 油动机与错油门的结构(图 14 - 12、图 14 - 13)

油动机主要由错油门、连接体、油缸和反馈系统组成。双作用油动机由油缸体、活塞、活塞杆及密封体组成,活塞杆上装有反馈导板及与调节气阀杠杆相接的关节轴承。错油门滑阀和套筒装在其壳体中,错油门滑阀的上端是转动盘,转动盘与弹簧座之间装有推力轴承,反馈弹簧的作用力取决于与调节螺栓及杠杆的位置。

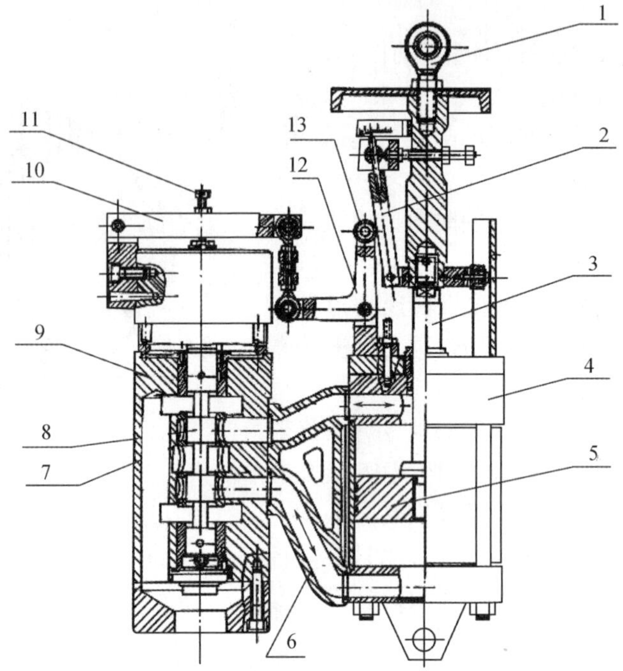

1—关节轴承;2—反馈导板;3—活塞杆;4—油缸;5—活塞;6—连接体;7—套筒;8—错油门滑阀;9—错油门;10—杠杆;11—调节螺栓;12—弯曲杠杆;13—滚针轴承。

图 14-12　油动机结构图

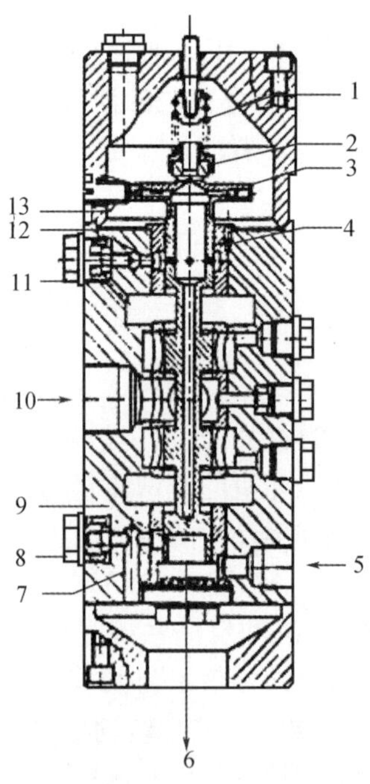

1—反馈弹簧;2—推力轴承;3—转动盘;4—错油门滑阀;5—二次油;6—回油;7—回油孔;8,11—螺钉;9—回油孔;10—压力油;12—进油口;13—螺栓套。

图 14-13　错油门结构图

3. 错油门工作原理

二次油压的变化使错油门滑阀产生上、下运动，当二次油压升高时，滑阀上移，由接口通入的压力油进入油缸活塞上腔，而下腔与回油口相通，于是活塞向下移动，并通过调节气阀杠杆使调节气阀开度增大。与此同时，反馈导板、弯曲杠杆将活塞的运动传递给杠杆，杠杆便产生与滑阀反方向的运动使反馈弹簧力增加，于是错油门滑阀返回到中间位置。通过活塞杆上调节螺栓调整反馈导板的斜度，可改变二次油压与活塞杆行程之间的比例关系。图示的反馈导板是直线，二次油压与活塞行程是线性关系。若反馈导板是特殊型线，则两者也可以是非线性关系。

反馈系统的作用是油动机的动作过程稳定，它通过弯曲杠杆、杠杆、活塞杆及错油门滑阀构成反馈环节。弯曲杠杆一端的滚针轴承顶在反馈导板上，另一端和受弹簧作用的杠杆、调节螺栓连接。

在这里还要对两个问题进行详细介绍，错油门滑阀的旋转与振动。

压力油从接口进入错油门，并经其壳体内的通道，由进油口进入滑阀中心，而后从转动盘中的径向、切向孔喷出，由于压力油从转动盘的切线方向连续喷出，所以使错油门滑阀产生旋转运动，通过螺钉调节喷油量的大小，可改变滑阀的转动频率，这一频率可用专门的测量仪表在螺栓套中测出。

在错油门滑阀旋转的同时，又使其产生轴向振动，这是通过在滑阀下部的一只小孔来实现的，滑阀每转动一圈该孔便与回油孔接通一次。这时就有一部分二次油压排出，于是引起二次油压下降并导致滑阀下移，当滑阀继续旋转，小孔被封闭时，则滑阀又上移，因此随着滑阀旋转，滑阀一直重复上述动作，这时，就有微量压力油反复进入油缸活塞上腔或下腔，使活塞及调节气阀阀杆出现微小振动，从而使油动机对调节信号的响应不会迟缓，错油门滑阀的振幅可由螺钉来调节。

14.3.6　调速器

常见的调速器形式有：双脉冲式、SRIV 型、Woodward PG－PL 型、Woodward 505 电子调速器，现以 Woodward 505 电子调速器为例进行详细的介绍。

1. Woodward 505 电子调速器介绍

Woodward 505 是美国 Woodward 公司生产的以微处理器为基础的数字式调节器。根据每一台汽轮机的特性和参数对 505 进行组态。

505 接受转速探头送来的频率信号，经内部频率/电压转换器转换后与设定值比较，产生相应的 4 ~ 20 mA 模拟信号，输出至电液转换器（I/H），I/H 把模拟信号转换成相应的二次油压 1.5 ~ 4.5 bar（1 bar = 100 kPa），二次油压控制错油门，进而控制调节阀开度，控制蒸汽流量，调整汽轮机出力，使转速稳定在设定值。

图 14－14 是驱动压缩机的汽轮机的控制回路。压缩机的入口或出口压力可转换成模拟信号 4 ~ 20 mA 给 Woodward 505，以遥控信号改变 505 的设定值来控制转速。

汽轮机的启动、暖机、升/降速可以在 505 面板上完成。安装在汽轮机旁的就地柜上一般设置必要的按钮，也可以完成上述功能。但 505 面板操作有优先权。

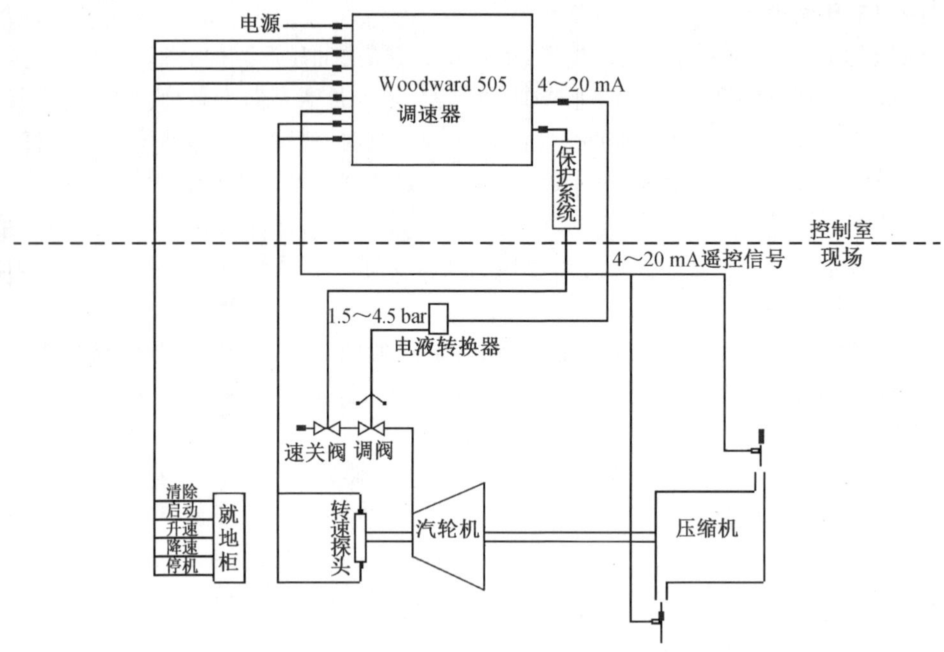

图 14－14　控制回路

利用 505 可以进行汽轮机的超速试验，505 面板上会显现报警信号。505 出现跳闸信号给保护系统，切断油路，关闭速关阀，可以保证汽轮机安全。

2. Woodward 505 面板介绍

图 14－15 是 505 控制面板，由 LED 显示屏和 30 个按键组成。LED 可同时显示两行，每行 24 个字符，可在组态和运行时显示和监视参数。按键的功能介绍如下：

① ◀　▶　向左或向右移动功能模块。

② ▲▼　在某一功能模块中向上或向下移动子模块。

③ ADJ▲　ADJ▼　在运行方式中增大或减少某一可调参数。

④ PRG　按此键，停机时调节器由 CONTROLLING PARAMETER PUSH RUN OR PRGM 状态转入程序状态；运行时，进入菜单。（只能监测，不能修改）

⑤ RUN　按此键，调节器由 CONTROLLING PARAMETER PUSH RUN OR PRGM 状态转入运行状态。

⑥ STOP　运行方式中，按此键可使汽轮机可控停机。

⑦ RESET　清除运行方式中出现的报警和停机，停机后，按此键是调节器回到 CONTROLLING PARAMETER PUSH RUN OR PRGM。

⑧ 0/NO　在程序方式中，输入 0 或 NO；在运行方式中，执行 NO。

⑨ 1/YES　在程序方式中，输入 1 或 YES；在运行方式中，执行 YES。

⑩ 2/ACTR　在程序方式中，输入 2；在运行方式中显示执行机构的位置。

⑪ 3/CONT　在程序方式中，输入 3；在运行方式中显示控制参数。

⑫ 4/CAS　在程序方式中，输入 4；在运行方式中显示串级调节信息。

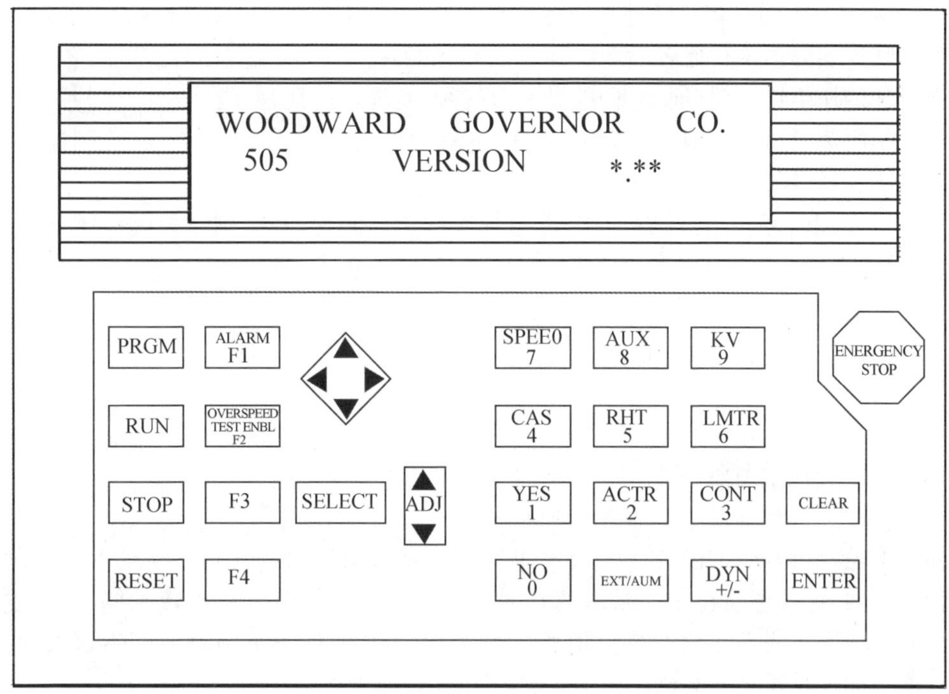

图 14－15　505 控制面板

⑬ 5/RMT　在程序方式中，输入 5；在运行方式中显示遥控信息。

⑭ 6/LMTR　在程序方式中，输入 6；在运行方式中显示阀位控制信息。

⑮ 7/SPD　在程序方式中，输入 7；在运行方式中显示转速调节信息。

⑯ 8/AUX　在程序方式中，输入 8；在运行方式中显示辅助调节信息。

⑰ 9/KW　在程序方式中，输入 9；在运行方式中显示功率信息。

⑱ CLEAR　退出功能模块。

⑲ ENTER　用于输入新数值。

⑳ DYN/＋－　在程序方式中，输入正负号；在运行方式中，显示动态参数。

㉑ EXT　在程序方式中，输入小数点。

㉒ ALARM（F1）　当键上的指示灯量时，按此键显示报警原因。

㉓ OVERSPEED　TEST　ENBL（F2）　与 ADJ▲同时操作，允许提升转速基准超越调节器上限转速，以进行超速试验。

㉔ F3　可组态的功能键。

㉕ F4　可组态的功能键。

㉖ EMERGENCY STOP　紧急停机键。

3. 调节系统概述

该调节系统用于驱动压缩机的汽轮机。它的主要功能是对汽轮机的转速/压缩机压力进行控制；对转速做无差调节；与分散控制系统（DCS）进行直接连接，实现中控启动和运行监控。Woodward 505 具有网络通信口，可以与管理系统实现联网。

调节系统主要构成：转速传感器、数字式调节器，电液转换器，错油门/油动机和调节气阀。速关组合件上装有电液转换器和停机电磁阀，是保护系统的主要部分。

Woodward 505 同时接受转速传感器的汽轮机转速信号和来自压缩机的控制信号,转速设定值和转速实际值进行比较后 505 输出执行信号 4 ~ 20 mA 给电液转换器,转换成相应的二次脉冲油压给错油门/油动机,操纵调节气阀,实现转速/功率调节。

汽轮机超速时,505 超速保护动作,停机电磁阀相应动作,切断速关油,关闭速关阀,同时关闭气阀,机组停机。

汽轮机超速时,危急遮断器动作,危急保安装置切断速关油,则速关阀关闭,同时关闭气阀,机组停机。

14.4 蒸汽轮机的辅助设备

14.4.1 冲击式盘车装置

如果汽轮机热态停机,汽轮机转子不再转动,在冷却的时候,经过一定的时间间隔。会出现转子弯曲,这种弯曲在立即重新启动时会产生明显的影响。由于转子偏心,通过摩擦可以引起叶片汽封或者叶片的严重损坏。此外,由于转子的不平衡就会产生过大的振动,这样可能引起轴承过早的磨损。

如果在这个停车冷却阶段中,让转子连续而有节奏的转动就不会危及汽轮机的再运行。冲击式盘车装置在每次运动中都使汽轮机转子旋转一定的角度,以满足这个条件。

冲击式盘车装置主要由电磁阀、压力油缸、活塞和框架组成,连接板把电磁阀和装在后轴座上的压力油缸连接在一起。在压力油缸中有活塞及活塞拉杆。在压力油缸上有一个导向杆,它起引导活塞拉杆的作用。在活塞拉杆上固定着可摆动的框架。

连接板带有多个油孔。压力油经过接口引向电磁阀的滑阀壳体。如果电磁阀没有激磁,则压力油要流向接口 A,使活塞上端的空间形成压力(图 14 - 16)。

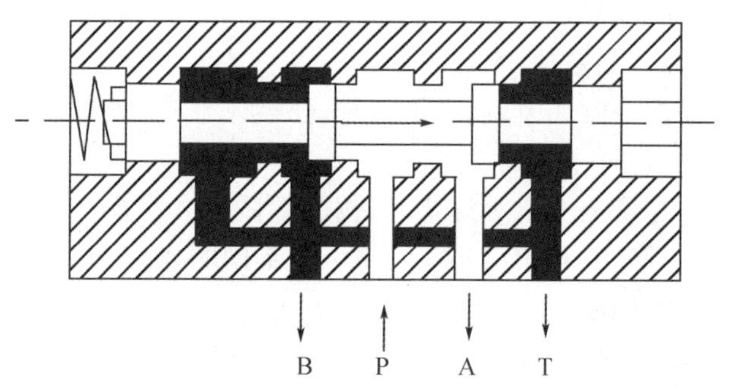

图 14 - 16 原理图:电磁阀没有激磁

如果电磁阀被激磁,滑阀移向另一末端,关闭通向接口 A 的压力油通道,同时打开油路 B 的通道(图 14 - 17)。压力油流到活塞下面,活塞带动拉杆和框架一起向上压,框架中的销轴作用在红套于汽轮机转子上的棘轮,使汽轮机转子旋转一定的角度。

若切断电磁阀,则弹簧又把滑阀压向它原先的位置上,油路 B 无压力,压力油 P 向 A 换向,则活塞又向下滑动。

在回油管 T 上装有带位置指示的针阀作为节流用。在装置投入时,该针阀使活塞的向上运动减慢到使框架中的销轴能与棘轮很好啮合。针阀不能全关。冲击式盘车装置停止工作时,首先不让电磁阀投入运行。这可以保证活塞处于最下面的位置,而只有在等了 15 s 以后才能切断压力油。只有当汽轮机转子停止转动时才可以操作冲击式盘车装置。

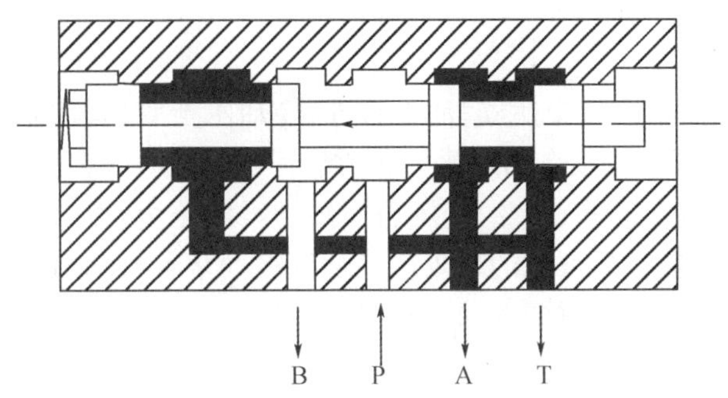

图 14－17　原理图:电磁阀被激磁

14.4.2　油系统设备

汽轮机必须设置油系统,为了简化系统结构往往与压缩机的油系统组合在一起,形成整个机组的统一油系统。其作用主要是供给机组各轴承润滑油,使轴颈和轴瓦之间形成油膜,以减少摩擦损失,同时带走由摩擦产生的热量和由转子传来的热量;供给动力驱动、调节系统和保安装置用油;供给油密封装置密封油以及大型机组的顶油装置用油。供油系统必须在任何情况下都能保证可靠用油,否则会引起轴瓦乌金的损坏或熔化,影响动力控制,严重时会造成设备的损坏事故。

汽轮机组的油系统由油箱、油泵、油冷却器、油过滤器、安全阀、止回阀、调压阀、控制阀以及高位油箱、蓄压器、油管路等组成。

1. 油箱

油箱除具有储油任务之外,还担负着分离空气、水分和各种机械杂质及气泡的任务。回油从一侧进入油箱,吸油在另一侧,中间有垂直的隔板隔开。油箱的底部具有一定的坡度或做成圆弧形,并在最低处设有排污管,以便定期排除油箱中的水分和沉淀物。在油箱的吸油管侧装有油位计,指示油箱的油位。为了使油中机械杂质能沉淀下来,油箱中的油流速度应尽量缓慢,回油管尽量布置在接近油箱的油面,以利于气泡的逸出。油箱上均装有排烟管,用来排除油箱中的空气和其他气体。容量较大的汽轮机,在油箱上还装有排烟风机,除了排出油箱中空气和其他气体外,还可使油箱保持一定的负压,以使回油畅通。负压不宜过大,以免吸入灰尘和杂质。油箱的容积越大,油箱中的油流速度越小,有利于空气、水分及杂质的分离。但油箱的容积太大,不仅给现场布置带来困难,而且还要多消耗钢材。通常用循环倍率 K 来表示油系统的相对情况,它表明所有油量每小时通过油系统的次数,若以 Q 表示系统每小时的油流量,V 表示油系统的容积,则循环倍率 $K=Q/V$,通常规定 $K=8\sim10$,K 值越大,说明油每小时通过油系统的次数越多,油在油箱中分离效果差,油容易劣化。为了便于冬季开车时油温的控制,有的油箱下部还设有加热装置(如蒸汽加热盘管或夹套)。

2. 油泵

工业汽轮机油系统设有多种油泵,如主油泵、辅助油泵和事故油泵等。有的主油泵与主轴相连,有的单独设置,常用的油泵形式有齿轮泵、螺杆泵和离心泵,某些机组还采用注油器。

3. 油冷却器

油冷却器是一种表面式热交换器,油走管外,冷却水走管内,用来降低油的温度,使油温保持在 35 ~40 ℃。管束胀接在固定管板和活动管板上,油在管外流动,冷却水在管内流动,产生热交换,将油的热量带走。油侧压力要高于水侧压力,以保证即使管束漏泄,也不会发生冷却水漏入油中使油质恶化的现象。一台机组中常备有两台以上的油冷却器,即可保证冷却效果,又可轮换进行检修。

4. 油过滤器

汽轮机油系统要求清洁度很高,一般过滤精度为 20 ~40 μm,因此在油泵进口处设有粗过滤网外,经过油冷却器之后,还要经过精细的过滤器,常用的过滤器为网式或纸制滤芯,一般设置两台。每台都可单独处理全部流量,一台运行,另一台备用或清洗。过滤器前后有测压仪器,当过滤器的压差上升到一定程度时会报警,说明过滤器较脏,需要清洗。

5. 高位油箱(事故油箱)

安装在机组高 5 ~8 m 处,确保机组在发生停电或停车事故时,机器每个润滑油部位具有必要的润滑油,其容量应保证供油时间不少于 3 min,对转动惯量较大的机组,应适当地增大油箱的容量。

6. 蓄压器

在润滑油系统中设有蓄压器用来稳定润滑油压力,在主油泵停车、备用油泵启动的瞬间,能够维持一定的润滑油压,使机组不因正常的油泵切换而误停。蓄压器内有蓄压器球囊,球囊内按规定压力充上氮气,用来稳定油的压力。

14.4.3 抽气器

抽气器的任务是将漏入凝汽器内的空气和蒸汽中所含的不凝汽气体连续不断地抽出,保持凝汽器始终在高度真空下运行。抽气器运行状况的优劣,影响着凝汽器内真空度的大小,对机组的安全、经济运行起着重要的作用。

抽气器的工作原理:图 14 -18 为喷射式抽气器示意图,它由工作喷嘴、混合室、扩压管组成,工作介质通过喷嘴,由压力能转变为速度能,便在混合室中形成了高于凝汽器内的真空,达到把气、汽混合物从凝汽器中抽出的目的。为了把从凝汽器中抽出的气、汽混合物排入大气,在混合室之后设有扩压管,把工质的速度能再转变为压力能,以略高于大气压力的压力将混合物排入大气。抽气器的整个工作过程可分为三个阶段,如图 14 -18 所示的 1 -1 断面以前为介质在喷嘴内的膨胀增速阶段;在 1 -1 与 2 -2 断面之间是工质与混合室内的汽、气混合物相混合阶段;在 2 -2 与 4 -4 断面之间是超音速流动的压缩阶段;断面 3 -3 为超音速流动转变为亚音速流动的过渡断面;3 -3 与 4 -4 断面为亚音速流动的扩压段。当工质流至 4 -4 断面以外,其压力上升至略高于大气压力而排入大气。

抽气器分为射汽抽气器和射水抽气器,以过热蒸汽为工作介质的抽气器叫射汽抽气器，以水为工作介质的抽气器称为射水抽气器。

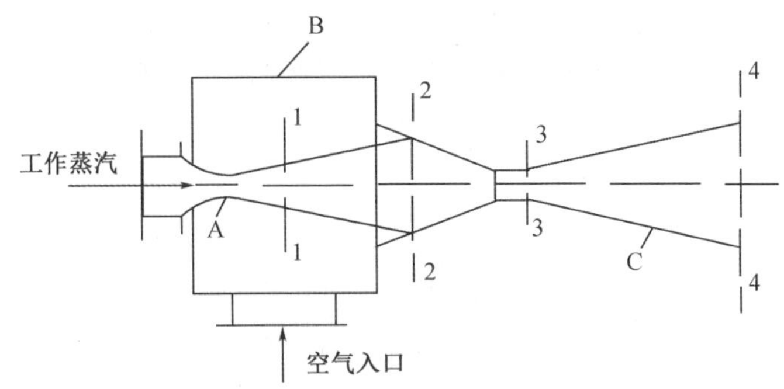

A—工作喷嘴；B—混合室；C—扩压管。

图 14－18　喷射式抽气器示意图

1. 启动抽气器

启动抽气器的任务，是在汽轮机启动前抽出汽轮机和凝汽器内的大量空气，使凝汽器内加快建立真空的速度，缩短机组的启动时间。另外，在运行中当汽轮机真空系统严重漏气，凝汽器内真空度下降至 80 kPa 以下时，可临时投入启动抽气器，维持机组的运行，待漏气消除后再将其停止。

启动抽气器的特点是抽气量大，结构简单。其缺点是建立的真空度较低，工质不能回收，直接排入大气，热损失大，不经济，所以在运行中一般情况下不使用启动抽气器，只将它作为一种备用设备。启动抽气器能够达到的真空度一般只有 80 kPa 左右，只有当凝汽器内的真空度低于 80 kPa 时才可使用启动抽气器。若凝汽器内真空度高于启动抽气器的最高真空度时，不得投入启动抽气器。启动抽气器的工作原理和构造与图 14－18 所示的喷射式抽气器基本相同。

2. 主抽气器

主抽气器一般是由两个射汽抽气器和两个冷却器组成的，称为二级抽气器。在大机组中一般都使用三级抽气器，其工作原理与二级抽气器相同。如图 14－19 所示，由新蒸气管或压力适当的抽气管，将蒸汽引至抽气器喷嘴，蒸汽进入喷嘴后开始膨胀加速而进入混合室中，在混合室中形成了高度的真空，从而把凝汽器内的气、汽混合物抽了出来，在混合室内与高速气流掺混后进入扩压管中。气、汽混合物在扩压管中流速降低，压力逐渐升高，当压力升至凝汽器压力与大气压力中间的某一数值时，便排入第 1 级抽气器的冷却器中，蒸汽在冷却器中绝大部分被冷却凝结成疏水，未凝结成疏水的气、汽混合物经连通管进入第 2 级，被第 2 级抽气器的扩压管压缩至比大气压力稍高的压力，再排入第 2 级的蒸汽冷却器，在冷却器中绝大部分蒸汽被冷却凝结成疏水，剩余的少量气、汽混合物排入大气中。

主抽气器冷却器是采用凝结水泵出口管的凝结水作冷却水的，吸收工作蒸汽的凝结潜热和回收工质，使从凝汽器中抽出的气、汽混合物还能得到再冷却，保证抽气器在高效率下工作。汽轮机启动、停机或低负荷运行时，由于凝汽器内的凝结水量过少，不能满足抽气冷却器的需要，因此在抽气冷却器出口管上增设了凝结水再循环管。当抽气冷却器通过的冷却水量不足时，即可开放凝结水再循环阀，使部分或全部凝结水再回至凝汽器中冷却、循环使用。

在射汽抽气器中，气、汽混合物在第 1 级扩压管的压力升高不能过大，否则其效率将下降。因而现代发电厂使用射汽抽气器的机组，除辅助抽气器外，主抽气器一般都采用二级抽气器。大型高压机组多采用三级抽气器,其目的是为了提高抽气器的效率。为了配合多级抽气器气、汽混合物在扩压管中逐级增压原则,冷却水在冷却器内的冷却顺序,先由第1级开始逐级冷却。在汽轮机设备中,抽气器的蒸汽消耗量平均为新蒸汽总消耗量的0.5% ~0.8% ,小机组可达到1.5% 。

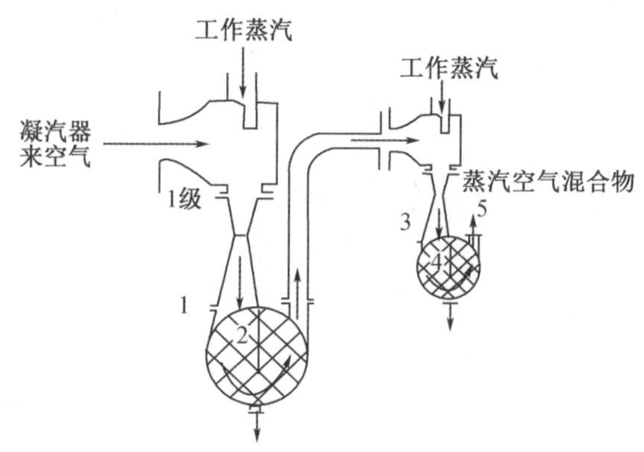

1—第1级抽气器;2—中间冷却器;3—第2级抽气器;4—外冷却器;5—排空气口。

图14-19　二级抽气器

为了保证抽气器在新蒸汽压力偏低的条件下仍能稳定地工作,一般采用经过节流的新蒸汽作为抽气器的工作蒸汽,即在喷嘴入口管处设一节流孔板。对于高压机组,抽气器的工作压力采用1.5 ~2.0 MPa,中小机组采用0.5 ~1.5 MPa。

虽然射汽抽气器抽气效率低,但其结构简单,能回收工作蒸汽的热量和凝结水,这是比较经济的,因而在很多机组中被广泛应用。

多级抽气器比同样抽气能力的单级抽气器消耗的蒸汽量少。三级抽气器的汽耗量约比二级抽气器少10% 。

14.5　蒸汽轮机的故障分析

在实际运行中,由于各种因素的影响,机器永久完全正常运转是不可能的,要求绝对不出故障也是难以做到的。有些故障的出现,不是运行操作方面的原因,而是由其他原因造成的,诸如设备本身的质量、外界的影响、自然条件、偶然原因等。但是应当做到少出故障,不出大故障;即使出现故障后,也能采取措施,使故障所造成的损失减少到最小程度。更主要的是我们应当尽量做到预先防止故障的发生,将故障消灭在萌芽状态,防患于未然。

在机组发生故障或事故时,特别应当注意下述问题:

发生故障时,运行人员应迅速解除对人身和设备的危险,找出发生故障的原因,消除故障,同时注意保持非故障设备的运行。

在处理故障时,运行人员必须坚守岗位,集中全部精力来力争保持机组的正常运行,消除所有的不正常情况,正确、迅速地向上级报告,并迅速准确地执行命令。

消灭事故时,动作应当迅速、正确,不应急躁、慌张,否则不但不能消除故障,反而更会使故障扩大。

14.5.1　主蒸汽参数不符合规定

主蒸汽(也叫新汽)的温度和压力不符合规定,对汽轮机组的性能、强度和安全可靠性以及使用寿命等,都具有很大的影响,甚至可能造成事故,因此必须严格控制。

1. 中温中压机组

蒸汽压力允许在规定压力 ±0.5 表压范围内变化。压力超过规定气压 0.5 ~2.0 表压时,通知锅炉迅速降压。超过 2.0 表压后,应关小主气阀或总气阀节流降压,以保持汽轮机前的蒸汽压力正常。如果节流无效,则应和主控制室联系故障停机。压力比规定压力降低 0.5 ~3.0 表压时,应通知锅炉升压。降低 5.0 表压后应根据制造厂规定及具体情况降低负荷。当继续降低到制造厂规定停机的数值时,应联系故障停机。

蒸汽温度允许在规定温度 ±5 ℃范围内变化。温度超过规定温度 5 ~10 ℃时,通知锅炉降温;超过 10 ~25 ℃,或在这一温度下连续运行 30 min 以后仍不能降低时,可通知故障停机;超过极限温度运行时间全年不应超过 20 h。温度比规定温度降低 5 ~20 ℃时,通知锅炉升高温度;降低 20 ℃后,根据制造厂规定及具体情况降低负荷;根据下降温度及时打开主蒸汽管上的疏水阀和汽室上的疏水阀。

2. 高温高压机组

蒸汽压力允许在规定压力 ±2 表压范围内变化。压力超过规定压力 2 ~5 表压时,通知锅炉降压;超过 5 表压以上,关小主气阀或总气阀进行节流降压,保持汽轮机前压力正常;当节流无效时,应和主控制室联系故障停机。压力比规定压力降低 2 ~5 表压,通知锅炉升压;降低 5 表压以下时根据具体情况和制造厂规定减负荷;压力继续降低到制造厂规定停机数值或降低到保证用汽设备正常运行的最低压力以下时,联系故障停机。

蒸汽温度允许在规定温度 ±5 ℃(或 $^{+5}_{-10}$℃)范围以内变化。温度超过规定温度 5 ~10 ℃时通知锅炉降温;超过 10 ℃以上,或在这一温度下运行 15 ~30 min 后(全年不应超过 20 h)仍不能降低时,联系故障停机。温度比规定温度降低 5 ~20 ℃时通知锅炉升温,继续降低超过 25 ℃后根据具体情况及制造厂规定减负荷;根据下降温度应及时打开主蒸汽管上和气缸上的疏水阀门。

14.5.2　冷凝器中真空降落

冷凝式汽轮机组真空下降常有发生,不仅会使机组效率降低,而且会使机组输出功率下降,影响驱动的压缩机和泵等设备的工作性能,真空降落常会造成机组停机事故。

1. 真空急剧下降

经过迅速查对,发现真空确实急剧下降时,应采取的措施是:

①迅速检查冷凝器循环水入口压力和出口压力,检查循环水泵是否有故障;采用空冷冷凝时,需检查空冷的运行情况是否良好。

②检查轴封蒸汽压力,若有不足则可能引起空气漏入,造成真空下降。

③检查凝结水管路上的压力,查清凝结水泵是否发生故障。

④设法降低负荷,使被驱动机负荷下降或降低转速,如果负荷已经减到最低,而真空继续降低到制造厂规定数值或 450 mmHg(1 mmHg = 133 Pa)以下时,没有恢复好转趋势时,应

及时联系故障停机，处理应当及时，防止排大气安全阀动作。

2. 真空缓慢下降

经过查对核实冷凝器真空在逐渐缓慢下降时，一般应采取的措施是：

①启动备用(辅助)抽气器。

②根据具体情况减低负荷。

③当真空降到 600 mmHg 时，投入启动抽气器。

④检查冷凝器循环水情况或空冷运行情况。

⑤检查轴封蒸汽压力。

⑥检查凝结水泵出口压力。

⑦检查主抽气器各段蒸汽压力。

⑧查看水封供水情况。

⑨检查大气安全阀和真空破坏阀门情况，水封是否中断。

⑩检查冷凝器水位和疏水箱水位。

在检查真空降落时应注意，真空逐渐下降是不易发现的，运行人员从任一表计上发现真空比规定数值降低 10 mmHg，应马上用不同表计进行核对，最好将水银真空计或排气压力表与排气温度表进行核对，如核对结果确属真空下降，则应报告有关部门并采取措施。

3. 真空降落的主要原因

①循环水中断。循环冷却水中断可以引起真空急剧下降，此时真空表指示回零，循环水泵出口侧压力急剧下降，凉水塔无水流落，查其原因可能是循环水泵或驱动机故障，因此应当检查水泵及驱动机，并设法排除其故障。

当循环水中断时，应迅速去掉汽轮机的负荷，并做好被驱动机方面的工作。如果有备用水源，应及时向冷油器供水。当真空降到允许的极限值时，应进行故障停机。如果循环水中断使冷凝器超过正常温度，应及时停机并关闭循环水入口阀门；如果恢复循环水供应的话，一般应等到冷凝器冷却到 50 ℃左右时，再往冷凝器送循环水，否则将使冷凝器受到急剧冷却，造成铜管胀口松漏。

②循环水量不足。循环水量不足将引起真空逐渐降落，循环水出口和入口温度增大，造成循环水量不足的原因主要是循环水泵或驱动机出现故障。冷凝器阻塞，流动阻力增大，应进行清扫。此外还可能是循环水出水管堵塞。

③冷凝器满水。冷凝器汽侧空间水位过高或满水，主要是水位升高后，淹没下边一部分铜管，减少了凝汽器的冷却面积，使汽轮机排气压力升高。造成冷凝器满水的主要原因是凝结水泵故障或冷凝器铜管破裂、备用凝结水泵的逆止阀门损坏或不严，水从备用泵倒流回到冷却器。

④冷凝器冷却表面积垢。冷凝器冷却表面积垢，对真空的影响是逐渐积累和增加的，查其原因主要是循环水水质不良，在铜管内壁或管板上沉积一层软质的有机垢或硬质的无机垢。这些垢层严重地降低铜管的传热能力，影响冷却效果，此外还减少了铜管的通流面积，增加了流动阻力，减少了冷却水的流量，降低冷却效果。改进的基本措施是改善水质，严格控制水质指标。当积垢过多，真空下降过大时，应进行清洗。

⑤采用空冷的凝汽系统中，空冷风机的皮带变松，导致转速变慢，冷却风量不足，也将导致真空下降。

⑥真空系统及冷凝设备不严密。真空系统及冷凝设备不严密会使漏气量增多，真空下

降。在运行中要查找漏气原因和地点,并设法予以消除。

14.5.3 转子轴向位移过大

汽轮机与被驱动的工作机械的转子轴向位置直接影响推力轴承工作的安全和转子与静子之间的轴向间隙。当发现轴向位移逐渐增大时,应特别注意检查推力轴承推力瓦乌金温度和推力轴承的出口油温,经常检查汽轮机运行情况和倾听机组有无异音,注意有无振动。

当轴向位移超过正常数值时,应迅速减少负荷,使轴向位移降低到额定数值以下。在降负荷时,如果驱动的是离心式压缩机,则一定要避免压缩机发生喘振,也要注意不要使转速靠近临界转速;认真检查推力轴承出口油温和推力瓦乌金温度;检查汽轮机有无振动,并倾听汽轮机内部及轴封处有无不正常的声音;测定汽轮机及工作机械各轴承的振动。采取措施后,如轴向位移继续增大,并伴有不正常的声响、噪声和振动,或者机组已在空负荷运行,轴向位移仍然超过极限数值时,应当迅速紧急停机,破坏真空,并事先做好压缩机方面工作。

14.5.4 水冲击

当汽轮机进气温度过低时,汽轮机末几级将进入湿蒸汽区工作,此时蒸汽中含的水滴将加剧对叶片的侵蚀和腐蚀,使机组的经济性和安全性都有所降低。如果进气温度急剧下降达到某一程度,汽轮机进气将大量带水,就会发生“水冲击”,使大量水滴撞击叶背,对汽轮机产生制动作用,使转速下降,出力显著减少,使叶片所受应力增大,严重时会发生折断;轴向推力增大,严重时会使推力轴承的轴瓦乌金熔化,可能造成通流部分的严重磨损和碰撞。由于水冲击事故的危害极大,而且事故发展很快,因此处理必须迅速果断,并且熟悉和正确判断水冲击事故的征象和预兆。

水冲击的主要征象是:

①进气温度急剧降低;②从气管法兰盘、轴封冒气信号管、轴封、气缸接合面等处冒出白色湿蒸汽或溅出水滴;③可以清楚地听到蒸汽管内有水击声;④机组振动加剧;⑤转子轴向位移增大;⑥机内有水滴撞击金属响声;⑦推力轴承推力瓦块乌金温度增高;⑧推力轴承出油温度升高;⑨冷凝器内压力升高,真空恶化。以上征象不一定同时出现,当发现水冲击征象时,必须采取迅速而果断的措施,否则将会引起严重的设备损坏,如推力轴承轴瓦熔化、迷宫式轴封破损、叶片碰坏等。

确认发生水冲击时,应采取下列措施:①立即紧急停机,迅速破坏真空;②将汽轮机蒸汽管道和汽轮机本体的疏水阀门全部打开;③正确记录转子的惰走时间及惰走时真空的变化,以判定汽轮机内部有无损坏;④在惰走时仔细倾听汽轮机内部声响;⑤检查推力轴承乌金温度和润滑油回油温度,以判定推力轴承是否熔化;⑥测量轴向位移数值。

引起水冲击的原因,一般多是锅炉方面运行不正常,如锅炉负荷突然增加过多,锅炉给水过多,锅炉内水位超过正常,炉水品质不良引起“汽水共腾”,锅炉及汽包和过热器操作不当,减温器操作不当等。此外,汽轮机水冲击的重要原因是疏水系统不良或疏水操作不当,或者暖管工作未按要求进行,都会造成水冲击。

防止水冲击的主要措施：①当蒸汽温度和压力不稳定时，尽量不启动汽轮机，如果在运行中发生蒸汽温度和压力波动，必须监视机组的运行情况；②当锅炉并入运行或者把蒸汽母管从一根更换为另一根时，锅炉方面应当事先通知汽轮机操作人员，汽轮机操作人员应密切注视机组运行状况；③除了在暖机、暖管时注意疏水外，在每次新蒸汽温度显著降低，或者发现有水冲击迹象时，都应打开直接疏水阀；④汽轮机和管路应当设有汽水分离器或其他疏水设备，并经常检查它们的工作性能，如发现动作不灵，应及时修理；⑤在汽轮机停用后开始启动之前，应当开放所有疏水阀门，当汽轮机已经升速并带上负荷后再关闭。

14.5.5 异常振动

汽轮机的正常振动（微量振动）是不可避免的，尤其是转子通过临界转速区时，振动将会加剧，这些振动如果没有超出允许范围都认为是正常的。如果运行中振动超过正常范围，则说明机器出了毛病，因此振动是判断机组运行状态的一个标志，在运行中应当通过各种手段（听棒、测振仪表）来监视、判断。

1. 振动的原因

判断异常振动因素比较复杂，但从形成原因方面来看可分成三大类。

①结构方面的原因。与机器的设计、结构方面的缺点有关，这部分原因是由制造厂带来的，应从结构设计方面进行改进，才能克服。

②安装方面的原因。这种原因造成的振动会随着运行继续而加剧，诸如转动部分平衡的不正确或运行中遭到破坏；汽轮机与工作机械等对中不良，机组附属转动件如调速器、主轴带动的油泵和危急保安器等部件平衡不良，安装不佳；受热的机件安装不当，热态时热膨胀、热变形受阻，破坏平衡；某些机件配合不符合要求，如轴封片与轴颈配合过紧，受热时摩擦发热，轴弯曲；轴承安装不当，间隙不合适，油膜易破坏；基础不良或下沉。

③运行方面的原因。汽轮机在启动前预热不充分或者不正确，因而造成汽轮机在启动时转子处于弯曲状态，或者中心不对；固定在汽轮机和工作机械及联轴器上的某些转动零部件松弛、变形或者位置移动，引起回转体的重心位置改变，加剧振动，如叶轮和轴结合松动、变形以及某些对质量要求严格的回转件更换而又未做平衡试验，回转部件的原有平衡被破坏，如叶片飞脱及叶片和叶轮的严重腐蚀，叶轮破损，轴封损坏，叶片积垢，个别零件脱落以及静止和转动部分的摩擦；机壳的变形、启动前预热不均匀；轴承润滑不够或不适当，油泵工作不稳定或油膜不稳定；蒸汽管路对机组的作用力，使机组变形、移位；管路与机组连接不合要求；蒸汽温度过高；回转部分与固定部分之间落入杂物。

2. 采取的措施

当机组突然发生强烈振动应立即破坏真空，紧急停机。

在负荷变动的情况下，机组发生不大强烈的振动，需要降低负荷或转速，直到振动消除为止，同时应当研究振动的原因，检查润滑油压是否下降，轴承进口油温是否过高或过低，轴承出口油温是否过高，主蒸汽温度是否过高，主蒸汽温度是否降低到使湿蒸汽进入汽轮机的程度；汽轮机气缸膨胀情况是否正常。

汽轮机在启动时发现不太严重的振动时，需要急速降低转速，直到消除振动为止。在此转速下中压机组可暖机 5 ~ 15 min，高压机组可暖机 15 ~ 30 min，然后再继续提升转速。如果振动仍高则需要再度降低转速，重复同样操作，但最多不得多于 3 次，如仍不能消除振动,则应停机检查。

运行人员如果不能弄清振动原因,其他一切正常,而振动不能消除时,应及时报告上级,共同研究原因。

3. 常见振动类型与处理

整台汽轮机发生单一的均匀振动。根本原因是回转部分质量分布不均衡。振动的大小与不平衡的程度有关,而且成正比。

①汽轮机、联轴器、齿轮变速箱对中不正确,应复查对中情况,进行热态找正。

②转子或其他转动件的弯曲值超标,造成动不平衡,需复查转子的弯曲值。

③叶片积垢,破坏动平衡,需去除积垢。

④叶片严重腐蚀或磨损,需更换叶片。

⑤转子在启动时预热不均匀,不充分。这种振动往往发生在刚启动,转子处在弯曲状态时。应当降低转速,加长低速暖机时间。

⑥某些部件受力不合理,受到过大的应力或变形,产生不平衡的力,在检修时应当检查各部件,看是否有变形,并设法矫正。

不是单一的均匀的振动,而是变化的周期性振动,空负荷时较轻,随着负荷的增加而振动加剧。造成这种振动的原因主要是轴装的不合要求,联轴器联结偏心,底座、基础和地基变形、下沉的不均匀,蒸汽管路由于受热变形,管路压向汽轮机,使机器受压。此时针对各种情况进行处理,若属管路问题,则应使管路有充分的热膨胀措施。

振动频率和汽轮机或工作机械转速相同,转子轴向推力增大,推力轴承温度升高。造成这种振动的主要原因是转子、叶片或叶轮部分的问题,诸如叶片流道积垢,破坏了叶片的质量平衡和转子的平衡;由于通道积垢,气流通道变窄,因而使轴向推力加大。针对这些现象,应当对汽轮机叶片表面进行清洗,可以不停机清洗,也可以停机揭盖对叶片进行清洗;应当保证锅炉给水的质量使水质合乎标准,并注意锅炉运行情况。

当向汽轮机送入蒸汽时,有不正常声音,蒸汽温度急剧下降,汽轮机发生强烈的振动。这种征象要特别注意,很可能是水被蒸汽带入汽轮机内发生水冲击;也可能是锅炉或管道的结垢物、硬质颗粒被蒸汽带入汽轮机;也可能是汽轮机的进汽不均匀,调节系统和调节阀门发生问题。发生这种征象时应当停机检查,查明原因,检查蒸汽过滤器,此外还应利用检修机会把调节系统、配气机构(如调节气阀、提升杆等)调整好,对各个尺寸及间隙应当进行校正。

当蒸汽达到一定温度时才产生振动,这种振动的原因主要是蒸汽管道安装不当。当蒸汽温度达到一定值时,蒸汽管道发生高温变形,有作用力施加在汽轮机本体上。处理这种振动的方法是要调整管路安装,消除蒸汽管路的热变形而产生的对机体的作用力。

当蒸汽温度超过设计规定的数值时,汽轮机产生强烈振动,造成这种现象的原因是新蒸汽的过热度超过了设计规定值,使机器许多部件所受的温度超过了设计所允许达到的温度。蒸汽过热温度长时间超过设计允许值是非常危险的,应当严格监督控制。如果发现上述征象,应当及时通知有关单位,将新蒸汽降温。

工作机械方面的原因也会给机组造成振动。汽轮机与工作机械同时串联在一起,有时连地基、底座都成一整体,其工作机械方面的振动也影响汽轮机的振动,诸如机组各缸不对中或对中质量不良,工作机械转子不平衡,联轴器平衡破坏以及机组管道安装不好,形成应力,管道将力传给机组使机组发生位移,造成对中不良,特别是驱动机械为压缩机时,压缩机发生喘振,更会影响机组发生强烈的振动。

14.5.6 叶片的损坏

叶片的损坏包括叶片的断落、裂纹、围带飞脱、拉筋开焊或断裂以及叶片冲蚀等。

运行中发生叶片及围带断落的一般征象是:

①单个叶片或围带飞脱时,可能在汽轮机通流部分发出尖锐而清晰的金属碰击声。

②在叶片断落的同时,伴随着机组突然发生振动,但有时振动会很快消失。

③当调节级叶片及围带飞脱堵在下一级静叶片时,将引起调节级压力升高,同时推力轴承温度也略有升高。

④当低压末级叶片脱落飞入冷凝器内时,在冷凝器内将有较强的敲击响声,若打损铜管,循环水漏入凝结水中会引起凝结水质恶化,热水井水位增高,凝结水过冷却度伴随增大。

⑤叶片不对称脱落较多时,造成转子产生不平衡,从而使机组振动明显增大。

⑥某监视段后的某级叶片断裂脱落时,可能使通流部分堵塞,造成监视段压力的升高。

造成叶片损伤断裂的原因很多,主要的有:

①叶片或叶片组的振动特性不良,发生共振现象,造成叶片或围带材料的疲劳断裂。

②叶片制造质量不合格,诸如叶片上有凹痕或裂纹,叶片厚度不规则的突变,叶片卷边,突变部分的过渡圆弧曲率半径不够而产生应力集中。

③新蒸汽温度经常过高或过低,经常过低则使最末级叶片因湿度过大而受水珠严重冲刷,机械强度降低;经常过高则使叶片产生蠕变,许用应力降低。

④汽轮机超负荷运行,将使最末一、二级叶片焓降增大而严重过负荷。

⑤变转速运行,可使叶片或叶片组落入共振区引起共振。

⑥叶片严重结垢,使叶片所受离心力增大,通流面积减小引起反动度增加,产生附加作用力而使叶片承受过大的应力。

⑦开、停车过程中,因操作不当,出现过大胀差,致使汽轮机动、静两部分发生摩擦而使叶片受到损伤。

⑧停机后维护不当,如有少量蒸汽漏入气缸,导致叶片的严重锈蚀而损坏。

在汽轮机运行中,一旦出现叶片断落的征象时,为了防止叶片损坏事故范围的扩大,必须破坏真空紧急停机进行检查。

防止叶片损坏的措施是:

①调频叶片要严格控制变转速运行的范围,避免叶片落入共振区。

②蒸汽参数和各段抽气压力以及真空等的变化超过制造厂规定的极限值时,应限制机组的负荷,防止通流部分过负荷。

③尽量缩短或减少汽轮机在低负荷下的运行,防止调节级过负荷而损伤叶片。

④注意汽轮机内有无异音,并监视机组的振动情况,以防动、静部分发生摩擦碰撞。

⑤保证汽轮机经常在规定的温度、压力下运行。

⑥加强化学监督,限制蒸汽中的含盐量。

⑦长期停机应采取防腐措施。

⑧在机组大修时,应全面检查通流部分损伤情况,对出现的缺陷认真研究,并及时更换

不合格的叶片,必要时进行叶片振动频率的测定,确保叶片质量,使运行安全可靠。

【思考与练习】

1. 蒸汽轮机装置的基本结构有哪些?
2. 描述蒸汽轮机的调速控制系统组成。
3. 蒸汽轮机水击发生原因及处理方法是什么?
4. 请分析冷凝器真空降落的原因。
5. 蒸汽轮机常见振动类型和处理方法有哪些?

第四篇　船舶电力推进系统

第 15 章　船舶电力推进系统概述

【知识目标】

1. 了解船舶电力推进系统的组成和分类。
2. 了解船舶电力推进系统的特点及应用。
3. 了解船舶电力推进系统的发展历程和发展趋势。

【能力目标】

1. 能简单叙述船舶电力推进系统的组成。
2. 能正确描述船舶电力推进系统的特点和应用。

15.1　船舶电力推进系统的基础知识

15.1.1　电力推进系统的组成

电力推进船舶通常由推进电机驱动螺旋桨，推进电机所需的能量来自发电机组。船舶发电机输出电压恒定、频率恒定的三相交流电源，经配电板配电到变压器、变频装置，通过变频装置改变加载在电动机的电压和频率，从而实现灵活控制电动机的动力输出。因此，船舶电力推进系统通常由发电机组、配电屏、变压器、变频装置、推进电机等部分组成，如图 15－1 所示。图 15－2 为船舶电力推进系统实物构成，图中圆圈部分为船舶电力推进系统特有的设备。

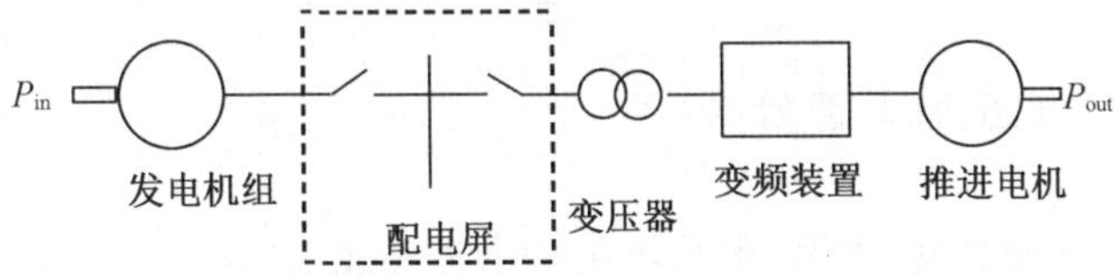

图 15－1　船舶电路推进系统组成

1. 发电机组

电力推进船舶通常由柴油发电机组给 6.6 kV 的高压电网(频率为 50 Hz 或 60 Hz)供电。对电力需求量较大的船舶，柴油机也可替换成功率更大、结构更紧凑的燃气轮机发电机组。

2. 高低压配电板

高低压配电板确保电力的分配，低压配电板为变压器、变频器和推进电机提供控制用电，6.6 kV 高压电由配电板通过推进变压器，输出到变频器。

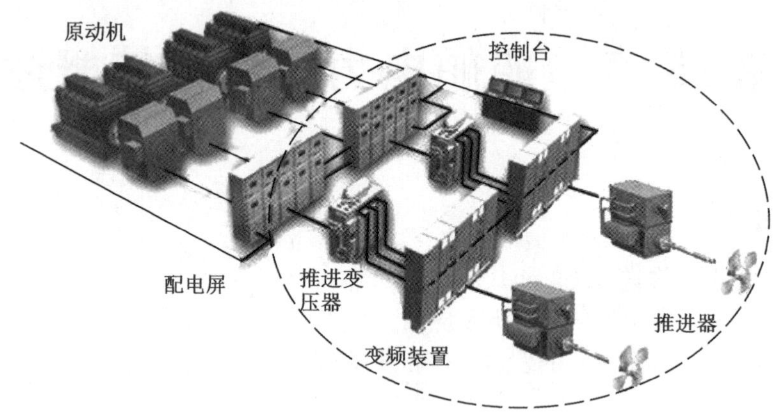

图 15-2　船舶电力推进系统实物

3. 推进变压器

变压器连接电力供应和推进电力应用两部分，进行升压和调相，为变频器提供 6 脉波、12 脉波或 24 脉波的交流电。

4. 变频装置

交流推进电机的控制或调速依赖变频技术。这就要求向交流电机供电的电源能够同时改变电压和频率。通常采用的 3 种变频控制有同步变频（交—交变频）、循环变频（交—直—交变频）和脉宽调制变频。

5. 推进电机

推进电机实现电能到机械能的转换，是驱动推进器工作的动力源。电动机可采用直流他励电动机、交流同步电动机、异步电动机或永磁电动机等。随着永磁电机控制技术的发展，在船舶电力推进系统中趋于采用永磁同步电机。永磁电机与常规电机相比具有功率密度高、转矩密度高的特点，由其构成的推进系统噪声低、效率高、维护性好，因此对于船舶来说更具发展潜力。

15.1.2　电力推进系统的分类

船舶电力推进可按原动机类型、电流种类和推进功能来分类。

1. 按原动机类型分类

（1）柴油机电力推进

柴油机是目前船舶电力推进中广泛采用的原动机，特别是中小型船舶。为了减轻质量和减小体积，电力推进一般采用高中速柴油发电机组。

（2）汽轮机电力推进

适用于大功率电力推进以及蒸汽耗用量比较大的船舶。此类型可使用低廉的燃料，降低运营成本，但需要蒸汽锅炉，这使得动力装置占用空间大，并且增加了质量。

（3）燃气轮机电力推进

燃气轮机功率大、体积小、质量轻、结构简单，但是寿命短，加之工作转速很高（10 000 r/min 以上），故需要加装减速器，然而这一方法又增加了船舶的质量。

(4)核动力装置电力推进

将核反应堆中产生的热能,通过热交换器,加热蒸汽或惰性气体,然后通过汽轮机发电。此方案可以不需要燃料储备而航行很长时间,特别适合大中型船舶和舰艇,如破冰船、潜艇、航空母舰、远洋船舶等。

(5)燃料电池电力推进

燃料电池是直接或间接地使用燃料氧化自由能的化学电池,其热效率可达90%,大大高于现有的一切热机。它与通常的电池不同,只要连续供应燃料,就能不断产生电能。并且,其工作可靠,无噪声,可根据需要任意串、并联。这些优势使得燃料电池在电力推进中的应用前景十分广阔。

2. 按电流种类分类

(1)直流电力推进

按系统调节原理可分为恒压电力推进、简单发电机－发动机(G－M)电力推进、恒功率电力推进以及恒电流电力推进等。但直流电机存在换向器和电火花的劣势,现在一般不再采用。

(2)交流电力推进

推进电机采用交流电动机,包括异步电动机、同步电动机、永磁电动机。随着采用变频器的交流调速系统的广泛应用,目前几乎所有电力推进系统都采用交流变频系统。

(3)交直流电力推进

采用电力电子技术将交流电源和直流电机结合成一个系统。

(4)直交流电力推进

采用电力电子技术将直流电源和交流电机结合成一个系统。

3. 按推进功能分类

(1)独立电力推进装置

螺旋桨专由推进电动机带动,如图15－3所示,这是最常用的电力推进方式。主发电机除了供电给推进电动机外,还可以将一部分电能供给船舶电网。

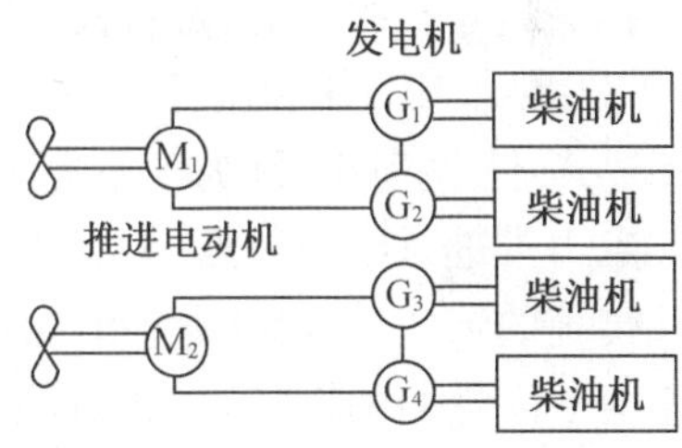

图15－3　独立电力推进装置

(2)混合电力推进装置

这种装置如图15－4所示,它还可以细分为以下4种工况。

①螺旋桨由主柴油机带动(此时推进电动机与螺旋桨脱开)。

②螺旋桨由推进电动机带动(此时主柴油机与螺旋桨脱开),做低速运行。

③螺旋桨由主柴油机和推进电动机共同带动,做高速运行。

④在航行时推进电动机由主轴带动,做发电运行,将电能回馈给电网,其作用相当于轴带发电机。

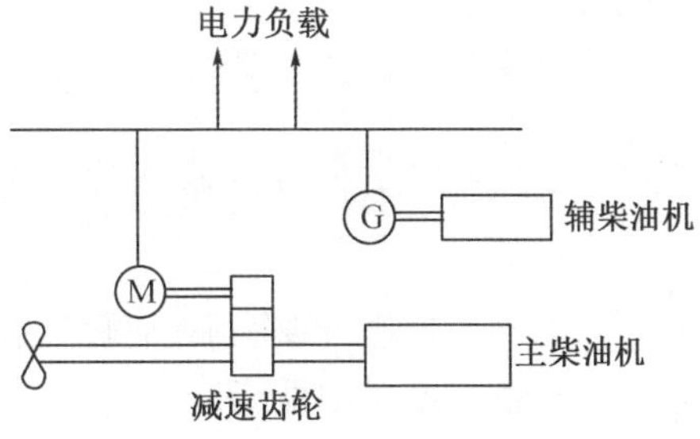

图15－4　混合电力推进装置

(3)特殊电力推进

特殊电力推进主要包含侧推电力推进、吊舱式电力推进、全方位电力推进、超导电力推进、磁流体电力推进等。

(4)综合电力推进

采用电力系统集成技术来实现船舶电能的产生、输送、变换、分配及利用,以满足船舶推进、日用负载、大功率脉冲负载等需要。此类型将船舶发电与推进用电、船载设备用电集成在一个系统之内,从而实现发电、配电与电力推进用电及其他设备用电统一调度和集中控制。

15.1.3 电力推进系统的特点

正确和全面地认识电力推进系统的优缺点,对于设计推进装置的方案是十分重要的。以下优缺点是一般性的、相对的,在一定条件下会相互转化,因此在应用于各类具体船舶时,应按其用途及运行方式的不同区别对待。

1. 电力推进系统的优点

相比于传统的柴油机直接传动方式,电力推进具有以下优越性:

①在机械能—电能的转换过程中,发电机处于较高的定速状态,具有高的转化效率,节省了燃油的消耗、提高了经济性。对采用动力定位、负荷变化较大的船舶,优势尤为突出。

②采用冗余技术,增加了动力系统的可靠性。

③采用中、高速发电机取代低速主机可以减轻船舶重量。

④占用空间少,增加仓储容量。

⑤推进装置布置灵活,推进器供电采用电缆。

⑥采用 AZIMUTH 和吊舱推进器,机动性好。

⑦噪声小、振动小,因为轴系变短,原动机转速固定。

2. 电力推进系统的缺点

和传统的柴油机直接推进相比,电力推进具有以下缺点:

①由于能量的两次转换(机械能到电能,再由电能到机械能),因而比柴油机直接推进效率要低。在原动机与螺旋桨之间增加的电气设备,如发电机、变压器、变换器和电动机等,加大了船舶满载的传输损耗。

②由于增加了发电机和推进电动机,整个动力装置装量增加,并且造价较高,船舶建造初期投资将会增加。

③对维护人员技术要求较高,还需要配备比较熟练的电气技术人员。

15.2 船舶电力推进的应用

采用电力推进方案船舶,一般具备以下特点:

①具备高度机动性能;

②具有特殊工作性质;

③具有大容量辅助机械;

④军用舰艇。

以下将简要阐述一些国内外电力推进船舶的应用实例。

1. 渡轮

电力推进易于实现集中控制，可在驾驶室直接操纵船舶，也便于在船首及舷侧安装侧向推进器，这使得渡轮在港口要道和狭窄航道中能灵活安全地航行，也提高了靠码头的快速性和准确性。

2. 挖泥船

耙吸式挖泥船采用电力推进最大的优点是船上配置的大功率泥泵不需要专用的原动机带动，供电装置的功率可以给耙吸工作和推进任意分配使用。采用这种配置方案，不仅可减少原动机组的数量，提高装置运行的经济性，还可以减少机舱值班人员的工作强度。对于其他类型的挖泥船（如链斗式），在需要自航时，也常将挖泥机械的电力用于推进使用。

3. 破冰船

电力推进在低速时能提供较大的推进力，可以出色地完成破冰任务，并且它的堵转特性使得机组不会过载，比如在螺旋桨被冰块卡住时也不会发生事故，这对于破冰船的安全性能尤为重要。电力推进装置在机动状态时的快速反应和自动恒功率调节，也一定程度上改善了破冰工作的效率。

4. 起重船

在自航的起重船上，可利用起重机械的电力作为推进动力。比如某 50 t 起重船供电方案采用如下配置：配置 2 台 65 kW 的柴油发电机组，起重作业时，供电主要用于起重机械；当船舶航行时供电给 2 台 55 kW 的推进电动机，此时出船舶的航速可达 3 kn。

5. 渔船

渔船上的推进、捕捞作业和冷藏机械等都需要电力供应。在拖网捕鱼时，除了把一部分电能供应低速推进外，其余可供电给拖网、冷藏与其他设备，在捕捞完成时，可将电力全部分配给推进装置。

6. 拖轮

拖轮采用电力推进装置的优势是可在广泛范围内调速，故可保证从自由航行到拖带状态都发出全功率，使拖轮发挥出最佳效率。并且，在拖带作业时，可实现堵转，避免事故的发生。由于电力推进可在驾驶室直接控制，保证了拖带作业的安全，这对港口拖轮尤为重要。

7. 科考船

科考船上的甲板机械、附属设备和科研仪器等需要大量的电能，这些设备仪器可与电力推进装置一起从主发电机组获得电能。电力推进所具有的高机动性、低速航行特性和堵转特性等，对航行状态多变、航区复杂的科考船是必不可少的。

8. 消防船

消防船在疾驶火场时，须将主发电机组的全部功率用于推进。在达到火场实施灭火作业时，只需要将少量电能用于低速推进，而将大部分电能供给消防泵。采用电力推进，不仅可减少消防船上的原动机数量，也可在驾驶室集中控制，使船舶处于最佳灭火位置，提高灭火效率。

9. 打捞船

与消防船类似，在达到打捞作业地点之后，打捞设备（如空压机、绞车等）可从主发电机组获得大量电能。

10. 领航船

采用电力推进,领航船可精确控制低速推进,保持船位不变。在恶劣海况下移船时,电力推进可增加船舶的安全性。由于领航船在工作中大部分时间需要低速航行(瞭望船舶),采用电力推进后,可只开一部分主发电机,增加了经济性,降低了燃料消耗,减少了返航添加燃料的次数,增加了运营时间。

11. 布缆船

布缆船在进行布缆作业时,需要稳定和保持正确的航向,以及在较大范围内低速航行,电力推进方案均可满足上述要求。在低速航行时,也可将多余的电能用于布缆作业。

12. 航标工作船

在敷设和维修航标时,电力推进可满足低速推进,使船舶逐渐接近和保持在靠近航标的位置上进行作业。

13. LNG 船

传统的 LNG(液化天然气)运输船采用汽轮机作为推进动力,电力推进系统可采用以燃气和柴油为燃料的双燃料发动机,直接使用 LNG 蒸发出的燃气,系统产生的推力由电力推进传输至螺旋桨,电力推进站的总效率在船舶额定负载时约为 43%,相对效率低于 30% 的汽轮机推进,可节省燃油 30% ~40%。

14. 钻井平台

为了实现动力定位,深水钻井平台和半潜式钻井平台需要采用全方位电力推进系统,其可与钻探设备和船舶负载共用电站。在半潜式钻井平台中,采用紧凑型吊舱式电力推进系统,具有更大的推进动力,且每个单元的电力损耗更小。

15. 客滚船

客滚船采用了相对反转吊舱式电力推进系统的单尾鳍解决方案,该系统由机械主推进器和反转安装的吊舱式电力推进装置组成,两者协调工作,使后螺旋桨充分利用前螺旋桨的转动能量,同时使船舶可灵活选择个螺旋桨负荷分配,此外带导流罩的船体可为推进器提供有利的伴流,从而使流体效率比常规的双螺旋桨客滚船提高了10% ~15%。

16. 大型邮轮

由于现代交流变频调速系统的实际应用,使得交流变频电力推进系统具有可靠性高、灵活性好、振动小、噪声低等优点,这些优点对于客船,尤其对豪华邮轮是至关重要的。直接由变频器控制的电动机推进驱动装置,使邮轮布置方便、紧凑,增加了客轮的房间数,减小了噪声,使乘客的旅程更舒适。

17. 军用舰艇

现代化的军用舰艇一方面需要较强的机动性,另一方面也配备了电磁炮、激光灯等高能武器,对船舶电力的需求较高。采用电力推进后,依靠电动机驱动推进器,使得舰艇控制灵活、调速方便,在低速航行时,可将大量的电能用于高能武器和高能量装备。另外,军用舰艇的生命力和隐蔽性也是非常重要的战时指标,这使得满足军事要求的电力推进技术在军用产品上得到了很好的发展。

15.3　船舶电力推进的发展趋势

15.3.1　电力推进技术的发展历程

电力推进这一术语最早出现于1838年，应用试验始于19世纪末期。由于舰船日益大型化，在2~3万吨的舰船上，如果采用传统的蒸汽机推进装置，过长的主轴和机械减速器在制造上相当有难度，而采用电力推进系统则可以绕过这一难题，所以电力推进曾于20世纪初期成为舰船动力的新宠。随着技术的进步，超长主轴和大型齿轮减速装置得以制造成功，柴油机逐步推广应用，而电力推进装置的缺点也凸显出来：设备昂贵、传动效率低、维护保养工作量大，这才导致大型舰船又重新回到了传统的轴系直接推进模式。回顾电力推进的发展，大致有以下几个阶段。

1. 试验时期

19世纪末期，在德国和俄国最先开始以蓄电池为能源的电力推进应用试验，此后第一代电力推进于1920年投入使用，结果在小客船横渡大西洋上效果明显。这个时期大约从电动船诞生一直延续到20世纪初，此期间的电力推进大多采用蓄电池作为动力，用直流电动机作为推进电动机，功率在75 kW以下。

2. 应用时期

20世纪20~30年代，尽管大功率蒸汽轮机作为舰船原动机的技术已经成熟，但由于机械加工水平和能力的不足，从民用货轮、客轮、油轮到航空母舰等大功率舰船，多采用电力推进。电力推进出现过广泛应用的流行期，除潜艇、破冰船等特殊工程专用舰船外，仅美国就有226艘护卫舰与488艘民船采用电力推进。美国建造的"新墨西哥"号电力推进战列舰，采用汽轮机发电，异步电动机推进的总轴功率已达到4 000~22 000 kW。

3. 局限时期

20世纪40年代后期，由于机械加工技术的进步，特别是齿轮传动装置加工能力的提高，蒸汽轮机和柴油机朝大型化发展，批量生产能力也得到了提高，而当时的电力推进却由于技术条件的限制，其装置大而笨重、效率低、成本高，严重限制了其广泛应用。因此大部分水面舰船均采用蒸汽轮机、柴油机和燃气轮机及各种联合动力装置推进。

20世纪50年代，电力推进主要是可调速的"发电机－电动机"直流系统，调速是利用电机励磁回路的可变电阻来实现的。

20世纪60年代，半导体技术可以保证由晶闸管系统来控制励磁，推动了电力推进系统的发展。20世纪60年代中期，出现了带变桨距的交流电力推进。

20世纪70年代，电力推进的特征是借助大电流的半导体元器件，将用于船舶总电网工作的三相交流发电机电流传递给电力推进装置，但是，船舶直流推进电动机有换向器和电刷，在使用中存在许多缺点，如大负载和反转时出现火花、换向器磨损、电刷烧毁、产生电磁干扰以及维护困难等。在当时条件下变频技术还是新鲜事物，所以可获得的交流推进装置不能提供必要的容量，交流换向器电动机具有与直流变速系统相同的缺点。

4. 发展时期

20世纪80年代以后，通过改变供给电动机的电流频率和电压来调节推进电动机转速的交流推进系统取代了直流推进系统，借助于逆变器和变频器来实现的各种推进方案得到广泛应用。采用更紧凑和更轻便的交流推进电动机——同步电动机和异步电动机可以使系统获得更高频率，大大简化设备的维护。采用现代交流变换器技术的以下两个系统已获得广泛应用：

①带直接变频器和安静型同步推进电动机的系统，适合 1 ~ 40 MW 功率使用；

②带有中间直流环节的变频器和异步推进电动机的系统，电动机转速范围为 800 ~ 1 500 r/min，并具有与推进轴连接的减速传动装置，这种类型的推进装置适合 7 ~ 8 MW 功率使用。

20 世纪后期，功率电子器件制造技术不断提高，控制技术不断完善，大大地推动了商用船舶电力推进技术的应用水平，更大地提升了电力推进系统的有效功率等级，电力推进在民用船舶领域的应用出现了前所未有的发展，电力商船的应用范围日益扩大。

15.3.2 电力推进技术的发展趋势

随着电动机制造、电力电子器件、变换器电路、经典和现代控制理论、计算机辅助设计等技术的发展，船舶电力推进技术的结构、配置等方面均发生了重大的变化。

1. 推进电机新颖化

①永磁电机，采用永磁材料提供励磁，省去了励磁绕组，可减少电机尺寸和提高效率。近年来，美、法等国设计研究了轴向磁场结构的永磁同步电动机。这种结构使得电动机的体积更小，质量更轻。另外，英国开始进行了横向磁通电动机的设计研究工作，这种新型永磁电动机的性能比轴向永磁电动机又有进一步的改进，使之更适合于低功率船舶推进的需要。

②超导电机，与普通电力推进相比，具有质量轻、体积小、效率高、噪声低的特点。由于超导材料必须工作在相应的临界温度以下，要有一套复杂的液氦设备，所以在一定程度上制约了它的广泛应用。近年来，随着低温技术的迅速发展，特别是低温技术的小型化，为超导电力推进在舰艇上的应用提供了良好的条件。超导材料的低温超导特性在改善电机的质量、尺寸、成本和效率方面有很大潜力。

2. 能源多样化

①发展燃料电池。燃料电池可以将化学能直接转换成电能。其特点是在能量转换方式上与蓄电池相同，因此具有安静、效率高的优点，而在构成方式上与柴油发电机组相似，即储能部分与能量转换装置部分相分离，因此其具有长时间连续工作的能力，不必像蓄电池那样需要来回充放电。

②发展自然能。风能、波浪能、太阳能是广泛存在于大自然中的清洁能源。其储量丰富，获取简便，具有比较诱人的前景，但如何充分有效地将自然能直接转换成船舶动力或者转化成电能将是未来船舶电力推进系统发展要攻克的一个难题。

【思考与练习】

1. 船舶电力系统由哪几部分组成？各部分的作用是什么？
2. 船舶电力推进系统有哪些类型？

3. 船舶电力系统的特征有哪些?

4. 采用电力推进方案船舶的特点有哪些?

5. 试述不同船型运用电力推进方案的原因。

6. 在船舶电力推进系统的发展过程中,限制其发展的因素有哪些?

7. 在未来,船舶电力推进系统可以在哪些方面有所突破?

第 16 章　船舶电力推进系统介绍

【知识目标】

1. 了解船舶电力推进系统发电机的类型和特征。
2. 掌握直流电力推进系统的分类和特点。
3. 掌握交流电力推进系统的分类和特点。
4. 掌握超导电力推进系统的分类和特点。

【能力目标】

1. 能简单叙述交流电力推进系统与直流电力推进系统的区别。
2. 能简单叙述低温超导材料与高温超导材料的区别。
3. 能简单叙述磁流体推进系统的工作原理和组成。

16.1　船舶推进电动机介绍

船舶电力推进就是以电力作为船舶的推进动力,通过推进电机带动螺旋桨将电能转换成机械能,推动船舶前进。推进电动机可分为直流电动机、交流电动机、永磁电动机和超导电动机等类型,与控制器和电源配套形成不同的系统。由于电动机和电力电子技术的发展,永磁电动机和脉冲宽度调制(PWM)控制技术使得传统意义上的交直流区别逐渐模糊。电子换向器取代机械换向器,实现了电动机无刷化。永磁材料的开发应用使高性能的永磁电动机显现出巨大的优势。

16.1.1　推进电动机的特点

船舶的航速和推进轴功率的变化范围很大,船舶对推进电动机的要求决定了推进电动机的特点,即是一种高可靠性、大容量、低转速、高转矩、高功率比、功率和转速变化范围很宽的多工况电动机。

1. 高可靠性

推进电动机是船舶电力推进系统的主要、甚至是唯一的动力源,其可靠性直接关系到船舶的安全航行,特别是潜艇推进电动机。早期的潜艇采用柴油机与推进电动机同轴推进,而且有多台主推进电动机和多台经航推进电动机。而现在仅仅设一台主推进电动机,推进电动机成为潜艇深潜、上浮、航行的唯一推进动力,它必须具有非常高的可靠性,以保证船舶的生命力。

2. 大容量

船舶推进电动机的最大功率取决于船舶航行所要求的最大航速、排水量、运动阻力和推进螺旋桨的特性,一般在船舶总体设计时决定。推进电动机的功率 P 大致与螺旋桨转速已 n 的立方成正比,即 $P = kn^3$(k 为常数),因此提高舰船的航速要求显著增加推进电动机的功率。

随着船舶的排水量增大,航速增大,所需推进动力越来越大,导致推进电动机的容量也逐步增大。现代船舶已由双螺旋桨推进发展为单桨推进,单台推进电动机的容量成倍增加。

3. 低转速、高转矩

早期的船舶螺旋桨为小直径高速螺旋桨,为提高螺旋桨推进效率和降低噪声,现均采用低速大直径螺旋桨。而一般推进电动机与螺旋桨同轴连接,无齿轮减速,所以推进电动机转速向低速发展。随着单台推进电动机的容量大幅度增加,推进电动机的转矩也大幅度提高。

4. 高功率比

船舶舱室空间和排水量有限,希望设备体积小、质量轻。推进电动机在船上属于大型设备之一,特别是潜艇推进电动机一般放置在船舶的尾部。现代潜艇为了提高流体力学和声学性能,趋向于采用水滴形艉部收缩,导致舱室体积变小,所以要求推进电动机体积小、质量轻、功率密度大。

要求推进电动机具有最小的外形尺寸和质量,是与电动机便于维护以及某些部件便于接触相矛盾的,但是对于船舶推进电动机来说,最小的外形尺寸和质量成为设计时的优先考虑因素。

5. 宽调速范围和调速性能

推进电动机要能满足船舶航行的全部航速需要,其转速一般在每分钟几十转到几百转。在同样的输出功率情况下,它与一般恒速的电动机和有转速中断区的调速电动机相比,实际分担的功率、电负载和磁负载都要大得多。

6. 高效率

电动机的效率对船舶的燃料消耗、主发电机外形尺寸和质量有很大的影响。推进电动机效率低,总的电力消耗加大,会使主发电机的容量、外形尺寸、质量以及燃料的消耗显著增加。舰艇推进电动机的效率直接影响舰艇的续航力和作战半径。

7. 振动和噪声小

船舶推进电动机通常是安装在很小的舱室内,那里的工作人员将被电动机不间断的噪声所困扰。因此为了改善工作人员的居住和工作条件,减小电动机的噪声是很有必要的。对于特殊船舶如测量船和海洋考察船,推进电动机的振动和噪声还会干扰测量的准确度。

另外,随着声呐等反潜技术的发展,需要研究、发展安静型潜艇。潜艇低速航行时,推进电动机是其主要振动和噪声源,对潜艇的隐蔽性影响很大,尤其影响了潜艇的战术技术性能指标。因此,根据船舶发射到水中的声能值的限制,人们对潜艇推进电动机振动和噪声的要求越来越高。

必须指出,要求振动噪声小是与限制外形尺寸和质量直接相矛盾的,因为电动机的有效材料利用率越高,即电动机的电磁负载和转速越高,电动机的噪声就会越大,要得到噪声小的电动机,必须减小电动机的电磁负载和转速,这样就要增加外形尺寸和质量。所以实际设计时,通常是要兼顾上述各个因素的影响,最终得到一个最优方案。

8. 多工况运行

推进电动机要推动船舶在不同的航速下前进、后退,应满足多种工作状况运行要求。

潜艇推进电动机一般有基本、短时和连续三种工作制。基本工作制是水下航行的短时工作状态，也是电动机的额定工况，一般为 1 h；短时工作制可以使潜艇操纵更加灵活、机动，有利于接近敌人、占领有利阵位和规避各种不利的局面，一般为 10 min 工况；连续工作制满足潜艇水面、水下、通气管航行、倒车等状况下的各种航速。

9. 多电压供电方式

潜艇推进电动机一般由蓄电池供电。蓄电池的放电特性使供电电压波动范围很大。另一方面，为了便于调速，蓄电池组在工作时，经常调整串并联结构。推进电动机在同样输出功率时，与一般电动机相比，电负载和磁负载较大。

16.1.2 推进电动机的类型

1. 直流电动机

电力推进船舶最原始的方案是以直流电动机作为推进电动机。其工作原理是：在定子和转子中都通以直流电，定子产生磁场，转子上产生电磁转矩。直流电动机要使用换向器，以保证电磁转矩方向始终不变。根据励磁绕组和转子绕组不同的连接方式，直流电动机分为他励、并励、串励、复励四种类型。由于直流电动机的电磁转矩与励磁磁通和电枢电流的乘积成正比，通过改变励磁电流大小和方向，或者改变转子电枢电流和方向，都可以改变电动机的转速和转向。直流电动机具有控制简单、易于平滑调速、调速性能好、控制器和驱动系统成本低等优点，但也有换向器和电刷需定期维护、使用不便、效率低、生产工艺复杂、体积质量大、造价高等缺点。目前，船舶直流推进电机的容量为 2 ~ 3 MW。

2. 异步电动机

异步电动机在定子上通入三相交流电，在气隙中产生旋转磁场，转子会随着旋转磁场转动，且转速低于旋转磁场转速。交流异步电动机的励磁电流和负载电流都在定子电路中，无法分开，不能像直流电动机一样通过独立调节励磁电流或电枢电流来进行电动机调速。异步电动机的调速可以通过改变接入三相交流电的参数或者改变定子绕组的磁极对数来实现。异步电动机是工业的动力源。粗糙简单的设计确保它在大多数场合使用寿命长，故障和维护花费都最小化。异步电动机应用在任何场合，既可作为恒速电动机直接连接在电网上，又可作为由静止变频器供电的调速电动机使用。

3. 同步电动机

同步电动机与异步电动机一样在定子绕组上通入三相交流电，形成旋转磁场，同时利用滑环和电刷在转子绕组上通入直流电流形成磁体，它会跟随旋转磁场以同步转速转动，因此称为同步电动机。同步电动机具有功率因数高、功率范围广、过载能力强等优点，除了大型推进装置，同步电动机在船上通常不作为电动机使用。当其功率大于 5 MW 时直接与螺旋桨轴相连接，功率达到 8 ~ 10 MW 时使用齿轮箱连接螺旋桨。同步电动机需要由变频器供电实现调速控制。

4. 永磁同步电动机

近年来，由于永磁材料和技术的突破，永磁电动机得到飞速发展。用永磁体取代传统电动机的励磁绕组和磁极，可以缩小体积、节省空间、减少励磁损失，可以简化电动机的结构，而且可以大大提高效率。永磁电动机区别于传统意义上的交直流电动机，同时却又包括永磁直流电动机和永磁交流电动机两种类型。其中永磁交流同步电动机在船舶电力推进领域的发展应用迅速。在传统交流同步电动机中，以永磁体取代转子励磁绕组，无须电流励磁，不设电刷，就成为交流同步电动机。同步电动机不能通过三相交流电直接启动，需要异步启动后拉入同步。永磁同步电动机多用于变频调速场合，启动时变频器输出频率从0 Hz开始上升到工作频率，电动机则跟随变频器输出频率同步旋转，它是一种很好的变频调速电动机。永磁同步电动机可应用于若干兆瓦的吊舱推进，这种设计充分利用了永磁电动机体积小、效率高的优点，使吊舱尺寸尽可能减小，直接用水冷却，结构简单，便于安装。

5. 超导电动机

超导电动机的绕组由实用超导线绕制而成。超导线在临界温度、临界磁场强度及临界电流密度值以内时具有超导性，其电阻为零。这将使超导电动机绕阻损耗降为零，既解决了电枢绕组发热、温升问题，又使电动机效率大为提高。更重要的是超导线的临界磁场强度和临界电流密度都很高，使超导电动机的气隙磁通密度和绕组的电流密度可比传统常规电动机提高数倍乃至数十倍。这就大大提高了电动机的功率密度，降低了电动机的质量、体积和材料消耗。采用超导励磁绕组及液态电刷，可以制成高电压、大电流、大容量的直流电动机。超导单极直流电动机适用于船舶推进领域，很有发展前途。

16.2　直流电力推进系统

直流推进系统的主回路电流为直流，推进电动机一般采用直流电动机。按系统调节原理可分为恒电压电力推进系统、发电机－发动机（G－M）电力推进系统、恒电流电力推进系统等。

16.2.1　直流电力推进的特点

直流电力推进一般采用发电机－电动机（G－M）系统或恒电流系统，可以通过改变发电机、电动机的励磁来达到控制螺旋桨转速和转向的目的，而不必改变发电机组的转速，也不必换接主电路。这样，不但可实现广阔、平滑和经济的调速，而且由于励磁功率要较主电路功率小得多，因而易于遥控。由于推进电动机的转速与发电机转速无关，因而有可能在船舶推进阻力改变时，使用装置的全功率。

与交流电力推进相比，直流电力推进设备较重、较大，价格较贵，效率较低，同时在设备简单、可靠和易于维护等方面都不如交流电力推进。

由于上述特点，直流电力推进一般较多地应用在要求机动性高的中小型船舶上，如渡船、拖船、破冰船等。

16.2.2　直流电力推进的分类

1. 恒电压制系统

该系统即在一般的船舶直流电网中接入推进电动机。由于电网的电压是不变的，因而为降低推进电动机的启动电流并进行调速，需在其电枢回路中串入较大的电阻，这会使其不经济、运行效率低，调速范围也受限制，故一般不采用。

2. 发电机－发动机（G－M）系统

对于推进机械特性无特殊要求的小型船舶，可采用简单的G－M系统。这种系统通过调节发电机励磁来改变发电机电压，从而调节途径电动机转速，由于其没有任何自动控制，因而较简单可靠。

常规动力潜艇的电力推进系统，也是一种简单的 G－M 系统。然而，这种潜艇在水下航行时，只能由蓄电池组供电，而蓄电池的供电电压是不可调的，因此其调速方法就与一般的 G－M 系统不同，可称其为带蓄电池组的 G－M 系统。此系统中的发电机是为了给蓄电池组充电而设置的，当然在水面航行或通气管状态航行时，发电机也可以给推进电动机供电。但是，潜艇在水面航行时是暴露状态，随时有可能被发现。为了能够迅速下潜，无论是否充电，蓄电池组都要接在系统中，因此就不能用调节发电机电压的方法来实现推进电动机的转速调节。

3. 恒电流制系统

在恒电流制系统中，所有主发电机和电动机的电枢在主电路里是全部串联的，如图 16－1 所示。主发电机 1G、2G 的励磁绕组 TQ_g 由多绕组的励磁机 EX（操纵的恒流制）或电机放大机（调节的恒流制）供电，自动保持主电路电流的恒定。电动机 1－3M 的励磁绕组 TQ_m 可由多绕组励磁机、电机放大机或直接由直流电网通过电位器或变阻器供电。由于主电路中总是流过一个恒定的电流，因此当不给电动机励磁时（$\Phi=0$），电动机不会输出转矩（$T=C_A\Phi I=0$）；当电动机有励磁时，即输出一个转矩，其值与励磁的大小成正比。如此转矩大于负载转矩，电动机就加速，直至两转矩相等。所以电动机转速是由这两个转矩的平衡状态决定的，而不像恒电压制中是由两个电势的平衡状态决定的。因此，调节电动机的励磁，即调节了电动机的转矩和转速。如给电动机以相反方向励磁，电动机就将反转。当负载转矩大于电动机转矩时，电动机将降速，当螺旋桨被外力卡住时，电动机就堵转，系统的负载电流及力矩均自动保持在一定范围内，故恒流制系统特别适用于拖动那种在运行中经常发生过载甚至可能堵转的机械负载。反之，当负载在运行中发生突然轻载以至失载时，如螺旋桨逸出水面或脱落等，电动机的转速可能被恒定的电动机转矩加速到不允许的数值，因此应装设超速保护。

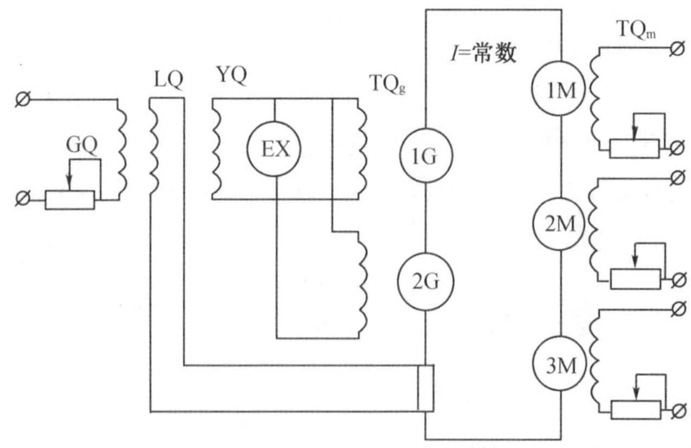

图 16－1　直流恒电流制系统

16.2.3　直流电力推进的主电路

主电路连接方式是指电力推进系统在采用多台主发电机和主电动机时它们电枢回路之间的连接方式。在电力推进系统中,为了提高装置的工作可靠性、线路转换的灵活性及运行的经济性,主发电机数通常不少于两台。主电动机台数或电枢数通常也不止一个,因此就必须对主电路的连接方式加以研究。这里,主电动机指推进电动机,主发电机指推进电动机的供电发电机。主电路可分主电动机并联接法和主电动机串联接法,在串联接法中又可分为一般串联与交互串联两种。主电动机可采用单电枢电动机,也可采用双电枢电动机。

1. 主电动机的并联接法与串联接法

主电动机并联接法和串联接法分别如图 16－2 和图 16－3 所示。两种接法的优缺点比较如下:

①主电动机并联的优点是可以采用电压级别较高的发电机备,电缆的尺寸、质量小。

②主电动机并联接法有一些重大的缺点,如:在并联时发电机间的负载分配不均匀;并联操作复杂,对柴油机调速系统要求高;而且主电路检测、保护都比串联接法复杂——主电动机串联时只要检测、保护一条主电路即可,而在主电动机并联时,每台发电机支路都要设置检测、保护装置。

③主电动机并联接法的另一个大缺点是装置功率在中间状态得不到充分利用。以图 16－2 和图 16－3 系统为例,如果只有一台主发电机工作,则当并联接法时,工作的发电机不可能以全功率运行,而只能采取主电动机半转矩运行方式。在串联接法时,处于运行状态的主发电机则可全功率工作,使装置功率得到充分利用。当多台主发电机向多台主电动机供电时,串联接法在中间工作状态时的主发电机功率利用率也比并联接法时高。

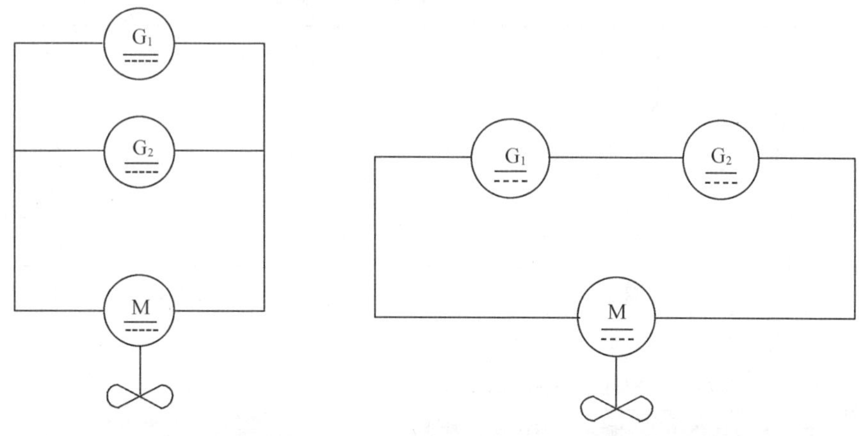

图 16－2　主电动机并联接法　　　图 16－3　主电动机串联接法

2. 一般串联接法与交互串联接法

一般串联是将各台主发电机连接在一起,向连接在一起的多台主电动机供电,如图 16－4 所示。交互串联是主发电机与主电动机一个间隔一个地连接,如图 16－5 所示。

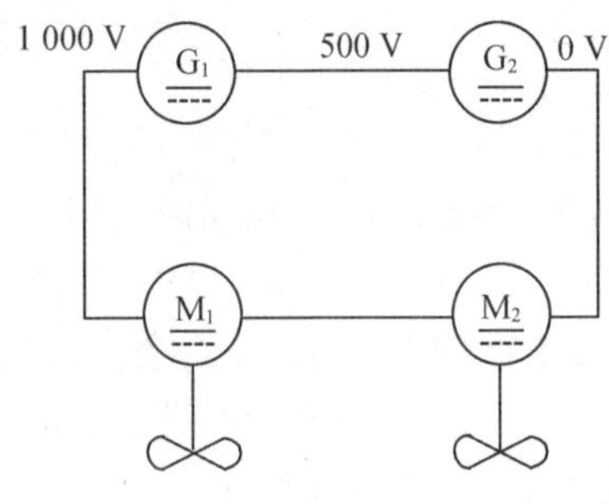

图 16－4　主电动机一般串联接法

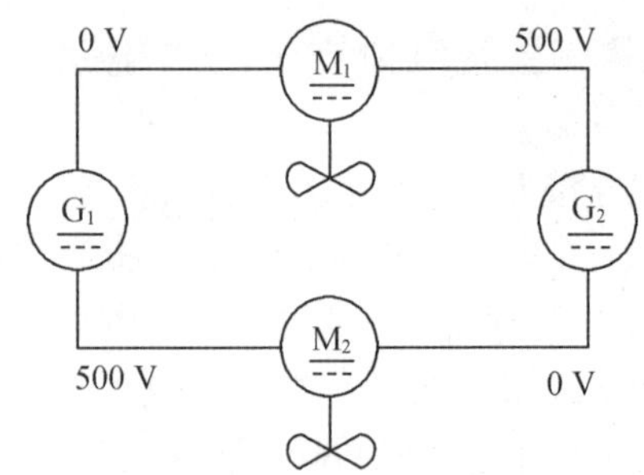

图 16－5　主电动机交互串联接法

主电动机交互串联（或称相间串联）电路与同样数目、电压级别的主电动机一般串联电路相比较，前者在主电路任两点间的最高电压比后者主电路任两点间的最高电压低。如图 16－4 和图 16－5 的线路，假设每台主发电机的电压为 500 V，则显而易见，主电动机一般串联时主电路两点间的最高电压为 1 000 V，而主电动机交互串联时主电路两点间的最高电压仅为 500 V。

3. 单电枢主电动机与双电枢主电动机

主电动机可以采用单电枢，也可采用双电枢。双电枢电动机是在一根轴上连着两个电枢，这两个电枢可以串联，可以并联，也可以独立供电；它有一个公共的定子外壳，每个电枢都有自己独立的定子励磁绕组，两个励磁绕组可以并联，可以串联，也可以独立供电。可以把双电枢电动机看作通过各自的轴硬性连接在一起的两个电动机。

在相同功率下，单、双电枢电动机的比较见表 16－1。

表 16－1　单、双电枢电动机的比较

序号	比较项目	单电枢	双电枢
1	体积	小	大
2	长度	短	长
3	质量	轻	重
4	价格	低	高
5	效率	高	低
6	直径	大	小
7	电枢损毁对船舶航行的影响	大	小
8	多台发电机供电时，提高端电压的可能性	小	大

由表 16－1 可知，单电枢电动机与双电枢电动机相比较具有许多优点，故一般采用单电枢的推进电动机。因电枢损坏可能性极小，故只有在下列情况下，才考虑采用双电枢推进电动机：

①船尾部位置较窄，轴系高度不够，或有多个推进器，必须减小电动机的直径时。

②推进功率较大，需提高发电机的电压时。例如，现有两台发电机串联供电给一台单

电枢推进电动机，则每台发电机的电压不能超过500 V；但如采用双电枢推进电动机，由于每一电枢均可允许采用1 000 V，且使两台发电机与两个电枢相间串联，则每台发电机可采用1 000 V，如图16－6所示。

③多台发电机串联而使推进电动机电枢电压超过1 000 V时，采用双电枢，可使发电机电压分配至两个电枢上而不致超过1 000 V。

④螺旋桨启动、制动和倒顺转操纵性能要求特别高时，双电枢电动机直径小，转动惯量小，机动过渡时间可缩短。

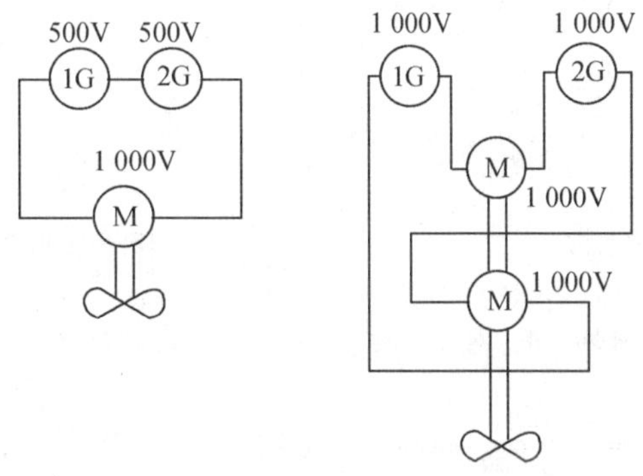

图16－6　双电枢提高发电机电压的原理

4. 主电路连接法案例

下面介绍一些船舶上实际采用的主电路连接方法。在图中，我们把主电路转换开关也画出。根据其通断情况，可以得到主电路的各个不同工作状态。

①两台主发电机供电给一台主电动机（单电枢和双电枢）的主电路，如图16－7所示。由图可见，根据转换开关的开断情况，可以得到下述工作状态（也称工况）：两台主发电机同时向主电动机供电；左主发电机单独向主电动机供电；右主发电机单独向主电动机供电。

在采用双电枢主电动机时，为了简化主电路的转换，可以不必设置转换开关来切除其电枢，仅当需要把其中某个电枢切出主电路时（比如该电枢损坏），临时用导线加以换接。

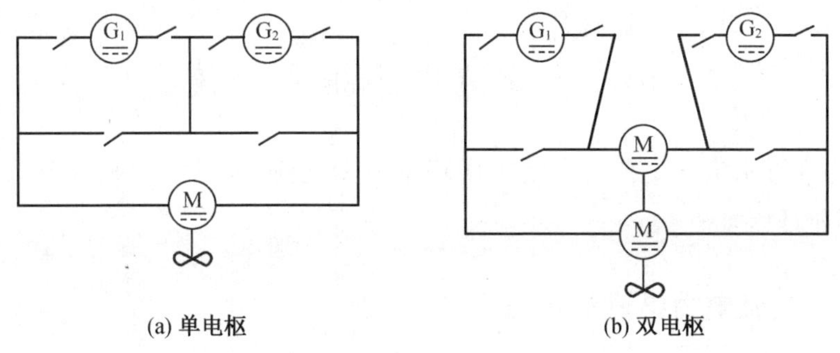

(a) 单电枢　　(b) 双电枢

图16－7　单、双电枢电动机电压比较

②两台主发电机供电给两个主电动机的主电路，如图16－8所示。图16－8(a)是两舷的两个主电动机在正常状态时由两台主发电机分别供电，而在中间状态时由G_1或G_2统一

供电。图 16－8(b)是两个主电动机分别由各自一舷的主发电机供电。前者的优点是只有一台主发电机运行时,两台主电动机仍能同时运行;后者在此时则只有一台对应的主电动机能够运行,这就大大加重了舵机的负担,但其最大的优点是线路简单、转换开关少。

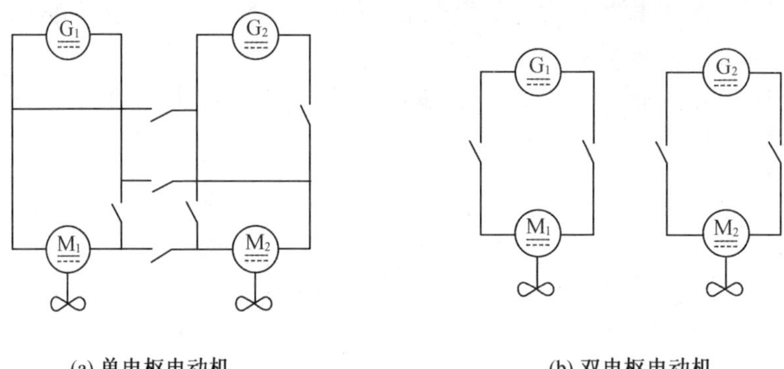

(a) 单电枢电动机　　(b) 双电枢电动机

图 16－8　两台主发电机向一台主电动机供电

③采用四台主发电机的主电路。这种主电路如图 16－9 所示,可以由四台主发电机中的任意几台向主电动机供电,能获得较多的工况。

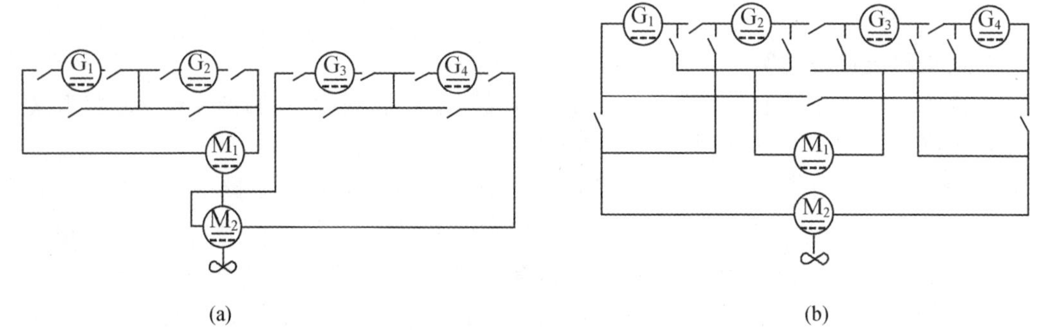

(a)　　(b)

图 16－9　四台主发电机电路

16.3　交流电力推进系统

交流电力推进系统的主要特点是主回路电流为交流,推进电动机一般采用交流电动机,它由变频器直接驱动。

16.3.1　交流电力推进的特点

交流电力推进系统由原动机、交流发电机、推进变频器、交流推进电动机及其控制装置和推进器等组成,如图 16－10 所示。

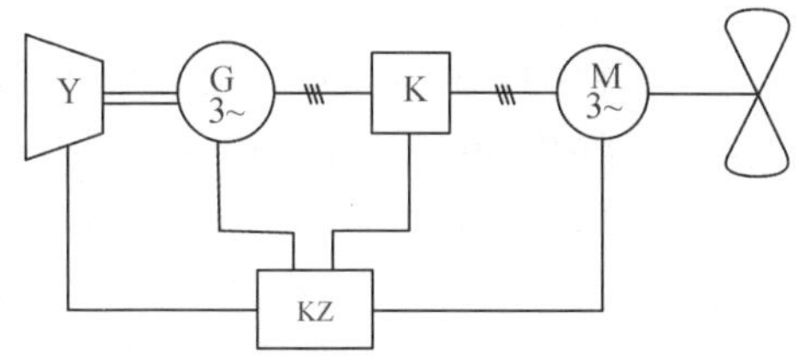

图 16－10　交流电力推进系统方框图

交流电力推进系统与直流电力推进系统相比，具有一系列优点：

①交流电动机的极限容量大，直流电动机的极限容量只有交流电动机的百分之一。

②降低了电动机的总损耗，提高了效率。交流电动机的效率比直流电动机高 2% ~3%。

③可以采用较高的电压。目前，直流电力推进系统采用的最高电压为 1 000 V。而交流电力推进系统的电压可达 10 kV，从而减轻了电动机、电器和电缆的质量。

④交流电动机的结构比直流电动机简单，维护方便。

总之，交流电力推进系统具有容量大、质量轻、尺寸小、成本低、维修简单等优点。这些优点在大功率推进系统中更为显著。

16.3.2　交流电力推进的分类

交流电力推进，按其推进电动机类别，可分成异步电动机和同步电动机等大类。

1. 异步电动机

(1)绕线型异步电动机

这种电动机不需要直流励磁(与同步电动机比较)，可采用在转子上串加电阻的方法来启动电动机，操纵较方便。但串加的启动电阻较大，电动机体积和质量较大。这种电动机虽可用转子串加电阻来调速，但由于推进电动机功率大，调速时消耗在电阻上的能量很大，不经济，所以还是要采用调节主发电机组转速来改变主发电机频率，从而改变推进电动机转速的方法。此外这种电动机功率因数低、效率低(与同步电动机比较)，经济性差。

随着电子技术的发展，可采用晶闸管串级调速系统，将转子内的电流整流成直流，再逆变成交流，以把转子内原要消耗在电阻上的电能反馈至电网，从而提高经济性，如图 16－11 所示。

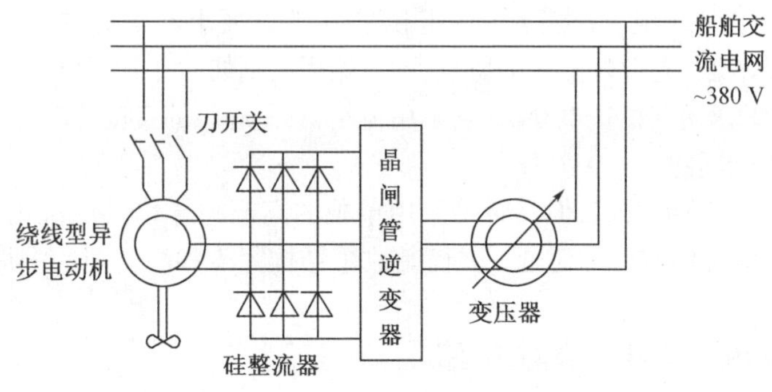

图 16－11　绕线型异步电动机晶闸管串级调速

(2)电磁调速异步电动机

电磁调速异步电动机(滑差电机)为一种交流无级变速电机,其由普通鼠笼型异步电动机和电磁转差离合器组成,可在规定的转矩和调速范围内做平滑的无级调速,调速范围广;由于具有转速负反馈的自动调节系统,故调速精度高;此外,其启动转矩大、结构简单、使用可靠,维修方便。一般认为其缺点是低速运行时效率低、发热大,这是针对恒转矩负载而言的。但对螺旋桨负载而言,其类似于通风机负载,低速时其转矩也急剧下降,使输入电流相应减小,即输入功率随输出功率减小而下降,发热并不大,这一点已在实践中得到验证。这种电动机常用在工作船上,组成联合电力推进或辅助电力推进,以获得船舶的低速航行。由于低速推进的功率小,故电动机功率也小,可由船舶电网直接供电。

(3)鼠笼型异步电动机

这种电动机最简单。除通过调节原动机转速,即改变发电机频率来实现推进电动机调速外,尚可采用晶闸管变频来实现调节。为减小启动电流,可选用高滑差异步电动机,但其与普通鼠笼型异步电动机相比,效率要低得多,故在启动电流允许时,应尽可能选用普通鼠笼型异步电动机。

2. 同步电动机

应用这种电动机的优点是质量轻、体积小、效率高,功率因数可调到1,所以建造成本低、营运经济性好。由于晶闸管变频调速技术的实际应用,采用这种电动机原有的缺点,如同步电动机需要直流励磁、原动机需要在35% ~100%额定转速范围内调速、操纵性能差、操纵复杂等一系列问题都已得到解决,因此同步电动机在交流电力推进中,特别是在大功率推进中被广泛采用。

使用三相同步推进系统时,应考虑足够的剩余转矩,以确保在恶劣天气或转弯机动时推进电动机不会失去同步。

3. 永磁式电动机

这种电动机由直流无刷电动机演变而成,它具有三相集中绕组和不规则四边形的反电动势,且磁通呈矩形波分布。这种电动机进一步发展会成为转矩不发生脉动,且单位容量最高的永磁式电动机。

永磁式同步电动机装有传统的三相定子,转子的永久磁铁在空气隙中所产生的磁通,是恒定的径向磁通,且具有对称性,使之可成为多极电动机。与感应式电动机不同,其无须嵌装铜芯绕组的空间。永久磁铁确保转子的损耗明显低于感应式电动机,因而使其体积紧凑。

考虑到船用条件要求电动机能承受冲击和振动,为此要求电动机的定子与转子之间的气隙大,而永磁式电动机具有此气隙大的特点,适于船用。例如,西门子公司已制成150 r/min时功率为5 000 kW的永磁式推进电动机,它不用齿轮箱,是理想的直接传动的推进动力。

4. 高温超导体电动机

与永磁式同步电动机类似,但其转子采用单独的高温超导体励磁绕组。在转子中产生数量多、既稳定又对称的空气隙磁通,因而其成了结构紧凑和高转矩的多极电动机。

16.3.3 交流电力推进的主电路

交流电力推进的主电路连接方式取决于发电机功率和推进轴数,一般船舶推进轴为一个或两个。图 16 - 12 为一台主发电机供电给一台推进电动机的单轴推进装置主电路(1G - 1M);图 16 - 13 为一台主发电机供电给两台推进电动机的双轴推进装置主电路(1G - 2M);图 16 - 14 为两台主发电机供电给两台推进电动机的双轴推进装置主电路(2G - 2M),低速航行时可用任一台主发电机供电给两台推进电动机;图 16 - 15 为两台主发电机供电给一台推进电动机的单轴推进装置主电路(2G - 1M),在低速航行时,也可用任一台主发电机供电给一台推进电动机。

因为在交流电力推进中,保护装置的动作不是直接断开主电路,而是断开励磁电路,因此在主电路中可用刀开关。有时为加快主电路换接动作,可在励磁未完全消失前就断开主电路,此时须用空气断路器代替刀开关。

在图 16 - 12 至图 16 - 15 中,KS 为推进电动机换向刀开关。

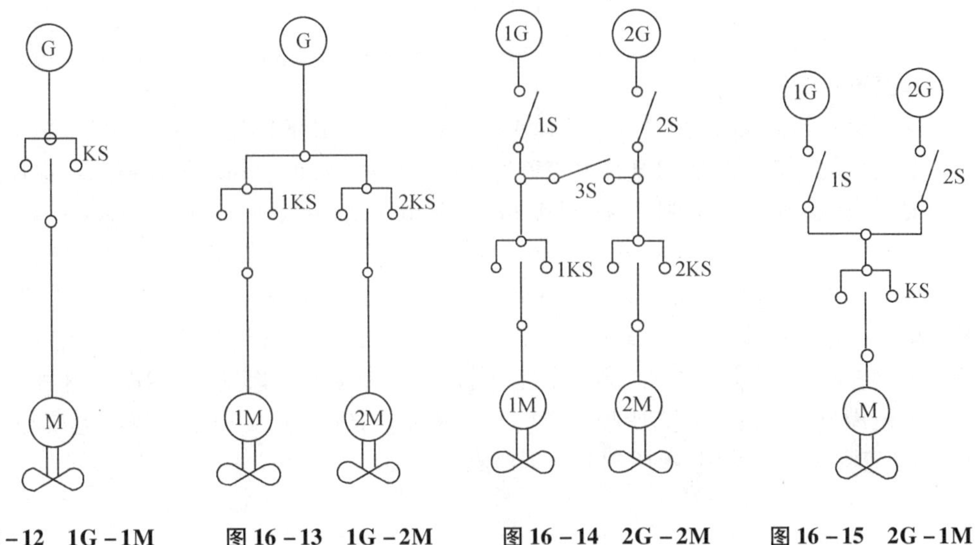

图 16 - 12　1G - 1M　　**图 16 - 13　1G - 2M**　　**图 16 - 14　2G - 2M**　　**图 16 - 15　2G - 1M**

16.3.4　交流电力推进的变频装置

船舶交流电力推进通常使用高压变频器。根据有无直流环节而将高压变频器分为两大类:无直流环节的变频器称为交—交变频器,有直流环节的变频器称为交—直—交变频器。其中直流环节采用大电感以抑制电流脉动的变频器称为电流源型变频器,直流环节采用大电容以抑制电压波动的变频器则称为电压源型变频器。电流源型变频器还包括负载换向式(晶闸管)变频器和采用自关断器件(GTO 或 SGCT)的变频器。电压源型变频器则包括功率器件串联二电平直接高压变频器、采用集成门极换流晶闸管(IGCT)或 HV - IGBT 的三电平变频器和采用 LV - IGBT 的单元串联多电平变频器。

船舶电力推进系统使用的变频装置主要有交—交变频控制、电流源型变频控制和电压源型变频控制 3 种类型。图 16 - 16 为 ABB 公司采用 IGCT 的电压源型变频控制单元(3 300 V)。

图 16－16　ABB 公司电压源型变频控制单元(3 300 V)

1. 交—交变频

交—交变频器又称为 CYCLO(cyclo － converter)或循环变频器。交—交变频器是采用晶闸管实现的无直流环节的直接由交流到交流的变频器,也叫周波换流器。当电压在3 kV 以下时,每相要用 12 只晶闸管,三相共 36 只,其电路结构如图 16－17 所示。它通过控制一个可控的桥式反并联晶闸管,选择交流电源的不同相位区间向交流同步电动机提供交流电。变频装置输出的每一相都是一个两组晶闸管整流装置反并联的可逆线路:一组晶闸管整流电路提供正向输出电流,另一组提供反向输出电流。构成这种交—交变频装置的三相桥式电路,在一个输出周期中三相电流有 6 次过零,带来 6 次转矩波动,所以这种交—交变频装置被称为 6 脉波交—交变频装置。它是最基本的类型,应用广泛。当电压超过 3 kV 时,晶闸管必须串联使用,所用的晶闸管要成倍增加。

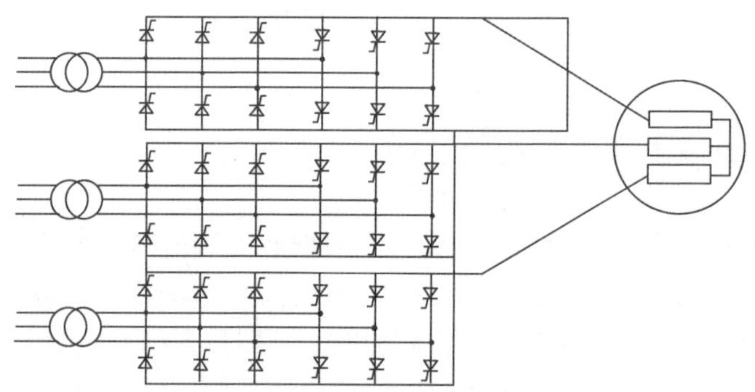

图 16－17　6 脉波交—交变频器

交—交变频的优点是可用于驱动同步和异步电动机,堵转转矩和保持转矩大,动态过载能力强,可四象限运行,电动机功率因数最大可以达到 1,低速性能极佳,弱磁工作范围广,转矩质量高,效率高。其缺点是功率因数与速度有关,低速时功率因数低;最大输出频率为电源频率的 $1/n(n=2,3,\cdots)$,最大转速小于 500 r/min,网侧谐波大。根据国外经验,交—交循环变流器主要用于速度极大、转矩极高的场合,典型的例子就是破冰船。

2. 电流源型变频

负载换向型变频器(load commutated inventor,LCI)属于电流源型变频器。电流源型变频器(current source inverter,CSI)由整流器、滤波器、逆变器3部分组成。整流电路将电网来的交流电转换成直流电,再经三相桥式逆变电路转变为频率可调的交流电,供给推进电动机。电流型变频器的直流中间环节,采用大电感滤波,直流电流波形平直,对电动机来讲,基本上是一个电流源。改变整流电路的触发角,就改变了中间直流环节的电压。而改变逆变电路触发脉冲的顺序,即可改变推进电动机的转矩方向,控制推进电动机转向。6脉波和12脉波LCI结构如图16-18和图16-19所示。

电流源型变频器的优点是在整个转速范围内输出扭矩大、启动扭矩大、控制简单、维护简便(无电刷、无熔断器),和交—交变频方式相比,使用的电子器件数量少,系统简单可靠。其缺点是电力推进系统低速运行时,电流型变频器将电流控制在零附近脉动,转矩输出也存在脉动,给轴系带来振动。同时,由于直流电同感性负载相连,电感质量、体积都很大,时间常数也较大,系统动态响应较差。这些不足使得电流型变频器的使用受到一定限制。

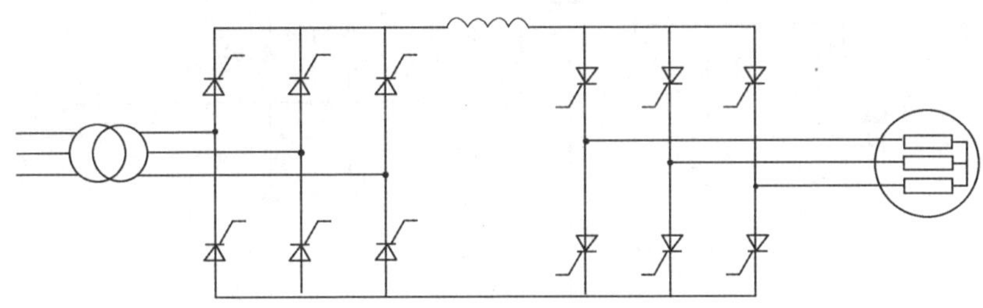

图16-18　6脉波LCI

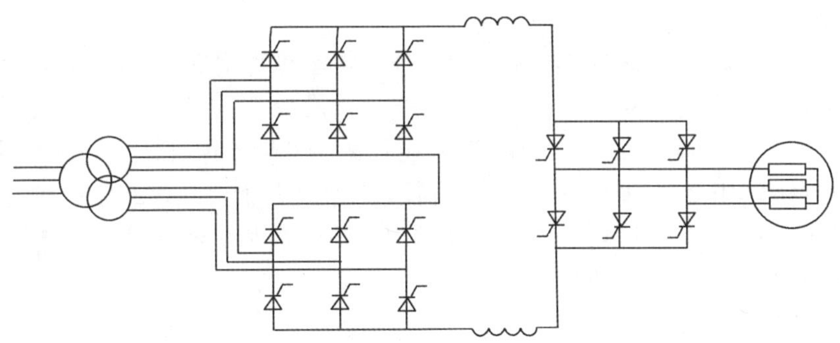

图16-19　12脉波LCI

3. 电压源型变频

电压源型变频器(voltage source invertor,VSI)与电流源型变频器同属于交—直—交变频器,也由整流器、滤波器、逆变器3部分组成。工作原理也是整流电路将电网来的交流电转换成直流电,再经三相桥式逆变电路转变为频率可调的交流电,供给推进电动机。其中间环节采用大电容,对电动机来讲,基本上是一个电压源。

随着电力电子器件的发展,电压源型变频器发展成新型的脉宽调制型(PWM),整流器用二极管组成,逆变器用绝缘栅双极晶体管(IGBT)组成。IGBT具有工作速度快,输入阻抗高,热稳定性好,载流能力强等特点。图16-20和图16-21分别为6脉波、12脉波VSI结构。采用二极管将交流电整流后,再通过 PWM 将直流电转换为电压和频率均可调节的交流电。

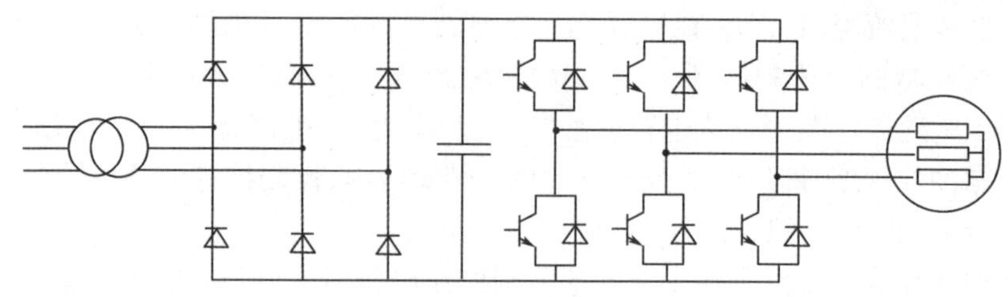

图 16-20 6 脉波 VSI

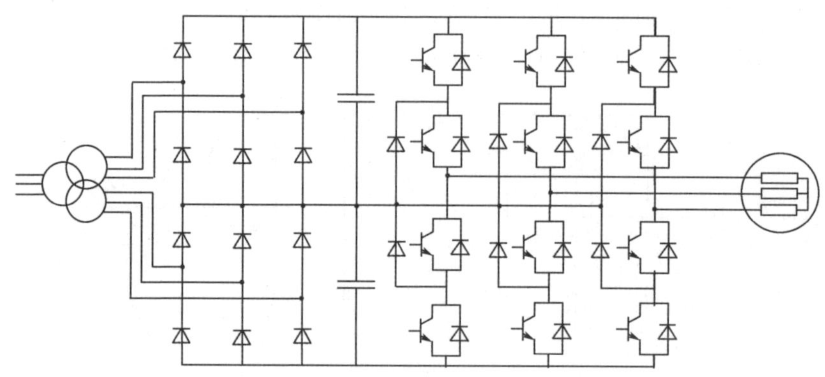

图 16-21 12 脉波 VSI

采用二极管整流器,可保持电力系统能在任何电动机速度的时候功率因数接近 0.95。相比 CSI 和 CYCLO 驱动,PWM 驱动的系统谐波含量最少,用三芯变压器为变频器提供 12 脉波的电源还可进一步减少谐波含量。PWM 电压源型变频器中,西门子公司采用 IGBT 器件进行矢量控制,ABB 公司采用 IGCT 器件进行直接转矩控制。从控制原理来说,两者都是采用数字技术,通过计算机将电动机电流分解成转矩分量和磁通分量分别进行控制,以达到类似于直流电动机的动态特性。

16.4 船舶超导电力推进

16.4.1 超导材料简介

超导技术是 21 世纪具有战略意义的高新技术。自从 1911 年超导现象被发现,到 1986 年高温超导体的出现,人们从未停止过对超导材料的研究。

超导材料可以简单地分为低温超导材料和高温超导材料。所谓低温超导,通常是指超导材料的临界温度较低,只能运行在液氦温区,用沸点温度为 4.2 K 的液氦冷却;所谓高温超导,实际上只是一种相对概念,通常是指超导材料的临界温度较高(目前已有很多材料达到 100 K 以上),可以运行在液氮温区,用沸点温度为 77 K 的液氮冷却。

20 世纪 90 年代末,超导材料的研究在高温超导薄膜和高温超导导线方面相继得到突破并实现了产业化。最近,美国、日本、韩国等国家都相继启动了基于铋系高温超导导线和基于钇系薄膜的超导应用产品开发计划。

经过十几年的飞速发展,高温超导材料已经形成了 YBCO、BSCCO、TBCCO、HBCCO 4 类,它们的转变温度分别为 95 K、110 K、125 K 和 135 K,其线材的制备工艺亦有多种方法。但是,最成熟的并且已经商品化和在超导装置中使用的线材主要是 BSCCO 材料。美国超导体公司(ASC)具有最强的实力,该公司保持了 BSCCO 短导线实验室临界电流的世界纪录,年产量已达 250 km,并且正在建立一个新的年产量为 10 000 km 的生产基地。日本住友公司(SEI)是首先在世界上主导 BSCCO 导线发展的公司之一。此外还有丹麦北欧超导公司、德国真空冶炼公司(VAC)等。高温超导材料在许多方面比低温超导材料更优越,因此目前研究的主流大多是高温超导应用研究。

16.4.2　超导电动机简介

根据超导线材的不同,可将超导推进电动机分为低温和高温超导推进电动机。因必须维持低温超导材料在超低温环境工作所遇到的能量消耗和制冷系统的复杂性等问题,低温超导技术对其在船舶推进领域中的应用,始终没有得到乐观的评估。

1. 低温超导直流单极电动机

(1)主要优点

该电动机的优点主要有:质量轻、体积小,低速电动机功率密度有可能达到 0.7 kW/kg,而高速电动机则可能达到 3 kW/kg;考虑低温设备损耗,电动机的效率可能高达 98% 以上;电动机单机极限功率为 200 MW;电动机具有高于磁饱和极限的高磁场,故可以安静地运行。电动机中心是空气而不是铁,定子和转子之间的间隙不含铁,因此定子齿没有振颤。

高电枢堆积因数和没有铁齿意味着电动机的质量和体积可减小到原来的 1/5。

超导电动机的绕组由一个深冷制冷设备冷却,借助于仅仅 $2.95\times10^{-4}\ \mathrm{m}^3$ 的压缩机工作,电动机的机械和电磁噪声都很小。

(2)基本结构

固体电刷集电的超导单极电动机主要有内圆筒式、外圆筒式、内圆盘式和外圈盘式。对于圆盘式电动机,为提高电压,可将圆盘分割成彼此绝缘的扇形片,然后在圆盘内外径处安置电刷,并用适当方式进行电路上的串联连接;对于圆筒式电动机,则用导条串联连接提高电动机电压。图 16 - 22 是英国设计的破冰船圆筒式推进电动机,容量为 50 MW,电压 3 000 V,转速 100 r/min,由于采用高场强磁体以及转子用 32 根导条串联,可以形成 3 000 V 的端电压。

液态金属集电的超导单极电动机因集电装置位置不同和结构差异而有许多结构形式,从大的框架来讲,也离不开盘式、筒式等结构,但具体形式相差甚大,内磁体布置、多筒串联的液态金属集电超导单极电动机以及在定子的固定圆盘与转子的旋转圆盘之间的间隙中全部灌满液态金属的多盘式液态金属集电超导单极电动机是其典型的两种结构形式。

磁屏蔽的结构也是涉及电动机结构的一个重要方面,设置一个或几个超导屏蔽线圈且都放在超导励磁线圈的外侧,同时以相反方向的电流励磁,就产生了与主磁场相反方向的磁场。通过精确设计,使电动机有效磁通的降低可以达到允许的程度,外磁场又能降低到可以接受的水平,从而降低电动机整机质量。另外,利用超导体的完全抗磁性原理设置超导磁屏蔽层也是一个选择方案。

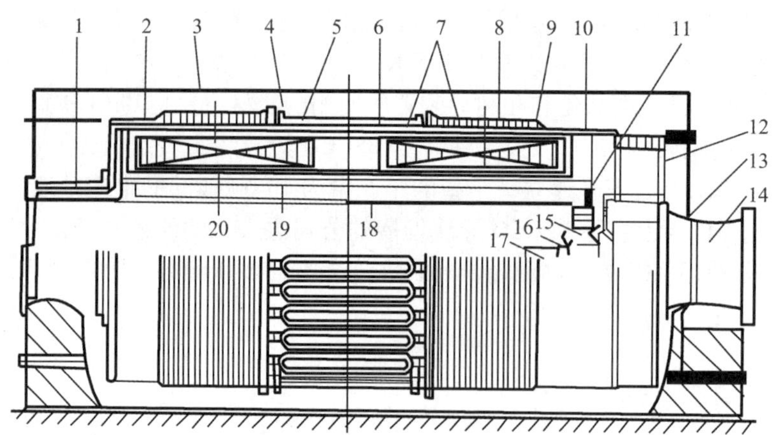

1—固定端轴颈;2—励磁绕组;3—定子外壳;4—伸缩接头;5—液氦;6—电枢导体;7—环氧树脂;8—滑环;9—支承圈;10—转子圆通;11—隔板;12—冷却水通道;13—密封口;14—主动轴;15—低温容器内胆;16—轴承和轴;17—封闭循环水;18—真空槽;19—支架管子;20—液氦槽。

图 16 – 22　圆筒式推进电动机

2. 高温超导交流同步电动机

高温超导交流同步电动机是舰船电力推进设备未来的发展方向之一。应用传统电动机的舰船电力推进受到效率、体积和质量方面的限制,而安静、大功率、低速、大扭矩的高温超导交流同步电动机将是未来舰船电力推进的关键设备之一,由高温超导发电机、高温超导推进电动机、螺旋桨构成的舰船电力推进系统将以其显著的优势在水面舰船和潜艇上得到广泛的应用。特别是在现代吊舱推进系统中,由于受到空间的限制,大功率推进适于通过高温超导推进电动机来实现,这是大功率、低噪声、高航速舰船推进动力的理想方案。

(1)主要优点

提高功率密度,减小电动机质量,大大缩小体积和占用空间,一般仅有普通电动机的 1/3 ~ 1/2;在整个功率范围内都具有不变的高效率,尤其可贵的是在低速下,即使是 30% 额定航速,其效率也超过 94%;电动机定子采用空芯结构,只有很低的同步阻抗;磁场绕组几乎是在恒定的温度下运行,不会产生热疲劳;电动机电压几乎不含谐波;电动机具有高于磁饱和极限的高磁场,故可以安静地运行;定子和转子之间的间隙不含铁,因此定子齿没有振颤;维护简单,不需要通常的检查、返修或者重新绝缘等。

(2)基本结构

高温超导电动机与低温超导电动机结构的基本组成部分都相似,只是后者由于超导磁体采用的冷却介质温度为 30 K 左右的液氖或冷氦气,因而消除了温度为 4.2 K 的液氦所带来的某些影响,以及由于采用高温超导材料所引起的马鞍形超导磁体改变为跑道形超导磁体所带来的某些影响等。图 16 – 23 是 HTS 同步电动机模型结构示意图。电动机主要结构部件的特征和功能见表 16 – 2。

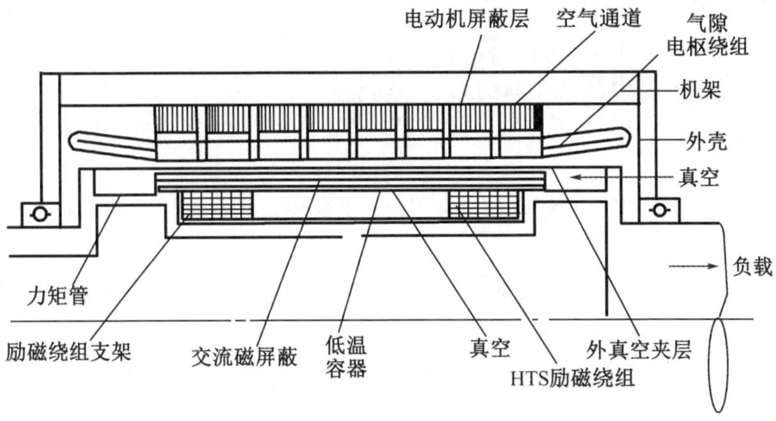

图 16－23 HTS 同步电动机模型结构示意图

表 16－2 HTS 同步电动机主要结构部件的特征和功能

序号	结构部件	特征	功能
1	力矩管	低温和常温间过渡的圆筒体	减少由力矩传递轴而引起的热侵入
2	磁场绕组	超导磁体	产生高磁通密度
3	转子热屏蔽层	高真空多层绝热	辐射热屏蔽
4	转子电磁屏蔽层	低电阻圆筒体	电磁屏蔽和阻尼
5	电流引线	高温超导电流引线	滑环和超导磁场绕组间连接
6	低温传输装置	旋转与静止间的连接结构	制冷剂和超导磁场绕组间冷却介质的传输
7	真空层	$10^{-2}\sim10^{-3}$Pa	真空绝热
8	电枢绕组	气隙电枢绕组	提高电动机功率密度
9	定子铁芯屏蔽层	迭片钢板	增大气隙磁通密度和电动机外部磁屏蔽
10	励磁电源	恒电流电源	直流电供给超导磁场绕组

16.4.3 超导电力推进的特点

超导电力推进与普通电力推进以及齿轮机械推进相比具有突出的优点，主要有：

1. 功率大

在直流系统中，以超导单极电动机为动力的超导电力推进其单轴推进功率可高达 200 MW，克服了普通直流电动机极限容量为 10 MW 的局限性；普通舰船的电力系统由蓄电池和电动机组成。由于蓄电池的容量有限所以不能长时间用电动机来带动螺旋桨转动去推进舰船，而且电动机功率也小，单独使用电动机推进能力低。另外，在潜艇上为了弥补电动机耗费的电能，潜艇必须定时浮出水面给蓄电池充电，这就大大降低了舰船的隐蔽性。而使用超导材料就可以消除上述缺点，增大功率和使用间隔时间。

2. 体积小、质量轻、效率高

大容量超导电动机与普通电动机相比，在相同的质量、尺寸情况下可以输出多几倍的功率，推进系统的效率可提高几个百分点。

高温超导电动机还有另一个优点，就是其较高的效率事实上在整个功率范围内都是恒定的，这意味着电动机和发电机可以有效地在接近最大效率值下运行而不用顾及船舶的航速。研究显示，在一定情形下，高温超导电力推进系统可以达到与柴油机直接推进船舶一样的燃料和滑油消耗水平。

表 16 – 3 是美国已经试制成功的 3.7 MW、1 800 r/min 高温超导电动机与同一规格的普通感应电动机的参数比较，可见其质量与体积都减少约一半。超导电动机减轻质量的优点在吊舱式结构中更有价值。据估算，舰船每减轻 500 t 的质量，就可以多装载 40 多个集装箱。

表 16 – 3　高温超导电动机与普通感应电动机参数比较

参数	高温超导电动机	普通感应电动机
功率/MW	3.7	3.7
转速/($r \cdot min^{-1}$)	1 800	1 800
极数	4	4
电压/kV	6.6	6.6
满负载效率/%	97.7	95.9
质量/t	6.8	12.3
体积/m^3	7.47	15.76

3. 布置灵活

由于推进系统质量和体积的减少，以及设备合理与灵活的布置，使大型集装箱船可以提高 10% ~20% 的运输能力。

4. 系统可靠、机动性好、便于集中控制和自动控制

5. 低噪声

普通舰船的推进技术由发动机和螺旋桨等转动部分组成，存在较大的振动和噪声。超导电磁推进技术不需发动机和螺旋桨，无振动和噪声，军用舰船特别是潜艇使用后可有效提高自身的隐蔽能力，对于保存自己、打击敌人有着十分重要的意义。一般超导电力推进比机械推进和普通电力推进运行更平静，噪声更低，更好地解决了人们一直关注的大功率、高航速与低噪声之间的矛盾。

6. 发电机组的电力可用于船首推进器或其他电气设备

当采用超导与电磁推进相结合时，将会呈现更多优点：消除主要由柴油机工作而产生的许多红外辐射源，提高了舰船的隐身性能；电磁推进是船体外无螺旋桨及传动装置，无须密封，故障率低，易维修，操作简单，同时也改善了艉流特性。

应该指出上述的特点多为模拟研究得出的结果，另外超导电力推进系统种类较多，也比较复杂，并不是每一特定的系统都具备上述所有的优点。

16.4.4　超导电力推进的适用范围

最为适合应用超导电力推进的船舶有如下几种类型：

①舱内推进装置安装空间狭小、轴系传递机构复杂的船舶；

②要求推进功率大的船舶；

③要求有效利用机械设备安装自由度，缩短主机室长度，增加装备、作战物资或其他货物的船舶；

④过载力矩很大，操纵性要求很高的船舶；

⑤不满载航行或巡航状态比较多的船舶；

⑥要求安静型、低噪声或隐蔽性好的特殊船舶。

对于具体的船舶来讲，最有希望首先获得应用的有：驱逐舰、潜艇、小水线面双体船、水翼艇、表面效应船、气垫船、海洋控制船、护卫舰等有特殊船型要求的高速型船舶；大型破冰船、油轮、集装箱船、游轮和航母等需要大功率输出，且对操纵性要求很高的容积型船舶。

16.5　船舶磁流体电力推进

16.5.1　磁流体推进基本概念

磁流体推进是指利用海水中电流与磁场间的相互作用力使海水运动而产生推力的一种推进方法，可用于船舶、鱼雷等水中装置的推进。图 16－24 是船舶磁流体推进示意图，图 16－25 是磁流体推进装置框图。它具有振动小、噪声低、操纵灵活的特点和高速推进的能力，人们因此对其颇为重视，并开展了一系列的研究工作。

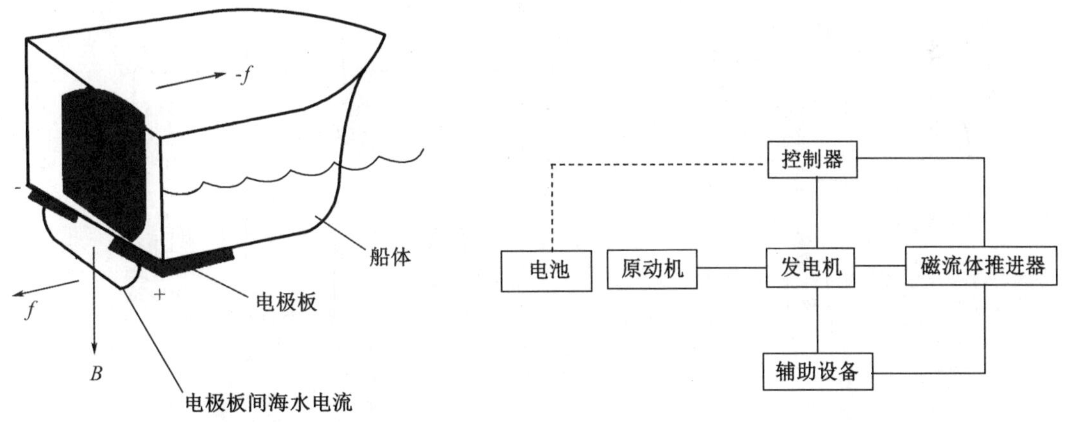

图 16－24　船舶磁流体推进示意图　　　图 16－25　磁流体推进装置框图

20 世纪 60 年代船舶磁流体推进的设想一经提出，立即受到人们的普遍关注，但由于当时导磁体与永磁体的技术所限，不能提供足够强的磁场，使得它的发展几乎处于停滞状态。超导技术的发展以及利用超导磁体的磁流体推进器及其船模的成功试验，使人们看到了光明前景，因而许多造船大国纷纷对此进行研究。1992 年世界上第一艘超导磁流体推进船“大和一”号的试航，标志着磁流体推进的研究进入了一个新的阶段。它是当前船舶推进研究和发展的一个方向。

磁流体推进是一项综合性很强的高新技术，既涉及电磁学、流体力学、电化学等学科相互交叉的理论，又涉及新结构、新材料、新工艺、新控制方法等综合性技术，到目前为止，有些问题已经解决,有些问题已取得重大进展,有些问题尚有待于未来的高新技术发展,如高场超导磁体技术的发展和突破。可以确信,随着科学的发展、技术的进步和新材料的涌现,磁流体推进的关键技术问题有望得到解决。

16.5.2 磁流体推进基本原理

用电磁流体力来推进船舶的构想是由泵送液态金属的电磁泵的逆向联想得出的。其原理是弗莱明左手定律,如图 16-26 所示。在船体上固定一磁铁和电极,其在海水中形成磁场和电场,两者相互作用产生电磁力(洛伦兹力),即对海水的推力,其反作用力使船舶运动。

图 16-26 中,洛伦兹力 F 为

$$F = B \times J$$

式中,B 为磁感应强度 J 为带电粒子的速度。当 B 和 J 垂直时,F 为最大。

这种磁流体推进方式不采用传统的螺旋桨,而是采用电磁现象所产生的电磁力推动船舶运动。图 16-27 为这种电力推进方式的作用原理,将常规的电磁线圈安装在船底,它所产生的磁力线垂直水面。另外在船体外面水下,放一对通直流电的电极,因为海水的导电作用,就在磁场中通过电流,使海水电流与磁场成垂直方向,这样根据左手定则将产生推力,推动船舶运动。改变海水电流大小,就改变了推力,所以船舶推进的调节也非常方便。

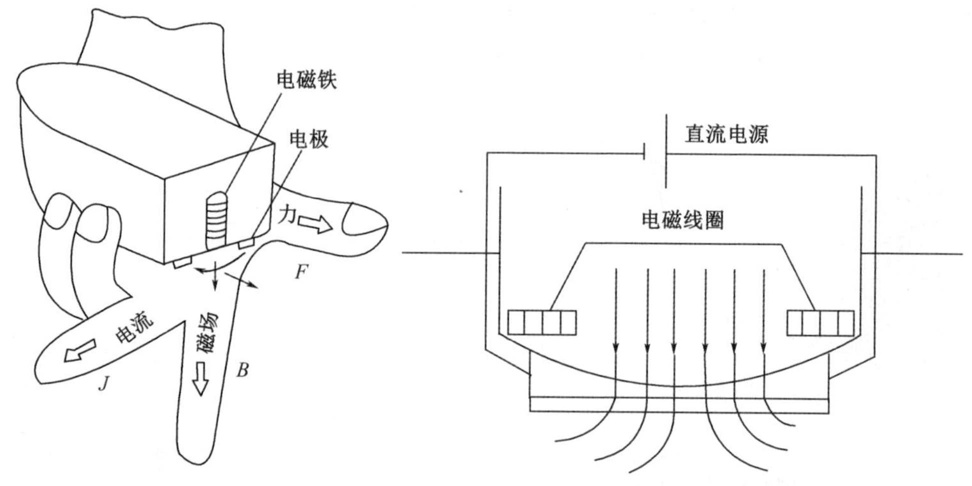

图 16-26 磁流体推进船的原理　　图 16-27 磁流体推进方式的作用原理

对于应用电磁力推进船舶的方法,根据磁场的种类、磁场的作用区域不同,可分为交流磁场式的外部磁场型和内部磁场型,以及直流磁场式的外部磁场型和内部磁场型。

由于交流用的超导电磁线圈尚未实用(超导体的交流损耗大),因此现阶段开发研究的超导磁流体推进船采用直流磁场式。

图 16-28 表示了直流磁场式外部和内部磁场型推进方式的设想。

外部磁场型是沿船体外形成磁场和电场;内部磁场型是在导管内产生电磁力,使导管内的海水喷射而获得推进力,所以磁场和电场的作用区域仅限定在导管内。

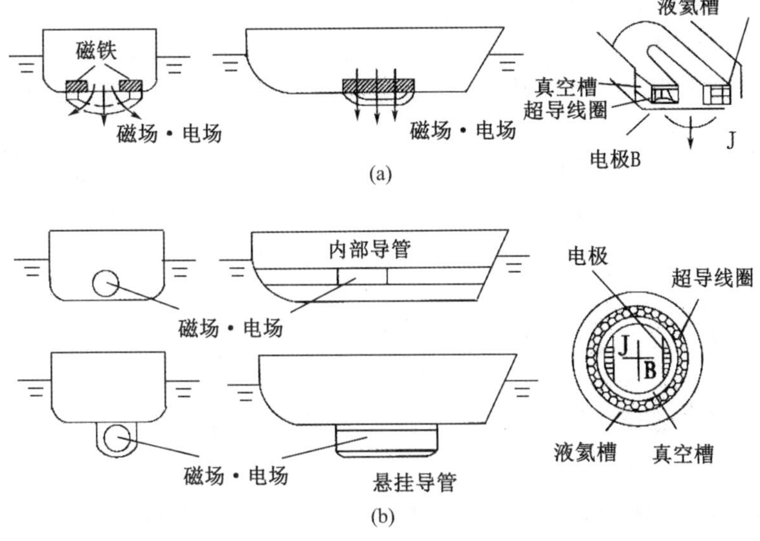

图 16－28 外部和内部磁场型

表 16－4 列出了外部磁场型与内部磁场型的性能比较。目前正在进行的超导磁流体推进船的开发研究是采用的直流磁场式内部磁场型。

表 16－4 外部磁场型与内部磁场型的性能比较

项目	内部磁场型	外部磁场型
推进方法	对导管内海水加压向外喷射而获得推力	使船底或船侧的海水加速而获得推力
电磁场分布	导管内大体相同	随距离船底或船侧的距离变化很大
磁场漏磁	很少向导管外漏磁	向船外漏磁大
磁屏蔽	在导体内屏蔽的可能性大	船内保护用磁屏蔽的可能性较大，对船外则可能性不大
推进性能	较易确定	较难确定
对外部环境影响	少	对其他船舶、设施和海洋生物影响较大

16.5.3 磁流体推进的特点

一般船舶均采用螺旋桨推进,而磁流体推进船由电磁流体力直接推进,其具有如下优点:

①推进装置本体无机械旋转机构,因而没有由此引起的振动和噪声,十分安静,易于维护。对深海调查船、潜艇等非常合适。

②当磁场强度一定时,推进力与电流强度成正比,因而便于速度控制,也能产生瞬间爆发力。

③推力的产生方法不是利用螺旋桨在水中旋转时的反作用力,而是利用磁场与电场相互作用所产生的电磁力,因此在理论上,这是一种适于高速船的推进方法。

④在船尾部不需贯通船体的回转轴及艉轴轴承和螺旋桨等部件,因而对船型能带来其船尾形状设计的很大自由度。

磁流体推进船的缺点是：

①这种船只能在海水中航行，不能在淡水中航行（无法通过电流）。

②推进装置的能量转换效率低，必须由超导电磁线圈（其本身一般不消耗能量）建立强磁场，以获取大功率的推进能源。

③当电流通过海水时，产生离子导电，这样在阳极和阴极附近将分别产生氯气和氢气，所产生的气体的量与电流成正比。如不驱除这些气体，任其散布在导管电场内，会成为脉动气泡，阻碍电流通过，同时也是一噪声源，为此需采用排气装置。

16.5.4　磁流体推进系统的组成

超导磁流体推进系统方框图如图 16－29 所示，其总体构成如下：

①船体。

②推进装置本体，超导电磁线圈、低温恒温器（超导电磁线圈冷冻容器）、电极等。

③超导电磁线圈冷冻冷却装置。

④用于超导电磁线圈冷冻、冷却的液氦、液氮的船内储存设备。

⑤电极通电用的直流电源装置。

⑥陆上设备，此系超导磁流体推进船特有的设备，用于超导电磁线圈初期冷冻、冷却，以及用作超导电磁线圈的励磁电源装置等。如超导电磁线圈的励磁和初期冷却能在船舶靠岸时进行，则可将其设在陆上，以减轻船舶自重。

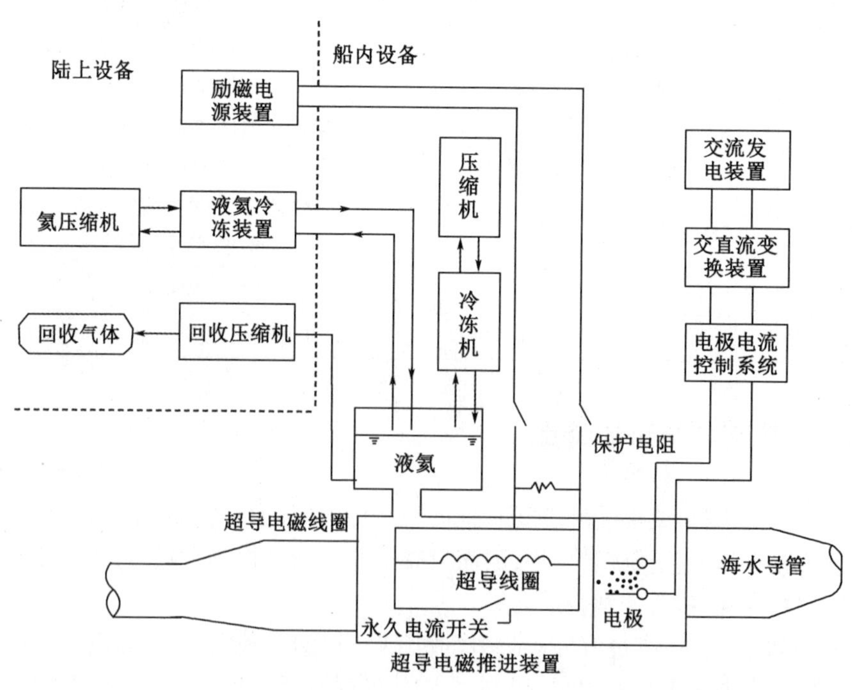

图 16－29　超导磁流体推进系统方框图

16.5.5 磁流体推进实用化技术的研究

随着超导材料尤其是高温超导材料的发展,磁体技术的进步以及超导磁流体推进船模试验和理论研究的成果,使人们看到了磁流体推进实用化的前景,并开展了一系列实用化技术的研究,包括高场强超导磁体和磁流体推进器的结构形式及最佳设计计算方法、试验装置及方法等。下面简单介绍几个国家的研究发展概况。

1. 日本

鉴于具有超导磁流体推进船模的理论和试验研究基础以及大型超导磁体的制造能力,1985 年,日本成立了"超导电磁推进船的开发研究委员会",决定建立超导电磁推进试验船。

1976 年,日本的神户商船大学用超导体电磁材料装备船的推进系统,制成了超导体电磁推进船的模型船"SEMD-1"。该船船长仅 1 m,在海水中的磁场强度达到 6 000 Gs(10 000 Gs=1 T)。1979 年他们又制成一艘超导船的模型船"ST-500",该船全长 3.6 m,重 700 kg,船底装备的超导体电磁线圈用铌钛合金制造,在海水中可产生 20 000 Gs 的强磁场。ST-500 模型船在海里可以 1 m/s 的速度前进,完全没有振动和噪声。

经过不懈努力,世界上第一艘以超导磁体作为行驶动力的新型超导电磁双体推进船在日本建成,如图 16-30 所示。这艘命名为"大和一"号的试验船长 30 m,宽 18 m,高 8 m,自重 280 t,排水量 185 t,航速 15 km/h。它的船身为铝合金材料制造,超导电磁流体推进是把电能直接转换成流体动能,以喷射推进取代传统螺旋桨推进的新技术,它具有低噪声和安全性等特点,在特殊船舶推进应用中具有重大价值。

遗憾的是推进器超导磁体的磁场未达到设计预定的 4 T 指标就失超,但从在磁场 2 T 时船速为 5.3 km 的运行试验得出了与设计计算基本上相吻合的结果,从而为今后的超导磁流体推进船的开发奠定了设计计算基础。

图 16-30 "大和一"号试验船

2. 美国

考虑目前超导磁体的场强还不足以使磁流体推进达到实用化性能的情况,美国阿贡国家实验室、海军水下系统中心、戴维·泰勒研究中心以及阿夫柯公司等单位建立了海水循环回路并进行相关试验研究,提出了磁流体推进潜艇的概念设计,并对 8 T、ϕ116 mm × 285 mm 超导螺旋式磁流体推进器通道进行了试验研究。

为了突破传统舰船速度的限制,美国海军研发了"海影"系列试验船。它不用传统动力，而是靠超导体电磁推进。它是双体船，船体下部中间有一个形状奇特的大洞。大洞的存在是为增加喷气口径，将海水往后推。“海影”的推进原理是利用船内的超导体产生磁场，这个磁场和电池的电场因垂直作用产生力，不断把海水从中间的大洞往后推，船因此前进。“海影”前进时会产生一种叫“沉流”的水流，不会产生噪声。图 16－31 为美国“海影”试航照。

图 16－31　“海影”试航照

3. 俄罗斯

早在 20 世纪 70 年代，苏联科学院高温物理研究所、卡尔波夫物理化学研究所等单位就开展了潜艇磁流体推进的研究，已研制出了 5.8 T、ϕ150 mm × 800 mm 的超导螺旋式磁流体推进器通道模型，并在此基础上，进行了 7 T、ϕ1 000 mm × 2 200 mm 的超导螺旋式磁流体推进器及其推进的潜艇概念设计计算；此外，俄罗斯科学院高温研究所、克雷洛夫研究院和圣彼得堡造船学院提出了新型螺旋式通道推进器——1 200 kW 超导电磁推进器，中心磁场是 7 T，用于潜艇。

4. 中国

我国于 1996 年开始超导电力推进技术的研究，研究的目标是一艘由超导螺管磁体和螺旋式通道推进器推动的模型船，其长度为 3 m，一人驾驶，航速为 1 kn，磁体采用液氦浸泡冷却，正常运行时采用超导开关闭合，低温液氦挥发率为 0.3 L/h，一次加液可连续运行 6 d。图 16－32 是我国研制成功的世界上第一艘超导螺旋式电磁流体推进试验船，2000 年获中国科学院科技进步二等奖。

图 16－32　超导螺旋式电磁流体推进试验船“HEMS－1”号

船舶超导磁流体推进还没有达到实用化程度，一些关键技术还需解决，一些技术指标还需提高。随着基础研究的深入开展、理论研究计算的加强、结构形式的改进，以及一些新材料、新工艺的出现和应用，尤其是高温超导材料及磁体技术的进一步开发，未来能在高温下进而在液氮温度下实现 20 T 甚至更高的强磁场，低温制冷问题将大大简化，超导磁流体推进装置各项技术指标将得到全面提高，因此超导船实际应用的前景是光明的。

【思考与练习】

1. 可用于船舶电力推进系统的发电机需具备哪些条件？
2. 可用于船舶电力推进系统的发电机有哪几种类型？
3. 电力推进电机的振动和噪声会对船舶造成哪些影响？
4. 直流电力推进系统的特点有哪些？
5. 直流电力推进系统的分类有哪些？
6. 简述直流电力推进主电动机并联和串联接法的优缺点。
7. 简述单电枢推进电动机与双电枢推进电动机的特点。
8. 交流电力推进系统与直流电力推进系统相比，具有哪些优点？
9. 交流电力推进系统的分类有哪些？
10. 交流电力推进的主电路可以有哪些连接方式？
11. 船舶交流电力推进系统使用的变频装置有哪些？
12. 简述低温超导材料与高温超导材料的区别。
13. 低温超导电机与高温超导电机的优缺点体现在哪些方面？
14. 超导电力推进的优势体现在哪些方面？
15. 简述超导电力推进的适用范围。
16. 简述磁流体推进的原理。
17. 磁流体推进方式的优缺点有哪些？
18. 试述超导磁流体推进系统的组成。

第 17 章　船舶电力推进的监测与控制

【知识目标】

1. 了解监测与控制系统的功能。
2. 了解功率管理系统的功能。
3. 了解多相推进电动机控制系统的功能。

【能力目标】

1. 能简单叙述电力推进系统进行监测与控制的内容。
2. 能简单叙述功率管理系统的主要功能。
3. 能简单叙述功率管理系统的网络组态。

17.1　监测与控制系统

电力推进监测与控制系统主要涉及电力推进系统控制系统、执行机构系统、传感器系统和计算机控制系统。设计与制造的任务则是按工程标准规范，满足要求的监测与控制功能。将这些子系统进行有目的的整合，完成满足要求的监测与控制功能。

船舶电力推进监控系统自然要与电力系统、配电系统、开关设备和与电力变换器一体化的推进电动机、后传动设备及它们工作的物理过程相关联。通过不同的传感器测量各参数并控制执行机构完成一系列操作。因此，电力推进监控系统的设计，可以从下面一些子系统着手整合。

1. 监控系统

将事先设计好的一系列传感器以操作员站集成。操作员站在船上不同位置会有不同称呼，但一般装备有用于监视（开环控制）各设备基本物理状态和工作过程的各种指示器和警报器。

2. 指令系统

按要求设计好的执行机构，用于接受来自操作员站的指令，并按预定逻辑，操纵指定设备（开环控制）。

3. 反馈控制系统

反馈控制系统是通过计算机的算法设计，将监控系统和指令系统进行组合而成，用于依照某一控制目标，完成特定设备特定状态的自主控制。

从本质上说，现在的船舶电力推进监控系统都是“量身定做”结构。

通常的推进控制器会设有下列接口：辅推/主推系统、发电及配电系统和功率管理系统、有遥控手柄的桥楼控制系统、自动航行系统及动力定位系统等。电力推进控制的一个基本功能是：正常情况时，将转速、转矩和动态性能置于预定的限额范围之中，然后将转速维持在给定的参考值。电力推进操作是可能引起全船停电事故的主要原因，为规避这种失控性故障，可以考虑将电力推进设备和其他动力机械中可用的执行机构一起纳入电力系统的功率/能量管理系统(PMS/EMS),使各种动力机械具备诸如自动启/停的功能;在必要时,可将推进或其他负载减额,或卸掉那些非关键性负载。利用对推进电动机转矩或功率的恰当控制,可以有效地克服对电网的扰动和性能参数的冲击,以保持电力系统的稳定运行。

17.2　功率管理系统

1. 系统简介

船舶电力推进的控制功能包含多个模块,包括电源管理、船舶管理、推进和动态定位、辅助控制等,每个控制模块可分成3个层面:最上层的操纵台实现人机接口,中间层为各个控制器,底层为具体的接口设备,如发动机调速器,自动电压调节器、保护继电器、变频器等。每个模块内部包含许多个彼此独立的自动控制系统,各个自动控制系统控制着它们各自的设备,如动态定位系统控制侧推器的运转,卸载控制系统控制货物泵的运转,程序控制系统控制压缩机和加热/制冷系统等。与此同时,所有动力装置通过船舶配电系统关联成一个网络。由于设备启动时的冲击、浪涌冲击、负荷的变化以及电网谐波影响,负载与发电机会彼此作用、相互影响。为了实现电力系统安全操作使燃料消耗达到最低,有必要对整个船舶的发电和用电进行综合控制。此时需要一个系统从总体上监控着电源能量系统,把电力、自动控制和推进控制综合在一起。这个电源能量管理系统也就是功率管理系统(power management system,PMS),也可以称为能量管理系统。

早期PMS能监测负载的实际功率需求,与可用的功率比较,并根据二者的差值,按预先设计好的启动、停车顺序设定,自动启动、停止发电机组。它的主要目标是针对实际运行工况,确保有足够的功率供应,防止电力供应中断。目前,PMS的功能已经扩大,加入了一些先进的控制功能,通过监测和控制功率的流动,调节电能的产生和消耗,使燃料消耗最少,并且为了优化瞬态功率的流动,必须考虑历史功率使用情况和未来功率的需求。

PMS的功能包括功率管理、失电保护、推进装置和其他调速负载的功率控制、燃油优化(如提高原动机的利用率,降低燃油消耗等),具体的功能设计和性能与船舶的运行模式、电力系统的配置、电力系统的保护、故障容忍紧密相连。

2. 系统构成及功能

PMS是船舶控制设备的评判部件,不是分配在各个隔离的单元中,通常分布在各控制站中,它们能共同操作并共享信息。能量管理系统具备功能综合、信息分散的特点。所有的PMS子站接收来自本站的信息,并接收来自其他PMS子站的共享信息,执行PMS计算。一旦出现紧急情况,必须断开联络开关(电力系统被分成两个或多个相互隔离的子系统)。每个子系统有自己的PMS子站,每个PMS子站能作为独立单元工作。

PMS采用二层冗余计算机网络体系结构。上层为双冗余以太网络,它将中央控制中心互连,组成一个上层系统实现管理及智能操控;下层为CAN现场总线双冗余网,实现了发电自动化、监测报警、输配电监控保护、主要用电设备监控管理等功能。上层与下层各CAN总线区域网之间通过网关连接,通过上、下二层网络将中央控制中心、分区管理站、发电机组控制模块、测量模块、配电监控模块、设备监控模块及保护模块互联成系统,组成了船舶电力系统控制、监控、管理及保护一体化的网络型分布式能量管理系统,如图17-1所示。

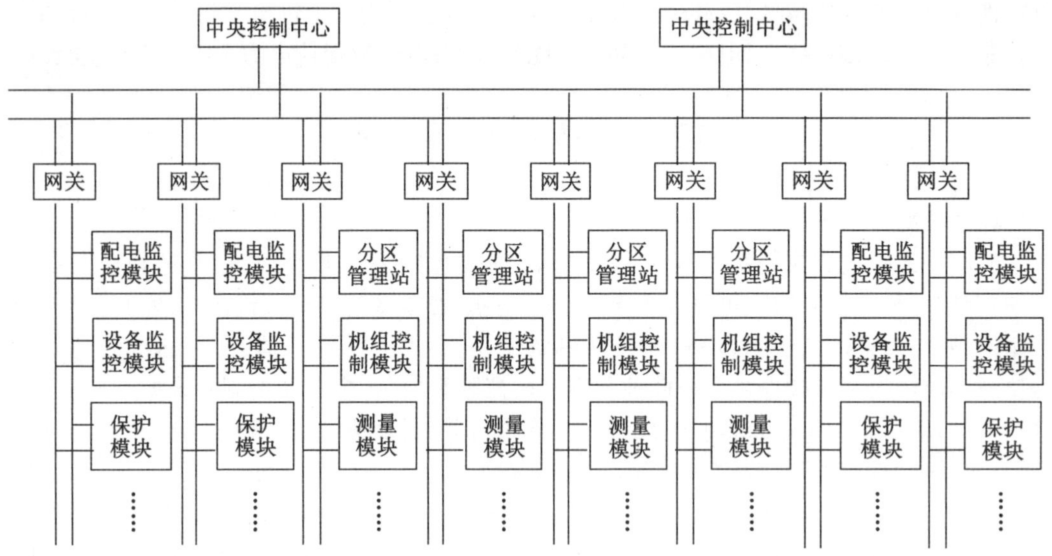

图 17-1　电力推进船舶 PMS 网络构成

PMS 从功能上包括 4 个方面的内容。

(1)发电系统的自动化

发电系统主要由柴油机(汽轮机、燃气轮机)、发电机和机组控制屏(包括主开关)等组成,一般系统有 4 台、8 台、12 台发电机组组成,根据船舶布置和规范要求,可分为 2 个、3 个、4 个发电区。发电自动化的主要功能包括:

①机组的自动启动;

②机组的自动投入及调频调载;

③机组的解列和停机;

④机组自启停顺序设定。

(2)系统监测与报警

①参数测量;

②参数的显示打印;

③参数报警处理。

(3)输配电监控保护

①分级卸载功能;

②跨接开关控制及连锁功能;

③配电开关的集中控制;

④短路、过载及绝缘检测等保护功能。

(4)主要用电设备监控管理

PMS 监控管理的主要用电设备包括:推进装置、侧推装置、日用变压器、特种探测装备及其他大负荷设备。

①重载启动询问;

②功率限制功能;

③供电的平衡性；

④功率保护功能。

作为电力推进船舶而言，PMS 的推进管理是整个船舶能量管理的重点，推进控制是 PMS 推进管理子系统中最为重要的内容。推进通常控制的是速度，速度控制需在正车和倒车方向均能够从零功率到满功率连续可调。速度设定值与实际的速度反馈值比较产生速度函数，其对应的功率应不超过可用的电网最大推进功率限制值，经 PI 运算得到转矩值并送到执行设备。推进能量正常情况下是电站总负荷的主要部分，因此必须有自动降负荷功能及防断电功能，并与电站设计和能量管理功能高度协调一致。推进控制器在预防断电的逻辑中包括三级自动降负荷。

①能量管理系统从可用电网功率可以计算出最大负载限制。根据能量分配或能量管理系统设置的优先级，得出可提供给推进器的最大的功率。

②事件触发的降低负荷，典型的做法是一个数字信号驱动发动机降负荷到一个预设的比例水平和某个预设的绝对值。这个信号可能来自能量管理系统，也可能来自配电板内的保护/控制设备。

③频率触发的降低负荷，仅依据本地驱动器供电频率测量。在预防由于发电机过载导致的欠频跳闸失电的逻辑保护中，这一般被认为是最末端的保护。

为确保系统供电连续性及能量的稳定平衡，PMS 有效地将电站综合保护、重载启动询问、电网可用功率输出等进行综合考虑；在需求的电功率不断变化或供电系统出现故障时，PMS 能采取各种措施，尽可能保证对负载的连续供电，避免电站断电，确保船舶的安全性。一般来说，变频器和推进电动机是船舶电站的最大负载，变频器内部控制系统根据 PMS 送出的电网最大可用功率，限制推进负荷所需功率，同时 PMS 将启动备用发电机，然后推进装置负载将上升到下一个极限值，依次循环。如果 1 台或多台发电机脱扣，变频器将突降推进负荷所需功率，避免造成发电机过载，全船断电。

17.3　基于 CAN 总线的多相推进电动机控制系统

图 17 - 2 是某多相推进电动机控制系统原理框图。推进电动机是十二相电动机，每三相为一个通道，共 4 个通道。控制系统各单元之间采用 CAN 总线通信。该总线将监控与实时控制连接为一体。

CAN 总线通信距离越远，波特率也越低，其关系见表 17 - 1。由于实时控制要求通信速率高，而且相互之间距离近，故 CAN - 1 和 CAN - 2 选择最高波特率 1 Mbit/s。但遥控装置位于其他舱，与系统其他单元之间的距离远，仅传输操作命令和用于显示的信息，要求通信速率不是很高，因此遥控装置不能作为 CAN - 1 和 CAN - 2 的节点，另外设计 CAN - 3 用于遥控装置与就地操作显示单元及 PC 机之间通信，遥控装置与其他单元之间的通信由操作显示单元或 PC 机转发。考虑遥控装置与操作显示单元或监控计算机之间的距离不会超过 1 km，故选择其波特率为 50 kbit/s。为了提高可靠性，CAN 总线和主控制器进行冗余设计。

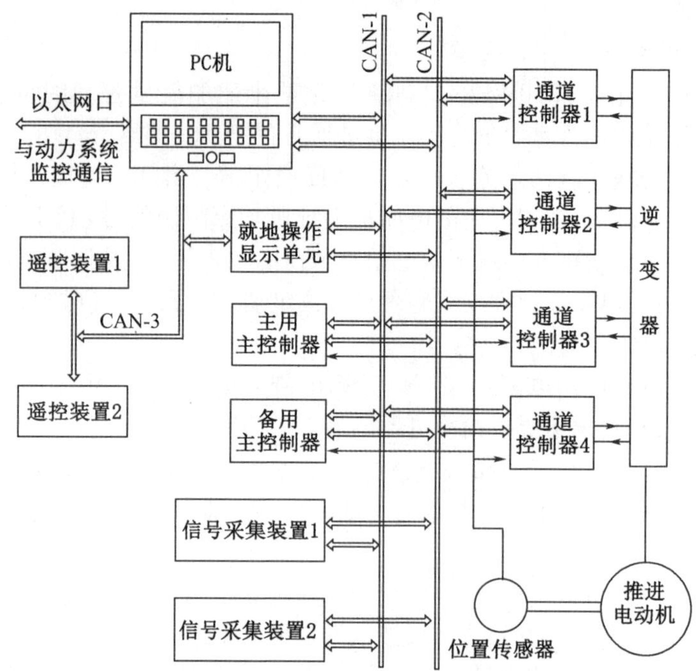

图 17－2　多相推进电动机控制系统原理框图

表 17－1　CAN 总线波特率与通信距离的关系

位速率/(kbit·s^{-1})	1 000	500	250	125	100	50	20	10	5
传输距离/m	40	130	270	520	620	1 300	3 300	6 700	10 000

信号采集装置 1 和信号采集装置 2 分别采集电动机和变频器的参数,PC 机实现对控制系统的命令控制及数据显示和储存,主要控制功能有发送命令给下位机并从下位机接收相关数据、发送设定值启动和停机命令,进行系统运行参数显示、故障报警指示,完成监控功能。

【思考与练习】

1. 需要对电力推进系统的哪些方面进行监测与控制?
2. 简述功率管理系统的主要功能。
3. 简述功率管理系统的网络组态。

参 考 文 献

[1] 李斌. 船舶柴油机[M]. 2 版. 大连:大连海事大学出版社,2014.
[2] 李斌, 朱新河, 任福安. 主推进动力装置[M]. 大连:大连海事大学出版社,2013.
[3] 朱建元. 船舶柴油机[M]. 北京:人民交通出版社,2008.
[4] 孙建新. 船舶柴油机[M]. 北京:人民交通出版社,2006.
[5] 徐立华. 船舶柴油机[M]. 哈尔滨:哈尔滨工程大学出版社,2006.
[6] 于志民. 船舶柴油机[M]. 哈尔滨:哈尔滨工程大学出版社,2017.
[7] 王福根. 船舶柴油机及安装[M]. 2 版. 哈尔滨:哈尔滨工程大学出版社,2011.
[8] 罗红英. 船舶柴油机使用及维护[M]. 哈尔滨:哈尔滨工程大学出版社,2010.
[9] 牛利民, 李淑英. 船舶燃气轮机结构[M]. 哈尔滨:哈尔滨工程大学出版社,2007.
[10] 李广华. 燃气轮机和蒸汽轮机设备与运行[M]. 北京:中国电力出版社,2015.
[11] 汤天浩,韩朝珍. 船舶电力推进系统[M]. 北京:机械工业出版社,2015.